Andrea Barabino
Nicoletta Marini

# GLI ANNI IN TASCA

2



## Antologia

per la scuola secondaria di primo grado





SOCIETÀ EDITRICE INTERNAZIONALE - TORINO

07453
07315

SEI

*Coordinamento editoriale*: Lia Ferrara
*Progetto editoriale*: Enrica Varaldi, Vania Panfili
*Redazione*: Enrica Varaldi, Paola Cotto
*Coordinamento tecnico*: Michele Pomponio
*Progetto grafico*: Rubber Band e Piergiuseppe Anselmo
*Impaginazione*: Rubber Band
*Disegni*: Rubber Band
*Coordinamento multimediale*: Nicola Prinetti
*Redazione multimediale*: Roberta Ricca
*Copertina*: Piergiuseppe Anselmo
*Illustrazione di copertina*: Sonia Maria Luce Possentini

Si ringraziano in particolare le professoresse Anna Degani e Anna Maria Mandelli per l'attento lavoro di revisione e rielaborazione della sezione *Poesia*; la professoressa Dina Cei per la stesura delle parti esercitative: *Competenze alla prova, Verifiche, Recupero*, INVALSI; per la composizione originale di testi narrativi.

*A Francesco a Valerio*

AZIENDA CON SISTEMA DI GESTIONE
PER LA QUALITÀ CERTIFICATO DA DNV
= UNI EN ISO 9001:2008 =


www.seieditrice.com

Prima edizione: 2014

Ristampa
2 3 4 5 6 7 8 9
2016 2017 2018



*Stampa*: Vincenzo Bona - Torino

# Indice

**LEGENDA CONTRIBUTI MULTIMEDIALI**

**Quando nel testo compaiono questi simboli, devi aspettarti nella versione digitale:**

- **testi aggiuntivi**
- **link a pagine web**
- **video**
- **esercizi scaricabili** (da compilare, salvare, stampare, spedire via e-mail)
- **esercizio interattivo e autocorrettivo**
- **audio** (tutti i testi contenuti nell'antologia sono ascoltabili in file audio)

## Il tema le nostre passioni

# INDICE



## Pagine Laboratorio — Le parole del discorso



## I generi per narrare di sé — autobiografia diario lettera

# INDICE

# INDICE

# INDICE

# INDICE



## Pagine Laboratorio Lo spazio e il suo significato



## Il genere comico

## Pagine Laboratorio Il narratore è come un regista



## Il tema emozioni

# INDICE

# INDICE

# I GENERI E I TEMI

| VOLUME UNO | VOLUME DUE | VOLUME TRE |
|---|---|---|
| *Progetto accoglienza*<br>**Il tema: Noi**<br>Lavori personali e di gruppo per avviare il processo di interazione e integrazione dei ragazzi | **Il tema: Le nostre passioni**<br>Oltre la scuola ci sono ore di tempo "libero" che si possono organizzare seguendo ciò che appassiona, con consapevole divertimento<br>*Progetto orientamento*<br>**Dalle passioni alle scelte di vita** | *Progetto orientamento*<br>**Il tema: Verso la vita**<br>Attraverso test, riflessioni guidate, confronto tra pari e con gli adulti di riferimento, letture si prosegue il lavoro sulla scelta del percorso di studio successivo |
| **Il genere: Favola**<br>Descrizione del genere; esempi testuali tratti dalle tradizioni letterarie e narrative di tutto il mondo | **I generi per narrare di sé: Diario, lettera, autobiografia**<br>Descrizione delle caratteristiche formali del genere, in cui autore, narratore e protagonista coincidono | **Il genere: Fantascienza**<br>Definizione del genere, individuandone le caratteristiche narrative e le finalità orientate alla comunicazione di un messaggio etico |
| **Il genere: Fiaba**<br>Descrizione del genere; esempi testuali tratti dalle tradizioni letterarie e narrative di tutto il mondo; racconti ispirati al genere della fiaba | **Il genere: Fantasy**<br>Definizione del genere, misto tra avventura, fiaba, epica. Esempi tratti dai romanzi classici del fantasy, osservando la risoluzione dei personaggi e l'eterna lotta tra Bene e Male | **Il genere: Romanzo**<br>Definizione del genere; struttura del testo con particolare riferimento all'*incipit* e all'*excipit*, ai personaggi, al narratore, ai tempi e ai luoghi della storia. Passi antologici dal romanzo storico, sociale, di formazione |
| *Progetto accoglienza*<br>**Il tema: Ce la possiamo fare**<br>Testi ed esercizi mirano a far prendere atto di quali aspetti della relazione e della comunicazione facilitano o ostacolano l'accoglienza reciproca | **Il tema: Uguali e diversi**<br>Nella prospettiva indicata dall'educazione alla convivenza, si propone una riflessione sulle differenze positive, sul pregiudizio e sulla prevaricazione, per portare al concetto di inclusione | **Il tema: Sì o No?**<br>Per proporre una significativa educazione alla scelta, l'Unità offre un percorso che porta dalla definizione di scelta all'esame di esempi di scelta, il più possibile responsabili |
| **Il genere: Paura**<br>Storie di paura, con finale comico. Osservazione dell'ambientazione, dei personaggi tipici e uso della *suspense* tipici della storia di paura | **Il genere: Giallo**<br>Definizione del genere e individuazione della struttura narrativa, indicando due possibili percorsi della storia a enigma: lo svelamento del colpevole nell'*incipit* o al termine della storia. Descrizione dei diversi modi di costruire la figura dell'investigatore | **Il genere: Horror**<br>Definizione del genere e motivazione della denominazione; struttura di una storia dell'orrore; le forme dell'ambiente e dei personaggi; uso della *suspense* |
| **Il genere: Avventura**<br>Descrizione della struttura testuale tipica di una storia d'avventura: uso della *suspense*, definizione e ruolo dei personaggi, tipologie di finale, uso della terminologia tecnica e del dialogo. Esempi dai romanzi d'avventura a partire dai modelli letterari classici fino alla letteratura per ragazzi | **Il genere: Comico**<br>Distinzione tra le categorie di comico e umoristico; puntualizzazione dei meccanismi del comico (errore, imprevisto, esagerazione, equivoco, scambio di persona ecc.) e dell'umoristico (satira, ironia) | **Il tema: Guerra e pace**<br>A partire dalle situazioni storiche del Novecento, si ragiona sulle logiche della guerra e della pace attraverso gli esempi della letteratura e della scrittura espositiva |
| **Il tema: Amicizia**<br>Individuare il linguaggio affettivo ed emotivo dell'amicizia, imparando a comprendere la possibilità di superare conflitti e approfondire la dimensione di reciprocità | **Il tema: Emozioni**<br>Le *Indicazioni Nazionali* propongono di costruire un ambiente scolastico in cui si "*insegna a essere*", oltre che ad apprendere; l'esplorazione del mondo emotivo, imparando attraverso i testi della letteratura a riconoscere e nominare le emozioni, primarie e secondarie | **Il tema: Amore**<br>Che cosa significa amare ed essere amati? L'Unità propone un percorso che indaga sulle forme dell'innamoramento, dell'amore personale, dell'amore "universale", aperto a tutta l'umanità |
| **Il genere: Poesia**<br>Definizione di verso, strofa, schema di rima, figure retoriche di suono e senso; cenni alla parafrasi. Esempi di filastrocca, *limerick*, *nonsense*; poesie sulla percezione dei luoghi | **Il genere: Poesia**<br>Ripresa dello studio delle forme poetiche: figure retoriche di suono, senso e posizione. Il mondo emotivo in poesia; esempi di poesia d'occasione | **Il genere: Poesia**<br>Ripresa delle nozioni di verso, rima, strofa, figure retoriche di suono, senso e posizione; reperimento di tema e messaggio in una poesia. Testi poetici sulla responsabilità civile e sull'amore |
| **Il genere: Teatro**<br>Definizione di testo teatrale, con osservazione della scansione del testo in atti e scene, dell'uso del dialogo e della didascalia | **Il genere: Teatro (commedia)**<br>Tratti storici e costitutivi della commedia teatrale, con esempi dal teatro classico al contemporaneo | **Il genere: Teatro (tragedia)**<br>Definizione e cenni alla storia del genere tragico; distinzione tra tragedia classica e dramma moderno, con esempi letterari |
| **Il tema: Noi e il rispetto**<br>Apprendere le regole del vivere e del convivere passando attraverso la comprensione e la stima dell'altro; la cura delle cose e della Terra | **Il tema: Una bella differenza**<br>Per sostenere il processo di conoscenza e convivenza di culture diverse, per favorire l'interazione e l'integrazione di identità e radici culturali diverse, si propone un itinerario attraverso il concetto di stanzialità e migrazione, esplorando esempi tratti dalle letterature di gran parte del mondo | **Il tema: Legalità**<br>La costruzione della società civile passa attraverso la consapevolezza di cosa sia espressione ed esercizio di legalità: esempi tratti dalla realtà quotidiana e dalla letteratura |

# LE PAGINE LABORATORIO

| VOLUME UNO | VOLUME DUE | VOLUME TRE |
|---|---|---|
| **Tra le pagine dei libri**<br>Che cos'è il piacere di leggere? Proposta dell'attività *Due minuti in libreria* | **Le parole del discorso**<br>In un testo si alternano discorsi diretti e indiretti, con aspetti formali diversi | **Parole e pensieri**<br>Prosegue la riflessione sulle forme del discorso: dialogo, monologo, soliloquio (cenni all'indiretto libero) |
| **Il testo: un tessuto ben fatto**<br>Definizione di testo; concetto di coerenza e coesione | ***Fabula* e intreccio**<br>La variazione di testi all'interno di una storia: racconto lineare, analessi e prolessi | **Comunicare un messaggio**<br>Guida alla definizione del tema di un testo narrativo e al reperimento del messaggio contenuto in esso |
| **Le sequenze della storia**<br>Scomposizione di un testo in sequenze narrative, denominazione delle sequenze; riassunto per titolazione | **Lo spazio della storia**<br>Definizione dello spazio narrativo. L'argomento viene spezzato in due laboratori successivi (cfr *Lo spazio e il suo significato*); definizione di spazio come sfondo neutro e come "atmosfera" del racconto | **I personaggi della storia**<br>Definizione dei personaggi a piatto e a tutto tondo; indicatori per l'analisi di un personaggio; osservazione del sistema dei personaggi in una storia |
| **Sentire o ascoltare?**<br>Ascolto tecnico: capacità di distinguere i toni del discorso e di cogliere i particolari narrativi | **L'ascolto è attivo**<br>Educazione all'ascolto attivo, elaborando strategie efficaci di accoglienza del messaggio. Il lavoro proposto prosegue con il laboratorio *Parole per rappresentare ed esprimere* | **Come si svolge un tema?**<br>Esempi, modelli, esercizi per organizzare la stesura di un testo, dal reperimento delle idee alla stesura definitiva |
| **Descrivere oggetti e animali**<br>Spunti teorici e passaggi propedeutici alla descrizione di un oggetto e di un animale | **Lo spazio e il suo significato**<br>Seconda parte del lavoro sullo spazio narrativo: quando lo spazio ha una parte consistente nella storia, equivalente a un personaggio; quando ha una valenza simbolica | **Tempo variabile**<br>Dopo aver acquisito nell'anno precedente la nozione di *fabula* e intreccio, analessi e prolessi, si procede alla definizione di scena, ellissi, sommario e pausa |
| **Descrivere luoghi e persone**<br>Spunti teorici e passaggi propedeutici alla descrizione di un luogo e di una persona | **Il narratore è come un regista**<br>Definizione del punto di vista e di variazione del punto di vista; distinzione di narratore interno ed esterno | **Analisi di un testo narrativo**<br>A conclusione della narratologia, si propone uno schema di analisi testuale, che osserva le forme della narrazione (genere letterario, tempo, spazio, personaggi, messaggio) |
| **Comunicazione verbale e non verbale**<br>Osservare gli aspetti della comunicazione verbale e non verbale (conferma e disconferma dei messaggi) | **Parole per rappresentare ed esprimere**<br>Per migliorare la comunicazione dei propri pensieri si propone un lavoro su parafrasi e verbalizzazione di ciò che si intende esprimere | **Sostenere un'argomentazione**<br>Tecniche per elaborare il proprio pensiero in relazione a un argomento, esprimerlo ordinatamente e proporlo in un dibattito o in un testo scritto |
| **Diventare poeti**<br>Costruzione di un breve testo poetico, con uso opportuno dell'a capo e dell'immagine poetica | **Poesie in prosa**<br>Versione in prosa di un testo poetico, con esemplificazione della procedura di lavoro: semplificazione, riordino e stesura definitiva della parafrasi | **Analisi di un testo poetico**<br>Analisi delle forme di un testo poetico (verso, strofa, rima, figure di suono e di senso); identificazione dell'argomento generale e del tema; eventuale parafrasi e commento personale |
| **La lettura espressiva**<br>Uso della pausa espressiva, dell'intonazione e del timbro della voce, della lettura intensiva della punteggiatura | **Dare un titolo**<br>Come si costruisce il titolo di un romanzo, di un saggio o un articolo; come si svolge un titolo (nel caso del tema) | **Opinioni sull'arte**<br>Definizione e modello di una recensione a un testo teatrale, cinematografico e artistico |
| **Testi per conoscere e per dare regole**<br>Caratteristiche formali di testi che trasmettono informazioni; che forniscono indicazioni e regole | **Che cosa pensa?**<br>Regole per la realizzazione e la stesura di un'intervista con domande e risposte concepite nel rispetto dell'intervistato | **Un articolo di giornale**<br>Esempi di scrittura di un testo informativo - espositivo, con tutte le possibili tipologie |

IL TEMA

# 1 Le nostre passioni

## Traguardi di competenza

- Interagire in modo efficace in diverse situazioni comunicative, attraverso modalità dialogiche rispettose delle idee degli altri
- Uso del dialogo per apprendere informazioni ed elaborare opinioni non giudicanti
- Uso del dialogo per collaborare con gli altri e per realizzare un progetto comune

## Obiettivi di apprendimento

- Ascoltare testi prodotti da altri offrendo un “ascolto accogliente”
- Intervenire in una discussione, di classe e di gruppo, con pertinenza, rispettando tempi, turni di parola ed elaborando una propria argomentazione

## Contenuti

- Conoscere diverse possibilità di organizzare il tempo libero, per dare spazio a passioni sportive o artistiche
- Dare valore al tempo libero, scegliendo come impegnarlo
- Riconoscere l'importanza di impegnarsi con coraggio e con volontà di esprimere il meglio di se stessi
- Riflettere sull'uso della comunicazione virtuale: come navigare nel web senza naufragare?

# Per pensare e motivare

- L'attività di avvio dell'Unità prevede che vi confrontiate su quattro preferenze diverse all'interno di uno stesso argomento. Per esempio, se doveste discutere su qual è la stagione migliore dell'anno secondo i gusti della vostra classe, si tratterebbe di dividersi in quattro *corners*, ovvero in quattro gruppi di preferenza, tra **1** primavera, **2** estate, **3** autunno, **4** inverno. Sulla base di queste "preferenze" si avvierà poi un'attività di riflessione e di confronto. In questo caso, l'argomento di discussione è sulle vostre **passioni** e su ciò che "costruisce" il vostro **tempo libero**; perciò ai quattro angoli della classe i gruppi saranno su questi quattro argomenti: **1** lo sport e le gare; **2** in giro con gli amici; **3** musica e danza; **4** in casa, tra computer e famiglia.

- Prima di riunirvi con i compagni che hanno scelto il vostro stesso "angolo" (e ancora non sapete chi sono), scrivete su un foglio le ragioni che vi hanno fatto operare quella particolare scelta. Riflettete su:
  - che cosa motiva la vostra preferenza;
  - che cosa vi piace in particolare;
  - che cosa vi crea difficoltà (ma che riuscite a superare);
  - esempi che vi vengono in mente per dimostrare che quello è il migliore modo per passare il tempo libero.
- Se è più di una la preferenza per cui optereste, fate cadere la vostra scelta su quella che per voi "vale" un poco di più delle altre, pur consapevoli che non è l'unica opzione che avreste utilizzato.
- Dividetevi ora nei quattro gruppi ai quattro angoli della classe, facendo un cerchio con le sedie. Ognuno spiegherà agli altri che cosa ha scritto e ascolterà i compagni: chi ha scelto lo stesso angolo, infatti non è detto lo abbia fatto per la stessa motivazione. In questa fase è importante il confronto con i compagni, sia nell'esprimersi con libertà, sia nell'accogliere le esperienze degli altri con attenzione.
- Al termine della discussione farete un breve riassunto per punti di tutte le opinioni-motivazioni espresse nel gruppo e infine un rappresentante del vostro "angolo" preparerà un resoconto da presentare alla classe.
- L'ultima fase del lavoro prevede che i quattro rappresentanti dei *corners* raccontino ciò che è accaduto all'interno del gruppo, facendo una relazione della discussione avvenuta. Tutti avranno quindi una "fotografia" delle diverse opinioni che sono presenti nella classe a proposito di uno stesso argomento, in modo condiviso e articolato, perché ogni parere ha più di una motivazione a sostenerlo. Ricopia nello spazio sottostante una frase per ogni "*corner*", per sintetizzare ciò che è stato detto dai partecipanti del gruppo.

| | |
|---|---|
| Corner 1 | Corner 2 |
| Corner 3 | Corner 4 |

# La mia passione è...

Quando finisce la scuola e si va a casa, incomincia un "tempo libero" che si riempie di attività e persone importanti. Dopo i fatidici "compiti a casa" accadono tante cose che costruiscono un mondo intero, costituito da fratelli, amici, sport, musica, passeggiate, cinema, fumetti, libri, **conquiste di autonomia e spazi di confronto**. Che cosa costruisce il tuo mondo? E che cosa quello dei tuoi compagni? Tanto per cominciare, un test e due letture per innescare la riflessione tra voi e per porvi a confronto con il mondo dei vostri coetanei.

## Ragazzi e vita quotidiana rapporto ISTAT 2011

leggere scrivere

parlare

TESTO INFORMATIVO ESPOSITIVO

1 2 3 livello di difficoltà

**Come vivono nel tempo libero i ragazzi in Italia? Vediamo che cosa dice un rapporto dell'ISTAT. L'ISTAT è l'Istituto nazionale di statistica che elabora ricerche su un campione di intervistati molto ampio e diffuso su tutto il territorio nazionale; i suoi Rapporti sono quindi molto significativi, perché riproducono in modo credibile la situazione del Paese, in relazione a un preciso aspetto: per esempio, sull'istruzione, sul tempo libero, sull'uso della televisione, sull'occupazione e così via. Le dieci tabelle che vi proponiamo raccolgono alcuni dei dati pubblicati sul rapporto Infanzia e vita quotidiana (18 novembre 2011), che "fotografa" la situazione dell'uso del tempo libero nei bambini e ragazzi tra i 6 e i 17 anni, dividendoli per fasce d'età. I dati che abbiamo preso in considerazione sono quelli relativi agli 11-13 anni, in modo che il confronto con la vostra esperienza personale possa essere significativo. Come vi "posizionate" voi, rispetto a ciò che capita nella nazione?**

**SPETTACOLI E INTRATTENIMENTI**

| Classe di età | Teatro | Cinema | Musei, mostre | Concerti (musica classica) | Concerti (altro tipo di musica) | Spettacoli sportivi | Discoteche | Monumenti Siti archeologici | Libri | Sport |
|---|---|---|---|---|---|---|---|---|---|---|
| 11-13 maschi | 32,0 | 80,3 | 47,2 | 9,5 | 15,5 | 51,9 | 6,3 | 30,5 | 56,4 | 70,5 |
| 11-13 femmine | 37,1 | 84,4 | 47,2 | 11,9 | 21,5 | 42,0 | 10,2 | 29,5 | 68,8 | 63,8 |

**CORSI EXTRASCOLASTICI**

| Classe di età | Presenza di corsi | Canto | Musica | Pittura | Teatro | Danza | Attività sportive | Lingue straniere | Informatica | Giornalino |
|---|---|---|---|---|---|---|---|---|---|---|
| 11-13 maschi | 64,2 | 1,1 | 18,9 | 1,6 | 2,4 | 1,3 | 52,3 | 7,7 | 5,7 | 1,2 |
| 11-13 femmine | 64,7 | 5,0 | 17,8 | 2,9 | 5,1 | 11,8 | 39,7 | 12,4 | 5,9 | 1,8 |

## FREQUENTAZIONE DI COETANEI

| Classe di età | Frequentano coetanei nel tempo libero | Numero medio di coetanei frequentato | Con quale frequenza vedono i coetanei | | Frequentano più maschi o più femmine | | |
|---|---|---|---|---|---|---|---|
| | | | Almeno una volta a settimana | Più raramente | Più maschi | Più femmine | Maschi e femmine in egual misura |
| 11-13 maschi | 93,1 | 5,6 | 93,0 | 7,0 | 75,7 | 1,6 | 22,7 |
| 11-13 femmine | 89,0 | 5,1 | 90,1 | 9,2 | 2,1 | 74,3 | 23,6 |

## PARTECIPAZIONE A FESTE (RIFERITO AGLI ULTIMI 12 MESI)

| | ORGANIZZATE PER | | ORGANIZZATE DOVE | | | | | | | |
|---|---|---|---|---|---|---|---|---|---|---|
| Classe di età | Lui/lei | Altri coetanei | Casa sua | Casa di amici | Scuola | Fast food | Pizzeria pub ristorante | Oratorio parrocchia | Spazi condominali | Altri luoghi |
| 11-13 maschi | 65,8 | 79,7 | 52,3 | 69,2 | 13,6 | 9,2 | 49,2 | 20,0 | 2,9 | 10,8 |
| 11-13 femmine | 62,6 | 81,2 | 49,8 | 75,0 | 12,6 | 11,6 | 51,9 | 24,3 | 2,6 | 10,6 |

## FREQUENZA DELLE USCITE DA SOLI O CON AMICI

| Classe di età | Frequenza con cui esce da solo o con amici di giorno | | | | Frequenza con cui esce da solo o con amici di sera | | | | Ora di rientro se l'uscita è di sera | | | |
|---|---|---|---|---|---|---|---|---|---|---|---|---|
| | Tutti i giorni | Una o più volte la settimana | Più raramente | Mai | Tutti i giorni | Una o più volte la settimana | Più raramente | Mai | Entro le 20.00 | Tra le 20.00 e le 22.00 | Tra le 22.00 e le 24.00 | Oltre le 24.00 |
| 11-13 maschi | 11,8 | 51,7 | 19,6 | 17,0 | 2,3 | 15,2 | 17,1 | 65,4 | 16,3 | 44,4 | 29,9 | 2,0 |
| 11-13 femmine | 5,7 | 46,8 | 20,9 | 26,6 | 0,8 | 13,2 | 13,7 | 72,3 | 9,7 | 42,1 | 36,3 | 3,8 |

## LUOGHI DOVE TRASCORRERE IL TEMPO (RIFERITO AGLI ULTIMI 12 MESI)

| Classe di età | Bar | | | Birreria | | | Pizzeria | | | Discoteca | | | Centro commerciale | | |
|---|---|---|---|---|---|---|---|---|---|---|---|---|---|---|---|
| | Almeno una volta a settimana | Più raramente | Mai | Almeno una volta a settimana | Più raramente | Mai | Almeno una volta a settimana | Più raramente | Mai | Almeno una volta a settimana | Più raramente | Mai | Almeno una volta a settimana | Più raramente | Mai |
| 11-13 maschi | 8,3 | 23,1 | 68,5 | 1,8 | 14,5 | 83,7 | 10,5 | 69,7 | 19,8 | - | 3,1 | 96,9 | 16,7 | 58,0 | 25,3 |
| 11-13 femmine | 11,0 | 21,3 | 67,7 | 1,6 | 9,5 | 88,9 | 9,5 | 74,3 | 16,3 | - | 3,6 | 96,4 | 19,5 | 61,4 | 19,1 |

### ATTIVITÀ SVOLTE IN FAMIGLIA

| | Maschi | Femmine |
|---|---|---|
| Bada a fratelli più piccoli | 21,3 | 24,2 |
| Va a fare piccole commissioni | 29,3 | 25,8 |
| Si rifà il letto | 24,7 | 44,0 |
| Riordina le sue cose | 56,5 | 69,7 |
| Aiuta a cucinare | 18,2 | 33,3 |
| Apparecchia e sparecchia la tavola | 45,8 | 65,9 |
| Aiuta nelle pulizie | 15,5 | 35,4 |
| Aiuta a fare qualche lavoretto | 22,6 | 8,6 |
| Va all'ufficio postale | 4,0 | 3,4 |
| Va a buttare la spazzatura | 35,3 | 22,3 |
| Lava i piatti o li mette in lavastoviglie | 10,3 | 28,6 |
| Si occupa degli animali domestici | 16,4 | 21,0 |
| Bada a un nonno, nonna o persona anziana | 3,0 | 4,2 |
| Non svolge attività in famiglia | 14,1 | 9,2 |

### POSSESSO DELLE CHIAVI DI CASA E DEL DENARO

| | Possesso delle chiavi di casa | "Paghetta" dai genitori | | | Mediamente in euro (a settimana) | Abitudine a risparmiare |
|---|---|---|---|---|---|---|
| Classe di età | | Sì, regolarmente | No, solo qualche regalo/premio | No, mai | | |
| **11-13 maschi** | 35,4 | 23,6 | 41,3 | 35,1 | 11,0 | 66,3 |
| **11-13 femmine** | 36,7 | 23,1 | 43,0 | 33,8 | 11,0 | 67,5 |

### UTILIZZO DEL CELLULARE

| Classe di età | Telefonare | Sms | Giocare | Fare squilli | Cambio suonerie | Rubrica telefonica | Fare, mandare, ricevere foto | Fare, mandare, ricevere filmati | Ascoltare musica | Agenda | Registratore | Video chiamate | Internet |
|---|---|---|---|---|---|---|---|---|---|---|---|---|---|
| 11-13 maschi | 91,7 | 81,3 | 58,0 | 30,3 | 47,0 | 38,3 | 34,6 | 42,6 | 13,6 | 9,0 | 11,0 | 2,2 | 6,8 |
| 11-13 femmine | 91,2 | 91,7 | 56,7 | 40,2 | 57,8 | 53,7 | 46,5 | 51,3 | 12,0 | 14,4 | 14,1 | 4,4 | 7,0 |

| | USO DEL PC | | | | | | USO DI INTERNET | | | | | |
|---|---|---|---|---|---|---|---|---|---|---|---|---|
| Classe di età | Sì | Tutti i giorni | Una o più volte la settimana | Qualche volta al mese | Qualche volta all'anno | Non uso del PC | Sì | Tutti i giorni | Una o più volte la settimana | Qualche volta al mese | Qualche volta all'anno | Non uso di Internet |
| 11-13 maschi | 79,0 | 29,2 | 43,8 | 5,0 | 1,0 | 18,6 | 73,9 | 24,0 | 39,8 | 7,5 | 2,6 | 23,8 |
| 11-13 femmine | 81,7 | 31,6 | 44,9 | 3,7 | 1,5 | 17,1 | 76,7 | 26,1 | 40,5 | 8,5 | 1,6 | 21,8 |

## competenze alla prova

### LEGGO E...

#### ... COMPRENDO

1. Quali sono gli argomenti delle tabelle?
2. A "chi" si riferiscono i dati riportati dall'indagine?
3. La divisione tra Maschi e Femmine è sistematica nella presentazione dei dati?

#### ... RICAVO DAL TESTO

4. Osservando la tabella *Frequentazione dei coetanei* puoi dire che i ragazzi e le ragazze preferiscano incontrarsi in gruppi misti?
5. Puoi dedurre dai dati delle tabelle che per l'organizzazione di una festa il luogo preferito sia la pizzeria?
6. Dai dati dell'indagine sui luoghi dove i tuoi coetanei trascorrono il tempo libero, qual è quello più scelto dai Maschi e dalle Femmine?
7. Facendo riferimento alla tabella sulle *Attività svolte in famiglia*, prova a vedere la differenza tra Maschi e Femmine in relazione a questi due gruppi di attività:
   - aiuta a cucinare; aiuta a fare le pulizie; si rifà il letto; apparecchia e sparecchia la tavola; lava i piatti o li mette in lavastoviglie;
   - fa qualche lavoretto; va a buttare la spazzatura; va a fare piccole commissioni.
8. Dai dati offerti dalla tabella sull'uso del denaro puoi ricavare che i ragazzi della vostra fascia d'età ricevono denaro una volta ogni tanto oppure costantemente, come "paghetta" settimanale?
9. Dalla tabella sull'uso del cellulare puoi ricavare quali e quante sono le funzioni più usate dai tuoi coetanei?
   - Ce ne sono molte orientate al gioco?
10. Dai dati sull'uso del PC e Internet si può dedurre che sia più usato il computer o Internet?

#### ... ANALIZZO E INTERPRETO

11. Prova a "sommare" i dati relativi all'uscita da soli o con amici, i luoghi di svago e la frequenza delle uscite e scrivi un breve testo che illustra la situazione più scelta dai ragazzi (o dalle ragazze) della tua età.
12. Osservando i dati riportati dalla tabella sulle attività svolte in famiglia, puoi dire che, tendenzialmente, l'aiuto in casa sia un'occupazione molto significativa a livello di tempo e di responsabilità?
13. È alta la percentuale delle persone che frequentano un corso extrascolastico, di qualunque tipo sia?
14. Le attività culturali rappresentano un'occupazione significativa per i ragazzi tuoi coetanei?

### ORA SCRIVO IO

15. Scrivi una definizione di "tempo libero" secondo il tuo pensiero e la tua esperienza.

## GIOCO DI SQUADRA

(16) **L'attività che vi proponiamo intende farvi ritornare sugli stessi punti dell'indagine svolta sui vostri coetanei in Italia per vedere come si pone la vostra classe rispetto al resto della nazione. Sarà interessante per voi riflettere sul confronto tra "piccolo" e "grande", tra particolare e generale, tra una classe e uno Stato intero: che cosa condividete e che cosa invece vi caratterizza in modo tutto vostro?**

### FASE 1

**Rispondete alle domande del test, che riprendono esattamente le voci delle tabelle che avete letto. Per ciascuna delle domande tenete presente di fare riferimento agli ultimi 12 mesi.**

1 **Spettacoli e intrattenimenti**

Nella tabella che segue sono riportate alcune attività di spettacolo o di intrattenimento; rispondi crocettando i luoghi o i tipi di intrattenimento che hai frequentato.

| Teatro | Cinema | Musei, mostre | Concerti (musica classica) | Concerti (altro tipo di musica) | Spettacoli sportivi | Discoteche | Monumenti Siti archeologici | Libri | Sport |
|---|---|---|---|---|---|---|---|---|---|
| ☐ | ☐ | ☐ | ☐ | ☐ | ☐ | ☐ | ☐ | ☐ | ☐ |

2 **Corsi extrascolastici**

Anche in questo caso indica, sulla base della tua esperienza, se sei iscritto a qualche corso, crocettando la/le attività che hai scelto di frequentare.

| Presenza di corsi | Canto | Musica | Pittura | Teatro | Danza | Attività sportive | Lingue straniere | Informatica | Giornalino | Altro |
|---|---|---|---|---|---|---|---|---|---|---|
| ☐ | ☐ | ☐ | ☐ | ☐ | ☐ | ☐ | ☐ | ☐ | ☐ | ☐ |

3 **Frequentazione di coetanei**

Rispondi a seconda dei casi, crocettando la scelta che ti corrisponde di più o scrivendo SÌ/NO.

| Frequenti persone della tua età, nel tempo libero? | Quante persone vedi per volta, mediamente? | Con quale frequenza ti incontri con i tuoi amici? Crocetta la risposta che ti corrisponde di più. | | Tra i tuoi amici ci sono più ragazzi o più ragazze? Crocetta la risposta che ti corrisponde di più. | | |
|---|---|---|---|---|---|---|
| ............... | ............... | ☐ Almeno una volta a settimana | ☐ Più raramente | ☐ Più ragazzi | ☐ Più ragazze | ☐ Ragazzi e ragazze in egual misura |

4 **Partecipazione a feste nell'ultimo anno**

Rispondi, crocettando le alternative che si sono verificate per te nell'ultimo anno.

| Organizzate per | | Organizzate dove | | | | | | | |
|---|---|---|---|---|---|---|---|---|---|
| Te | Altri amici | Casa tua | Casa di amici | Scuola | Fast food | Pizzeria pub ristorante | Oratorio parrocchia | Spazi condominiali | Altri luoghi |
| ☐ | ☐ | ☐ | ☐ | ☐ | ☐ | ☐ | ☐ | ☐ | ☐ |

**5 Frequenza delle uscite da soli o con gli amici**
Rispondi, crocettando la scelta che ti corrisponde di più.

| Frequenza con cui esci da solo/a o con amici di giorno | | | | Frequenza con cui esci da solo/a o con amici di sera | | | | Ora di rientro, se l'uscita è di sera | | | |
|---|---|---|---|---|---|---|---|---|---|---|---|
| Tutti i giorni | Una o più volte la settimana | Più raramente | Mai | Tutti i giorni | Una o più volte la settimana | Più raramente | Mai | Entro le 20.00 | Tra le 20.00 e le 22.00 | Tra le 22.00 e le 24.00 | Oltre le 24.00 |
| ☐ | ☐ | ☐ | ☐ | ☐ | ☐ | ☐ | ☐ | ☐ | ☐ | ☐ | ☐ |

**6 Luoghi dove trascorri il tempo libero**
Rispondi, crocettando la scelta che ti corrisponde di più.

| | Almeno una volta a settimana | Più raramente | Mai |
|---|---|---|---|
| Bar | | | |
| Birreria | | | |
| Pizzeria | | | |
| Discoteca | | | |
| Centro commerciale | | | |

**7 Attività svolte in famiglia**
Rispondi, crocettando la scelta che ti corrisponde di più.

| | sì | no |
|---|---|---|
| Bada a fratelli più piccoli | | |
| Va a fare piccole commissioni | | |
| Si rifà il letto | | |
| Riordina le sue cose | | |
| Aiuta a cucinare | | |
| Apparecchia e sparecchia la tavola | | |
| Aiuta nelle pulizie | | |
| Aiuta a fare qualche lavoretto | | |
| Va all'ufficio postale | | |
| Va a buttare la spazzatura | | |
| Lava i piatti o li mette in lavastoviglie | | |
| Si occupa degli animali domestici | | |
| Bada a un nonno, nonna o persona anziana | | |
| Non svolge attività in famiglia | | |

**8 Possesso delle chiavi di casa e del denaro**

Rispondi, crocettando la scelta che ti corrisponde di più o scrivendo SÌ/NO a seconda dei casi.

| Hai già le chiavi di casa? | Ricevi una "paghetta" dai tuoi genitori? | | | Hai l'abitudine di risparmiare? |
|---|---|---|---|---|
| ☐ Sì ☐ No | ☐ Sì, regolarmente | ☐ No, solo qualche regalo/premio | ☐ No, mai | ☐ Sì ☐ No |

**9 Utilizzo del cellulare**

Rispondi, crocettando le alternative che si sono verificate per te nell'ultimo anno.

| Telefonare | Sms | Giocare | Fare squilli | Cambio suonerie | Rubrica telefonica | Fare, mandare, ricevere foto | Fare, mandare, ricevere filmati | Ascoltare musica | Registratore | Video chiamate | Internet |
|---|---|---|---|---|---|---|---|---|---|---|---|
| ☐ | ☐ | ☐ | ☐ | ☐ | ☐ | ☐ | ☐ | ☐ | ☐ | ☐ | ☐ |

**10 Uso del PC e di Internet**

Se rispondi sì, crocetta nelle colonne seguenti la risposta che corrisponde alle tue abitudini.

| Uso del PC | | | | | | Uso di Internet | | | | | |
|---|---|---|---|---|---|---|---|---|---|---|---|
| Sì | Tutti i giorni | Una o più volte la settimana | Qualche volta al mese | Qualche volta all'anno | Non uso del PC | Sì | Tutti i giorni | Una o più volte la settimana | Qualche volta al mese | Qualche volta all'anno | Non uso di Internet |
| ☐ | ☐ | ☐ | ☐ | ☐ | ☐ | ☐ | ☐ | ☐ | ☐ | ☐ | ☐ |

### FASE 2

**Raccogliete le vostre risposte e costruite, con l'aiuto dei vostri docenti, quale percentuale di risposta avete dato quesito per quesito. Se potete, dividete tra maschi e femmine i vostri risultati.**

### FASE 3

**Confrontate ora i risultati che avete ottenuto nella vostra indagine con quelli del Rapporto ISTAT e provate a fare alcune riflessioni in proposito, sull'uso del vostro tempo libero; per esempio:**

- siete tendenzialmente impegnati in attività extrascolastiche, più o meno dei vostri coetanei?
- quanto usate telefono cellulare e computer? In modo diverso dai vostri coetanei?
- siete fans di Internet?
- partecipate a feste? In modi uguali o diversi, rispetto ai dati del Rapporto?
- quali luoghi frequentate abitualmente? Sono diversi da quelli dei vostri coetanei?
- siete presenti in famiglia, aiutando? In modo differente i maschi dalle femmine?
- quali luoghi frequentate quando uscite in gruppo? Le vostre abitudini rispecchiano le abitudini dei ragazzi intervistati?
- Il lavoro svolto sull'uso del tempo libero vi permette di concludere che:
  - avete molto o poco tempo a vostra disposizione?
  - potete organizzarvi liberamente?
  - siete consapevoli di ciò che vi piace fare?
  - amate di più stare in compagnia o da soli?
  - i mezzi di comunicazione (cellulari e Internet) hanno molto o poco spazio nella vostra "rete" di contatti?

# Costruire il proprio tempo di Natalia Ginzburg

**Nel breve ricordo di Natalia Levi Ginzburg l'ascolto di musica d'opera è una delle grandi passioni della madre, che vorrebbe coinvolgesse anche i figli con identico trasporto. Non è così, per nessuno di loro e, anzi, l'autrice confessa di essere andata a teatro con i fumetti sotto il braccio per leggerli di soppiatto.**
**Spesso sono gli altri a costruire il nostro tempo libero: i genitori, i fratelli oppure gli amici, senza un reale coinvolgimento personale. Eppure il tempo libero è la parte che ci "rappresenta" di più, perché è lì che costruiamo il nostro mondo più autentico.**

leggere · scrivere · parlare

TESTO NARRATIVO

1 2 3 livello di difficoltà

Mia madre sperava sempre che uno almeno dei suoi figli diventasse come suo fratello Silvio, un musicista: speranza che rimase delusa, perché tutti noi mostravamo, nei confronti della musica, una sordità totale, quando cercavamo di cantare eravamo stonatissimi: eppure tutti volevamo tentare di cantare, e la Paola[1], facendo al mattino la sua stanza, ricantava con triste voce di gatto i pezzi d'opera[2] e le canzoni che aveva sentito da mia madre! La Paola andava a volte con mia madre ai concerti, affermando d'amare la musica: ma i miei fratelli dicevano che in verità era tutta una finzione, e che non gliene importava nulla, quanto a me e ai miei fratelli, condotti per prova a qualche concerto, ci eravamo sempre addormentati e condotti all'opera ci eravamo poi lamentati "di tutta quella musica che non lasciava sentir le parole". Una volta, mia madre mi portò a sentire "La Butterfly"[3]. Avevo con me il "Corriere dei Piccoli": e lessi tutto il tempo, cercando di decifrar le parole alla fioca luce del proscenio[4], e tappandomi con le mani le orecchie per non sentire il frastuono.

da N. Ginzburg, *Lessico famigliare*, Einaudi

**1 Paola**: la sorella dell'autrice.

**2 pezzi d'opera**: l'opera lirica è una forma d'arte, diffusa soprattutto nell'Ottocento e primo Novecento, ma molto rappresentata e seguita ancora oggi, che racconta una storia attraverso il canto e la musica. Alcuni pezzi tratti dalle opere, sia cantati dal coro sia da un solo artista, erano molto famosi ed erano cantati abitualmente dalle persone comuni, come fossero canzoni dei nostri cantautori moderni.

**3 Butterfly**: si tratta di *Madama Butterfly*, una famosa opera di Giacomo Puccini, che racconta la tormentata e tragica storia d'amore tra un soldato americano e una giovane donna giapponese.

**4 proscenio**: è la parte anteriore del palcoscenico.

## competenze alla prova

### LEGGO E...

#### ... COMPRENDO

1. Qual è la speranza della madre di Natalia Ginzburg?

2. Che cosa fa Paola, sorella dell'autrice, per mostrare interesse verso la musica?
   - ☐ Canta pezzi d'opera e va ai concerti
   - ☐ Canta come un gatto
   - ☐ Afferma di amare la musica
   - ☐ Suona uno strumento

3. Qual è l'atteggiamento ricorrente dei fratelli Levi, se condotti a teatro?

4. Quando la piccola Natalia va a vedere *Madama Butterfly*, che cosa si ritrova a fare?
   - ☐ Canta tutto il tempo sottovoce
   - ☐ Ascolta con passione
   - ☐ È tormentata dalla musica troppo alta
   - ☐ Legge, anche se la luce è fioca

#### ... RICAVO DAL TESTO

5. Per quanto puoi ricavare dal testo, la madre della Ginzburg cantava pezzi d'opera in casa?

6. La famiglia Levi aveva l'abitudine di andare a teatro, all'opera e ai concerti?

#### ... ANALIZZO E INTERPRETO

7. Il testo dice che "*tutti noi mostravamo nei confronti della musica una sordità totale*": come puoi interpretare questa affermazione?
   - Si trattava solo del fatto che i fratelli avevano poco orecchio o erano stonati?

8. Nella famiglia Levi gli adulti hanno molta cura dell'educazione dei figli, tentando di trasmettere loro passione per la musica, il teatro, l'arte: ragazzi e genitori riescono a intendersi sulle loro reciproche passioni?

### ORA SCRIVO IO

9. Scrivi una breve sequenza dialogica tra madre e figlia, all'uscita dal teatro, dopo lo spettacolo di *Madama Butterfly*.

10. Quali passioni hai "ereditato" dalla tua famiglia? Rifletti e racconta.

## GIOCO DI SQUADRA

11. I vostri genitori, i vostri fratelli o in generale gli adulti che vivono con voi, come vedono le vostre passioni? Vi "comunicano" alcune delle loro, invitandovi a seguirle, senza che siano effettivamente cosa vostra?

#### FASE 1

Dividetevi in gruppi di 5 persone e per cinque minuti (un minuto a testa) rispondete alla domanda: che cosa dicono i vostri genitori delle vostre passioni o del vostro modo di passare il tempo libero?

#### FASE 2

Negli stessi gruppi e nello stesso tempo rispondete a una seconda domanda: riuscite a comunicare le vostre passioni ai vostri genitori o le vivete come Natalia Ginzburg che leggeva il "Corriere dei Piccoli", di nascosto, mentre faceva altro, apparentemente?

#### FASE 3

Terza domanda: siete "costretti" a fare attività che non vi interessano perché sono passioni di altri, ma non vi trovano pienamente convinti?
Quarta domanda: ci sono passioni, invece, che sono state inizialmente proprie solo dei vostri genitori o famigliari e che sono passate positivamente in voi, con uguale forza e convinzione?

#### FASE 4

Riformate il gruppo classe intero e liberamente provate a discutere con il vostro insegnante quale rapporto c'è tra il mondo degli adulti e quello dei ragazzi circa il tempo libero: dove stanno "torto" e "ragione" nella comprensione delle vostre attività (o passioni) e nelle loro richieste? C'è equilibrio tra le parti?

# Scoprire le proprie passioni di Charlie Chaplin

**Personaggio affascinante, Charlie Chaplin, vive in povertà tutta l'infanzia e la prima adolescenza, fino a quando, scritturato come comparsa, riesce ad assicurarsi una piccola indipendenza economica. Fino ad allora, passando attraverso una serie di mestieri i più svariati, Charlie Chaplin vive sostenuto da una passione, quella di diventare attore, che scopre un giorno, per caso, quando aveva solo cinque anni.**

leggere scrivere

parlare

TESTO NARRATIVO

1 2 3 livello di difficoltà

Semiaccecato dalle luci della ribalta[1], davanti a un mare di facce confuse in mezzo al fumo, cominciai a cantare, accompagnato dall'orchestra che stentò un poco a trovare la mia tonalità. Era una canzone popolare, intitolata *Jack Jones*. [...] A metà canzone una pioggia di monete investì il palcoscenico. Mi interruppi immediatamente per annunciare che prima avrei raccolto il denaro e poi mi sarei rimesso a cantare. Questa uscita provocò le risa del pubblico. Arrivò il direttore con un fazzoletto per aiutarmi a raccattare i soldi. Io credetti che volesse tenerseli lui. Il pubblico, evidentemente, comprese i miei timori e rise ancora più forte, specie quando egli uscì con il denaro e io, preoccupato, gli tenni dietro. Non tornai in scena finché non l'ebbe consegnato a mia madre. Ero perfettamente a mio agio. Parlai al pubblico, ballai ed eseguii diverse imitazioni, compresa quella di mia madre mentre cantava una delle sue marcette irlandesi[2]. [...] Rimasi sorpreso dalla reazione del pubblico. Echeggiarono[3] applausi e risate, poi piovve sul palcoscenico una seconda ondata di monetine; e quando mia madre entrò in scena per portarmi via, la sua presenza suscitò un applauso fragoroso. Quella sera segnò la data della mia prima esibizione in teatro.

da C. Chaplin, *La mia autobiografia*, Mondadori

**1 luci della ribalta**: le luci che illuminano il palcoscenico.

**2 mia madre ... irlandesi**: la madre di Chaplin era una soubrette in teatri di basso ordine, in cui si esibiva come cantante. La sera in cui avviene la scena descritta dal testo, la madre aveva interrotto il suo numero perché le era mancata la voce; il direttore del teatro aveva pensato allora di mettere in scena il figlio, Charlie, al posto suo.

**3 Eccheggiarono**: si sentirono ripetutamente.

## competenze alla prova

### LEGGO E...

**... COMPRENDO**

1. **Quali generi di esibizione sceglie il piccolo Chaplin?**
   - ☐ Canto e imitazione
   - ☐ Canto e danza
   - ☐ Imitazione satirica
   - ☐ Canto, ballo, imitazione
2. **Chaplin ottiene un guadagno dalla sua esibizione?**
3. **Il pubblico reagisce positivamente durante l'esibizione?**
   - ☐ No, si distrae
   - ☐ Sì, lo applaude
   - ☐ Sì, ride, applaude e lancia monetine
   - ☐ No, canta ballate irlandesi

**... RICAVO DAL TESTO**

4. **Da quanto dice il testo puoi dedurre che Charlie Chaplin al momento dell'esibizione sia un bambino ricco o povero? Perché?**

**... ANALIZZO E INTERPRETO**

5. **Lo spettacolo improvvisato, nella sua semplicità, fa capire a Chaplin qualcosa di se stesso: che cosa dice a proposito del suo contatto con la scena e il pubblico?**
6. **La conclusione del testo lascia pensare che ciò di cui si parla sia stato l'inizio di qualcosa d'importante: che cosa?**

### ORA SCRIVO IO

7. **Ti sei mai trovato a fare qualcosa che non avevi mai fatto prima e in cui ti sei scoperto "bravo"? Racconta.**
8. **Quali saranno stati i pensieri di Charlie Chaplin alla fine della sua esibizione? Scrivi un breve testo, come se fossi il piccolo Charlie che racconta alla madre.**

## GIOCO DI SQUADRA

9. **Il gioco ha lo scopo di presentare e di conoscere le passioni di ciascun componente della classe.**

**FASE 1**

La prima fase del lavoro è del tutto personale. Lo scopo è quello di preparare un book fotografico delle passioni che ciascuno di voi possiede. Se siete in grado di farlo, potete predisporre una presentazione fotografica con Power Point, altrimenti potete costruire un collage, con fogli bianchi e fotografie incollate. Fate esempi significativi e divertenti di tutte le attività che vi appassionano e che riempiono il vostro tempo libero: gli amici, uno sport, un animale cui volete bene, la vostra pizzeria preferita e così via (non dovete necessariamente utilizzare foto che vi riguardano, potete fare riferimento a campioni dello stesso sport, luoghi in cui si pratica ciò che vi interessa ecc.).

**FASE 2**

Così come avete imparato per l'attività di *brainstorming* lo scorso anno, uno per volta, nel rispetto di tutti, fate vedere il vostro book, magari con un sottofondo musicale, che faccia da "tappeto" sonoro alle vostre parole. Alla fine di ogni presentazione, si potrà rivolgere qualche domanda per chiarire meglio ciò che viene detto man mano o per esprimere interesse verso quanto viene raccontato.

**FASE 3**

Se lo ritenete opportuno, potete lasciare in evidenza nella classe, per un certo periodo, le presentazioni; se invece preferite ritirare i vostri elaborati, sarà stato comunque importante esprimervi e conoscervi meglio, condividendo interessi e passioni, da veri amici.

# Tempo libero: per lo sport o per l'arte?

Mettere alla prova se stessi, sopportare allenamenti faticosi, confrontarsi nelle gare o semplicemente con i propri "limiti" da superare è uno dei punti di forza dello sport: chi ha scelto un'attività sportiva e la pratica con passione, lo sa. I testi riportati in questa sezione sono un invito a riflettere sulla **bellezza della passione sportiva**, senza che diventi "fanatismo", ma restando un'occasione importante di conoscenza di sé e di confronto con gli altri.
La musica, la danza, il teatro, il cinema, il disegno: tutto ciò che permette di **esprimere se stessi per "creare" qualcosa di artistico**, fa cambiare profondamente. Anche chi ha già provato, per esempio, a suonare uno strumento o a frequentare un corso di danza, lo sa perfettamente. Sono le forze dello sport e dell'arte, che permettono di superare anche le condizioni più negative per dare spazio alla sensibilità e all'intelligenza di ognuno.

## Una lettera sulla passione di Roberto Baggio

**Roberto Baggio è stato uno dei migliori giocatori del calcio italiano e mondiale; ha avuto per questo motivo molti riconoscimenti internazionali, ma quelli più significativi vengono dal suo impegno verso i deboli e gli ultimi, che ha sostenuto con iniziative importanti e con convinzione sincera. Il 14 febbraio 2013 è stato invitato come ospite al Festival di Sanremo dal conduttore Fabio Fazio; dopo l'intervista ha letto un suo messaggio dedicato ai giovani, perché riflettano su cinque "parole".**

leggere scrivere ascoltare

**TESTO EPISTOLARE**

1 2 3 livello di difficoltà

**A tutti i giovani e tra questi ci sono anche i miei tre figli.**
Per 20 anni ho fatto il calciatore. Questo certamente non mi rende un maestro di vita, ma ora mi piacerebbe occuparmi dei giovani così preziosi e insostituibili. So che i giovani non amano i consigli. Anche io ero così. Io però, senza arroganza, stasera qualche consiglio, lo vorrei dare.
Vorrei invitare i giovani a riflettere su queste parole:

La prima è **PASSIONE**. Non c'è vita senza passione e questa la potete cercare solo dentro di voi. Non date retta a chi vi vuole influenzare. La passione si può anche trasmettere. Guardatevi dentro e lì la troverete.

La seconda è **GIOIA**. Quello che rende una vita riuscita è gioire di ciò che si fa. Ricordo la gioia nel volto stanco di mio padre e nel sorriso di mia madre nel metterci tutti e dieci, la sera, intorno alla tavola apparecchiata. E proprio dalla gioia nasce quella sensazione di completezza di chi sta vivendo pienamente la propria vita.

Fabio Fazio e Roberto Baggio durante il Festival di Sanremo 2013.

La terza è **CORAGGIO**. È fondamentale essere coraggiosi e imparare a vivere credendo in voi stessi. Avere problemi o sbagliare è semplicemente una cosa naturale. È necessario non farsi sconfiggere. La cosa più importante è sentirsi soddisfatti, sapendo di aver dato tutto. Di aver fatto del proprio meglio, a modo vostro e secondo le vostre capacità. Guardate al futuro e avanzate.

La quarta è **SUCCESSO**. Se seguite GIOIA e PASSIONE, allora si può anche parlare del SUCCESSO. Di questa parola che sembra essere rimasta l'unico valore nella nostra società. Ma cosa vuol dire avere SUCCESSO? Per me vuol dire realizzare nella vita quello che si è, nel modo migliore. Questo vale sia per il calciatore, per il falegname, l'agricoltore o per il fornaio.

La quinta è **SACRIFICIO**. Ho subito da giovane incidenti alle ginocchia, che mi hanno creato problemi e dolori per tutta la carriera. Sono riuscito a convivere e convivo con quei dolori, grazie al SACRIFICIO, che vi assicuro non è una brutta parola. Il sacrificio è l'essenza della vita, la porta per capirne il significato. La giovinezza è il tempo della costruzione. Per questo dovete allenarvi bene adesso: da ciò dipenderà il vostro futuro. Per questo, gli anni che state vivendo sono così importanti. Non credete a ciò che arriva senza sacrificio, non fidatevi è un'illusione. Lo sforzo e il duro lavoro costruiscono un ponte tra i sogni e la realtà.
Per tutta la vita ho fatto in modo di rimanere il ragazzo che ero, che amava il calcio e andava a letto stringendo al petto un pallone. Oggi ho solo qualche capello bianco in più e tante vecchie cicatrici, ma i miei sogni sono sempre gli stessi. Coloro che fanno sforzi continui sono sempre pieni di speranza. Abbracciate i vostri sogni e inseguiteli. Gli eroi quotidiani sono quelli che danno sempre il massimo nella vita ed è proprio questo che auguro a voi e anche ai miei figli.

R. Baggio, *Lettera ai giovani*, Festival di Sanremo, 14 febbraio 2013

## competenze alla prova

## LEGGO E...

### ... COMPRENDO

(1) **Secondo Roberto Baggio, dove si cerca la PASSIONE? Sottolinea l'espressione del testo che risponde alla domanda.**

(2) **Che cosa rende una vita riuscita? Sottolinea l'espressione del testo che risponde alla domanda.**

(3) **A quali atteggiamenti Baggio associa il CORAGGIO?**

- ☐ Guardare al futuro e vivere con gioia
- ☐ Non farsi sconfiggere
- ☐ Credere in se stessi, non farsi sconfiggere, sentirsi soddisfatti, dare il proprio meglio
- ☐ Avere passione e vivere con sacrificio

(4) **Che cos'è il SUCCESSO, secondo Baggio?**

(5) **A che cosa porta il SACRIFICIO?**

- ☐ Alla realizzazione dei propri sogni
- ☐ A non spaventarsi dei problemi
- ☐ A illudersi di farcela sempre
- ☐ Al duro lavoro

(6) **A che cosa viene dedicato il tempo della giovinezza, secondo Baggio? Sottolinea l'espressione del testo che risponde alla domanda.**

### ... RICAVO DAL TESTO

(7) **Dal testo puoi dedurre che Baggio sia ancora attivo come giocatore professionista?**

### ... ANALIZZO E INTERPRETO

(8) **Quale differenza c'è tra PASSIONE e GIOIA, secondo le definizioni date dalla lettera?**

(9) **Che cosa accade quando si vive con GIOIA e PASSIONE?**

- ☐ Si possono superare le difficoltà
- ☐ Si vive secondo gli ideali portanti della nostra società
- ☐ Si può raggiungere il successo, cioè la realizzazione di ciò che si è
- ☐ Si trova il senso del SACRIFICIO

(10) **Quale relazione c'è tra CORAGGIO e SACRIFICIO?**

(11) **Che cosa significa essere un "*eroe quotidiano*", secondo il discorso di Baggio?**

## ORA SCRIVO IO

(12) **Quali sono le tre parole più importanti per un ragazzo o una ragazza della tua età a proposito di "*guardare al futuro e avanzare*"? Scrivine la definizione.**

### C'È STILE E STILE

(13) **Leggendo il testo del messaggio di Roberto Baggio, quale tono ti sembra abbia usato, per rivolgersi ai giovani?**

- ☐ Autorevole e solenne
- ☐ Paterno e deciso
- ☐ Comprensivo, riflessivo ma forte
- ☐ Autoritario e inflessibile

### FILOFILE

(14) **Guardate l'intera intervista a Roberto Baggio all'indirizzo http://www.rai.tv/dl/RaiTV/programmi/media/ContentItem-edbc5570-b2fa-4407-a3ce-8fefe360c3ef.html e ascoltate la voce in diretta di un uomo che dimostra, nell'emozione del momento, la sincerità della propria passione, non solo verso il calcio. Sapreste, anzi, dire qual è la passione più importante per Baggio? Dopo aver visto l'intervista, scrivete un testo che risponda alla domanda, citando qualche passaggio del discorso.**

(15) **Un esempio di coraggio e di passione che portano al successo è la storia di Lionel Messi, calciatore argentino, attaccante del Barcellona e capitano della Nazionale argentina. Lo racconta Roberto Saviano con parole che fanno intendere quanto sia importante credere in ciò che si fa: http://www.youtube.com/watch?v=f_ucM9ki5wI. Dopo aver ascoltato il racconto, scrivi ciò che ti ha comunicato l'ascolto, come se fosse un'intervista di Saviano a Messi.**

# L'amore per lo sci di Giorgio Rocca

leggere scrivere

TESTO NARRATIVO

1 2 3 livello di difficoltà

**Giorgio Rocca è uno dei grandi campioni dello sci azzurro, vincitore della Coppa del mondo di slalom speciale nel 2006. La sua passione per questo sport è nata prestissimo, in modo naturale e spontaneo, quando da bambino giocava e si divertiva con gli sci ai piedi, senza immaginare che un giorno sarebbe diventato un campione.**

Sono nato a Livigno[1] e vengo da una famiglia di sciatori. Per me, per noi gente di montagna, la neve è un elemento naturale. Nasci con la neve, vivi con la neve. La grande madre bianca scandisce i tempi dell'esistenza.

Sciava mio nonno e scia mia nonna. Mi ricordo che di pomeriggio mia madre o mio padre venivano all'asilo a prendermi e poi via sulla neve, passando dai boschi incantati della mia terra.

Anche il bosco per me è un elemento naturale. Nel bosco io sono a casa. A certi bambini il bosco fa paura, i grandi dicono che nel fitto e nel nero ci sono gli animali che possono sbucare[2] da un momento all'altro e mangiarti. Per me no, il bosco è amico, mi protegge e mi difende, mi fa stare bene.

E quando sono lontano dal mio bosco, mi ammalo di nostalgia.

Sono fortunato, ho avuto una bellissima infanzia, sempre fuori, all'aperto, in quell'aria limpida e quasi saporita che si respira dalle nostre parti, la mangeresti a morsi tanto è compatta. Sciavo bene ma non ero un supereroe, nessuno avrebbe detto che sarei arrivato ai vertici della classifica mondiale. Però mi divertivo ed ero tenace[3] come adesso e forse è questa la mia forza. Se cado, mi rialzo e provo di nuovo, sono fatto in questo modo, il carattere non si cambia.

Molte cose sono cambiate da allora. Gli Sci Club seguono i ragazzi fin da piccoli, li allenano, li indirizzano. Li tirano su[4]. Sono strutture validissime, niente da obiettare, però se ne vanno[5] molti soldi per iscriversi, per gareggiare, per le attrezzature. Mi viene da ridere quando penso che noi avevamo un paio di sci, a volte neanche strepitosi e quelli ce li facevamo bastare minimo tre stagioni. Con lo stesso paio io correvo il gigante, la discesa, lo speciale[6] e andava bene così. Vincere dipendeva soprattutto da te, dalla forza che avevi nelle gambe, dallo stato di grazia[7] del momento. Tu e la neve, tu e la pista, tu e gli sci. Tu contro gli avversari, a combattere con il corpo, con il cuore e con la testa.

Lo sport ti fa crescere, è questo che alla fine impari. Ti fa uomo, nel fisico e nello spirito. All'improvviso si dipana[8] la nebbia e capisci che l'avversario più temibile di te stesso sei proprio tu e allora ti sfidi, ricerchi la perfezione, vuoi sapere fin dove puoi arrivare e lì fermarti, perché oltre non ha senso andare.

E poi noi eravamo liberi, anche di perdere e di essere comunque felici. Liberi dai punteggi e dai centesimi di secondo. Liberi di divertirci e di essere ragazzi.

G. Rocca, *L'amore per lo sci*, in AA.VV., *Per passione*, Buena Vista

**1 Livigno**: comune in provincia di Sondrio, in Lombardia, a oltre 1800 metri di altitudine.

**2 sbucare**: comparire all'improvviso.

**3 tenace**: perseverante, risoluto.

**4 Li tirano su**: li crescono.

**5 se ne vanno**: si spendono.

**6 il gigante, la discesa, lo speciale**: differenti specialità dello sci alpino.

**7 stato di grazia**: stato eccezionale della forma psicologica e fisica.

**8 dipana**: dirada.

## competenze alla prova

# LEGGO E...

### ... COMPRENDO

1. **Qual è il paese di origine di Giorgio Rocca?**
2. **Quando parla della "*grande madre bianca*", a che cosa si riferisce?**
   - ☐ La nonna
   - ☐ La neve
   - ☐ La montagna
   - ☐ La maestra
3. **Quali componenti della famiglia di Giorgio sciavano?**
4. **Con quale mezzo, all'uscita dall'asilo, Giorgio tornava a casa?**
   - ☐ Con l'auto
   - ☐ Con l'autobus
   - ☐ Con gli sci
   - ☐ A piedi
5. **Giorgio sostiene di aver avuto una bellissima infanzia. Perché?**
   - ☐ Ha potuto vivere a contatto con la natura
   - ☐ Non ha conosciuto lo stress e l'inquinamento della città
   - ☐ Ha avuto una famiglia unita
   - ☐ Ha potuto prepararsi per diventare un campione

### ... RICAVO DAL TESTO

6. **Quando Rocca dice che il bosco fa paura a molti, fa riferimento a una tradizione che descrive così questo luogo. In base alle tue conoscenze, quale tipo di testi ti viene in mente?**

### ... ANALIZZO E INTERPRETO

7. **Perché Rocca da ragazzo si dedica allo sci?**
   - ☐ Perché vuole diventare un campione
   - ☐ Perché la famiglia lo obbliga
   - ☐ Perché è naturale e conseguente al fatto che nella sua famiglia tutti sciano
   - ☐ Per far colpo sugli amici
8. **Nella seconda parte del testo, Rocca confronta il metodo con cui vengono cresciuti oggi i bambini che praticano lo sci e come è stato cresciuto lui. Individua le differenze.**
9. **Quale deve essere l'obiettivo di un ragazzo che pratica uno sport?**
   - ☐ Arrivare comunque primo
   - ☐ Diventare un campione
   - ☐ Provare gioia e soddisfazione per quello che si fa
   - ☐ Mantenersi in forma
10. **Scegli tra i seguenti aggettivi quelli che ti sembrano più indicati per descrivere Giorgio Rocca.**
    libero - pigro - solitario - tenace - cupo - appassionato - allegro - arrivista - nostalgico
11. **Perché Giorgio Rocca dice di non essere proprio un supereroe?**
    - ☐ Perché sciare per lui non è frutto di particolari sacrifici
    - ☐ Perché non si sente dotato di qualità eccezionali
    - ☐ Perché le uniche qualità che si riconosce sono la tenacia e la forza
    - ☐ Perché ha un carattere modesto e riservato

## ORA SCRIVO IO

12. **Immagina di essere Giorgio Rocca e descrivi la sua folgorante discesa verso la vittoria nello slalom speciale del 2006. Descrivi le sensazioni che provi.**

### UN MONDO DI PAROLE

13. **Giorgio dice di non essere stato un "supereroe". La parola è composta dal prefisso di origine greca e latina "super" (che indica, appunto, superiorità, eccellenza) e il sostantivo "eroe".**
    - Forma almeno altri 5 nomi con il prefisso "super" che indichino superiorità o eccessiva grandezza.
    - Conosci altri prefissi che danno un valore "superlativo" ai nomi? Indicali.

### C'È STILE E STILE

14. **L'espressione "*nel fitto e nel nero*" significa "nel bosco fitto e nero". L'autore ha eliminato la parola bosco, trasformando i due aggettivi in sostantivi. Quale effetto ottiene, a tuo avviso?**
15. **Il termine saporita (o saporito) si usa per dire che una bevanda o un cibo sono ricchi di sapore. Esprime cioè una sensazione legata al senso del gusto. Secondo te, perché Giorgio Rocca lo usa per descrivere l'aria della sua infanzia?**

# Trovare una via nella musica di Rosaria Amato

leggere scrivere

parlare

TESTO INFORMATIVO ESPOSITIVO

1 2 3 livello di difficoltà

**La mancanza di speranze e la povertà più assoluta sono le condizioni in cui milioni di bambini e ragazzi vivono nel Sud America del Venezuela e del Brasile, senza una concreta attesa di vita e senza un presente costruito su una quotidianità basata su certezze essenziali come la casa, il cibo, la scuola. Alcuni progetti tentano di dare un'esistenza diversa ad alcuni di questi ragazzi, attraverso l'impegno in una passione. Così accade con il progetto di Antonio Abreu, che ha costruito una rete meravigliosa di istruzione, di impegno, di fiducia in se stessi intorno allo studio della musica.**

Centocinquanta orchestre giovanili e 140 infantili, 250 000 tra bambini e ragazzi che hanno imparato a suonare uno strumento musicale e fanno parte di un'orchestra. Il "sistema Abreu", cioè il progetto sociale e musicale messo a punto 32 anni fa in Venezuela da Josè Antonio Abreu e sostenuto e ammirato dai più grandi musicisti, a cominciare da Claudio Abbado, ha prodotto "una resurrezione". Ha strappato i giovani alle bande criminali, li ha riscattati da una situazione di miseria materiale e spirituale, dando loro la forza per lottare per il proprio futuro e per quello delle persone vicine. Abreu, 65 anni, ha ricevuto il 14 (settembre 2006) all'Auditorium della musica di Roma il Premio unicef – Dalla Parte dei Bambini "Per aver dedicato tutta la sua vita alla tutela dell'infanzia e dell'adolescenza e per essersi distinto nelle attività di recupero, attraverso la musica, di ragazzi in situazioni di grave disagio". [...] Mentre gli economisti di tutto il mondo si stanno domandando se davvero gli aiuti stanziati negli anni siano serviti allo sviluppo dei Paesi più poveri e se i complicati progetti delle organizzazioni internazionali abbiano mai prodotto un qualche risultato, il sistema Abreu fa tornare in mente un antico detto cinese: "Se dai un pesce ad un uomo, si nutrirà una volta. Se gli insegni a pescare, mangerà tutta la vita. Se i tuoi progetti valgono un anno, semina il grano. Se valgono cent'anni, istruisci le persone". Istruirle, farle diventare "persone di valore". [...] Abreu era partito con l'idea di riscattare i giovani del suo Paese e in ultima analisi il futuro stesso del Venezuela, ma la *Fundaciòn del Estado para el Sistema de Orquestra Juvenile e Infantil de Venezuela* è diventata molto di più, un modello per l'intero Sud America e in ultima analisi per tutti i Paesi, anche quelli "ricchi" dell'Occidente. A fronte del crescente disinteresse nei confronti della musica, l'entusiasmo dei giovani venezuelani, la loro bravura, costituisce un'indicazione luminosa. Tanto che le istituzioni musicali più sensibili, a cominciare dall'Accademia Nazionale di Santa Cecilia, si stanno impegnando già da qualche anno per la costituzione di cori e di orchestre giovanili. Suonare in un'orchestra, spiega infatti il maestro Abreu, è molto di più di studiare la musica. Significa "entrare in una comunità, in un gruppo che si riconosce come interdipendente", perseguire insieme uno scopo. Ecco perché cambia la vita. Una lezione che Antonio Abreu ha appreso da suo nonno, un italiano che arrivava dall'isola d'Elba.

I ragazzi dell'orchestra *El Sistema*, durante un concerto nel novembre 2011.

"Mio nonno, Antonio Anselmi Viberti, era un musicista, il direttore della Banda dell'isola d'Elba, ed è arrivato in Venezuela nel 1897, portando con sé 46 strumenti a fiato. A Monte Carmelo, dove si era stabilito, ha fondato una banda musicale. Si occupava anche degli arrangiamenti[1]: trascriveva Verdi, Rossini[2]...".

**È per questo retaggio[3] familiare che dunque ha pensato che la musica potesse cambiare il futuro dei giovani del suo Paese?**
Ho voluto insegnare la musica ai bambini perché sono un musicista e non mi piaceva che la musica fosse ridotta a un passatempo per le minoranze, fosse diventata qualcosa d'élite[4]. All'inizio il mio era soltanto un progetto sociale per i bambini poveri, ma l'entusiasmo con il quale è stato accolto mi ha spinto a farlo diventare un vero e proprio progetto musicale.

**Il suo progetto ha avuto successo dall'inizio, non ci sono stati abbandoni da parte di qualcuno dei ragazzi che vi hanno aderito?**
Mai, non è mai successo.

**E davvero imparare a suonare ha permesso a tutti di trovare una propria strada nella vita?**
Sì, perché la musica permette di crescere spiritualmente e mentalmente. È l'arte che riesce a riconciliare la volontà e l'anima. Il giovane diventa artista e ottiene un riconoscimento sociale, diventa l'orgoglio della famiglia e ha il suo riscatto.

R. Amato, *Un'orchestra e un coro per ogni città*, in "la Repubblica", 16 settembre 2006

**1 arrangiamenti**: in musica, l'arrangiamento consiste nell'adattamento di un testo musicale al pubblico che lo ascolterà, rendendolo di volta in volta più melodico, più accessibile, più breve a seconda delle necessità.

**2 Verdi**, **Rossini**: musicisti italiani del secolo XIX, celebri per le loro opere liriche.

**3 retaggio**: eredità.

**4 élite**: sostantivo francese. Indica un gruppo ristretto di persone che si distinguono per un motivo di prestigio o di ricchezza rispetto alle altre.

## competenze alla prova

### LEGGO E...

#### ... COMPRENDO

1 Chi è Josè A. Abreu?

2 Che cosa si intende per "*sistema Abreu*"?
- ☐ L'insegnamento della musica senza la conoscenza delle note musicali
- ☐ Una tecnica per imparare a suonare il pianoforte
- ☐ Un progetto sociale e musicale rivolto ai ragazzi venezuelani meno fortunati
- ☐ Un sistema matematico

3 A chi si è ispirato Abreu per il suo progetto musicale?

4 Dove vivono i bambini e i ragazzi di cui si occupa Abreu?

5 Cerca nel testo il periodo nel quale Abreu spiega perché la musica cambia la vita dei giovani e sottolinealo.

#### ... RICAVO DAL TESTO

6 Nel testo dell'intervista si parla di un'orchestra, dando come sottinteso che il lettore sappia che cosa significa fare parte di un'orchestra musicale. Puoi spiegarlo esplicitamente, servendoti delle tue conoscenze?

#### ... ANALIZZO E INTERPRETO

7 Scrivi una breve interpretazione dell'aforisma cinese citato nel testo:

*Se dai un pesce a un uomo, si nutrirà una volta. Se gli insegni a pescare, mangerà tutta la vita. Se i tuoi progetti valgono un anno, semina il grano. Se valgono cent'anni, istruisci le persone.*

8 Quali dei seguenti aforismi ti sembrano più vicini, per significato, a quello cinese?
- ☐ "*Solo l'uomo colto è libero*" (Epitteto)
- ☐ "*Nessun sogno è mai interamente un sogno*" (Arthur Schnitzler)
- ☐ "*Dimmi ed io dimenticherò, fammi vedere e forse non ricorderò, coinvolgimi e io capirò*" (proverbio nativo americano)

9 Qual è il fine ultimo che il maestro Abreu si prefigge con il suo progetto musicale?

10 Il progetto di Abreu parte da una considerazione precisa della musica. Secondo te, quale può essere tra le seguenti?
- ☐ La musica crea nella mente armonia e insegna una disciplina interiore
- ☐ L'amore per la musica riesce ad abbattere le barriere sociali, unisce e coinvolge
- ☐ La musica fa guadagnare soldi
- ☐ La musica insegna rigore e disciplina

### ORA SCRIVO IO

11 Quale valore ha per te la musica e quanto fa parte della tua vita? Spiegalo in un breve testo.

#### AD ALTA VOCE

12 In classe, con l'aiuto dell'insegnante, dibattete il seguente tema: è meglio imparare a suonare uno strumento o limitarsi a usare le cuffiette e l'ipod per ascoltare musica? Quale tra queste due azioni può dirsi espressione di una vera "passione"?

#### FILOFILE

13 L'esperienza del maestro Abreu non è unica. Guardate i video e dite se riuscite a distinguere in ciò che vi viene raccontato o direttamente vedete il valore della passione verso l'arte:
- l'attore Marco Baliani e i ragazzi di strada di Nairobi: http://www.youtube.com/watch?v=RXRA-5MFA20
- il direttore d'orchestra Gustavo Dudamel con l'Orquesta Juvenil Simón Bolívar de Venezuela (di cui hai letto nel testo) http://www.youtube.com/watch?v=_El7qwibOdc

# Danzare tra passione e fatica

di Anna Bandettini

**Qualcuno ha detto che la danza è un continuo aggiornamento, non si smette mai di imparare. Non è un lavoro: è un'arte! Questa frase si adatta benissimo a Svetlana Zakharova, che viene da molti considerata la più grande e dotata ballerina del momento. Una presenza incantevole e sfuggente, timida ma piena di forza interiore che l'aiuta a sostenere la fatica della sua arte. Perché la danza è in realtà una disciplina per menti forti e determinate, che non arretrano di fronte alla fatica e al continuo esercizio; una passione che riesce a far accettare ogni sacrificio e a modellare il corpo insieme all'anima.**

leggere scrivere

**TESTO INFORMATIVO ESPOSITIVO**

1 2 3 livello di difficoltà

Quando ballo non penso al successo. Sono molto critica con me stessa, non mi sento mai, neanche per un momento, un'artista eccezionale –. Eppure in quattordici anni cinquantaquattro spettacoli di cui una trentina da artista ospite, sono una cosa eccezionale. Collegi, scuole, insegnanti materne e severe, concorsi, e poi tanta disciplina, la disciplina tremenda delle lezioni e degli allenamenti, una prigione da cui non si scappa. Quando a dieci anni mi sono iscritta alla scuola di ballo di Kiev[1] [...] ricordo che c'erano tanti bambini, mi sembravano tutti bravi, sicuramente più di me e tutti con la voglia di vincere. C'era chi faceva quella selezione anche per la terza volta. Non pensavo di riuscire a entrare. E invece mi presero. Mi sentii per la prima volta molto importante – racconta. – Mi trasferii a Kiev da sola. Seguivo le lezioni, mi allenavo, tutto mi veniva naturale. Lo dicevo al telefono a mia madre e lei mi rispondeva: "Vai avanti, sembra facile ma devi studiare se vuoi imparare e se vuoi che la scuola ti sia utile" –. La vita di Svetlana sembra un romanzo ottocentesco che racconta una storia di fatiche e vittorie, di severità e

**1 Kiev**: città capitale dell'Ucraina.

Svetlana Zakharova nel *Lago dei cigni*, Teatro alla Scala, febbraio 2011.

conquiste. – Mi alleno regolarmente cinque-sei ore al giorno. Quando c'è spettacolo lavoro tutta la giornata, senza orario. La fatica spesso è terribile, la stanchezza sembra non abbandonarti mai. Ma si va avanti. L'ho imparato fin da bambina. Non sono mai stata una ragazzina dal fisico forte, mi sono dovuta abituare alla disciplina, agli allenamenti. È stato difficile, ho dovuto forzare il mio corpo alle regole della danza. Ma ho avuto il sostegno di mia madre e soprattutto delle mie insegnanti –. [...] Nel 1995 partecipa alla International Young Dancer's Competiton, ha solo sedici anni, arriva seconda. È così brava che la celebre accademia Agrippina Vaganova di San Pietroburgo[2] la chiama: per età ed esperienza dovrebbe frequentare il secondo corso e invece viene messa al terzo, la classe del diploma. – Essere presi all'istituto Vaganova voleva dire essere al top della danza. Io ero la più piccola di tutti gli allievi. Sentivo che dovevo imparare tutto. Ancora una volta mi sono messa sotto e ho lavorato –. Ottiene il diploma a diciott'anni e stavolta a contattarla è il prestigioso Teatro Mariinskij[3]: senza nemmeno farla passare per il corpo di ballo come vorrebbe la consueta trafila[4], Svetlana a quell'età viene messa nei ruoli di protagonista. Giselle, Aurora ne *La bella addormentata*, Sherazade[5]... –. Come cambiò la mia vita! Innanzitutto ci trasferimmo a San Pietroburgo, mia madre e io. Per me fu uno shock. Ma ancora oggi dico grazie agli insegnanti. Sono onorata che le più grandi ballerine del Mariinskij siano state mie insegnanti. La loro per me è stata una lezione di vita. Il Bolshoi? Certo ci sono affezionata, è il teatro dove ho costruito il mio stile, ma il Mariinskij fa parte della mia formazione. Al Bolshoi ci arrivai nel 2003: era la quarta volta che mi chiamavano, fino a quel momento avevo sempre detto di no perché stavo bene a San Pietroburgo. Solo in quel momento mi sono detta: ok, adesso è ora di cambiare –. Partita dalla cima è rimasta sempre in vetta. C'è chi dice che più della tecnica, la vera dote di Svetlana sia naturale: il suo corpo. [...] – Sì, so che c'è qualcosa di speciale nel mio fisico. Quando ero a scuola anche gli altri studenti lo vedevano. Io non me ne sono accorta subito. Anche perché per non fare differenze tra me e gli altri allievi, durante l'anno gli insegnanti mi davano gli stessi voti dei miei compagni, non ero una prima della classe. Ma a fine anno quando c'erano i saggi e arrivava la giuria esterna, i miei voti erano sempre i più alti e le note eccellenti. [...] La danza è tutta la mia vita –. È stata membro della Duma[6] dove ha lavorato a un progetto per i ragazzi –. Per costruire scuole, perché è importante creare strutture dove i giovani possano sperimentare e studiare in buone condizioni. E infondere la voglia di imparare come è successo a me –. [...] Quando ero alla scuola di Kiev una maestra bravissima ci diceva: quando ballate dovete pensare non solo a muovervi o alla tecnica o al bel gesto armonico. Per ballare ci vuole testa. Non si può essere stupidi. Ecco il segreto: la bravura di una ballerina non sta nella gambe, ma nella testa: tra passione, fatica e arte.

A. Bandettini, *Svetlana Zakharova*, in "la Repubblica", 4 dicembre 2011

**2 San Pietroburgo**: grande città della Russia, sulle rive del Mar Baltico, fondata nel Settecento dallo zar Pietro il Grande.

**3 Teatro Mariinskij**: importante teatro di San Pietroburgo, famoso per la sua scuola di danza. La sua compagnia di danza è famosa in modo eguale a quella del Bolshoi.

**4 trafila**: serie di operazioni da compiere o di ostacoli da superare per raggiungere un obiettivo.

**5 Giselle**, **Aurora**, **Sherazade**: protagoniste femminili dei balletti Giselle, La bella addormentata e Sherazade.

**6 Duma**: Parlamento della Russia.

competenze alla prova

## LEGGO E...

### ... COMPRENDO

1) Chi è Svetlana Zacharova e da dove viene?

2) Quale percorso di formazione ha seguito la Zacharova?

3) A che cosa pensa Svetlana quando danza?
- ☐ Si concentra solo sulla danza
- ☐ Al denaro che guadagnerà
- ☐ Al pubblico
- ☐ Al suo successo

### ... RICAVO DAL TESTO

4) Dal testo è possibile capire come viene considerata la danza nel Paese d'origine di Svetlana?
- ☐ Un'occupazione antica
- ☐ Uno sport
- ☐ Un utilizzo del tempo libero per le ragazze
- ☐ Un'arte che fa scuola

### ... ANALIZZO E INTERPRETO

5) Che cosa significa l'affermazione di Svetlana: "*ho dovuto forzare il mio corpo alle regole della danza*"?
- ☐ Ha dovuto cercare di essere diversa da quello che naturalmente era
- ☐ Ha dovuto, con l'esercizio continuo, adattare il suo corpo alle esigenze della danza
- ☐ Ha dovuto forgiare un carattere più forte
- ☐ Ha dovuto sottoporsi a operazioni di chirurgia

6) L'ambiente della danza classica descritto nel testo è affascinante ma anche impegnativo. Trova nel testo almeno tre elementi che danno al lettore questa idea.

7) Quali aggettivi definiscono meglio il carattere di Svetlana? Sottolineali.

umile - volenterosa - determinata - impegnata - sicura di sé - sprezzante - priva di scrupoli - desiderosa di migliorarsi - disposta a imparare - ottimista - generosa - modesta

8) Svetlana ha partecipato anche alla vita politica del suo Paese. Durante il suo mandato si è occupata di progetti che si servivano della danza per un particolare fine. Quale?

9) La maestra di Svetlana ripeteva che per danzare ci vuole testa, non si può essere stupidi. Perché?

10) Le statistiche dicono che, nel nostro Paese, molte bambine ma pochi bambini sognano di diventare ballerini. Ipotizzane i motivi mettendo una crocetta sulla risposta che condividi; discutine poi con i compagni.

| Bambine scelgono la danza perché | Bambini non scelgono la danza perché |
|---|---|
| ☐ Hanno le mamme che le incoraggiano | ☐ Hanno papà che li scoraggiano |
| ☐ Si lasciano influenzare dalle amiche più grandi | ☐ Preferiscono attività sportive competitive |
| ☐ Amano l'abbigliamento delle ballerine | ☐ Trovano noioso danzare con le bambine |
| ☐ Sognano di diventare brave e famose | ☐ Temono il giudizio dei compagni |
| ☐ Sperano di modellare il loro corpo | ☐ Credono che ci sia da faticare troppo |
| ☐ Trovano la danza molto affascinante | ☐ Credono che la danza sia per le femmine |

## ORA SCRIVO IO

11) Dalla storia di Svetlana si capisce l'importanza di una disciplina ferrea che sta dietro a un risultato in apparenza facilmente raggiungibile. Spiega come, secondo te, la disciplina e il rigore servono nell'apprendimento di un'arte. Puoi aiutarti, oltre che con esempi presi dalla storia di artisti e sportivi famosi, con la tua personale esperienza.

### C'È STILE E STILE

12) Considera il periodo sottolineato in blu nel testo: come definiresti questo stile di scrittura?
- ☐ Giornalistico
- ☐ Formale
- ☐ Solenne
- ☐ Familiare

- Prova riscrivere lo stesso periodo mantenendo il medesimo contenuto ma servendoti di uno stile diverso rispetto a quello usato dall'autrice.

# Cinema per passione dalla Scuola Alighieri Trevigi

leggere scrivere

TESTO NARRATIVO

1 2 3 livello di difficoltà

**Un gruppo di ragazzi della Scuola Secondaria di Primo grado Alighieri Trevigi di Casale Monferrato (AL) ha dato vita a un progetto molto interessante, seguendo la propria passione per il cinema. Nella loro città è stato ritrovato il diario di una ragazza di dodici anni, Maria, che racconta la sua vita durante la Seconda guerra mondiale e in particolare la sua amicizia con una ragazza ebrea di nome Sara. Il loro legame è semplice e fatto di cose identiche a quelle della vita di ragazzi di oggi: chiacchiere, studio, passeggiate, cinema, amici, fidanzati; ma a un tratto la storia di Sara ha una svolta terribile, perché la persecuzione antisemita la colpisce, fino alla deportazione. Dal diario di Maria ragazzi e professori hanno estratto alcuni passaggi, che sono diventati la sceneggiatura del film, diretto e interpretato in un laboratorio scolastico. È stata un'operazione storica delicata e un lavoro svolto con ottimo rispetto della fonte utilizzata. Il film realizzato, intitolato *La stella di Sara*, ha vinto la sezione dedicata ai ragazzi della Scuola secondaria di Primo grado nel Sottodiciotto Filmfestival 2012, indetto dall'AIACE e dal Ministero dei Beni Culturali. Riportiamo qui il passaggio iniziale del diario di Maria e la testimonianza di Martina, una degli interpreti del film. Un esempio di passione per l'arte, vissuto da ragazzi perché altri ragazzi la vivano.**

**14.10.1943**
**Che bella festa oggi! Era il compleanno di Sara, la mia migliore amica. Le hanno regalato un diario, così anch'io ho deciso di scriverne uno. Sara e io ci siamo fatte la promessa che tra cinquant'anni ci ritroveremo e leggeremo le pagine scritte adesso, che di anni ne abbiamo 12. Sarà divertente!**
**Fino all'anno scorso Sara era la mia compagna di banco, ma ora frequenta il Liceo Ebraico a causa delle Leggi Razziali. Era bello spettegolare con lei sulle altre ragazze quando i professori non ci vedevano, adesso molte delle nostre compagne non frequentano più Sara, non la salutano più nemmeno. Avranno paura? Comunque noi restiamo amiche: perché non dovrei frequentare Sara e la sua famiglia? Sono persone per bene; io mi sono affezionata anche a sua sorella, ai suoi genitori; spesso ci hanno aiutato, non credo a quello che dicono degli Ebrei.**

Quando le nostre insegnanti, due anni fa ci proposero di realizzare un video per partecipare al Concorso Ministeriale *I giovani ricordano la Shoah*, accettammo con entusiasmo. Eravamo in 15, appartenenti a tre classi diverse, alcuni di noi frequentavano il Laboratorio teatrale con discreti risultati, ma girare un video era un'altra cosa; dovevamo documentarci, scrivere la sceneggiatura, assegnare le parti. Tutto sembrava funzionare bene: la storia ci piaceva, i ruoli erano giusti, persino la location era perfetta (la nostra città e la nostra scuola erano proprio adatte al soggetto). Ovviamente c'è stata anche qualche difficoltà, per esempio la scelta del titolo per il film... comunque *La stella di Sara* ci ha dato tante soddisfazioni e ha ottenuto importanti riconoscimenti! La realizzazione di quel video è stata un'esperienza impegnativa, ma coinvolgente e molto significativa, perché calarci nei panni dei personaggi ci ha permesso di capire meglio quel tragico periodo storico e l'importanza di difendere sempre, contro il pregiudizio, valori come la tolleranza e il rispetto degli altri. Abbiamo capito che fare un film significa vincere la timidezza o l'eccessiva esuberanza, controllare le proprie emozioni e rispettare delle regole ben definite, per questo motivo penso che *La stella di Sara* ci abbia aiutato a "crescere", fornendoci una vera lezione di vita.

Martina

## competenze alla prova

### LEGGO E...

#### ... COMPRENDO

1. Quale progetto ha realizzato la scuola Alighieri Trevigi?
2. Da quale spunto ha preso il via il progetto?
3. Che cosa ha prodotto questo progetto?
4. Tutti gli alunni della scuola hanno partecipato al progetto?
5. Chi sono Maria e Sara?
6. Chi è Martina?

#### ... RICAVO DAL TESTO

7. Sottolinea nel testo del diario di Maria gli elementi che si possono spiegare solo con il clima di persecuzione contro gli ebrei. Fai riferimento alle tue personali conoscenze storiche, pur non essendo ancora questo argomento programma di studio.
8. Per raggiungere un risultato come quello di girare un film, anche breve, bisogna avere un progetto? Ricava la risposta dal contenuto del testo.

#### ... ANALIZZO E INTERPRETO

9. Come definiresti il rapporto tra Maria e Sara?
   - ☐ Una conoscenza tra compagne di scuola
   - ☐ Un'amicizia sincera e profonda
   - ☐ Un'intesa superficiale
   - ☐ Una simpatica frequentazione
10. Anche in altri testi abbiamo visto che una passione non si può realizzare se non attraverso uno sforzo. Quali elementi della testimonianza di Martina si possono riferire all'impegno che ha comportato la realizzazione del film?
11. Spiega perché secondo te un film può "*aiutare a crescere*".

### ORA SCRIVO IO

12. Ti appassiona il cinema? Oppure è solo un interesse tra i tanti? Spiega perché, nell'uno o nell'altro caso.

### FILOFILE

13. Il film vincitore del Filmfestival è disponibile in You Tube all'indirizzo http://www.youtube.com/watch?v=c9SSXgK6QVO

Guardalo e rispondi alle domande seguenti.

- Anche se non hai letto il *Diario* di Maria, puoi ugualmente riconoscere le "parti" che sono state scelte come sceneggiatura del film?
- Quanti sono i ruoli interpretati dai ragazzi?
- Come si presentano i costumi e gli ambienti?
- Ti sembra ben comprensibile la storia?
- Quali sono state, secondo te, le difficoltà maggiori nel realizzare il film?
- Ti impegneresti nella realizzazione di un progetto simile? Con quale "passione" e quale disposizione al sacrificio, per usare le parole di Baggio (vedi p. 17)?

# L'irresistibile bellezza dello scrivere

di Isabel Allende

LEGGERE IN SPAGNOLO

leggere scrivere

TESTO NARRATIVO

1 2 3 livello di difficoltà

**Eva Luna, protagonista di questo testo, passa dall'amore per la lettura - un amore così intenso che la portava a leggere tantissimo e a raccontare le storie lette alla madre adottiva Zulema - alla passione per la scrittura.**

Yo devoraba los libros que caían en mis manos, atendía la casa y a la enferma, ayudaba al patrón en el almacén. Siempre ocupada, no tenía ánimo para pensar en mí misma, pero en mis historias aparecían anhelos e inquietudes que no sabía que estaban en mi corazón. La maestra Inés me sugirió anotarlos en un cuaderno. Pasaba parte de la noche escribiendo y me gustaba tanto hacerlo, que se me iban las horas sin darme cuenta y a menudo me levantaba por las mañanas con los ojos enrojecidos. Pero ésas eran mis mejores horas. Sospechaba que nada existía verdaderamente, la realidad era una materia imprecisa y gelatinosa que mis sentidos captaban a medias. No había pruebas de que todos la percibieran del mismo modo, tal vez Zulema, Riad Halabí y los demás tenían una impresión diferente de las cosas, tal vez no veían los mismos colores ni escuchaban los mismos sonidos que yo. Si así fuera, cada uno vivía en soledad absoluta. Ese pensamiento me aterraba. Me consolaba la idea de que yo podía tomar esa gelatina y moldearla para crear lo que deseara, no una parodia de la realidad, como los mosqueteros y las esfinges de mi antigua patrona yugoslava,

[...]

## competenze alla prova

### LEGGO E...

#### ... COMPRENDO

1. Eva Luna scopre di avere una vera e propria passione per i libri. Rintraccia nel testo la frase che la rivela e sottolineala.
2. In che modo Eva passa dalla lettura dei libri alla scrittura di storie?
3. Qualcuno la incoraggia a scrivere o fa tutto da sola?
4. Perché al mattino Eva si alza dal letto con gli occhi arrossati?

#### ... RICAVO DAL TESTO

5. Eva Luna è una bambina, eppure parla di un "*padrone*": quale condizione di vita puoi supporre che stia vivendo?
   - ☐ È a servizio presso una famiglia come aiutante in casa e nella bottega
   - ☐ È una schiava
   - ☐ Fa la commessa nella bottega di un signore
   - ☐ Pur essendo una bambina è costretta a lavorare

#### ... ANALIZZO E INTERPRETO

6. Che cosa intende Eva Luna quando dice "*Sospettavo che nulla esistesse davvero*"?
7. Dal momento in cui incomincia a scrivere storie, Eva Luna fa una scoperta che la terrorizza: se ciascuno percepisce la realtà in modo diverso, ne consegue che... Che cosa intende,

Io divoravo i libri che mi capitavano[1] fra le mani, aiutavo il padrone nella bottega. Sempre occupata, non stavo tanto a pensare a me stessa, ma nelle mie storie comparivano brame[2] e inquietudini che non sapevo di avere nel mio cuore. La maestra Inés[3] mi suggerì di annotarle[4] in un quaderno. Passavo parte della notte a scrivere e mi piaceva così tanto farlo, che le ore volavano senza che me ne accorgessi e spesso mi alzavo al mattino con gli occhi arrossati. Ma quelli erano i momenti migliori. Sospettavo che nulla esistesse davvero, che la realtà fosse una materia imprecisa e gelatinosa che i miei sensi captavano[5] a metà. Non c'erano prove che tutti la percepissero[6] alla stessa maniera. Forse Zulema, Riad Halabí[7] e gli altri avevano un'impressione diversa delle cose, forse non vedevano gli stessi colori né udivano gli stessi suoni. Se così fosse stato, ognuno viveva in assoluta solitudine. Quel pensiero mi terrorizzava. Mi consolava invece l'idea che potevo prendere quella gelatina e modellarla per creare quanto più desideravo, non per farne una copia della realtà, ma un mondo mio, popolato da personaggi vivi, a cui avrei imposto io le norme[8] riservandomi di mutarle a mio piacimento. Da me dipendeva l'esistenza di tutto quello che nasceva, moriva o accadeva nelle sabbie immobili dove germogliavano i miei racconti. Potevo metterci quello che volevo, bastava pronunciare la parola giusta per dargli vita. Certe volte sentivo che quell'universo costruito col potere dell'immaginazione aveva contorni più saldi e durevoli della regione confusa dove si muovevano gli individui in carne e ossa che mi circondavano.

da I. Allende, *Eva Luna*, Feltrinelli

**1 capitavano**: arrivavano per caso.
**2 brame**: desideri, passioni.
**3 maestra Inés**: la maestra di Eva Luna.
**4 annotarle**: prenderne nota, scriverle.
**5 captavano**: afferravano.
**6 percepissero**: cogliessero.
**7 Zulema, Riad Halabí**: sono i genitori adottivi di Eva Luna; gestiscono un negozio.
**8 norme**: regole, leggi.

**secondo te, con questa affermazione?**

**8** **Eva Luna dice che attraverso la scrittura non vuole copiare la realtà, ma creare un mondo tutto suo. In quale modo?**

**9** **Come viene definito l'universo creato dall'immaginazione della scrittrice? Sottolinea la frase nel testo.**

## ORA SCRIVO IO

**10** **Eva Luna riesce a sentire nel mondo creato dall'immaginazione una forza addirittura maggiore di quella che ha la realtà. Quale spazio hanno la fantasia e l'immaginazione nella tua vita? Racconta.**

## UN MONDO DI PAROLE

**11** **"Divoravo i libri": questa espressione rivela la "necessità" quasi fisica di leggere in Eva Luna. Dopo aver trovato sul vocabolario il significato del verbo, cerca altre espressioni della nostra lingua nelle quali sia ugualmente utilizzato il verbo divorare.**

## UNO SGUARDO ALLA GRAMMATICA

**12** **Rintraccia nel testo tutti i pronomi personali e definisci a quale complemento corrispondono di volta in volta.**

**13** **Rintraccia nel testo i complementi introdotti da "*in*" e dai suoi composti; definisci poi di quali complementi si tratta.**

# Navigare o naufragare?

Uno degli usi del tempo libero per i ragazzi, specie negli ultimi dieci anni, è "in compagnia" di uno strumento elettronico: videogiochi, navigazione in Internet, partecipazione a social network, telefonate e messaggi su cellulare nelle sue varie forme (smartphone, iphone ecc.). Anche in questo caso si usa il proprio tempo, esattamente come per uno sport o per uscire con gli amici, ma le condizioni sono diverse. Si gioca, si parla, si scherza, ci si racconta in una **forma "virtuale", che non presuppone la presenza fisica di qualcuno accanto a sé**. Tutto questo **non è in sé negativo**, perché si cresce e si impara chi sono gli altri o chi si è anche attraverso queste relazioni e, di fatto, tutti ormai usano un cellulare per comunicare o sanno che cosa sono i social network, **ma ci sono rischi che vanno conosciuti**, non diversamente da quanto capita per le relazioni "di persona". Nei testi che seguono si prende in considerazione il "rischio" di dipendere troppo da un video, navigando nel mare di Internet senza il timone delle proprie comunicazioni e del proprio tempo, naufragando, quindi, senza la percezione di dipendere dalle onde e dal loro fascino.

## Dipendere dal cellulare, un caso eccezionale? da www.repubblica.it

leggere scrivere parlare

TESTO INFORMATIVO ESPOSITIVO

1 2 3 livello di difficoltà

**Un caso reale, accaduto in Spagna qualche anno fa, ma assimilabile perfettamente a quanto potrebbe accadere anche qui, in Italia, fa prestare attenzione a che cosa significa dipendere dal cellulare e dalla comunicazione attraverso gli sms, andando oltre la normalità. Anche voi siete in ansia se il vostro cellulare non è carico e forse perdete comunicazioni? Siete dipendenti dai messaggi che arrivano (o non arrivano) e dalle risposte che aspettate? Vi sentite più importanti se avete un modello di cellulare molto tecno? Se vi svegliate di notte, controllate se è arrivato qualche messaggio?**
**Pensate a ciò che vi capita, perché non tutto è "normale".**

Drogati di telefonino, incapaci di staccarsi dal piccolo schermo a cristalli liquidi, autori compulsivi di sms. Due ragazzini spagnoli, di dodici e tredici anni, sono finiti in una clinica per curare la loro "dipendenza da cellulare". Sono stati i loro genitori a spedirli al Centro di igiene mentale a Lleida, nella regione della Catalogna, vicino a Barcellona: andavano male a scuola, arrivavano a mentire per ottenere più soldi da spendere in ricariche del telefono. Adesso, dopo tre mesi di trattamento e senza cellulare, sembra stiano guarendo. Ma dovranno essere seguiti a lungo, forse ancora per due anni.

– Entrambi mostravano un comportamento disturbato, non riuscivano più ad avere una vita normale – racconta Maite Utges, che dirige il Centro di salute mentale per l'infanzia e l'adolescenza di Lleida. I medici hanno spiegato che i ragazzini possedevano il cellulare da un anno e mezzo, ma quel lasso di tempo è bastato perché i genitori perdessero il controllo della situazione. Ecco perché la dottoressa Utges raccomanda che i telefonini vengano proibiti ai minori di 16 anni. I media spagnoli hanno dato molta risonanza alla notizia. Il caso dei due adolescenti, infatti, non è isolato. Nella stessa clinica sono ricoverati venti ragazzi in tutto. Per loro la diagnosi è dipendenza dalle tecnologie. Telefonino e non solo: anche *Messenger*, il programma per chattare su internet, ha fatto molte vittime. E dati recenti dicono che il 10% degli adolescenti madrileni[1] soffre della stessa patologia[2], se così si può chiamare. – I "sintomi" da tenere d'occhio, come per la videogame-mania sono irritabilità, chiusura in se stessi, comportamento antisociale e pessimi risultati a scuola – spiega un esperto di dipendenze, José Martìnez-Raga, che sostiene che la vicenda di Lleida è solo "la punta dell'**iceberg**".
Non è la prima volta che gli esperti si pronunciano sull'uso-abuso del telefonino e dei dispositivi tecnologici in generale. Uno studio recente, presentato ai primi di giugno al ventiduesimo *Congresso annuale sul sonno* degli Stati Uniti ha denunciato che molti adolescenti soffrono di problemi del sonno a causa delle troppe ore che passano attaccati al cellulare. Tra le conseguenze, anche lo stress e, alla lunga, disturbi dell'attenzione e di tipo cognitivo. Il dibattito sull'eccessiva presenza della tecnologia nella vita dei ragazzi, insomma, non accenna a diminuire e preoccupa i genitori spagnoli, e non solo.

da www.larepubblica.it (Tecnologia&Scienza), 13 giugno 2008

**1 madrileni**: nativi di Madrid.

**2 patologia**: malattia.

**Iceberg**
È una parola che deriva dall'olandese e significa letteralmente "*montagna*" (*berg*) di ghiaccio (*ice*).

## competenze alla prova

### LEGGO E...

#### ... COMPRENDO

1. Perché i genitori dei ragazzi spagnoli si sono rivolti a un centro di igiene mentale?
2. Sottolinea nel testo la frase che fa pensare alla gravità del problema di cui si parla nell'articolo.
3. Il caso dei ragazzi spagnoli può essere considerato eccezionale?
4. Come si è conclusa la vicenda dei ragazzi spagnoli?

#### ... RICAVO DAL TESTO

5. Per quanto puoi dedurre dal testo dell'articolo, pensi che l'attenzione intorno a questo problema sia oggetto di studio oppure no?

#### ... ANALIZZO E INTERPRETO

6. Rintraccia nel testo i sintomi del disturbo di dipendenza da cellulare e sottolineali.
7. A proposito di telefono, che cosa suggerisce la dottoressa Maite Utges?
8. Partendo dal testo, come giudichi le preoccupazioni dei genitori sull'uso del telefono cellulare?
   - ☐ Eccessive
   - ☐ Dovute allo scarso adeguamento a comportamenti diversi da quelli della loro adolescenza
   - ☐ Serie e motivate
   - ☐ Frutto di letture allarmistiche

9. L'elemento del pericolo per la salute (legato all'uso del telefono cellulare) ricorre spesso nell'articolo. Consulta la tabella e segna di volta in volta con una crocetta se i comportamenti elencati sono per te normali o a rischio.

| | È un comportamento a rischio | È un comportamento normale |
|---|---|---|
| Portarsi sempre dietro il cellulare | | |
| Tenere sempre acceso il cellulare (anche a scuola, in chiesa, al cinema, alle feste ecc.) | | |
| Consumare più di dieci euro di chiamate al mese | | |
| Controllare di continuo se nella zona dove ci si trova c'è la linea telefonica attiva | | |
| Inviare almeno cento sms in un mese | | |
| Avere in rubrica più di cento numeri telefonici | | |
| Accendere di continuo il display per controllarlo | | |

### ORA SCRIVO IO

10. Inventa un dialogo tra te e i tuoi genitori a proposito dell'uso del cellulare: quali sono le regole che ti danno e quali quelle che vorresti?

### UNO SGUARDO ALLA GRAMMATICA

11. Analizza i complementi indiretti sottolineati:
   - *"per loro la diagnosi è dipendenza dalle tecnologie"*
   - *"si pronunciano sull'uso/abuso del telefonino"*

### UN MONDO DI PAROLE

**12** **Trova il significato dell'aggettivo "*compulsivo*" e componi una frase che lo contenga.**

**13** **Sostituisci l'espressione "la punta di un iceberg" con un'altra di significato simile.**

**14** **Spiega il significato dell'espressione "quel lasso di tempo" e componi una frase che la contenga.**

### AD ALTA VOCE

**15** **Provate a discutere in classe sull'uso del cellulare utilizzando le domande seguenti come traccia.**

- Solo nel tempo libero? Anche durante lo studio?
- Quanto si può spendere come massimo alla settimana, secondo voi?
- Si può davvero sviluppare dipendenza dal cellulare?
- Perché a scuola non si può usare, secondo voi?
- Per che cosa è utile o per che cosa è divertente usare il cellulare?

## scheda

# Un articolo interessante

"*Facebook è morto!*": le parole di Giacomo, 13 anni, non lasciano molto spazio al cordoglio. Il figlio della nostra amica, nato quando lei aveva 24 anni, troppo pochi per alimentare la voragine che si crea con genitori più "vecchi", ha già l'epitaffio: "*Ormai ci vanno tutti, senza dire mai niente di interessante*". Senza contare che "*lì dentro*" ci stanno anche la mamma e il papà. Ci mancava pure la nonna, "*che è su FB da febbraio. Me li sorbisco già abbastanza a casa...*". Giacomo è molto cosmopolita, in questo. Perché come lui la pensano molti adolescenti americani al centro di una recente indagine del *Pew Research Center*, che ha registrato, se non proprio un fuggi-fuggi, una certa flessione di popolarità di FB. I *teenagers* continuano a iscriversi ("*perché ci devi essere*", dice Giacomo), ma più che ad aggiornare il proprio *status*, a beneficio di liste di amici smisurate, preferiscono bazzicare altrove, twittare aggiornamenti a una cerchia più ristretta e selezionata. Come tra i ragazzi USA, anche tra quelli italiani "*c'è fastidio per la colonizzazione dei genitori*", dice Giovanna Mascheroni, ricercatrice all'Università Cattolica di Milano. "*Perché considerano i social network degli spazi privati, da condividere solo con i compagni*". Anche i dati del *Pew* hanno rilevato un'alta percentuale di profili "criptati" ai non desiderati (mamma e papà): il 60%. Ma a differenza di quanto succede al di là dell'oceano, "*qui in Italia Twitter non piace molto*", continua la ricercatrice. "*I ragazzi preferiscono Instagram, dove se posti una foto non ti senti sotto pressione o alla mercè dei commenti*". "*La corsa sfrenata ai "like" è molto sentita, e anche criticata. I ragazzi se ne stanno rendendo conto: chi, in modo palese, si espone per capitalizzare "pollici" non ci fa una bella figura*". Non ce la fa nemmeno chi è su Facebook solo per battere i record di amici nel portfolio: "*Cinque anni fa andava di moda avere 5mila amici, ora non più*". Per i "nativi" italiani un social network deve avere un requisito base: "*Creare cerchie più ristrette di amici con cui scambiare informazioni*", dice Vincenzo Cosenza di Blogmeter, piattaforma che ascolta, analizza e misura i flussi della comunicazione online. "*Così semplici applicazioni per scambiarsi sms o mms, come WhatsApp, ora svolgono perfettamente questa funzione di reti più esclusive ed economiche*".

adatt. da C. Magnanini, *Bye bye facebook*, in "D di Repubblica", 6 luglio 2013

**E tu, che cosa ne pensi?**

# Dipendere da Facebook

dall'Osservatorio Nazionale sulle dipendenze

leggere scrivere

parlare

TESTO INFORMATIVO ESPOSITIVO

1 2 3 livello di difficoltà

**Sappiamo tutti che l'uso di Facebook è permesso dai tredici anni d'età, ma sappiamo altrettanto che moltissimi adolescenti falsificano la propria età per iniziare a navigare nel social network anche prima. In ogni caso, sia che vi possiate rispecchiare direttamente nell'uso di Fb, sia che possiate attribuire le stesse domande all'uso di una chat (come Whats App, per esempio) o del cellulare, può essere significativo il confronto con questo test messo a punto dall'Università di Bergen, in Norvegia, costruito dopo uno studio condotto su 423 studenti. La risposta alle sei domande che seguono, molto semplici, prevede cinque alternative (molto raramente 1 punto - raramente 2 punti - a volte 3 punti - spesso 4 punti - molto spesso 5 punti). Rispondete con sincerità, attribuendo il punteggio relativo a ciascuna domanda. Dopo il test, facciamo seguire qualche battuta tratta da un lungo articolo della psicologa Sabrina Cotantini sulla dipendenza da Internet: presentiamo alcune delle sue riflessioni come se fossero "risposta" a due domande. Questa forma può aiutarvi a riflettere meglio sul senso della dipendenza da Internet e a interpretare le risposte al test.**

1. Passi molto tempo pensando a Facebook e a collegarti online per usarlo?
2. Senti il bisogno di usare Facebook spesso e per lungo tempo?
3. Usi Facebook nel tentativo di dimenticare i tuoi problemi personali?
4. Hai cercato di ridurre l'uso di Facebook, ma senza riuscirci?
5. Ti agiti e diventi irrequieto se ti proibiscono di usare Facebook?
6. L'uso di Facebook ha avuto ripercussioni negative sul tuo studio o sul tuo lavoro?

da *Le dipendenze senza sostanza*, Osservatorio Nazionale sulle Nuove Dipendenze, 19 maggio 2012

### Quando si è dipendenti da Internet?

Quando non si può fare a meno di pensarci, anche se si è offline. Nonostante la persona compia sforzi notevoli per distogliersene, il pensiero continua a tornare su quel "chiodo fisso". [...] Si è "costretti" al di là della propria volontà, perché si ha la sensazione che, perdendo quella specifica occasione, si perde qualcosa di fondamentale per la propria vita. Il bisogno è tale che in assenza della connessione, si sperimenta ansia, tremore, agitazione, una vera e propria ossessione verso quel dato impulso, come fosse l'oggetto esclusivo della propria attenzione e della vita intera. Per queste persone, Internet rappresenta sempre più un'isola felice, un mondo a sé stante, dove fuggire ogni qual volta la realtà diventa fonte di angoscia e di difficoltà. Un mondo che si sostituisce a quello reale. Si vive per stare connessi e sentirsi connessi, come se questo fosse l'unico modo per avere un contatto con gli altri, con il mondo, con se stessi. Si crea la forte illusione di far parte del mondo, attraverso uno strumento che, invece, presenta il mondo in modo freddo, asettico[1] e distante. Sicuramente Internet, come la TV, ha il grande potere di avvicinare persone diverse

**1 asettico:** in questo senso significa arido, senza calore.

etnicamente, culturalmente, geograficamente, di diffondere le informazioni velocemente, senza limiti di distanze. È uno strumento che favorisce notizie e interazioni, ma non può costituire luogo di vita e di comunicazione. La comunicazione con sé e con l'altro infatti, vuole la presenza totale di noi stessi, a partire dal corpo con le sue sensazioni, percezioni, umori. Internet avvicina, ma allontana anche. Avvicina informazioni e luoghi, ma allontana dal corpo, costringendolo in uno stato di passività. Su Internet il corpo non serve, basta la mente con le sue costruzioni, ci si può anche inventare un corpo, non occorre metterlo davvero in gioco. Senza il corpo, si può vivere una vita artificiale, vissuta unicamente nella mente, costruita a piacimento, lontano dalla sofferenza e frustrazione. Esattamente ciò che capita al drogato, che sceglie di anestetizzarsi, vivendo la vita attraverso una cortina di fumo che attenua ogni malessere. [...] Quello che sembra un rifugio, diventa una prigione e un covo di solitudine che si alimenta da sé, costringendo in un vortice che risucchia. Internet diventa l'unico oggetto di interesse, l'unico modo attraverso cui essere, stare in relazione con gli altri, sentire, vivere, come se, senza, non ci fosse alcuna esistenza. Quello che prima rappresentava uno strumento di comunicazione, diventa poi obiettivo stesso di vita!

### Ma io dipendo dal web?

L'aspetto ancora più pericoloso risiede nella difficoltà a riconoscere il problema. Esattamente come per il tossicodipendente, sussiste l'illusione di non avere un problema, nonché la convinzione di poter smettere quando si vuole. Per le nuove dipendenze, il problema è molto gravoso, perché questi oggetti di dipendenza sono apparentemente innocui, anzi strumenti di grande utilità, frutto della tecnologia.
Ciò che si dimentica è che sono strumenti, non hanno un ruolo di primo piano. Invece, diventano la vita, il luogo dove conoscere e incon-

trare le persone, il luogo di discussione, apprendimento, amore, sogno. Si nega il presente, a favore di una navigazione sospesa fra cielo e terra.
Cerchiamo quindi di stare nella nostra realtà, connessi con la terra e la realtà del nostro corpo, contemporaneamente protesi verso il cielo,

## competenze alla prova

### LEGGO E...

#### ... COMPRENDO

**1 Che cosa si intende per dipendenza?**

- ☐ Una sottomissione
- ☐ Un impiego
- ☐ Una seria incapacità di rinunciare a qualcosa che ci dà un piacere, una soddisfazione
- ☐ Un disturbo nervoso

**2 La connessione a Internet crea in alcuni soggetti una dipendenza. Perché?**

- ☐ Induce a credere che non ne puoi fare a meno
- ☐ Fa sentire al centro di quello che conta veramente
- ☐ Crea una realtà alternativa più piacevole
- ☐ Trasmette sicurezza

#### ... RICAVO DAL TESTO

**3 Per i dati che hai a disposizione, puoi dire che la dipendenza da Fb sia un problema solo italiano? Giustifica la tua risposta.**

**4 Recentemente alcuni studiosi del comportamento si stanno occupando di social network come Fb e di Internet in generale. Perché?**

#### ... ANALIZZO E INTERPRETO

**5 Nel testo si afferma che: "*Senza il corpo, si può vivere una vita artificiale, vissuta unicamente nella mente, costruita a piacimento, lontano dalla sofferenza e frustrazione*". Che cosa significa?**

- ☐ Una vita "immaginaria" vissuta solo sullo schermo di un PC è più facile da vivere
- ☐ Il corpo crea sempre dei problemi
- ☐ Gli esseri umani cercano di fuggire dalle loro responsabilità
- ☐ Il dolore e la frustrazione fanno paura

**6 Cerca nel testo e sottolinea le frasi che mettono più in evidenza i pericoli derivanti dal web.**

**7 Dopo la lettura dei testi proposti, utilizza la tabella per raccogliere le informazioni a favore e quelle contro l'uso di Internet e dei social network.**

| A favore di Internet | Contro Internet |
|---|---|
| Mette a disposizione una quantità sconfinata di notizie, di informazioni, di immagini | Illude di poter possedere tutte le informazioni contenute nel web |
| | |
| | |
| | |
| | |
| | |

attraverso idee, fantasie, sogni che alimentano il nostro mondo interno. Non isoliamoci, spezzando i confini del senso, ma creiamo un collegamento fra ciò che siamo e ciò che ci circonda.

adatt. da S. Cotantini, *Internet, quale realtà?*, in Osservatorio Nazionale delle Nuove Dipendenze

**8** **Ci sono analogie tra chi assume droghe e chi dipende dal web? Utilizza la tabella per riassumere le informazioni contenute nel testo.**

| Chi assume sostanze stupefacenti | Chi dipende dal web |
|---|---|
| Non riesce a fare a meno di certe sostanze che gli procurano benessere | |
| | |
| | |
| | |
| | |

**9** **Come definiresti il comportamento dei ragazzi che trascorrono tutto il tempo libero davanti al loro computer?**

asociali - romantici - tecnologici - informati - tristi - solitari - malati - timidi - preoccupanti - normali - soli

## ORA SCRIVO IO

**10** **Pensa di avere solo Internet per comunicare con gli altri: amici, genitori, fratelli, le altre persone in generale. Che cosa ti mancherebbe? Prova a immaginare.**

### UN MONDO DI PAROLE

**11** **Ci sono parole che sono entrate prepotentemente nel nostro linguaggio e che usiamo talvolta senza porci troppe domande. Fai una ricerca sull'origine e sul significato delle seguenti parole:**

- Web ➲ ..............................
- Internet ➲ ..............................
- App ➲ ..............................
- Social network ➲ ..............................
- Online/offline ➲ ..............................

### AD ALTA VOCE

**12** **In classe, con l'aiuto dell'insegnante, dibattete sui seguenti argomenti:**

- È più facile fare amicizia usando il web, piuttosto che nella vita reale?
- Quali sono i pericoli che percepisci come reali, effettivi, navigando in rete, usando i social network?

# In vetta al Kilimangiaro

Ha pianto per venti minuti quando è arrivato in cima al Kilimangiaro: con la sua gamba di fibre di carbonio e il cuore gonfio di energia ha superato il limite, ha sfidato e ha vinto. I colori dell'Africa hanno spazzato via le ombre di un passato doloroso; una brutta caduta in moto nel 2000, quattro anni di calvario per un piede maciullato, fino alla scelta definitiva: Roberto Bruzzone decide di farsi amputare la gamba destra. Quando due mesi fa ha raggiunto la vetta del Kilimangiaro ha così stabilito un record mondiale: è il primo invalido al mondo che è salito lungo la strada più erta e difficoltosa, la Umbawe route, senza utilizzare gli sherpa, i portatori, caricandosi uno zaino di 22 chili. Il tutto in tre giorni, di pioggia, vento e fame, fino a toccare la luce incandescente del tetto dell'Africa. L'estate prossima lo aspetta l'Islanda, mille chilometri di trekking di cui 200 di ghiacciaio. Poco dopo l'amputazione, poco dopo il recupero fisico e mentale, questo giovane uomo, implacabile con se stesso e con il mondo, si è dedicato all'atletica. Ma gli stavano strette le pareti di una palestra e ha deciso di tuffarsi nelle immensità della terra. Prima i monti del suo piccolo mondo, del Piemonte e della Liguria, ed erano tuttavia dolori lancinanti perché il punto dove la protesi si incastra sul moncherino si infiamma e duole prima di formare il callo. Poi le vette della Valle d'Aosta, il Gran Paradiso scalato in tre ore e mezza in meno dei soliti tempi di salita.

Quindi il cammino di Santiago de Compostela a piedi. Partendo dalla Francia, Bruzzone e il suo allenatore hanno percorso 781 chilometri di pianura, di salita e discesa, in 27 giorni di marcia. Dai 33 ai 40 giorni, quelli necessari a uno sportivo che non ha handicap.

Infine il Kilimangiaro. Durissima. Un'escursione termica micidiale, in cima i meno 35 gradi gli avevano ghiacciato la protesi, alcuni punti difficoltosi, quasi da paura. E l'angoscia, una volta raggiunti i 5400 metri, di un blocco delle forze.

Ora ricorda: – Ma quando sono arrivato lassù ho pensato: adesso sono in grado di fare qualunque cosa. Perché è vero che nel campo base del Kilimangiaro confluiscono anche 350 persone, ma sulla vetta quel giorno erano in dieci. E io fra loro. Davanti a me quel mondo che si apriva: il ghiacciaio, il cratere, l'Africa, con dimensioni indescrivibili.

Tutto quello che vorreste sapere su Roberto Bruzzone è rintracciabile sul portale Insuperabile e sul sito www.robydamatti.it, dei "camminatori con la gamba in spalla". Sito sul quale in occasione del percorso verso Santiago egli ha scritto il diario della sua avventura, ripresa passo passo anche da Sky.

da D. Bonometti, *Disabile genovese in vetta al Kilimangiaro*, in "Il Secolo XIX", 2 febbraio 2008

## Dopo aver letto il testo rispondere alle domande, scegliendo una sola risposta

**A1** **Da quali elementi puoi capire che il testo che hai letto è una storia realmente vissuta? Segna con una crocetta le risposte che ritieni corrette.**

| | |
|---|---|
| Si tratta di un articolo di un quotidiano attendibile | |
| Alla fine, in calce, oltre al nome dell'autore, sono riportati data e luogo di stesura del testo | |
| Nel testo viene riportato anche l'indirizzo di un sito nel quale è possibile controllare la veridicità della storia narrata | |
| Si raccontano fatti reali | |
| C'è un legame diretto tra chi vive la storia e chi la racconta | |
| Ci sono riferimenti precisi a fatti e a luoghi | |
| La sua ultima impresa è stata ripresa da Sky tv | |
| La passione del protagonista per le imprese eccezionali ha fatto parlare molto di lui | |

**A2** **Chi è l'autore di questo testo?**

A Roberto Bruzzone
B Una giornalista de "Il Secolo XIX"
C Un amico del protagonista
D Uno scrittore di libri d'avventura

**A3** **Quale caratteristica del protagonista della storia rende le sue imprese memorabili?**

A La sua disabilità e la passione con cui cerca di superarla
B La passione che mette nelle sue imprese
C Il suo desiderio di essere famoso
D La sua forza fisica

**A4** **Quale importante record ha stabilito Bruzzone di recente?**

A Ha scalato il monte Kilimangiaro
B È il primo invalido ad aver raggiunto la vetta del Kilimangiaro
C È il primo invalido al mondo che è salito sul Kilimangiaro senza utilizzare i portatori, con uno zaino di 22 chili
D È stato il primo invalido ad andare in Asia

**A5** **Perché Bruzzone è diventato invalido?**

A Per un incidente di moto
B Per un incidente d'auto
C Per un incidente di montagna
D Per una malattia

**A6** **Roberto nell'incidente aveva riportato delle ferite gravi?**

SI NO perché ..........................................................................................

**A7** **Nella frase "*Ma quando sono arrivato lassù ho pensato: adesso sono in grado di fare qualunque cosa*" (righe 33-34) si intuisce la forza morale di Bruzzone. In sintesi scrivi in che cosa consista questa forza.**

**A8** **Le imprese di Roberto Bruzzone sono diverse. Nell'elenco che segue segna con una crocetta quelle in cui si è effettivamente cimentato.**

- ☐ Scalata del Kilimangiaro
- ☐ Percorso sulla Umbawe route
- ☐ Vetta del Gran Paradiso in tempi veloci
- ☐ Scalata dell'Everest
- ☐ Cammino di Santiago de Compostela
- ☐ Marcia di 781 chilometri in 27 giorni

**A9 Perché Bruzzone aveva preso la decisione di farsi amputare la gamba destra?**

- [A] Perché il piede maciullato dall'incidente non guariva
- [B] Perché preferiva privarsi della gamba piuttosto che vivere senza camminare
- [C] Perché il dolore per il piede ferito era insopportabile
- [D] Per consiglio dei medici

**A10 Che cosa ha fatto Bruzzone appena arrivato in cima al Kilimangiaro?**

- [A] Ha piantato una bandiera
- [B] Ha pianto per venti minuti
- [C] Si è inginocchiato
- [D] Ha scattato una foto

**A11 C'è sempre un'alternativa alla vita di una persona disabile? Giustifica la tua risposta in un testo di massimo tre righe.**

..............................................................................................................................

..............................................................................................................................

..............................................................................................................................

**A12 In che cosa consiste la sfida di Bruzzone?**

- [A] Dimostrare che anche un disabile può vivere una vita normale
- [B] Dimostrare che anche un disabile può affrontare prove molto impegnative
- [C] Dimostrare la sua superiorità
- [D] Dimostrare che riesce a vincere le sue paure

**A13 L'espressione "*Ma gli stavano strette le pareti di una palestra*" (riga 17) significa che:**

- [A] non gli bastava più dedicarsi alla ginnastica
- [B] Roberto Bruzzone si sentiva molto debole
- [C] l'energia interiore rendeva molto forte Roberto
- [D] Roberto sentiva in se stesso la forza per dedicarsi a nuove imprese

**A14 Sostituisci l'espressione "*quattro anni di calvario per un piede maciullato*" (righe 5-6) con un'altra di significato equivalente.**

..............................................................................................................................

**A15 La narrazione dei fatti segue un ordine preciso; scegli quello che ritieni corretto tra i due proposti:**

- [A] ordine cronologico (da ciò che accade prima a ciò che accade dopo)
- [B] ordine logico (non si rispetta l'ordine di tempo, ma quello che si ritiene importante narrare per primo)

## Quesiti grammaticali: una sola risposta corretta

**B1 Nella frase "*Ma gli stavano strette le pareti di una palestra*" (riga 17) trascrivi il soggetto.**

..............................................................................................................................

**B2 Trova un sinonimo per l'espressione "*le ombre di un passato doloroso*" contenuta nella frase "*i colori dell'Africa hanno spazzato via le ombre di un passato doloroso*" (righe 4-5).**

..............................................................................................................................

**B3 Trova un sinonimo per l'espressione "*tuffarsi... nell'immensità*" contenuta nella frase "*ha deciso di tuffarsi nell'immensità della terra*" (righe 17-18).**

..............................................................................................................................

**B4** **Qual è il significato di "*duole*" (riga 21)?**

A Fa male
B Sale
C Fa forza
D È piacevole

**B5** **Analizza i modi e i tempi dei verbi compresi nelle frasi seguenti:**

"*i meno 35 gradi gli avevano ghiacciato la protesi*": ..........

"*ma quando sono arrivato lassù ho pensato*": ..........

"*nel campo base del Kilimangiaro confluiscono anche 350 persone*": ..........

"*ma su quella vetta quel giorno erano in dieci*": ..........

**B6** **Tra i seguenti avverbi quali sono di tempo?**

A Adesso
B Dove
C Prima
D Ora
E Quando
F Più
G Dopo
H Poi
I Lassù
L Quindi

**B7** **In quante delle seguenti frasi si trova un participio passato?**

A "*Ha pianto per venti minuti quando è arrivato in cima* "
B "*Quattro anni di calvario per un piede maciullato*"
C "*Decide di farsi amputare la gamba destra.*"
D "*Egli ha scritto il diario della sua avventura, ripresa passo passo anche da Sky.*"

**B8** **Coniuga i verbi elencati all'infinito nel modo participio presente.**

| Modo Infinito (presente) | Modo Participio (presente) |
|---|---|
| Piangere | |
| Sfidare | |
| Confluire | |
| Dolere | |

**B9** **Evidenzia con un PV i predicati verbali, con un PN i predicati nominali presenti nelle frasi seguenti:**

PN PV "*è arrivato in cima*"
PN PV "*è il primo invalido al mondo*"
PN PV "*erano tuttavia dolori lancinanti*"
PN PV "*hanno percorso 781 chilometri*"

**B10** **Nella frase "*Tutto quello che vorreste sapere su Roberto Bruzzone è rintracciabile*" quale complemento è *su Roberto Bruzzone* (righe 39-40)?**

A Complemento di stato in luogo
B Complemento di termine
C Complemento di argomento
D Complemento di modo

# Dalle passioni... al progetto di vita

## CONOSCERE LE PROPRIE PASSIONI

**Sport**
- individuale
- di gruppo

**Arte**
- musica
- danza
- cinema
- teatro

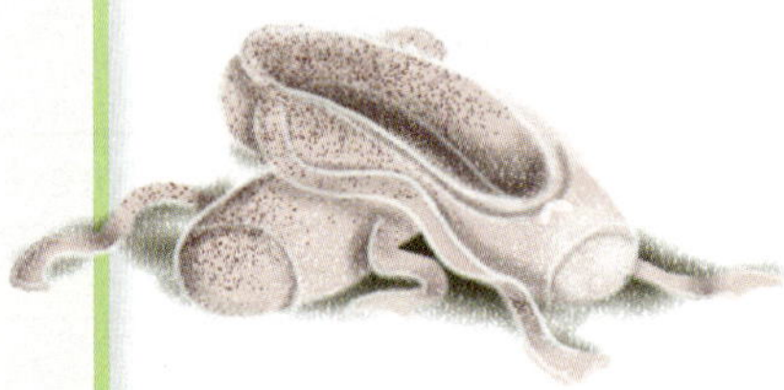

**Lettura e scrittura**

## ORGANIZZARE IL PROPRIO TEMPO

- Scuola
- Famiglia
- Interessi personali

# PRIME RIFLESSIONI PER PROGETTARE LA PROPRIA VITA

- tempo in classe
- studio a casa

## Conoscere passioni e interessi serve per fare scelte di vita?

- Indagine sui propri interessi
- Area di interesse e professioni
- Saper superare le difficoltà per progettare la vita

- aiuto in casa
- attività in comune

- incontri con amici
- sport, lettura ecc.

# Come organizzi il tuo tempo?

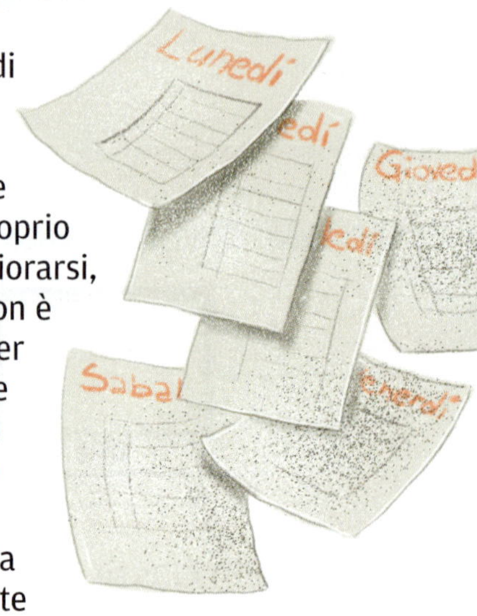


Hai letto interviste, articoli, racconti che riportano l'esperienza di tante persone che hanno dedicato tempo e impegno alle loro passioni. Se provi a ritornare con la memoria alle loro parole, ricorderai che spesso hanno parlato della difficoltà di organizzare il tempo della loro vita per poter realizzare il loro sogno; ma, proprio attraverso il loro sforzo, hanno potuto studiare, allenarsi, migliorarsi, divertirsi, stare con le persone cui volevano bene ecc. Dunque non è solo importante riconoscere ciò che appassiona, ma anche saper distribuire nel tempo che si ha a disposizione tutto ciò che si ritiene importante fare. L'organizzazione del tempo è un punto di partenza importantissimo per realizzare la propria vita, man mano che si distingue che cosa veramente interessa.

Prova a "osservarti" per una settimana intera, compilando la tabella della pagina a fianco e poi, trascorsi sette giorni, rifletti attentamente su questi punti:

- fai la somma di tutte le porzioni di quindici minuti dedicate alle varie attività: quante ore dedichi complessivamente a ciascuna di esse?

  Scuola: ....................

  Studio: ....................

  Aiuto in famiglia: ....................

  Sport: ....................

  Interessi vari: ....................

  Amici: ....................

  Computer: ....................

  Tv: ....................

  Cellulare: ....................

  Lettura, scrittura: ....................

  Musica: ....................

  Trasporti, spostamenti: ....................

  Mangiare, lavarsi, vestirsi: ....................

  Sonno: ....................

- rifletti sulla distribuzione degli impegni nel tempo: hai notato qualcosa in particolare? Per esempio: dedico troppo/troppo poco tempo allo studio, allo sport, al cellulare?
- è necessario, secondo te, riprogettare la distribuzione delle attività nel tempo, sulla base di un criterio che ti sembri più ragionevole?

Mettete in comune le vostre osservazioni e condividete con l'insegnante fatiche, difficoltà o successi, per capire insieme che cosa sono una "buona" o una "cattiva" organizzazione del tempo.

# Tabella orario settimanale

**Settimana dal/al** ......................................................................................................................................

| ore | lunedì | | | | martedì | | | | mercoledì | | | | giovedì | | | | venerdì | | | | sabato | | | |
|---|---|---|---|---|---|---|---|---|---|---|---|---|---|---|---|---|---|---|---|---|---|---|---|---|
| 6 | | | | | | | | | | | | | | | | | | | | | | | | |
| 7 | | | | | | | | | | | | | | | | | | | | | | | | |
| 8 | | | | | | | | | | | | | | | | | | | | | | | | |
| 9 | | | | | | | | | | | | | | | | | | | | | | | | |
| 10 | | | | | | | | | | | | | | | | | | | | | | | | |
| 11 | | | | | | | | | | | | | | | | | | | | | | | | |
| 12 | | | | | | | | | | | | | | | | | | | | | | | | |
| 13 | | | | | | | | | | | | | | | | | | | | | | | | |
| 14 | | | | | | | | | | | | | | | | | | | | | | | | |
| 15 | | | | | | | | | | | | | | | | | | | | | | | | |
| 16 | | | | | | | | | | | | | | | | | | | | | | | | |
| 17 | | | | | | | | | | | | | | | | | | | | | | | | |
| 18 | | | | | | | | | | | | | | | | | | | | | | | | |
| 19 | | | | | | | | | | | | | | | | | | | | | | | | |
| 20 | | | | | | | | | | | | | | | | | | | | | | | | |
| 21 | | | | | | | | | | | | | | | | | | | | | | | | |
| 22 | | | | | | | | | | | | | | | | | | | | | | | | |
| 23 | | | | | | | | | | | | | | | | | | | | | | | | |

Ogni quadratino rappresenta un quarto d'ora.
Colorali in modo diverso a seconda dell'attività o gruppi di attività:

- sonno
- scuola
- studio
- sport, attività all'aria aperta
- incontro con gli amici
- musica
- TV
- trasporti, spostamenti
- lettura, scrittura
- aiuto in famiglia
- mangiare, lavarsi, vestirsi
- interessi vari (specificare quali)
- cellulare
- computer

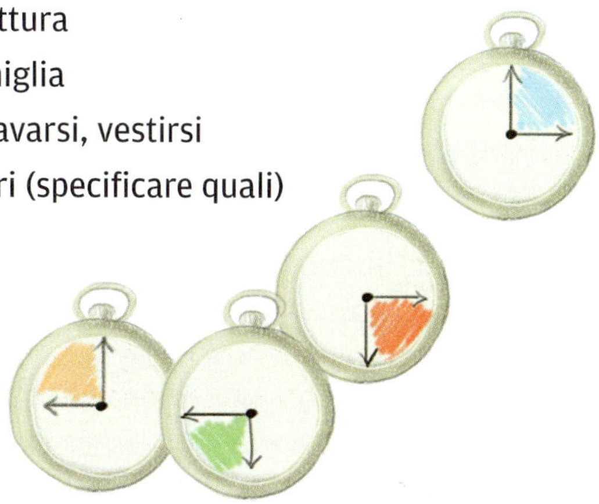

PROGETTO ORIENTAMENTO

# Dalle passioni alle scelte

Quando una passione nasce, la si sviluppa e la si mantiene nel tempo, non è detto che non diventi un punto di partenza importante per fare una scelta che riguarda la propria vita futura. Sai bene che le passioni o gli interessi che si vivono possono riguardare tanto le **materie di studio** quanto qualcosa che con la scuola non ha a che fare. Una passione può nascere perché si scopre di **riuscire bene** in quella particolare attività o perché **qualcuno ci incoraggia** a farla, o perché ci fa piacere **ricevere complimenti da persone importanti per noi** o ancora perché vogliamo **imitare persone che conosciamo e ammiriamo.**

Prova a riflettere sulle tue attività e, sulla base del lavoro svolto nell'Unità, compila le due tabelle seguenti; rifletti poi nel modo proposto dalle domande poste in calce alle tabelle.

**Leggi le proposte e esprimi il grado di interesse che provi.**

| | Quali sono i tuoi interessi? | 1 poco | 2 abbastanza | 3 molto |
|---|---|---|---|---|
| 1 | Leggere libri, fumetti | | | |
| 2 | Giocare, fare sport | | | |
| 3 | Suonare uno strumento musicale | | | |
| 4 | Usare il computer | | | |
| 5 | Fare esperimenti scientifici | | | |
| 6 | Avere cura degli animali | | | |
| 7 | Ascoltare musica | | | |
| 8 | Frequentare gli amici | | | |
| 9 | Disegnare | | | |
| 10 | Aiutare in famiglia | | | |
| 11 | Scrivere | | | |
| 12 | Collezionare (figurine, francobolli, cartoline...) | | | |
| 13 | Guardare la televisione | | | |
| 14 | Altro: ........................................................................................ | | | |

**Tra le attività a cui hai dato un punteggio elevato scegline due e prova a dire perché le preferisci:**

Prima attività scelta

..........................................................................................

☐ mi incuriosisce
☐ lo fanno anche i miei genitori
☐ mi riesce bene
☐ è un'attività pratica
☐ mi diverte
☐ altro: ..........................................................................

Seconda attività scelta

..........................................................................................

☐ mi incuriosisce
☐ lo fanno anche i miei genitori
☐ mi riesce bene
☐ è un'attività pratica
☐ mi diverte
☐ altro: ..........................................................................

**Prova ora a riflettere su quanto hai scoperto riguardo ai tuoi maggiori interessi.**

| | Quali sono i tuoi interessi scolastici? | 1 poco | 2 abbastanza | 3 molto |
|---|---|---|---|---|
| 1 | Italiano | | | |
| 2 | Storia | | | |
| 3 | Matematica | | | |
| 4 | Geografia | | | |
| 5 | Scienze | | | |
| 6 | Educazione alla convivenza | | | |
| 7 | Religione | | | |
| 8 | Arte e immagine | | | |
| 9 | Tecnologia | | | |
| 10 | Scienze motorie e sportive | | | |
| 11 | Educazione Musicale | | | |
| 12 | Lingua Straniera | | | |

**Tra le materie a cui hai dato un punteggio elevato scegline due e prova a dire perché le preferisci:**

Prima materia scelta

..........................................................................................

- ☐ mi incuriosisce
- ☐ piace anche ai miei genitori
- ☐ mi riesce bene
- ☐ è un'attività pratica
- ☐ mi diverte
- ☐ altro: ..........................................................................

Seconda materia scelta

..........................................................................................

- ☐ mi incuriosisce
- ☐ piace anche ai miei genitori
- ☐ mi riesce bene
- ☐ è un'attività pratica
- ☐ mi diverte
- ☐ altro: ..........................................................................

**Prova ora a riflettere su quanto hai scoperto riguardo alle tue preferenze in ambito scolastico.**

# Storia personale e interessi

A questo punto del percorso sugli interessi, prova a riflettere sulla tua storia personale e a risalire alle **cause delle tue passioni**, per incontrare quanto sono profondi la tua azione o lo stato d'animo che provi nel metterla in atto. Beninteso, si può trattare dello studio di una materia o di uno sport o di un'attività all'aria aperta... saprai tu che cosa mettere in queste caselle, ma è importante la tua sincerità nell'indagare su te stesso. Allora: a proposito di due interessi che provi scava nella tua storia e scopri le loro origini in fatti che sono capitati, abitudini, comportamenti passati. Inserisci nelle cornici queste informazioni.

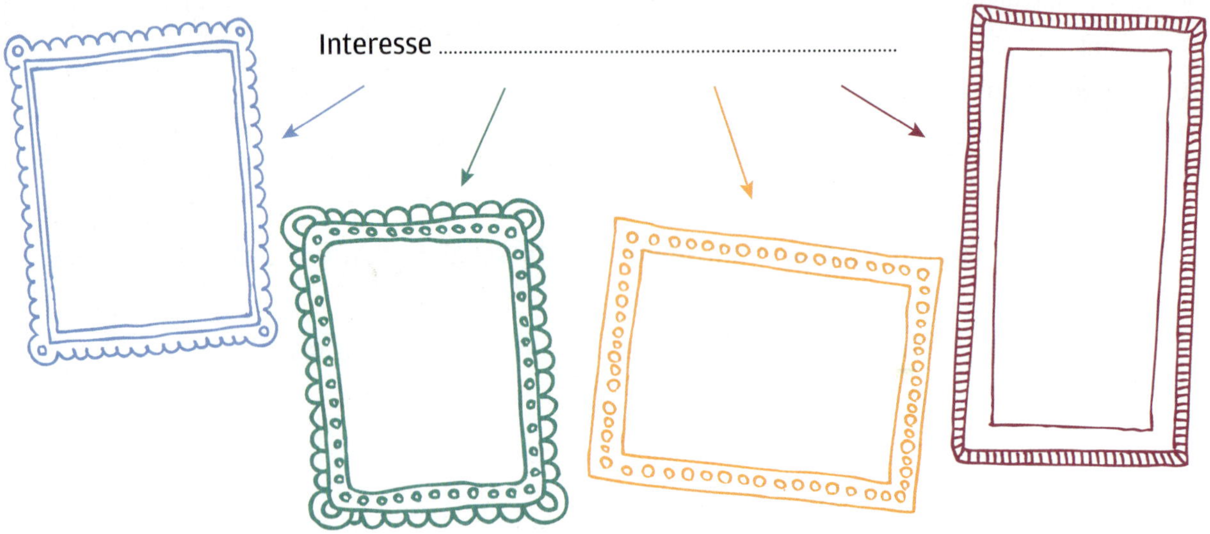


**Fai la stessa cosa per un tuo secondo interesse.**

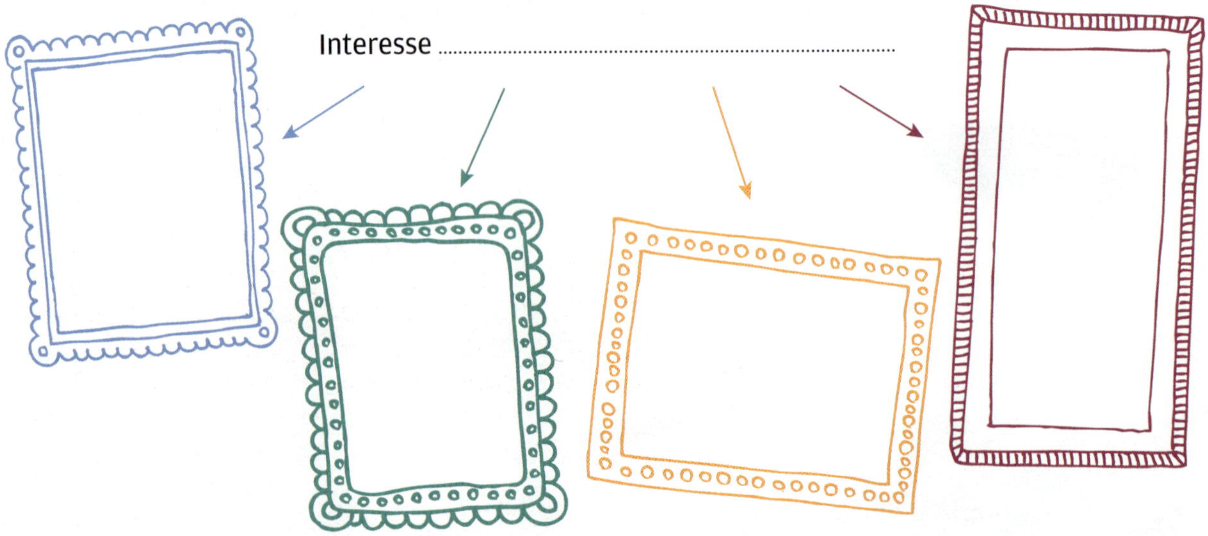


**Quanto è profondo il punto di partenza di ogni interesse?**

Prova ora a lavorare sulla **"storia" delle passioni o degli interessi che hai avuto nel corso degli anni**. Alcuni sono nati molto tempo fa e si sono mantenuti, altri sono scomparsi e si sono magari trasformati. Lavora su di te e prova a individuare che cosa trovi più in "basso" (durante la primaria), che cosa più in "alto", nell'anno scorso o in quest'anno. Se si ripresentano nel corso del tempo, ripetili più di una volta. Scrivi il risultato della tua indagine nello schema proposto; e rispondi poi alle domande.

- Quali interessi sono scomparsi?
- Quali invece si ripetono in più di un riquadro?
- Quali sono rimasti costanti?
- Quali sono nati ora?
- Quali sono più forti e significativi?
- Quali più superficiali?

# Orientarsi tra passioni e futuro

Hai mai pensato che i tuoi interessi e le tue passioni possano crescere e svilupparsi fino a diventare il tuo futuro lavoro? O hai mai pensato che senza un reale interesse il tuo lavoro diventerà più un dovere che altro? Per ora, prima di affrontare una scelta vera e propria, tieni presente il ruolo di una passione o di un interesse nella vita, perché senza questo "motore" ogni attività risulta essere più spenta, sorretta dal senso del dovere più che dal piacere di svolgerla.

Rispondi alle domande del test, che ha lo scopo di dare alle tue inclinazioni un "campo" d'impegno corrispondente; non di più, per ora. Segna con una crocetta le affermazioni che corrispondono di più al tuo modo di pensare o agire.

- ● (viola) Credi che studiare sia piacevole e non ti pesa l'idea che quest'attività duri ancora molti anni
- ● (arancione) Ti piace essere a contatto con le persone e accoglierle
- ● (verde) Sei abile a maneggiare materiali e a costruire piccoli oggetti
- ● (viola) Ami l'arte e la musica, che ti permettono di immaginare molte cose
- ● (blu) Sai risolvere problemi, anche complicati, che mettono alla prova la tua capacità logica
- ● (verde) Hai più spirito di osservazione degli altri
- ● (blu) Hai una spiccata capacità di osservare e memorizzare dati
- ● (arancione) Ti piace fare insieme ad altri attività di lavoro o di gioco, collaborando senza fatica
- ● (blu) Sai applicare regole matematiche di calcolo con facilità
- ● (verde) Ti piace osservare il funzionamento degli oggetti meccanici
- ● (viola) Anche se un argomento non ti interessa particolarmente, lo ascolti ugualmente perché è comunque degno di essere conosciuto
- ● (verde) Sei capace di trovare soluzioni ai problemi pratici che si presentano nella vita quotidiana
- ● (arancione) Ti senti capace di aiutare chi vuole imparare
- ● (blu) Sei in grado di schematizzare testi di studio con buona capacità di sintesi
- ● (verde) Sei preciso quando si tratta di usare strumenti manuali
- ● (arancione) Riesci a proporre attività o iniziative interessanti, in cui gli altri si sentono coinvolti
- ● (viola) Ti piace scoprire il significato delle cose, sia che si tratti di cercare su un dizionario, sia che si tratti di ragionare sulle cose
- ● (arancione) Ti senti a tuo agio quando puoi ascoltare e sostenere chi è in difficoltà
- ● (viola) Ti piace leggere per allargare i tuoi orizzonti e conoscere un'idea nuova ogni giorno
- ● (blu) Riesci a dare con facilità un ordine sistematico alle cose, anche se disordinate

**Segna quanti asterischi hai collezionato per ogni colore: quale prevale?**

| | | | |
|---|---|---|---|
| ● .............................. | ● .............................. | ● .............................. | ● .............................. |

**Leggi il testo che corrisponde al colore prevalente nelle tue scelte.**

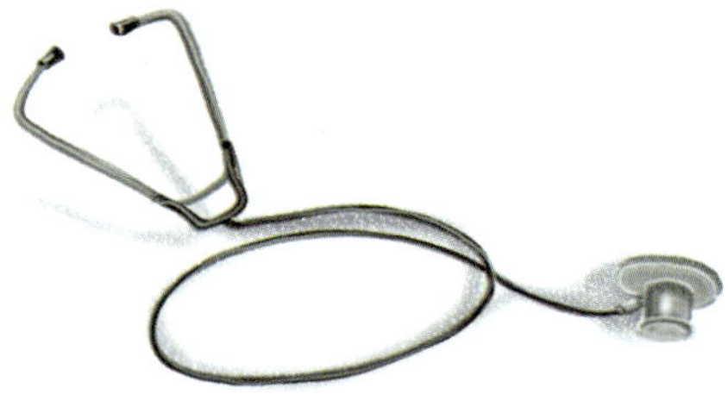

● Ti rivolgi prevalentemente ad attività che coinvolgono le persone, spesso in difficoltà; per questo genere di impegno si richiedono doti di comunicazione e di responsabilità sentite con partecipazione personale e con preparazione specifica. Così si comporta chi lavora nel settore sanitario o chi insegna, lavora nell'assistenza sociale, nell'assistenza psicologica.

● I tuoi interessi si rivolgono principalmente allo studio e all'arte; per questo tipo di attività è necessario essere incuriositi dalla ricerca, dalle idee che gli uomini nel corso della storia hanno elaborato. Chi si rivolge a questo tipo di interesse sa che è bello studiare in ogni campo, tanto letterario, quanto artistico, musicale o scientifico: l'importante è conoscere.

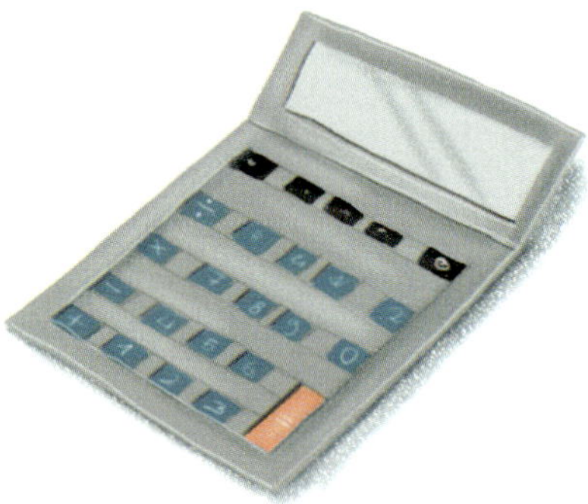

● Ti interessa in particolare dare un ordine sistematico alle cose, con attenzione e puntualità, come fa chi organizza il lavoro amministrativo o di segreteria. Per questo genere di professioni bisogna avere logica e sistematicità, per dare con la propria memoria e razionalità una "forma" al lavoro di altre persone o a molti dati.

● Non c'è congegno che non ti interessi, meccanismo, progetto, materiale o macchinario che sfuggano alla tua attenzione. Chi, come te, si interessa a questo genere di attività possiede buona manualità e ama progettare apparecchiature o realizzarle. Ti piacciono e ti incuriosiscono i sistemi operativi o i macchinari elettrici, idraulici, meccanici e sai cavartela nella realtà pratica con abilità.

**Un'ultima attività.** Con questo test abbiamo cominciato a porre le basi di un ragionamento: collegare i propri interessi alla vita lavorativa è importante per essere contenti del proprio impegno e del proprio lavoro. Che cosa pensano di questo legame tra passione e lavoro le persone che lavorano già e che sono artigiani, commercianti, segretari, medici, infermieri, professori ecc.?

Andate al **Laboratorio 10** *Che cosa ne pensa?* e svolgete gli esercizi proposti a p. 671.

# Le difficoltà sostenibili

Quando si prova a fare qualcosa che appassiona o interessa, spesso si incontrano difficoltà che è assolutamente normale trovare, ma che talvolta spingono a rinunciare o almeno ad allontanarsi da ciò che invece si vuole realizzare. Come si affrontano le difficoltà?

Innanzitutto non sono tutte uguali. Se ci pensi, alcune **difficoltà sono superabili** con un po' di impegno personale, facendo riferimento a tutte le **risorse che si possiedono dentro di sé** (come il ragionamento, le conoscenze, la fiducia in se stessi) e le **risorse che vengono dall'esterno** (come le persone di cui ci fidiamo o anche gli strumenti che possono alleviare la nostra fatica). **Quando una difficoltà si può ragionevolmente superare, si dice che è *sostenibile*.** Per esempio, un bambino di sei anni può imparare a leggere, perché per lui è sostenibile la difficoltà di decifrare segni scritti, facendo capo alle sue capacità logiche e appoggiandosi all'aiuto degli insegnanti che lo guidano.

**Provate a individuare due difficoltà sostenibili e due insostenibili per le persone indicate dalla tabella.**

| | Difficoltà sostenibile | Difficoltà insostenibile |
|---|---|---|
| Un bambino di tre anni  | 1<br>2 | 1<br>2 |
| Una persona anziana  | 1<br>2 | 1<br>2 |
| Un medico  | 1<br>2 | 1<br>2 |
| Un meccanico  | 1<br>2 | 1<br>2 |

## E tu come te la cavi di fronte alle difficoltà?

Considera questo caso: Giovanni e Giuseppe hanno ricevuto in regalo un gioco per la loro play station. Dopo i primi tentativi, Giuseppe abbandona il gioco, dicendo che, in fondo, non gli interessa; Giovanni invece prova a leggere le regole e, dopo qualche giorno, diventa molto abile, raggiungendo buoni punteggi.

- Rifletti e rispondi con sincerità: a quale dei due ragazzi assomigli?

.............................................................................................................

.............................................................................................................

.............................................................................................................

- Sai spiegare perché?

.............................................................................................................

.............................................................................................................

.............................................................................................................

.............................................................................................................

- Sai raccontare un episodio della tua vita in cui hai affrontato una difficoltà sostenibile?

.............................................................................................................

.............................................................................................................

.............................................................................................................

.............................................................................................................

.............................................................................................................

.............................................................................................................

.............................................................................................................

.............................................................................................................

**Leggete in classe il racconto di alcuni episodi e provate ad analizzarli individuando le caratteristiche comuni. Ragionate in particolare sulle soluzioni trovate.**

A conclusione dell'attività, provate a individuare le tre principali caratteristiche di una **difficoltà sostenibile**:

1. .............................................................................................................

.............................................................................................................

2. .............................................................................................................

.............................................................................................................

3. .............................................................................................................

.............................................................................................................

**E allora coraggio, rispetto alle scelte future! Ascoltando se stessi, facendo riferimento alle proprie qualità e all'aiuto degli altri, si possono fare piccoli passi verso la risoluzione delle difficoltà che si incontrano.**

# La **Libreria dei Ragazzi** di Torino consiglia:

Jean Claude Maurlevat,
*Il bambino oceano*,
Rizzoli

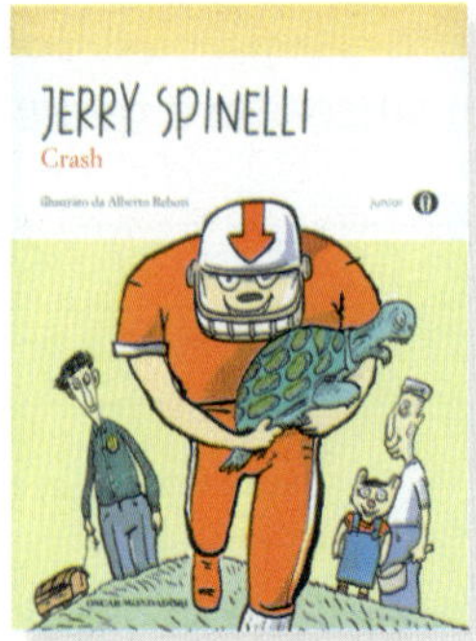


Jerry Spinelli,
*Crash*,
Mondadori

Louis Sachar,
*Buchi nel deserto*,
Piemme

Josteai Gaarder-Klaus Hagerup,
*Lilli de Libris e la biblioteca magica*,
Salani

Eva Ibbotson,
*Passaggio segreto al binario 13*,
Salani

**Due minuti in libreria**

## Chi ha trovato?

1. **Un modo interessante per vivere una passione?**
2. **Una considerazione importante su che cosa sia il tempo libero?**
3. **Una riflessione significativa sul ruolo degli amici nel vivere il tempo libero?**

### PHILOSOPHY

Abbiamo visto che il tempo si può occupare con molte attività diverse, che rispondono a un proprio interesse o a una vera e propria passione; ma nessuna cosa si realizza da sola...

- Che cosa significa, secondo la vostra esperienza, fare un progetto? E realizzarlo?

# L'Associazione Museo Nazionale del Cinema consiglia:

Nell'Inghilterra degli anni '80, sullo sfondo dei violenti scioperi dei minatori in risposta ai provvedimenti del primo ministro Margaret Thatcher, il giovane Billy, undicenne orfano di madre, si avvicina casualmente alla danza, osteggiato dal padre che lo spinge verso la boxe. Un film di formazione capace di raccontare con leggerezza e profondità un momento cruciale della vita e della storia politica dell'Europa.

**Billy Elliott**
Gran Bretagna, 2000
diretto da Stephen Daldry
110 min.

- Racconta di una tua passione segreta che può aver disatteso le aspettative di qualcuno, come lo è la danza per Billy Elliot.
- A tuo avviso, che cosa rappresenta la danza per Billy, anche tenendo conto del contesto sociale e storico in cui è nato?

Ambientato nel difficile quartiere newyorchese del Bronx, il film narra l'insolito incontro fra Jamal, giovane ragazzo appassionato di basket, e lo scorbutico William Forrester, anziano signore che passa le giornate chiuso in casa fra i suoi libri. Quando Jamal si introdurrà di nascosto nella casa del signore, costretto da una scommessa con i suoi amici, darà inconsapevolmente una svolta alla propria vita, potendo finalmente dare libero sfogo al suo talento per la scrittura e alla sua aspirazione a un futuro diverso.

**Scoprendo Forrester**
U.S.A, 2000
diretto da Gus Van Sant
136 min.

- In che modo l'amicizia che nasce tra i due personaggi principali del film rappresenta una svolta anche nella vita dell'anziano William?
- Hai mai avuto un'esperienza simile con una persona più grande di te? Se sì, cos'è stato a legarvi?

La banda musicale della Polizia di Alessandria d'Egitto si reca in Israele per partecipare a un concerto organizzato dal Centro di Cultura arabo. Con grande sorpresa, giunti all'aeroporto, non trovano nessuno ad attenderli e, saliti sul primo pullman, si ritrovano in una località sperduta nel deserto. Trovata ospitalità da una ristoratrice, durante la notte i vari componenti si confideranno l'uno con l'altro, uniti dalla condivisione dell'amore per la musica.

**La banda**
Israele, 2007
diretto da Eran Kolirin
89 min.

- Secondo voi, nonostante gli imprevisti, la trasferta in Israele della banda può considerarsi un'esperienza costruttiva?
- Qualcuno di voi condivide con altri una passione importante a livello sportivo o musicale? Vi siete ritrovati nell'esperienza descritta nel film?

# PAGINE LABORATORIO

# Le parole del discorso

**Abilità**

leggere

scrivere

## Parlare al lettore

> Il discorso diretto
**Impariamo a... lavorare sul discorso diretto**

> Il discorso indiretto
– Scheda. Dal discorso diretto al discorso indiretto (e viceversa)
**Impariamo a... lavorare sul discorso diretto e indiretto**

# Parlare al lettore

Nella tua esperienza di lettore sicuramente avrai osservato che molte volte un testo si costruisce attraverso un dialogo tra personaggi, che si scambiano battute una di seguito all'altra, per esprimere il loro pensiero o narrare fatti accaduti o chiedere opinioni e così via. Quella forma di testo si chiama **discorso diretto** e rappresenta un modo immediato ed efficace di "mettere sulla carta" ciò che accade tra i protagonisti di un racconto. Vediamo più da vicino questa forma di scrittura e osserviamo quale effetto ottiene sui lettori; osserveremo poi la differenza rispetto alla sua forma opposta, il **discorso indiretto**.

## Il discorso diretto

Quando in un testo compare un **dialogo** tra personaggi, **chi parla si rivolge direttamente a un altro personaggio** riproducendo le "sue" parole. Vediamo come questo avviene, partendo da una breve lettura, per poi fare qualche considerazione.

## La memoria del cibo

Si andò nella stanza accanto. In terra, dentro una pedana di legno c'era acceso un braciere di rame. L'aringa vi arrostiva sopra fumando, e mia madre si chinò a voltarla. "Sentirai com'è buona" disse.

"Sì" dissi io e respiravo l'odore dell'aringa, e non mi era indifferente, mi piaceva, lo riconoscevo odore dei miei pasti dell'infanzia. "Immagino che non ci sia nulla di più buono" dissi. E domandai: "Ne mangiavamo quand'ero ragazzo?" "Altro che" disse mia madre. "Aringhe d'inverno e peperoni d'estate. Era il nostro modo di mangiare. Non ti ricordi?".

"E le fave coi cardi" dissi io ricordando.

"Sì" disse mia madre "le fave coi cardi. Tu eri pazzo per le fave coi cardi... e così pure le lenticchie cucinate con la cipolla, i pomodori secchi e il lardo..."

E io: "Anche di loro ne avrei voluto sempre un secondo piatto?".

E mia madre: "Altro che! [...] Mi sembra di vederti quando tornavi dalla scuola alle tre, alle quattro di pomeriggio, col treno...".

riduz. da E. Vittorini, *Conversazione in Sicilia*, Einaudi

Nel testo di Elio Vittorini compare una conversazione tra il protagonista e sua madre.

Notiamo che:

- **le parole dei due personaggi sono aperte e chiuse dalle virgolette** ("..."). Qualche volta le virgolette, oltre che collocate in alto, vengono collocate in basso («...»). Potremmo anche trovare, al posto delle virgolette, due **trattini** (- ... -);
- i **verbi** che vengono **usati prima del discorso diretto** sono di solito: "domandare", "chiedere", "dire", "affermare", "rispondere" ecc, cioè i cosiddetti **verbi dichiarativi**. **Tutto quello che è compreso dentro le virgolette** o i trattini corrisponde alle parole del personaggio che parla ed è espresso alla **prima persona**;
- il discorso diretto si svolge tra due persone, si tratta cioè di un **dialogo**. Se a parlare fosse una sola persona, si tratterebbe di un **monologo**.

Quando un autore sceglie di far parlare direttamente i suoi personaggi, anziché narrare la storia in terza persona, ottiene un particolare **effetto sui lettori**: li coinvolge di più, li fa sentire **partecipi di una scena che si svolge davanti ai loro occhi** come se si trattasse di una conversazione reale.

## DISCORSO DIRETTO

**Si riconosce per la presenza di alcune particolari forme:**

- **viene introdotto da verbi dichiarativi**
- **viene aperto e chiuso da segni grafici (virgolette o trattini)**
- **si svolge in prima persona**
- **può coinvolgere più personaggi (dialogo) o costituire l'espressione di uno solo (monologo)**

# IMPARIAMO A...

## Lavorare sul discorso diretto

1 **Prova a scrivere il dialogo mancante nella striscia di Mafalda riprodotta qui di seguito.**

(2) **Prosegui il dialogo avviato, inventando le battute dei personaggi senza altri interventi. Scrivi almeno due battute per ciascuno.**

**Commessa**: - Buon giorno signora, desidera? In che cosa posso aiutarla?

**Cliente**: - Buon giorno, sto cercando un abito per una cerimonia.

**Commessa**: - Posso sapere di che tipo di cerimonia si tratta, signora? Noi abbiamo abiti per diverse occasioni...

(3) **Inventa un dialogo tra te e un tuo amico/a. Prova a scrivere proprio come se si trattasse della pagina di un libro:**

- crea una frase d'apertura nella quale devi fare capire al lettore dove vi trovate e in quale momento della giornata;
- incomincia il dialogo che dovrà riguardare un'attività che ti appassiona in modo particolare;
- concludi indicando il motivo per cui la conversazione si chiude (per esempio, entra in scena un altro personaggio, siete distratti da qualcosa, dovete entrare in palestra ecc.).

(4) **Inventa un dialogo tra te e il tuo campione preferito, di calcio, di tennis, di pallavolo, di sci... Che cosa vuoi domandargli e che cosa ti risponderà? Inventa tre domande e tre risposte e stendi almeno quindici righe di testo.**

(5) **Leggi l'inizio di questo monologo, tratto da un romanzo di Umberto Eco, in cui il protagonista, Baudolino, un personaggio che vive nel Medioevo, racconta la sua abitudine di inventarsi mondi fantastici. Poi, continua tu il suo monologo descrivendo il mondo che vorresti.**

Non c'è nulla di meglio che immaginare altri mondi, per dimenticare quanto sia doloroso quello in cui viviamo. Almeno così pensavo allora. Non avevo ancora capito che, ad immaginare altri mondi, si finisce per cambiare anche questo.

da U. Eco, *Baudolino*, Bompiani

**continua tu**

..............................................................................................................................................

..............................................................................................................................................

..............................................................................................................................................

..............................................................................................................................................

..............................................................................................................................................

..............................................................................................................................................

..............................................................................................................................................

..............................................................................................................................................

..............................................................................................................................................

# Il discorso indiretto

Ci sono casi in cui il discorso diretto non compare, ma viene ugualmente **riportato il pensiero di un personaggio attraverso l'intervento di un'altra persona che lo riferisce**. Proviamo a leggere il testo che segue, tratto da un romanzo di Ernesto Ferrero, nel quale si racconta del periodo in cui Napoleone visse sull'isola d'Elba, in esilio. Nel romanzo, a narrare i fatti è Martino, il bibliotecario del grande generale.

Ma già Napoleone andava dicendo che, se soltanto avesse avuto vent'anni davanti e un po' di respiro, avrebbe cambiato la faccia a Parigi, alla Francia, al mondo[1]. Si sarebbe vista, allora, la differenza che passa tra un sovrano dell'Ancien Régime[2] e un vero costruttore di popoli[3]. I monarchi francesi non avevano talento amministrativo, non si curavano di abbellire le loro città, di farle fiorire. Erano, in questo, pari a certi grandi signori, inetti e stolidi[4], i quali si lasciavano spogliare dai loro intendenti[5]. La nazione francese è incline al fasto, al dispendio, ma senza alti progetti, mai. Nessuna traccia di quello spirito romano che sapeva costruire monumenti grandiosi, in grado di sfidare i millenni! E anche la corte del Re Sole, tanto magnificata, quante spese inutili, quanti sprechi...

da E. Ferrero, *N.*, Einaudi

**1 Ma ... mondo**: Napoleone è in esilio e non sa se potrà avere ancora parte nel governo della Francia. Se avesse avuto tempo, vent'anni davanti a sé, allora...
**2 Ancien Régime**: espressione usata per indicare le forme di governo assoluto che precedettero la Rivoluzione francese del 1789.
**3 Si ... popoli**: si fa riferimento ai sovrani francesi vissuti fino al XVIII secolo, precedenti la Rivoluzione francese e Napoleone stesso.
**4 stolidi**: sciocchi.
**5 Erano ... intendenti**: Napoleone considera i re francesi incapaci di amministrare il denaro dello Stato da soli e così esposti a farsi ingannare dai loro ministri, che li derubavano.

Nel discorso di Napoleone si parla del progetto di rendere grande la Francia, Parigi, il mondo conquistato attraverso opere che sarebbero state non solo belle, ma utili alla popolazione. Quando noi lo ascoltiamo, Napoleone ha già parlato e le sue parole sono riferite da un'altra persona. Questo è appunto un discorso indiretto, perché:

- ciò che dice Napoleone **viene riportato indirettamente da un narratore**, Martino, **al lettore**;
- il pensiero di Napoleone viene **introdotto** da Martino con espressioni come "*andava dicendo che...*";

## DISCORSO INDIRETTO

**Si riconosce per la presenza di alcune particolari forme:**
- **dipende da verbi dichiarativi**
- **si svolge in terza persona**
- **viene riportato indirettamente al lettore da un narratore**

• le parole del generale sono espresse con la **terza persona singolare**: "*se avesse avuto vent'anni davanti... avrebbe cambiato*".

Il **discorso indiretto**, quindi, consiste nel **riportare le parole** di un personaggio **indirettamente**, **facendole dipendere da un verbo dichiarativo**, come "dire", "affermare", "pensare", "rispondere", "consigliare" ecc. seguiti da "che" o "di".

scheda

# Dal discorso diretto al discorso indiretto (e viceversa)

*Giorgia disse: – Oggi non mi sento bene e preferisco restare qui, a casa mia, per riposarmi. A portare fuori il cane andrò domani: puoi farlo tu oggi al posto mio?*
*– Stai tranquilla – rispose Luca – ci penserò io.*

Questo è un esempio di discorso diretto: il colloquio tra Giorgia e Luca è riportato esattamente come è avvenuto.

*Giorgia disse che quel giorno non si sentiva bene e preferiva restare là, a casa sua, per riposarsi. Sarebbe andata il giorno dopo a portare fuori il cane e chiese a Luca se poteva farlo lui al suo posto per quel giorno.*
*Luca le rispose di stare tranquilla e che ci avrebbe pensato lui.*

Ecco lo stesso colloquio avvenuto tra Giorgia e Luca, riportato da una terza persona. Come puoi vedere, il dialogo tra i due ha subito alcune importanti modifiche.
- Sono stati tolti tutti i segni di punteggiatura tipici del dialogo diretto: i due punti, la lineetta di dialogo, il punto interrogativo.
- I tempi e i modi verbali sono stati cambiati: il presente è diventato imperfetto (*mi sento / si sentiva*), il futuro è diventato condizionale passato (*andrò / sarebbe andata*).
- La proposizione interrogativa diretta è stata trasformata in interrogativa indiretta: *puoi farlo?* diventa *chiese se poteva farlo*.
- Tutti i pronomi personali di prima e seconda persona diventano di terza persona singolare; si comportano nello stesso modo gli aggettivi e i pronomi possessivi.
- Cambiano tutti gli avverbi di tempo, perciò *oggi* si trasforma in *quel giorno*, *domani* diventa *il giorno dopo* e così via.

Per trasformare il discorso indiretto in discorso diretto, invece, bisogna procedere in modo opposto.

*Laura disse di avere mal di testa e che per quel motivo non aveva intenzione di andare al mare, dove ci sarebbe stata molta gente e dove avrebbe fatto molto caldo.*
*La mamma di Laura, però, rispose che prendere aria sicuramente le avrebbe fatto bene.*

*Laura disse: – Ho mal di testa! Per questo non ho intenzione di venire al mare, dove c'è sempre tanta gente e dove fa molto caldo.*
*La mamma rispose: – Prendere aria ti farà sicuramente bene.*

Come vedi, la versione del dialogo con il discorso diretto è più incisiva e "veloce", immediata e vivace.

IMPARIAMO A...

# Lavorare sul discorso diretto e indiretto

**1 Leggi il testo che segue e trasforma i dialoghi espressi con il discorso diretto in discorso indiretto.**

Si sentì afferrare per una spalla e tirare indietro mentre una voce le diceva:
– Okay, okay!
E uno sconosciuto prendeva il suo posto. Dea si lasciò cadere sul pietrisco della massicciata e vide che quell'uomo non era della sua banda: indossava una divisa cachi, un casco mimetizzato e masticava in continuazione.
– Pedro?! – chiamò allora. – Pedro?!
Il ragazzo le fu subito accanto e con voce rotta dall'emozione le disse:
– Guarda lassù, guarda lassù, Dea.
Dea guardò verso la strada e vide piccole auto squadrate contrassegnate da una grande stella bianca.
– Sono Americani, Dea, sono arrivati i liberatori!

da G. Calanchi, *Ragazze in guerra*, La Scuola

**2 Leggi il seguente testo e trasforma, dove possibile, il discorso diretto in discorso indiretto. Puoi cambiare la punteggiatura.**

Falafel rimaneva quieto in attesa che il suo padrone si svegliasse per correre a salutarlo scodinzolando allegramente la coda. Ma lui, l'uomo, non ci badava. Sbadigliava stirandosi intanto che Falafel tornava stringendo il guinzaglio tra i denti come per dirgli: "Perché non usciamo un po'? Dai, è una bella giornata, andiamocene nel parco, io e te, a passeggiare?"
Ma non c'era risposta e il cane se ne stava in attesa, col guinzaglio fra i denti finché il padrone non glielo tirava via, in un angolo del salotto:
– Che vuoi, Falafel? – si limitava a sussurrare stancamente – Ma è possibile avere un cane che pensa solo a giocare? Beato te che non hai pensieri!
E correva in bagno a prepararsi, poi in cucina per bere il caffè prima di uscire di gran carriera dall'appartamento.
Allora Falafel si metteva alla finestra e restava a guardar giù, nella strada, aspettando di veder spuntare il suo padrone che tornava a casa dal lavoro. Ma intanto che aspettava ripeteva a se stesso: "Quando lo vedrò scendere dal tram, correrò alla porta per fargli le feste. Sarà così contento che mi porterà su-

bito fuori, nel parco a sgranchirmi le zampe, a incontrare i miei amici. È tutto il giorno che sono solo!"
Però, appena il padrone scorgeva Falafel alla porta, non sempre si curava delle sue feste:
– Svelto, andiamo giù, al giardinetto. – gli intimava – E non ti sognare di correre dietro a ogni cagnetta che passa!
Ma Falafel era così contento di uscire che trotterellava giù per le scale, trascinandosi dietro il padrone, senza ascoltare le sue raccomandazioni.
– Falafel, Falafel – urlava lui – Mi farai rompere l'osso del collo! E non correre...
Ma Falafel era troppo felice e ficcava dappertutto il suo nasone umido e saltava dappertutto e lasciava dappertutto tracce del suo passaggio. Poi si appartava in qualche angolino...
– Mi raccomando, fai in fretta i tuoi bisogni che a momenti devo uscire con Milena.
– Hai fatto? – lo tormentava – Non hai ancora fatto?
Falafel si ripuliva le zampe scalciando l'erbetta fresca del prato e tornava subito a scodinzolare felice, benché strattonato dal suo padrone. Ma non poteva fare a meno di chiedersi:"Ma perché il mio padrone ha sempre fretta? E perché non porta anche me a spasso con Milena?"

da D. Coeli, *I pensieri di Falafel*, SEI

**3** **Riprendi il testo *L'amore per lo sci* di Giorgio Rocca a p. 20 e trasformalo in un dialogo con un ipotetico intervistatore.**

**4** **Esther Williams è stata un'attrice famosa, capace di "danzare" nell'acqua in modo affascinante, con grande passione per il cinema e per il nuoto. Leggi l'articolo che racconta la storia della sua vita e prova a trasformarlo in un monologo fatto dalla Williams stessa, come se fosse davanti a una giuria che le consegna un premio alla carriera.**

Esther Williams, l'attrice che da giovane campionessa di nuoto era diventata una star degli "aqua-musical" americani, è morta a 91 anni nella sua abitazione di Beverly Hills, a Los Angeles. Era diventata celebre grazie ai film in cui si cimentava in spettacolari coreografie acquatiche. Aveva ragione, sua madre, a vantarsene: diceva sempre che sua figlia aveva imparato a nuotare prima che a camminare. La bambina ancora non lo sapeva, ma le sarebbe tornato utile. Esther Jane Williams, nata a Inglewood, nella contea di Los Angeles, cresciuta in una famiglia numerosa, mostrò subito una grande confidenza con l'acqua. A quindici anni aveva già vinto tutte le gare dei 100 stile libero femminili disputate in California, poi aveva conquistato il titolo di "Campionessa del Pacifico". Puntava alle Olimpiadi. Era il 1940, si sarebbero tenute in Finlandia. Iniziò a prepararsi ma con lo scoppio della Seconda Guerra Mondiale i Giochi furono sospesi. Meglio dedicarsi agli studi, pensarono a casa. E così Esther si iscrisse all'università. Ma non durò molto. La ragazza sentiva il bisogno di indipendenza, mollò i libri e trovò lavoro come commessa e come indossatrice di indumenti sportivi. Con quel fisico, sembrava fatto apposta per lei. In costume da bagno, poi, non la batteva nessuno. Se ne accorse anche Billy Rose, l'impresario che a San Francisco aveva lanciato l'Aquacade, uno show di musica, danza e nuoto e che cercava una ragazza in grado di sostituire la sua vedette Eleanor Holm che lo aveva scaricato. Un compenso di 150 dollari alla settimana e la possibilità di lavorare al fianco di Johnny Weissmuller, altro ex sportivo ma soprattutto uno dei Tarzan più amati del grande schermo. Chi avrebbe detto di no?

da S. Vitali, *Addio a Esther Williams, Sirena di Hollywood*, in "la Repubblica", 11 Giugno 2013

**5** **Trasforma in discorso indiretto le ultime cinque domande e risposte dell'intervista ad Antonio Abreu riportate dal testo *Trovare una via nella musica*, p. 22.**

**6** **Inventa alcuni dialoghi di cinque battute ciascuno a partire dalle situazioni indicate qui di seguito. Poi trasforma i dialoghi in discorsi indiretti.**

- Un padre e un figlio allo stadio mentre la loro squadra sta perdendo.
- Un padre e un figlio allo stadio mentre la loro squadra sta vincendo.
- Una ragazza racconta alla sua migliore amica come un ragazzo il giorno prima le ha chiesto di andare al cinema insieme.
- Una ragazza racconta alla sua migliore amica come ha rifiutato di andare al cinema con un suo amico che la invitava a uscire con lui.
- Due fratelli discutono sul regalo da fare alla loro sorella minore.

**7** **Osserva il quadro di Renoir che riproduce un pranzo tra persone amiche e allegre. Scegli due gruppi di personaggi e prova a costruire un dialogo tra loro.**

P. A. Renoir, *La colazione dei canottieri*, Washington, Philips Collection.

# 2 I GENERI PER NARRARE DI SÉ

# Autobiografia Diario Lettera

## Traguardi di competenza

- Riconoscere i caratteri propri della scrittura di sé: ricerca della sincerità d'espressione, descrizione personale del mondo interiore e di quello esterno
- Utilizzare il lessico adatto per definire gli elementi centrali di una storia autobiografica: coincidenza di autore e narratore, narrazione secondo un ordine per lo più cronologico, autenticità del racconto
- Riconoscere, attraverso il confronto, le forme proprie della storia autobiografica in testi cinematografici
- Scegliere una lettura integrale in cui sono presenti i caratteri del genere, portarla a termine ed elaborare un giudizio partecipato e discusso con i compagni
- Scrivere alcune parti caratteristiche di una storia autobiografica, nelle forme del diario e della lettera

## Obiettivi di apprendimento

- Leggere, comprendere, ricavare informazioni, interpretare una storia autobiografica
- Riconoscere il modello narrativo di una lettera (mittente, destinatario, luogo e data di stesura, formule di apertura e chiusura, firma e, talvolta, *post scriptum*)
- Riconoscere il modello narrativo di un'autobiografia (racconto personale e diretto della storia della propria vita, per lo più in ordine cronologico)
- Riconoscere il modello narrativo di un diario (luogo e data di stesura, dedica al diario stesso, formule di chiusura e firma)
- Riconoscere l'evoluzione della lettera personale nelle forme della comunicazione elettronica (e-mail e sms)
- Narrare una storia autobiografica rispettando l'ordine cronologico dei fatti
- Ascoltare un testo autobiografico e riconoscere le informazioni fondamentali contenute in esso
- Accedere a un sito Internet per confrontare dati storici e informazioni narrate nei racconti autobiografici

# Contenuti

- Scrivere di se stessi è un'esperienza importante e profonda, che permette di capirsi più intensamente e di non dimenticare: molti autori della letteratura hanno scelto di raccontare se stessi con questa intenzione per ragionare su di sé, ma anche per avviare nei lettori una riflessione personale
- Nella narrazione del genere autobiografico si parla "direttamente" con se stessi o con un interlocutore particolare, senza difficoltà di mediazione
- La narrazione autobiografica talvolta permette di vedere con gli occhi attenti della persona che scrive un evento storico, un viaggio esplorativo, una scoperta scientifica: l'esperienza personale diventa così parte della storia di tutti

# Che cos'è un'autobiografia?

La parola "autobiografia" si compone di tre termini di origine greca: il prefisso *auto-*, che significa "se stesso"; *-bio-*, che indica la "vita"; infine *-grafia*, che significa "scrivere", dal verbo *gràfo*; dunque, autobiografia significa "**scrivere la propria vita**". Proviamo a osservare le caratteristiche di questo genere letterario attraverso un testo tratto dall'opera di un grande scrittore italiano del Novecento: **Mario Rigoni Stern**.

## La ritirata di Mario Rigoni Stern

leggere scrivere

TESTO NARRATIVO

1 2 3 livello di difficoltà

**Nell'inverno del 1944, durante la Seconda guerra mondiale, gli alpini che avevano combattuto in Russia devono ritirarsi insieme agli alleati tedeschi. L'esercito russo, infatti, li sta respingendo e comincia ad avere la meglio sulle truppe degli invasori. Mario Rigoni Stern, all'epoca sergente maggiore di un reparto di alpini, lascia una testimonianza autobiografica di quei mesi drammatici, che si conclusero con la morte o con la prigionia della maggioranza degli alpini impegnati in quella campagna militare.**

Il nostro caposaldo[1] era in un villaggio di pescatori in riva al Don[2] nel paese dei cosacchi[3]. Le postazioni e le trincee[4] erano scavate nella scarpata che precipitava sul fiume gelato. Tanto a destra che a sinistra la scarpata declinava sino a diventare un lido[5] coperto di erbe secche e di canneti che spuntavano ispidi[6] tra la neve. Al di là di un lido, a destra, il caposaldo del Morbegno[7]; al di là dell'altro, quello del tenente Cenci[8]. Tra noi e Cenci, in una casa diroccata, la squadra del sergente Garrone [...]. Di fronte a noi, a meno di cinquanta metri, sull'altra riva del fiume, il caposaldo dei russi.
[...]

**1 caposaldo**: in senso militare indica una costruzione fortificata, che serve a garantire il possesso di una posizione strategicamente importante.

**2 in riva al Don**: il Don è un fiume della Russia sud-occidentale.

**3 cosacchi**: soldati russi.

**4 trincee**: lunghi fossi dotati di parapetto rivolto contro il nemico, usati come protezione nelle guerre di posizione.

**5 lido**: sponda.

**6 ispidi**: duri e appuntiti.

**7 Morbegno**: nome di un battaglione di alpini.

**8 tenente Cenci**: è il diretto superiore di Rigoni Stern. Nel seguito del brano, gli comunicherà la decisione del comando maggiore italo-tedesco di procedere al ritiro delle truppe dalla Russia.

Quella notte mangiai la mia razione di rancio[9], ma senza alcun gusto. Arrivò qualche colpo di mortaio attorno alla nostra tana e uno sopra. Ma il nostro bunker[10] era solido e ben fatto: filtrò soltanto un po' di terra e ruppero i vetri.
Il rumore del cucchiaio nelle gavette[11] era più strano dei colpi di mortaio. Prima di uscir fuori dissi: – Ricordatevi che dobbiamo restare sempre uniti.
Ritornai dal tenente Cenci e assieme ci avviammo verso una postazione. Eravamo soli. – Stasera dobbiamo ripiegare[12] – così disse. – Sono venuto qui apposta per dirtelo. Stasera dobbiamo ripiegare. Prendi, fuma. Io ritornerò al mio caposaldo; forse verrà qui il tenente Pendoli, forse dovrai arrangiarti da solo. Le squadre lasceranno il caposaldo una alla volta. La prima si fermerà a metà strada con le armi pronte fra te e me e aspetterà la seconda per ripartire. Così di seguito fino all'ultimo uomo. L'appuntamento è alle cucine per le ore... – e disse un numero che non ricordo. – Ci sarà tutta la compagnia che ti aspetterà. Pensa tu a stabilire il turno per le squadre.
Non risposi nulla e solo quando fu terminata la sigaretta dissi: – Va bene. Ritornai nella mia tana a preparare lo zaino; mi cambiai con biancheria pulita e lasciai sulla paglia quella sporca e impidocchiata. Cercai di mettermi addosso quanta più roba potevo senza averne i movimenti impacciati. Mi rimasero due paia di calze e una maglia che cacciai nello zaino assieme al pacchetto di medicazione, ai viveri di riserva, a una scatola di grasso anticongelante e a una coperta da campo. Completai lo zaino con munizioni, in maggior parte bombe a mano. Aiutato da Tourn[13] provai a mettermelo sulla schiena, ma forse era ancora troppo pesante. Bruciai, poi, tutte le lettere e le cartoline che avevo, tranne un piccolo fascio. I libri li lasciai nella tana. "Saranno curiosi i russi di sapere che cosa c'è scritto" pensavo. Ma che male nel compiere queste cose. Dissi forte: – Vestitevi più che potete, ma senza restar stretti. Mettete nello zaino le cose che credete più necessarie e più munizioni che potete. Bombe a mano tante e del tipo più buono: le O.T.O. e le Breda. Le S.R.C.M.[14] buttatele sotto la neve. Nessuno pensi di andarsene per conto proprio. Dobbiamo restare sempre uniti. Ricordatevi questo, sempre uniti.
– Quando dobbiamo muoverci? – mi chiedevano.
– Stasera, forse. – E chiamai Moreschi da parte e gli dissi: – Non preoccuparti molto dei mortai, prendili con te, ma non con tante munizioni. Bombe a mano e cartucce. Tutto andrà bene.
– Allora sergentmagiù[15] – disse forte Meschini – è meglio fare la polenta ancora una volta.
– È meglio farla ancora una volta – risposi.
Uscii fuori a ripetere nelle altre tane quello che avevo detto nella mia. Gli alpini chiedevano mille cose e gli occhi domandavano più che le parole. Attorno a me era un gran punto interrogativo.
Prima di sera il tenente Cenci se ne tornò al suo caposaldo. – Credo non verrà nessuno – mi disse. – Vecio[16], sta' in gamba, non farti sorprendere e buona fortuna. Arrivederci.

**Razione**
"*Razione*" in italiano antico era probabilmente solo una variante di "ragione"; entrambi i termini vengono dal latino *ratio*, che ha tra i suoi tanti significati quello di "*ragione*" e "*conto*". In italiano ha assunto progressivamente solo quello di "*porzione di cibo*".

**9 rancio**: pasto dei soldati.

**10 bunker**: fortino in cemento armato.

**11 gavette**: recipienti di metallo usati dai soldati sia per cucinare sia per consumare i pasti.

**12 ripiegare**: ritirarci.

**13 Tourn**: uno dei soldati.

**14 O.T.O. ... Breda ... S.R.C.M.**: tipi di bombe a mano.

**15 sergentmagiù**: sergente maggiore, detto in dialetto dell'Italia settentrionale (la maggior parte degli alpini proviene da lì).

**16 Vecio**: vecchio, in dialetto veneto.

Soldati italiani durante la ritirata di Russia, 1943.

Sentivo tutta la responsabilità che mi gravava addosso[17]. Se un rumore o una cosa qualsiasi avesse fatto notare che noi stavamo per abbandonare il caposaldo, chi sarebbe ritornato a baita[18]? Gli alpini mi guardavano con gli occhi stanchi e pieni di sonno, aspettando una mia parola. Cercavo di star sereno e pensavo a quello che avrei dovuto fare nel caso che fosse andata male. Quando venne la notte mandai a chiamare tutti i capisquadra: Minelli, Moreschi, il Baffo, il Rosso della pesante[19] e Pintossi. Chiesi: – Come va? Avete tutto pronto?

– Novità N.N.[20] – risposero – tutto pronto.

– La prima a partire – ordinai – sarà la squadra di Moreschi. Oltre alle munizioni individuali, dovete portare le munizioni per le armi della squadra. Fate caricare gli uomini il più possibile; le munizioni che rimarranno nascondetele nella neve. Bisogna caricarsi come muli; non sappiamo quello che ci aspetterà. In caso le lasceremo poi lungo la strada quando non ne potremo più. Appena Moreschi raggiungerà la casa diroccata[21] che c'è fra noi e Cenci, aspetterà con le armi pronte che sia giunta la seconda squadra. Allora ripartirà. La seconda aspetterà la terza e così via. Nell'attesa dovete stare con le armi pronte e in silenzio. La seconda a partire sarà quella del Baffo; poi la pesante; poi Minelli; per ultima quella di Pintossi. Io verrò con quella di Pintossi.

Feci ripetere a tutti quello che avrebbero dovuto fare. E ripresi: – Se sentite sparare non preoccupatevi; la squadra che è in movimento raggiunge le cucine; lì ci sarà tutta la compagnia ad aspettare. Il caposquadra dovrà essere l'ultimo a partire. Tenetevi sempre gli uomini vicini e assicuratevi del funzionamento delle armi. Non lasciate i cucchiai nelle gavette, fanno rumore e bisognerà fare tutto nel massimo silenzio. Tutto andrà bene, tenetevi pronti, vi manderò io ad avvisare quando dovrete andarvene. Andate e arrivederci.

Per fortuna la notte era buia. La più nera di tutte. La luna stava die-

**17 mi gravava addosso**: sentivo il peso della responsabilità di far allontanare i soldati senza che i nemici se ne accorgessero.

**18 sarebbe ritornato a baita**: sarebbe tornato a casa, salvandosi.

**19 la pesante**: l'esercito armato con mitragliatrici.

**20 Novità N.N.**: nessuna novità.

**21 diroccata**: semidistrutta.

tro le nubi ed era molto freddo. Il silenzio era pesante come la notte. Lontano, al di là delle nubi, dietro di noi, si vedevano i bagliori della battaglia e ne veniva un rumore come di ruote sull'acciottolato[22].
Stavo fuori della trincea con un mitragliatore imbracciato e scrutavo il buio verso le postazioni dei russi. Anche da loro era silenzio: pareva non esistessero più. "Se attaccassero adesso?" pensavo. E fremevo.
Un alpino che avevo messo all'imbocco del camminamento[23] che portava alla valletta venne a dirmi: – È passata la squadra di Moreschi, tutto bene.
– Vai ad avvisare il Baffo – dissi. Scrutavo[24] il buio stringendo il mitragliatore e tremavo.
– Sergentmagiù, è passato il Baffo, tutto bene.
– Vai ad avvisare la pesante.
– È passata la pesante, tutto bene.
– Parla piano, vai ad avvisare Minelli.
Era silenzio. Sentii Minelli che partiva; i passi che si allontanavano nei camminamenti, qualche bestemmia sottovoce.
– Sergentmagiù, è passato anche Minelli.
Guardavo davanti il fiume nero. Non tremavo più. – Preparatevi anche voi.
Sentivo il rumore degli uomini di Pintossi che si preparavano: parole mormorate sottovoce in un soffio, rumore di zaini che venivano caricati in spalla.
– Sergentmagiù, possiamo andare?
– Vai, Pintossi, vai e non far baccano.
– E tu non vieni?
– Vai, Pintossi, io verrò.
Mi si avvicinò l'alpino dalla barba secca e rada: – Non vieni? – disse.
– Vai.
Ero solo. Dalla trincea sentivo i passi degli alpini che si allontanavano. Erano vuote le tane. Sulla paglia che una volta era il tetto di un'isba[25] giacevano calze sporche, pacchetti vuoti di sigarette, cucchiai, lettere gualcite[26]: sui pali di sostegno erano inchiodate cartoline con fiori, fidanzate, paesi di montagna e bambini. Ed erano vuote le tane, vuote, vuote di tutto e io ero come le tane. Ero solo sulla trincea e guardavo nella notte buia. Non pensavo a nulla. Stringevo forte il mitragliatore. Premetti il grilletto, sparai tutto un caricatore[27]; ne sparai un altro e piangevo mentre sparavo. Saltai nella trincea, entrai nella tana di Pintossi a prendere lo zaino. Vi erano delle bombe a mano e le gettai nella stufa. Levai ad altre bombe le due sicurezze e le posai piano sul fondo della trincea. Mi incamminai verso la valletta. Incominciava a nevicare. Piangevo senza sapere che piangevo e nella notte nera sentivo solo i miei passi nel camminamento buio. Nella mia tana, inchiodato a un palo, rimaneva il presepio in rilievo che mi aveva mandato la ragazza per il giorno di Natale.

adatt. da M. Rigoni Stern, *Il sergente nella neve*, Einaudi

**22 acciottolato**: strada costituita da ciottoli, piccole pietre.

**23 camminamento**: passaggio scavato tra una trincea e l'altra.

**24 Scrutavo**: guardavo attentamente.

**25 isba**: casa semplice di legno, caratteristica della Russia.

**26 gualcite**: stropicciate, rovinate.

**27 caricatore**: i colpi contenuti nel caricatore del mitragliatore.

## competenze alla prova

### LEGGO E...

#### ... COMPRENDO

1. **Quando si svolge la vicenda?**
   - ☐ Durante un viaggio
   - ☐ Durante la Seconda guerra mondiale
   - ☐ Nel corso di una spedizione in alta montagna
   - ☐ Nel bel mezzo di un'avventura fantastica
2. **Dove si trova il caposaldo degli alpini?**
3. **Che cosa comunica il tenente Cenci al protagonista?**
   - ☐ L'esercito deve cominciare a ritirarsi
   - ☐ La trincea si è allagata
   - ☐ Stanno per arrivare rinforzi
   - ☐ I nemici si sono ritirati
4. **Che cosa fa il protagonista dopo aver ricevuto l'ordine?**
5. **Che cosa rimane nella tana di Rigoni alla partenza?**
   - ☐ Una cartolina spiegazzata ☐ Una gavetta
   - ☐ Il suo libro preferito ☐ Il presepio in rilievo
6. **Qual è la reazione emotiva del protagonista al momento della partenza? Sottolinea la frase nel testo.**

#### ... RICAVO DAL TESTO

7. **Quando il tenente Cenci dice: "*Stasera dobbiamo ripiegare*", intende dare un particolare ordine nel linguaggio militare; attraverso le tue conoscenze, sai esplicitare che cosa vuole dire?**
   - ☐ I soldati dovranno piegare la bandiera
   - ☐ I soldati dovranno ritirarsi
   - ☐ I soldati dovranno di nuovo piegarsi nella trincea
   - ☐ I soldati dovranno chiudere gli accessi alla trincea

#### ... ANALIZZO E INTERPRETO

8. **L'autore del racconto è anche protagonista della vicenda?**
9. **Di quale tipo sono, secondo te, i fatti narrati?**
   - ☐ Si tratta di vicende fantastiche
   - ☐ Si tratta di fatti realmente accaduti, ai quali il narratore ha partecipato
   - ☐ Sono storie che il narratore ha sentito raccontare da altri
   - ☐ Sono storie a metà fra realtà e fantasia
10. **In quale persona è scritto il testo?**
    - ☐ In prima persona ☐ In terza persona
11. **Secondo te, per quale motivo l'autore pubblica i suoi ricordi?**
    - ☐ Per ricordare a se stesso il suo passato
    - ☐ Per raccogliere le idee
    - ☐ Per informare molti lettori di fatti che ha vissuto direttamente
    - ☐ Per dare la sua personale interpretazione di fatti storici
12. **La narrazione presenta uno svolgimento cronologico dei fatti? Giustifica la tua risposta.**
13. **Ripercorri il testo, sottolinea i verbi e osserva quali sono i tempi usati prevalentemente.**
14. **Sono presenti dialoghi nel testo?**

### ORA SCRIVO IO

15. **Riscrivi il testo passando il racconto alla terza persona, a partire dall'inizio del passo fino alla fine di p. 71.**

#### UN MONDO DI PAROLE

16. **Nel testo sono presenti parole tipiche del linguaggio militare. Scrivi il significato corretto di:**
    - postazione ➲ ..........
    - sergente ➲ ..........
    - tenente ➲ ..........
    - mortaio ➲ ..........
    - compagnia ➲ ..........
    - munizioni ➲ ..........
    - cartucce ➲ ..........
    - mitragliatore ➲ ..........
17. **Riscrivi le seguenti espressioni con altre di eguale significato.**
    - "*gli occhi domandavano più delle parole*" ➲ ..........
    - "*il silenzio era pesante come la notte*" ➲ ..........
    - "*vai e non far baccano*" ➲ ..........
    - "*piangevo senza sapere che piangevo*" ➲ ..........

# Lavoriamo insieme

## Che cos'è un'autobiografia?

**Le affermazioni che seguono riguardano le principali caratteristiche dei racconti autobiografici: alcune sono giuste, altre sono sbagliate. Partendo dalla lettura precedente e dalla tua esperienza, con la guida dell'insegnante valuta se ciascuna frase è vera V o falsa F.**

- Autore, narratore e protagonista sono la stessa persona. V F
- Il racconto rispetta un ordine cronologico. V F
- Tempo e luogo non vengono indicati. V F
- I fatti presentati sono fantastici e inventati. V F
- Le vicende sono filtrate dall'esperienza e dalla sensibilità dell'autore. V F
- Il linguaggio è estremamente difficile e complesso. V F
- Compaiono personaggi e situazioni di magia. V F
- Il fine del racconto è far divertire il lettore. V F
- L'episodio narrato riguarda il passato e impiega tempi storici. V F
- La vicenda narrata è ritenuta significativa sia per chi l'ha vissuta sia per un possibile lettore. V F
- Il fine della narrazione è far conoscere al più ampio numero possibile di lettori i fatti narrati. V F

## È tutto chiaro?

**Individuiamo adesso insieme, schematicamente, i punti più importanti che consentono di caratterizzare un racconto autobiografico. Tu completa la colonna relativa a *La ritirata*.**

| | caratteristiche del racconto autobiografico | ne *La ritirata* |
|---|---|---|
| **autore narratore protagonista** | L'autore, il narratore e il protagonista del racconto autobiografico **coincidono**. | |
| **contenuto** | Il contenuto è il racconto di una o più esperienze realmente vissute dal protagonista. | |
| **stile e tempi della narrazione** | • La narrazione avviene in **prima persona**; le vicende sono filtrate dalla sensibilità dell'autore.<br>• I tempi verbali sono per lo più al **passato**. | |
| **linguaggio** | Il linguaggio è **semplice ma formale**; spesso sono presenti **dialoghi**. | |
| **ordine della narrazione** | Le vicende sono narrate **secondo l'ordine cronologico**. | |
| **finalità** | Il fine della narrazione è **far conoscere i fatti narrati** al più ampio numero possibile di lettori; per questo i fatti narrati sono descritti con **precisione e ricchezza di particolari**. | |

# RICONOSCIAMO IL GENERE

CARATTERISTICHE NARRATIVE

LINGUAGGIO

NARRATORE

Il testo è affiancato da caselle che ti aiutano a individuare le parti e le caratteristiche del genere. Troverai:

- caselle **arancioni** per le caratteristiche narrative;
- caselle **blu** per il linguaggio;
- caselle **rosa** per definire il narratore.

**Devi completarle tu, utilizzando i riferimenti dati qui in ordine casuale.**

**caratteristiche narrative**: le vicende sono narrate in ordine cronologico - il contenuto del testo risponde a un'esperienza vissuta

**linguaggio**: compare il discorso diretto - il linguaggio è semplice ma formale

**narratore**: autore, narratore, protagonista coincidono

# Le vacanze in montagna di Natalia Ginzburg

leggere scrivere

TESTO NARRATIVO

1 2 3 livello di difficoltà

**Nel romanzo *Lessico famigliare*, la scrittrice Natalia Levi Ginzburg ricorda la sua vita fino agli anni della giovinezza, soffermandosi in particolare sull'infanzia, passata a Torino negli anni precedenti la Seconda guerra mondiale. Natalia è la più piccola di una famiglia numerosa, in cui il padre, Giuseppe Levi, scienziato e medico, è davvero una "colonna portante" della vita domestica.**

Passavamo sempre l'estate in montagna. Prendevamo una casa in affitto, per tre mesi, da luglio a settembre. Di solito, eran case lontane dall'abitato; e mio padre e i miei fratelli andavano ogni giorno, col sacco da montagna sulle spalle, a far la spesa in paese. Non c'era sorta[1] di divertimento o distrazioni. Passavamo la sera in casa, attorno alla tavola, noi fratelli e mia madre. Quanto a mio padre, se ne stava a leggere nella parte opposta della casa; e, di tanto in tanto, s'affacciava alla stanza, dove eravamo raccolti a chiacchierare e a giocare. S'affacciava sospettoso, accigliato[2]; e si lamentava con mia madre della nostra serva Natalina, che gli aveva messo in disordine certi libri.

– La tua cara Natalina – diceva. – Una demente – diceva, incurante[3] del fatto che la Natalina, in cucina, potesse udirlo. D'altronde alla frase "quella demente di Natalina" la Natalina c'era abituata, e non se ne offendeva affatto.

A volte la sera, in montagna, mio padre si preparava per gite o ascensioni[4]. Inginocchiato a terra, ungeva le scarpe sue e dei miei fratelli

**1 Non c'era sorta**: Non c'era nessun tipo.

**2 accigliato**: scuro in volto, leggermente adirato.

**3 incurante**: senza preoccuparsi.

**4 ascensioni**: gite in alta quota.

con del grasso di balena; pensava che lui solo sapeva ungere le scarpe con quel grasso. Poi si sentiva per tutta la casa un gran rumore di ferraglia: era lui che cercava i ramponi[5], i chiodi[6], le piccozze[7]. – Dove avete cacciato la mia piccozza? – tuonava[8]. – Lidia[9]! Lidia! dove avete cacciato la mia piccozza?

Partiva per le ascensioni alle quattro del mattino, a volte solo, a volte con guide di cui era amico, a volte con i miei fratelli; e il giorno dopo le ascensioni era, per la stanchezza, intrattabile; col viso rosso e gonfio per il riverbero del sole sui ghiacciai, le labbra screpolate e sanguinanti, il naso spalmato di una **pomata** gialla che sembrava burro, le sopracciglia aggrottate sulla fronte solcata e tempestosa[10], mio padre stava a leggere il giornale, senza pronunciare verbo[11]: e bastava un nonnulla a farlo esplodere in una collera spaventosa. Al ritorno delle ascensioni con i miei fratelli, mio padre diceva che i miei fratelli erano "dei salami", e che nessuno dei suoi figli aveva ereditato da lui la passione della montagna; escluso Gino, il maggiore di noi, che era un grande alpinista e che insieme a un amico faceva punte[12] difficilissime; di Gino e di quell'amico, mio padre parlava con una mescolanza di orgoglio e di invidia, e diceva che lui ormai non aveva più tanto fiato, perché andava invecchiando.

Questo mio fratello Gino era, del resto, il suo prediletto e lo soddisfaceva in ogni cosa; s'interessava di storia naturale, faceva collezioni d'insetti e di cristalli e d'altri minerali, ed era molto studioso. Gino si iscrisse poi a ingegneria; e quando tornava a casa dopo un esame e diceva che aveva preso un trenta[13], mio padre chiedeva: – Com'è che hai presto trenta? Com'è che non hai preso trenta e lode?

E se avesse preso trenta e lode, mio padre diceva: – Uh, ma era un esame facile.

In montagna, quando non andava a fare ascensioni, o gite che duravano fino alla sera, mio padre andava però, tutti i giorni, "a camminare"; partiva, al mattino presto, vestito nel modo identico di quando partiva per le ascensioni, ma senza corda, ramponi o piccozza; se ne andava spesso da solo, perché noi e mia madre eravamo, a suo dire, "dei poltroni[14]", "dei salami"; se ne andava con le mani dietro la schiena, col passo pesante delle sue scarpe chiodate, con la pipa fra i denti. Qualche volta, obbligava mia madre a seguirlo; – Lidia! Lidia! – tuonava al mattino. – Andiamo a camminare! Sennò t'impigrisci a star sempre sui prati!

**Pomata**
C'entra qualcosa la "*pomata*" con il "*pomo*", ossia con la mela? Sembra proprio di sì: in origine molte creme per la pelle erano confezionate con le mele. Poi anche altri unguenti hanno mantenuto lo stesso nome, anche se non si usavano più le mele per confezionarli.

**5 ramponi**: ferri appuntiti che si applicano sotto gli scarponi per far presa sulla neve dura o sul ghiaccio.

**6 chiodi**: chiodi speciali, usati per scalare le montagne.

**7 piccozze**: piccoli picconi usati dagli alpinisti.

**8 tuonava**: urlava.

**9 Lidia**: nome della madre dell'autrice e moglie del protagonista.

**10 tempestosa**: non serena, adirata.

**11 senza pronunciare verbo**: senza dire nulla.

**12 faceva punte**: scalava vette.

**13 trenta**: all'università è il massimo voto per un esame; ricevere la lode indica ulteriore eccellenza.

**14 poltroni**: pigroni.

Mia madre allora, docile, lo seguiva; di qualche passo più indietro, col suo bastoncello, il golf legato sui fianchi e scrollando i ricciuti capelli grigi, che portava tagliati cortissimi, benché mio padre ce l'avesse molto con la moda dei capelli corti, tanto che le aveva fatto, il giorno che se li era tagliati, una sfuriata da far venir giù la casa: – Ti sei di nuovo tagliata i capelli! Che asina che sei! – le diceva mio padre, ogni volta che lei tornava a casa dal parrucchiere. "Asino" voleva dire, nel linguaggio di mio padre, non un ignorante, ma uno che faceva villanie o sgarbi[15]; noi suoi figli eravamo "degli asini" quando parlavamo poco o rispondevamo male.

– Ti sarai fatta metter su[16] dalla Frances! – diceva mio padre a mia madre, vedendo che s'era ancora tagliata i capelli; difatti questa Frances, amica di mia madre, era da mio padre molto amata e stimata, fra l'altro essendo la moglie d'un suo amico d'infanzia e compagno di studi; ma aveva agli occhi di mio padre il solo torto d'avere iniziato mia madre alla moda dei capelli corti; la Frances andava spesso a Parigi, avendo là dei parenti ed era tornata da Parigi un inverno dicendo: – A Parigi si usano i capelli corti.

– A Parigi la moda è sportiva, – avevano ripetuto mia sorella e mia madre tutto l'inverno, rifacendo un po' il verso alla Frances, che parlava con l'erre[17]; si erano accorciate tutti i vestiti e mia madre s'era tagliata i capelli; mia sorella no, perché li aveva lunghi fino in fondo alla schiena, biondi e bellissimi; e perché aveva troppa paura di mio padre.

adatt. da N. Ginzburg, *Lessico famigliare*, Einaudi Scuola

**15 villanie o sgarbi**: atti offensivi e scorretti.

**16 Ti sarai fatta metter su**: Ti sei fatta sobillare, spingere a fare qualcosa di nuovo e stravagante.

**17 parlava con l'erre**: pizzicava la erre.

competenze alla prova

## LEGGO E...

### ... COMPRENDO

1 **Quanto durano le vacanze della famiglia Levi?**
- ☐ Tre mesi
- ☐ Un mese
- ☐ Due mesi
- ☐ Tre settimane

2 **Da chi è composta la famiglia?**
- ☐ Genitori e una figlia
- ☐ Genitori e due figli
- ☐ Genitori e quattro figli
- ☐ Genitori, molti figli e una domestica

3 **Qual è l'attività preferita dal padre in vacanza?**
- ☐ Scrivere lettere
- ☐ Fare escursioni
- ☐ Leggere
- ☐ Fumare la pipa

4 **Qual è il figlio prediletto dal padre?**

5 **Che cosa rimprovera il padre dell'autrice alla moglie?**

### ... RICAVO DAL TESTO

6 **Dal racconto dell'autrice, puoi ricavare che la vita della famiglia Levi in montagna fosse densa di impegni mondani e movimentata per la presenza di amici? Giustifica la tua risposta attraverso passaggi del testo.**

### ... ANALIZZO E INTERPRETO

7 **Natalia, nel ricordare episodi della sua vita passata con il padre, quale tono impiega?**
- ☐ Pieno di rancore e avversione verso di lui
- ☐ Di comprensione e affetto
- ☐ Di totale indifferenza
- ☐ Di angoscia e ansia

8 **Nel racconto vi è coincidenza tra autore e narratore?**
- Indica quali sono i tempi verbali prevalenti usati dall'autrice.

9 **Ti sembra che il linguaggio usato sia formale oppure semplice, quotidiano? Motiva la tua risposta.**

10 **Come definiresti i fatti raccontati?**
- ☐ Del tutto inventati ma possibili
- ☐ Fantastici e assurdi
- ☐ Realmente accaduti
- ☐ Un po' reali e un po' fantastici

11 **Sottolinea nel testo gli aggettivi che meglio definiscono i personaggi del racconto.**
- **Padre:** autoritario - gentile - comprensivo - irritabile - ombroso - sportivo - collerico
- **Madre:** gentile - cocciuta - pigra - remissiva - debole - accigliata

## ORA SCRIVO IO

12 **Ricorda una tua giornata di vacanza come se fosse una pagina del tuo diario. Cerca di usare un linguaggio semplice ma corretto.**

### UN MONDO DI PAROLE

13 **Nel testo si trovano parole che riportano al mondo della montagna, dell'alpinismo. Scrivi il significato corretto di:**
- ascensione ➲ ............................................
- ramponi ➲ ............................................
- piccozza ➲ ............................................
- riverbero ➲ ............................................
- ghiacciaio ➲ ............................................
- scarpe chiodate ➲ ............................................

### UNO SGUARDO ALLA GRAMMATICA

14 **Nel testo viene usato benché: scrivi tre frasi in cui compaia usato correttamente questo connettivo.**

15 **Ritorna a p. 76 e rintraccia in tutta la sezione di testo compresa tra "*Passavamo sempre l'estate*" e "*non se ne offendeva affatto*" i soggetti di ogni singola proposizione. Leggi poi l'elenco sottostante e sottolinea le parole che non hanno mai funzione di soggetto nel testo considerato.**

noi - frase - sera - mio padre e i miei fratelli - sorta (di divertimento) - stanza - estate - case - madre - egli - casa - Natalina

# Confrontiamo e riflettiamo

**Completa lo schema di sintesi sul racconto autobiografico, in riferimento ai testi che hai letto.**

| | *La ritirata* | *Le vacanze in montagna* |
|---|---|---|
| Vi è coincidenza tra autore, narratore e protagonista della vicenda. | | |
| Presenta fatti realmente accaduti. | | |
| La narrazione avviene in prima persona. | | |
| I verbi usati sono per lo più al passato. | | |
| Il linguaggio è semplice ma formale. | | |
| Le vicende sono narrate secondo l'ordine cronologico. | | |
| Vuole rendere pubblica la vita dell'autore o un suo episodio, ritenendoli significativi e interessanti per il lettore. | | |

# Che cos'è un diario?

La parola "diario" deriva dal latino *dies*, che significa "giorno" e, perciò, indica un tipo di testo che si ricollega all'agire di ogni giorno. Anche nel diario si parla di se stessi, ma in modo diverso dall'autobiografia: proviamo a vedere con quali modalità, attraverso le vicende di un cinese a Venezia.

## Diario di un cinese in Italia di Zhong Acheng

**Tra il maggio e il luglio 1992 lo scrittore cinese Acheng si reca in Italia, soggiornando a Venezia, presso alcuni amici italiani. Nell'occasione Acheng compila un diario in cui trascrive le cose "strane" che vive in un Paese così diverso dal suo, soffermandosi sugli incontri, sulle persone, sui luoghi.**

leggere scrivere parlare

TESTO NARRATIVO

1 2 3 livello di difficoltà

**13 maggio**

Nel pomeriggio, passando accanto al Conservatorio[1], ho sentito qualcuno che faceva vocalizzi[2]. Da un'altra finestra mi giungeva il suono degli ottoni[3]. Così sono entrato a dare un'occhiata. Il palazzo, che ha un imponente cortile, probabilmente fu costruito da una potente famiglia veneziana. Mi è venuto in mente che il Conservatorio di Pechino è situato nel palazzo di un principe.

Uscito dal Conservatorio, ho attraversato il Ponte dell'Accademia e, trovandomi davanti all'Accademia di Belle Arti[4], sono entrato anche qui per dare un'occhiata. Non mi aspettavo che, appena alzata la testa per guardarmi attorno nel piccolo cortile, un portiere gridando e gesticolando mi avrebbe fatto immediatamente uscire.

Agli occhi degli altri, la parte che sto recitando a Venezia è quella di un giapponese[5]. Sono andato in un negozio a comprare una pianta della città e il padrone mi ha chiesto in giapponese che tipo di pianta volessi. Benché la lingua che conosco meglio sia il cinese, ho immaginato quello che mi stava dicendo. Allora gli ho risposto in inglese: – Sono cinese.

Il padrone si è battuto la fronte e ha esclamato – Mamma mia [in italiano nel testo, *n.d.r.*[6]], e io che ho fatto tanta fatica a studiare il giapponese.

– Non importa – ho risposto – da qualunque Paese uno provenga, vi pagherà sempre in soldi italiani.

**1 Conservatorio**: tipo particolare di scuola dove si studiano musica e canto.

**2 vocalizzi**: esercizi con la voce.

**3 ottoni**: strumenti a fiato.

**4 Accademia di Belle Arti**: scuola dove si studiano pittura, disegno, scultura ecc.

**5 la parte ... un giapponese**: a Venezia, gran parte dei turisti arriva dal Giappone e il protagonista è scambiato per un giapponese.

**6 *n.d.r.***: questa sigla significa "nota del redattore" e si usa per segnalare particolarità dei testi (in questo caso si segnala che l'espressione "Mamma mia" è in italiano anche nel testo originario dell'autore, non è frutto di traduzione).

**14 maggio**

Marco mi ha regalato una copia del *Canone del tè*[7] che ha tradotto in italiano. Il testo è corredato da eleganti illustrazioni e le sue note occupano un terzo del volume. Marco è andato appositamente in Giappone allo scopo di consultare antichi testi che là sono conservati. Anche Marco conosce Yiao Lan[8] e mi ha raccontato che durante la sua seduta di laurea, mentre suonava il *guqin*[9], tutte le finestre dell'aula si sono improvvisamente spalancate.
Discutere questi prodigi dal punto di vista scientifico non è forse del tutto inutile?
Ho chiesto a Marco: – Nelle mie letture su Venezia ho notato che molto spesso si fa menzione dei "barbari del nord[10]". Ma chi sono questi "barbari del nord"?
– Io, ad esempio, sono uno di loro – mi ha risposto.
Marco ha i capelli chiari e gli occhi grigio-azzurri. Le donne italiane amano i capelli biondi, anche se questo probabilmente un tempo era il colore dei capelli dei temuti "barbari del nord". Una cosa è la storia, un'altra è la realtà.
Secondo la mia limitata conoscenza, la mescolanza delle razze che vivono sulle coste del Mediterraneo – arabi, nordafricani e "barbari del nord" – ha generato la grande bellezza degli italiani, uomini e donne. [...]

**15 maggio**

Nel pomeriggio sono andato con Marco alla Gelateria da Nico, alle Zattere[11]. Zattere in cinese potrebbe essere tradotto "molo fluttuante[12]". [...] Poi abbiamo camminato a lungo per andare a comprare carne e verdure per cucinare "alla cinese".

adatt. da AA.VV., *La valigia dello scrittore. Racconti di viaggio del Novecento*, Einaudi Scuola

**7 *Canone del tè***: antico testo cinese dedicato al tè (VIII secolo).

**8 Yiao Lan**: letterato cinese della seconda metà del XVIII secolo.

**9 *guqin***: strumento musicale a sette corde.

**10 barbari del nord**: il riferimento è alle invasioni barbariche che causarono la fine dell'Impero romano; questi barbari provenivano in gran parte dal Nord dell'Europa ed erano prevalentemente biondi e con gli occhi azzurri.

**11 Zattere**: parte della città di Venezia, costituita da piattaforme galleggianti sostenute da piloni di legno.

**12 fluttuante**: galleggiante.

scheda

## I tempi narrativi

I tempi verbali che vengono per lo più usati in un testo narrativo (come il racconto autobiografico oppure il diario) sono i **tempi storici**, cioè l'**imperfetto** e il **passato remoto** del modo indicativo. Per questa loro funzione sono detti anche **tempi narrativi**.

- L'**imperfetto** indica lo svolgimento di un'azione, di un fatto nel passato, sottolineandone la **durata**. In questo senso l'imperfetto è il **tempo dello sfondo** della vicenda narrata.
- Il **passato remoto**, invece, mette in evidenza alcuni fatti, lasciando gli altri sullo sfondo. Per questo viene usato, per esempio, per evidenziare i **cambiamenti** che avvengono nella storia.
- Talvolta può accadere che uno scrittore, per narrare fatti del passato, usi il cosiddetto **presente storico**, cioè il tempo presente usato al posto del passato; esso ha la funzione di attualizzare il racconto dei fatti trascorsi.

## competenze alla prova

### LEGGO E...

#### ... COMPRENDO

**1** **Dove si svolgono gli avvenimenti raccontati nel diario di Acheng?**
- ☐ Roma
- ☐ Venezia
- ☐ Torino
- ☐ Pechino

**2** **Dove entra il protagonista, durante la sua passeggiata?**
- ☐ Nel palazzo del Conservatorio e all'Accademia di Belle Arti
- ☐ In un museo
- ☐ Al Conservatorio
- ☐ Alla stazione ferroviaria

**3** **Perché Acheng viene mandato via dall'Accademia?**

**4** **Che cosa succede nel negozio in cui il protagonista cerca una pianta della città?**

#### ... RICAVO DAL TESTO

**5** **Quando Acheng dice: "*Discutere questi prodigi dal punto di vista scientifico non è forse del tutto inutile?*", che cosa sottintende?**
- ☐ Che alcuni fenomeni apparentemente inspiegabili sono stati analizzati scientificamente e spiegati in modo razionale
- ☐ Che ai fenomeni "miracolosi" nessuno può dare spiegazione
- ☐ Che ciò che capita per caso non si deve spiegare
- ☐ Che la scienza e i prodigi sono molto diversi tra loro

#### ... ANALIZZO E INTERPRETO

**6** **Chi è il protagonista dei fatti accaduti?**
- ☐ Marco
- ☐ Non si cita il suo nome
- ☐ Acheng
- ☐ Non si capisce

**7** **Il protagonista coincide con chi scrive?**

**8** **In quale persona sono narrati i fatti presentati?**

**9** **Nella narrazione dei fatti, quale tempo verbale prevale?**
- ☐ Il presente
- ☐ Il passato remoto
- ☐ Il passato prossimo
- ☐ Il futuro

**10** **Ti pare che il linguaggio usato sia formale oppure colloquiale, familiare?**

**11** **In quale ordine sono "registrati" i fatti narrati?**
- ☐ Logico
- ☐ Cronologico
- ☐ Senza un ordine preciso
- ☐ Dal più al meno recente

**12** **Come definiresti gli avvenimenti "veneziani" di Acheng?**
- ☐ Interessanti ma inverosimili
- ☐ Realmente accaduti
- ☐ Realistici ma banali
- ☐ Totalmente inventati

### ORA SCRIVO IO

**13** **Dai un titolo alla cronaca del 13 maggio e un altro titolo a quella del 14 maggio.**

#### UN MONDO DI PAROLE

**14** **Riscrivi le seguenti espressioni con altre di uguale significato.**
- "*sono entrato a dare un'occhiata*" ➲ ..............................................................
- "*molto spesso si fa menzione di*" ➲ ..............................................................
- "*Secondo la mia limitata conoscenza*" ➲ ..............................................................

#### AD ALTA VOCE

**15** **Partendo dal testo, discutete in classe su quale sia l'atteggiamento corretto da avere con le persone che visitano come turisti il nostro Paese.**

# Lavoriamo insieme

## Che cos'è un diario?

**Di seguito troverai alcune affermazioni che riguardano il diario. Con la guida dell'insegnante, rifletti sul testo appena letto e poi valuta la correttezza di ciascuna frase, indicando se è vera V o falsa F.**

- Nel diario si impiega la prima persona singolare. V F
- L'autore, il narratore e il protagonista sono la stessa persona. V F
- La pagina di un diario presenta l'indicazione della data e talvolta anche del luogo in cui avvengono i fatti narrati. V F
- L'autore segue un ordine cronologico nell'esposizione degli avvenimenti. V F
- Sono raccontati fatti inventati e fantastici. V F
- Il diario è un testo espressivo, cioè esprime il punto di vista soggettivo dell'autore. V F
- Il diario è inviato a un destinatario, per lo più un amico dell'autore. V F
- Il linguaggio usato è molto ricercato e complesso. V F

## È tutto chiaro?

**Indichiamo adesso insieme, schematicamente, i punti più importanti che consentono di caratterizzare un diario personale. Tu completa la colonna relativa a *Diario di un cinese in Italia*.**

| | caratteristiche del diario | in *Diario di un cinese in Italia* |
|---|---|---|
| **autore narratore protagonista** | L'autore, il narratore e il protagonista del diario **coincidono**. | Acheng |
| **contenuto** | Nel diario vengono registrati giorno per giorno, con l'indicazione della data, fatti, emozioni, sensazioni vissute dall'autore. | |
| **stile e tempi della narrazione** | • La narrazione avviene in **prima persona**; le vicende sono filtrate dalla sensibilità dell'autore. • I tempi verbali sono per lo più il **presente** o il **passato prossimo**. | |
| **linguaggio** | Il linguaggio è **colloquiale**, diretto, semplice. | |
| **ordine della narrazione** | Le vicende sono narrate **secondo l'ordine cronologico**. Di solito è indicata la **data** in cui si scrive la pagina di diario (tempo e spazio definiti). | |
| **finalità** | Il diario non ha necessariamente lo scopo di essere pubblicato, ma serve per **registrare emozioni** e **impressioni** dell'autore. | |

CARATTERISTICHE NARRATIVE

LINGUAGGIO

NARRATORE

Il testo è affiancato da caselle che ti aiutano a individuare le parti e le caratteristiche del genere. Troverai:

- caselle **arancioni** per le caratteristiche narrative;
- caselle **blu** per il linguaggio;
- caselle **rosa** per definire il narratore.

**Devi completarle tu, utilizzando i riferimenti dati qui in ordine casuale.**

caratteristiche narrative: le vicende sono narrate in prima persona - si segue un ordine cronologico - i verbi sono al presente e al passato prossimo - è indicato il giorno in cui si scrive il diario

linguaggio: il linguaggio è semplice e diretto

narratore: si registrano emozioni vissute dall'autore - autore, narratore, protagonista coincidono.

# Diario di una schiappa di Jeff Kinney

**Greg è un comunissimo ragazzino americano, con due fratelli rompiscatole, una madre apprensiva e un padre piuttosto deciso nel trovare soluzioni ai guai che i figli combinano. Nel suo diario Greg racconta e disegna i piccoli episodi della sua vita di studente e di figlio... non proprio modello.**

leggere scrivere parlare

TESTO NARRATIVO

1 2 3 livello di difficoltà

**Venerdì**

Sono passati tre giorni e ho mantenuto la promessa fatta a mamma. Ho detto la verità al 100%. In fondo, non è così difficile.
Anzi, è liberatorio[1]. Ci sono state un paio di situazioni in cui non sarei mai stato così sincero, prima.
Per esempio, l'altro giorno parlavo con un bambino del quartiere che si chiama Shawn Snella.
– Da grande farò il giocatore di basket! – mi diceva Shawn.
– Pensaci bene, Shawn. I tuoi non superano il metro e sessanta e a sei anni pesi già novanta chili!
– Uaaaahaaa! – è scoppiato a piangere.
– Non posso dire bugie.
E ieri la famiglia di Rowley ha fatto una festa di compleanno per il nonno.
– L'anno prossimo voglio la torta al cioccolato! – ha esclamato il nonno.
– Ammesso che sia ancora vivo! – ho risposto io. E, visto che tutti mi hanno guardato male, ho aggiunto: – Ehi, sono solo realista!
La gente non apprezza quelli sinceri come me. [...]

**1 liberatorio**: che dà sollievo, che fa stare bene.

**Sabato**

Oggi ho risposto al telefono ed era la signora Gillman dell'Associazione Genitori che voleva mamma. Ho cercato di passargliela, ma mi ha fatto segno di dire che non c'era.
Non so se era un trucco per vedere se dicevo la BUGIA, ma di certo non rompevo la promessa per una cosa così scema.
Così l'ho fatta uscire dalla porta di casa prima di parlare con la signora Gillman e di dirle: – Mia madre non è in casa al momento.
E da come mi ha guardato quando è tornata dentro, mi sa che la storia della promessa è ormai superata.

**Lunedì**

Oggi era il giorno dell'Orientamento a scuola. Ogni anno fanno Orientamento per farci pensare al nostro futuro.
Invitano una serie di adulti che fanno lavori diversi. Credo che l'idea sia farci scoprire un lavoro che ci piace e così sappiamo cosa vogliamo fare da grandi.
Ma veramente scopriamo solo quello che NON vogliamo fare.
[...]
Dopo la presentazione dovevamo compilare dei questionari. La prima domanda era: "Dove sarai fra quindici anni?".
Io so esattamente dove sarò fra 15 anni: nella piscina della mia villa a contare i soldi che guadagno. Ma quella casella lì non c'era.
Il questionario dovrebbe dirci che lavoro faremo da grandi. Alla fine mi è venuto fuori "Impiegato".
C'è qualcosa di sbagliato nei questionari, perché non conosco nessun impiegato multimiliardario. Anche qualcun altro si è lamentato del lavoro che gli è venuto fuori. Ma la prof ha detto che non dovremmo prendere queste cose troppo sul serio.
Provate a dirlo a Edward Carey. L'anno scorso è risultato "Operatore Ecologico" e da quel momento i prof l'hanno trattato in modo diverso. Per esempio, una volta in cui la prof ha fatto cadere il bicchiere di succo, ha chiamato lui: – Edward, per favore potresti pulire il succo versato?

A Rowley è venuto fuori "Infermiere" e sembrava contento. Anche a qualche ragazza è venuto Infermiera e si sono messe a chiacchierare con Rowley dopo la lezione.
Il prossimo anno devo ricordarmi di sedermi vicino a lui e copiare il suo questionario, così mi diverto anch'io.

adatt. da J. Kinney, *Diario di una schiappa. La legge dei più grandi*, Editrice Il Castoro

## competenze alla prova

### LEGGO E...

#### ... COMPRENDO

1. **Che cosa si propone Greg nella giornata di venerdì?**
   - ☐ Andare alla festa del nonno di Rowley
   - ☐ Dire sempre la verità
   - ☐ Disubbidire alla mamma
   - ☐ Dire le bugie solo qualche volta
2. **Quali effetti produce il comportamento di Greg con Shawn Snella e con il nonno di Rowley? Indica l'aggettivo più opportuno.**
   drammatici - imbarazzanti - avventurosi - interessanti - difficili
3. **Per quale ragione, sabato, Greg fa uscire di casa sua mamma quando telefona la signora Gillman?**
4. **Che cosa fanno gli studenti nel giorno dell'Orientamento? Sintetizza le loro attività.**

#### ... RICAVO DAL TESTO

5. **Quando Greg risponde al suo compagno: "*I tuoi non superano il metro e sessanta e a sei anni pesi già novanta chili!*", che cosa sottintende circa le caratteristiche dei giocatori di basket?**
6. **Nella battuta "*Ammesso che sia ancora vivo!*" Greg che cosa ha sottinteso a riguardo del nonno?**

#### ... ANALIZZO E INTERPRETO

7. **Quale titolo daresti ai fatti della giornata di venerdì?**
8. **Come ti sembra il tono di questo diario?**
   - ☐ Comico e divertente
   - ☐ Serio e noioso
   - ☐ Neutrale e oggettivo
   - ☐ Triste e deprimente
9. **Secondo quale ordine sono narrati gli eventi?**
10. **Gli elementi della sincerità di Greg si contrappongono al modo di agire e comportarsi degli adulti: in quali punti in particolare?**

### ORA SCRIVO IO

11. **Trasforma il diario di venerdì partendo dall'inizio: "*Sono passati tre giorni e non ho mantenuto la promessa fatta a mamma. Ho detto bugie al 100%. In fondo non è così facile...*". Continua tu, rispettando il principio della coerenza.**

#### UN MONDO DI PAROLE

12. **Verità deriva da "vero". Quali dei seguenti termini non derivano da vero?**
    verismo - veritiero - vetro - verosimile - verifica - vergogna - veronese - veridicità - verticale

#### C'È STILE E STILE

13. **Nel diario autore, narratore e protagonista coincidono?**
14. **Come definiresti il linguaggio usato nel diario?**
    - ☐ Semplice e colloquiale
    - ☐ Artefatto, come imitato da un adulto
    - ☐ Solenne
    - ☐ Spontaneo

#### AD ALTA VOCE

15. **Nel testo Greg dice "*la verità al 100%*", senza valutare se in quel momento, in quella circostanza sia opportuno essere così sinceri. Discutete insieme: bisogna dire quello che si pensa sempre e comunque, senza pensarci due volte, oppure prima di parlare occorre valutare se sia conveniente essere così diretti e sinceri?**

## Confrontiamo e riflettiamo

**Completa lo schema di sintesi sul diario, in riferimento ai due testi letti.**

| | *Diario di un cinese in Italia* | *Diario di una schiappa* |
|---|---|---|
| L'autore, il narratore e il protagonista del diario coincidono. | | |
| Vengono registrati fatti, emozioni e sentimenti vissuti dall'autore. | | |
| La narrazione avviene in prima persona. | | |
| I tempi verbali sono per lo più il presente e il passato prossimo. | | |
| Il linguaggio è colloquiale, diretto. | | |
| Le vicende sono narrate secondo l'ordine cronologico. | | |
| È indicata la data o il giorno in cui si scrive. | | |
| Il diario non ha lo scopo della pubblicazione, ma serve per registrare le impressioni personali dell'autore. | | |

STUDIARE

# Che cos'è una lettera personale?

La lettera in generale è un tipo di testo usato con vari scopi. Ci sono lettere che scriviamo a enti, istituzioni, individui per avere informazioni o fare richieste: si tratta in questo caso di lettere **formali**. Tuttavia, la scrittura di una lettera può essere di carattere ben più **personale** e profondo, sia nei modi sia negli argomenti; ne puoi vedere un esempio nella lettera che segue, scritta da un padre alla propria figlia. Oggi, oltre a questo tipo di comunicazione, usiamo anche gli SMS e le e-mail, in cui passano ugualmente informazioni personali, ma con criteri formali molto diversi.

## Lettera a Luisotta di Augusto Monti

**Augusto Monti è un docente di scuola superiore messo in carcere prima a Roma e poi a Civitavecchia per ragioni politiche durante la dittatura fascista. Negli anni durissimi della prigionia, Monti scrive alla figlia Luisa, detta affettuosamente Luisotta, descrivendole la sua vita quotidiana. Il tono delle lettere è sempre pacato, come se il padre non volesse allarmare la figlia; tuttavia la realtà del carcere era terribile, in quanto la cella era stretta, umida, sporca, senza riscaldamento.**

leggere scrivere

TESTO NARRATIVO

1 2 3 livello di difficoltà

**16 agosto 1937**

Cara Luisotta,
ecco qui la tua del 31[1], ricevuta il 10, e poi la tua del 2[2] (ricevuta il 14): carissime sempre. Vedo che di mio, di qua, ancora non avete avuto niente: pazienza, riceverete. "Qui la posta in tre giorni arriva": così mi disse la guardia che interpellai all'ingresso, subito; onde[3] io molto mi rallegrai; vero che, per ora, il mio compiacimento fu un poco affrettato[4]; ma non dispero di veder avverata la sentenza dell'incoraggiante guardiolina[5].
Del resto estate, ferragosto, ferie: molti a scriver molto e uno solo a legger tutta questa roba: sai, di ragioni per spiegare il ritardo, non ne mancano.
"Tre ore di passeggio" mi dici? per ora son due, come per tutti i compagni; "una celletta per te solo?" aggiungi; per ora siamo in cinque in due camere e la sistemazione da solo non pare sia qui facilmente ottenibile. Ma per ora va molto bene così: la solitudine è cosa bella e buona e desiderabile – e, da me, desiderata assai; ma da troppo tempo io abusavo di questo bene: erano anni, non mesi, che io ne facevo la cura; se anche per questi mesi (18 e mezzo) proverò il regime della compagnia, non sarà male; uscirò di qui meno selvatico, più sociévole, meno insofferente dei contatti di quello che – dopo tutto – è il

**1 la tua del 31**: la tua lettera del 31 luglio.
**2 la tua del 2**: la tua lettera del 2 agosto.
**3 onde**: per questo.
**4 fu un poco affrettato**: ebbi troppa fretta a rallegrarmi.
**5 guardiolina**: guardia.

mio prossimo e che io, quindi, devo amare come me stesso e non fuggire come la peste. Per esempio, da quando sono qui in compagnia, ogni giorno, ogni pomeriggio, quando il sole tocca la penultima fila delle candide mattonelle del pavimento, tuo padre siede sopra il suo sgabello candidissimo con un libro in mano: di fronte a lui quattro persone – vestite di candidi abiti – stanno ciascuna in vario atteggiamento, ma tutte parimenti[6] attente e curiose; e tuo padre legge; legge ogni giorno un canto di Dante: "le tre fiere", "le tre donne benedette", "il nobile castello", "Farinata", "Gerione"[7]; i quattro compagni seguono me, via via, per gli scoscendimenti dell'immaginario Inferno[8] e, così facendo, dimenticano – non fosse che per un'ora – il reale inferno in cui da tanto tempo vivono e per tanto tempo vivranno. Vari gli effetti della lettura: ricordanze[9] di scuola nei più colti, maraviglia[10] nuova e rapimento negli incolti: e per tutti i presenti la lettura è un poco quel che è per Dante il viaggio infernale: "lascio lo fiele… e vo' pei dolci poemi[11]", dimenticanza di pene presenti, visione di beni futuri e sperati. Di fuori, nel corridoio, lettura durante[12], s'arrestano i passi della guardia proprio davanti alla nostra porta, la linguetta[13] mobile zitta zitta si leva: c'è chi ascolta pure fuori di qui: "Che c'è?

**6 parimenti**: ugualmente, allo stesso modo.

**7 le tre fiere … Gerione**: si tratta di passi famosi dell'*Inferno* di Dante Alighieri.

**8 seguono me … per gli scoscendimenti dell'immaginario Inferno**: attraverso l'immaginazione Monti percorre insieme ai compagni il viaggio di Dante nel cuore della Terra fino a Lucifero.

**9 ricordanze**: ricordi.

**10 maraviglia**: meraviglia.

**11 lascio lo fiele … e vo' pei dolci poemi**: citazione dall'*Inferno* di Dante, canto XVI, verso 61. Dante si rivolge a un suo concittadino che si trova nell'Inferno, Iacopo Rusticucci, e gli comunica che lasciare il peccato (lo fiele) per la virtù provoca un senso di benessere e piacere. Così è per i detenuti: quando leggono Dante dimenticano l'amaro (il fiele) della prigionia.

**12 lettura durante**: nel corso della lettura.

**13 linguetta**: spioncino sulla porta della cella che serve alla guardie per guardare dentro la cella stessa.

Propaganda[14]?" "Per me si va nella città dolente – per me si va nell'eterno dolore – per me si va per la perduta gente[15]" *"Aggio compreso: chista è galera[16] ancora"; nessun rimprovero: il passo riprende e si allontana. No, no; "non propaganda, superiò[17]"*; e neppure galera: e non inferno e neanche purgatorio: paradiso: paradiso di poesia e di pace. Ora: dove, se fossi solo, potrei passare – e far passare – un'ora così? Ti aspetto per il 1°, con la barba fatta.
Papà

adatt. da A. Monti, *Lettere a Luisotta*, Einaudi

**14 Propaganda**: Monti era stato incarcerato proprio per propaganda politica, cioè per aver diffuso idee contro il regime fascista.

**15 Per me si va ... perduta gente**: *Inferno*, canto III, versi 1-3; queste parole si trovano incise sulla porta dell'Inferno ("Attraverso me si entra nella città dove regna il dolore, attraverso me si va là dove c'è l'eterno dolore, attraverso me si va in mezzo alle anime dei dannati").

**16 *Aggio ... galera***: *"Ho capito: questa è ancora prigione"* (in dialetto napoletano).

**17 *superiò***: superiore (in dialetto napoletano).

## competenze alla prova

### LEGGO E...

#### ... COMPRENDO

1. Dove si trova l'autore mentre scrive la lettera?
2. A chi è indirizzata la sua lettera?
3. Quando viene scritta precisamente la lettera?
   - [x] 16 agosto 1937
   - [ ] Estate 1937
   - [ ] In un momento non meglio specificato
   - [ ] Non si capisce dal testo
4. Quanti detenuti ci sono per ogni camera?
5. Che cosa fa Monti per trascorrere il tempo con gli altri detenuti?
6. Sottolinea nel testo la reazione della guardia a questa sua attività.

#### ... RICAVO DAL TESTO

7. Nell'espressione *"il mio prossimo... che io devo amare come me stesso"* è sottinteso il riferimento a un testo: sapresti dire quale?

#### ... ANALIZZO E INTERPRETO

8. Sottolinea gli aggettivi che secondo te meglio definiscono il personaggio di Augusto Monti.

   spiritoso - forte - tranquillo - colto - disperato - consapevole - affettuoso - solitario

9. Nella lettera ci sono espressioni che "aprono" e "chiudono" il testo?
10. L'autore della lettera scrive in terza persona o in prima persona?
11. Come ti sembra il lessico usato nel testo?
    - [ ] Ricercato e difficile
    - [x] Semplice e immediato
    - [x] Ricco di figure retoriche
    - [ ] Formale e serio

### ORA SCRIVO IO

12. Dividi la lettera in sequenze, dai un titolo a ciascuna e infine scrivine il riassunto.

#### UN MONDO DI PAROLE

13. Nell'espressione *"le tre fiere"* quale significato ha la parola *"fiere"*?
    - Quale altro significato può avere *"fiera"* sia come sostantivo, sia come aggettivo?

# Lavoriamo insieme

## Che cos'è una lettera personale?

**Di seguito troverai alcune affermazioni che riguardano la lettera. Con la guida dell'insegnante, rifletti sul testo appena letto e poi valuta la correttezza di ciascuna frase, indicando se è vera V o falsa F.**

- La lettera è una forma di comunicazione scritta, con un mittente e un destinatario. V F
- Narra generalmente una favola o una fiaba. V F
- Presenta la data di stesura. V F
- Dà informazioni o racconta qualcosa. V F
- Può presentare i saluti, ma mai la firma. V F
- È scritta spesso in prima persona. (IL PIÙ DELLE VOLTE) V F
- Presenta di solito una formula introduttiva. V F
- È sempre scritta per essere pubblicata. V F

## È tutto chiaro?

**Indichiamo adesso insieme, schematicamente, i punti più importanti che consentono di caratterizzare una lettera personale. Tu completa la colonna relativa a *Lettera a Luisotta*.**

| | caratteristiche della lettera personale | in *Lettera a Luisotta* |
|---|---|---|
| **mittente e destinatario** | Nella lettera avviene una comunicazione scritta fra un **mittente** che invia la lettera e un **destinatario** che la riceve. | PAPÀ E LUISOTTA |
| **contenuto** | Nella lettera personale viene raccontata una vicenda vissuta dal mittente. | IL CARCERE |
| **struttura** | La lettera personale ha una struttura fissa, che prevede:<br>• l'indicazione della **data** e del **luogo** (tempo e spazio definiti);<br>• la formula di **apertura** o **intestazione**;<br>• una breve **introduzione**;<br>• la **parte centrale**;<br>• la formula di **chiusura** (con i saluti);<br>• la **firma**;<br>• un eventuale **P.S.** (*post scriptum*), con l'aggiunta di brevi notazioni. | 16 agosto 1937<br>- CARA LUISOTTA<br>- ECCO QUI<br>-<br>- TI ASPETTO<br>- PAPÀ<br>- |
| **stile e tempi della narrazione** | • La narrazione avviene **in prima persona**; le frasi sono **brevi**, a volte lasciate in sospeso. Spesso sono presenti **informazioni incomplete**, riferite a persone, luoghi, avvenimenti che il destinatario conosce.<br>• I tempi verbali sono per lo più il **presente** o il **passato prossimo**. | - VEDO<br>- AVETE AVUTO<br>- PRIMA PERSONA |
| **linguaggio** | Il linguaggio è **colloquiale**, semplice, diretto. | - LUISOTTA<br>- TI ASPETTO |
| **finalità** | La lettera personale ha lo scopo di **dare** e **chiedere informazioni**, **raccontare fatti**, **comunicare sentimenti** fra due persone. | - RACCONTA LA SUA ESPERIENZA |

CARATTERISTICHE NARRATIVE

LINGUAGGIO

NARRATORE

Il testo è affiancato da caselle che ti aiutano a individuare le parti e le caratteristiche del genere. Troverai:

- caselle **arancioni** per le caratteristiche narrative;
- caselle **blu** per il linguaggio;
- caselle **rosa** per definire il narratore.

**Devi completarle tu, utilizzando i riferimenti dati qui in ordine casuale.**

**caratteristiche narrative**: i verbi sono al presente o passato prossimo - ha lo scopo di comunicare sentimenti, fatti, pensieri personali - viene raccontata una vicenda vissuta dal mittente - la lettera ha una sua struttura fissa

**linguaggio**: il linguaggio è semplice e diretto

**narratore**: coincidono narratore e autore

# Cara L. di Gabriele Viti

**Gabriele è un ragazzo disabile che racconta alla giovane da lui amata, L., la sua vita. In una serie di lettere, Gabriele confessa così paure, emozioni, desideri, soffermandosi sulle difficoltà che la vita quotidiana gli riserva.**

leggere scrivere

TESTO NARRATIVO

1 2 3 livello di difficoltà

**27 aprile**

Cara L.,
ti scrivo una lettera che da sempre è dentro di me, una confessione, una dichiarazione d'amore. Parla di me e forse non la spedirò mai e forse non è indirizzata a nessuno. È solo un modo per non sentirmi solo col prezzo selvaggio che dà la vita[1] [...].

Tanto vale che cominci dall'inizio. Sono sempre stato un ragazzo fortunato. Di bambini come me ne nascono uno su un milione: sono un po' come la tigre bianca e lo stambecco albino[2]. Tutto iniziò il 29 agosto del 1975, quando, nell'ospedale di Arezzo, venni al mondo. Capii subito che la mia vita non sarebbe stata semplice. Mia madre lavorava nel reparto di pediatria[3] di questo ospedale. Al momento del parto era assistita in particolar modo. Nonostante tutto, non furono in grado di sventare il destino[4]. Al momento del parto il cordone ombelicale, che per nove mesi mi aveva tenuto in vita, a un tratto si ribellò, strozzandomi e creandomi danni cerebrali[5] che tuttora porto dietro.

STRUTTURA FISSA

I VERBI SONO AL PRESENTE O PASSATO PROSSIMO

VIENE RACCONTATA UNA VICENDA VISSUTA DAL MITTENTE

**1 col prezzo selvaggio che dà la vita**: con il dolore che la vita mi procura.

**2 la tigre bianca e lo stambecco albino**: si tratta di animali molto rari.

**3 reparto di pediatria**: reparto di un ospedale dove si curano i bambini.

**4 sventare il destino**: far fallire i piani che il destino mi aveva riservato.

**5 danni cerebrali**: danni al cervello, che compromettono il movimento, il linguaggio e altre funzioni vitali.

Ancora oggi, dopo 22 anni, mi chiedo che cosa avevo fatto al cordone e perché mi ha tenuto in vita nove mesi per poi volermi strozzare. Mi sento un disegno cubista[6] e non nascondo di piacermi nella mia dimensione di opera d'arte astratta. Sono spesso in crisi con me stesso: un eterno lacerante conflitto tra corpo, figura, passo, anima e Gabriele. Come se non bastasse, ho paura di morire. Faccio sempre le stesse cose senza accorgermene. Mi distraggo sotto le nuvole; ascolto i silenzi dell'anima e mi fanno paura. [...]

Mi guardo allo specchio e capisco tutti i giorni cosa c'è che non va. Lo vedo negli occhi della gente che non sa cosa fare e come guardarmi. Allora dico due parole e il mostro non fa più paura. È un bel vivere e non mi stanca. Sarà così per sempre. Ora basta, non c'è altro da sapere.

Gabriele

adatt. da G. Viti, Cara L. *Storia di un normalissimo disabile*, Edizioni del Cerro

**6 cubista**: il cubismo è un movimento artistico che rappresenta gli oggetti e le figure umane scomponendoli in figure geometriche, fino a farli diventare figure astratte.

## competenze alla prova

### LEGGO E...

#### ... COMPRENDO

**1** **In quali modi Gabriele definisce questa lettera? Sottolineali.**

**2** **Su quale episodio si incentra la lettera?**

- ☐ Il primo giorno di scuola di Gabriele
- ☐ L'aspetto di Gabriele
- ☐ Una gita di Gabriele
- ☒ La nascita di Gabriele

**3** **Qual è lo scopo per cui il giovane scrive questa lettera?**

**4** **Chi è il protagonista di questa lettera?**

- ☒ Un ragazzo di ventidue anni
- ☐ Un uomo adulto
- ☒ Un ragazzo di ventidue anni *diversamente abile*
- ☐ Non è specificato nel testo

#### ... RICAVO DAL TESTO

**5** **Quando Gabriele dice: "*Capii subito che la mia vita non sarebbe stata semplice*" che cosa sottintende?**

- ☒ La coscienza delle sue difficoltà lo ha accompagnato sempre, fin da molto piccolo
- ☒ È stato consapevole di se stesso fin dalla nascita
- ☐ Ha avuto una premonizione sulla sua vita futura
- ☐ Ha sofferto molto

#### ... ANALIZZO E INTERPRETO

**6** **Sottolinea nel testo le espressioni che fanno capire il coinvolgimento emotivo di Gabriele.**

**7** **Quali aggettivi secondo te si prestano a definire bene il carattere di Gabriele?**

forte - orgoglioso - ferito - distratto - pauroso - intelligente - curioso - sereno

**8** **La narrazione avviene in prima o in terza persona?**

**9** **Come definiresti la vicenda umana di Gabriele? Motiva la tua risposta.**

- ☐ Drammatica
- ☐ Incredibile
- ☒ Cruda, realistica
- ☐ Triste

### ORA SCRIVO IO

**10** **Chiedi a un adulto di raccontarti i particolari che riguardano la tua nascita. Immagina poi di spiegare in una lettera a un amico che cosa ti è stato riferito, inserendo anche le emozioni che l'episodio suscita in te.**

# Confrontiamo e riflettiamo

**Completa lo schema di sintesi sulla lettera personale, in relazione ai due testi letti.**

| | *Lettera a Luisotta* | *Cara L.* |
|---|---|---|
| **Nella lettera avviene una comunicazione tra mittente e destinatario.** | TRA PADRE EFICCIA | TRA GABRIELE E L. |
| **Compare la data di stesura della lettera.** | 16 AGOSTO 1937 | 27 APRILE |
| **C'è una formula di apertura dello scritto.** | CARA LUISOTTA | CARA L. |
| **Si aggiunge un P.S.** | NON C'È | NON C'È |
| **La narrazione è in prima persona.** | VEDO CHE DI MIO... | TI SCRIVO UNA... |
| **Le frasi sono brevi.** | "TRE ORE DI PASSEGGIO" "MI DICI"? | FACCIO SEMPRE LE STESSE COSE SENZA ACCORGERMENE. |
| **I verbi sono al presente o al passato prossimo, per lo più.** | SONO QUI IN COMPAGNIA | SONO SEMPRE STATO |
| **Il linguaggio è semplice e diretto.** | PER ORA SIAMO IN CINQUE IN DUE CAMERE | TI SCRIVO UNA LETTERA CHE PARLA DI ME |
| **Ha lo scopo di raccontare fatti e comunicare sentimenti tra due persone.** | LA COMPAGNIA È COSA BELLA ANCHE SE MI PIACEVA LA SOLITUDINE | MI SENTO UN DISEGNO CUBISTA |

scheda

# Comunicare per "lettera"

Nella realtà attuale l'uso della lettera "di carta" è sempre meno frequente, perché si preferisce la forma elettronica di comunicazione di un testo, lungo o breve che sia. Stiamo parlando naturalmente delle e-mail e degli SMS, ormai pratiche diffuse, veloci e semplici di comunicazione.

# La lettera elettronica (e-mail)

E-mail è una sigla che sta per *electronic mail* (in inglese "posta elettronica"). Le e-mail, rispetto alla lettera tradizionale, hanno il vantaggio di poter essere spedite e ricevute istantaneamente, rendendo la comunicazione più facile: infatti, per spedire e ricevere una e-mail, è sufficiente avere un computer collegato in rete. Come si presenta una e-mail?

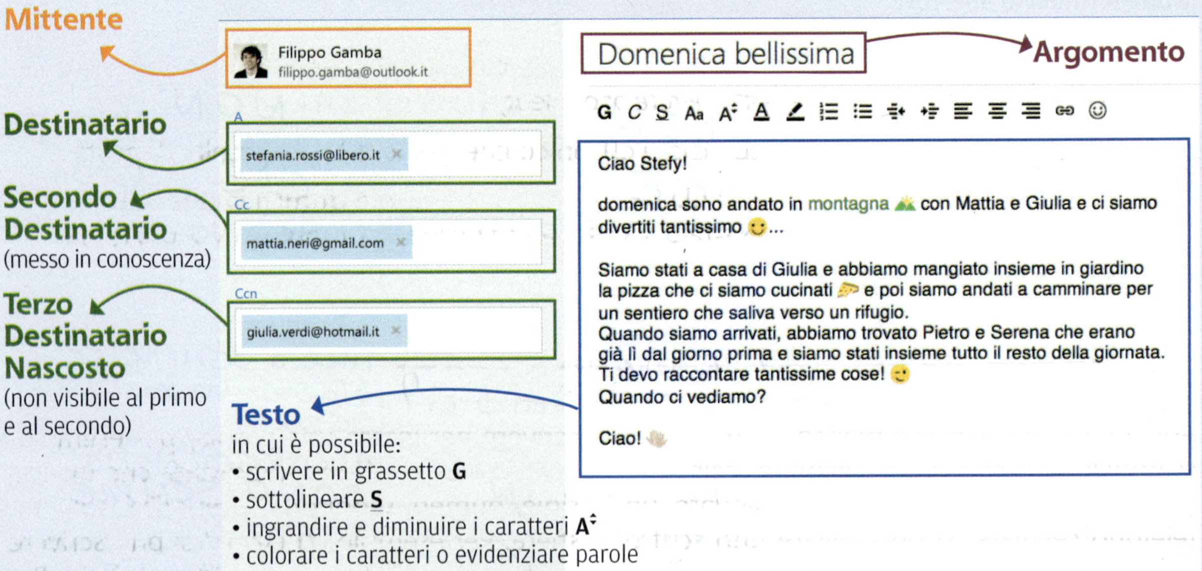


**Il testo di una e-mail è normalmente informale, anche se nell'esercitare una professione si possono utilizzare le e-mail per comunicazioni ufficiali.** Nonostante la loro informalità, anche per scrivere una e-mail si possono rispettare certi criteri. Per esempio, è bene utilizzare per tutto il testo lo **stesso carattere** e tenere per tutta la lettera la **stessa interlinea** (cioè lo stesso spazio tra una linea di testo e l'altra). Se la lettera è piuttosto lunga, è meglio **dividere il testo in paragrafi**, a seconda dell'argomento. In questo modo il testo non sarà faticoso da leggere e avrà, già nella grafica, una forma piacevole per chi la riceve. Ricorda inoltre di non utilizzare caratteri troppo piccoli: una dimensione di 10 o 12 è il minimo per rendere gradevole e agevole la lettura del testo.

A una e-mail, poi, si possono allegare **file, foto, video, brani musicali** e inoltre il testo può essere personalizzato utilizzando **colori, disegni, caratteri speciali** ed **emoticon.**

Anche se compare sempre il mittente sullo schermo del destinatario, è buona norma firmare le e-mail, quelle scritte a chi non ti conosce bene e anche quelle scritte agli amici.

## L'indirizzo e-mail

Per scrivere una e-mail bisogna avere un indirizzo di posta elettronica e possedere quello della persona cui si scrive. Come si compone un indirizzo elettronico?

Simbolo @ — Punto (.) + una sigla

**giovanni.rossi@hotmail.it**

Username — Provider di posta elettronica

GESTORE

| | |
|---|---|
| **username** | nome d'uso (può essere il tuo nome e cognome o un nome di fantasia) |
| **simbolo @** | sostituisce una frase inglese utilizzata in campo commerciale *at the rate of* e si legge "et" |
| **provider di posta elettronica** | servizio elettronico che gestisce la tua casella di posta |
| **punto (.) più una sigla** | la sigla indica in quale Paese è domiciliata la casella di posta (.it = Italia) oppure la tipologia del servizio del provider (.com *oppure* .org ecc.) |

## Gli Short Message Service (SMS)

Ancora più diffusi delle e-mail sono i messaggi scambiati attraverso un telefono cellulare. Utilizzando un numero cui è collegato un telefono cellulare, si può inviare uno scritto breve, di 140 caratteri per volta. Anche in questo caso la brevità del testo modifica le "regole" della scrittura delle parole e delle frasi, per poter inserire più testo possibile nel minor numero di caratteri digitati. Invece di scrivere per intero una parola, per esempio, si ricorre alla scrittura abbreviata che utilizza sigle, numeri, segni grafici reperibili sulla tastiera. Per esempio, "perché" si può scrivere "xké", "tu sei" diventa "tu 6" e così via. Per esprimere emozioni e sentimenti, poi, vengono utilizzate anche le cosiddette *emoticon* (dall'inglese *emotion icon*, "figura per indicare emozioni"). Vediamone alcune.

| | | | |
|---|---|---|---|
| :-) | sono felice | :-o | che meraviglia! |
| :-( | sono triste | :-D | sorriso |
| :-P | linguaccia | :-I | indifferente |
| ;-) | occhiolino | :'-( | piango |
| :- | senza parole | :-* | bacio |

# Per narrare di sé

## CHE COSA SONO I GENERI

Autobiografia, diario e lettera personale hanno elementi in comune: sono incentrati **sulla persona dell'autore**, raccontandone l'intera vita o episodi significativi. Per tutti e tre i generi, **autore**, **narratore** e **protagonista coincidono**. La narrazione si svolge in **prima persona**. I fatti presentati sono **reali** e, per lo più, in **ordine cronologico**.

## CHE COS'È L'AUTOBIOGRAFIA

- È il racconto, destinato alla pubblicazione, della vita dell'autore.
- Racconta fatti **realmente accaduti**, servendosi per lo più dei **tempi storici** (imperfetto e passato prossimo) e impiegando uno sviluppo **cronologico**. Gli avvenimenti sono visti e **filtrati dalla sensibilità dell'autore**.
- Il **linguaggio** e lo **stile** impiegati, anche se **semplici**, sono tuttavia **formali**. Scrivono autobiografie personaggi famosi ma anche semplici individui che vogliono, in questo modo, ritrarre una determinata situazione sociale e politica oppure denunciare ingiustizie, abusi, conflitti o, semplicemente, raccontare la propria esperienza di vita.

## CHE COS'È IL DIARIO

- Il diario personale raccoglie i fatti, gli incontri, le emozioni, i sentimenti che vive quotidianamente chi lo scrive. Questo tipo di diario ha soprattutto una funzione espressiva, in quanto è espressione di **sentimenti ed emozioni**, e di solito non è destinato alla pubblicazione.
- I tempi verbali usati sono per lo più il **presente** o il **passato prossimo**.
- Il **linguaggio** è **colloquiale** e **informale**.

## CHE COS'È LA LETTERA PERSONALE

- La lettera personale serve per chiedere o ricevere **informazioni**, ma anche per comunicare a un amico o un conoscente **episodi** della vita e **stati d'animo** di chi scrive.
- Ogni lettera ha un **mittente** che la invia e un **destinatario** che la riceve.
- In genere le lettere presentano una **struttura** simile, costituita dall'indicazione di data e luogo, un'intestazione, una breve introduzione, un corpo centrale, una formula di chiusura, la firma, a volte un *post scriptum*.
- I tempi verbali più usati sono il **presente** o il **passato prossimo**.
- Le lettere personali hanno un **linguaggio diretto**, **colloquiale**; ricorrono **frasi brevi**, spezzate, a volte **incomplete**.
- Da alcuni anni si sono affermati modi molto veloci e pratici per comunicare a distanza: gli SMS, le e-mail, la chat.

## NELL'ANTOLOGIA TROVERAI

**nel testo**

### Una stanza tutta per sé

- **tre criteri sorreggono gli scritti autobiografici: scrivere in modo sincero, raccontare che cosa accade dentro di sé e che cosa, invece, fuori da sé**

**pagine digitali**

### Racconti autobiografici

**La fuga da Rimini** *di Carlo Goldoni*
**In fuga** *di Aharon Appelfeld*

### Diari

**Il diario di Lina Tremolina**
*a cura di Elisa Tremolina*
**Merica! Merica!** *di Vanna Cercenà*

### Lettere personali

**Lettera agli amici**
*di Giacomo Ulivi, condannato della Resistenza*

INTERCULTURA
**Caro Obama...**

# Una stanza tutta per sé

Una famosa autrice inglese, Virginia Woolf, intitolò una sua opera *Una stanza tutta per sé*, immagine perfetta per rappresentare quella condizione particolare in cui ci si trova quando si cerca un po' di solitudine e di intimità con se stessi e si resta da soli con i propri pensieri; come se si stesse nella propria stanza, in solitudine, a riflettere. È in quella condizione che nascono gli scritti di cui stiamo parlando, le lettere, i diari, le autobiografie, perché in essi si esprime un punto di vista tutto personale e privato, ritornando su qualcosa che è accaduto o parlando di sentimenti che non si rivelano facilmente. Chi si occupa di autobiografie dice che in particolare **tre aspetti** ritornano negli scritti personali: la dichiarazione che **si parlerà in modo molto sincero e vero** di se stessi; il **racconto di qualcosa che capita dentro di sé** (sentimenti, speranze, attese, delusioni, propositi, considerazioni a riguardo di qualche persona, sofferenze e gioie profonde ecc.), oppure la **descrizione di qualcosa che si vede fuori da sé** (luoghi che sono cari, significativi, odiati, devastati; eventi piccoli e grandi ecc.). In ogni caso tutto viene raccontato in modo sinceramente personale, come se fosse scritto con la lente degli occhiali di una particolare persona, che non sono mai uguali a quelli di un'altra.

## Dirò la verità su me stesso di Vittorio Alfieri

leggere scrivere

TESTO NARRATIVO

1 2 3 livello di difficoltà

**Abbiamo detto che primo criterio di chi prende la penna in mano per scrivere di se stesso è quello di dire la verità, di essere chiaro e di descrivere quanto gli è accaduto o ha provato in modo che altri, leggendolo, lo capiscano. Nello scrivere di se stessi in modo sincero c'è infatti anche la convinzione che quanto accade a noi stessi possa servire ad altri, aiuti a riflettere e ad approfondire ciò che capita anche nell'animo o nella vita di altre persone, chiunque esse siano. Ascoltiamo la voce di Vittorio Alfieri, che nella sua autobiografia dichiara nella prefazione proprio queste stesse idee.**

Affinché questa mia vita venga dunque considerata meno cattiva e più vera e non meno imparziale[1] di qualunque altra potrebbero scrivere altri dopo di me, io mi impegno qui con me stesso e con chi vorrà leggermi di essere imparziale, per quanto all'uomo sia concesso; e mi impegno in questo, perché esaminatomi e conosciutomi bene, ho trovato che in me sia un poco maggiore la quantità del bene rispetto al male. Perciò, se io non avrò forse il coraggio di dir tutta la verità a proposito di me stesso, non avrò certo la viltà di dire cose che vere non siano.

1 **imparziale**: neutrale, chi non esprime giudizi.

Quanto poi al metodo, al fine di annoiare meno il lettore, e dargli qualche riposo e anche i mezzi di abbreviarsela[2] col tralasciare quegli anni che gli sembreranno meno curiosi, io mi ripropongo di ripartirla[3] in cinque epoche, corrispondenti alle cinque età dell'uomo, e da essa intitolarne le divisioni, infanzia, adolescenza, giovinezza, maturità e vecchiaia. Ma già dal modo con cui le prime tre parti e più che mezza la quarta mi sono venute scritte, non penso ormai di poter chiudere tutta l'opera con quella brevità che in tutte le mie opere ho sempre o adottata o tentata; e che tanto più lodevole e necessaria sarebbe nel parlar di me stesso. [...]

Aggiungerò che, sebbene non riesca a essere breve quanto nelle prime due parti, quanto dovrei e vorrei, non intendo però permettermi delle lungaggini accennando a ogni minuzia[4]; ma intendo estendermi su molte di quelle particolarità che, sapute, potranno contribuire allo studio dell'uomo in genere.

Non ho intenzione di citare fatti che potranno riguardare altre persone, le cui peripezie si trovassero per così dire intrecciate con le mie; dal momento che mi propongo di scrivere i fatti miei, ma non già gli altrui, non nominerò dunque quasi mai nessuno, individuandone il nome, se non nelle cose lodevoli o indifferenti.

Allo studio dell'uomo dunque in genere è principalmente diretto lo scopo di questa opera, e di qual uomo si può meglio parlare, che di se stesso?

adatt. da V. Alfieri, *Vita di Vittorio Alfieri scritta da se stesso*, Garzanti

**2 i mezzi di abbreviarsela**: permettere al lettore di abbreviare la lettura dell'autobiografia.

**3 ripartirla**: suddividerla.

**4 minuzia**: particolare.

## competenze alla prova

### LEGGO E...

#### ... COMPRENDO

1. **A quale scopo Alfieri scrive la sua autobiografia?**
   - ☐ Parlare dei suoi successi letterari
   - ☐ Parlare di se stesso nel modo più onesto e sincero possibile
   - ☐ Evitare che altri scrivano su di lui
   - ☐ Rivelare ai lettori tutti i suoi segreti
2. **Con quale metodo Alfieri intende procedere nel narrare la sua vita?**
   - ☐ Dividendola in cinque grandi periodi
   - ☐ Seguendo il filo dei suoi ricordi
   - ☐ Partendo dalla vecchiaia e tornando indietro
   - ☐ A partire da un particolare episodio
3. **Perché l'autore sceglie questo metodo?**
4. **In quale modo Alfieri intende parlare anche di altri oltre a se stesso?**

#### ... RICAVO DAL TESTO

5. **Quanta parte dell'opera resta da compilare al momento in cui Alfieri scrive il testo introduttivo che hai letto?**

#### ... ANALIZZO E INTERPRETO

6. **Quando Alfieri dice: "*Perciò, se io non avrò forse il coraggio di dir tutta la verità a proposito di me stesso, non avrò certo la viltà di dire cose che vere non siano*", che cosa vuole intendere?**
   - ☐ Ha scarsa fiducia nei biografi
   - ☐ Dice di essere un codardo
   - ☐ Sa che dirà qualcosa di falso e qualcosa di vero
   - ☐ Dice che c'è bisogno di coraggio nel parlare sinceramente di se stessi
7. **Sottolinea gli aggettivi che secondo te si adattano meglio alla definizione del carattere dello scrittore.**

   sincero - banale - austero - sicuro di sé - capace - profondo - organizzato - metodico - razionale
8. **Come definiresti le intenzioni dichiarate da Alfieri nella prefazione alla sua autobiografia?**
   - ☐ Chiare e solenni
   - ☐ Severe, austere
   - ☐ Contrastanti, incoerenti
   - ☐ Superficiali, oscure
9. **Infine, Alfieri dichiara di voler scrivere per un motivo più alto del solo parlare di sé. Quale? Sottolinea la frase in cui dichiara questo intento.**

### ORA SCRIVO IO

10. **Hai mai provato anche tu a scrivere con sincerità di te stesso? Scegli un episodio della tua vita di cui non è semplice parlare e raccontalo con la maggiore sincerità possibile, in forma autobiografica.**

#### UN MONDO DI PAROLE

11. **Trova sinonimi per le seguenti parole:**
   - lungaggini ➲ ..........
   - minuzie ➲ ..........
   - lodevole ➲ ..........
   - peripezie ➲ ..........
12. **Riscrivi le seguenti espressioni con altre di uguale significato:**
   - "*essere imparziale*" ➲ ..........
   - "*dargli qualche riposo*" ➲ ..........
   - "*intendo estendermi su molte di quelle particolarità*" ➲ ..........
   - "*non nominerò dunque quasi mai nessuno*" ➲ ..........

#### UNO SGUARDO ALLA GRAMMATICA

13. **Analizza i verbi compresi nelle frasi che seguono.**
   - "*Affinché questa mia vita venga dunque considerata meno cattiva e più vera*"
   - "*Mi impegno qui con me stesso e con chi vorrà leggermi di essere imparziale*"
   - "*Esaminatomi e conosciutomi bene, ho trovato che in me sia un poco maggiore la quantità del bene rispetto al male*"

#### C'È STILE E STILE

14. **Quando Alfieri scrive questa domanda: "*e di qual uomo si può meglio parlare, che di se stesso?*", quale tipo di risposta si aspetta?**
   - ☐ Una risposta che lo contraddice
   - ☐ Una risposta che dà ragione alla sua stessa domanda
   - ☐ Non sa quale tipo di risposta può ottenere

# Una pagina per dare voce ai pensieri

di Elizabeth von Arnim

**Seconda caratteristica di uno scritto autobiografico è quella di raccontare quanto si è provato dentro se stessi di piacevole o di doloroso. Per esemplificare questo aspetto, leggeremo Elizabeth von Arnim, che scrive un diario per raccontare di un'estate in montagna, in Svizzera, in uno chalet di sua proprietà nel quale era solita ospitare amici e parenti in estati piene di divertimento spensierato. La guerra, però – si tratta della Prima guerra mondiale –, ha spazzato via tanti dei suoi affetti più cari e così l'autrice decide di ritornare allo chalet da sola, per guarire dalle ferite che i lutti le hanno procurato. Lentamente, tra tanti piccoli fatti che le accadono in uno scenario incantato, ritroverà speranza di vita e serenità d'animo.**

leggere scrivere parlare

TESTO NARRATIVO

1 2 3 livello di difficoltà

**2 agosto**

Non credo che sia mai esistito qualcuno che amasse essere felice quanto lo ero io. Intendo dire che ero del tutto consapevole di essere felice, e lo apprezzavo tantissimo; non mi annoiavo mai, ed ero sempre, costantemente grata per tutta la squisita bellezza del cosmo. Credo sia piuttosto insolito non sapere che cos'è la noia. Me ne rendo conto quando sento parlare le altre persone. Di certo non conosco la noia allo stesso modo in cui sembrano provarla gli altri, quando si ritrovano da soli, quando vengono loro a mancare fonti di divertimento esterno. [...]

**3 agosto**

In questa splendida giornata di agosto, immersa in un'apoteosi[1] di luce e di colore tale da farmi credere di vivere nel cuore rilucente di un gioiello, mi riesce impossibile non provare un senso di gratitudine, sono grata di essere qui, di avere questo posto tutto per me. Credo davvero di cominciare a sentirmi diversa, lontana dalle vecchie cose che mi comunicavano infelicità e che mi stavano strangolando a morte; di nuovo in forze; quasi come se in futuro potessi ritrovare un equilibrio. Ora c'è la luna; la sera mi infilo un soprabito e resto sulla porta, appoggiata un po' all'indietro sulla bassa poltrona, a osservarla, e a volte riesco persino a dimenticarmi per un'intera mezz'ora che la felicità in cui credevo se n'è andata per sempre. Mi piace stare qui seduta e sentire di tanto in tanto le lievi folate fragranti sul viso; mi sembrano qualcuno che, nel passare, mi dia una delicata carezza. A volte è l'odore dell'erba tagliata e rimasta tutto il giorno al sole, ma più spesso è il profumo dei gigli. [...]

**12 agosto**

Mi chiedo perché scrivo tutto questo. Sarà perché, a fine giornata, mi pare di chiacchierare con un amico e di raccontare, a lui che è inte-

**1 apoteosi**: punto massimo, apice (*"apoteosi di luce"*, massimo splendore della luce).

ressato e ama ascoltare, tutto ciò che ho fatto? Credo di sì. Ma anche perché voglio fermare sulla carta questi giorni strani a mano a mano che trascorrono, tanto sono straordinariamente diversi da qualunque altro io abbia vissuto prima. Voglio tenerli per un attimo tra le mani e guardarli bene prima di lasciarli andare via per sempre. Allora, forse tra molti anni, quando avrò dimenticato che cosa mi ha portato quassù e non mi interesserà più nulla, se non ridere – ridere con tutta la tenerezza di una vecchia signora saggia di fronte ai malintesi, ai fallimenti e agli errori che mi hanno condotta così vicina al naufragio – allora aprirò questo quaderno e mi metterò a leggere, citerò il salmo che parla di attraversare questa valle di lacrime[2], presumo, e ne sarò piacevolmente intrattenuta.

**6 settembre**

Alcune lettere arrivate ora dall'Inghilterra[3] hanno cancellato tutta l'allegria di ieri; lettere che mi hanno fatto ricordare. È stato come se, dopo aver sperato che si fosse oramai dissipata, quella gelida bruma

**2 valle di lacrime**: espressione di origine biblica e usata nelle preghiere cristiane per indicare le sofferenze della vita.

**3 Inghilterra**: l'autrice vive in Inghilterra e le lettere che le giungono dagli amici inglesi le ricordano i lutti della guerra da cui sta cercando di allontanarsi.

fosse di nuovo tornata e avesse cancellato ogni luce, è stato come se un peso mi fosse calato di nuovo sul cuore, schiacciandolo e rendendomi di nuovo impossibile respirare proprio quando incominciavo a sperare che si fosse sollevato per sempre. Sto male, sto male perché mi attanaglia[4] la solita sofferenza, perché ho paura di essere tornata prigioniera della sua morsa, senza via di scampo. Mi chiedo se sia così. Oh, speravo tanto di essere ormai in via di guarigione! Tornerò mai a sentirmi bene come prima? Malgrado tutti gli sforzi, tutto il perseverare nella lotta, non sarà al massimo un rattoppo più o meno abile, un rimettere assieme i cocci alla bell'e meglio? Credevo che sarei ritornata integra. Credevo che avrei smesso di sobbalzare. E invece queste lettere...

Ridicolo, odioso e ridicolo avere così poca padronanza sul proprio corpo da dover essere costretta a guardare impotente le proprie mani tremare.

Voglio dimenticare. Non voglio ricordare. È la mia unica possibilità di salvezza, la mia unica speranza di fuga. Dimenticare, dimenticare fino a riavere indietro la mia anima sana e salva, fino a essere di nuovo me stessa, non più una cosa semidistrutta. O perlomeno io la chiamo anima, ma non so bene che cosa sia. Mi sento molto infelice. Sono i dettagli che trovo impossibili da sopportare. Fintanto che nella mia mente tutto è un immenso, cupo, ricordo confuso, ho qualche probabilità di stare tranquilla, di tornare lentamente, per gradi, alla pace. Ma i dettagli mi procurano fitte di ricordi troppo intense, riportano sprazzi acutamente nitidi della vecchia angoscia. Avrei dovuto aspettare di essere sola per aprire quelle lettere[5]. Ma ero felice di averle ricevute. Adoro ricevere lettere. E la calligrafia era di amici. Come potevo supporre, nel vederle sul tavolo della colazione, che il loro aspetto innocente nascondesse una dose di dolore? E dopo averle lette, quando ho preso la tazza e cercato di comportarmi come se nulla fosse, come se stessi bevendo il mio caffè in tutta tranquillità, quella stupida della mia mano ha cominciato a tremare così forte che Dolly se n'è accorta. I nostri sguardi si sono incrociati.

Non riuscivo più a posare quella maledetta tazza sul piattino senza rovesciare il caffè. Se è così che ricomincio a comportarmi, a che cosa è servito venire fin quassù? Non è stato tutto tempo sprecato? La cura si è dunque dimostrata un fallimento?

Sono salita in camera mia. Non riesco a stare di sotto. [...] È un conforto poter scrivere. Per qualche strana ragione scrivere fa sentire meno soli.

**4 attanaglia**: opprime, assilla.

**5 avrei ... lettere**: nel corso dell'estate Elizabeth ha accolto come ospiti dello chalet due signore inglesi, Dolly e Kitty, che ora sono lì con lei a colazione. L'autrice non vorrebbe mostrare loro la sua inquietudine, ma non riesce a nasconderla.

**15 ottobre**

È la mia ultima notte qui, ed è l'ultima volta che scrivo nel quaderno della mia vecchiaia. [...] Quando tre mesi fa mi sono arrampicata su per la mia montagna, sola e infelice, non avevo nessuna garanzia che sarei discesa in un gruppo di quattro persone[6], ognuna delle quali lasciava il piccolo chalet piena di vita rinnovata, di speranza restituita e di salutare aspettativa[7]; con una visione più chiara, rimessa in piedi; e tornata di nuovo utile a se stessa e al mondo, alla fine nessuno di noi

**6 quattro persone**: oltre alle due inglesi è arrivato ospite presso di lei anche uno zio; ora, quindi, lasciano lo chalet in quattro.

**7 salutare aspettativa**: attese positive e speranze per un futuro migliore.

## competenze alla prova

### LEGGO E...

#### ... COMPRENDO

**1** **La storia raccontata si svolge a diretto contatto con la natura: in quale luogo?**
- [x] In montagna
- [ ] In Inghilterra
- [ ] Nel giardino di una villa
- [ ] Sulla riva di un lago

**2** **Nel primo testo, l'autrice dice di avere vissuto spesso una particolare condizione: quale?** GRATITUDINE

**3** **Quale tra queste cose conduce l'autrice all'infelicità?**
- [x] Il pensiero di un doloroso passato
- [ ] La sofferenza fisica
- [ ] La perdita del denaro
- [ ] La perdita della libertà

**4** **L'autrice paragona il diario a "qualcuno": a chi?**
AD UN AMICO

**5** **Quale piccolo evento fa ricadere nella tristezza l'autrice?** LE LETTERE

**6** **Al termine del soggiorno nello chalet, quale sentimento prevale negli ospiti che lasciano la casa?**
TRANQUILLITÀ SERENITÀ

#### ... RICAVO DAL TESTO

**7** **Dalle informazioni disseminate nei testi, puoi ricavare che l'autrice scriva il suo diario a fine giornata?** SI

#### ... ANALIZZO E INTERPRETO

**8** **Perché l'autrice annota i suoi pensieri sulle pagine di un diario?**
- [ ] Si sente sola
- [x] Vuole fermare sulla carta quello che prova in giorni che considera straordinari
- [ ] Spera di ricavarne un libro
- [ ] Teme di non poterlo più fare a causa della sua salute

**9** **L'ambiente naturale nella quale l'autrice vive gioca un ruolo importante nella sua vita come nella scrittura. Trova nel testo tre elementi che trasmettono questa idea al lettore e sottolineali.**

**10** **Nella pagina del 6 settembre l'autrice paragona la sua permanenza nello chalet a una cura: trova i riferimenti alla sua sofferenza intesa come "malattia" e sottolineali sul testo.**

**11** **Come definiresti la vita dell'autrice nei giorni di cui parla nel diario?**
- [ ] Monotona, noiosa
- [x] Solitaria, ma ricca di belle suggestioni
- [ ] Divertente, allegra
- [x] Alternante tra allegria e melanconia

### ORA SCRIVO IO

**12** **La pagina di diario serve, nel testo che hai appena letto, a raccontare qualcosa che è avvenuto dentro l'autrice stessa. Sapresti scrivere di un sentimento, di una speranza, di una paura, di qualcosa che è avvenuto esclusivamente "dentro" di te? Prova a raccontare nella forma della pagina di un diario.**

andrà sprecato. Alla fine il buono che c'è in noi non verrà distrutto dalle circostanze e gettato via come una cosa inutile. Quando sarò così sciocca – se mai lo sarò, perché mi sento completamente guarita – da ricominciare a pensare al passato con un sentimento diverso da una benevola serenità, verrò qui immediatamente, invitando anche i più infelici tra i miei amici, e starò a guardare loro e me stessa tornare di nuovo tutti interi.

da E. von Arnim, *Uno chalet tutto per me*, Bollati Boringhieri

## UN MONDO DI PAROLE

**13** **Leggi le seguenti espressioni tratte dal testo, che esprimono una dimensione personale. Spiega il significato della parte sottolineata e rielaborala in altre parole.**

- *"Voglio tenerli (= i giorni) per un attimo tra le mani e guardarli bene prima di lasciarli andare via per sempre"*
- *"Alcune lettere arrivate ora dall'Inghilterra hanno cancellato tutta l'allegria di ieri"*
- *"Ma i dettagli mi procurano fitte di ricordi troppo intense"*

## UNO SGUARDO ALLA GRAMMATICA

**14** **Distingui se le forme verbali contenute nelle frasi seguenti hanno funzione di predicato verbale o di predicato nominale. Trascrivile poi opportunamente nella corrispondente colonna della tabella.**

- *"Non credo che sia mai esistito qualcuno"*
- *"ed ero sempre, costantemente grata per tutta la squisita bellezza del cosmo"*
- *"diversi da qualunque altro io abbia vissuto"*
- *"Ora c'è la luna"*
- *"mi metterò a leggere, citerò il salmo che parla di attraversare questa valle di lacrime, presumo, e ne sarò piacevolmente intrattenuta"*
- *"non avevo nessuna garanzia che sarei discesa"*
- *"Quando sarò così sciocca"*
- *"Non è stato tutto tempo sprecato? La cura si è dunque dimostrata un fallimento?"*

| Predicato verbale | Predicato nominale |
|---|---|
| PRESUMO | ERO GRATA |
| LEGGERE | |
| AVERE | |
| ABBIA VISSUTO | |
| | |
| | |
| | |
| | |
| | |

## C'È STILE E STILE

**15** **Come definiresti il linguaggio usato dalla scrittrice?**

- ☐ Alto, solenne
- ☐ Famigliare, divertente
- ☐ Convenzionale, piatto
- ☒ Personale, ispirato

## NARRA LA TRAMA

**16** **Racconta la vicenda narrata dall'autrice come se fosse già ottobre e ripercorressi a ritroso quanto è accaduto in quell'estate, a partire da luglio.**

## AD ALTA VOCE

**17** **A partire dal contenuto del testo discutete se, secondo voi, quando si attraversa una situazione di difficoltà è meglio trascorrere qualche tempo in solitudine oppure bisogna condividere con gli amici ansie e sofferenze.**

# Un luogo per stare in pace

di Katherine Mansfield

leggere scrivere

TESTO NARRATIVO

1 2 3 livello di difficoltà

**Nel suo diario, questa autrice del primo Novecento, colta e ironica, racconta molti fatti che le sono accaduti, con attenzione a se stessa e ai suoi pensieri, riportando conversazioni interessanti, appunti sulle sue letture e sui suoi primi tentativi di scrittura. In questa pagina racconta di un luogo in cui si trova, in Nuova Zelanda, descrivendolo attraverso le sue personali sensazioni, piacevoli e distese. Il testo vuole essere esempio della terza caratteristica che abbiamo detto propria di un testo autobiografico, cioè quella di descrivere ciò che l'autore vede intorno a sé; ma non tutti i luoghi sono piacevoli come quello descritto dalla Mansfield; talvolta fatti e luoghi sono ben altri, sono quelli della guerra, della miseria, della violenza, per cui il testo autobiografico acquisisce il valore di testimonianza di situazioni storiche vissute con difficoltà e disagio.**

*Febbraio*. Sono sulla spiaggia, precisamente a Island Bay, distesa bocconi sulla calda sabbia bianca, e dinnanzi a me si stende il mare.

Alla mia destra, avvolte in un velo di foschia, come un paese da fiaba, come una contrada di sogno, le montagne nevose dell'Isola del Sud; alla mia sinistra, in una fuga ondeggiante di dorsi e di sinuosità, splendide colline d'oro. Due fari bianchi, appollaiati su esse come grandi uccelli vigili. Accovacciato accanto a me, un enorme cane giallo, bagnato e arruffato. Io sono scalza: una veste color rosa, un cappello di panama, un ampio parasole.

L'ombra delle rocce è di un denso violetto sopra la verdeazzurra distesa del mare: tu conosci quell'ombreggiatura dell'acqua, dalle tinte di pavone. Azzurro, verde. Ah, che meravigliosa giornata! Resterò qui fin quando sia scesa l'oscurità, camminando lungo la spiaggia con le onde che mi spumeggiano ai piedi, bevendo tanto tè, mangiando una quantità spropositata di pane e marmellata d'albicocche in un posticino che si chiama *Casa della Scogliera*.

Là sul mare turchino, una barca a vela di color arancione. Ora i pescatori maori stanno tornando a riva, con le loro vele bianche inturgidite dal vento. Sulla spiaggia ve n'è un gruppo: magliette blu, spessi pantaloni arrotolati fin sul ginocchio. Il sole brilla sui folti capelli crespi e sui visi, così che la loro pelle ha un caldo colore d'ambra. Brilla sulle loro gambe nude, sulle salde braccia scure. Stanno tirando in secco una piccola barca che si chiama Te Kooti; la corda bagnata scorre tra le loro dita e cade, formando misteriosi disegni, sulla sabbia lambita dalla schiuma.

da K. Mansfield, *Diario*, Dall'Oglio

competenze alla prova

## LEGGO E...

### ... COMPRENDO

1 **Dove si trova la scrittrice?**

- ☐ Su una spiaggia deserta
- ☐ Su una spiaggia solitaria
- ☐ In un'isola
- ☐ Sulle rive di un fiume

2 **In compagnia di chi è la scrittrice?**

- ☐ Un amico
- ☐ Un pescatore
- ☐ Un cane giallo
- ☐ Nessuno

3 **Come pensa di trascorrere la sua giornata al mare? Sottolinea la frase che riassume il suo "programma".**

4 **L'autrice descrive se stessa: che cosa dice in proposito?**

5 **Alla sinistra e alla destra del luogo in cui si trova la Mansfield la forma del paesaggio cambia: come?**

### ... RICAVO DAL TESTO

6 **Dalle informazioni che puoi ricavare dalla pagina di diario, puoi dedurre che la scrittrice sia in uno stabilimento balneare, in una casa, in una qualche struttura costruita sulla spiaggia? Giustifica la tua risposta.**

### ... ANALIZZO E INTERPRETO

7 **Nel paragrafo del testo compreso tra questi estremi: "*Resterò qui fin quando ... che si chiama Casa della Scogliera*" quale sensazione vuole comunicare la scrittrice?**

- ☐ Una vaga sensazione di riposo
- ☐ Il profondo stato di benessere che quel luogo le trasmette
- ☐ Quanto sia golosa
- ☐ Descrive dove di solito passeggia con il suo cane

8 **Segna a margine la sequenza che descrive che cosa accade sul mare e indica quanti elementi (persone, oggetti) sono citati dall'autrice.**

9 **Dopo la lettura della pagina di diario, che cosa puoi dire a proposito del suo contenuto generale?**

- ☐ È una descrizione molto oggettiva di un luogo marittimo
- ☐ È la descrizione di uno stato d'animo
- ☐ Riporta una descrizione di ciò che l'autrice vede, con un forte accento personale
- ☐ È un ricordo di vacanza

## ORA SCRIVO IO

10 **Scrivi una pagina di diario o una lettera personale nella quale descrivi un luogo che ti piace particolarmente. Nella descrizione fai comparire qualche considerazione personale che faccia capire quale stato d'animo suscita in te quel particolare luogo.**

11 **In un breve testo immagina che la giornata solitaria della scrittrice sia interrotta da un incontro non previsto e scrivi un dialogo tra lei e i suoi interlocutori inattesi.**

### UN MONDO DI PAROLE

12 **La scrittrice adopera alcuni aggettivi per descrivere il paesaggio. Sostituiscili con altri che ritieni ugualmente appropriati oppure con espressioni che ti sembrino adatte.**

- "*calda sabbia bianca*": ➲ ..............................
- "*un denso violetto*": ➲ ..............................
- "*sopra la verde azzurra distesa del mare*": ➲ ..............................
- "*formando misteriosi disegni*": ➲ ..............................

### C'È STILE E STILE

13 **Come definiresti la descrizione della spiaggia di Island Bay?**

- ☐ Poetica, sentita
- ☐ Minuziosa, fredda
- ☐ Geografica, scientifica
- ☐ Banale, convenzionale

14 **Rileggi il testo e segna a margine quei passaggi nei quali la descrizione ti pare più vicina alla poesia che alla prosa.**

15 **Rileggi il testo e sottolinea almeno un passaggio nel quale la descrizione ti fa pensare alla pittura.**

# Scrivere un diario

Dopo avere letto molti esempi di pagine di diario, scritte da autori della letteratura, prova a scriverne qualcuna tu, seguendo alcune regole importanti. Tieni sempre presente che:

- il diario è un testo destinato alla lettura privata, in cui si dice la verità, riferendo quanto capita dentro se stessi o quanto si vede fuori da sé, nel mondo che ci circonda
- un testo di diario è sempre aperto dalla data in cui si scrive e da una formula di saluto al diario stesso
- il testo è scritto in prima persona, in un linguaggio semplice e diretto, con i verbi tendenzialmente al tempo presente e passato prossimo
- la pagina di diario si chiude con i saluti al diario stesso e con la firma di chi scrive
- lo scritto, infine, rispetta sempre un ordine cronologico, perché rispecchia la sequenza dei giorni e la narrazione segue lo svolgersi dei fatti

**1** **Leggi le pagine di diario che seguono, nelle quali una ragazza di nome Zlata scrive nel suo diario personale una situazione terribile che sta vivendo. Dopo la lettura, rispondi alle domande.**

mercoledì 29 aprile 1992

Cara Mimmy,
se solo ci riuscissi ti racconterei molto di più della guerra, ma non voglio assolutamente ricordare quelle cose terribili. Mi fanno stare male. Non avercela con me, ti prego. Prometto che scriverò qualcosa.
Ti voglio bene,

Zlata

Martedì 11 agosto 1992

Cara Mimmy,
a Sarajevo continuano i bombardamenti, la morte, l'oscurità, la fame. Che tristezza! Non ho ancora rinunciato a uscire, ma è terribile.
Ciao!

Zlata

- Da che cosa puoi dedurre che i due testi sono stati scritti secondo un ordine cronologico?
- Quali sono le formule di apertura e chiusura del testo?
- Come "si chiama" il diario di Zlata?
- Nel corso del testo si parla di un evento particolare che si svolge in una città: di quale situazione si tratta?
- Per quale motivo, secondo te, il diario di questa ragazza undicenne è stato pubblicato, anziché rimanere segreto?

**2** **Scrivi una pagina di diario che racconti di una situazione che hai vissuto; scegli almeno tre spunti diversi tra quelli che ti proponiamo qui di seguito e cambia il "registro" della narrazione a seconda del caso.**

- Racconta un fatto che hai vissuto e che ti ha fatto molto ridere.
- Racconta una giornata che davvero è cominciata molto male.
- Racconta un evento importante al quale ti è capitato di assistere: che emozione!
- Racconta un sentimento profondo che un giorno hai provato davvero.
- Racconta una gara che hai vinto (o che hai perso).
- Racconta un litigio tra amici.
- Racconta di un regalo bellissimo che hai ricevuto.
- Racconta di un dialogo o di un incontro che per te ha avuto un significato importante.

**3 Inventa un personaggio e il suo diario: può essere un calciatore, un personaggio della storia, una principessa delle fiabe, una persona della tua famiglia di cui hai tanto sentito parlare o altro ancora, del quale scrivere ~~cinque pagine~~ di diario che riflettono altrettante giornate. Che cosa potrà mai essere accaduto?** SOLO UNA PAGINA

**4 Scrivi un diario di viaggio, facendo riferimento a una vacanza che ti è effettivamente capitato di fare. Se non è proprio un viaggio, ma una vacanza in città, va bene lo stesso: si può viaggiare anche nel luogo in cui si vive. Segui le indicazioni che ti proponiamo qui di seguito.**

Scegli il quaderno su cui vorrai scrivere e pensa alla sua copertina: personalizzala, foderandola con una carta nuova, un disegno tuo, incollando qualche figura o piccole cose che ti sembrano belle.

Pensa al nome che avrà il tuo diario e scrivi nella prima pagina una dedica a lui, per dirgli che gli racconterai del tuo bellissimo viaggio a...

Sulla prima pagina sbizzarrisciti, devi presentare tutto il resto: la meta del viaggio e quanto durerà, le tue aspettative e i preparativi, fino al momento in cui...

Ora, giorno per giorno, data per data, scrivi al tuo diario che cosa è accaduto, incollando fotografie, disegni, biglietti d'ingresso, carte di pasticcini o degli hamburger, biglietti del cinema, depliant di palazzi o musei, testo degli sms più carini che hai ricevuto mentre eri via ecc.

Ricordati di scrivere tutte le cose che sono capitate anche dentro di te, i giorni OK e quelli KO, le emozioni, gli incontri e gli scontri, le riflessioni, i pensieri, la noia e la sorpresa, il bene e il male che hai visto intorno a te.

Arriva così all'ultima pagina: anche questa sarà diversa dalle altre! È il momento del ritorno. Che cosa porti con te? E che cosa conclude il tuo viaggio, fino a ritrovarti di nuovo a casa?

**Quando avrai finito il tuo diario, riguardarlo sarà bellissimo e, se vorrai, potrai condividerlo con i tuoi amici, per raccontare anche a loro quello che hai vissuto. In ogni diario, scoprirai, sono contenuti infiniti particolari che altrimenti andrebbero perduti.**

# Scrivere una lettera personale

**Dopo avere letto molti esempi di lettere scritte da autori della letteratura, prova a scriverne qualcuna tu, seguendo alcune regole importanti. Tieni sempre presente che:**

- **una lettera personale si costruisce come un "dialogo" privato tra chi la scrive (mittente) e chi la riceve (destinatario), legati tra loro da una relazione di amicizia o di parentela**
- **il testo ripercorre fatti o esprime riflessioni e domande**
- **una lettera si apre con l'indicazione della data e del luogo in cui è scritta (nome della località seguito dalla virgola e poi giorno, mese, anno)**
- **il testo è introdotto dal saluto al destinatario (caro/a ....), è scritto con linguaggio semplice e corretto, con tempi verbali tendenzialmente al presente e al passato prossimo**
- **la chiusura si formula con i saluti (diversi a seconda del grado di confidenza che si ha con il destinatario) e con la firma**
- **può esserci un *post scriptum* (P.S.), che permette di aggiungere un particolare che si è dimenticato nella stesura della lettera**

**1 Leggi il testo di questa lettera tratta da un romanzo per ragazzi e riconosci le varie parti da cui è composta, seguendo le indicazioni.**

Ordolea, 29 dicembre
Caro Damian Drake,
spero di non disturbarti con questa lettera, ma ho visto la tua foto sul giornale e ho pensato che sei stato molto coraggioso a scendere in quel pozzo per salvare il tuo cane Victor. Mio fratello dice che devi essere matto a rischiare l'osso del collo per un cane, invece secondo me ti dovrebbero dare una medaglia.
Noi una volta avevamo un cane chiamato Killer, ma una sera si è perso e non l'abbiamo più rivisto. A me i cani piacciono tantissimo. Spero che mi risponderai.
Io vado alla scuola media Saint Simon. Il mio professore si chiama Ramsden e secondo lui nei temi sono la più brava della classe.

La tua ammiratrice,

Frances Bond

P.S. Spero che tu riceverai questa lettera. Che razza di indirizzo è Magione Montemorte? Manca via e numero.

da H. Towson, *Lettere da Montemorte*, Piemme

- Rintraccia gli aspetti formali della lettera: data, saluto iniziale, conclusione, firma e sottolineali con uno stesso colore.
- Segna a margine il testo centrale della lettera e scrivi qui di seguito quali tempi verbali sono stati usati: PASSATO PROSSIMO PRESENTE
- Nel testo della lettera sono presenti considerazioni personali? Se sì, quali?
- Che cos'è il P.S. e che cosa contiene in questo caso?

**(2) Proviamo a riflettere sull'importanza del legame tra mittente e destinatario. A seconda della loro confidenza, infatti, cambiano di molto anche il contenuto e il "registro" della lettera. Pensa a un fatto che ti è capitato di recente e che è, per te, piuttosto importante.**

- Scrivi un lettera al/alla tuo/a migliore amico/a per raccontare quanto è accaduto;
- riscrivi la lettera, raccontando lo stesso fatto a tuo padre;
- riscrivi la lettera, infine, raccontando ancora lo stesso fatto a un tuo insegnante.

Rifletti ora sul contenuto e sulla forma delle tre lettere: in che cosa è differente, pur essendo sempre lo stesso il fatto narrato?

**(3) Immagina di scrivere una lettera per parlare del tuo sogno più importante sulla vita che verrà, quando sarai "grande".**

Puoi scegliere di scrivere a:

- un personaggio di fantasia che ti ha sempre affascinato;
- una persona reale alla quale ti piacerebbe parlare seriamente;
- una persona della tua famiglia.

**(4) Leggi la scheda sulla scrittura di una e-mail a p. 96 e scrivine una con queste caratteristiche:**

- indirizzala a tre destinatari diversi, uno principale, uno in conoscenza e uno "nascosto";
- scrivi l'oggetto della lettera;
- scrivi il testo della lettera, colorando qualche parola, usando grassetti e corsivi, inserendo qualche emoticon;
- allega un file o una foto.

Il destinatario principale sarà lo stesso per tutta la classe e sarà un indirizzo aperto su un account per l'occasione, stabilito dal tuo insegnante esclusivamente per ricevere questi lavori, in modo tale da poter raccogliere tutti i testi elaborati dalla classe. Chi avrà scritto il più bello?

**(5) Gli sms sono una particolare forma di comunicazione per "lettera" scritta, lo abbiamo detto nella scheda di p. 97. Perché non immaginare una piccola raccolta di sms per scambiarsi notizie, pensieri o opinioni?**

- Scrivi sei sms tra due compagni di scuola intorno ai risultati di un compito di matematica o di italiano;
- scrivi quattro sms tra due amici che si stanno riappacificando dopo aver litigato;
- scrivi otto sms tra tre amici che commentano un film che hanno appena visto;
- scrivi quattro sms tra padre e figlio per scegliere la meta di un week-end insieme;
- scrivi sei sms tra fratelli per capire come fare a dire ai genitori qualcosa di terribile che hanno fatto.

# Verifica delle conoscenze

## Definisci

**1 Che cos'è un'autobiografia?**

L'AUTOBIOGRAFIA È UN TIPO DI TESTO CHE RACCONTA DI SÈ IN MODO FORMALE.

**2 Che cos'è un diario?**

IL DIARIO È UN TIPO DI TESTO PERSONALE, RACCONTA UNA PRORIA GIORNATA.

**3 Che cos'è una lettera?**

LA LETTERA È UN TIPO DI TESTO PERSONALE O FORMALE DESTINATO ALLA LETTORA DA PARTE DI QUALCUN ALTRO.

## Rispondi alle domande

**4 Nell'autobiografia come possono essere definiti i fatti narrati?**

- [x] Reali ma filtrati dalla sensibilità dell'autore
- [ ] Sembrano veri ma sono inventati dalla fantasia dell'autore
- [ ] Sempre falsi
- [ ] Realmente accaduti ma non vissuti dall'autore

**5 Quale funzione ha un diario?**

- [x] Ha una funzione espressiva, perché l'autore racconta fatti vissuti, sentimenti ed emozioni personali
- [ ] Ha una funzione regolativa, perché dà norme di comportamento
- [ ] Ha una funzione descrittiva, perché fornisce descrizioni oggettive di fatti e persone
- [ ] Non ha una funzione precisa, perché ciascuno lo intende in modo personale

**6 Chi è il mittente di una lettera?**

- [x] Chi invia una lettera
- [ ] Chi riceve una lettera
- [ ] Chi spedisce una lettera
- [ ] L'ufficio postale oppure il computer

**7 Chi è il destinatario di una lettera?**

- [x] La persona a cui si invia una lettera
- [ ] La persona che scrive materialmente la lettera
- [ ] La persona che spedisce una lettera
- [ ] L'ufficio postale oppure il computer

**8 Nella lettera, nel diario e nell'autobiografia, come si presentano autore, narratore e protagonista?**

- [x] Coincidono
- [ ] L'autore e il narratore sono la stessa persona, ma il protagonista è inventato
- [ ] Il protagonista e il narratore sono la stessa persona, ma l'autore è diverso
- [ ] L'autore e il protagonista non possono mai coincidere

**9 Come si svolge per lo più la narrazione in questi generi?**

- [ ] In terza persona e senza seguire un particolare ordine
- [x] In prima persona e secondo un ordine cronologico
- [ ] In prima persona ma senza rispetto dell'ordine cronologico
- [ ] In prima o in terza persona seguendo rigorosamente l'ordine cronologico

**10 Come si presenta tendenzialmente il linguaggio in questi generi?**

- [ ] È molto formale e curato
- [ ] È di tipo specialistico
- [ ] È volutamente scorretto
- [x] È poco formale e spesso colloquiale

# Verifica delle abilità

## Testo 1
## Gatto gatto! di Anna Lavatelli e Anna Vivarelli

**Due amiche usano la posta elettronica per scambiarsi idee, sensazioni, racconti che le coinvolgono e le fanno essere vicine (anche se a distanza) in tempo reale.**

TESTO NARRATIVO

**Da:** Carla Lombi carlom@merkurio.it
**A:** Daiana Tosetti daianatos@epis.it
**Inviato:** martedì 2/04/02 10.47
**Oggetto:** Nessuna novità dalla palude

Oggi è passata mia zia Roberta. Ha visto Gatto, gli ha fatto una carezza, ha chiesto come si chiamava e quando l'ha saputo ha esclamato: "Ah, come in *Colazione da Tiffany*! Un film meraviglioso!". Non ne posso più: RACCONTAMI COME FINISCE QUESTO FILM!!!!!!!!!!!!!!
Tua molto impaziente L. (che qui non sta per Loca, ma per lavata).

**Da:** Daiana Tosetti daianatos@epis.it
**A:** Carla Lombi carlom@merkurio.it
**Inviato:** martedì 2/04/02 11.22
**Oggetto:** Eccoti la storia di Gatto!

Visto che qui continua a piovere e di tempo ne ho a bizzeffe, ti racconto come va a finire *Colazione da Tiffany*.
Eravamo rimaste che Audrey non vuole lo scrittore perché lui è povero e continua a scrivere un romanzo che però non riesce mai a finire. E poi c'è una tipa antipatica, che lo tratta come uno zerbino e gli paga tutti i conti perché ha un marito straricco sfondato. Sembra che tutto finisca male, perché Audrey va in prigione e il fidanzato ricco non la vuole più sposare. Allora lei vuol partire per un posto lontanissimo dove non può nemmeno portarsi dietro il suo gatto Gatto. Molla Gatto vicino a un bidone della spazzatura mentre piove a catinelle (come qui). Ma lui (non il gatto, lo scrittore) la guarda negli occhi e le dice che la ama e cosa parte a fare che a New York c'è chi la ama e nel frattempo è diventato uno scrittore vero perché ha scritto un bestseller. Insomma; scendono dal taxi e sotto la pioggia cercano il povero Gatto in mezzo ai bidoni. Lo ritrovano e si abbracciano e

si baciano pure, stringendolo in mezzo ai loro impermeabili. Gran bel finale e gran bel film. Ho anche pianto.
Mi sembra di capire che non ti piacciono i film che fanno piangere. COME MAI? Io li adoro. Intendiamoci: Indiana Jones me lo sarò visto venti volte a cassetta (le ho tutte e tre), ma a volte c'è bisogno di un po' di romanticismo. Quelle belle storie sdolcinate che raccontano di amori infelici che poi finiscono felicemente o di amori felici che finiscono tragicamente... insomma, quel genere di storia che i maschi detestano, chissà poi perché. Non mi vergogno di dire che io vado pazza anche per quelli molto vecchi, dei tempi di mia madre o anche prima. Mamma come piove! Speriamo che Alberto non cambi idea.
Se vi devono portare via con le barche, cerca di portarti dietro il computer (è un portatile?) e dammi notizie. Non sono troppo in ansia, sta' tranquilla. Mica sono mia madre.
TUA BLOODY MARY A MOLLO.

da A.Lavatelli- A.Vivarelli, *Car@ Carla tua Daian@*, Piemme Junior

## Testo 2
# Un ballo in onore di Maria Antonietta
di Carolly Erickson

TESTO NARRATIVO

**Maria Antonietta è la moglie di Luigi XVI re di Francia, ma al momento in cui "scrive" questa pagina è ancora una giovane principessa austriaca, che ha ricevuto una promessa di impegno dal delfino di Francia (cioè l'erede al trono). Il racconto di un ballo tra abiti sontuosi e doveri di corte è particolarmente ricco di colori e immagini, come appunto doveva essere in una corte del Settecento.**

**1° novembre 1769**

Il ballo in mio onore è stato un gran successo. Alla fine, ero così stanca che ho dormito quasi un giorno intero.
L'abito che indossavo, di seta verde pallido con guarnizioni di pizzo color crema, mi era stato mandato da Parigi ed è stato molto ammirato. Il corpetto era foderato di stecche di balena e faceva sembrare il mio girovita più sottile di quanto realmente sia.
Il principe Kaunitz ha ballato con me.
"Madame la Dauphine, fate onore alla casata degli Asburgo" ha detto, chinandosi a baciarmi la mano. "Siete diventata una giovane assai raffinata e graziosa."
"Regale, molto regale" ho sentito che il duca di Choiseul mormorava, quando è venuto a presentare i suoi rispetti. "Ma non dovete mancare di portare tutti i giorni l'apparecchio che il dentista ha

fatto per voi." Un dentista di Versailles si sta dedicando ai miei denti ed è molto rude e crudele. Mi è antipatico e impreco contro di lui in tedesco, lingua che lui non capisce.
Il mio aspetto e il comportamento al ballo sono piaciuti a *maman*, che ha manifestato la sua approvazione con un sorriso. Quando Giuseppe mi si è avvicinato per farmi ballare, sul suo viso dall'espressione spesso astiosa è apparso un sorrisetto compiaciuto.
"Mi complimento con voi, sorella" ha detto mentre mi accompagnava nella polonaise[1]. "Non vi pensavo capace di un simile portamento."
C'erano così tante persone al mio ballo che non mi è stato possibile salutarle tutte, ma mi sono intrattenuta con il maggior numero possibile e ho accettato i loro complimenti e auguri. Portavo l'anello mandatomi dal delfino Luigi[2], che è stato oggetto di molti commenti. Avrei desiderato che Eric potesse partecipare al ballo, magari con una bella divisa da capitano dei dragoni. Avrebbe fatto sfigurare anche il più affascinante dei polacchi. Come sarei stata felice di ballare con lui!

da C. Erickson, *Il diario segreto di Maria Antonietta*, Mondadori

**1 polonaise**: in italiano polacca, è una danza caratterizzata da un andamento maestoso.

**2 delfino Luigi**: il titolo di delfino era attribuito all'erede al trono del re di Francia.

## Testo 3
# Zingari di Elias Canetti

TESTO NARRATIVO

**Nella grande casa della famiglia Canetti, a Rustschuk in Bulgaria, ogni venerdì arriva una visita particolare: quella degli zingari, dignitosi e composti nei loro vestiti multicolori. Nella memoria dell'Autore questo ricordo si è fissato, perché collegato a una forte emozione e a sentimenti contrastanti.**

Ogni venerdì arrivavano gli zingari. Il venerdì nelle case ebraiche era dedicato ai preparativi per il sabato.[1] La casa veniva ripulita da cima a fondo, le ragazzine bulgare correvano avanti e indietro come razzi, in cucina tutti si davano un gran daffare e nessuno aveva tempo di occuparsi di me. Così ero completamente solo e aspettavo gli ungari,[2] la faccia premuta contro la vetrata che dal grande salone dava sul giardino. Vivevo in un terrore panico degli zingari. Suppongo che fossero state le ragazze[3] a raccontarmi di loro nelle lunghe serate che passavamo al buio sul sofà. Io pensavo che rubassero i bambini ed ero convinto che avessero messo gli occhi su di me. Ma nonostante questa tremenda paura, mai mi sarei lasciato sfuggire lo spettacolo della loro visita, che era davvero splendido. Il cancello veniva spalancato perché loro avevano bisogno di spazio. Arrivavano come una vera tribù: nel mezzo, a testa alta, il patriarca[4] cieco, il bisnonno, mi fu detto, un bellissimo vecchio dai capelli candidi che camminava molto lentamente. Sostenuto a destra e a sinistra da due nipoti adulte, vestite di stracci multicolori. Intorno a lui, pigiandosi gli uni contro gli altri, zingari di ogni età, pochissimi uomini, quasi tutte donne e

**1 sabato**: nella religione ebraica è il giorno festivo dedicato al riposo.

**2 ungari**: gli zingari che stanno arrivando sono di origine ungherese.

**3 le ragazze**: le domestiche.

**4 patriarca**: capofamiglia.

innumerevoli bambini, i più piccini in braccio alle madri, altri che saltavano intorno senza però allontanarsi molto da quel superbo vegliardo[5] che restava sempre al centro del gruppo. Il corteo, folto e denso com'era, aveva qualcosa di inquietante, tanta gente che avanzava compatta tutta insieme non l'avevo mai vista da nessuna parte: ed era davvero lo spettacolo più variopinto che si potesse osservare in quella città, pur così variopinta. I pezzi di stracci di cui era fatto il loro vestiario erano smaglianti di mille colori, ma sopra ogni altro era sempre il rosso che spiccava. Dalle spalle di molti di loro pendevano dei sacchi, ed io, guardandoli, non riuscivo a fare a meno di immaginare che contenessero i bambini rubati.
A me quegli zingari sembravano allora un'infinità, ma se ora cerco di farmi un'idea del loro numero in base all'immagine che me ne è rimasta, sono propenso a credere che non fossero più di trenta o quaranta persone. D'altro canto, tante persone tutte insieme nel nostro grande cortile non le avevo mai viste, e poiché a causa del vegliardo venivano avanti con grande lentezza, il cortile rimaneva pieno per un tempo che a me pareva infinitamente lungo. Ma non si fermavano nel cortile, giravano intorno alla casa fino a raggiungere il cortiletto della cucina in cui era accatastata la legna e lì poi si mettevano a sedere.
Io ero solito aspettare il momento in cui comparivano davanti al cancello e, non appena avvistato il vecchio cieco, mi mettevo a correre urlando con voce stridula *Zinganas! Zinganas!* per tutto il lungo salone e l'ancor più lungo corridoio che lo collegava con la cucina, nella parte posteriore della casa. Là c'era la mamma che dava istruzioni su quel che bisognava cucinare per il sabato e preparava lei stessa alcune speciali leccornie.[6]
Non appena erano arrivati alla meta, davanti alla cucina, il vecchio si metteva a sedere e gli altri si raggruppavano intorno a lui; venivano aperti i sacchi e le donne, senza bisticciarsi, prendevano i doni. Dalla catasta di legna venivano loro offerti grossi ceppi, ai quali parevano tenere in maniera particolare; e il cibo che ricevevano era vario e abbondante. Avevano la loro parte di tutto quello che si stava preparando in cucina, non venivano certo nutriti con gli avanzi. Io provavo un gran sollievo quando vedevo che nei sacchi non avevano bambini e, sotto la protezione della mamma, passavo in mezzo a loro. Me li guardavo ben bene, stando attento però a non avvicinarmi troppo alle donne che mi volevano accarezzare. Il vecchio cieco mangiava lentamente dalla sua ciotola, si riposava. Se la prendeva comoda. Gli altri invece non toccavano cibo, tutto quello che ricevevano scompariva in grandi sacchi, e solo i bambini avevano il permesso di sgranocchiare i dolciumi che gli erano stati regalati. Io ero stupito di quanto fossero affettuosi con i loro bambini, non avevano per nulla l'aria di rapitori di bambini. Questo però non serviva a mitigare il terrore che mi incutevano. Dopo un certo tempo, che mi pareva lunghissimo, si rimettevano in moto, il corteo si snodava ora un po' più veloce che all'arrivo intorno alla casa e attraverso il cortile.

da E. Canetti, *La lingua salvata*, Adelphi

**5 vegliardo**: vecchio.
**6 leccornie**: piatti prelibati.

**1** **Compila la tabella, individuando le caratteristiche di contenuto e di struttura di ciascun testo.**

| | *Gatto gatto!* | *Un ballo in onore di Maria Antonietta* | *Zingari* |
|---|---|---|---|
| **Contenuti in sintesi (massimo 5 righe)** | | La principessa Maria Antonietta dà un ballo in onore del suo fidanzamento con il delfino di Francia... | |
| **Protagonista** | | | |
| **Tempi e luoghi** | 2 aprile 2002<br>luogo: non precisato | | |
| **Narratore** | | interno | |
| **Fatti** | | | Sono veri ed esposti in ordine cronologico |
| **Persona usata** | prima | | |
| **Tempi verbali usati in prevalenza** | | | |
| **Presenza di un *post scriptum*** | | | no |
| **Presenza di mittente e destinatario** | | no | |

**2** **A quale genere appartiene il testo 1?**
- ☐ Autobiografia
- ☐ Diario
- ☐ Lettera personale

**3** **A quale genere appartiene il testo 2?**
- ☐ Autobiografia
- ☐ Diario
- ☐ Lettera personale

**4** **A quale genere appartiene il testo 3?**
- ☐ Autobiografia
- ☐ Diario
- ☐ Lettera personale

**5** **Scegli tra i tre testi proposti quello che ti è piaciuto di più: a quale dei passi letti nell'Unità lo avvicineresti per somiglianza nei contenuti e nella struttura? Scrivi un breve confronto.**

# I generi per narrare di sé

## CHE COS'È

Un'autobiografia:

- è il racconto della vita dell'autore

Un diario:

- raccoglie fatti ed emozioni che vive quotidianamente chi lo scrive

Una lettera personale:

- veicola informazioni e stati d'animo tra due persone in comunicazione scritta tra loro

## LA STRUTTURA

Tutti i generi per narrare di sé presentano:

- la coincidenza tra autore, narratore e protagonista
- la narrazione di solito in prima persona
- la presentazione dei fatti prevalentemente in ordine cronologico

## I PERSONAGGI

- Chi narra si presenta in modo ricco di particolari, che emergono in modo graduale dagli scritti
- La presentazione di se stessi è svolta in modo attento ai sentimenti
- Nei fatti narrati emergono le figure di altri personaggi che hanno una relazione diretta con chi racconta

## LE CARATTERISTICHE DEL GENERE

- Nella lettera compare sempre l'indicazione di mittente, destinatario luogo e data di scrittura, formule di introduzione e di chiusura del testo
- Nel diario compare sempre l'indicazione della data in cui si scrivono i testi (spesso anche il "nome" dato al diario da chi scrive)
- Il linguaggio è normalmente semplice e diretto, spesso colloquiale
- I tempi verbali più usati sono il presente, l'imperfetto e il passato prossimo

# Mio padre Pope e mia madre Moune

di Daniel Pennac

TESTO NARRATIVO

**Il temibile professor Crastaing, ugualmente inflessibile con ragazzi e genitori, ha punito il protagonista di questo episodio, che ora si vede costretto a chiedere a suo padre di andare a colloquio dall'insegnante: per chi è la penitenza maggiore?**

Le ore di punizione[1], be', Pope, mio padre, le accettava senza fare troppe storie. – Se preferisci passare il sabato a scuola, sono fatti tuoi; e poi immagino che Kamo[2] ti tenga compagnia, no? Ma le "chiacchieratine con il suo signor padre" erano tutta un'altra cosa. Faceva sempre più fatica a sopportarle. Fino al giorno in cui non ce la fece più.
– Come? Un colloquio faccia a faccia con Crastaing[3]? Un'altra volta! Adesso basta!
Mi ricordo benissimo la scena. Era un giovedì pomeriggio. [...] Alzò gli occhi verso di me e il suo cacciavite fendette[4] l'aria.
– Non insistere, ti ho detto che questa volta non ci andrò!
Moune disegnava nel suo solito angolo. Io stavo là in piedi, tra gli utensili sparpagliati.
– Non ci andrò, ti ho detto!
Da buona mamma, Moune finì per intervenire.
– Forse potrei andarci io al tuo posto?
Tormentando il mio quaderno come se fosse stato un vecchio berretto, mormorai:
– Impossibile, Moune, Crastaing ha detto: "il suo signor padre".
A questo punto ci fu un'esplosione.
– Non ci penso neanche. Non ci andrò! Basta! Ti avevo avvertito!
La porta sbatté e due o tre fogli svolazzarono. Moune ci aveva disegnato dei vestiti leggeri come farfalle (quello era il suo lavoro, disegnare vestiti) e noi restammo soli per un istante, Moune e io.
– Un altro tema che non sei riuscito a finire in tempo?
– Che non ho neppure cominciato.
– Sei veramente la persona più pigra che conosca...
– Non ci riesco, Moune, non ho idee.
Un tema alla settimana. Trentasei temi all'anno. Centoquarantaquattro temi in quattro anni. *Scrivete il vostro ritratto, Raccontate le vostre vacanze, Una serata in famiglia, In che cosa siete cambiati da un anno a questa parte?, Descrivete il giardino di vostra zia.* Non scherzo. Ci ha veramente dato questo tema: *Descrivete il giardino di vostra zia!* Io e Kamo abbiamo passato il sabato seguente in castigo: io avevo un giardino ma nessuna zia, lui una zia senza giardino. Ebbene, con Crastaing, era praticamente impossibile inventare; brandiva[5] il compito sopra la nostra testa e si lamentava:

**1 ore di punizione**: ore di scuola in più.
**2 Kamo**: è il miglior amico del ragazzino che racconta.
**3 Crastaing**: è il severissimo insegnante.
**4 fendette**: Pope sta costruendo unletto per suo figlio. Preso dalla foga, gesticola con il cacciavite in mano.
**5 brandiva**: afferrava agitando con forza.

– Questa non è immaginazione, mio caro, è menzogna!

Una volta su due, aggiungeva:

– Ah, come mi fa pena la sua povera mamma.

E inoltre, possedeva una memoria da elefante:

– Mi dica, queste vacanze che pretenderebbe di aver descritto, non sono forse quelle dell'anno scorso? Ci pensi bene... Pasqua, l'anno addietro, no? Due ore! E una chiacchieratina con il suo signor padre.

Davvero, si ricordava di tutti i nostri compiti. Correva voce che, a furia di leggere ciò che scrivevamo, ci conoscesse meglio di noi stessi.

– Ma, ragazzo mio, lei non ha fatto la descrizione di sé in questo compito: si tratta di una persona a caso! E questa non è la sua famiglia, ma una famiglia qualunque! Menzogne! Menzogne e pigrizia, come sempre! Crede che i suoi genitori meritino tutto questo?

da D. Pennac, *Io e Kamo*, Edizioni EL

## Rispondi

### La struttura

**1 Dalle caratteristiche del testo puoi dire che si tratti di un genere per narrare di sé perché:**

- ☐ autore e narratore coincidono
- ☐ autore, narratore e protagonista coincidono
- ☐ autore e personaggi citati si conoscono profondamente
- ☐ si parla di fatti privati

**2 Inoltre, i fatti sono narrati:**

- ☐ in prima persona e presentati in ordine cronologico
- ☐ in terza persona e con molti salti nell'ordine cronologico
- ☐ attraverso dialoghi serrati
- ☐ con il discorso indiretto

### I personaggi

**3 Chi è il personaggio principale, narratore del testo?**

- ☐ Un ragazzino che non svolge in tempo i temi che gli sono assegnati
- ☐ Il padre di un ragazzino terrorizzato dal professore del figlio
- ☐ Una madre disegnatrice di moda
- ☐ Un professore molto severo e capace

4 **I sentimenti che emergono dal testo sono espressi in modo preciso?**

☐ Sì, ma non per tutti i personaggi: di Crastaing non si dice che cosa pensa
☐ No, perché non è mai detto che cosa provano Pope, Moune e il narratore
☐ No, perché si dice che cosa prova Pope, ma non gli altri personaggi
☐ Sì, perché si dice con sufficiente chiarezza che cosa provano il narratore, Pope e Moune a fronte della convocazione di Crastaing

## Caratteristiche del genere

5 **Come si caratterizza l'ambiente in cui si svolge la vicenda?**

☐ Si tratta di una casa e di una famiglia assolutamente inverosimili
☐ Si fa riferimento a una situazione di fantasia
☐ Si descrivono una casa e una famiglia un po' originali, ma verosimili
☐ Si racconta un ambiente molto verosimile

6 **I fatti descritti sono realistici?**

☐ No, sono completamente inverosimili
☐ Si tratta di fatti appartenenti a un passato troppo lontano
☐ Si tratta di fatti probabilmente davvero accaduti
☐ Si descrivono alcuni fatti veri e altri inventati

7 **Come si caratterizza il linguaggio usato dall'autore?**

☐ È semplice e informale
☐ È complesso e articolato
☐ È ricco di termini tecnici
☐ È dialettale

8 **Dalla costruzione del testo potresti dire che sono importanti i dialoghi?**

☐ Sì, perché rendono più scorrevole la lettura
☐ Sì, perché aiutano l'immedesimazione nel lettore
☐ No, perché non aggiungono niente alla storia narrata
☐ No, perché rallentano il ritmo della narrazione

9 **I tempi verbali sono soprattutto:**

☐ storici (imperfetto e passato prossimo)
☐ presente
☐ futuro
☐ presente e passato

## Che cos'è il genere autobiografia

10 **Dalle caratteristiche generali del testo, possiamo dire che è di "autobiografia" perché:**

☐ è un testo scritto usando uno stile informale
☐ è un testo che narra episodi della vita vera del suo autore
☐ è un testo che rielabora fatti veri e fatti inventati
☐ è un testo che narra fatti realmente avvenuti, con uno stile semplice ma formale

# A scuola sulla Terra di Bianca Pitzorno

TESTO NARRATIVO

**Ecco una lettera di Mo, un extraterrestre proveniente dal pianeta Deneb e che vive sulla Terra.**

Caro Tar,
non devi essere triste perché non ci sono, altrimenti divento triste anch'io. E poi tu hai gli altri ragazzi, papà e mamma, la nostra camera, gli amici, i Sapienti di sempre... Cosa dovrei fare io, che sono qui solo fra questi terrestri così strani e diversi da noi? Però devo riconoscere che fanno di tutto per farmi stare a mio agio. Purtroppo qualche volta non è possibile, ma non dipende da loro. Però non devi metterti in testa che io qui sia infelice e abbandonato. Soprattutto non dirlo a papà. In fondo sono stato io a voler venire sulla Terra. E poi mi diverto, con tante novità.

Senti questa: stamattina per la prima volta sono andato a scuola. Io non so proprio come fanno i bambini terrestri a imparare quello che gli serve! Qui non hanno le macchine audiovisive e tutte le informazioni le fornisce una tizia che si chiama maestra, tutto a voce. Naturalmente nessuno dei ragazzi può controllare se quello che ascolta è esatto.

Non ci sono neppure i laboratori con i tecnici che ti fanno rifare tutti gli esperimenti come da noi.

Sui libri c'è qualche fotografia e Caterina[1] mi ha detto che una volta al mese proiettano un film. Ma vuoi mettere con i documentari che noi possiamo consultare tutti i giorni nelle videoteche!

E poi, di maestra ti devi tenere quella che ti danno. Non è come da noi, che ognuno si può scegliere il Sapiente che preferisce e così i Sapienti meno simpatici restano senza allievi e devono cambiare mestiere! La maestra che è toccata a me e a Caterina è una donna molto nervosa. Poveretta, chiunque lo sarebbe a dover fare tutto da sola. Racconta, racconta cose che ognuno può cercarsi da solo in una nastroteca o in una enciclopedia, e si arrabbia moltissimo se qualcuno la interrompe con una domanda. Come farà a rendersi conto se abbiamo capito bene tutto, è un mistero.

Con me però è stata molto gentile. Mi ha fatto un mucchio di domande su Deneb e si è molto meravigliata delle mie risposte. [...]

La lezione, una volta capito come funziona, naturalmente era molto noiosa. Ma c'è stato un momento divertente. Tutte avevano dei bastoncini di metallo lunghi e sottili e con un lungo filo di lana facevano una specie di tessuto che qui si chiama "maglia". A vederla sembra un'operazione molto difficile, ma anche io alla fine ho imparato e quando è suonata la campana (qui è il segno che la lezione è terminata) avevo fatto un bel pezzo di maglia. Quando

**1 Caterina**: una compagna di scuola terrestre.

torno voglio insegnarlo a papà. Gli piacciono tanto i lavori manuali, ma questo certo non lo conosce.
[...] Qui tutto è così strano: le abitudini, i materiali, la gente, l'aria stessa che si respira, la gravità, i suoni, il sapore dei cibi... Certe volte mi sento frastornato e avrei voglia di tornare a casa. Ma tutto sommato è un'esperienza interessante e credo che, quando mi sarò abituato, mi divertirò un mondo.
Sei soddisfatto del resoconto della mia avventura terrestre? Se ti lamenti perché è troppo lungo, quando torno ti spacco il muso.
Mi raccomando, ricordati di dare da mangiare ai miei drogopildi. La piantagione di barze[2] va innaffiata ogni **5** giorni.
Aspetto tue notizie e soprattutto scrivimi che punteggio ha fatto nell'ultimo incontro la nostra squadra di splugo[3].

Un abbraccio affettuoso
Mo

da B. Pitzorno, *Extraterrestre alla pari*, Edizioni EL

**2 drogopildi ... barze**: si tratta di animali e piante immaginari.

**3 splugo**: un immaginario gioco extraterrestre.

## Rispondi

### La struttura

**1 Dalle caratteristiche del testo puoi dire che si tratti di un genere per narrare di sé perché:**

☐ autore e narratore coincidono
☐ autore, narratore e protagonista coincidono
☐ autore e personaggi citati si conoscono profondamente
☐ si parla di fatti privati

**2 Inoltre, i fatti sono narrati:**

☐ in prima persona e presentati in ordine cronologico
☐ in terza persona e con molti salti nell'ordine cronologico
☐ attraverso dialoghi serrati
☐ con molti riferimenti al passato e al presente senza distinguere con precisione

### I personaggi

**3 Chi è il personaggio principale, narratore del testo?**

☐ Mo, un ragazzino extraterrestre che sta trascorrendo un periodo di tempo sulla Terra
☐ Una ragazza, Caterina, che ospita un extraterrestre
☐ Una maestra piuttosto nervosa
☐ Tar, abitante di Deneb

**4** **Nel testo vengono espressi sentimenti?**

- ☐ No, perché Mo racconta fatti e non le sue reazioni
- ☐ No, si parla solo delle reazioni della maestra, in modo eccezionale
- ☐ Sì, perché Mo racconta a suo fratello le sensazioni che prova
- ☐ Sì, ma solo casualmente

## Caratteristiche del genere

**5** **Di che cosa si parla nel testo?**

- ☐ Di fatti quotidiani, anche se descritti da un personaggio stravagante
- ☐ Di fatti straordinari non verosimili
- ☐ Di situazioni che appartengono alla storia passata
- ☐ Di episodi di vita comune

**6** **Puoi riconoscere nel testo alcune forme fisse?**

- ☐ Sì, ci sono una formula d'apertura, una di chiusura, una firma
- ☐ No, non ci sono forme particolari
- ☐ Sì, c'è l'indicazione della data
- ☐ Sì, c'è un *post scriptum*

**7** **Come si caratterizza il linguaggio usato dall'autore?**

- ☐ È semplice e informale
- ☐ È complesso e articolato
- ☐ È ricco di termini tecnici
- ☐ È dialettale

**8** **I tempi verbali sono soprattutto:**

- ☐ storici (imperfetto e passato prossimo)
- ☐ presente e passato prossimo
- ☐ futuro
- ☐ solo passato prossimo

**9** **Dal tono usato nel testo potresti dire che:**

- ☐ si tratta di due persone che si conoscono bene e si scambiano informazioni di vita reciproche
- ☐ si tratta di persone che non si conoscono affatto e si trattano in modo formale
- ☐ si tratta di una situazione ufficiale, istituzionale
- ☐ si tratta di uno scambio di notizie senza coinvolgimento personale

## Che cos'è il genere epistolare

**10** **Dalle caratteristiche generali del testo, possiamo dire che è una "lettera personale" perché:**

- ☐ è un testo che contiene fatti veri e fatti inventati
- ☐ è un testo che contiene informazioni su emozioni e fatti realmente avvenuti, senza forme particolari che lo caratterizzano
- ☐ è un testo che contiene informazioni che un mittente e un destinatario si scambiano su episodi di vita quotidiana
- ☐ è un testo che riporta la vita reale

# Che giornataccia! di Luciano Comida

**Michele Crismani è un dodicenne che decide di iniziare un diario segreto, nel quale racconta le sue disavventure con i bulli a scuola, le sue prime cotte corrisposte e non, il suo amore per Dylan Dog, i suoi problemi in famiglia.**

TESTO NARRATIVO

**Lunedì 2 gennaio**

Sto per andare a dormire: è stata una giornataccia. Di mattina, ho dovuto fare un sacco di compiti e mamma m'ha interrogato in storia. Poi, per buttar via anche il pomeriggio, siamo andati a trovare zia Diana. C'è una puzza a casa sua... Saranno anche tutti quei gatti che si tiene in casa. Sono sette o otto. Invece il nostro gatto, Groucho, non ha nessun cattivo odore. Si lava sempre e sa di *peluche*. Per strada faceva un freddo pazzesco. È che qui, a Trieste, la bora soffia terribile e ti entra sotto i vestiti, proprio nelle ossa.

Naturalmente Sara non è venuta dalla zia. La **signorina** è esentata da queste cose, così è andata a ballare col suo Milos. Avessi io diciannove anni... Oggi sarei andato a pranzo dai genitori di Paola De Tomasi, poi saremmo andati a vedere un film. Dopo l'avrei riaccompagnata a casa e più tardi le avrei telefonato ancora una volta per salutarla di nuovo.

Invece ho solo dodici anni, anche se in giugno ne faccio tredici. Tredici come la schedina del Totocalcio. Certo che, quando guardo i bambini che vanno alle elementari, mi sento grande. O almeno un po' di più. Hanno certe facce da bambolotti piccoli tipo Cicciobello...

Sono contento che ricominci presto la scuola. E detta da me, è un'affermazione mollllto significativa. È che non vedo l'ora di rivedere Paola. Io le telefonerei anche domani, se è per questo. Ma che le dico? "Ciao, sono Michele."

E se lei mi risponde "Michele chi?" e io sono costretto a dirle "Michele Crismani, il tuo compagno di classe."

Chissà se mi ha notato, tra gli altri compagni. In fondo è venuta a stare a Trieste solo quest'estate ed è in classe nostra solo da settembre. Va beh che in tre mesi... quattro per l'esattezza... Ma il giorno prima delle vacanze mi ha guardato proprio negli occhi. Solo un momento, però mi ha guardato. E ha degli occhi... Uau. Spaziali.

Ecco, dovrei finire ogni giorno il diario con qualcosa di bello, qualcosa che si possa definire spaziale. Come le trentamila pagine di ieri o gli occhi di Paola De Tomasi di oggi.

E domani? Beh, c'è *Terminator 2* in tivù. Con quella scena della trasformazione... Se non è spaziale quello...

da L. Comida, *Vita privata, avventure e amori di Michele Crismani dodicenne*, Campanotto

# Rispondi

## La struttura

**1 Dalle caratteristiche del testo puoi dire che si tratti di un genere per narrare di sé perché:**

- ☐ autore e narratore coincidono
- ☐ autore, narratore e protagonista coincidono
- ☐ autore e personaggi citati si conoscono profondamente
- ☐ si parla di fatti privati

**2 Inoltre, i fatti sono narrati:**

- ☐ in prima persona e presentati in ordine cronologico
- ☐ in terza persona e con molti salti nell'ordine cronologico
- ☐ attraverso dialoghi serrati
- ☐ con molti riferimenti al passato e al presente senza distinguere con precisione

## I personaggi

**3 Chi è il personaggio principale, narratore del testo?**

- ☐ Un ragazzo di dodici anni, di nome Michele Crismani
- ☐ Un diciannovenne che gira per Trieste con la sua fidanzata
- ☐ Alcuni bambini delle elementari
- ☐ La zia Diana, parente dell'autore del testo

**4 Nel testo vengono espressi sentimenti?**

☐ No, perché Michele racconta fatti e non le sue reazioni
☐ No, si parla di tante persone senza approfondire
☐ Sì, perché Michele fa riferimento continuamente ai suoi sentimenti
☐ Sì, ma solo casualmente

## Caratteristiche del genere

**5 Di che cosa si parla nel testo?**

☐ Di fatti quotidiani
☐ Di fatti straordinari non verosimili
☐ Di situazioni che appartengono alla storia passata
☐ Di episodi veri e di altri inventati

**6 Puoi riconoscere nel testo alcune forme fisse?**

☐ Sì, ci sono le forme tipiche dell'e-mail
☐ No, non ci sono forme particolari
☐ Sì, c'è l'indicazione del mittente
☐ Sì, c'è la data a inizio testo, come accade nei diari

**7 Come si caratterizza il linguaggio usato dall'autore?**

☐ È ricco di termini tecnici
☐ È complesso e articolato
☐ È semplice e informale
☐ È dialettale

**8 I tempi verbali sono soprattutto:**

☐ storici (imperfetto e passato prossimo)
☐ presente e passato prossimo
☐ futuro
☐ solo passato prossimo

**9 Dal tono usato nel testo potresti dire che:**

☐ riporta informazioni personali destinate a essere lette da chi le ha scritte
☐ riporta informazioni destinate a un lettore esterno
☐ riporta informazioni di carattere ufficiale, istituzionale
☐ si tratta di uno scambio di notizie tra persone diverse

## Che cos'è il genere diaristico

**10 Dalle caratteristiche generali del testo, possiamo dire che è un "diario" perché:**

☐ è un testo che contiene fatti veri e fatti inventati
☐ è un testo che contiene informazioni su emozioni e fatti realmente avvenuti, senza forme particolari che lo caratterizzano
☐ è un testo che contiene informazioni personali organizzate con una scansione quotidiana, visibile attraverso la data
☐ è un testo che riporta la vita reale

# Le lettere di Simone Piccinelli

**7 maggio dalla nave Piemonte**

Carissimo Francesco,

ti avevo promesso una lettera al più presto possibile e mantengo il mio impegno. Oggi la scrivo e partirà appena e da dove possibile.

Ma tu il tuo impegno lo hai mantenuto? Forse non ne avrai avuto colpa, ma ti assicuro che vedere mia madre sulla spiaggia di Quarto mi ha fatto balzare il cuore dalla meraviglia e soprattutto dalla preoccupazione.

Come forse già saprai da lei, ora che certamente sarà tornata, è riuscita a raggiungermi, e non so nemmeno io come abbia fatto. Credo che qualcuno, forse il figlio del fattore, l'abbia accompagnata col calesse, facendola però viaggiare anche di notte e praticamente senza fermarsi mai.

Il mio viaggio invece è stato molto più avventuroso, un po' col passaggio su qualche carro, un po' a piedi e un ultimo pezzo in treno, ma non credo che questo sia molto interessante.

Avremo tempo di parlarne quando ci rivedremo.

A Genova ho trovato abbastanza facilmente il gruppo dei volontari garibaldini perché anche i passanti sapevano indicarmi dove si erano radunati. Poi non ho fatto altro che seguirli e ripetere tale e quale tutto quello che facevano loro.

Ricevuto l'ordine di raggiungere la spiaggia di Quarto, succede quella scena terribile che puoi immaginare e che anche lei ti avrà raccontato. Mia madre che con pianti e preghiere cerca di riportarmi indietro.

E non ti dico con quanta forza di disperazione mi stringeva il braccio, che neppure Ercole in persona sarebbe riuscito a liberarsi. Poi senti che cosa capita.

Un ragazzo, molto più piccolo di me e in perfetta divisa garibaldina, si mette in un punto piuttosto elevato della spiaggia dove poteva essere visto da tutti, e comincia a chiamarmi per nome, ma forte, urlando.

Mia madre, stupita, allenta la presa sul mio braccio, ma devo dire che il più meravigliato ero io. Chi era quel ragazzo che mi conosceva e sapeva come mi chiamo? (L'ho saputo dopo che il nome l'aveva sentito gridare da mia madre). E che cosa l'aveva spinto a venire in mio aiuto, offrendosi per così dire come esempio? Sì, perché lui era davvero più giovane di noi e a occhio doveva avere più o meno undici anni.

Come avrai saputo da mia madre, la scena ha funzionato, la folla si è messa dalla mia parte, e la mamma, seppure in lacrime, ha ceduto e mi ha dato anche la sua benedizione.

Quando, dopo tanta attesa, è venuto il momento di salire sulla nostra nave, ho potuto rendere il favore al mio amico sconosciuto, perché l'ho visto un po' in difficoltà al momento di issarsi sulla

nave. C'era da fare forza sulle braccia per salire lungo i canapi che pendevano da bordo, e ho capito che non ce la faceva. Così l'ho acchiappato per un polso e l'ho tirato su. Bene, sono contento di aver potuto fare qualcosa per lui. Deve essere un ragazzo molto generoso perché mi ha anche regalato una camicia rossa che io non possedevo. Era troppo grande per lui e un po' grande lo è anche per me, comunque è stato un gesto gentile.
Ti avevo promesso di raccontarti la guerra, ma per ora la guerra non c'è. Siamo solo imbarcati su due navi, e il tempo non passa mai. C'è chi dorme, chi legge, chi chiacchiera, chi discute di politica. Qualcuno sta anche litigando perché Garibaldi è partito con il motto "Italia e Vittorio Emanuele", scontentando tutti quelli di fede repubblicana. Chissà che cosa ne direbbe Padron Lazzaro!
Come ti sarai già accorto, per ora non ho molto altro da riferirti.
Mi raccomando di andare a trovare come mi avevi promesso Padron Lazzaro, e di ringraziarlo ancora una volta per tutte le idee che mi ha saputo trasmettere, fino a fare di me un patriota. Già che ci sei, domandagli se conosce di nome Ettore Sartori, che è il padre di quel ragazzo, perché secondo me deve essere stato uno degli eroi di Garibaldi e forse era con il Generale anche nella Repubblica Romana.
Mi raccomando anche di dargli una mano appena puoi. Padron Lazzaro è stato molto generoso, dandomi il permesso e addirittura spingendomi a partire. Ma oramai è vecchio e ho paura che senza di me si stanchi troppo nella sua bottega. Lo so che devi aiutare i tuoi in campagna, ma appena puoi corri da lui. Sono sicuro che il padrone ne sarà contento.
Leggi pure questa lettera, se pensi che sia il caso, ai miei genitori. La prossima volta ne scriverò una tutta per loro.
Per ora ti abbraccio forte, tuo
Simone

rid. da L. Levi, *Un garibaldino di nome Chiara*, Giunti

## Dopo aver letto il testo rispondere alle domande, scegliendo una sola risposta

**A1 Da quali elementi puoi capire che il testo che hai letto è una lettera? Segna con una crocetta le risposte che ritieni corrette.**

- [x] C'è un'intestazione
- [ ] Si usa un linguaggio molto ricercato
- [x] C'è un legame diretto tra mittente e destinatario
- [ ] Ci sono riferimenti alla storia antica
- [x] Compaiono data e luogo di stesura del testo
- [ ] Si raccontano fatti non reali
- [ ] C'è un *post scriptum*
- [x] C'è una formula di chiusura

**A2 Chi è l'autore di questo testo?**

[A] ~~X~~ Un ragazzo [B] Una madre [C] Un uomo [D] Un bambino

**A3 Chi è il destinatario della lettera?**

[A] Un compagno [B] ~~X~~ Francesco, un amico fraterno [C] Un fratello [D] La madre

**A4 Dove si trova Simone quando sua madre lo raggiunge?**

[A] ~~X~~ A Genova Quarto [B] In Sicilia [C] Sulla nave [D] In una strada di paese

**A5** **Perché Simone è scappato di casa?**

A Per una spedizione di scoperta
B Per diventare marinaio
C Per un'avventura con gli amici
D Per unirsi alla spedizione di Garibaldi

[x: D]

**A6** **Nella frase "*la mamma, seppure in lacrime, ha ceduto e mi ha dato anche la sua benedizione*" (righe 40-41) si vede la differenza d'opinione tra Simone e sua madre: esprimi in sintesi quali sono le due posizioni contrapposte.**

**A7** **Simone, ormai imbarcato, riceve una camicia rossa. Poteva essere di diverso colore la camicia, in quella situazione storica?**

[ ] Sì [x] No

perché ESSENDO UN GARIBALDINO NON POTEVA INDOSSARNE UNA DI COLORE DIVERSO.

**A8** **Imbarcati insieme a Simone ci sono molte persone diverse. Nell'elenco che segue segna le categorie che sono presenti (è ammessa più di una risposta).**

[x] Ragazzi
[x] Poeti e scrittori
[x] Uomini adulti
[x] Piemontesi
[ ] Militari
[x] Siciliani
[ ] Ferrovieri
[ ] Donne

**A9** **Perché sulla nave qualcuno litiga?**

A Per questioni politiche generiche
B Perché non tutti sono contenti delle parole Garibaldi
C Perché in molti sono repubblicani
D Per il gioco delle carte

[x: B]

**A10** **Chi è Padron Lazzaro?**

A La persona di famiglia
B Il datore di lavoro di Simone
C Il datore di lavoro che ha trasmesso a Simone le sue idee politiche
D Un rivoluzionario

[x: C]

**A11** **Padron Lazzaro e la mamma di Simone si trovano su posizioni uguali o diverse? Giustifica la tua risposta in un testo di massimo tre righe.**

SONO DIVERSE PERCHÈ PADRON LAZZARO SPINGE SIMONE AD UNIRSI ALLE SPEDIZIONI MENTRE SUA MADRE NON VUOLE FARLO PARTIRE.

**A12** **Che cosa chiede Simone a Francesco?**

A Di ringraziare da parte sua Padron Lazzaro
B Di portare a Padron Lazzaro i suoi saluti
C Di raggiungerlo in Sicilia
D Di non essere geloso di Corrado

[x: A]

**A13** **L'espressione "*neppure Ercole sarebbe riuscito a liberarsi*" (riga 26) significa che:**

A la madre lo stringeva forte quasi come il mitico eroe greco Ercole
B Simone era molto debole
C la disperazione rendeva molto forte Ercole
D non ci sono possibilità di liberarti se a stringerti è Ercole

[x: A]

**A14** **Scrivi un'espressione equivalente a "*ho potuto rendere il favore*" (riga 43).**

HO POTUTO RICAMBIARE IL PIACERE.

**A15** **La narrazione dei fatti segue un ordine preciso; scegli quello che ritieni corretto tra i due proposti:**

[x] ordine cronologico (da ciò che accade prima a ciò che accade dopo)

☐ ordine narrativo (non si rispetta l'ordine di tempo, ma quello che si ritiene importante narrare per primo)

## Quesiti grammaticali: una sola risposta corretta

**B1** **Nella frase "*Forse non ne avrai avuto colpa*" (righe 4-5) qual è la funzione di *ne*?**

LA FUNZIONE DI NE É DI COMPLEMENTO OGGETTO

**B2** **Nella frase "*ma ti assicuro che vedere mia madre sulla spiaggia di Quarto mi ha fatto balzare il cuore*" (righe 5-6) qual è il soggetto?**

IL SOGGETTO É IO (SOTTOINTESO)

**B3** **Nella frase "*La prossima volta ne scriverò una tutta per loro*" (riga 70) con quale parola puoi sostituire il pronome "*ne*"?**

"LA PROSSIMA VOLTA SCRIVERÒ QUALCOSA TUTTA PER LORO" X
É LETTERA

**B4** **Qual è il significato di "*calesse*" (riga 11)?**

- [X] A Carrozza leggera trainata da un cavallo
- B Carro bestiame
- C Motocicletta con carrozzino a fianco
- D Automobile di piccola cilindrata

**B5** **Qual è il significato di "*issarsi*" (riga 44)?**

- [X] A Salire
- B Scendere
- [X] C Fare forza
- D Smontare

**B6** **Tra i seguenti avverbi quali sono di tempo?**

- [X] Appena
- ☐ Più
- ☐ Dove
- [X] Dopo
- [X] Prima
- ☐ Nemmeno
- ☐ Davvero
- ☐ Troppo
- [X] Quando
- ☐ Ancora

**B7** **In quale delle seguenti frasi si trova un participio presente?**

- A "*comincia a chiamarmi per nome*"
- B "*c'era da fare forza sulle braccia*"
- [X] C "*ma non credo che questo sia molto interessante*"
- D "*anche i passanti sapevano indicarmi dove*"

**B8** **Coniuga i verbi elencati all'infinito nel modo participio passato.**

| Modo Infinito (presente) | Modo Participio passato |
|---|---|
| Accorgere | ACCORTO |
| Raggiungere | RAGGIUNTO |
| Sapere | SAPUTO |
| Possedere | POSSEDUTO |

**B9** **In quali delle seguenti frasi compare un pronome relativo?**

- A "*se pensi che sia il caso*"
- B "*le idee che ha saputo trasmettermi*"
- C "*ho capito che non ce la faceva*"
- D "*poi non ho fatto altro che seguirli*"

**B10** **Nella frase "*leggi pure questa lettera ai miei genitori*" (riga 69) quale complemento è *ai miei genitori*?**

- A Complemento di stato in luogo
- B Complemento di termine
- C Complemento di argomento
- D Complemento di modo

# La Libreria dei Ragazzi di Torino consiglia:

Elisa Guerra Puricelli,
*Cuori di carta*,
Einaudi

Sophie Dieuaide,
*Pensieri di Manon D. su me stessa e su alcuni altri argomenti*,
Lapis

Beatrice Masini - Roberto Piumini,
*Ciao, tu*,
Rizzoli

Guus Kujier,
*Il libro di tutte le cose*,
Salani

James Patterson - Chris Trebbetts,
*Scuola media. Gli anni peggiori della mia vita*,
Salani

**Due minuti in libreria**

## Chi ha trovato?

1. **Che cosa significa essere sinceri con se stessi, quando si scrive?**
2. **Quanto vale esprimere un sentimento o un pensiero personale?**
3. **Che cosa significa ritrovare nella pagina scritta il ricordo di qualcosa che si è vissuto tempo prima?**

**PHILOSOPHY**

I diari, le lettere, l'autobiografia, come abbiamo visto, sono modi per riflettere su stessi. I filosofi hanno dato molta importanza alla capacità di introspezione.

- Quale valore ha, secondo te, rimanere fermi a pensare su se stessi, sulle cose che accadono, sulle proprie speranze?

# L'Associazione Museo Nazionale del Cinema consiglia:

William va alla ricerca personale della memoria di suo padre appena scomparso, Edward Bloom, ricostruendo le storie fantastiche e le sconfitte che è riuscito a vivere e narrare nel corso della sua vita straordinaria. Attraverso questo viaggio William scoprirà un mondo fantastico, popolato da streghe e giganti, nani, fate e gemelle siamesi, recuperando il desiderio e il gusto del racconto.

**Big fish – Le storie di una vita incredibile**
USA, 2003
diretto da Tim Burton
125 min.

- *"A furia di raccontare le sue storie, un uomo diventa quelle storie. Esse continuano a vivere dopo di lui, e così egli diventa immortale."* Commenta questa battuta pronunciata da William Bloom nel corso del film.
- Racconta in modo fantastico un aspetto della tua vita che consideri semplice e ordinario.

Tratto dal libro *Un anno a Pietralata* scritto da Albino Bernardini, *Diario di un maestro* è uno sceneggiato televisivo andato in onda sulla Rai nel 1973 per la regia di un grande maestro del cinema italiano, Vittorio De Seta. In una scuola di una borgata romana, un giovane insegnante, Bruno D'Angelo propone forme pedagogiche innovative per arginare la grande dispersione scolastica dei ragazzi del quartiere.

**Diario di un maestro**
Italia - Germania, 1972
diretto da Vittorio De Seta
290 min. (quattro puntate)

- Confrontati con i tuoi insegnanti sulle modalità didattiche del maestro Bruno D'Angelo: in che modo il suo diario può essere importante anche per voi?
- Analizza il linguaggio audiovisivo del film e confrontalo con quello dell'attuale serialità televisiva.

Tratto dall'omonimo racconto di Sergio Atzeni, uscito postumo, il film racconta la più lunga giornata della vita di Cate e Luna due adolescenti che vivono nella periferia di Cagliari. Cate e Luna fantasticano sui loro famigliari, sognano progetti di riscossa e avventure sentimentali.

**Bellas Mariposas**
Italia, 2012
diretto da Salvatore Mereu
100 min.

- Analizza le modalità e le forme con le quali il regista del film passa il testimone del racconto della storia a Cate.
- In questo film consideri più forti le parole pronunciate da Cate o le immagini che vede e condivide insieme a Luna?

# PAGINE LABORATORIO

# *Fabula* e intreccio

**Abilità**

leggere

scrivere

# ABILITÀ E COMPETENZE

## Avanti e indietro nel tempo

> La *fabula*
> L'intreccio
> *Fabula* e intreccio
**Impariamo a... riconoscere *fabula* e intreccio**

> Analessi e prolessi
– Scheda. I connettivi
**Impariamo a... lavorare su *fabula* e intreccio**

## Tecniche per riassumere

> Riassumere partendo dall'intreccio
> Riassumere partendo dalla *fabula*
**Impariamo a... riassumere a partire dall'intreccio o dalla *fabula***

> Riassumere per cancellazione
**Impariamo a... riassumere con la tecnica della cancellazione**

# Avanti e indietro nel tempo

Un testo narrativo, per sua definizione, narra una storia e, come sappiamo già, le vicende narrate seguono un ordine. Nello scorso anno, leggendo favole, fiabe, racconti d'avventura, di paura ecc., infatti, abbiamo osservato che nei testi si può riconoscere una **situazione iniziale**, uno **sviluppo** della vicenda narrata e una **conclusione**. Abbiamo visto anche che un testo si può dividere in **sequenze** e che le sequenze possono essere di tipo diverso (descrittive, dialogiche, narrative, riflessive). In questo laboratorio ragioneremo ancora sul modo di organizzare una narrazione e aggiungeremo **due nuove conoscenze** in proposito, per approfondire il discorso **sulle infinite possibilità di comporre i testi**, intrecci meravigliosi di logica e fantasia.

## La *fabula*

Quando i latini volevano raccontare qualche storia dicevano che narravano una *fabula*, intendendo così il racconto di una vicenda inventata. Oggi si usa questa stessa parola per indicare una storia costruita secondo un:
- **ordine cronologico** (temporale)
- e **logico** (che segue, per esempio, i rapporti di causa ed effetto).

Nei testi narrativi più semplici – favole e fiabe, per esempio – la storia è sempre narrata da un inizio (*c'era una volta...*) verso la fine (*... e vissero felici e contenti*). La ragione di questa semplicità, naturalmente, è nello scopo che tali testi si prefiggono – cioè divertire e trasmettere semplici insegnamenti – e nel pubblico a cui si riferiscono (di solito bambini o ragazzi molto giovani, poco esperti come lettori).
Proviamo a fare un esempio.

Biancaneve era giovane e bella e la sua matrigna-strega era gelosa di lei.

Per ordine della matrigna-strega venne abbandonata nel bosco da un cacciatore.

Una volta nel bosco, sola e infreddolita, giunse a una piccola casa.

Tutto nella casetta era piccolo, perché apparteneva ai nani.

Ai nani Biancaneve raccontò la sua storia ed essi la tennero con sé.

Venuta a sapere che Biancaneve non era morta, la matrigna-strega decise di ucciderla.

La matrigna preparò una mela avvelenata, si finse una vecchia e la diede a Biancaneve.

Biancaneve cadde in un sonno simile alla morte e venne messa dai nani in una bara di cristallo.

Un principe la vide, la svegliò con un bacio e la sposò.

Se rifletti sull'ordine degli eventi narrati dalla storia, vedrai che **tutto scorre dal primo all'ultimo episodio senza "salti" né di tempo né di logica.** **Questo è appunto l'ordine tipico della *fabula*** che rappresenta la corretta sequenza cronologica degli avvenimenti accaduti nella vicenda narrata.

# L'intreccio

Di solito però, più il racconto si fa complesso, come accade soprattutto nei romanzi, più viene mutato l'ordine della narrazione. L'autore interviene per "disordinare" il tempo della vicenda e per rendere la narrazione più interessante, meno scontata: ricorre, così, a un **intreccio**, in cui gli avvenimenti non sono presentati secondo la loro sequenza cronologica. Prova a vedere che cosa è successo in questo caso alla storia di Biancaneve.

**Biancaneve, sola e infreddolita, giunse a una piccola casa nel bosco.**

**Tutto nella casetta era piccolo, perché si trattava dell'abitazione di nani.**

**Ai nani Biancaneve raccontò la sua storia.**

**Biancaneve era giovane e bella e la sua matrigna-strega era molto gelosa di lei.**

**Per ordine della matrigna-strega era stata abbandonata nel bosco da un cacciatore.**

**Venuta a sapere che Biancaneve non era morta, la matrigna-strega decise di ucciderla.**

La matrigna preparò una mela avvelenata, si finse una vecchia e la diede a Biancaneve.

Biancaneve cadde in un sonno simile alla morte e venne messa dai nani in una bara di cristallo.

Un principe la vide, la svegliò con un bacio e la sposò.

In questo caso, come hai visto, l'intreccio ha "scombinato" l'ordine degli eventi e ha messo **"dopo" alcuni eventi che erano accaduti "prima", facendoli raccontare da Biancaneve.** La sostanza del racconto non cambia, si modifica solo l'ordine degli eventi all'interno della narrazione.

## *Fabula* e intreccio

Aggiungiamo ancora una considerazione. Nel caso di una narrazione che segue l'ordine cronologico dei fatti narrati, si dice che ***fabula* e intreccio coincidono**, perché non c'è differenza tra l'ordine del tempo in cui avvengono i fatti e l'ordine in cui essi vengono presentati. L'esempio utile a capire questa considerazione è la prima storia di Biancaneve.

Nel caso in cui gli eventi non seguono l'ordine cronologico, ***fabula* e intreccio non coincidono ma divergono**. L'esempio utile a capire questa considerazione è, naturalmente, la seconda storia di Biancaneve, in cui l'ordine cronologico della storia è cambiato.

### L'ORDINE DI UN TESTO

| Secondo la *fabula* | Secondo l'intreccio |
| --- | --- |
| • segue l'ordine logico (prima la causa poi l'effetto) | • l'ordine è scelto dal narratore |
| • segue l'ordine cronologico (prima e dopo) | • ci sono salti nell'ordine narrativo |
| • *fabula* e intreccio coincidono | • *fabula* e intreccio non coincidono |

IMPARIAMO A...

# Riconoscere *fabula* e intreccio

(1) **Leggi i brevi testi che seguono e riconosci se l'intreccio e la *fabula* coincidono. Di volta in volta, giustifica la tua risposta.**

La sosta nell'isola durò cinque giorni, al sesto salpammo: ci spingeva una brezza leggera sul mare liscio come l'olio. All'ottavo giorno vediamo correre sulla superficie del mare una folla di uomini in tutto e per tutto identici a noi, nella conformazione fisica e nella statura, salvo che nei piedi: li avevano di sughero e proprio per questo erano chiamati Sugheròpodi. Constatammo strabiliati che non andavano a fondo, ma rimanevano a galla sulla cresta delle onde e camminavano tranquillamente; alcuni ci vennero anche incontro, salutandoci; ci raccontarono che erano in cammino, e piuttosto di fretta, alla volta di Sugherònia, la loro patria. Fino a un certo punto ci accompagnarono, correndo a fianco della nave, poi però si allontanarono dalla nostra rotta e, dopo averci augurato buon viaggio, se ne andarono per la loro strada.

adatt. da Luciano di Samosata, *Storie fantastiche*, trad. di M. Matteuzzi, Garzanti

Nel testo *fabula* e intreccio COINCIDONO perché NON C'È DIFFERENZ TRA L'ORDINE NELLA QUALE SONO STATI PRESENTATI

ALCUNCHÉ = NIENTE

Dev'essere un po' svampita, una che non c'è con la testa, pensava di lei il cameriere che ormai la conosceva. La ragazza arrivava al ristorante sempre alla stessa ora, cercava un posto appartato e se ne stava tranquilla e in silenzio con lo sguardo che vagava qua e là nella saletta, senza trattenere alcunché. Ma non aveva l'aria triste, per niente, anzi pareva star bene lì tutta sola per i fatti suoi. Quella sera sedette al solito posto, ordinò qualcosa, poi lentamente cominciò a mangiare.

da R. La Capria, *Incontri*, in *Fiori giapponesi*, Rizzoli

Nel testo *fabula* e intreccio NON COINCIDONO perché È IN ORDINE CRONOLOGICO, MA C'È UN ANALESSI

Sono venuta al mondo un martedì d'autunno del 1880, a San Francisco.

Nacqui di buon mattino, ma solo parecchio tempo dopo sono venuta a conoscenza dei particolari della mia nascita. I miei nonni materni mi accolsero con commozione – benché secondo diversi testimoni fossi una neonata orribile – e mi adagiarono sul petto di mia madre. Poi mio zio Lucky mi alitò sul viso per trasmettermi la buona sorte. Il metodo si è rivelato infallibile, dato che almeno in questi primi trent'anni di vita mi è andata bene.

adatt. da I. Allende, *Ritratto di seppia*, Feltrinelli

Nel testo *fabula* e intreccio COINCIDONO perché NON C'È DIFFERENZA TRA L'ORDINE DEI FATTI E L'ORDINE NEL QUALE SONO STATI PRESENTATI.

Tra mezz'ora arriveremo a Ellendale, dove ci fermeremo per la colazione. Poi il sole sarà più alto e farà meno freddo, ora il paesaggio è una meraviglia; nella luce obliqua dell'alba l'erba è luccicante di rugiada (o di brina?) e un po' brumosa. Le ombre allungate fanno sembrare il paesaggio meno piatto di ieri. Il mio orologio fa le sei e mezza. Il vecchio guanto che lo ricopre è ancora umido, dopo la doccia di ieri sera. Cari vecchi guanti malconci. Adesso il freddo li ha talmente irrigiditi che faccio fatica a muovere la mano.

da R.M. Pirsig, *Lo Zen e l'arte della motocicletta*, Adelphi

Nel testo *fabula* e intreccio NON COINCIDONO perché È IN ORDINE CRONOLOGICO, MA C'È UNA PROLESSI.

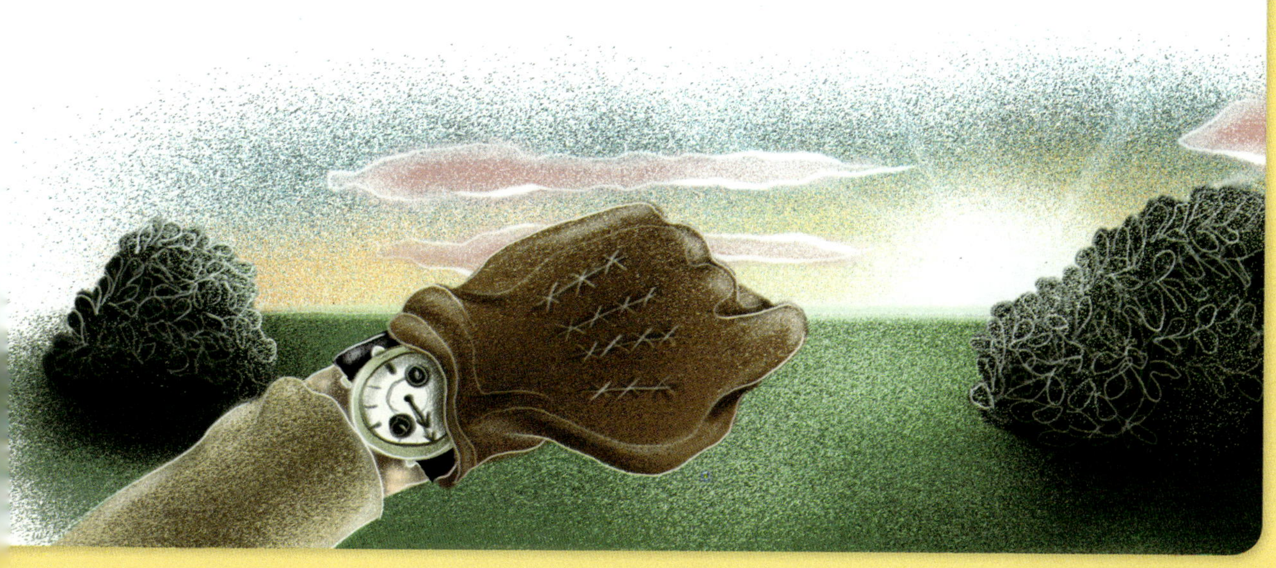

# Analessi e prolessi

Quale scopo ha costruire un testo non seguendo l'esatto ordine in cui si sono svolti i fatti? **Quando il testo narrativo è lungo e complesso, l'autore**, per rendere la narrazione più interessante per il lettore, **altera l'ordine cronologico**. In alcuni casi **avvia il racconto** non dall'inizio della vicenda, ma **quando essa è già incominciata**: in questo caso, dovrà, nel corso dello sviluppo della narrazione, inserire spiegazioni rispetto a quello che è accaduto prima, per rendere comprensibile a chi legge quello che sta avvenendo.
Talvolta **può iniziare dalla fine della vicenda** e ripercorrerla tutta a ritroso. In altri casi, può **anticipare avvenimenti futuri** o lo stesso finale, con vari espedienti narrativi.

Tutti questi scarti, queste deviazioni dall'ordine lineare e cronologico sono definiti **anacronie**. Le anacronie sono di due tipi.

- Quella che propone un movimento **verso il passato**, un ritorno a fatti precedenti, spesso per motivare certe situazioni, si chiama **analessi** (o ***flashback***). L'analessi, nei romanzi, può essere anche molto estesa e comprendere uno o più capitoli.
- L'anacronia che anticipa il **futuro** è detta **prolessi** (o ***flashforward***). Questo tipo di anacronia è meno frequente dell'analessi.

Leggi il testo di diario scritto da Elizabeth von Arnim, che hai già conosciuto nell'Unità. Dopo la guerra l'autrice ritorna in montagna, ricordando quando era stata lì con amici prima della Prima guerra mondiale.

L'ultima volta che sono stata qui il primo di agosto era il 1914. Era una giornata come oggi: tersa, calda, splendente di luce e di colori. Inconsapevoli, sereni e fiduciosi nella vita, trascorrevamo come di consueto la giornata in modo piacevole, occupati in letture, conversazioni, gite nei boschi e pasti romantici nel piccolo giardino sospeso come un ciuffo fiorito sul versante roccioso. [...] Intorno a noi soltanto pace. Un'agiatezza troppo radicata e profonda per ipotizzare che in futuro qualcosa avrebbe potuto turbarla. Ne sarebbero scaturiti dei dissidi, ma circoscritti. Ai tempi eravamo molto innocenti e fiduciosi. E così patetici, ripensandoci ora, che mi metterei a piangere.
Ma non voglio ripensarci. Il solo ricordo mi spinge a distogliermi con un senso di nausea, di sfinimento. Se non altro sono grata di essere nell'Ora e non nell'Allora. Questo primo di agosto presenta il grande vantaggio di avere alle spalle e non davanti tutto ciò che è venuto dopo quel primo di agosto. Se non altro in questo primo di agosto gran parte degli eccidi, della carneficina di giovani corpi e fulgide speranze, sono terminati. Il mondo è ancora orribile, ma nulla può essere più orribile dell'uccidere.

da E. von Arnim, *Uno chalet tutto per me*, Bollati Boringhieri

La sequenza dei fatti è stata modificata rispetto all'ordine cronologico naturale. Infatti l'autrice:
- scrive oggi, ma ricorda ciò che è accaduto anni prima (analessi).
- Poi si immedesima nel tempo passato e vede ciò che sarebbe accaduto dopo (prolessi).
- Infine dice di ritenere meglio essere nell'Ora (nel tempo presente) invece che nell'Allora (cioè nel passato), ritornando di nuovo al presente da cui vede il passato.

I salti temporali, in poche righe, sono molti e servono in modo chiaro a movimentare la narrazione. Questo procedimento rende la narrazione più vivace, interessante e avvincente per il lettore ma richiede un'attenzione particolare verso le regole (studiate l'anno scorso) di coerenza e coesione oltre all'uso corretto dei connettivi, specialmente quelli temporali.

## L'ORDINE LOGICO

**La narrazione si costruisce:**
- **partendo dalla necessità di informare il lettore per aiutarlo a comprendere meglio**
- **non sempre rispettando l'ordine cronologico**



scheda

# I connettivi

Lo scorso anno abbiamo visto come in un testo ben costruito devono essere rispettati i principi della coerenza e della coesione. Per rafforzare l'importanza dei connettivi, in relazione all'introduzione di analessi e prolessi, ti proponiamo qui di seguito una tabella sui connettivi che servono appunto per cucire il testo in modo tale da assicurare l'obbedienza ai principi di coerenza e coesione.

| FUNZIONE | CONNETTIVO |
|---|---|
| Temporale | • Intanto, frattanto, nel frattempo, contemporaneamente, nello stesso istante, nello stesso tempo, a quel punto, a questo punto...<br>• poi, dopo ciò, più tardi, un giorno dopo, in seguito, l'indomani, un anno dopo, dopo molti anni...<br>• prima, un tempo, una volta, in precedenza...<br>• improvvisamente, tutto a un tratto, inopinatamente, inaspettatamente, ecco che... |
| Spaziale | • vicino... lontano<br>• qui, là, nello stesso luogo...<br>• dentro, fuori, oltre...<br>• sopra... sotto...<br>• in mezzo... al di fuori... |
| Copulativa (per proseguire un discorso) | E, inoltre, allora, e poi, e così, quindi, dunque, di conseguenza, infatti... |
| Avversativa | Ma, invece, tuttavia, però |
| Causale ed esplicativa | Perché, poiché, siccome, infatti, di fatti, del resto, cioè... |
| Conclusiva | Infine, insomma, alla fine, in conclusione... |

IMPARIAMO A...

# Lavorare su analessi e prolessi

**1 Leggi la trama di *Ivanhoe*, famoso romanzo di Walter Scott e rispondi alle domande.**

Il protagonista del romanzo è Ivanhoe, figlio del nobile sassone Cedric: egli ama lady Rowena e anche lei lo ama. Il padre di Ivanhoe, che è tutore della fanciulla, la vuole dare in sposa al nobile Athelstane, per ricongiungere le loro potenti famiglie e riportare la comune stirpe sassone al trono. Per raggiungere questo obiettivo Cedric è costretto ad allontanare di casa il figlio, che si unisce ai Crociati di Riccardo Cuor di Leone. Durante l'assenza del re Riccardo, il fratello Giovanni si impadronisce del trono, tiranneggiando la popolazione.
La vicenda narrata nel romanzo si svolge al ritorno in patria dell'esercito crociato; e vede Ivanhoe e Riccardo Cuor di Leone impegnati nella riconquista l'uno di Rowena e dell'eredità paterna, l'altro del trono. Dalla parte del principe Giovanni sono schierati i nobili normanni con a capo Brian de Bois-Guilbert, che appartiene ai Templari, un ordine di cavalieri istituito per la difesa del Santo Sepolcro e del Tempio di Gerusalemme. I nobili normanni faranno prigionieri Ivanhoe, Rowena, Cedric, Athelstane e altri personaggi minori. Essi saranno poi liberati da re Riccardo Cuor di Leone che riuscirà a riconquistare il trono. Ivanhoe e Rowena potranno finalmente sposarsi.

- Se la vicenda narrata dal romanzo inizia con il ritorno in patria dell'esercito crociato, ciò che viene detto nel primo paragrafo del testo, da *Il protagonista del romanzo è.... a tiranneggiando la popolazione* è un'analessi o una prolessi?
- Inventa una **prolessi**: per esempio una profezia fatta a Ivanhoe, mentre era in Terra Santa, sulla possibilità di sposare lady Rowena. Se segui il nostro esempio, puoi servirti dello schema che segue.
- Inventa un'**analessi**: per esempio un ricordo di Rowena al momento delle nozze, di un momento in cui aveva sperato di poter sposare Ivanhoe, nonostante tutte le circostanze fossero contrarie, mentre era da sola ad aspettare il suo ritorno dalla guerra. Se segui il nostro esempio, puoi servirti dello schema che segue.

Il protagonista del romanzo è Ivanhoe, figlio del nobile sassone Cedric: egli ama lady Rowena e anche lei lo ama. Il padre di Ivanhoe, che è tutore della fanciulla, la vuole dare in sposa al nobile Athelstane, per ricongiungere le loro potenti famiglie e riportare la comune stirpe sassone al trono. Per raggiungere questo obiettivo Cedric è costretto ad allontanare di casa il figlio, che si unisce ai Crociati di Riccardo Cuor di Leone. Durante l'assenza del re Riccardo, il fratello Giovanni si impadronisce del trono, tiranneggiando la popolazione.

Mentre Ivanhoe era in Terra Santa... (*inserisci la prolessi*)

.............................................................................................................

.............................................................................................................

.............................................................................................................

La vicenda narrata nel romanzo si svolge al ritorno in patria dell'esercito crociato; e vede Ivanhoe e Riccardo Cuor di Leone impegnati nella riconquista l'uno di Rowena e dell'eredità paterna, l'altro del trono. Dalla parte del principe Giovanni sono schierati i nobili normanni con a capo Brian de Bois-Guilbert, che appartiene ai Templari, un ordine di cavalieri istituito per la difesa del Santo Sepolcro e del Tempio di Gerusalemme. I nobili normanni faranno prigionieri Ivanhoe, Rowena, Cedric, Athelstane e altri personaggi minori. Essi saranno poi liberati da re Riccardo Cuor di Leone che riuscirà a riconquistare il trono. Ivanhoe e Rowena potranno finalmente sposarsi. In quel momento l'autore descrive un ricordo di Rowena; molto tempo prima... (*inserisci l'analessi*)

..........................................................................................................................................................

..........................................................................................................................................................

..........................................................................................................................................................

**2** **Leggi la trama di questo romanzo; si tratta de *L'isola del tesoro* di R.L. Stevenson. Dopo la lettura esegui queste tre operazioni:**

- inserisci un'analessi e una prolessi;
- riscrivi l'intera trama a partire dal fondo, dal momento in cui il tesoro è recuperato e l'avventura sta per terminare.

L'azione si svolge in un piccolo porto inglese del Settecento. La pittoresca e misteriosa locanda *Ammiraglio Bembow* ospita un vecchio marinaio di nome Billy Bones, che affascina e incuriosisce il giovane Jim Hawkins, figlio della locandiera. Un giorno Billy riceve da un cieco la "macchia nera", il terribile preavviso di morte tra i pirati. Il giorno dopo il vecchio marinaio muore improvvisamente di attacco cardiaco. Riordinandone i pochi averi chiusi in un baule, Jim e la madre scoprono la mappa marittima sulla quale il vecchio aveva indicato un'isola scelta dai pirati suoi compagni per nascondervi un favoloso tesoro, il bottino raccolto in anni e anni di scorrerie dalla banda del capitano Flint. Jim, il dottor Livesey (medico del paesino) e il nobile Trelawney decidono di cercare di recuperare il tesoro. Frattanto i superstiti della banda di Flint attaccano la locanda alla ricerca della mappa: invano perché nel frattempo Jim e i suoi amici sono già partiti. Essi noleggiano la nave *Hispaniola* e mettono insieme un equipaggio adatto alla difficile e rischiosa impresa. Ma tra gli arruolati si infila anche il losco John Silver con alcuni compagni: si tratta degli stessi pirati di Flint che avevano attaccato la locanda alla ricerca delle carte di Bones. La spedizione parte; l'equipaggio dell'*Hispaniola* vive molte avventure. Infine la nave raggiunge l'isola, dove hanno inizio le lotte accanite fra i due gruppi per impossessarsi del tesoro. A Jim e ai suoi si unisce anche il povero Ben Gunn, un pirata abbandonato sull'isola da Flint e dalla sua banda. Dopo molti colpi di scena, il tesoro è ricuperato, i pirati sono sconfitti, Silver scompare e Jim, Livesey e Trelawney fanno ritorno vittoriosi in patria.

# Tecniche per riassumere

## Riassumere partendo dall'intreccio

Il lavoro sulla distinzione tra *fabula* e intreccio permette di approfondire anche una tecnica di scrittura, quella del **riassunto**. Riprendiamo quanto abbiamo già detto lo scorso anno. Ricordi come si fa il riassunto di un testo?

- Per prima cosa **dividi** il testo in **sequenze**;
- poi attribuisci un **titolo** a ogni sequenza;
- infine **rielabora i titoli** attribuiti alle sequenze, trasformando se occorre i **discorsi diretti in discorsi indiretti**;
- **le sequenze descrittive possono essere cancellate** o ridotte al minimo indispensabile per la comprensione.

Se devi riassumere un testo narrativo partendo dall'intreccio, seguirai esattamente l'ordine della narrazione che ha scelto l'autore: **se l'autore ha introdotto dei salti temporali, il riassunto li riporterà fedelmente**.

## Riassumere partendo dalla *fabula*

Si può anche riassumere un racconto seguendo la *fabula* (e questo richiede abilità decisamente maggiori). In questo caso, la prima cosa che occorre fare è **ricostruire la *fabula* riordinando l'intreccio secondo un ordine cronologico o logico**.
Per farlo, puoi **dividere il testo in sequenze** e successivamente **numerarle** partendo dalla sequenza che viene per prima (nel tempo o nella logica del testo), fino ad arrivare a quella che viene per ultima.

La tecnica del riassunto sarà, ovviamente, la stessa, ma bisognerà che tu faccia molta attenzione alla **scelta** e all'**uso dei connettivi temporali**, dal momento che stai ricostruendo un ordine che è "nascosto" nell'intreccio degli avvenimenti narrati.

## IMPARIAMO A...

# Riassumere a partire dall'intreccio o dalla *fabula*

(1) **Leggi il testo che segue e svolgi le operazioni che sono elencate in chiusura.**

– Voi conoscete già la mia vita per metà, cioè sapete che vivo con una vecchia nonna... – disse Nasten'ka.

– Se l'altra metà è altrettanto breve quanto questa... – l'interruppi con una risata.

– Tacete e ascoltate. Prima di tutto facciamo un patto: non mi interrompete, altrimenti perderò il filo. Ascoltatemi dunque con calma. Vivo con una vecchia nonna. Arrivai da lei molto piccola, dopo la morte di mia madre e di mio padre. Bisogna pensare che la nonna una volta doveva essere stata più agiata, perché anche ora ricorda giorni migliori. Mi insegnò il francese e in seguito prese un insegnante per me. Quando compii quindici anni (ora ne ho diciassette) smisi di studiare. Ecco, in quel periodo feci qualche birichinata, che non vi starò a raccontare, vi basti sapere che si trattava di una cosa insignificante. La mattina invece la nonna mi chiamò e mi disse che, vista la sua cecità, non era più in grado di sorvegliarmi; prese uno spillo e attaccò il mio vestito al suo e mi rivelò che saremmo rimaste così per tutta la vita, nel caso io non fossi diventata migliore. In una parola, nei primi tempi non potei allontanarmi in nessun modo: lavoravo, leggevo, studiavo, ma sempre attaccata alla nonna. Una volta tentai un'astuzia e convinsi Fëkla a sedersi al mio posto. Fëkla è la nostra domestica ed è sorda. Lei si sedette al mio posto; la nonna a quell'ora si era addormentata nella poltrona e io andai a fare una visita ad un'amica, non lontano. Ma tutto finì male: la nonna si svegliò durante la mia assenza e chiese qualcosa, pensando che io fossi seduta tranquilla al solito posto. Fëkla si rendeva conto che la nonna le chiedeva qualcosa, ma non riusciva a capire che cosa le dicesse, rifletté sul da farsi, poi staccò lo spillo e si allontanò di corsa... Qui Nasten'ka si fermò, scoppiando in una risata. Anch'io risi insieme a lei. Allora lei smise subito di ridere.

Sentite, non ridete della nonna. Io rido perché tutto è così buffo... Che fare se la nonna è proprio così, e solo io le voglio un po' di bene?

Allora la nonna se la prese con me: dovetti subito sedermi al mio posto e, addio, non potei più muovermi.

da F. Dostoevskij, *Le notti bianche*, Einaudi

- Sottolinea le parti che si svolgono al tempo in cui l'autore situa il racconto (non prima, non dopo).
- Evidenzia con colori differenti le parti che si svolgono prima del tempo del racconto e dopo il tempo del racconto.
- Esegui il riassunto secondo l'intreccio.
- Esegui il riassunto secondo la *fabula*.

**2 Riassumi secondo la *fabula* il testo che segue. Il testo è tratto da un romanzo di Paul Auster e racconta la trama di un film muto, o meglio della prima parte del film. Per introdurti al passo, ti segnaliamo che il titolo del film è *Il signor Nessuno* ed è interpretato da un attore che si chiama Hector Mann.**

È la prima e unica volta che Hector si presenta nei panni di un ricco. Nel *Signor Nessuno* possiede tutto quello che un uomo può desiderare: una bella moglie, due bambini e una casa enorme con uno stuolo di servitori. Nella scena iniziale, Hector sta facendo colazione con la famiglia. Ci sono alcuni vivaci spunti farseschi che partono dall'imburramento del pane tostato e da una vespa che si posa dentro un barattolo di marmellata, ma il fine narrativo della scena è mostrare un idillio felice. Veniamo preparati alle perdite che stanno per verificarsi, e senza questo quadretto della vita privata di Hector (matrimonio perfetto, figli perfetti, armonia famigliare nella forma più sinfonica), la tragedia incombente su di lui non avrebbe lo stesso impatto. Di conseguenza quello che accadrà a Hector sarà per noi un trauma. Ecco, saluta con un bacio la moglie, e nel momento in cui le volta le spalle ed esce di casa, va a tuffarsi a capofitto in un incubo.

Hector è il fondatore e presidente di una prospera azienda di bevande analcoliche, la Fizz Pop Beverage Corporation. Chase è il suo migliore amico. Ma Chase ha accumulato gravi debiti di gioco, e gli strozzini gli stanno alle costole perché paghi loro il dovuto, altrimenti... Quando Hector arriva in ufficio quel mattino e saluta i suoi collaboratori, Chase è a colloquio in un'altra stanza con due tipi dall'aria poco raccomandabile. Non preoccupatevi, dice. Avrete i vostri soldi per la fine della settimana. Entro allora controllerò tutta l'azienda, il cui patrimonio vale milioni. I due bruti acconsentono a concedergli ancor una proroga. Ma questa, aggiungono è la sua ultima possibilità. Ulteriori ritardi e si ritroverà a nuotare fra i pesci in fondo al fiume. I malviventi escono a grandi passi. Chase si asciuga il sudore dalla fronte e fa un lungo sospiro. Poi prende una lettera dal primo cassetto della scrivania. La esamina un momento e appare molto goduto.

Con una smorfia maligna la ripiega e se la infila nella tasca interna della giacca. È chiaro che la macchinazione si è messa in moto, ma non abbiamo ancora idea di dove condurrà.
Taglio sull'ufficio di Hector. Chase entra con qualcosa che sembra un grosso thermos, e chiede a Hector se vuole assaggiare un nuovo gusto. Come si chiama? Chiede Hector. Jazzmatazz, risponde Chase, e Hector fa un cenno di approvazione, colpito dal suono accattivante della parola. Senza sospettare niente, Hector permette a Chase di versargli una generosa dose del nuovo preparato. Quando Hector prende il bicchiere, Chase continua a guardare con un lampo dell'occhio ultravigile, nell'attesa che la bevanda avvelenata faccia effetto. Hector si porta il bicchiere alle labbra e ne beve un sorso scarso, titubante. Ecco che il naso si arriccia insoddisfatto; sgrana gli occhi, il baffo vibra. Il registro è assolutamente comico, e tuttavia mentre Chase lo esorta a un assaggio più deciso, e Hector avvicina il bicchiere alle labbra per una seconda bevuta, le implicanze sinistre di Jazzmatazz appaiono sempre più palesi. Hector trangugia un altro po' di bibita. Fa schioccare le labbra, sorride a Chase, ma poi scuote la testa, come a dire che il sapore non è del tutto indovinato. Ignorando le critiche del capo, Chase abbassa lo sguardo sull'orologio, allarga le dita della mano destra e comincia a piegarle, contando i secondi, da uno a cinque. Hector è esterrefatto. Ma prima che possa aprir bocca Chase è arrivato al quinto e ultimo secondo e di colpo, senza alcun preavviso, Hector cade in avanti sulla sedia sbattendo la testa contro il piano della scrivania. Pensiamo che l'intruglio lo abbia steso, che abbia momentaneamente perso i sensi, ma mentre Chase sta lì, in piedi, a guardarlo con occhi spietati e inespressivi, Hector comincia a scomparire. Le prime ad andarsene sono le braccia, che svaniscano pian piano dallo schermo e non ci sono più, poi il busto e per ultima la testa. Una parte di lui va dietro all'altra, finché tutto il suo corpo si è dissolto nel nulla. Chase esce dalla stanza e si chiude la porta alle spalle, fermandosi nel corridoio ad assaporare il trionfo. Appoggia la schiena alla porta e sorride. Una didascalia dice: *Addio, Hector. È stato un piacere conoscerti.*

da P. Auster, *Il libro delle illusioni*, Einaudi

**3 Riassumi secondo la *fabula* o secondo l'intreccio i seguenti testi tratti dall'Unità precedente:**

- *Le vacanze in montagna*, p. 76
- *Diario di un cinese in Italia*, p. 81
- *In fuga*, pagine digitali
- *La fuga da Rimini*, pagine digitali

# Riassumere per cancellazione

**Riassumere**, come sai, significa narrare in breve e **richiede** da parte del lettore **la chiara comprensione di quali siano le informazioni importanti per la comprensione** di un racconto **e quali**, invece, possano **essere tralasciate** senza che la loro assenza renda impossibile comprendere la trama di un testo.

Un'ulteriore tecnica del riassunto, oltre a quelle che già conosci, è quella **per cancellazione**. Per compierla si procede eliminando dal testo tutte quelle parti non essenziali alla sua comprensione. Perciò:

- **dividi** il testo **in sequenze;**
- **leggi** con attenzione ogni sequenza e **cancella le parti che non sono necessarie alla comprensione del testo;**
- rileggi quel che rimane e **fai i cambiamenti** che reputi **importanti per la comprensione della storia;**
- **usa i connettivi** che leghino ogni parte in modo logico.

Leggi con attenzione lo schema che segue.

| Criteri utili per eseguire la cancellazione | Testo integro | Operazioni di cancellazione | Testo riassunto |
|---|---|---|---|
| | **Teledipendenza** | **Teledipendenza** | **Teledipendenza** |
| • **Leggi** il testo con attenzione<br>• Cogli l'**idea di fondo**, il messaggio che l'autore vuol trasmettere<br>• Opera la cancellazione in modo da **eliminare solo ciò che non è indispensabile** per la comprensione del messaggio<br>• Trasforma i **discorsi diretti in discorsi indiretti** | Allo zoo tutti gli animali, chiusi nelle gabbie, piangevano la libertà.<br>Camminavano incessantemente su e giù per la gabbia, annusavano ovunque cercando un'apertura per fuggire, alcuni addirittura deperivano, perdevano il pelo e l'appetito e si accovacciavano intristiti, senza più muoversi.<br>Il direttore dello zoo ebbe un'idea. Che cosa fece? Li liberò? No, fece installare in ogni gabbia una televisione che trasmetteva programmi realizzati proprio per loro. | Allo zoo tutti gli animali, chiusi nelle gabbie, piangevano la libertà.<br>~~Camminavano incessantemente su e giù per la gabbia, annusavano ovunque cercando un'apertura per fuggire,~~ alcuni addirittura deperivano, perdevano il pelo e l'appetito ~~e si accovacciavano intristiti, senza più muoversi.~~<br>Il direttore dello zoo ebbe un'idea. ~~Che cosa fece? Li liberò? No,~~ fece installare in ogni gabbia una televisione che trasmetteva programmi realizzati proprio per loro. | Allo zoo tutti gli animali, chiusi nelle gabbie, piangevano per la libertà. Alcuni addirittura deperivano e perdevano il pelo e l'appetito. Il direttore dello zoo ebbe un'idea: fece installare in ogni gabbia una televisione che trasmetteva programmi realizzati proprio per loro. Da quel momento la vita cambiò: tutti gli animali cominciarono a seguire le trasmissioni con interesse e trascorrevano la giornata davanti al video. |

| Criteri utili per eseguire la cancellazione | Testo integro | Operazioni di cancellazione | Testo riassunto |
|---|---|---|---|
| | Da quel momento la vita cambiò: tutti gli animali, senza più lamentarsi, cominciarono a seguire le trasmissioni con interesse. Erano documentari sulle savane, le giungle e i deserti da cui provenivano, e a tutti sembrava di viverci di nuovo.<br>Naturalmente le trasmissioni avevano effetti diversi: per antilopi e zebre i documentari sui leoni erano i film del terrore; per i leoni, quelli su antilopi e zebre erano "programmi aperitivi". Insomma, tutti erano interessati ai programmi e trascorrevano la giornata davanti al video. Il direttore volle fare di più: ideò degli sceneggiati che ebbero un enorme successo. Si intitolavano: "Come ingannare il cacciatore","Il giorno che mi mangiai il domatore", e altri ancora. Gli animali, sognando a occhi aperti, si immedesimavano nei protagonisti, battevano le zampe, facevano il tifo.<br>Per perfezionare la sua idea, il direttore commissionò una nuova serie di telefilm dal titolo "Com'è bello vivere in gabbia", nei quali si magnificava la bellezza della vita nello zoo, e quanto faceva bene alla salute, alla sicurezza e alla libertà. A vederli, gli animali si commuovevano addirittura: - Eh, sì - dicevano siamo proprio fortunati a vivere in gabbia...<br>Marcello Argilli | Da quel momento la vita cambiò: tutti gli animali, ~~senza più lamentarsi~~, cominciarono a seguire le trasmissioni con interesse. ~~Erano documentari sulle savane, le giungle e i deserti da cui provenivano, e a tutti sembrava di viverci di nuovo.~~ ~~Naturalmente le trasmissioni avevano effetti diversi: per antilopi e zebre i documentari sui leoni erano i film del terrore; per i leoni, quelli su antilopi e zebre erano "programmi aperitivi". Insomma, tutti erano interessati ai programmi~~ e trascorrevano la giornata davanti al video. ~~Il direttore volle fare di più: ideò degli sceneggiati che ebbero un enorme successo. Si intitolavano: "Come ingannare il cacciatore","Il giorno che mi mangiai il domatore", e altri ancora. Gli animali, sognando a occhi aperti, si immedesimarono nei protagonisti, battevano le zampe, facevano il tifo.~~<br>Per perfezionare la sua idea, il direttore commissionò una nuova serie di telefilm dal titolo "Com'è bello vivere in gabbia", nei quali si magnificava la bellezza della vita nello zoo, e quanto faceva bene alla salute, alla sicurezza e alla libertà. A vederli, gli animali si commuovevano e dicevano di essere davvero fortunati a vivere in gabbia. | Per perfezionare la sua idea, il direttore commissionò una nuova serie di telefilm dal titolo "Com'è bello vivere in gabbia", nei quali si magnificava la bellezza della vita nello zoo, e quanto faceva bene alla salute. alla sicurezza e alla libertà. A vederli, gli animali si commuovevano addirittura: - Eh, sì - dicevano siamo proprio fortunati a vivere in gabbia... |

IMPARIAMO A...

# Riassumere con la tecnica della cancellazione

**1** **Leggi il testo che segue tratto dal libro di Stevenson, *L'isola del tesoro*, di cui raccontiamo la trama a p. 147. Riassumilo secondo la tecnica della cancellazione, eliminando anche i discorsi diretti e scrivi sul quaderno il testo risultante. Il lavoro è avviato.**

Eravamo entrati nella zona degli alisei[1] per prendere il vento dell'isola che dovevamo raggiungere (non mi è concesso di spiegarmi meglio) e correvamo verso di essa facendo buona guardia giorno e notte. Era all'incirca l'ultimo giorno del nostro viaggio di andata, volendo fare il computo più largo; durante la notte, o al più tardi l'indomani mattina, avremmo dovuto avvistare l'Isola del Tesoro. Navigavamo con la prua[2] a Sud-Sud-Ovest con una brezza costante di traverso e mare spianato. L'*Hispaniola* rullava regolarmente, abbassando di tanto in tanto il bompresso[3] con una sbuffata di spruzzi. Tutte quante le vele, in alto e in basso, portavano; e poiché la fine della prima parte della nostra spedizione era così vicina, eravamo tutti di ottimo umore.

Era appena tramontato il sole e io, smesso di lavorare, mi dirigevo verso la mia cuccetta, quando mi prese voglia d'una mela. Corsi in coperta. I marinai tutti a prua spiavano l'apparire dell'isola. Il timoniere stava attento alle vele e intanto fischiettava dolcemente. A parte il fruscio dell'acqua contro il tagliamare e i fianchi della nave, era questo l'unico suono che si udisse.

Con tutto il corpo entrai nel barile, e trovai che di mele non ve n'era quasi più; ma stando lì dentro al buio, cullato dal rullio della barca e dal mormorio dell'acqua, mi sarei presto addormentato se qualcuno dalla pesante corporatura non fosse venuto a sedersi rumorosamente lì contro. Il

~~Eravamo entrati nella zona degli alisei[1] per prendere il vento dell'isola che dovevamo raggiungere (non mi è concesso di spiegarmi meglio) e correvamo verso di essa facendo buona guardia giorno e notte.~~ Era all'incirca l'ultimo giorno del nostro viaggio di andata, ~~volendo fare il computo più largo;~~ durante la notte, o al più tardi l'indomani mattina, avremmo dovuto avvistare l'Isola del Tesoro. Navigavamo con la prua[2] a Sud-Sud-Ovest con una brezza costante di traverso e mare spianato. L'*Hispaniola* rullava regolarmente, abbassando di tanto in tanto il bompresso[3] con una sbuffata di spruzzi. Tutte quante le vele, in alto e in basso, portavano; e poiché la fine della prima parte della nostra spedizione era così vicina, eravamo tutti di ottimo umore.

Era appena tramontato il sole e io, smesso di lavorare, mi dirigevo verso la mia cuccetta, quando mi prese voglia d'una mela. Corsi in coperta. I marinai tutti a prua spiavano l'apparire dell'isola. Il timoniere stava attento alle vele e intanto fischiettava dolcemente. A parte il fruscio dell'acqua contro il tagliamare e i fianchi della nave, era questo l'unico suono che si udisse.

Con tutto il corpo entrai nel barile, e trovai che di mele non ve n'era quasi più; ma stando lì dentro al buio, cullato dal rullio della barca e dal mormorio dell'acqua, mi sarei presto addormentato se qualcuno dalla pesante corporatura non fosse venuto a sedersi rumorosamente lì contro. Il

barile ebbe una scossa mentre egli vi urtò con le spalle, e io stavo per saltar fuori, quando costui incominciò a parlare. Era la voce di Silver; e mi bastò udire dieci parole, che per tutto l'oro del mondo non sarei più uscito; e rimasi lì, tutto tremante, in ascolto, preso tra curiosità e spavento; poiché da quelle poche parole avevo capito che la vita di tutti i galantuomini a bordo dipendeva unicamente da me. [...]
– Dick! Aggiunse poi interrompendosi – alzati, da bravo, e prendimi una mela, che possa inumidirmi la gola.
Potete immaginare il mio terrore. Sarei balzato fuori e scappato via se ne avessi trovato la forza: ma cuore e muscoli mi mancarono. Sentii Dick muoversi: ma qualcuno parve trattenerlo. E la voce di Hands esclamò: – Lascia stare, John, quella roba che puzza di sentina[4]. Beviamo piuttosto un sorso di rum!

da R.L. Stevenson, *L'isola del tesoro*, Einaudi

barile ebbe una scossa mentre egli vi urtò con le spalle, e io stavo per saltar fuori, quando costui incominciò a parlare. Era la voce di Silver; e mi bastò udire dieci parole, che per tutto l'oro del mondo non sarei più uscito; e rimasi lì, tutto tremante, in ascolto, preso tra curiosità e spavento; poiché da quelle poche parole avevo capito che la vita di tutti i galantuomini a bordo dipendeva unicamente da me. [...]
– Dick! Aggiunse poi interrompendosi – alzati, da bravo, e prendimi una mela, che possa inumidirmi la gola.
Potete immaginare il mio terrore. Sarei balzato fuori e scappato via se ne avessi trovato la forza: ma cuore e muscoli mi mancar ono. Sentii Dick muoversi: ma qualcuno parve trattenerlo. E la voce di Hands esclamò: – Lascia stare, John, quella roba che puzza di sentina[4]. Beviamo piuttosto un sorso di rum!

**1 alisei**: venti che soffiano regolari per direzione e intensità.

**2 prua**: è la parte anteriore dello scafo di una nave.

**3 bompresso**: è un albero montato sulla prua nelle navi a vela.

**4 sentina**: è la parte posta più in basso nello scafo di una nave, dove si raccolgono gli scoli e le infiltrazioni d'acqua.

**2** **Scegli due tra i testi seguenti e riassumili secondo la tecnica della cancellazione.**


- *Una pagina per dare voce ai pensieri*, p. 103
- *La ritirata*, da "*Quando dobbiamo muoverci?*" a "*Andate e arrivederci*", pp. 71-72
- *Diario di un cinese in Italia*, p. 81
- *Lettera a Luisotta*, p. 89

# 3 IL GENERE Fantasy

## Traguardi di competenza

- Riconoscere i caratteri propri del genere fantasy, una narrazione estesa e complessa in cui sono presenti l'elemento magico e quello eroico
- Utilizzare il lessico adatto per definire gli elementi centrali di una storia fantasy: l'opposizione tra Bene e Male, il ruolo della magia, la costruzione fantastica di luoghi e tempi
- Riconoscere, attraverso il confronto, le forme proprie della storia fantasy in testi cinematografici
- Scegliere una lettura integrale in cui sono presenti i caratteri del genere, portarla a termine ed elaborare un giudizio partecipato e discusso con i compagni
- Scrivere alcune parti caratteristiche di una storia fantasy

## Obiettivi di apprendimento

- Leggere, comprendere, ricavare informazioni, interpretare una storia fantasy
- Riconoscere il modello narrativo di un romanzo fantasy, con una situazione iniziale che descrive lo spazio e il tempo fantastici in cui si svolge la storia; un avvio della vicenda in cui il Bene è minacciato dal Male; lo sviluppo della storia in cui gli eroi del Bene e del Male si confrontano con l'aiuto della magia; la conclusione che riporta la preminenza del Bene
- Narrare un episodio di fantasy secondo la *fabula* e secondo l'intreccio
- Ascoltare un testo fantasy e riconoscere le informazioni fondamentali contenute in esso

## Contenuti

- Nelle storie fantasy combattono eroi eccezionali per la loro forza fisica, ma più ancora per il loro animo, che è capace di capire con profondità la realtà e di realizzare libertà, giustizia, bene comune, agendo in modo disinteressato; anche gli eroi negativi hanno una loro grandezza, ma rivolta al Male e alla sua attuazione, cercando il potere, la prevaricazione, la sottomissione dei più deboli
- Il quadro di riferimento per queste storie è quello della fantasia, nel quale però si collocano riflessioni utili per vivere nel mondo reale e comprendere più a fondo che il Bene è importante e il Male va combattuto, essendo un ostacolo pericoloso e potente che impedisce di vivere secondo giustizia

# Che cos'è il fantasy?

Il fantasy è un **genere** che potremmo definire **misto**, in quanto nasce dall'incrocio di tradizioni letterarie molto antiche, come il **mito** e l'**epica cavalleresca** medievale, combinate con l'**avventura**, la **fiaba** e alcune forme di racconti dell'Ottocento, in cui prevaleva un'**ambientazione cupa e tenebrosa**. Per capirne di più, leggiamo il primo testo.

## Il Mostro della Palude di Terry Brooks

leggere scrivere

TESTO NARRATIVO

1 2 3 livello di difficoltà

***La Spada di Shannara*** **è il primo romanzo di una fortunata serie pubblicata da uno dei più celebri scrittori statunitensi di fantasy, Terry Brooks. Shannara è una stirpe reale elfica (gli elfi sono esseri di fantasia, originari della mitologia nordica, recuperati in molte opere legate al fantasy). L'ultimo discendente di questa stirpe è Shea Ohmsford, che parte alla ricerca della Spada di Shannara, un'arma magica, l'unica in grado di sconfiggere il potente e malvagio Signore degli Inganni. Una delle caratteristiche peculiari dell'opera di Brooks è che l'ambientazione della vicenda è sulla Terra, in un'imprecisata epoca futura, dopo guerre terrificanti che hanno sconvolto la vita del nostro pianeta. Qui vediamo Shea che, in compagnia del fratello Flick e dell'amico Menion, durante una marcia alla ricerca della Spada affronta un temibile e imprevisto nemico.**

Camminavano forse da un'ora quando Shea per primo avvertì qualcosa di inquietante; una sensazione apparentemente inspiegabile lo afferrò gradualmente finché ogni suo senso fu **all'erta**, nel tentativo di scoprirne l'origine. Camminando in silenzio fra gli altri due, ascoltava intensamente, scrutando prima fra le querce, poi girandosi verso l'acquitrino[1]. Infine concluse con agghiacciante certezza che non erano soli... là fuori, nell'invisibile mondo circostante, perso nella nebbia, era in agguato qualcuno, in grado di scorgerli. Per un breve istante il giovane ne provò un tale terrore che non seppe parlare, né fare un gesto. Muoveva un passo dietro l'altro meccanicamente, la mente paralizzata in attesa che l'indescrivibile accadesse. Ma infine, con uno sforzo supremo, calmò i suoi pensieri disordinati e fece bruscamente fermare gli altri due.

Menion si guardò intorno allibito[2] e fece per parlare, ma Shea lo mise a tacere con un dito sulle labbra, indicando la Palude. Flick già guardava cautamente in quella direzione, il suo sesto senso messo in allarme dalla paura del fratello. Per lunghi istanti rimasero immobili, gli occhi e le orecchie concentrati sulla nebbia che ondeggiava indolente[3]. Il silenzio li opprimeva.

**All'erta**
L'espressione deriva dall'antico linguaggio militare: l'erta è una salita in forte pendenza, per raggiungere un luogo sopraelevato da cui controllare l'arrivo dei nemici. Per questo "*stare all'erta*" significa "*stare in guardia*".

1 **acquitrino**: palude.
2 **allibito**: totalmente sorpreso, sconvolto.
3 **indolente**: lenta e pigra.

– Forse ti sei sbagliato – sussurrò infine Menion, allentando la vigilanza. – Talvolta, quando si è tanto stanchi, è facile avere allucinazioni.
Shea scosse la testa in segno di diniego[4] e guardò Flick.
– Non saprei dire – ammise l'altro. – Mi è sembrato di avvertire qualcosa...
– Il Mostro della Palude? – lo rimproverò scherzosamente Menion.
– Forse hai ragione – si affrettò a interromperli Shea. – Sono stanco e chissà che cosa potrei immaginare. Andiamo avanti e allontaniamoci da questo posto.
Ripresero così la marcia, ma per qualche minuto rimasero all'erta, in attesa di un segno inconsueto. Poiché non accadde nulla, si abbandonarono ad altri pensieri.
Shea era appena riuscito a convincersi di essersi sbagliato, di essere caduto vittima della sua immaginazione, quando Flick gridò.
Immediatamente, Shea sentì uno strattone alla corda che li legava insieme e che cominciò a trascinarli verso il mortale acquitrino. Perse l'equilibrio e cadde. Per un istante fulmineo, gli parve di scorgere il corpo del fratello sospeso in aria, qualche metro sopra la Palude, la corda sempre legata alla vita. L'istante successivo, sentì il gelo dell'acquitrino afferrarlo alle gambe.
Si sarebbero persi tutti senza i rapidi riflessi del principe di Leah[5]. Al primo strattone della corda, egli si era istintivamente afferrato all'unico appiglio che gli consentisse di tenersi in piedi, un'enorme quercia mezzo affondata, il tronco immerso nel terreno molle al punto che i rami superiori erano a portata di mano; Menion si aggrappò al ramo più vicino e con l'altro afferrò la corda che gli cingeva la vita cercando di tirarla a sé. Shea, ora affondato fino alle ginocchia nella melma, sentì la corda irrigidirsi all'estremità di Menion e cercò di ritrovare l'equilibrio per essere di aiuto. Flick urlava nell'oscurità sopra la Palude e Menion e Shea lo rincuoravano. Improvvisamente, il tratto di corda fra Flick e Shea si allentò e dalla grigia caligine[6] emerse la sagoma robusta di Flick Ohmsford che si dibatteva[7], sospeso sopra la distesa acquea, mentre qualcosa lo afferrava alla vita, una specie di tentacolo verdastro ricoperto di alghe. Nella destra Flick teneva il lungo pugnale d'argento, che scintillava minaccioso mentre menava fendenti[8] alla cosa che lo afferrava. Shea tirava forte la corda che li teneva uniti, cercando di aiutare il fratello a liberarsi e infine vi riuscì mentre, con un colpo di frusta, il tentacolo affondava nella nebbia, e Flick cadde nella Palude. Shea era appena riuscito a strappare il fratello sfinito dalla morsa delle acque,

**4 diniego**: negazione.
**5 principe di Leah**: titolo nobiliare di Menion.
**6 caligine**: nebbia.
**7 si dibatteva**: si agitava con violenza.
**8 menava fendenti**: tirava colpi di spada.

**9 dardeggiarono**: si mossero rapidi come dardi, frecce.

**10 brumosa**: nebbiosa.

**11 schivarli**: evitarli.

**12 dissimulato**: nascosto.

**13 inesorabilmente**: senza possibilità di scampo.

**14 recideva**: tagliava di netto.

**15 si dileguarono**: sparirono.

a liberarlo dalla corda e a aiutarlo a rimettersi in piedi, quando altri tentacoli verdastri dardeggiarono[9] fuori dell'oscurità brumosa[10], gettando nuovamente a terra Flick e afferrando il braccio sinistro di Shea prima che egli pensasse a schivarli[11]. Sentendosi trascinare verso l'acquitrino, estrasse il pugnale per colpire ferocemente il tentacolo melmoso e vide qualcosa di enorme che emergeva dalla Palude, dissimulato[12] dall'oscurità e dall'acquitrino. Altri due tentacoli afferrarono Flick e lo trascinarono inesorabilmente[13] verso l'acqua. Coraggiosamente, Shea si liberò dal tentacolo che gli afferrava il braccio e menò un gran colpo in quell'arto ripugnante; ma, mentre cercava di raggiungere il fratello, si sentì afferrare a una gamba da un altro tentacolo, scivolò, cadde contro una radice di quercia e perse conoscenza.

Fu ancora Menion a salvarli: balzò agilmente fuori dall'oscurità, la spada saettante in un ampio arco mentre recideva[14] con un colpo solo il tentacolo che stringeva Shea ancora privo di sensi. Un secondo dopo, il giovane era al fianco di Flick, si faceva strada menando fendenti sui tentacoli che improvvisamente sbucarono dall'oscurità protendendosi verso di lui e, con una serie di colpi velocemente mandati a segno, liberò l'altro giovane. Per un attimo i tentacoli si dileguarono[15] nelle nebbie della Palude e Flick e Menion si affrettarono ad allontanare il corpo di Shea dalle rive paludose. Ma prima che potessero raggiungere il riparo delle grandi querce, le braccia verdastre dardeggiarono di nuovo dall'oscurità. Senza esitare, Menion e Flick si misero davanti all'amico svenuto e cominciarono a col-

pire i tentacoli che li assediavano. La lotta era silenziosa, se non per il respiro affannoso degli uomini che menavano un fendente dopo l'altro, lacerando brani[16], intere estremità dei tentacoli protesi. Ma qualsiasi danno infliggessero, sembrava non indebolire il Mostro della Palude, che, a ciascun colpo, riattaccava con furia rinnovata. Menion si malediceva per non aver pensato a tenere presso di sé il grande arco di frassino[17] che avrebbe potuto trafiggere la misteriosa creatura nascosta nella nebbia.
– Shea – urlò disperato. – Shea, svegliati, o siamo perduti!
La forma silenziosa dietro di loro si agitò appena. – Alzati, Shea! – supplicò Flick, con voce rauca, le braccia ormai sfinite per lo sforzo di respingere l'attacco dei tentacoli. – Le Pietre! – urlò Menion. – Le Pietre Magiche!
Shea si alzò faticosamente in ginocchio, ma venne di nuovo rovesciato dalla furente battaglia che si scatenava innanzi a lui. Sentì Menion urlare e, come inebetito[18], cercò su di sé lo zaino, ricordando subito di averlo lasciato cadere mentre aiutava Flick. Infine lo vide, diversi metri a destra, minacciato da tentacoli che vi oscillavano sopra. Menion sembrò accorgersene nello stesso momento e caricò con un grido selvaggio, aprendo un varco[19] per gli altri. Flick era al suo fianco e con uno sforzo disperato Shea balzò in piedi e si lanciò verso lo zaino che conteneva le preziose Pietre Magiche. Scivolando fra i tentacoli avvinghianti[20], la sua figura snella riuscì a raggiungerlo. Vi aveva affondato la mano, frugando alla ricerca del sacchetto, quando il primo tentacolo lo afferrò alle gambe. Scalciando e divincolandosi, lottò per mantenersi libero i pochi secondi necessari a trovare le Pietre. Per un attimo credette di averle perse. Poi la sua mano si chiuse sul sacchetto e lo strappò dallo zaino caduto.

**16 brani**: parti del corpo.
**17 frassino**: tipo di albero.
**18 inebetito**: stordito.
**19 varco**: passaggio.
**20 avvinghianti**: che avvinghiano, legano.

Un colpo improvviso dei tentacoli glielo fece quasi scivolare di mano e Shea lo strinse forte al petto mentre lo apriva con lentezza paralizzante. Flick era stato costretto a indietreggiare fino a urtare contro il fratello e cadde all'indietro, mentre i tentacoli si abbattevano su entrambi. Oramai solo l'esile figura di Menion si ergeva[21] fra loro e il gigantesco aggressore, le mani strette tenacemente sulla grande spada di Leah.

Quasi senza rendersene conto, Shea si trovò nella mano le tre Pietre azzurre. Vacillando[22], lottando per alzarsi in piedi, lanciò un selvaggio grido di trionfo e tese la mano aperta, con le tre Pietre Magiche. Il potere che esse imprigionavano si accese immediatamente, inondando l'oscurità di un'abbagliante luce azzurra. Flick e Menion

**21 si ergeva**: si innalzava.
**22 Vacillando**: ondeggiando, come sul punto di cadere.

## competenze alla prova

### LEGGO E...

#### ... COMPRENDO

1 **Dove si svolge la storia narrata?**
- ☐ In una palude
- ☐ In un bosco
- ☐ In aperta campagna
- ☐ Su una montagna

2 **Chi sono i protagonisti della storia?**
- ☐ Tre ragazzi
- ☐ Due fratelli e un amico
- ☐ Tre creature misteriose
- ☐ Tre mostri

3 **Quale minaccia devono affrontare?**
- ☐ Un drago
- ☐ Un mostro sconosciuto
- ☐ Una piovra
- ☐ Il Mostro della Palude

4 **Grazie a quale arma i protagonisti riescono a liberarsi del Mostro?**
- ☐ Le pietre magiche
- ☐ La spada di Leah
- ☐ La spada di Shannara
- ☐ Il fuoco

#### ... RICAVO DAL TESTO

5 **Nel racconto i ragazzi camminano legati a una corda: che cosa sottintende questa informazione?**
- ☐ Era molto alto il rischio di perdersi
- ☐ Avevano molta paura
- ☐ È il modo tradizionale di attraversare le paludi
- ☐ È il modo più efficace per aiutarsi immediatamente in un pericolo

6 **Quando Menion dice: "*Talvolta, quando si è tanto stanchi, è facile avere allucinazioni*", che cosa si può presupporre?**
- ☐ Menion sa che quando è stanco non si può fare affidamento su di lui
- ☐ Menion sa che i suoi sensi lo ingannano spesso
- ☐ Menion ha sentito in altre occasioni suoni che non esistevano per stanchezza e tensione
- ☐ Menion sa che questo è l'effetto della Palude

#### ... ANALIZZO E INTERPRETO

7 **L'ambiente che viene descritto nel racconto è inquietante: trova nel testo cinque elementi che producono una sensazione di difficoltà e ostacolo.**

8 **L'episodio potrebbe essere diviso in tre grandi sequenze. Evidenziale a margine e dai un titolo a ciascuna di esse.**

9 **Sottolinea gli aggettivi che a tuo parere sono più adeguati per descrivere i personaggi.**
- **Shea:** orgoglioso - intraprendente - forte - gentile - coraggioso - pauroso
- **Flick:** obbediente - fedele - pauroso - tenace - imprudente - disperato

balzarono indietro, proteggendosi gli occhi. I tentacoli si ritrassero esitanti, incerti e, quando i tre giovani rischiarono una seconda rapida occhiata, videro la luce delle Pietre dardeggiare fin nella nebbia sopra la Palude, penetrando in quei vapori e tagliandoli come una lama. La videro abbattersi con violenza sconvolgente su quella massa enorme, indescrivibile, che li aveva aggrediti e che ora affondava sotto le acque melmose. In quello stesso istante il bagliore raggiunse l'intensità di un piccolo sole e l'acqua ribollì di fiamme azzurre che saettarono verso il cielo. Un attimo e il bagliore bruciante e le fiamme svanirono. Tornarono la nebbia e la notte e i tre giovani si ritrovarono soli nell'oscurità della Palude.

da T. Brooks, *La Spada di Shannara*, Mondadori

- **Menion:** coraggioso - forte - sicuro - dotato di poteri magici - nobile - abile - resistente

**10** **Rintraccia nel testo i punti in cui si sprigiona il potere delle Pietre: da che cosa è reso visibile all'esterno?**

**11** **L'opposizione tra la forza del Mostro della Palude e il potere delle Pietre è sottolineata dalla contrapposizione tra quali elementi?**

**12** **Come definiresti l'azione del racconto?**

- ☐ Appassionante
- ☐ Con molti imprevisti inverosimili
- ☐ Spaventosa ma inverosimile
- ☐ Orripilante

## ORA SCRIVO IO

**13** **Descrivi il paesaggio in cui si svolge l'azione come se ti trovassi sulle rive della Palude e lo vedessi davanti a te.**

**14** **In un breve testo inventa una nuova minaccia per i tre protagonisti dopo il superamento della prima.**

### UN MONDO DI PAROLE

**15** **Trova il significato corretto delle seguenti parole contenute nel testo:**

- agghiacciante ➲ ..........
- tentacolo ➲ ..........
- furente ➲ ..........

### UNO SGUARDO ALLA GRAMMATICA

**16** **Nel testo si trovano alcuni participi presenti usati come aggettivi. Sottolineali.**

**17** **Completa la seguente tabella con le corrette forme verbali richieste, mantenendo persona e numero.**

| Passato prossimo attivo | Passato remoto attivo |
|---|---|
| | Provò |
| | Parve |
| | Sentì |
| | Tese |

### C'È STILE E STILE

**18** **La parte iniziale del racconto descrive lo stato d'animo di Shea che intuisce il pericolo. In quale modo l'autore riesce a trasmettere al lettore questa sensazione? Sottolinea le parole o le espressioni che secondo te Brooks ha scelto per ottenere questo effetto.**

# Lavoriamo insieme

## Che cos'è il fantasy?

**Qui sotto troverai alcune frasi che riguardano le principali caratteristiche del genere fantasy: alcune sono giuste, altre sono sbagliate. Partendo dalla lettura precedente e dalla tua esperienza, con la guida dell'insegnante indica se ciascuna frase è vera V o falsa F.**

- La narrazione è molto emozionante e ricca di azione, come nel genere dell'avventura. V F
- I personaggi della vicenda affrontano prove pericolose per cercare qualcosa. V F
- L'ambientazione fa riferimento a un mondo diverso dal nostro. V F
- C'è un protagonista che agisce in completa solitudine. V F
- Non c'è nessuna difficoltà che ostacola l'impresa degli eroi. V F
- I protagonisti si trovano di fronte a pericoli imprevisti (colpi di scena). V F
- Il protagonista è buono e deve affrontare un avversario malvagio. V F
- Il nemico è sconfitto anche grazie all'impiego di elementi magici. V F
- Il tempo in cui si svolge la vicenda è definito con precisione. V F

## È tutto chiaro?

**Dopo aver svolto una prima riflessione sulle caratteristiche del fantasy, completa la tabella sottostante, con riferimento a *Il Mostro della Palude*.**

| | caratteristiche del genere fantasy | ne *Il Mostro della Palude* |
|---|---|---|
| **temi** | Caratteristica è la **lotta fra il Bene e il Male**, che si configura come **ricerca** di qualcosa da parte del protagonista. | |
| **ambientazione** | • Il **tempo** e lo **spazio** sono vaghi e indefiniti.<br>• L'ambiente è diverso da quello normale e consueto. | |
| **caratteristiche narrative** | • La narrazione è emozionante, vivace, ricca di ***suspense*** e **colpi di scena**.<br>• La storia è caratterizzata (come nella fiaba) da ostacoli e prove da superare<br>• Sono frequenti le **descrizioni**.<br>• Sono presenti elementi di **magia**, che spesso risultano indispensabili per risolvere le lotte tra i personaggi. | |
| **personaggi** | • C'è un **protagonista** (**eroe**) buono, che ha un compito o una missione da svolgere ed è contrastato da un **antagonista** malvagio.<br>• Numerosi altri **personaggi** aiutano il protagonista e l'antagonista. | |

# La struttura e le caratteristiche del fantasy

Costruire un testo di fantasy richiede di lavorare in modo particolare sui **personaggi** e sulle **ambientazioni**. Vediamo in modo più approfondito alcuni punti.

## Il segreto di Mo di Cornelia Funke

**A Meggie, una vivace e intelligente ragazzina, il padre Mo (abbreviazione di Mortimer) racconta una storia che a lungo aveva taciuto: finalmente le spiega che cos'era realmente accaduto in una terribile notte di molti anni prima. Solo adesso si è deciso a dirle la verità, perché uno degli spaventosi protagonisti di quella angosciante vicenda è inaspettatamente tornato. Prima Mo non aveva avuto il coraggio di rivelare tutto alla figlia, perché la verità appariva a prima vista troppo assurda per essere ritenuta credibile: Mo aveva scoperto che, quando leggeva a voce alta, aveva il potere di far uscire dai libri i personaggi, rendendoli vivi.**

leggere scrivere parlare

TESTO NARRATIVO

1 2 3 livello di difficoltà

Tu avevi appena tre anni, Meggie – iniziò Mo. – Ricordo ancora come abbiamo festeggiato il tuo compleanno. Ti avevo regalato un libro con tante figure. Quello del serpente di mare che ha il mal di denti e si avvolge intorno al faro...
Meggie annuì. Era ancora nella sua cassa e Mo gli aveva fatto di recente una seconda copertina nuova.
– Abbiamo? – domandò.
– Tua madre e io – precisò Mo togliendosi via un po' di paglia dai pantaloni. – Già allora non potevo passare davanti alle librerie senza comprare qualcosa. La casa in cui abitavamo era piccolissima, la scatola da scarpe la chiamavamo, la tana dei topolini... le davamo tanti nomi diversi. E quel giorno, pur sapendo quanto poco fosse lo spazio, avevo di nuovo comprato da un antiquario uno scatolone pieno zeppo di libri. – Qualcuno sarebbe piaciuto di certo anche a Elinor[1] – soggiunse sorridendole. – E tra di essi c'era quello di Capricorno[2].
– Vuoi dire che era suo? – domandò Meggie stupita. Mo scosse il capo.
– No, ma... una cosa alla volta.
Alla vista dei nuovi acquisti tua madre sospirò rassegnata chiedendosi dove mai avremmo potuto metterli, ma alla fine mi aiutò a tirarli fuori e a sistemarli. All'epoca le leggevo sempre qualcosa alla sera.
– Come, tu leggevi a voce alta?
– Sì, tutte le sere. A tua madre piaceva tanto. Quella volta scelse *Cuore d'inchiostro*. Amava i racconti di avventura giocati sul contrasto fra la

**LE CARATTERISTICHE NARRATIVE**

- La narrazione fa un "**salto indietro**" e rievoca un evento passato.
- La narrazione torna al momento presente per qualche istante, prima di fare di nuovo "un salto indietro".

**1 Elinor**: è la prozia di Meggie.

**2 Capricorno**: è uno dei personaggi animati da Mo.

luce e le tenebre. Era capace di citarti a menadito[3] tutti i nomi dei Cavalieri di re Artù, sapeva tutto del valoroso Beowulf[4] e dell'orco Grendel[5], di antichi dei ed eroi. Amava anche le storie di pirati, ma le sue preferite erano quelle in cui comparivano almeno un cavaliere, un drago e una fata. Fra l'altro, lei era sempre dalla parte del drago.

In *Cuore d'inchiostro* di draghi non ce n'era nemmeno uno, ma quanto a luce e tenebre ce n'erano in abbondanza, con tanto di fate e coboldi[6]... andava matta anche per i coboldi: i brownie[7], gli elfi scozzesi senza naso, i troll dispettosi delle miniere della tradizione celtica, i folletti con le ali di farfalla. Per farla breve, ci mettemmo tutti e tre comodi sul tappeto, a te diedi una pila di libri pieni di belle illustrazioni e io cominciai a leggere.

**LE CARATTERISTICHE NARRATIVE**
• La narrazione va avanti e indietro rispetto al tempo degli avvenimenti narrati. Alcuni eventi si riferiscono al momento in cui Mo racconta a Meggie, altri all'evento rievocato.

Meggie appoggiò la testa contro la spalla di Mo, lo sguardo fisso sulla parete nuda. E sull'intonaco sporco vide se stessa, così come si conosceva attraverso le vecchie foto: piccola, le gambe cicciottelle, i capelli biondo paglia che con il tempo si erano scuriti, mentre sfogliava i suoi libri. Succedeva sempre quando Mo raccontava: davanti agli occhi prendevano forma immagini che via via si animavano.

– La trama ci aveva affascinato – continuò suo padre. – Era avvincente, ben scritta e popolata di strane creature. Tua madre amava lasciarsi catturare dai mondi sconosciuti dei libri, e quello di *Cuore d'inchiostro* incontrava in pieno i suoi gusti. Talvolta la storia prendeva una piega sinistra e, quando la suspense cresceva troppo, lei posava l'indice sulle labbra e io abbassavo la voce, anche se eravamo sicuri che tu fossi troppo occupata con i tuoi libri per prestare orecchio a quelle fosche[8] vicende, e comunque non ne avresti capito il senso. Fuori era ormai buio da un bel po': me lo ricordo come se fosse ieri; era autunno e dalle fessure delle finestre entravano spifferi freddi. Avevamo acceso il fuoco, la casa non aveva il riscaldamento centralizzato, ma una stufa in ogni stanza. Stavo giusto iniziando il settimo capitolo... quando successe...

**LE CARATTERISTICHE NARRATIVE**
.................................................
• **Colpo di scena**: un evento inatteso aumenta la tensione narrativa.

Mo tacque. Guardava dritto nel vuoto davanti a sé, come se si fosse perso nei propri pensieri.

– Che cosa? – sussurrò Meggie. – Cosa successe, Mo?

Suo padre si girò verso di lei. – Uscirono... – disse.

– Apparvero improvvisamente sulla porta del corridoio come se fossero venuti da fuori. Quando si voltarono verso di noi, si udì una spe-

**3 a menadito**: alla perfezione.
**4 Beowulf**: è il protagonista di un poema epico anglosassone, anonimo, dell'VIII secolo d.C.
**5 Grendel**: è uno degli antagonisti che Beowulf deve affrontare.
**6 coboldi**: folletti caratteristici della tradizione popolare tedesca.
**7 brownie**: elfi domestici.
**8 fosche**: oscure, tenebrose.

cie di fruscio, come se venisse srotolato un foglio di carta. Avevo i loro nomi ancora sulle labbra: Basta, Dita di Polvere, Capricorno. Basta teneva Dita di Polvere per il collo, come si fa con un cagnolino che ha combinato qualcosa che non doveva.

Già all'epoca Capricorno amava indossare qualcosa di rosso, ma era nove anni più giovane e meno rinsecchito. Aveva una spada, non ne avevo mai vista una da vicino. Anche Basta ne aveva una appesa alla cintura, insieme al coltello, mentre Dita di Polvere... – Mo scosse il capo. – Naturalmente non aveva altro che la sua martora[9] con le corna, con la quale improvvisava numeri da circo per guadagnarsi il pane. Credo che nessuno di loro avesse capito che cosa era accaduto. Io stesso lo compresi molto più tardi. La mia voce li aveva fatti scivolare fuori dalla loro storia, come un segnalibro che qualcuno ha dimenticato fra le pagine. Come potevano rendersene conto? Basta diede uno spintone a Dita di Polvere che cadde per terra; poi fece per estrarre la spada, ma le sue mani erano ancora bianche come la carta ed evidentemente prive di forza. La spada gli scappò di mano e finì sul tappeto.

La lama sembrava incrostata di sangue, ma forse erano solo i bagliori rossi del fuoco. Capricorno si guardava intorno. Pareva che avesse le vertigini, barcollava come un orso ammaestrato che ha ballato troppo. Probabilmente fu questo che ci salvò, almeno è ciò che ha sempre sostenuto Dita di Polvere.

Se Basta e il suo padrone fossero stati subito nel pieno del loro vigore, ci avrebbero ucciso. Ma non erano ancora del tutto in questo mondo e io ne approfittai per afferrare quell'arma ripugnante. Era pesante, molto più di quanto mi fossi immaginato. Con quell'arnese in mano dovevo avere un aspetto terribilmente ridicolo. Lo maneggiavo come un aspirapolvere o un bastone; fatto sta, però, che quando Capricorno avanzò verso di me vacillando e glielo puntai contro, si fermò. Presi a farfugliare[10], cercavo di spiegargli cosa era accaduto, anche se io stesso non riuscivo a capacitarmene[11], ma lui mi fissava con gli occhi vitrei[12] e Basta, con la mano sul coltello, sembrava aspettare solo che il suo padrone gli dicesse di tagliarci la gola.

– E il mangiafiammiferi? – Anche la voce di Elinor suonava rauca.

– Se ne stava seduto sul tappeto, come intontito, senza emettere alcun suono. Di lui non mi preoccupavo. Quando aprì un cestino e ne escono due serpenti e una lucertola, affronti per primi i serpenti.

– E mia madre? – Meggie riusciva solo a bisbigliare quel nome. Non era abituata a pronunciarlo.

**LE CARATTERISTICHE NARRATIVE**
- L'autore si serve di **nomi fantastici** e immaginari.
- Le **descrizioni** sono piuttosto dettagliate.
- Interviene un **elemento magico**.

**I PERSONAGGI**
- L'**eroe** e l'**antagonista**, entrambi forti e coraggiosi, si affrontano con determinazione. **Personaggi secondari** aiutano l'antagonista.

**9 martora**: mammifero di medie dimensioni, con corpo allungato e zampe corte.

**10 farfugliare**: parlare in modo confuso.

**11 capacitarmene**: rendermene pienamente conto.

**12 vitrei**: fissi e privi di espressione.

Mo la guardò. – Tu eri sempre inginocchiata per terra e scrutavi con gli occhi sgranati quegli uomini con gli stivaloni e le armi. Avevo una paura tremenda per voi ma, con mio grande sollievo, né Basta né Capricorno ti degnarono della minima attenzione.

"Piantala di parlare!" m'interruppe Capricorno mentre io annaspavo sempre di più fra le mie stesse parole. "Non m'interessa come sono arrivato in questo posto miserabile; portaci indietro all'istante, maledetto stregone, o Basta ti stacca quella lingua chiacchierona." La cosa non suonava proprio rassicurante e avevo letto abbastanza nei primi capitoli per sapere che Capricorno non scherzava. Mi cominciò a girare la testa da tanto mi sforzavo di trovare come mettere fine a quell'incubo. Raccolsi il libro, forse se avessi riletto il punto in cui... ci provai. Capricorno mi squadrava minaccioso, Basta estrasse il coltello e io continuavo a impappinarmi. Non successe niente. Non c'era verso di farli tornare da dove erano venuti. All'improvviso ebbi la certezza che ci avrebbero ammazzato. Lasciai cadere il libro e ripresi la spada che avevo gettato per terra. Basta tentò di precedermi, ma io fui più svelto. Dovevo tenere quel maledetto aggeggio con entrambe le mani. Non chiedermi come, ma riuscii a spingerli fuori, sul corridoio. Fracassai la metà dei mobili a furia di mulinare[13] la spada. Tu cominciasti a piangere e io mi sarei voluto voltare per dirti che era solo un brutto sogno, ma ero troppo impegnato a tenere a bada quei due. "Ecco, è successo" non potevo fare a meno di pensare. Mi trovavo nel bel mezzo di una di quelle storie che mi piacevano tanto, proprio come avevo sempre desiderato... ed era orribile. La paura ha tutto un altro sapore quando la si vive dal vero, Meggie, e giocare all'eroe non era così divertente come mi ero immaginato. Quei due manigoldi[14] mi avrebbero certamente fatto fuori se non fossero stati ancora un po' malfermi sulle gambe. Capricorno inveiva[15] rabbioso contro di me con gli occhi fuori dalle orbite. Basta imprecava, minacciava e, a un certo punto, mi inferse[16] un brutto colpo al braccio. Ma, all'improvviso, la porta dell'ingresso si spalancò e i due scomparvero nella notte, barcollando come ubriachi. Le dita mi tremavano talmente che riuscii a malapena a tirare il chiavistello. Mi appoggiai contro la porta, origliai[17], ma tutto ciò che mi arrivava all'orecchio era il battere impazzito del mio cuore. Poi ti sentii piangere in sala e mi ricordai che ce n'era un terzo. Mi precipitai indietro inciampando, sempre con la spada in pugno. Ed eccolo là, in piedi in mezzo alla stanza. Non era armato, aveva solo la martora su una spalla, il volto bianco come quello di un morto. Dovevo apparire terrificante con il sangue che mi colava dal braccio, scosso da fremiti, non so bene se di rabbia o paura. "Per favore" disse con un filo di voce "non mi uccidere! Non ho niente a che fare con quei due. Sono un saltimbanco, un innocuo mangiafuoco. Te lo posso dimostrare". E io risposi: "Sì, sì, lo so. Sei Dita di Polvere". Lui s'inchinò al grande stregone onnisciente[18], che sapeva tutto di lui e l'aveva strappato dal suo mondo come si coglie una mela da un albero. La martora gli scese lungo il braccio, saltò sul

**I PERSONAGGI**
• L'antagonista è un "cattivo" contro cui lotta l'eroe buono (è la lotta fra il Bene e il Male).

**LE CARATTERISTICHE NARRATIVE**
• La narrazione continua ad alternare avvenimenti del presente e del passato.

**13 mulinare**: ruotare velocemente.
**14 manigoldi**: furfanti, malfattori.
**15 inveiva**: gridava contro qualcuno rimproverandolo duramente.
**16 inferse**: diede.
**17 origliai**: cercai di sentire da dietro la porta.
**18 onnisciente**: che sa tutto.

tappeto e si diresse verso di te. Tu smettesti di piangere e allungasti la mano. "Attenta, morde" disse Dita di Polvere cacciandola via. Io non gli davo più retta. D'improvviso realizzai[19] quanto silenziosa fosse diventata la stanza. Silenziosa e vuota. Scorsi il libro aperto sul tappeto, dove l'avevo lasciato cadere e il cuscino dov'era seduta tua madre. Lei non c'era più. Dov'era finita? Gridai il suo nome, ancora e ancora. Corsi per tutta la casa. Ma lei era sparita.
Elinor sedeva dritta come un fuso[20] con la schiena contro il muro. – Ma di che stai parlando, santo cielo! – riuscì ad articolare. – Hai sempre sostenuto che era partita per uno di quegli stupidi viaggi avventurosi che vanno di moda oggi e non ha più fatto ritorno.
Mo reclinò la testa contro la parete. – Dovevo pur escogitare qualcosa – disse. – Come facevo a raccontarti la verità?
Meggie passò la mano sul suo braccio, nel punto in cui, sotto la camicia, si nascondeva la cicatrice ormai sbiadita. – Mi avevi detto che ti eri tagliato cercando di scavalcare una finestra rotta.
– Sicuro. La verità era semplicemente troppo assurda, no?
Meggie annuì. Aveva ragione, lei l'avrebbe presa solo come un'altra delle sue invenzioni.

da C. Funke, *Cuore d'inchiostro*, Mondadori

**19 realizzai**: compresi.
**20 dritta come un fuso**: ben dritta.

## competenze alla prova

### LEGGO E...

#### ... COMPRENDO

1 Chi sono i personaggi della storia?
- ☐ Mo e Meggie: padre e figlia
- ☐ Mo, Meggie, la madre, la prozia Elinor
- ☐ I personaggi animati del libro che Mo legge
- ☐ Personaggi umani e personaggi di un libro

2 Dove si svolge la storia?

3 Chi racconta la storia a Meggie?

4 Perché, anni prima, Mo leggeva sempre ad alta voce?
- ☐ Per far divertire la piccola Meggie
- ☐ Per far piacere a sua moglie
- ☐ Per esercitarsi in un gioco di magia
- ☐ Per esercitarsi a recitare

5 Per quali tra i suoi personaggi preferiti la mamma di Meggie andava matta?
- ☐ I draghi
- ☐ I brownie
- ☐ I coboldi
- ☐ Gli elfi

#### ...RICAVO DAL TESTO

6 Nel testo ci sono due riferimenti che permettono di calcolare l'età di Meggie. Indica quali sono questi riferimenti e quale età ha Meggie.

#### ...ANALIZZO E INTERPRETO

7 Per quale ragione Mo e Meggie riescono a salvarsi benché Capricorno sia pericoloso?
- ☐ A causa della sua distrazione
- ☐ Perché a Capricorno non interessano i bambini
- ☐ Perché Capricorno, appena uscito dal libro, è molto debole
- ☐ Perché Capricorno odia la violenza

8 Durante il racconto viene spiegato il segreto di Mo. In che cosa consiste questo segreto?
- ☐ La mamma di Meggie è entrata nel libro con i personaggi animati
- ☐ La mamma di Meggie è morta
- ☐ La mamma di Meggie vive in un'altra città
- ☐ La mamma di Meggie ha perso la memoria

9 Come si può interpretare, a tuo giudizio, questo atteggiamento di Mo: "*Mo tacque. Guardava dritto nel vuoto*"?
- ☐ Prova dolore nel raccontare ancora
- ☐ Ripensa a quello che è successo
- ☐ Cerca ispirazione
- ☐ Non sa che altro aggiungere

10 "*Quando apri un cestino e ne escono due serpenti e una lucertola*": a chi si riferisce Mo con questa immagine?

11 Quando Mo spiega che cosa è successo, a un certo punto usa una sola parola, che ben riassume il punto fondamentale della vicenda. Di quale parola si tratta? Sottolineala nel testo.

### ORA SCRIVO IO

12 Immagina di essere la mamma di Meggie che è appena entrata nel libro: descrivi il luogo dove ti trovi, il tempo e le persone che incontri.

### UN MONDO DI PAROLE

13 Usa i quattro aggettivi che seguono, presenti nel testo, per comporre altrettante frasi:
pieno zeppo - fosche - rinsecchito - miserabile

14 Spiega con altre parole le espressioni seguenti.
- "*prestare orecchio a*" ➲ ....................
- "*nel pieno del loro vigore*" ➲ ....................
- "*mi squadrava minaccioso*" ➲ ....................
- "*non ho niente a che fare con*" ➲ ....................

### UNO SGUARDO ALLA GRAMMATICA

15 La prozia Elinor usa per Dita di polvere una definizione particolare, composta da un verbo più un nome: rintracciala nel testo.

### AD ALTA VOCE

16 A partire dal contenuto del testo discutete in classe se è meglio conoscere la verità interamente, anche se dolorosa, oppure è preferibile una bugia.

# Lavoriamo insieme

## La struttura e le caratteristiche del fantasy

**Con la guida dell'insegnante, rifletti sul testo appena letto e poi valuta la correttezza di ciascuna frase, indicando se è vera V o falsa F.**

- La narrazione è lenta e monotona, senza tensioni o colpi di scena. V F
- C'è una lotta tra personaggi buoni e malvagi, cioè tra il Bene e il Male. V F
- Non compaiono elementi magici nella narrazione. V F
- Compaiono molti personaggi, alcuni dei quali sono esseri di fantasia. V F
- La vicenda coinvolge sia esseri umani sia esseri di fantasia. V F
- La narrazione spesso compie "salti indietro" nel passato. V F

## È tutto chiaro?

**Approfondiamo adesso insieme, schematicamente, i punti più importanti che consentono di individuare il genere fantasy. Tu completa la colonna relativa a *Il segreto di Mo*.**

| | caratteristiche del genere fantasy | ne *Il segreto di Mo* |
|---|---|---|
| temi | • C'è una **lotta fra il Bene e il Male**.<br>• La **narrazione** è **complessa**, **intricata**, con episodi che stanno su piani temporali diversi e che s'intrecciano fra loro. | |
| caratteristiche narrative | • Il **linguaggio** prevede il ricorso a nomi fantastici e inventati.<br>• Abbondano le **descrizioni**, che molto spesso si riferiscono a luoghi fantastici.<br>• La narrazione è emozionante, vivace, ricca di tensione e culmina in ***suspense*** e **colpi di scena**.<br>• La narrazione a volte va avanti e indietro, con sfasamenti temporali che alterano il corso degli eventi.<br>• Sono presenti elementi di **magia**, che spesso diventano determinanti per risolvere le lotte tra i personaggi. | |
| personaggi | • Il **protagonista** (**eroe**) ha un compito o una missione da svolgere e per portarla a termine affronta pericolose lotte, che, come nella fiaba, sono veri e propri **ostacoli** o **prove**, superate le quali l'eroe esce vincente.<br>• Contro di lui lotta un **antagonista** malvagio.<br>• Numerosi altri **personaggi** aiutano il protagonista e l'antagonista.<br>• I personaggi sono sia umani sia fiabeschi (esseri fantastici e mitologici) e hanno spesso nomi fantasiosi e immaginari. | |

# RICONOSCIAMO IL GENERE

CARATTERISTICHE NARRATIVE

PERSONAGGI

Il testo è affiancato da caselle che ti aiutano a individuare le parti e le strutture. Troverai:

- caselle **arancioni** per le caratteristiche narrative;
- caselle **rosa** per i personaggi.

**Devi completarle tu, utilizzando i riferimenti dati qui in ordine casuale.**

**caratteristiche narrative**: spazio e tempo vaghi o immaginari - sequenze descrittive - *suspense*

**personaggi**: personaggio insolito e fantastico - nomi immaginari

## Lucy nell'armadio di Clives Staples Lewis

leggere scrivere

TESTO NARRATIVO

1 2 3 livello di difficoltà

***Le Cronache di Narnia*** **costituiscono un ciclo di opere, concepite dall'inventiva dello scrittore irlandese Lewis negli anni Cinquanta, in cui è descritta Narnia, un luogo di totale fantasia. In uno dei romanzi del ciclo, intitolato *Il leone, la strega e l'armadio*, la piccola Lucy scopre l'accesso a questo mondo fantastico attraverso un armadio: qui, insieme ai suoi fratelli Peter, Edmund e Susan, parteciperà alla lotta tra la malvagia Strega Bianca (che si è impadronita del potere a Narnia, facendo calare un terribile gelo sul Paese) e il Grande Leone Aslan, simbolo del Bene. Il romanzo prende le mosse da una descrizione realistica: i quattro ragazzi lasciano Londra per i bombardamenti nazisti durante la Seconda guerra mondiale e si recano in una vecchia villa di campagna, dove li ospita il Professor Digory Kirke. Qui, mentre con i fratelli esplora la nuova casa, Lucy trova il varco verso un'incredibile avventura.**

La villa era un vero labirinto di stanze e stanzette, sale e saloni, corridoi e pianerottoli, scale e scalette a non finire. I ragazzi aprirono qualche porta a caso: stanze per gli ospiti, vuote naturalmente. Arrivarono poi a una lunga sala, stretta come una galleria, piena di quadri. E c'era anche un'armatura completa, tutta di ferro.
Arrivarono a un'altra sala, tappezzata di verde, con una grande arpa in un angolo. Scesero quattro gradini, ne salirono altri cinque, aprirono una porticina e si trovarono in una specie di sala sopraelevata. In fondo c'era un'altra porticina che dava su una balconata interna, dopo di che attraversarono una lunga serie di stanze tutte uguali e tutte in fila: erano piene di scaffali e gli scaffali erano pieni di libri. Ce n'erano di vecchissimi e di grandissimi, certo più grandi del messale[1] che sta in chiesa.
Infine, e chissà come, arrivarono in una stanza quasi vuota: c'era soltanto un grande armadio, appoggiato al muro e una piantina di fiordalisi sul davanzale della finestra. Ma la piantina era secca e l'armadio era uno di quelli che comunemente si chiamano anche guardaroba.
– Qui non c'è niente di bello – sentenziò[2] Peter e proseguì la marcia. Edmund e Susan gli tennero dietro, ma la piccola Lucy no. Lei si era

**1 messale**: libro che si usa in chiesa per la Messa.

**2 sentenziò**: disse in modo deciso.

fermata davanti all'armadione, chiedendosi cosa mai ci fosse là dentro. Certamente era chiuso a chiave, ma un tentativo si poteva anche fare. Lucy toccò la maniglia e con sua gran sorpresa l'armadio si aprì subito. Ne ruzzolarono fuori due palline di naftalina[3].
L'armadio conteneva cappotti e pellicce. A Lucy le pellicce piacevano tanto! Si divertiva ad accarezzarle con la manina, ci strofinava sopra il visetto e trovava che avevano anche un buonissimo odore. Perciò la piccola Lucy saltò subito dentro l'armadio, lasciando però la porta aperta perché sapeva benissimo che entrare in un armadio e chiudersi la porta alle spalle è la cosa più stupida che uno possa fare.
Cominciò ad accarezzare le pellicce e scoprì che dietro alla prima fila ce n'era un'altra.
– Questo armadione è semplicemente enorme – disse tra sé e sé, e scivolò dalla prima fila per raggiungere la seconda. Che ce ne fosse un'altra ancora?
Lucy fece qualche passo, tenendo però le braccia tese in avanti: non voleva sbattere improvvisamente il viso contro la parete di fondo dell'armadio. Un passo, due, un altro. Era buio, là dentro, Lucy non vedeva niente e per quanto annaspasse con le mani non incontrava che il vuoto. Poi cominciò a sentire qualcosa che scricchiolava sotto le sue scarpe.
– Ancora naftalina! – esclamò.
Si chinò per sentire con le mani e toccò qualcosa di morbido; sottile come la sabbia più fine, ma anche molto freddo.
– Questa sì che è bella, sembra neve – mormorò e un attimo dopo sentì contro il viso e contro il corpo qualcosa di duro, ruvido, perfino pungente.
– Sembrerebbero rami d'albero – mormorò ancora Lucy, sempre più sbigottita.
E allora vide una piccola luce che brillava lontano lontano, proprio dritto davanti a lei. Lucy capì che dove avrebbe dovuto esserci la parete di quel grande armadio guardaroba c'erano invece degli alberi! Quello era un bosco e nel bosco c'era un sentiero. Nevicava. Era già buio e nevicava.

**3 naftalina**: sostanza usata come antitarme.

Naturalmente la piccola Lucy fu un po' spaventata da quella scoperta, ma nello stesso tempo si sentì piena di curiosità e di una strana eccitazione che la spingeva a proseguire lungo quel sentiero, verso quella luce. Voltò la testa un attimo e tra i neri tronchi degli alberi riuscì ancora a vedere la porta spalancata dell'armadio (l'aveva lasciata così, ricordate vero?). Vide anche un pezzetto della stanza vuota dalla quale era venuta. In quella stanza c'era la luce del giorno.

– Se qualcosa non va, tornerò indietro – si disse, e proseguì decisa puntando verso quell'altra luce che brillava laggiù. Sotto le sue scarpette la neve faceva scronc-scronc.

Dopo pochi minuti, Lucy arrivò a un lampione. Se ne stava là, chiedendosi perché mai avevano messo un lampione in mezzo a un bosco, quando sentì uno scalpiccio[4] leggero.

Qualcuno veniva dalla sua parte. Ed ecco che tra gli alberi, proprio di fronte a Lucy e nella piena luce del lampione, apparve una figura.

"Lui" era poco più alto della bambina. Si riparava dalla neve reggendo in mano un ombrello che era già tutto ricoperto di candidi fiocchi. Dalla cintola in su sembrava un uomo come tutti gli altri, ma i fianchi e le gambe erano quelli di una capra: coperti di peli neri, folti e lucenti. Non aveva piedi, naturalmente, ma grosse unghie sagomate a zoccolo. E aveva anche la sua brava coda che però Lucy non vide subito, perché "lui" la teneva arrotolata sul braccio, forse per evitare di trascinarla sulla neve. Intorno al collo aveva una bella sciarpa di lana rossa, e rossiccia appariva anche la pelle del torace. Il viso era un po' strano, ma con un'aria simpatica e una graziosa barbetta a punta. I capelli erano ricciuti e scuri: in mezzo a quei riccioli, da una parte e dall'altra della fronte, spuntavano due bei cornetti. In una mano, come ho già detto, "lui" teneva l'ombrello, e nell'altra un bel po' di pacchi e pacchettini avvolti in carta scura. Con quella neve e quei pacchetti... be' sembrava un signore che torna dall'aver comperato i regalini di Natale.

Invece "lui" era un fauno. Quando vide Lucy, ebbe un sussulto di sorpresa, ma così forte che i pacchetti gli caddero tutti di mano.

– Santo cielo! – esclamò il fauno.

– Buona sera – disse Lucy.

Il fauno là per là non rispose: era troppo occupato a raccattare i suoi pacchetti. Quand'ebbe finito, fece un bell'inchino e rispose: – Buona sera. Scusami, non vorrei sembrarti curioso, ma credo di essere nel vero pensando che tu sia una figlia di Eva.

**4 scalpiccio**: rumore di passi.

– Mi chiamo Lucy – rispose la piccola, che non era troppo sicura di aver capito bene.
– Però... sei una... una bambina, vero?
– Sì, naturalmente – rispose Lucy.
– Allora, appartieni alla razza umana, vero?
– Certo che sì! – esclamò Lucy, molto perplessa.
– Certo, certo – mormorò il fauno. – Stupido io a far tante domande. Dovevo capirlo subito! Ma, vedi, io non avevo mai incontrato prima un figlio di Adamo o una figlia di Eva. Sono proprio contento... – Il fauno si interruppe bruscamente, come uno che si è lasciato scappare qualcosa che era meglio non dire. Però se n'era accorto a tempo. – Lietissimo di fare la tua conoscenza – disse. – Permetti che mi presenti? Mi chiamo Tumnus.
– Felicissima di conoscerti, signor Tumnus – rispose educatamente Lucy.
– Posso chiederti, figlia di Eva, come sei arrivata a Narnia?
– Narnia? E cos'è? – chiese subito Lucy.
– Narnia è un paese. Qui siamo a Narnia – rispose prontamente il fauno. – Tutto quanto il territorio che partendo da questo lampione arriva fino a Cair Paravel, il castello che sorge sulle rive dell'Oceano Orientale... tutto questo è Narnia. E tu, figlia di Eva, da dove vieni? Vieni dai boschi selvaggi che si trovano là, a occidente?
– Io... io sono venuta dall'armadio guardaroba che sta nella stanza vuota – balbettò Lucy.
– Ah! – esclamò il signor Tumnus con tono alquanto triste. – Se avessi studiato un po' meglio la geografia quand'ero un piccolo fauno, saprei senza dubbio molte cose su questi strani paesi! Ma ormai è troppo tardi.

da C.S. Lewis, *Le Cronache di Narnia*, Mondadori

## competenze alla prova

### LEGGO E...

#### ... COMPRENDO

1. Chi è il protagonista del racconto?
   - ☐ Susan
   - ☐ Edmund
   - ☐ Lucy
   - ☐ Peter

2. Come viene definita la villa che i ragazzi stanno esplorando?
   - ☐ Una grande chiesa
   - ☐ Un enorme armadio, di quelli chiamati anche guardaroba
   - ☐ Un vero labirinto di stanze e stanzette
   - ☐ Una lunga sala, stretta come una galleria

3. I ragazzi esplorano la casa, le cui stanze sono caratterizzate da una descrizione semplice, basata su minimi particolari, che però riescono a colpire. Indica le caratteristiche dei vari ambienti, come nell'esempio.
   - Stanze per gli ospiti ➲ vuote
   - Una lunga sala ➲ ..........
   - Un'altra sala ➲ ..........
   - Una specie di sala sopraelevata ➲ ..........
   - Lunga serie di stanze tutte uguali e in fila ➲ ..........

4. Una volta entrati nella stanza dell'armadio, i fratelli più grandi si allontanano. Per quale motivo?

5. Quali vestiti ci sono nell'armadio?
   - ☐ Cappotti e pellicce
   - ☐ Abiti da donna
   - ☐ Abiti da uomo
   - ☐ Impermeabili

6. Che cosa ruzzola fuori dall'armadio, quando Lucy lo apre?

7. Chi entra nell'armadio?
   - ☐ Peter
   - ☐ Lucy
   - ☐ Il fauno Tumnus
   - ☐ Susan

8. Nell'armadio, Lucy sente uno strano rumore sotto i piedi; che cosa lo provoca?
   - ☐ Polvere
   - ☐ Naftalina
   - ☐ Vetri rotti
   - ☐ Neve

9. Chi spiega a Lucy in quale mondo si trova, quando esce dall'armadio?

#### ... RICAVO DAL TESTO

10. Quando Tumnus chiede a Lucy se è una *"figlia di Eva"* e poco oltre dice di non aver mai incontrato *"un figlio di Adamo o una figlia di Eva"* fa riferimento a un particolare racconto: da quale libro è tratto?

#### ... ANALIZZO E INTERPRETO

11. Rintraccia e analizza il passo in cui è descritto il fauno Tumnus e completa i suoi dati, evidenziando gli elementi messi in rilievo dall'autore per descriverlo.
    - Altezza ➲ ..........
    - Dalla cintola in su ➲ ..........
    - Sotto la cintola ➲ ..........
    - Posizione coda ➲ ..........
    - Viso ➲ ..........

12. Si può definire il momento preciso del passaggio tra il mondo reale e quello fantastico in cui Lucy si trova a entrare? Giustifica la tua risposta.

13. Quali aggettivi ti sembrano adatti a descrivere il personaggio di Lucy?

    fantasiosa - piccola - capricciosa - curiosa - attenta - obbediente - intraprendente - sensibile

### ORA SCRIVO IO

14. Descrivi il paesaggio in cui si svolge la storia come vorresti che fosse.

### UN MONDO DI PAROLE

15. Quando Lucy calpesta la neve, il rumore che fa è scronc-scronc: si tratta di un'espressione onomatopeica (cioè la parola ha nel suo suono il concetto che esprime). Indica che cosa possono rappresentare le seguenti espressioni onomatopeiche.
    - Sguish ➲ ..........
    - Bum ➲ ..........
    - Click ➲ ..........
    - Bang ➲ ..........

# Confrontiamo e riflettiamo

**Completa lo schema di sintesi sul fantasy, in riferimento ai brani che hai letto.**

| | *Il Mostro della Palude* | *Il segreto di Mo* | *Lucy nell'armadio* |
|---|---|---|---|
| temi (lotta fra il bene e il male) | | | |
| ambientazione (spazio e tempo) | | | |
| avvenimenti inattesi (*suspense* e colpi di scena) | | | |
| nomi fantastici | | | |
| descrizioni | | | |
| presenza della magia e di elementi innaturali | | | |
| protagonista (eroe) | | | |
| antagonista | | | |
| altri personaggi, ben delineati nelle loro caratteristiche | | | |

# Il fantasy

**CHE COS'È**

È un **genere misto**, che si accosta all'avventura, alla fiaba, ma anche al mito e all'epica cavalleresca.

**LA STRUTTURA**

- Come tutti testi narrativi, prevede:
  - situazione iniziale;
  - avvio della vicenda;
  - sviluppo;
  - conclusione.
- La narrazione è **complessa e molto lunga**, con numerosi episodi e vicende che s'intrecciano tra loro.
- La narrazione procede a volte con una sfasatura del piano temporale.

## I PERSONAGGI

- Nel fantasy c'è un **protagonista** (**eroe**), che ha una missione da compiere, di solito al servizio del Bene. Spesso alla fine della sua avventura si ha il riconoscimento del valore dell'eroe, cui viene conferito anche il potere su terre e persone.
- Un personaggio malvagio (l'**antagonista**), al servizio del Male, ostacola il compito del protagonista.
- Accanto al protagonista e all'antagonista ci sono moltissimi **personaggi**, tutti con caratteristiche evidenti, in modo da essere molto **riconoscibili**: si schierano di solito dalla parte del Bene o del Male (rari, ma non esclusi, sono i tradimenti e i passaggi da uno schieramento all'altro).
- Oltre agli esseri umani, compaiono numerosi **esseri fantastici** con nomi immaginari, che a volte sono ispirati alla tradizione mitologica e leggendaria, a volte sono frutto della fantasia dell'autore.

## LE CARATTERISTICHE E L'AMBIENTAZIONE

- L'ambientazione è varia: il **tempo** è indeterminato e può essere un remoto passato o un lontano futuro; lo **spazio** è vago e indefinito, arricchito di elementi fantastici.
- Caratteristico è l'uso della **magia**, con la presenza di oggetti magici o di personaggi che la sanno praticare.
- Quasi sempre la storia presenta una **lotta tra il Bene e il Male**, con il protagonista che deve compiere una difficile missione per salvare da un opprimente tirannia del Male il mondo in cui vive, superando **ostacoli** e **prove**.
- La narrazione avviene per lo più in **terza persona**.
- Abbondano le **sequenze descrittive**. Accurate sono le descrizioni di luoghi fantastici (che hanno in genere nomi immaginari).
- La lingua è scorrevole, ma spesso compaiono **termini fantastici**, inventati, per caratterizzare il mondo descritto, che è straordinario e molto diverso dal nostro.
- Caratteristica stilistica è un ritmo narrativo incalzante ricco di ***suspense***, che prevede anche numerosi **colpi di scena**.

### NELL'ANTOLOGIA TROVERAI

**nel testo**

**I classici del fantasy**

- le storie fantasy hanno i loro maestri, che creano storie complesse in cui l'eterna lotta tra Bene e Male diventa appassionante avventura di maghi ed eroi

**pagine digitali** +

**Un mondo di avventure e di magia**

**La Signora del Canto** *di Andrea Franco*

INTERCULTURA

**Lo Spettro della paura** *di Christopher Paolini*

# I classici del fantasy

Il genere della narrativa fantasy ha avuto uno sviluppo molto significativo nel corso del Novecento e si è diretto inizialmente soprattutto a un pubblico "adulto"; è solo di recente che questo genere si è aperto anche a un pubblico di lettori più giovani, che apprezzano l'ambientazione delle storie in luoghi fantastici e i personaggi eroici, che spesso sanno usare anche la magia. I **grandi autori di questo genere** trovano un indiscusso maestro in **J. R. R. Tolkien** che, con *Lo Hobbit* e *Il Signore degli Anelli*, "inventa" un mondo con popoli e terre fantastici (elfi, nani, hobbit ecc.), in cui si parlano lingue non note e si vive una storia molto diversa da quella reale, appassionante e piena di imprevisti. Sottofondo delle vicende narrate è sempre il tentativo di affermare il Bene sul Male che incombe e cerca di sopraffare tutto ciò che vive. A partire da Tolkien altri autori hanno prodotto saghe molto fortunate, come **C. S. Lewis** con *Le cronache di Narnia*, **M. Zimmer Bradley**, con il ciclo di Avalon, **T. Brooks** con il ciclo di Shannara o **M. Ende** con *La storia infinita* e *Momo*.
Questi "classici" hanno aperto la via a una narrativa diretta a un pubblico più giovane, come è accaduto con **J. K. Rowling** e i suoi romanzi incentrati sulla figura di Harry Potter, oppure con **C. Paolini** e il *Ciclo dell'eredità* o ancora con **L. Troisi** e le *Cronache del Mondo Emerso*.
È la fantasia a fare da vero filo conduttore in tutte queste storie, che diventano spesso meravigliose occasioni narrative per film dagli effetti spettacolari, in cui l'emozione e la sorpresa cercano di condurre a una riflessione più profonda sul significato della vita.

## Lo Hobbit di John Ronald Revel Tolkien

leggere scrivere

parlare

TESTO NARRATIVO

1 2 3 livello di difficoltà

**Gli hobbit sono creature molto simili agli uomini, ma alti come bambini, con grandi piedi e orecchie a punta. Vivono nella Contea, una regione tranquilla e verde, dedicandosi all'agricoltura e alla buona cucina, bevendo birra e cercando accuratamente di evitare i guai. Nel romanzo *Lo Hobbit* scritto da Tolkien prima della grande trilogia del *Signore degli Anelli*, si parla di un'avventura straordinaria capitata proprio a un tranquillo hobbit, Bilbo Baggins, incaricato da Gandalf, potente mago buono, di recuperare un tesoro appartenente ai nani e protetto da un drago. Il piccolo hobbit, nonostante la sua avversione per i viaggi, dovrà partire quindi per un'avventura straordinaria, vedersela con un drago e molti altri nemici stravaganti. A introdurlo nell'avventura è il nano Thorin, che racconta come è accaduto che i nani abbiano perduto il loro tesoro e da "chi" sia ora custodito.**

– Benissimo, allora! – disse Thorin. – Molto tempo fa, al tempo di mio nonno Thror, la nostra famiglia fu cacciata dal lontano Nord e ritornò con tutti i suoi beni e i suoi attrezzi a questa Montagna indicata sulla mappa. Era stata scoperta dal mio lontano

antenato Thrain il vecchio, ma fu solo a quel tempo che i miei parenti vi scavarono sotto delle miniere e dei **tunnel**, e vi costruirono sale più larghe e officine più grandi; inoltre trovarono, credo, un bel po' d'oro e anche un'infinità di pietre preziose. In ogni modo divennero immensamente ricchi e famosi, e mio nonno fu di nuovo Re sotto la Montagna, e trattato con gran rispetto dagli uomini mortali, che vivevano a Sud, e si diffondevano gradatamente[1] per tutta la valle all'ombra della Montagna risalendo il Fiume Fluente. In quei giorni costruirono lì la prospera città di Dale. I re ricercavano l'opera dei nostri fabbri[2], e ricompensavano perfino il meno abile con la massima liberalità[3]. I padri ci pregavano di prendere i loro figli come apprendisti[4] e ci pagavano profumatamente, specialmente con prodotti alimentari, che noi non ci curavamo di coltivare o di procurarci noi stessi. Tutto sommato erano dei gran bei giorni per noi, e il più povero aveva soldi da spendere e prestare, e tutto il tempo libero che voleva per fare le cose più belle per puro diletto[5]; per non parlare dei giocattoli, i più magici e meravigliosi del mondo, di cui oggi non si ha assolutamente l'uguale. Così le sale di mio nonno si riempirono di armature, gioielli, incisioni e coppe, e il mercato di giocattoli a Dale divenne la meraviglia del Nord.

Senza dubbio fu questo che attirò il drago. Sai che i draghi rubano agli uomini, agli elfi e ai nani oro e gioielli, dovunque possano trovarli; e fanno la guardia al loro bottino finché vivono (il che in pratica vuol dire per sempre, a meno che non vengano uccisi) e non si godono uno spillo di quello che hanno rubato. In realtà sanno a malapena distinguere un lavoro ben fatto da uno fatto male, anche se di solito ne conoscono bene il valore corrente sul mercato; e non son capaci di far niente da soli, neanche di riparare una scaglietta staccatasi dalla loro corazza. A quei tempi c'era un gran numero di draghi al Nord, e l'oro probabilmente cominciava a scarseggiare da quelle parti, coi nani che scappavano a sud o venivano uccisi e la desolazione e la distruzione che i draghi continuarono a disseminare, sì che tutto va sempre di male in peggio. C'era un drago particolarmente avido, forte e malvagio, chiamato Smog. Un giorno si levò in aria e volando giunse al Sud. La prima cosa che sentimmo di lui fu un rumore come d'uragano[6] provenire da Nord, e i pini sulla Montagna scricchiolare e schiantarsi al vento. Con alcuni dei nani che per caso si trovavano all'aperto (fortunatamente era uno di essi, un ragazzetto avventuroso a quei tempi, sempre in giro, e questo mi salvò la vita quel giorno) – bene, a una bella distanza vedemmo il drago calare sulla nostra montagna in una nube di fuoco. Poi scese la china e quando arrivò ai boschi, le fiamme li divorarono. Contemporaneamente, tutte le campane suonavano a Dale e i guerrieri si armavano. I nani si precipitarono fuori dalla grande Porta, ma trovarono il drago ad aspettarli. Nessuno si salvò per quella via. Il fiume ribollì in densi vapori e una fitta nebbia investì Dale, e nella nebbia il drago calò su di loro e distrusse quasi tutti i guerrieri – la solita storia disgraziata, fin troppo comune a quei giorni. Poi tornò indietro e si infilò dentro la Porta Principale e mise

**Tunnel**
Si tratta di un prestito linguistico dal francese e deriva da "*tonnel*" (a sua volta dal francese antico "*tonel*"), che significa "*botte*": la forma interna della galleria, infatti, ricorda quella dell'interno di una botte.

**1 gradatamente**: per gradi, lentamente.

**2 fabbri**: operaio che lavora il metallo nella sua officina.

**3 liberalità**: generosità.

**4 apprendisti**: giovani che imparano un mestiere.

**5 diletto**: divertimento.

**6 uragano**: violenta tempesta con pioggia e turbini di vento.

**7 torvo**: sinistro, astioso, feroce.

**8 maniscalchi**: maniscalco, chi ferra i cavalli da tiro e da sella.

a soqquadro tutte le sale, i condotti, i tunnel, i corridoi, le cantine, le abitazioni e i passaggi. Dopo di ciò non rimase all'interno un solo nano vivo, ed egli si impadronì di tutti i loro beni. Probabilmente, perché questo è l'uso dei draghi, ha ammassato tutto in un gran mucchio nel cuore della Montagna e ci dorme sopra come fosse il suo letto. Era solito poi strisciare fuori della Porta grande e andare a Dale di notte a portar via delle persone, specialmente fanciulle, per mangiarsele, finché Dale non fu rovinata e tutta la sua gente morta o partita. Non so con certezza che cosa vi stia succedendo adesso, ma credo che al giorno d'oggi nessuno viva più vicino alla Montagna, almeno non oltre l'estremità più lontana del Lago Lungo.

Quei pochi tra noi che erano fuori al sicuro si sedettero e piansero, tenendosi nascosti, e maledissero Smog; poi, inaspettatamente, fummo raggiunti da mio padre e da mio nonno con le barbe bruciate. Avevano un aspetto torvo[7] e parlarono molto poco. Quando chiesi come avessero fatto a scampare, mi dissero di tenere a freno la lingua, e aggiunsero che un giorno, al momento opportuno, l'avrei saputo. Dopo di che ce ne andammo, e dovemmo guadagnarci da vivere come meglio potevamo ora qui ora là, fin troppo spesso costretti a umiliarci lavorando come maniscalchi[8] o addirittura come minatori. Ma non abbiamo mai dimenticato il nostro tesoro rubato. E ancor oggi, che abbiamo messo da parte un bel po' e non stiamo proprio tanto male, ammettiamolo pure – e qui Thorin passò la mano sulla catena d'oro attorno al collo – ancora oggi vogliamo riaverlo, e tornare a casa e rovesciare le nostre maledizioni su Smog, se possiamo.

da J.R.R. Tolkien, *Lo Hobbit*, Bompiani

## competenze alla prova

## LEGGO E...

### ... COMPRENDO

1. **Chi è il narratore dell'episodio?**
   - ☐ Thorin
   - ☐ Thrain
   - ☐ Thror
   - ☐ Dale
2. **In quale tempo è collocato l'episodio narrato?**
   - ☐ In un passato remotissimo
   - ☐ Nel futuro
   - ☐ Al tempo degli antenati
   - ☐ In un tempo imprecisato
3. **Da dove proveniva la famiglia di Thorin?**
   - ☐ Dalla Montagna
   - ☐ Dal lontano Nord
   - ☐ Dal Sud
   - ☐ Dalla zona del Fiume Fluente
4. **A quale attività si dedicavano i nani?**
   - ☐ Fabbri
   - ☐ Agricoltori
   - ☐ Inventori di giocattoli
   - ☐ Fabbri e minatori
5. **Chi erano i loro nemici?**
   - ☐ I draghi
   - ☐ Gli hobbit
   - ☐ Gli uomini mortali
   - ☐ Gli elfi
6. **Qual era la caratteristica peggiore dei draghi? Segna a margine la sequenza in cui si descrive che cosa fanno normalmente i draghi.**
7. **Quale drago era particolarmente malvagio?**
8. **Che cosa è accaduto alla città di Dale dal momento in cui il drago vi si stabilì vicino? Riassumi il contenuto delle sequenze che descrivono il destino del villaggio.**

### ... RICAVO DAL TESTO

9. **Quante generazioni sono passate da quando è accaduto che i nani abbiano perso i loro tesori? Ricava l'informazione dall'inizio del racconto di Thorin.**
10. **I nani si dedicano all'agricoltura e alla produzione di ciò che serve per vivere?**

### ... ANALIZZO E INTERPRETO

11. **L'ambiente geografico in cui si svolge la storia narrata è volutamente vago. Quali sono i punti di riferimento indicati dall'autore?**
12. **Quali sono gli aggettivi che meglio si adattano al carattere dei nani? Sottolineali.**

    intraprendenti - laboriosi - tenaci - paurosi - testardi - intelligenti - disperati - forti - sicuri
13. **Scrivi in due colonne diverse i comportamenti che caratterizzano i nani e quelli che caratterizzano il drago. Dove sta il Bene e dove il Male?**

## ORA SCRIVO IO

14. **Riassumi il testo secondo l'intreccio. Se vuoi, puoi usare la tecnica della cancellazione.**

### UN MONDO DI PAROLE

15. **Componi quattro frasi usando le seguenti parole.**

    antenati - diletto - soqquadro - torvo
16. **Riscrivi le seguenti espressioni con altre di uguale significato.**
    - "*erano dei gran bei giorni*" ➲ ..........
    - "*non si godono uno spillo*" ➲ ..........
    - "*va sempre di male in peggio*" ➲ ..........
    - "*mi dissero di tenere a freno la lingua*" ➲ ..........

### UNO SGUARDO ALLA GRAMMATICA

17. **Nella frase "*vi costruirono sale più larghe e officine più grandi*" indica il grado degli aggettivi utilizzati.**
18. **Nella frase "*nessuno si salvò per quella via*" quale complemento è *per quella via*?**
    - Scrivi tre frasi con l'uso dello stesso complemento.

### AD ALTA VOCE

19. **La narrazione di un anziano è sempre un'esperienza importante. Vi è mai capitato di ascoltare storie da chi è più vecchio di voi? Che cosa vi aspettate di ricevere da una persona avanti negli anni?**

# La signora di Avalon di Marion Zimmer Bradley

leggere scrivere

parlare

TESTO NARRATIVO

1 2 3 livello di difficoltà

**Siamo nel V secolo d.C. sull'isola di Avalon, in Britannia. Nascosta da una nebbia magica, l'isola ospita una comunità femminile, presieduta dalla Somma Sacerdotessa Ana, che istruisce giovani donne a diventare esperte di conoscenze magiche e religiose, legate al culto della Terra. La situazione esterna, però, è molto grave: i Romani stanno abbandonando la Britannia e le tribù dei Sassoni si combattono tra loro, incendiando animi e terre. Ana prende con sé la figlia Viviana, per iniziarla come sacerdotessa e per chiederle un giorno di sposare Vortimer, figlio del re Vortigern: dal loro matrimonio, come profetizza Ana, nascerà un bambino destinato a salvare la Britannia dal pericolo della guerra e della disgregazione. Nel testo scelto, Viviana ancora bambina arriva ad Avalon, accompagnata da Taliesin, che non si rivela ancora per il potente mago che è, noto anche con il nome di Merlino. Si diradano le nebbie che separano l'isola dal mondo e la giovane Viviana entra in un luogo nuovo e meraviglioso, noto solo a chi possiede la magia delle Sacerdotesse.**

Arrivarono al lago quando stava ormai calando il crepuscolo[1] e Viviana si guardò intorno senza entusiasmo. La neve del giorno precedente aveva ricoperto il fango e rivestito le canne, e adesso aveva ricominciato a nevicare. Intorno le pozzanghere erano solidificate e il ghiaccio si estendeva sull'acqua color peltro[2] in lastre che scintillavano debolmente sotto la luce che svaniva; più lontano lungo la spiaggia era possibile vedere alcune capanne su palafitte, mentre al di là della distesa d'acqua s'intravedeva una collina la cui sommità era avvolta nelle nuvole. Mentre guardava in quella direzione Viviana sentì il tenue clangore[3] di una campana.

– È là che siamo diretti? – domandò.

Il volto di Taliesin si illuminò di un fugace sorriso.

– Spero proprio di no… anche se Ynis Witrin sarebbe la sola Isola Sacra per noi visibile se non appartenessimo al popolo di Avalon – , rispose. Nel parlare prese un corno di mucca dalla superficie decorata da intagli a **spirale**, che era appeso a un ramo di salice e vi soffiò dentro: il suono così ottenuto echeggiò duro e rauco nell'aria immota e Viviana si chiese cosa ci si aspettava che succedesse. Il bardo[4] stava intanto guardando in direzione delle capanne, ma quando quello che Viviana aveva scambiato per un mucchio di cespugli cominciò a muoversi fu lei la prima ad accorgersene.

Si trattava di una vecchia avvolta in strati di lana sovrastati da un lacero mantello di un'imprecisata pelliccia grigia, e a giudicare dalla sua taglia e dagli occhi scuri che erano la sola cosa visibile della sua faccia, lei doveva appartenere al popolo delle paludi. Osservandola, Viviana si chiese

> **Spirale**
> Deriva da "*spira*", che indica le linee a cerchio che si creano ruotando intorno a un punto centrale, come capita ai serpenti quando si avvolgono su se stessi.

**1 crepuscolo:** luce tenue e diffusa che precede l'alba o segue il tramonto.

**2 peltro**: lega metallica a base di stagno dal caratteristico colore grigio scuro.

**3 clangore:** suono metallico (in questo caso della campana di un monastero).

**4 bardo**: presso gli antichi celti, era un poeta, cantore di imprese eroiche.

perché Taliesin la stesse fissando in modo strano, al tempo stesso cauto e divertito, come un uomo che avesse trovato una vipera sulla sua strada.
– Buon signore e giovane signora, la barca non può venire con un simile freddo. Volete per favore aspettare nella mia casa un momento più propizio[5]?
– No, *non* vogliamo – , ribattè Taliesin, in tono deciso. – Ho giurato di portare questa bambina ad Avalon il più presto possibile e siamo stanchi ed esausti. Vorresti fare di me uno spergiuro[6]?
La donna rise sommessamente, e Viviana sentì la pelle che le si accapponava, anche se la cosa poteva dipendere dal freddo.
– Il lago è ghiacciato, quindi puoi forse attraversarlo a piedi – , dichiarò intanto la vecchia, fissandola. – Se sei una Sacerdotessa per nascita devi essere dotata di preveggenza[7] e sapere dove è sicuro camminare. Hai il coraggio di tentare?
Viviana si limitò a fissarla in silenzio. Fin da quando aveva memoria le era sempre capitato di *vedere* delle cose in pezzi e frammenti e sapeva che in mancanza di addestramento non ci si poteva fidare di una Vista del genere, anche se era tuttavia consapevole che quella conversazione aveva un senso recondito[8] che non riusciva a comprendere.
– Il ghiaccio è infido... sembra solido ma poi si crepa e fa sprofondare –, osservò intanto il bardo. – Dopo aver portato questa bambina fino a qui sarebbe un peccato vederla annegare...
Quelle parole rimasero sospese nell'aria gelida e Viviana ebbe l'impressione di vedere la vecchia sussultare, sebbene dovette essersi trattato di un'illusione perché il momento successivo lei si girò e batté le mani, lanciando al tempo stesso un richiamo in una lingua che Viviana non era in grado di capire.
Immediatamente piccoli uomini bruni avvolti in pellicce sciamarono giù dalle scale delle capanne con tanta rapidità da far supporre che fossero stati in attesa di quel segnale e trascinarono fuori del riparo offerto dalle canne una barca lunga e bassa abbastanza da accogliere le loro cavalcature, e con qualcosa di scuro avvolto intorno alla prua. Il ghiaccio si crepò e s'infranse quando la barca venne tirata in avanti e a quella vista Viviana fu lieta di non essersi sentita indotta a compiere un atto di esibizionismo[9]. Al tempo stesso si chiese però se la vecchia le avrebbe permesso di tentare davvero, considerato che sapeva dall'inizio quanto fosse spesso il ghiaccio.
All'interno della barca c'erano altre pellicce e quando i battellieri si allontanarono dalla riva con i loro pali lei si accoccolò con gratitudine in mezzo a esse cominciando ad avvertire la gelida carezza del vento. Al tempo stesso rimase sorpresa di vedere la vecchia... che aveva creduto essere un'abitante del villaggio... seduta a prua, eretta come se non stesse avvertendo il freddo. Adesso il suo aspetto era inoltre diverso e in qualche modo familiare.
Intanto erano arrivati nel centro del lago, dove gli uomini delle paludi abbandonarono i pali per passare ai remi e mentre la barca prendeva a rollare e a beccheggiare[10] sulle onde, Viviana si rese conto che adesso

**5 propizio**: favorevole.
**6 spergiuro**: chi non mantiene un giuramento o giura il falso.
**7 preveggenza**: capacità di vedere il futuro.
**8 recondito**: segreto, nascosto.
**9 esibizionismo**: tendenza ad assumere comportamenti appariscenti, a mettersi in mostra.
**10 beccheggiare**: le navi ormeggiate oscillano seguendo il movimento delle onde.

**11 beffardo**: che dimostra scherno, ironia, capacità di beffare.

poteva scorgere con chiarezza attraverso i veli di neve la riva ancora indistinta dell'isola con la rotonda chiesa di cupa pietra grigia. D'un tratto i battellieri sollevarono i remi dall'acqua.

– Signora, adesso puoi chiamare le nebbie? – domandò uno di essi, nella lingua dei britanni.

Per un orribile momento Viviana credette che l'uomo stesse parlando con lei, poi vide con stupore la vecchia alzarsi in piedi e constatò che adesso non appariva più tanto minuta o tanto vecchia. La sua espressione dovette tradire ciò che provava perché intravide sul volto della Signora un sorriso beffardo[11] mentre lei si girava verso l'isola. Viviana non aveva più visto sua madre da quando aveva cinque anni e non era in grado di rammentare i suoi lineamenti... però adesso la riconosceva e questo la indusse a scoccare un'occhiata piena di accusa a Taliesin, che avrebbe potuto avvertirla!

Suo padre, se davvero *era* suo padre, stava però contemplando la Signora, che un momento dopo l'altro, nel levare le braccia al cielo, stava acquisendo statura e bellezza: per un istante rimase quindi immobile con il corpo inarcato in un'invocazione, poi una serie di strane sillabe le scaturirono dalle labbra in un nitido richiamo e lei abbassò infine le braccia.

## competenze alla prova

### LEGGO E...

#### ... COMPRENDO

1. **Chi è Viviana?**
   - ☐ Una bambina
   - ☐ Una potente maga
   - ☐ Una ragazza
   - ☐ Una sacerdotessa
2. **In quale periodo dell'anno è ambientata la storia?**
3. **In quale terra è ambientato il racconto?**
   - ☐ A nord della terra di Avalon
   - ☐ In Britannia
   - ☐ In Francia
   - ☐ Non è specificato nel testo
4. **Quale difficoltà si trovano ad affrontare Viviana e il suo accompagnatore?**
   - ☐ Salire su una montagna
   - ☐ Attraversare un fiume
   - ☐ Attraversare un lago ghiacciato
   - ☐ Attraversare un bosco
5. **Dove sono diretti Viviana e Taliesin?**
6. **Con quale visione si conclude il viaggio di Viviana?**

#### ... RICAVO DAL TESTO

7. **Quando Taliesin e Viviana raggiungono la costa, il bardo dice: "*Ynis Witrin sarebbe la sola Isola Sacra per noi visibile se non appartenessimo al popolo di Avalon*". Che cosa sottintende questa affermazione?**
   - ☐ Ynis Witrin è un'isola sacra come Avalon, ma è sempre visibile a tutti
   - ☐ Avalon non si vede mai, mentre Ynis Witrin si riesce talvolta a vedere
   - ☐ Se non fossero di Avalon non vedrebbero nemmeno Ynis Witrin
   - ☐ Ynis Witrin non è un'isola sacra e Avalon sì
8. **"*Suo padre, se davvero era suo padre stava però contemplando la Signora*": che cosa rivela questo passaggio del testo? Di chi è padre Taliesin?**

#### ... ANALIZZO E INTERPRETO

9. **Chi è il/la protagonista della storia?**
   - ☐ Viviana
   - ☐ Taliesin
   - ☐ La vecchia
   - ☐ I battellieri
10. **Nel testo si dice che Viviana dovrebbe essere dotata di preveggenza e poco oltre si dice che**

Viviana avvertì nei muscoli il tremore che li spostava da una realtà all'altra e prima ancora che le nebbie cominciassero a tremolare comprese cosa era successo, poi i suoi occhi si dilatarono ancor più per la meraviglia allorché quella cortina di nebbia si aprì e lei vide l'Isola di Avalon brillare sotto le ultime luci di un sole che non c'era stato nel mondo che aveva appena lasciato. Non c'era traccia di neve sulle pietre che incoronavano il Tor, ma il suo candore scintillava sulla riva ed era sparso come una serie di boccioli invernali sui meli del frutteto, perché anche adesso Avalon non era del tutto separata dal mondo umano. Ai suoi occhi affascinati quella apparve come una visione di luce e in tutti gli anni successivi non le capitò più di contemplare qualcosa di altrettanto splendido. Ridendo, i battellieri affondarono i remi nell'acqua e portarono in fretta la barca fino all'approdo. Il suo avvicinarsi era stato notato... e adesso druidi vestiti di bianco e donne che portavano abiti di lana di tinta naturale o dell'azzurro sacerdotale stavano scendendo di corsa dalla collina. Liberandosi dei panni che l'avevano camuffata[12], la Signora di Avalon scese a riva e si girò per porgere la mano a Viviana.
– Figlia mia... benvenuta ad Avalon –, disse.

da M. Zimmer Bradley, *La signora di Avalon*, Longanesi

**12 camuffata**: mascherata, travestita.

**aveva una Vista particolare che le permetteva alcune sensazioni eccezionali: spiega con parole tue il significato di questi riferimenti.**

**11** **Come è presentata l'isola di Avalon nel testo? Individua la sequenza nella quale viene descritta e segnala a margine.**

- Quale funzione ha la luce nella descrizione dell'isola? A quale elemento precedente si contrappone?

**12** **La signora di Avalon travestita da vecchia a un certo punto si rivela nelle sue vere forme: rintraccia e sottolinea le sequenze in cui si vede il cambiamento.**

**13** **Come definiresti l'azione descritta nel racconto?**

## ORA SCRIVO IO

**14** **Descrivi il paesaggio in cui si svolge la scena narrata come se fossi la donna coperta di stracci.**

**15** **Inventa una nuova sequenza in cui Viviana incomincia ad avventurarsi sul ghiaccio.**

### UN MONDO DI PAROLE

**16** **Componi quattro frasi usando le seguenti parole (presenti nel testo).**

- Sommessamente
- Avvolta
- Imprecisata
- Stupore

### UNO SGUARDO ALLA GRAMMATICA

**17** **Acquisendo è il gerundio presente di quale verbo? ..........................................; forma il gerundio passato ..........................................**

### NARRA LA TRAMA

**18** **Racconta l'episodio, seguendo l'ordine della *fabula*.**

### C'È STILE E STILE

**19** **Come definiresti il ritmo della narrazione?**

- ☐ Lento e sognante
- ☐ Veloce, ricco di colpi di scena
- ☐ Ad andamento variabile
- ☐ Troppo affrettato

# Salvare Fantàsia di Michael Ende

leggere scrivere

parlare

TESTO NARRATIVO

1 2 3 livello di difficoltà

**_La storia infinita_ di Michael Ende è un fantasy con complessa costruzione narrativa. Il giovane Bastiano, infatti, legge un libro, anch'esso intitolato _La storia infinita_, in cui si racconta del mondo di Fantàsia, che sta per scomparire perché assalito dal Nulla. Solo un giovane eroe, Atreiu, potrà salvarlo. Bastiano continua nella lettura del romanzo finché non si accorgerà, con sua grande sorpresa, che anche lui fa parte della magica storia che sta leggendo e che proprio lui sarà chiamato a salvare Fantàsia. Il romanzo a lungo propone questo doppio filo di narrazione, che alla fine si intreccerà in uno solo, quando Bastiano entrerà a Fantàsia. Nel passo qui proposto, Atreiu sta arrivando al palazzo dell'Imperatrice di Fàntasia per conoscerla e sapere che cosa salverà lei e con lei il suo grande regno. L'incontro è cruciale: che cosa accadrà dopo?**

Nessuno dei due, non Fùcur[1] e neppure Atreiu[2], seppe più tardi dire quanto durò quel lungo volo nella più totale oscurità, e neppure se si fosse trattato soltanto di una notte. Forse anche il tempo aveva cessato di esistere e loro vagavano immobili in una oscurità senza confini. Non solo per Atreiu quella fu la notte più lunga che avesse mai vissuto, lo fu anche per Fùcur, che pure era tanto, tanto più vecchio di lui.

Ma anche la notte più lunga e tenebrosa deve a un certo punto finire. E quando un'alba smorta si annunciò, i due videro, ai confini estremi dell'orizzonte, la Torre d'Avorio.

A questo punto è forse venuto il momento di fare una piccola pausa, per spiegare una peculiarità della geografia fantàsica. Terre e mari, montagne e corsi d'acqua non sono sempre allo stesso posto, come avviene nel mondo degli uomini. Tanto per fare un esempio, sarebbe assolutamente impossibile disegnare una carta geografica di Fantàsia. Là non si può mai sapere in anticipo e con sicurezza quale Paese e quale altro confinano. Persino i punti cardinali mutano continuamente, secondo il posto in cui ci si trova in quel momento. Estate e inverno, giorno e notte seguono in quel paesaggio leggi completamente diverse. Può capitare di passare per un deserto infuocato e trovarsi subito dopo in regioni di nevi artiche. In quel mondo non esistono distanze esterne concretamente misurabili, e così anche le parole "vicino" e "lontano" hanno un significato totalmente differente. Tutte queste cose dipendono dallo stato d'animo e dalla volontà di colui che compie un determinato cammino. Poiché Fantàsia non ha confini, il suo centro può essere ovunque, o, per meglio dire, è ugualmente lontano e ugualmente vicino da qualunque punto. Dipende esclusivamente da colui che vuole arrivare a questo centro. E questo centro del centro di Fantàsia è precisamente la Torre d'Avorio.

Con sua grande meraviglia Atreiu si ritrovò in groppa al Drago della Fortuna, senza poter ricordare come ci fosse arrivato. Rammentava soltanto che Fùcur lo aveva afferrato per il ciuffo e lo aveva trascinato

**1 Fucùr**: è un Drago della Fortuna, ha la forma di un cane-drago bianco, volante. È ovviamente un animale immaginario, compagno inseparabile di Atreiu, molto più vecchio di lui, al quale spiega molte cose di Fantàsia.

**2 Atreiu**: è un bambino di circa 10 anni del popolo dei Pelleverde, protagonista del racconto in Fantàsia. Il suo nome significa Figlio di Tutti, è intelligente e coraggioso.

verso l'alto. Quando, tremante, cercò di tirare a sé il suo mantello per avvolgerselo intorno, si accorse che esso aveva perso il suo colore ed era diventato grigio. E lo stesso era avvenuto ai suoi capelli e alla sua pelle. E ora, nella luce crescente del mattino, vide che anche a Fùcur era accaduta la stessa cosa. Il drago assomigliava ora soltanto a una striscia di nebbia e aveva un aspetto già quasi altrettanto irreale. Entrambi erano arrivati troppo vicini al Nulla.
– Atreiu, mio piccolo padrone –, udì il drago dire a bassa voce, – la ferita ti duole molto?
– No –, rispose Atreiu, – non sento più niente.
– Hai la febbre?
– No, Fùcur, non credo. Perché me lo domandi?
– Ho sentito che tremi –, rispose il drago, – che cosa al mondo può ancor far tremare Atreiu?
Atreiu restò per un lungo momento in silenzio, prima di rispondere:
– Presto saremo arrivati a destinazione. E io allora dovrò dire all'Infanta[3] Imperatrice che non c'è più salvezza. Di tutti quelli che ho dovuto passare, questo è il momento più difficile.
– Sì –, replicò Fùcur a voce ancora più bassa, – è vero.
Proseguirono il loro volo in silenzio, verso la Torre d'Avorio.
Dopo un po' il drago ricominciò a parlare:
– L'hai mai vista, Atreiu?
– Chi?
– L'Infanta Imperatrice, o per meglio dire Occhi d'Oro, Sovrana dei Desideri. Perché questo è l'appellativo con il quale dovrai rivolgerti a lei, quando le sarai davanti.
– No, non l'ho mai vista.
– Io sì. Ma è stato tanto, tanto tempo fa. Il suo trisavolo[4] doveva essere allora un bambino. E anch'io allora ero un 'salta-nelle-nuvole' che non aveva in testa altro che la voglia di giocare. Una notte, per esempio, mi ero messo in mente di andare a prendere la luna che vedevo brillare in cielo, così grossa e tonda. Come ho detto, a quel tempo non capivo nulla di nulla. Quando alla fine deluso, mi lasciai ricadere giù sulla terra, il caso volle che andassi a finire proprio vicino alla Torre d'Avorio. Il Padiglione[5] della Magnolia quella notte aveva schiuso i suoi petali e proprio nel mezzo vidi seduta lei, l'Infanta Imperatrice. Mi gettò un'occhiata, solo un brevissimo sguardo ma, non so come te lo potrei spiegare, da quella notte sono diventato un altro.
– Com'è?
– Sembra una bambina. Ma è molto, molto più vecchia della più vecchia creatura di Fantàsia. Per essere più precisi, dovrei dire: è senza età.

**3 Infanta**: titolo che veniva dato alle figlie dei re in Spagna e in Portogallo.

**4 trisavolo**: padre del bisnonno, antenato.

**5 Padiglione**: edificio dalla struttura leggera per parchi e giardini.

– Ma ora è moribonda – , fece Atreiu, – non credi che dovrei cercare di prepararla con cautela alla fine di ogni speranza?
Fùcur scosse la testa.
– No, lei capirebbe subito. Devi dirle la verità.
– Anche se lei ne morisse? – domandò Atreiu.
– Non credo che questo succeda, replicò Fùcur.
– E già –, esclamò Atreiu, – tu sei un Drago della Fortuna.
E poi continuarono a volare in silenzio per un lungo tratto.
Finalmente ripresero per la terza volta a parlare. Questa volta fu Atreiu a rompere il silenzio:
– C'è un'altra cosa che ti vorrei domandare, Fùcur.
– Parla!
– *Chi* è lei?
– Che cosa intendi dire con questo?
– AURYN[6] ha potere su tutte le creature di Fantàsia, sia quelle della luce, sia quelle delle tenebre. Ha potere anche su di me e su di te. Eppure l'Infanta Imperatrice non esercita mai il potere. È come se lei non ci fosse, eppure è in tutte le cose. È una creatura come noi?
– No –, rispose Fùcur, – lei non è quello che siamo noi. Lei non è una creatura di Fantàsia. Noi esistiamo tutti in grazia della sua esistenza. Ma lei è di natura diversa.
– È allora... – Atreiu esitò un momento a formulare la sua domanda – è qualcosa di simile a un figlio dell'uomo?
– No – rispose Fùcur, – lei non è quello che sono gli esseri umani.
– Allora, *chi è*? – ripeté Atreiu.
Solo dopo un lungo silenzio Fùcur rispose:
– Nessuno in tutta Fantàsia lo sa, nessuno lo può sapere. Questo è il mistero più impenetrabile del nostro mondo. Una volta ho sentito un saggio affermare che chi lo capisse del tutto spegnerebbe con ciò la propria esistenza. Non so che cosa volesse dire. Più di questo non so.
– E ora –, fece Atreiu, – la sua e tutte le nostre esistenze si spegneranno senza che noi abbiamo compreso il suo mistero.
Questa volta Fùcur tacque, ma intorno alla sua bocca leonina errava un sorrisetto. Come se volesse dire: questo non succederà.
Da quel momento non parlarono più.
Poco più tardi sorvolarono la parte esterna del Labirinto, quella pianura fatta tutta di aiuole di fiori, siepi e cespugli, con un intrico[7] di vialetti, che si stendeva in ampia cerchia intorno alla Torre d'Avorio. Con loro grande orrore dovettero constatare che anche qui il Nulla era già all'opera. Per il momento si trattava solo di piccole chiazze che punteggiavano il Labirinto, ma erano sparse un po' dappertutto. Le aiuole fiorite, i cespugli in fiore che si trovavano fra queste chiazze erano diventati grigi, e fiori e rami erano rinsecchiti. Gli alberelli che s'erano levati pieni di grazie allungavano ora rami nudi e contorti verso il drago e il suo cavaliere, come volessero implorare il loro aiuto. I bei prati verdi e ricchi di fiori erano ora sbiaditi, incolori, e da lì si levava verso i nuovi arrivati un lieve sentore[8] di muffa e putredine[9]. Gli

**6 AURYN**: detto anche Pantakel, il Gioiello o lo Splendore, è un amuleto. È costituito da due serpenti, uno scuro e uno chiaro: ciascuno morde la coda dell'altro formando così un ovale. Reca sul retro la scritta *"Fa ciò che vuoi"*.

**7 intrico**: insieme confuso di elementi.

**8 sentore**: odore.

**9 putredine**: sostanza organica in putrefazione, in decomposizione.

unici colori che esistevano ancora erano quelli di funghi giganteschi e tumefatti, e di forme mai viste di fiori degenerati dai colori stridenti e dall'aspetto velenoso; più che fiori parevano il prodotto della depravazione[10]. L'ultima e più segreta vita di Fantàsia si ribellava ancora, fra gli spasimi, ormai senza più forze, alla distruzione totale che saliva da ogni parte ad assediare e divorare ogni cosa.
Ma la Torre d'Avorio scintillava ancora al centro di tutto, intatta e senza macchia, nel suo immacolato, fatato candore.
Fùcur non atterrò con Atreiu in groppa su una delle terrazze inferiori, previste appunto per messaggeri che arrivavano in volo. Il drago sentiva che né lui né Atreiu avrebbero avuto ancora la forza di risalire a piedi la grande strada a spirale che conduceva alla cima. Inoltre gli pareva anche che la singolarità della situazione permettesse senz'altro di chiudere un occhio sul rispetto dei regolamenti e sulle questioni di etichetta. Decise così un atterraggio di fortuna. Passò come un razzo fragoroso sopra le minuscole verande d'avorio, sopra ponticelli e balaustrate[11] e, proprio all'ultimo momento, trovò ancora spazio nel punto più alto della strada principale, là dove essa finiva davanti alle prime strutture del palazzo; si lasciò andar giù, scivolò in avanti lungo la strada e si rigirò parecchie volte su se stesso, per arrivare infine ad arrestarsi con la coda in avanti.
Atreiu che si era tenuto stretto al collo di Fùcur con entrambe le braccia, si raddrizzò e si guardò intorno. Si era aspettato qualche accoglienza, o per lo meno una schiera di guardie del palazzo che venissero a domandagli chi era e che cosa voleva in quel luogo, ma tutt'intorno, in lungo e in largo, non si vedeva anima viva. Gli edifici del palazzo, di un radioso candore, parevano deserti e abbandonati.
– Sono già scappati tutti! – gli passò come un lampo per la mente. – Hanno lasciato sola l'Infanta Imperatrice. Oppure lei è già...
– Atreiu –, sussurrò Fùcur, – devi andare a rendere l'amuleto[12].

**10 depravazione**: corruzione.

**11 balaustrate**: sono parapetti, cioè elementi di protezione, per evitare le cadute nel vuoto da un balcone, da una terrazza o, come in questo caso, dai ponticelli.

**12 amuleto**: oggetto a cui si attribuisce per superstizione il potere di tener lontani il male, i pericoli.

Si tolse dal collo la catena d'oro che scivolò a terra.
Atreiu saltò giù dalla groppa del drago e cadde. Non aveva più pensato alla sua ferita. Lungo disteso, afferrò il Pantakel e se lo mise al collo. Poi si sollevò con fatica, appoggiandosi al corpo del drago.
– Fùcur , disse, – dove devo andare?
Ma il Drago della Fortuna non rispondeva più. Giaceva lì come morto.
La strada principale finiva davanti a un candido muro di cinta, in cui si apriva un portale meravigliosamente intagliato, dai battenti aperti. Atreiu vi si diresse zoppicando, si appoggiò al portale e, dietro la porta, trovò un ampio scalone di un biancore scintillante, che pareva arrivare fino al cielo. Cominciò a salire i gradini. Di tanto in tanto si arrestava per riprendere fiato. Sul candore della scala egli lasciava dietro sé una traccia di gocce di sangue.
Finalmente arrivò in cima e si vide davanti una lunga galleria. Avanzò a tentoni: barcollando, appoggiandosi alle colonne. Poi passò attraverso un cortile pieno di fontane e di altri giochi d'acqua, ma non riusciva a distinguere ciò che vedeva. Continuava a procedere come in sogno. Trovò un secondo portale, più piccolo del precedente. Dopo questo dovette arrampicarsi su per un'altra scala, anche questa molto alta, ma assai stretta; arrivò in un giardino in cui tutto, piante, fiori e animali, tutto era intagliato nell'avorio; avanzò a quattro zampe su per molti ponti ad arcata, senza parapetto, fino a una terza porta, la più piccola di tutte. Steso bocconi, si trascinò ancora, poi levò lentamente lo sguardo e vide un cono ch'era la vetta d'una montagna, lucente come uno specchio e tutto d'avorio, e in cima al cono il candore accecante del Padiglione della Magnolia. Ma non c'era alcuna strada né scala che portasse lassù.
Atreiu lasciò ricadere la testa sulle braccia ripiegate.
Nessuno che sia mai arrivato fin là, o che mai ci possa arrivare, può dire come sia riuscito a superare quest'ultimo tratto del cammino. È un dono, una grazia.
D'un tratto Atreiu si trovò davanti alla porta che conduceva all'interno del padiglione. Entrò, e in quel momento si trovò faccia a faccia con Occhi d'Oro, la Sovrana dei Desideri.
Sostenuta da montagne di cuscini, essa sedeva al centro dei petali della magnolia, su un morbido divano rotondo. Lo guardò, serena e impassibile[13]. Aveva un aspetto infinitamente tenero, delicato e prezioso. Quanto fosse malata, Atreiu lo poteva vedere dal pallore del suo volto, che pareva quasi trasparente. Gli occhi a mandorla avevano il colore di oro scuro. Non rivelavano né ansia, né preoccupazione, né inquietudine. Sorridevano. La figurina sottile era avvolta in un'ampia veste di seta bianca, di un candido così luminoso da offuscare persino i petali della magnolia. Pareva una bimba, una bambina di indescrivibile bellezza, che poteva avere al massimo dieci anni, ma i lunghi capelli, pettinati lisci, che le ricadevano sulle spalle e giù, fin sulla schiena e sui cuscini, erano candidi come la neve.

da M. Ende, *La storia infinita*, Corbaccio

**13 impassibile**: che non mostra sentimenti, passioni o desideri.

competenze alla prova

# LEGGO E...

## ... COMPRENDO

1. **Dove si trova Fantàsia?**
   - ☐ In mezzo al mare
   - ☐ Sulle rive di un lago
   - ☐ Vicino ad alte montagne
   - ☐ Non è possibile saperlo perché non ha riferimenti geografici
2. **Come arrivano a Fantàsia i protagonisti del racconto?**
3. **Quale impresa devono intraprendere?**
   - ☐ Portare in salvo l'Imperatrice
   - ☐ Sconfiggere nemici terribili
   - ☐ Portare un amuleto al re
   - ☐ Portare all'Infanta Imperatrice l'AURYN
4. **Dove vive l'Infanta Imperatrice?**
   - ☐ In un padiglione fiorito
   - ☐ In un giardino delle meraviglie
   - ☐ Su un'isola
   - ☐ Nella Torre d'Avorio
5. **In quale condizione fisica è Atreiu?**

## ... RICAVO DAL TESTO

6. **Fucùr dice che ha conosciuto l'Infanta Imperatrice quando era molto piccolo, ai tempi del trisavolo di Atreiu. Che cosa sottintende?**
   - ☐ Fucùr è vecchissimo
   - ☐ Fucùr si sta sbagliando
   - ☐ Fucùr è immortale
   - ☐ Fucùr sta scherzando
7. **Secondo quanto dice il testo, dove avrebbero dovuto fermarsi Fucùr e Atreiu, una volta arrivati al palazzo dell'Imperatrice?**

## ... ANALIZZO E INTERPRETO

8. **Rileva tutti gli elementi che descrivono l'Imperatrice e distinguili in due colonne: in una elenca gli aspetti fisici e nell'altra quelli psicologici.**
9. **Quali aggettivi ti sembrano più appropriati per descrivere i personaggi di Atreiu e Fucùr?**
   - **Atreiu:** generoso - pauroso - intelligente - curioso - attento
   - **Fucùr:** forte - fedele - superficiale - ironico - vecchio - affezionato
10. **Rintraccia nel testo almeno cinque elementi che definiscono l'ambiente già divorato dal Nulla e cinque che descrivono quello di Fantàsia.**
    - Puoi verificare la presenza di elementi opposti?
11. **Secondo te la caratterizzazione dell'ambiente può avere un valore non solo descrittivo, opponendo il Bene e il Male? Giustifica la tua risposta.**

# ORA SCRIVO IO

12. **Descrivi il paesaggio sottostante come se fossi in volo su Fucùr.**
13. **Ti è mai capitato di dare a un luogo in cui sei stato un "significato", positivo o negativo? Racconta.**

## UNO SGUARDO ALLA GRAMMATICA

14. **Nella frase "*Tutti hanno lasciato sola l'Infanta Imperatrice*", qual è il complemento predicativo dell'oggetto?**
15. **Nella frase "*Atreiu vi si diresse zoppicando*", quale funzione ha *vi*?**

## C'È STILE E STILE

16. **Ripercorri il testo e osserva in alcuni punti precisi, come la descrizione della sede dell'Infanta o dell'Imperatrice stessa, in quale modo sono usati gli aggettivi.**
    - Perché, secondo te, sono così tanti e precisi?

## NARRA LA TRAMA

17. **Racconta l'episodio, seguendo l'ordine dell'intreccio.**

## AD ALTA VOCE

18. **Vi è mai capitato di sentire che stavate svolgendo un compito importante? Scambiatevi esperienze, considerazioni, emozioni.**

# Scrivere storie fantasy

**Dopo avere letto molte pagine tratte dai romanzi fantasy, scritte da autori della letteratura, prova a scriverne qualcuna tu, seguendo alcune regole importanti. Tieni sempre presente che:**

- il luogo di una storia fantasy è indefinito, cioè non si può identificare con uno preciso e reale, ma contiene elementi che affascinano per la loro bellezza e inquietudine
- anche il tempo in cui si svolgono le vicende è indefinito: molti sono i riferimenti al Medioevo, ma non mancano ambientazioni nel presente o nel futuro
- i personaggi sono sia umani sia fantastici, come draghi, elfi, maghi e fate, animali magici, gnomi, orchi ecc.
- la struttura del racconto presenta una situazione iniziale di equilibrio, un avvio della vicenda, uno sviluppo in cui si alternano vittorie e sconfitte degli eroi protagonisti, una conclusione in cui viene ristabilito il Bene; è molto usata la *suspense*
- i protagonisti sono eroi che lottano per il Bene attraverso le loro qualità fisiche e morali
- il lessico utilizzato è molto ricco specie nelle descrizioni; si ricorre a termini inventati per descrivere luoghi, tempi ed eroi fantastici

1. Provate a scrivere un breve racconto fantasy e ponete uno per volta gli elementi che comporranno la storia. Potete svolgere questo esercizio anche in piccoli gruppi. Innanzitutto, descrivete la terra che ospiterà la storia. Il disegno vi propone una "forma": a voi descriverla in un testo che non superi le quindici righe.

② Ora facciamo entrare in gioco i **personaggi**. Saranno “doppi”: se c’è un mago buono e potente, ci sarà anche un mago cattivo e altrettanto potente; se c’è un cavaliere buono, ce n’è uno malvagio e così via. Osservate le carte che descrivono i personaggi possibili e scegliete quelle che intendete usare.

③ **A questo punto si pone la missione da svolgere, con due fasi successive:**

- innesco della storia: arriva il mago malvagio su una nave dalla terra lontana in cui abita per prendere una pietra magica nascosta in una grotta sulle montagne;
- lotta tra le forze del Bene e del Male, per impedire che il mago prenda la pietra. Inventate due situazioni: una lotta tra i due eroi principali che avete scelto e una battaglia tra le forze del Bene e quelle del Male.

④ **La conclusione della storia deve portare a impedire che la pietra finisca nelle mani del mago malvagio. Entrano nella storia le ultime due figure, le dame:**

- la dama buona custodisce la pietra e cerca di nasconderla; la dama cattiva finge di essere dalla sua parte e di aiutarla, ma poi passa dalla parte del Male;
- arrivano tutti i personaggi buoni e cattivi alla grotta e si affrontano per la prova decisiva con un mezzo che deciderete: le armi? La magia? La capacità di sciogliere un enigma? Il coraggio di guardare in uno specchio fatato? Scegliete voi!

⑤ **La conclusione, naturalmente, favorisce il Bene e il mago è costretto a riprendere la nave per tornare nella sua terra lontana con i suoi:**

- il mago deve ripartire sconfitto;
- gli eroi positivi devono capire un messaggio importante da questa storia; per esempio: la solidarietà tra i buoni ha permesso loro di vincere il Male; oppure la magia non basta se non è usata con coraggio e con forza d’animo; la pietra non ha valore se non è usata per il Bene o con un’intenzione profondamente giusta ecc. Vedete voi che cosa pensate sia un insegnamento da dare al vostro racconto: ricordate che più della magia deve risultare importante la Giustizia o il Bene.

# Verifica delle conoscenze

## Definisci

**1** Che cos'è una storia fantasy?

..........................................................................................

..........................................................................................

..........................................................................................

**2** Quali sono le fasi in cui si articola un fantasy?

a. ..........................................................................

b. ..........................................................................

c. ..........................................................................

d. ..........................................................................

## Rispondi alle domande

**3** Chi è il protagonista di una storia fantasy?

- ☐ Un eroe che ha una missione da compiere al servizio del Bene
- ☐ Un personaggio fantastico dotato di poteri magici
- ☐ Una persona comune
- ☐ Un predestinato

**4** Quali personaggi si accompagnano di solito al protagonista?

- ☐ Difficilmente sono presenti personaggi che aiutano il protagonista
- ☐ Animali o personaggi anche fantastici, che spesso usano mezzi magici
- ☐ Personaggi comuni, che sostengono il protagonista solo parzialmente
- ☐ Fate e maghi

**5** La figura dell'antagonista è sempre presente nel fantasy?

- ☐ Sì, rappresenta il Male contro cui il protagonista è costretto a combattere
- ☐ Non sempre, talvolta è l'impresa che conta, non contro chi la si compie
- ☐ I personaggi sono vari, non sempre identificabili come "buoni" e "cattivi"
- ☐ La figura dell'antagonista non si presenta mai

**6** L'ambientazione della storia fantasy in quali luoghi e tempi è collocata?

- ☐ In luoghi reali, ma in un tempo non preciso
- ☐ In generale nel Medioevo, ma in un luogo non riconoscibile esattamente
- ☐ Sempre in luoghi fantastici e tempi non definiti
- ☐ Nel futuro e in un mondo diverso dal nostro

**7** Qual è il tema caratteristico delle storie fantasy?

- ☐ Come si può agire bene anche in condizioni negative
- ☐ Come fa a trionfare il potere
- ☐ La lotta tra il Bene e il Male
- ☐ Dimostrare quale forza ha la magia

**8** Come definiresti il ritmo narrativo di una storia fantasy?

- ☐ Non c'è mai ricorso alla *suspense*
- ☐ La narrazione è volutamente piana e scorrevole, senza tensione
- ☐ Il ritmo narrativo è incalzante, con uso frequente della *suspense*
- ☐ Non si ha un ritmo preciso, ogni autore sceglie ciò che crede meglio

**9** Come si presenta il finale di una storia fantasy?

- ☐ Le storie non finiscono mai in modo preciso
- ☐ Vince sempre il Male, perché è più forte
- ☐ Alla conclusione della storia vengono ristabiliti giustizia e Bene
- ☐ Il problema iniziale si risolve solo parzialmente

**10** Come si presenta il linguaggio in una storia fantasy?

- ☐ Il linguaggio è poco curato e non si preoccupa di descrivere luoghi e persone
- ☐ Il linguaggio è scorrevole, ma curato per poter descrivere luoghi e persone sconosciuti
- ☐ Si usano volutamente solo parole molto conosciute
- ☐ Il linguaggio è carico di termini tecnici che appesantiscono la lettura

## Verifica delle abilità

# Una lotta disperata di Licia Troisi

TESTO NARRATIVO

**Nei romanzi dedicati da Licia Troisi alla Ragazza drago si racconta la storia di Sofia e di altri quattro ragazzi (i Draconiani), nei quali vivono gli spiriti dei cinque draghi, che erano a guardia dell'Albero del Mondo, fonte di ogni purezza e equilibrio nella natura. Loro antagoniste sono le malvagie Viverne, terribili serpenti alati, con due zampe anteriori, il cui compito è di impedire che l'Albero del Mondo venga riportato in vita e custodito per il bene di tutti gli uomini. Chi vincerà?**

Avanzarono in silenzio, circondate dal profumo dolce dei ciclamini e delle primule, poi, all'improvviso, lo spazio si aprì in una caverna che sembrava il paradiso terrestre. Al centro c'era un enorme albero rigoglioso, coperto di foglie verdissime. Ai suoi piedi, grosse margherite profumate spuntavano dall'erba alta. Era un luogo meraviglioso, rischiarato da una tenue luce rosata che ricordava quella della gemma di Rastaban. Sofia si abbandonò al puro piacere di contemplare un tale splendore. Quel posto le era familiare e la faceva stare bene. Il solo guardarlo scacciava via i dubbi e le paure, le pacificava il cuore riportandole alla mente i ricordi di Thuban[1] che solcava i cieli di Draconia.

Fu Lidja a farla tornare in sé. La afferrò rudemente per un braccio e la tirò giù, costringendola a terra. – Eccoli – sibilò.

Sofia seguì la direzione del suo sguardo.

Il ragazzino era in un angolo, immobile. Le enormi ali metalliche fremevano nell'aria, come scosse da un lieve tremito. Là dove i suoi artigli toccavano il terreno, l'erba si era seccata; creando tutt'intorno un alone giallastro. Come aveva fatto a non notarlo prima? Ovunque lui passasse, si lasciava dietro arbusti secchi, rami avvizziti, fiori imputriditi. Sembrava portare la morte con sé. Tutti quei segni testimoniavano che l'Assoggettato[2] aveva frugato dappertutto pur di trovare il frutto[3], infierendo su quella terra paradisiaca. Con cautela strisciarono entrambe dietro un masso e osservarono meglio la scena. C'era qualcun altro con lui: una ragazza bionda dal profilo perfetto. Era graziosa, sembrava già una donna con quella gonna corta che lasciava scoperte le gambe snelle. Sulle spalle minute indossava un giubbotto nero, e nel suo aspetto c'era qualcosa di ammaliante e terribile assieme che fece rabbrividire Sofia. La sua ombra si stagliava a terra scura come un buco nero, mentre frugava tra i cespugli con ansia, strappando fiori che subito ricadevano appassiti. Sofia la guardò inorridita. Sentiva spirare

**1 Thuban**: è il nome del Drago che vive dentro Sofia, di cui la ragazza ricupera parti della memoria. Era il Drago più forte tra i Guardiani dell'Albero del Mondo.

**2 Assoggettato:** grazie alla magia, Nidhoggr, la più potente figura malvagia, si serve di alcuni umani che assoggetta, rendendoli schiavi della sua volontà, per uccidere i Draconiani.

**3 frutto**: il compito dei Draconiani è di trovare i cinque frutti dell'Albero del Mondo i cui semi riporteranno in vita l'Albero e con esso il Bene nel mondo.

4 **Nidhoggr**: è la Grande Viverna, che ha suscitato la guerra tra draghi e viverne e ha roso le radici dell'Albero del Mondo.

dalla sua figura una malvagità senza pari. Il male fine a se stesso, il male per il male e nient'altro. Qualcosa che dava le vertigini. Nidhoggr[4].

Era lui che Sofia sentiva pulsare dentro il corpo della ragazza, e la sua potenza era sconcertante. Senza accorgersene, indietreggiò.

Lidja le mise una mano gelata sul polso. – Non temere – le disse, ma la sua voce era incrinata. Anche lei doveva aver percepito la stessa cosa.

A un certo punto videro la ragazza alzarsi e pestare il piede a terra per la frustrazione. Sul suo petto il ciondolo emetteva una luce fioca, quasi pallida, e indicava solo sommariamente il punto in cui cercare.

Poi un grido di esaltazione fece sussultare entrambe.

– Eccolo, eccolo! – La ragazza si era chinata di colpo con il sorriso sulle labbra. Si comportava come una bambina che ha appena ritrovato un giocattolo perduto. Allungò le braccia, e per qualche istante le sue dita si strinsero su qualcosa. Poi urlò e si portò le mani al petto: erano segnate da profonde bruciature. Ma fu altro ad attirare l'attenzione di Sofia. Dalla presa della ragazza era sfuggito qualcosa che, cadendo a terra, era rotolato non lontano dal luogo in cui lei e Lidja si nascondevano. Era una specie di globo lattescente, di un colore impossibile da definire. C'era qualcosa del rosa, certo, ma non esisteva colore al mondo che potesse descrivere appieno la sua sfumatura variegata. Dentro sembrava vorticare qualcosa, una figura che ogni tanto coagulava in qualcosa d'informe e di più chiaro, per poi sciogliersi dolcemente in un tripudio di luce. Sofia sapeva che era la testa di un drago: Rastaban, la mente della resistenza; la parte razionale

che stemperava l'impulsività di Thuban. Per questo in cielo era rappresentato dalla testa del Dragone, la seconda stella più luminosa del gruppo.
Questi pensieri le strinsero il cuore in una morsa di dolcezza. Rastaban era l'amico, il sodale[5], il drago che era caduto per primo dilaniato dai denti di Nidhoggr. I suoi occhi erano come quel frutto, splendenti e colmi di saggezza. La rabbia montò lentamente senza che Sofia potesse farci nulla. Le Viverne non dovevano fare scempio di quella reliquia: per questo, quando aveva sentito l'urlo della ragazza, aveva provato un'intima esultanza. Vide chiaramente le squame nere spuntare dalla pelle striata, e sorrise. Il potere dei frutti poteva ancora corrodere il male.
– È il momento – disse Lidja tra i denti. – Io la distraggo, tu prendi il frutto –.
– Ma ... –
– Ora! –
Lidja saltò fuori dal loro nascondiglio e distese le ali. Erano ancora più trasparenti e deboli di prima, ma spiccò ugualmente il volo e si avventò sulla ragazza bionda. La prese di sorpresa, ed entrambe caddero a terra poco lontano, mentre l'Assoggettato già si metteva in posizione d'attacco. Sofia, come la prima volta, restò impietrita al suo posto. Contemplò la scena senza poter muovere un muscolo, e al rallentatore vide il groviglio dei corpi che si contorcevano nell'erba.
"No, no!" urlò qualcosa dentro di lei.
Non sarebbe finita come la volta precedente, non era andata fin là per questo!

**5 sodale**: amico fraterno.

Le sue gambe scattarono. Il nemico avrebbe potuto attaccarla da un momento all'altro, ma non c'era spazio per la paura. L'importante era recuperare il frutto, che continuava a brillare a terra. Era bellissimo e invitante, e ci si gettò sopra con un balzo, mentre la spalla ferita reclamava con un'acuta stilettata di dolore. Sofia strinse le mani sul globo, e in un istante si sentì piena di energia e di pace. Un paio di occhi verde-azzurro si accesero nel buio della sua mente, là dove a lungo aveva cercato Thuban.
– No! –
Quel grido disumano la riscosse. La ragazza guardava nella sua direzione, il viso stravolto dall'odio. Il grido fu seguito da un lampo di luce nera, e Lidja venne sbalzata contro l'albero. Sofia rimase bloccata per un attimo, mentre la ragazza le si lanciava contro, le mani avvolte da lampi neri. Ma non dovette neppure pensarci. Fu così terribilmente naturale e semplice. L'erba a terra crebbe da sola, si intrecciò a formare corde lunghe e resistenti e si avvolse attorno alle mani della sua nemica, che rimase interdetta. Sofia sfruttò il suo momento di debolezza per scappare da dove era venuta.
– Maledetta! – urlò la giovane, mentre i lampi neri attorno alle sua mani bruciavano le liane in una fiammata scura. Fece un balzo per avventarsi su di lei.
Sofia sentì uno spostamento d'aria alle spalle: stava per raggiungerla... Ma quando si voltò, vide Lidja ansimare dietro di lei mentre teneva la ragazza bloccata per la vita.
– Scappa – le urlò.
Sofia però non riusciva a ragionare, bloccata dall'enormità della decisione che le veniva chiesto di prendere.
La ragazza urlò ancora, e il suo corpo fu completamente avvolto da una fiamma nera. Lidja strillò per il dolore, ma non si diede per vinta: strinse ancora di più la presa, mentre alcune scintille raggiunsero Sofia, bruciandole la pelle e i vestiti. La gemma di Rastaban brillava intensa sulla sua fronte, e un bozzolo luminoso racchiuse il suo corpo in una specie di barriera. Il volto della ragazza bionda si contorse in una smorfia di dolore, poi cadde a terra, quasi priva di forze. Lidja era riuscita a prendere tempo. – Va' via! Ora! – urlò a Sofia, mentre si preparava al contrattacco. Il suo cappotto era mezzo bruciacchiato, la ferita sulla gamba aveva ripreso a sanguinare e la sua pelle era bruciata.
Sofia la guardò con le lacrime agli occhi. – Ma tu...? –
Non aveva finito di pronunciare quelle parole, che intravide con la coda dell'occhio un lampo dietro di sé. Il ragazzino era rovinato a terra, abbattuto da un masso scagliato da Lidja con la forza del pensiero. L'Assoggettato aveva tentato di attaccarla, ma la sua compagna l'aveva protetta.
– Porta in salvo il frutto. ADESSO! –
E allora Sofia scappò. Tenne gli occhi chiusi per non vedere cosa stava accadendo, il frutto stretto al petto.

da L.Troisi, *La Ragazza Drago. L'eredità di Thuban*, Mondadori

## La struttura del testo

1 Individua la situazione iniziale, l'avvio, lo svolgimento della vicenda e la conclusione, segnandoli a fianco del testo con colori diversi.

2 Perché dove si posano gli artigli del ragazzino l'erba non cresce più?

3 Che cosa sta cercando la ragazza bionda che è con lui?

4 Cosa cercano di fare Lidja e Sofia?

5 Come si mette in salvo Sofia?

6 Chi porta in salvo il frutto?

7 Come si conclude la scena?

## I personaggi

8 Quali aspetti del carattere e del comportamento dei protagonisti corrispondono a quelli tipici delle storie fantasy?

9 Nella storia che hai letto è facilmente riconoscibile la figura del protagonista e quella dell'antagonista?

## Le caratteristiche e l'ambientazione

10 Quale tema caratteristico del genere fantasy ritrovi nel testo?

11 Come si può definire l'ambientazione della storia?

12 Come si presenta il ritmo della narrazione?

13 Quali parole tra quelle presenti nel testo ti sembrano esclusive del genere fantasy?

14 Quale significato ha all'interno del racconto la parola "*disumano*"?

# Il fantasy

## CHE COS'È

Il genere fantasy:

- è un genere misto
- si collega alla fiaba, all'avventura, al mito, all'epica

## LA STRUTTURA

Una storia fantasy, come ogni testo narrativo, presenta:

- una situazione iniziale
- un avvio della vicenda
- uno sviluppo degli avvenimenti (in genere molti e complessi)
- una conclusione

## I PERSONAGGI

- Il protagonista è un eroe con una missione da compiere al servizio del Bene
- Uno o più personaggi aiutano il protagonista, spesso con la magia
- Un antagonista rappresenta il Male e il suo potere
- Esseri fantastici si pongono al servizio delle forze del Bene o del Male

## LE CARATTERISTICHE DEL GENERE

- L'ambientazione è in uno spazio e in un tempo non definiti
- La descrizione degli ambienti è molto curata
- La lotta tra il Bene e il Male avviene attraverso prove molto difficili e pericolose
- Si fa uso della *suspense* e dei colpi di scena, per far crescere la tensione
- La lingua è scorrevole, ma con alcuni termini particolari o inventati

# La nascita del drago di Silvana De Mari

TESTO NARRATIVO

**Yorsh (o, più precisamente, Yorshkrunsquarkljolnnerstrink) è l'ultimo elfo, l'ultimo sopravvissuto della sua razza, e ha un compito molto importante da portare a termine: secondo un'antica profezia l'ultimo elfo e l'ultimo drago s'incontreranno e daranno un futuro migliore al mondo. Yorsh incontra così un vecchio drago un po' sentimentale e smemorato (non ricorda neppure il suo nome), che sta covando un uovo; come tutti draghi, è destinato a morire alla nascita del cucciolo, ma l'amico elfo promette di prendersene cura e di portare a termine così l'antica profezia per la salvezza del mondo.**

Il *crash* con relativo tremito di pareti era stato l'apertura del mastodontico portone[1]. I due battenti erano spalancati e il vento del mare entrava, scuotendo petali, farfalle e la cenere residua[2] di tre secoli di studi di geometria in piccoli turbini[3] sul pavimento. Dall'altra parte, nel cielo, le grandi ali del grande drago battevano sopra il mare. Il cielo era pieno del suo volo. La luce del sole ormai alto passava attraverso gli arabeschi[4] delle sue ali. I suoi occhi d'oro e quelli azzurri del ragazzo elfo si incontrarono. C'erano tutta la tenerezza del mondo in quegli occhi e tutto l'orgoglio, tutto l'amore possibile e tutta la forza, la fierezza e l'arroganza.

Tutta la magnificenza.

MAGNIFICENZA.

MAGNIFICENZA.

MAGNIFICENZA.

MAGNIFICENZA.

MAGNIFICENZA.

MAGNIFICENZA.

MAGNIFICENZA.

MAGNIFICENZA.

– Erbrow – urlò il drago, mentre una striscia di fuoco gli usciva dalle narici e squarciava il cielo tingendolo di arancione.

Yorsh capì che era il suo nome. Annuì[5], poi si inchinò profondamente.

La striscia di fuoco restò nel cielo, dividendolo in due, mentre le grandi ali del grande drago si abbassavano fino all'orizzonte, dove le onde in tempesta si incontravano con il cielo.

Le onde si aprirono e lentamente accolsero le grandi ali, che vi rimasero a lungo sospese, subito al confine con l'orizzonte, sotto nuvole di gabbiani.

Poi le onde si richiusero e del drago non restò più niente.

Gli occhi di Yorsh restarono fissi sull'ultimo punto dove le ali avevano brillato sotto il sole. [...]

La prima cosa da fare ora era tirare fuori il draghetto da dentro il suo uovo. Il guscio era spesso tre pollici[6]. Yorsh cercò di romperlo, ma era come cercare di spezzare un sasso con le mani. Allungò cautamente[7] una mano, badando a fare il movimento più lentamente possibile per non spaventare il piccolo drago. [...]

**1 mastodontico portone**: un portone enorme chiudeva la caverna in cui il drago viveva.

**2 cenere residua**: il piccolo drago, appena uscito dall'uovo, aveva incenerito molti libri conservati nella caverna, che si erano dissolti in cenere.

**3 turbini**: vortici di vento che sollevano polvere da terra.

**4 arabeschi**: decorazione stilizzata, fatta di linee intrecciate.

**5 Annuì**: fece segno di sì con la testa.

**6 pollici**: il pollice è una misura di lunghezza pari a 2,5 centimetri.

**7 cautamente**: con attenzione, piano piano.

**8 iridescenze**: gioco di colore per cui sembrano alternarsi i colori dell'arcobaleno.

**9 dirompente**: molto forte.

Questa volta Yorsh riuscì a posare la mano sulla testa del piccolo. Ghirigori di minuscole squame verde smeraldo si alternavano a strisce di pelo morbido come il velluto che erano di un verde più scuro con iridescenze[8] d'oro. Tutto era liscio, morbido e tiepido, ma attraverso la mano, l'elfo sentì la disperata paura del piccolo, una paura dirompente[9] e totale come solo può essere la paura di un neonato. Yorsh rischiò di essere travolto da quel terrore cieco e abissale e si ricordò di se stesso solo in una pioggia infinita con nessuno, salvo lui stesso, fino all'orizzonte.

La paura di essere solo.

La paura che nessuno ti voglia bene.

Capì cosa doveva fare. Con tutte le sue forze pensò a se stesso e al piccolo insieme. Immaginò se stesso con la testa del piccolo in grembo in mezzo a un infinito prato di minuscole margherite, poi si immaginò mentre lui e il piccolo dormivano abbracciati. Poi mentre si dividevano le mandorle dolci e le fave metà per uno. E poi, di nuovo, mentre il piccolo gli teneva la testa in grembo in un infinito campo di margherite. Il piccolo si calmò, i suoi lineamenti persero la disperazione, i suoi occhi si rasserenarono.

adatt. da S. De Mari, *L'ultimo elfo*, Salani

## Rispondi

### La struttura

**1 Gli elementi che compongono la storia sono quasi tutti:**

- ☐ fantastici
- ☐ reali
- ☐ storici
- ☐ non del tutto reali, non del tutto fantastici

### I protagonisti

**2 Chi è il protagonista?**

- ☐ L'elfo Yorsh
- ☐ Il drago adulto
- ☐ Il piccolo drago che sta nascendo
- ☐ Non si indica chiaramente

**3 Quale compito ha il protagonista?**

- ☐ Leggere un'antica pergamena
- ☐ Assistere alla morte del drago adulto
- ☐ Assistere la nascita del piccolo drago
- ☐ Rompere l'uovo

**4 I sentimenti dei personaggi vengono espressi con chiarezza?**

- ☐ No, perché si bada più all'azione che ai sentimenti

- ☐ Sì, perché nelle storie fantasy il carattere dei personaggi è descritto con molta attenzione
- ☐ Non si capisce a sufficienza, perché i personaggi non sono umani
- ☐ Il genere fantasy non costruisce approfonditamente i personaggi, umani o fantastici

**5 Il protagonista agisce per il Bene?**

- ☐ No, non aiuta nessuno
- ☐ Non è necessario che agisca per il Bene
- ☐ Non fa un'azione né positiva né negativa
- ☐ Sì, fa in modo che il drago nasca e si compia così la profezia

## Caratteristiche del genere

**6 Come si caratterizza l'ambiente in cui si svolge la vicenda?**

- ☐ Si tratta di un ambiente di fantasia
- ☐ È un luogo reale e riconoscibile
- ☐ È una sala di un grande palazzo
- ☐ È un ambiente naturale

**7 È riconoscibile il tempo in cui avviene l'azione?**

- ☐ Si tratta sempre del futuro
- ☐ In questo testo non è specificato, ma i racconti fantasy sono sempre ambientati in un momento storico preciso
- ☐ Sì, si tratta della preistoria
- ☐ No, non viene chiarito, come in tutti i racconti fantasy

**8 Come si presenta il linguaggio di questo racconto?**

- ☐ Molto complesso, per esprimere l'eccezionalità della vicenda narrata
- ☐ Molto accessibile
- ☐ Tecnico
- ☐ Ricco di figure retoriche

**9 Nella situazione completamente fantastica si fa riferimento alla condizione reale delle persone?**

- ☐ No, si parla solo di esseri fantastici
- ☐ Sì, ma con troppe modifiche rispetto alla vita umana
- ☐ Sì, si possono ritrovare dati del carattere e dell'animo umano
- ☐ No, i draghi, gli elfi ecc. si comportano in modo troppo diverso dalle persone umane

## Che cos'è il genere fantasy

**10 Da tutte le caratteristiche che presenta il testo possiamo dire che è "fantasy" perché:**

- ☐ presenta una situazione non reale ma con personaggi che hanno sentimenti umani e agiscono perché si affermi il Bene
- ☐ presenta una storia con personaggi stravaganti
- ☐ presenta un combattimento feroce contro il Male
- ☐ è ambientato in un mondo del tutto abituale e quotidiano

# Con il cuore e con la spada

Solveig si fece piccola piccola udendo le grida del padre. – Perché non mi ascolti mai? Non per davvero?

– Pretendo di conoscere il significato di questo! – Il padre teneva in mano una lucertola dall'aria malaticcia e gliela faceva penzolare davanti al naso.

– Ho cercato di dirtelo ieri sera, papà, ma tu eri troppo impegnato... –

– Impegnato? Ma certo che ero impegnato. Quel mago demoniaco che sta succhiando la magia agli altri maghi sarà qui tra breve e vuoi che io perda tempo con inutili pettegolezzi?

– Non era un inutile pettegolezzo. Quello che ti devo dire è molto importante.

– Non può essere più importante di questo –. Agitò la lucertola per la coda. – L'incantesimo ha funzionato male. Sarebbe dovuto essere un enorme drago, tanto potente da difenderci, e invece tutto ciò che ho ottenuto è una minuscola lucertola. Hai raccolto le erbe appena prima dell'alba come ti avevo detto?

– Sì, papà.

– E quei tre capelli erano proprio i tuoi, giusto? E li hai strappati con la radice come ti avevo detto, non li hai presi dal pettine?

– Sì, papà, ma...

– Silenzio! Devo pensare. Se hai eseguito i miei ordini, allora devo avere sbagliato io qualcosa. Dovremmo avere un drago, non questo esserino.

– Papà, io...

– Zitta ho detto, sciocca. L'incantesimo della confusione che ho lanciato sul bosco non tratterrà Bela a lungo. Potrebbe arrivare da un momento all'altro.

– Ha raggiunto il bosco ieri sera.

– Cosa? Perché non me l'hai detto?

– Ho cercato di avvertirti, ma tu hai continuato a ripetermi di stare zitta e lasciarti in pace, e io l'ho fatto.

– D'accordo. Adesso questo non importa. Devo fare in fretta. Non c'è tempo per un altro drago, però magari nel libro riesco a trovare qualcosa di diverso che possa salvarci.

Solveig afferrò la lucertolina quando suo padre se la gettò dietro le spalle per tornarsene di corsa nella sua stanza. La ragazza scosse il capo e si fece scivolare in tasca l'animaletto.

Suo padre era un brav'uomo, ma un incompetente senza speranza quando si trattava di magia. Se la loro casa fosse stata meno isolata, sarebbe stato allontanato dalla professione con un coro di risate già da parecchi anni.

E adesso contavano tutti su di lui per salvarli dal malefico mago Bela. Non sembravano esserci probabilità di successo.

Ogni volta che Bela conquistava un mago, aggiungeva nuova energia alla propria, e ormai era diventato talmente potente che nessuno dei grandi maghi avrebbe avuto la minima possibilità di sconfiggerlo.

E comunque a quel punto loro avevano già perso la battaglia. L'unico mago rimasto nei sette regni era Taliesin, il padre di Solveig.

La ragazza uscì dalla casupola e prese un profondo respiro. L'aria del mattino odorava dei veleni provenienti dalle paludi, ma nonostante questo riusciva a percepire i movimenti di Bela in mezzo agli alberi. Senza dubbio non aveva neanche provato a sciogliere il debole incantesimo di suo padre. Aveva tempo. Quello era l'ultimo mago rimasto. Si sarebbe goduto la caccia prolungando la *suspense* il più possibile.

Solveig cominciò a togliersi il vestito mentre chiamava il padre. Bela sarebbe arrivato entro pochi minuti. Non c'era tempo per un altro incantesimo. Se la magia realizzata la sera precedente non avesse avuto successo, sarebbero stati tutti perduti.

– Taliesin –, disse una voce, – sono qui. Sei pronto a farti assorbire da me?

Suo padre si fece avanti, cercando di dare una fine dignitosa alla sua esistenza altrimenti ben poco dignitosa.

Bela rise, mentre l'uomo pronunciava un incantesimo, una piccola magia che non avrebbe salvato neppure un topo da un gatto affamato.

*Povero papà.*

Solveig osservava Bela con attenzione e intanto si appoggiava la lucertolina sulla spalla. Di certo il mago cattivo sapeva che lei era lì. Ma era pronto ad affrontarla di nuovo? Sospettava forse qualcosa? Se così fosse stato, lei era condannata.

– Naturalmente so che sei lì, Solveig. Che strano nome ti ha scelto tuo padre. Significa "potere oscuro", lo sapevi?

– Lo sapevo. – Solveig fece un passo avanti e cercò di non arrossire quando la voce di suo padre tentennò e poi si spense.

– Sei libera, Solveig. Vattene prima che decida di trasformarti in una gallina per il mio brodo di stasera.

Rise ancora e Solveig sentì le guance farsi di fuoco. Chiuse gli occhi e cominciò a cantare sottovoce, salendo di tono fino a ottenere un acuto che costrinse Bela a tapparsi le orecchie.

– Adesso, papà –. Si voltò verso di lui mentre la piccola lucertola le scendeva dalla spalla per attorcigliarsi intorno alla parte superiore del braccio. – Recita l'incantesimo per il drago. Adesso, in fretta.

– Ma Solveig...

– Adesso!

L'uomo cercò nel suo libro, parlando velocemente e mangiandosi qualche parola. Solveig pregò che ne avesse pronunciate abbastanza nel modo giusto.

Bela rise. – Ti aspetti di spaventarmi con degli strilli e biascicando di draghi? Di draghi non ce n'è più, mia cara. Li ho sconfitti tutti.

Sul viso del mago malvagio apparve una strana espressione mentre Solveig percepiva il cambiamento. La ragazza allargò le braccia e sentì la lucertola farsi strada nella sua carne. Le ginocchia le tremarono, poi non ci furono più ginocchia. Si sentì volare e abbassò lo sguardo su Bela.

Solveig rise, e nella lingua dei draghi quella risata si risolse in una vampata di fuoco.

– Ho già battuto dei draghi – gridò Bela, agitando il pugno contro di lei. – Anche quelli magici. Non aspettarti di prendermi con tanta facilità.

Sollevò entrambe le braccia e le puntò verso di lei. Solveig restò senza fiato mentre l'energia riempiva il suo corpo di drago. Le scaglie risplendettero di un rosa delicato, poi di arancione. Sentiva il potere scorrere in ogni parte del corpo e rise mentre volava sempre più in alto.

Aveva funzionato. Bela si era sconfitto da solo con la propria stregoneria e adesso Solveig aveva il potere di tutti i più grandi maghi, oltre a quello dello stesso Bela.

Era libera adesso. Libera di essere qualunque cosa volesse in questo mondo. Drago, strega, anche una ragazza normale se l'avesse desiderato. Avrebbe potuto sposarsi e avere delle figlie che avrebbero imparato le sue tecniche, sempre ammesso di voler seguire la strada della loro madre.

Tornò a terra nello stesso punto in cui si era trasformata solo qualche minuto prima. Le ali si ripiegarono e le scaglie scomparvero, ed eccola di nuovo lì davanti a loro.

– È stata mia madre a darmi il nome Solveig –, spiegò a Bela. – E il "potere oscuro" mi calza a pennello.

Piegò per bene i vestiti e li ripose in una cesta. La lucertola era ancora strettamente avvinghiata al suo braccio, non più una creatura vivente ma un disegno impresso per sempre a fuoco sulla sua pelle.

Baciò suo padre. – Grazie di tutto. Te l'avevo detto che un giorno saresti stato il più grande mago del paese. Adesso è così.

Sulle guance dell'uomo scendevano lacrime. – Il prezzo che devi pagare è troppo alto. Non puoi tornare indietro.

Lei sorrise. – Io non desidero tornare indietro. Sapevo esattamente a cosa rinunciavo e cosa avrei guadagnato.

Voltò la testa per guardare Bela.

Adesso era il suo turno di ridere, mentre l'uomo vigoroso di pochi minuti prima invecchiava e si deformava. Egli si osservò le mani contorte e tremanti e lanciando un grido fuggì nella foresta.

Alla perdita della magia seguiva anche la perdita degli incantesimi di immortalità. Ben presto non sarebbe stato altro che un vecchio dalla mente debole che tendeva la mano per poter campare. Ci si sarebbe quasi potuti dispiacere per lui.

Quasi. Ma non proprio.

Solveig si rivolse di nuovo al padre. – Non c'era il tempo per dirtelo. Non ero nemmeno certa che avrebbe funzionato. Ma tu non eri in grado di affrontarlo, non mentre lui era in possesso della forza dei nostri maghi migliori.

L'uomo annuì serio. – Ma adesso che ne sarà di te?

La ragazza si strinse nelle spalle. – Sono un mutaforma, adesso. Come mia madre prima di me. Dicevi che lei prendeva forma di falco. Tu a me hai concesso quella di un drago.

Si allungò per baciarlo. – Ti saluto per adesso. Un giorno tornerò, quando avrò trovato mia madre e il mio destino.

Solveig gli asciugò una lacrima all'angolo dell'occhio.

– Avevo sperato che non mi avresti mai lasciato. Tua madre mi ha promesso che sarebbe tornata e gli anni trascorsi in attesa di quel momento sono stati molto solitari.

– Nessuno può possedere un'altra persona –, gli disse, – e prima o poi un figlio deve lasciare la casa in cui è cresciuto. Ma tornerò. Un giorno torneremo tutte e due. Vedrai. – Si allontanò un poco, tenendo stretta tra i denti la cesta e allargando le braccia per la trasformazione. Si sentiva in colpa, lasciando il padre da solo a badare a se stesso, ma non abbastanza in colpa da rimanere. Sarebbe stato bello vedere il mondo, finalmente.

L.J. Dunn, *Ladro di poteri*, in M. Zimmer Bradley (a cura di),
*Con il cuore e con la spada*, Editrice Nord

## Dopo aver letto il testo rispondere alle domande, scegliendo una sola risposta

**A1** **Da quali elementi puoi capire che si tratta di un fantasy? Segna con una crocetta le risposte che ritieni corrette.**

| | |
|---|---|
| Si dice con chiarezza dove e quando è ambientata la storia | |
| Sono presenti personaggi di fantasia | |
| Si usa la magia | |
| La scena è ambientata in un bosco | |
| Gli avvenimenti si susseguono con ritmo rapido e colpi di scena | |
| Non si parla di sentimenti | |
| I protagonisti sono personaggi storici | |

**A2** **Nel testo l'autore descrive fisicamente i suoi personaggi?**

A Qualcuno ma non tutti
B Nessuno
C Solo i più importanti
D Tutti

**A3** **Che cosa cerca di fare il padre di Solveig all'inizio del racconto?**

A Sfogare la sua rabbia
B Salvare i maghi dal potente Bela
C Cercare nuove formule magiche
D Impossessarsi del potere di Bela

**A4** **Qual è il progetto del mago Bela?**

A Assorbire il potere di tutti i maghi
B Uccidere tutti i draghi
C Fare di Solveig la sua sposa
D Uccidere Taliesin

**A5** **Qual è il giudizio di Solveig su suo padre? Ricopia la breve frase che sintetizza il suo parere.**

......................................................................................................................................................

**A6** **Segna con una crocetta tra le caratteristiche indicate quali appartengono a Solveig, quali a Taliesin e quali a Bela. Possono essere possibili anche due attribuzioni per una stessa affermazione.**

| | Solveig | Taliesin | Bela |
|---|---|---|---|
| Ogni volta che conquista un mago, acquista nuova energia | | | |
| Pronuncia incantesimi, ma senza troppa forza magica | | | |
| Il suo nome significa "potere oscuro" | | | |
| La sua magia ha effetto immediato e visibile | | | |
| È in grado di trasformarsi | | | |
| Diventa completamente privo di potere | | | |
| Si allontana con molto più potere di quanto aveva prima | | | |

**A7** **Perché Solveig non butta via la piccola lucertola?**

- A Perché crede in se stessa
- B Perché è molto addolorata per suo padre
- C Perché ne conosce la forza
- D Per tenerezza

**A8** **Bela come considera Taliesin?**

- A Un incapace
- B Un avversario temibile
- C Un buon padre, ma privo di potere
- D Un uomo giusto

**A9** **Quale fatto imprevisto risolve il duello fra maghi?**

- A La piccola lucertola si trasforma in un drago
- B Il corpo di Solveig diventa un potente drago
- C Taliesin trova la formula magica
- D Bela ha la meglio su padre e figlia e li annienta

**A10** **Che cosa fa il drago-Solveig?**

- A Sconfigge il cattivo Bela
- B Alita fuoco su tutto
- C Vola via libero nel cielo
- D Priva del suo potere Bela

**A11** **Nel racconto si oppongono Bene e Male, come sempre nel genere fantasy. Indica quale personaggio è completamente buono e quale completamente malvagio.**

- A Completamente buono: ..........
- B Completamente malvagio: ..........

**A12** **Quale interpretazione ritieni più opportuna per spiegare il finale del racconto? Scegli tra le due proposte.**

- A Solveig si allontana perché ormai è diventata una donna e si avvia verso il suo destino
- B Solveig si allontana, come ha già fatto sua madre prima di lei, perché Taliesin non è un mago capace e non vale la pena restare con lui

**A13** **L'espressione "*nessuno può possedere un'altra persona*" (riga 151) che cosa significa?**

- A Non si possono tenere persone prigioniere in casa propria
- B Bisogna convincere con le buone gli altri a fare quello che riteniamo giusto
- C Nessuno ha il diritto di costringere un altro ad agire come vuole lui
- D Solo i maghi possono possedere un altro mago, le persone normali no

**A14** Con quale espressione si può sostituire "*Quasi. Ma non proprio.*" (riga 136)?

[A] Non esattamente [B] Proprio così [C] Così così [D] Circa

**A15** Nel genere fantasy compaiono parole che non sono proprie del linguaggio corrente e sono inventate per l'occasione dall'autore. Rintraccia nel testo una parola che risponde a queste caratteristiche: ................................................................ .

## Quesiti grammaticali: una sola risposta corretta

**B1** Nella frase "*Solveig si fece piccola piccola*" (riga 1) la funzione di *piccola piccola* è:

[A] complemento predicativo del soggetto
[B] complemento predicativo dell'oggetto
[C] complemento oggetto
[D] complemento di modo

**B2** In quale delle seguenti frasi è presente il predicato nominale?

[A] "*Sarebbe dovuto essere un enorme drago*"
[B] "*ma tu eri troppo impegnato*"
[C] "*È stata mia madre a darmi il nome Solveig*"
[D] "*Sarebbe stato bello vedere il mondo, finalmente*"

**B3** Nella frase "*Avrebbe potuto sposarsi e avere delle figlie*" (riga 111) il verbo *potere* è coniugato al ................................................................................................................................................................

**B4** Per ciascuna delle seguenti frasi trascrivi il soggetto nello spazio sottostante:

[A] "*Non aspettarti di prendermi con tanta facilità*" ..........................................................................
[B] "*Ogni volta che Bela conquistava un mago, aggiungeva nuova energia alla propria*" ..............................
[C] "*Sulle guance dell'uomo scendevano lacrime*" ..........................................................................
[D] "*Nessuno può possedere un'altra persona*" ..........................................................................

**B5** In quali delle seguenti frasi "*che*" ha funzione di pronome relativo?

[A] "*Solveig pregò che ne avesse pronunciate abbastanza nel modo giusto*"
[B] "*Il prezzo che devi pagare è troppo alto*"
[C] "*Un vecchio dalla mente debole che tendeva la mano per poter campare*"
[D] "*Avevo sperato che non mi avresti mai lasciato*"

**B6** Nelle frasi "*Perché non mi ascolti mai*" (righe 1-2) e "*Non c'era il tempo per dirtelo*" (riga 137) individua i complementi oggetto e trascrivili qui di seguito: ..........................................................................

**B7** Nella frase "*Ma tu non eri in grado di affrontarlo*" (righe 138-139), *lo* svolge la funzione di complemento ................................................................................................................................................................

**B8** Quali di queste frasi contiene un complemento di termine?

[A] "*Te l'avevo detto che un giorno saresti stato il più grande*"
[B] "*Alla perdita della magia seguiva anche la perdita degli incantesimi di immortalità*"

**B9** Quali di queste frasi contiene un complemento di stato in luogo?

[A] "*Piegò per bene i vestiti e li ripose a terra*"
[B] "*La ragazza uscì dalla casupola e prese un profondo respiro*"

**B10** Quali sono i tempi usati più frequentemente nella narrazione?

[A] Imperfetto e passato remoto
[B] Passato remoto e passato prossimo
[C] Passato prossimo e trapassato remoto
[D] Condizionale e congiuntivo presente

# La Libreria dei Ragazzi di Torino consiglia:

Rick Riordan,
*Il ladro di fulmini*,
Mondadori

Ursula Le Guin,
*La saga dei terramare*,
Mondadori

Michael Ende,
*La storia infinita*,
Salani

Eva Ibbotson,
*L'orco di Montorto*,
Salani

Silvana De Mari,
*L'ultimo elfo*,
Salani

**Due minuti in libreria**

## Chi ha trovato?

1. Che cosa significa essere coraggiosi?
2. Che cosa significa sacrificarsi per un ideale?
3. Che cosa vuol dire essere giusti?
4. Che cosa vuol dire tradire?

### PHILOSOPHY

In tutti i libri fantasy c'è una intensa lotta tra Bene e Male, che i personaggi vivono con profondo coinvolgimento. In tutti, però c'è una scelta, che li porta a stare da una "parte" precisa.

- Che cosa significa, per te, scegliere tra Bene e Male?

# L'Associazione Museo Nazionale del Cinema consiglia:

Il custode del residence The Cove, Cleveland Heep, una sera scopre nella piscina del complesso un'ospite misteriosa, una ninfa di nome Story, che sta cercando di tornare nel proprio mondo. Cleveland, con l'aiuto della comunità multiculturale del residence, tenterà di proteggere la fragile creatura dalla minaccia dei rappresentanti del male.

**Lady in the water**
USA, 2006
diretto da M. Night Shyamalan
110 min.

- "Il regista M. Night Shyamalan (che nel film interpreta anche il personaggio di Vick Ran) crede che il singolo possa fare la differenza, crede nella forza delle idee per cui si dice pronto a morire, crede nelle favole, nella bellezza e nella purezza. È ottimista sul futuro." Commenta questa frase scritta dal critico Giovanna Bragana per la rivista *duellanti*.

Trilogia cinematografica basata sull'omonima opera dello scrittore inglese John Ronald Reuel Tolkien, *Il Signore degli Anelli*. Dice il regista Peter Jackson: "Il libro è incredibilmente lungo. Per questo motivo abbiamo deciso di fare tre film, ma nonostante questo il testo rimane estremamente complesso. Tolkien rielabora i personaggi e gli eventi con tutto il loro passato alle spalle. Questo funziona per un libro ed è davvero una sfida da portare sullo schermo, ma altrimenti non si può davvero raccontare in modo corretto la storia originale. Quindi sono stati importanti i dettagli, che abbiamo inserito più di quanti ne servissero, per 'passarla liscia'."

**Il Signore degli Anelli (The Lord of Rings) – La Compagnia dell'Anello (2001, 178') – Le due Torri (2002, 179') – Il ritorno del Re (2003, 201')**
USA - Nuova Zelanda
diretti da Peter Jackson

- Quanti dettagli interessanti hai notato nel film? Prova a elencarli tutti con i tuoi compagni. Pensi che questa scelta sia stato uno sforzo notevole di regia?
- Se dovessi definire il genere fantasy a partire da questo film, quali elementi (personaggi, ambienti, dettagli della storia) utilizzeresti?

Tratto dall'omonimo libro del 1969 della scrittrice australiana Joan Lindsay, il film narra l'inspiegabile scomparsa di tre giovani ragazze e della loro insegnante del prestigioso collegio femminile Appleyard, il giorno di San Valentino del 1900, ad Hanging Rock, particolare formazione rocciosa situata vicino alla città di Melbourne.

**Picnic ad Hanging Rock**
Australia, 1975
diretto da Peter Weir
115 min.

- Dopo aver letto il capitolo dedicato al fantasy individua gli elementi del genere presenti nel film. La colonna sonora ha una particolare importanza, quali emozioni suscita e come dialoga con la narrazione della storia?
- Analizza la contrapposizione tra la cultura, rappresentata dal collegio e dal suo sistema educativo, e la natura, rappresentata dal suggestivo paesaggio australiano.

# PAGINE LABORATORIO

# Lo spazio della storia

**Abilità**

leggere

scrivere

# ABILITÀ E COMPETENZE

## Ogni storia ha un suo spazio

> Lo spazio "a cornice"
**Impariamo a... lavorare sullo spazio "a cornice"**

> L'atmosfera della storia
**Impariamo a... lavorare sullo spazio d'atmosfera**

# Ogni storia ha un suo spazio

L'ambiente in cui si svolge una storia narrata, non è mai casuale. La **descrizione** o la **rappresentazione dello spazio risponde a una domanda** fondamentale, che il lettore si pone da subito incominciando a leggere un libro, e cioè "**dove siamo?**", "**dov'è ambientata l'azione?**". Per rispondere a questa aspettativa, gli accorgimenti che ha un narratore sono tanti e diversi. Ce ne occuperemo in questo laboratorio e nel quinto (p. 338), prendendo in considerazione a due a due gli aspetti più importanti della rappresentazione dello spazio in una storia.

## LO SPAZIO DELLA STORIA

- **Non è mai casuale, ma risponde a una precisa esigenza narrativa**
- **Chiarisce al lettore dov'è ambientata la storia narrata**
- **Ogni cambio di luogo risponde a una precisa esigenza del narratore (per esempio un cambio di sequenza)**

## Lo spazio "a cornice"

La parola "cornice" fa pensare immediatamente a un quadro, di cui certo non è la parte essenziale, perché ciò che va visto, nella maggior parte dei casi, è appunto ciò che la cornice contiene, cioè il dipinto. Può essere dorata, scolpita o essenziale, ma non è la parte più importante.

Ci sono storie in cui la descrizione d'ambiente ha appunto questa stessa funzione, di essere una sorta di **sfondo senza eccessiva importanza agli eventi di cui si parlerà**, perché la parte importante è svolta, per esempio, dai dialoghi dei personaggi o dagli argomenti su cui si vuol far riflettere, non certo dallo spazio in cui tutto questo si svolge. In questo passo tratto da una famosa storia fantasy, *Il Signore degli Anelli*, Frodo, l'hobbit protagonista del romanzo, e i suoi amici stanno partendo per la loro avventura, ma lo spazio in cui sono, in questo caso, non è più che una cornice.

In fondo al pendio occidentale della Collina, giunsero al cancello che si apriva su un piccolo sentiero. Si fermarono per aggiustare le cinghie dei loro fagotti. Infine apparve Sam, trotterellando veloce e respirando rumorosamente, con il suo pesante fardello ben saldo sulle spalle e con in testa un grosso e sformato sacco di feltro che chiamava cappello: al chiaro di luna assomigliava molto a un Nano.
Scommetterei che avete dato a me tutta la roba più pesante – protestò Frodo –. Compiango le lumache e tutti quelli che si trasportano la casa sulle spalle.
– Io posso portarne ancora, signore. Il mio fagotto è molto leggero – mentì coraggiosamente Sam.
– No, no, Sam! – disse Pipino. – Gli fa bene. Non ha altro da portare che ciò che ci ha ordinato d'imballare. È stato un po' indolente in questi ultimi tempi, e sentirà meno il peso del fagotto quando avrà smaltito un po' del suo.
– Sii buono con un povero vecchio Hobbit – disse Frodo ridendo. – Sarò sicuramente più esile di un fuscello quando arriverò alla Terra di Buck. Ma stavo solo dicendo sciocchezze. [...] Ebbene, piace a tutti noi camminare nella notte – disse – perciò facciamo ancora qualche miglio prima di coricarci.

da J.R.R. Tolkien, *Il Signore degli Anelli*, Rusconi

Dalla prima frase vedete bene che ciò che interessa all'autore è dare qualche cenno sullo spazio in cui stanno i personaggi, per collocare poi il dialogo tra loro, che è la parte che gli interessa davvero porre in evidenza. La descrizione dell'ambiente è breve, quasi messa tra parentesi, in modo che si capisca bene "dove" si è, ma senza che questo abbia una parte essenziale nel racconto. Quando **lo spazio costituisce un semplice sfondo agli eventi**, si dice che **è uno spazio "a cornice" o semplicemente "una cornice" degli eventi narrati.**

## LO SPAZIO "A CORNICE"

- Costituisce lo **sfondo** degli eventi narrati
- **Non** è parte **essenziale** della storia
- Risponde in modo sintetico alla domanda "**dov'è ambientata l'azione?**"

## IMPARIAMO A...

# Lavorare sullo spazio "a cornice"

**1** **Leggi il testo seguente e osserva la breve descrizione d'ambiente che lo apre. Rispondi poi alle domande che seguono.**

Era un vasto studio, dalle pareti adorne di armi offensive e difensive, chiuso e soffocato, nel quale era già acceso un fuoco, benché si fosse appena alla fine di settembre. Un tavolo quadrato, ricoperto di libri e di fogli sui quali era spiegata un'immensa mappa della città della Rochelle, occupava il centro della stanza. Dritto davanti al camino stava un uomo di media statura, dall'aspetto signorile e altezzoso, dagli occhi penetranti, dalla fronte ampia, dalla faccia magra che il pizzo sormontato da un paio di baffi rendeva ancora più lunga. Benché quest'uomo avesse appena trentasei o trentasette anni, capelli, baffi, pizzo tendevano a ingrigire. Tranne la spada, egli sembrava in tutto e per tutto un soldato, e gli stivali di buffalo appena appena impolverati denotavano ch'era montato a cavallo durante la giornata.
Quest'uomo era Armand-Jean Duplessis, cardinale di Richelieu.

da A. Dumas, *I tre moschettieri*, Einaudi

- Prova a scrivere l'esatto contrario per ciascun elemento contenuto nella descrizione iniziale: cambia qualcosa nel significato della scena? È più importante l'ambiente o il personaggio?
- Sostituisci l'ambientazione attuale con una simile: cambia il significato della scena?
- Queste semplici operazioni che cosa possono confermarti a proposito delle osservazioni generali che abbiamo fatto sulla funzione dello spazio "a cornice"?

**2** **Costruisci un breve dialogo tra te e un tuo amico sulla tua giornata di ieri. In poche righe iniziali del testo, prima dello svolgimento del dialogo, inserisci un'indicazione di luogo "a cornice".**

**3** **Cambia due volte l'ambientazione che hai scelto per il dialogo precedente. Cambia anche il dialogo?**

**4** **Osserva il quadro che segue. Potresti dire che ci sia un'ambientazione "a cornice" della scena dipinta? Giustifica la tua risposta.**

S. Lega, *La visita alla balia*, Roma, Galleria Nazionale d'Arte Moderna.

# L'atmosfera della storia

Quando in una storia fantasy compaiono paludi infide, nebbie avvolgenti, montagne grandiose, selve incantate, lo spazio **ha una particolare funzione: quella di costruire l'atmosfera in cui l'azione si svolgerà**. Senza questo aspetto della narrazione non si potrebbero nemmeno lontanamente immaginare i personaggi e le loro vicende; in questo secondo caso, dunque, lo spazio ha una funzione ben precisa e assolutamente irrinunciabile per costruire le fasi della storia. Leggi questo esempio, scritto nuovamente dal maestro del fantasy, J.R.R. Tolkien.

Avanzare non era la più facile delle imprese. Avevano i fagotti da portare attraverso cespugli e rovi resistenti e folti. La cresta delle colline alle loro spalle ostacolava il passaggio del vento e l'aria era grave e stagnante. Quando infine riuscirono a sbucare in un terreno più aperto erano accaldati, stanchi, pieni di graffi ed insicuri della direzione che avevano preso. Gli argini del corso d'acqua diminuivano progressivamente d'altezza, mentre il torrente, ora più largo e meno profondo, si avvicinava alla pianura, diretto verso le Paludi e il Fiume.
Ma questo è il ruscello Scorta! – esclamò Pipino. – Se vogliamo tentare di riprendere il nostro itinerario, dobbiamo traversarlo immediatamente e tenerci sulla destra.
Dopo aver guadato il ruscello, si affrettarono a percorrere allo scoperto un vasto spiazzo senza alberi, dove crescevano abbondanti i giunchi. Giunsero così a un'altra cintura di alberi composta per la maggior parte da alte querce, frammiste qua e là a qualche olmo e a qualche frassino. Il terreno era abbastanza piano, le fratte pressoché inesistenti; ma gli alberi molto fitti ostacolavano la vista. Le foglie turbinavano in mezzo a improvvise raffiche di vento, e le prime gocce cominciarono a cadere da un cielo minaccioso.

da J.R.R. Tolkien, *Il Signore degli Anelli*, Rusconi

La descrizione dello spazio non è certo "a cornice". Gli hobbit stanno avanzando in un luogo che li obbliga a faticare e che fa da sfondo a un viaggio in cui sperimentano sempre più la difficoltà di orientarsi, di trovare una via, di arrivare a una meta. **Lo spazio ha quindi la funzione di costruire l'atmosfera in cui si volge la storia** e di renderla coerente con quanto provano i personaggi.

## LO SPAZIO D'ATMOSFERA

- **Si presenta in modo dettagliato**
- **È indispensabile ad ambientare l'azione**
- **Personaggi e vicende si muovono in esso con piena interazione**
- **Ha un forte peso narrativo**

IMPARIAMO A...

# Lavorare sullo spazio d'atmosfera

**1 A casa di Ron Weasley (il migliore amico di Harry Potter) si sta per celebrare il matrimonio di Bill, fratello maggiore di Ron, e di Fleur, la sua meravigliosa fidanzata. Leggi il testo e rispondi, poi, alle domande.**

Alle tre del pomeriggio seguente Harry, Ron, Fred e George erano nell'orto fuori dall'enorme padiglione bianco, in attesa degli invitati. [...] I quattro erano armati di piantine con la disposizione dei posti per accompagnare gli invitati ai loro posti. Una schiera di camerieri in bianco era arrivata un'ora prima, insieme a una banda in divisa dorata, e si erano seduti tutti quanti sotto un albero poco lontano; Harry vide levarsi da quel punto un alone azzurro di fumo di pipa.
Dietro di lui, il tendone si apriva su file e file di fragili sedie dorate ai due lati di un lungo tappeto color porpora. Ai pali di sostegno erano intrecciati fiori bianchi e oro. Fred e George avevano fissato un enorme grappolo di palloncini anch'essi dorati sopra il punto preciso in cui Bill e Fleur sarebbero diventati marito e moglie. Fuori, farfalle e api volavano pigre sull'erba e sulle siepi. [...] Dal nulla, una alla volta, figure dai colori vivaci cominciarono ad apparire al limitare del cortile. Nel giro di pochi minuti, una processione prese a serpeggiare attraverso il giardino diretta al padiglione. Fiori esotici e uccelli incantati fluttuavano sui cappelli delle streghe, sulle cravatte dei maghi brillavano gemme preziose; il chiacchiericcio eccitato divenne sempre più forte, soffocando il ronzio delle api man mano che la folla si avvicinava alla tenda.

da J.K. Rowling, *Harry Potter e i doni della morte*, Salani

- Da quali elementi potresti dire che lo spazio descritto è d'atmosfera?
- L'ambiente descritto potrebbe essere sostituito da qualunque altro, senza che cambi l'andamento della storia?
- I personaggi hanno una relazione diretta ed evidente con il luogo narrato?

**2 Scrivi un'ambientazione d'atmosfera per due di queste situazioni.**

- Una ragazza che cammina nel giardino di un castello.
- Una barca che rientra in porto la sera.
- Due soldati che si svegliano prima della battaglia nell'esercito di Giulio Cesare.
- Un veliero in mezzo all'oceano mentre si sta avvicinando una tempesta.
- Una casa in cui si sta preparando il pranzo di Natale.
- Due innamorati che stanno camminando in un parco.

**3** **Osserva la scena dipinta nel quadro e valuta se lo spazio rappresentato possa dirsi d'atmosfera. Giustifica la tua risposta.**

V. Polenov, *Un piccolo cortile a Mosca*, Mosca, Tret'Jakov Gallery.

**4** **Leggi la descrizione di questa principessa elfica e costruisci una descrizione d'atmosfera convincente in cui collocarla.**

Era giovane, eppure non tanto. La chioma corvina non era sfiorata dalla brina, le braccia bianche e il viso limpido erano lisci e vellutati, e miriadi di stelle risplendevano negli occhi grigi come crepuscolo luminoso; ma il portamento era regale e lo sguardo rivelava riflessione e saggezza, apprese attraverso anni di esperienza. Sul suo capo era poggiata una cuffietta di pizzo argenteo ricamata di pietre preziose e scintillanti; ma la veste di un grigio pallido non aveva altro ornamento che una cinta di foglie intrecciate con fili d'argento.
Fu così che Frodo vide colei che pochi fra i mortali avevano ammirata: Arwen, figlia di Elrond. [...] Aveva trascorso molti anni nella terra della famiglia materna, a Lòrien al di là dei monti, e da poco era tornata a Gran Burrone, nella casa paterna.

da J.R.R. Tolkien, *Il Signore degli Anelli*, Rusconi

IL TEMA

# 4 Diversi e uguali

## Traguardi di competenza

- Interagire in modo efficace in diverse situazioni comunicative, attraverso modalità dialogiche rispettose delle idee degli altri
- Uso del dialogo per apprendere informazioni ed elaborare opinioni non giudicanti
- Uso del dialogo per collaborare con gli altri e per realizzare un progetto comune

## Obiettivi di apprendimento

- Ascoltare testi prodotti da altri offrendo un "ascolto" accogliente
- Intervenire in una discussione, di classe e di gruppo, con pertinenza, rispettando tempi, turni di parola ed elaborando una propria argomentazione

## Contenuti

- Incontrare il tema della differenza, intesa come differenza “positiva” e “negativa”
- Approfondire il tema della “differenza positiva” per aprirsi all’altro da sé con stima e franchezza
- Conoscere e valutare il tema del pregiudizio con le relative conseguenze: la discriminazione, la persecuzione, l’emarginazione
- Riflettere sul fenomeno del bullismo e del cyberbullismo come casi particolari di “differenza negativa”
- Ragionare sul significato di “tolleranza” e “inclusione” come termini portanti dell’attuale società multietnica

# Per pensare e motivare

- L'attività di avvio dell'Unità è, come per tutto questo anno scolastico, *corners*, spiegata a p. 4. In questo caso, l'argomento di discussione è **sulle "altre" persone**, sia che le conosciate bene o che non le conosciate affatto, sia che appartengano al vostro popolo o che siano straniere. Qual è l'atteggiamento che sentite più sincero dentro di voi? **I quattro *corners* saranno: 1** "ho un atteggiamento di curiosità perché..."; **2** "sono diffidente perché..."; **3** "sono attratto/a da ciò che è diverso da me perché..."; **4** "sono attratto/a da ciò che mi rassicura perché...".

- Prima di riunirvi con i compagni che hanno scelto il vostro stesso “angolo” (e ancora non sapete chi sono), scrivete su un foglio le ragioni che vi hanno fatto operare quella particolare scelta. Riflettete su:

  - che cosa motiva la vostra preferenza;
  - quali sono i sentimenti che provate;
  - esempi che vi vengono in mente a proposito dell’atteggiamento che avete scelto;
  - quali sono i pensieri che accompagnano la vostra preferenza.

  Se è più di una la preferenza per cui optereste, fate cadere la vostra scelta su quella che vi sembrerà più importante.

- Dividetevi ora nei quattro gruppi ai quattro angoli della classe, mettendovi in cerchio con le sedie. Ognuno spiegherà agli altri che cosa ha scritto e ascolterà i compagni: chi ha scelto lo stesso angolo, infatti non è detto lo abbia fatto per la stessa motivazione. In questa fase è importante il confronto con i compagni, sia nell’esprimersi con libertà, sia nell’accogliere le esperienze degli altri con attenzione.

- Al termine della discussione farete un breve riassunto per punti di tutte le opinioni-motivazioni espresse nel gruppo e infine un rappresentante del vostro “angolo” preparerà un resoconto per la classe.

- L’ultima fase del lavoro prevede che i quattro rappresentanti dei *corners* raccontino ciò che è accaduto all’interno del gruppo, facendo una relazione della discussione avvenuta. Tutti avranno quindi una “fotografia” delle diverse opinioni che sono presenti nella classe a proposito di uno stesso argomento, in modo condiviso e articolato, perché ogni parere ha più di una motivazione a sostenerlo.

## NELL’ANTOLOGIA TROVERAI

**nel testo**

### Non accettare le differenze: i pregiudizi

- **quando le differenze tra persone sono vissute in modo negativo, si sviluppano atteggiamenti che giudicano in modo ingiusto e rigido: questi sono i pregiudizi**

### Che cos’è la tolleranza?

- **dopo aver visto episodi di pregiudizio e prevaricazione, il ragionamento condotto nell’Unità si conclude con una riflessione sulla tolleranza e l’inclusione**

**pagine digitali**

### Non accettare le differenze: la prevaricazione

**Banda di ragazzi aggredisce un clochard**
*di Carlo Gulotta*
**Prevaricare tradizioni religiose**
*di Paola Mentuccia*
**Cyberbullismo, prevaricazioni online**
*di Rosario Di Raimondo*
**Un episodio di bullismo**
*da www.repubblica.it*

# Le differenze esistono...

Il punto di partenza per ragionare su un argomento importante come la tolleranza è osservare che **tutti noi siamo diversi uno dall'altro**. Questo, innanzitutto, per un fatto naturale: non c'è un solo uomo o una sola donna che sia uguale a un altro o a un'altra, indipendentemente dal suo popolo di appartenenza o dal luogo di origine. Nemmeno due gemelli lo sono. Riconoscere la differenza tra persone, gruppi, popoli, religioni è quindi una necessità, un passaggio obbligato, che ha un obiettivo molto importante, quello di porre le basi per **vivere pacificamente insieme agli altri**. Come si può giungere a una meta così alta? Lo vedremo nel corso dell'Unità, per gradi, partendo dal riconoscere che tutti siamo diversi, per arrivare a capire che **tutti siamo uguali**.

## Tutti siamo diversi di David Hume

leggere scrivere parlare

TESTO NARRATIVO

1 2 3 livello di difficoltà

**Tutti abbiamo diversi modi di essere, di comportarci, di vestire, di gesticolare e così via. Già nel Settecento, David Hume osservava con curiosità questo fatto, descrivendo così un episodio accaduto a un ambasciatore tunisino, di passaggio a Parigi, sulla via del ritorno a casa. Mentre stava seduto nella *hall* dell'albergo, Sua Eccellenza moresca (l'ambasciatore tunisino, appunto) vedeva passare persone provenienti da tutto il mondo, ciascuna con le sue caratteristiche. Proprio mentre osservava le persone che passavano, come fossero "*equipaggi*" di nave, gli capitò un fatto sorprendente.**

Mi trovai una volta a Parigi nello stesso albergo in cui abitava un ambasciatore di Tunisi, che dopo alcuni anni trascorsi a Londra tornava a casa passando per la Francia. Un giorno osservavo Sua Eccellenza moresca[1] che si divertiva a contemplare dall'atrio gli splendidi equipaggi di passaggio, quando capitarono per caso alcuni frati cappuccini che non avevano mai visto un turco, così come lui, dal canto suo, sebbene abituato ai vestiti europei, non aveva mai veduta la figura di un cappuccino. La meraviglia che si ispirarono a vicenda fu indescrivibile. [...] Così tutti gli uomini si osservano tra loro con sorpresa e non è possibile ficcare loro in testa che il turbante dell'africano è un'acconciatura non migliore né peggiore del cappuccio dell'europeo.

da D. Hume, *Riguardo al dubbio e alla convinzione*, Laterza

**1 Sua ... moresca**: si tratta appunto dell'ambasciatore tunisino, che viene chiamato Sua Eccellenza, come tutti gli ambasciatori; l'aggettivo "moresca" indica la sua provenienza dai popoli arabi, detti "mori" dagli Occidentali.

V. Carpaccio, *Disputa di s. Stefano* (part.), Milano, Pinacoteca di Brera.

## competenze alla prova

## LEGGO E...

### ... COMPRENDO

1) **Chi racconta l'episodio?**
   - ☐ David Hume
   - ☐ L'ambasciatore tunisino
   - ☐ Un frate cappuccino
   - ☐ Una persona non ben precisata

2) **Dove è diretto l'ambasciatore?**

3) **Dove si svolge la scena descritta dal testo?**

### ... RICAVO DAL TESTO

4) **Da ciò che dice il testo, a quale religione puoi pensare appartenga l'ambasciatore?**

5) **A quale, invece, i frati cappuccini?**

6) **Da quali elementi del testo puoi ricavare che sia vera l'affermazione relativa all'ambasciatore "*sebbene abituato ai vestiti europei*"?**

### ... ANALIZZO E INTERPRETO

7) **Per quale motivo Sua Eccellenza moresca e i frati cappuccini si ispirano reciproca meraviglia?**

8) **Che cosa significa secondo te l'affermazione di Hume "*tutti gli uomini si osservano tra loro con sorpresa*"?**

9) **Nell'affermazione finale del testo è contenuto un giudizio: quale?**
   - Lo condividi?

## ORA SCRIVO IO

10) **Hai mai visto le vecchie foto di famiglia, quelle in cui madri, padri e nonni portavano vestiti che non si usano più? Te ne sei meravigliato? Eppure sono le persone che vedi tutti i giorni... Racconta.**

## GIOCO DI SQUADRA

(11) L'attività che vi proponiamo vuole farvi accorgere delle differenze che vi caratterizzano, perché possiate riconoscere in ciascuno di voi una persona originale. Che cosa vi "definisce" e vi distingue uno dall'altro?

### FASE 1

Prepara un profilo di te stesso, pensando prima in maniera individuale a ciò che ti caratterizza, in particolare presentando:

- il tuo modo di vestire;
- il tuo modo di parlare;
- i tuoi modi di dire ricorrenti;
- il modo di salutare preferito;
- i cibi che ti piacciono di più e quelli che mangi più di frequente in casa;
- se hai abitudine a parlare in dialetto o con una lingua diversa dall'italiano preparane un "assaggio".

Se te la senti, prova a presentarti in modo un po' ironico, come se facessi la "caricatura" del tuo modo di fare. Il tempo previsto per questa fase di lavoro è dieci minuti.

L'insegnante può decidere, se lo ritiene opportuno, di "raddoppiare" questa parte iniziale del lavoro assegnando a ciascuno il compito di presentare se stesso e un compagno o una compagna: naturalmente ogni ritratto deve essere fatto sempre nel rispetto dell'altro. Ogni ragazzo o ragazza dovrà presentare un solo compagno o compagna, in modo che tutti siano "rappresentati" una sola volta.

### FASE 2

Presentatevi a vicenda, ora, in modo tale che ciascuno abbia un breve tempo (un minuto al massimo) per raccontare come si vede.

Se avete scelto di rappresentare anche un vostro compagno, fate in modo di accostare una di seguito all'altra la presentazione personale e quella fatta dal compagno o dalla compagna, in modo che si confrontino.

### FASE 3

Al termine del lavoro di presentazione valutate l'esercizio:

- è stato facile presentarvi agli altri, rappresentando il vostro modo di comportarvi abituale?
- dal passaggio in sequenza delle presentazioni di tutti i vostri compagni avete pensato a che cosa significa essere differenti uno dall'altro?
- potete dire che la diversità si vive abitualmente, anche senza rendersene conto?
- durante l'esercizio ci sono state manifestazioni sgradevoli da parte di chi assisteva? Se sì, perché a vostro parere?
- vedervi rappresentati da un altro (se avete previsto questa parte del lavoro) ha suscitato in voi una reazione positiva o negativa? Perché?
- a conclusione dell'esercizio, discutete il motto "diversi e uguali", con cui tra l'altro è intitolata questa Unità, e provate a definire in che cosa consista essere diversi uno dall'altro.

# Le differenze possono anche essere spiacevoli... di Edward T. Hall

**Quando si osservano gli altri e le loro abitudini, si impara a riconoscere come è fatto il mondo e a "ritagliarsi" un posto in esso. Però, i comportamenti altrui alle volte presentano differenze che sembrano a prima vista strane o addirittura spiacevoli: per questo ci colpiscono. Facciamo un esempio. L'antropologo americano Edward Hall (un antropologo è uno studioso delle abitudini di vita dei popoli presenti e passati) ha osservato come persone appartenenti a popoli diversi hanno un modo differente di comportarsi nel cercare la propria privacy; noi abbiamo scelto di presentare alcune osservazioni di Hall a proposito di inglesi, giapponesi e arabi. Le differenze sono naturali, ma non sempre appaiono piacevoli, abituati come siamo alle nostre consuetudini.**

leggere scrivere

parlare

TESTO INFORMATIVO

1 2 3 livello di difficoltà

**Gli inglesi e la privacy.** Negli Stati Uniti un ragazzo cresce abituato a pensare di avere diritto a una camera completamente sua, o almeno a un angolo della casa tutto per sé. [...] In Inghilterra le cose vanno in tutt'altro modo: il bambino cresce nella "stanza dei bambini" (*nursery*) insieme a fratelli e sorelle; il maggiore ha diritto a una camera personale, che lascia libera quando va in collegio, spesso all'età di soli nove o dieci anni. Gli inglesi sono dunque abituati, sin da piccoli, a mettere in comune lo spazio; e questo condizionamento originario, che potrebbe sembrare di scarsa importanza, è invece ricco di conseguenze per tutto il comportamento dell'adulto, che non avrà mai il possesso assoluto e permanente di una stanza e neppure lo pretenderà o crederà di averne diritto.
Persino i membri del Parlamento non hanno un ufficio personale e li si vede spesso sbrigare i loro affari su una grande terrazza prospiciente il Tamigi. [...]
Il caso di uno studente inglese, che partecipava a un mio corso[1], può servire a illustrare che cosa accade quando le regole culturali entrano in collisione. Era assoluta-

**1 a un mio corso**: l'autore del testo, Edward Hall, era professore della Washington School of Psychiatry. Nel corso del testo cita spesso situazioni che sono accadute durante i corsi tenuti in quella Facoltà.

mente evidente che questo giovane trovava difficile la convivenza con gli americani: non gli andava bene niente e dai suoi rilievi era manifesto che, secondo lui, noi non sapevamo assolutamente come ci si deve comportare. Analizzando le sue proteste si scoprì che gran parte della sua irritazione era dovuta all'assoluta incapacità americana di capire da certi indizi sottili quando lui voleva essere lasciato solo con i suoi pensieri. Diceva infatti: – Se passeggio per l'appartamento, pensando ai casi miei, e non desidero essere disturbato, ecco che un mio compagno di camera, come se lo facesse apposta, si mette a parlare, e vuol sapere che cos'ho e se sono arrabbiato. Ed è proprio allora che io divento furioso.

Impiegammo un po' di tempo, ma alla fine riuscimmo a individuare i principali punti di contrasto delle due culture che entravano in conflitto. Un americano, quando vuole stare solo, entra in una stanza e si chiude la porta alle spalle. Infatti, quando c'è qualcun altro nello stesso locale, non gli è consentito *estraniarsi*, perché non rivolgergli la parola equivarrebbe al più duro dei rifiuti, sarebbe un segno manifesto di netta avversione. Gli inglesi invece, privi fin dall'infanzia di una stanza tutta loro, non hanno l'abitudine di valersi di schemi spaziali *materiali* per isolarsi[2]; ma si circondano di barriere *interiori*[3] che, quando lo ritengono opportuno, calano come saracinesche ideali tra sé e gli altri, fidando nella loro comprensione.

Così quando l'inglese e l'americano si trovano insieme più l'inglese si rinchiude in se stesso e più l'americano si intromette per assicurarsi che tutto vada bene. Naturalmente, la tensione dura fra i due finché non hanno imparato a conoscersi a fondo.

**I giapponesi e gli spazi privati.** Per gli occidentali che seguono la norma del non contatto[4], la parola "affollamento" è sgradevole. A quanto abbiamo visto e saputo, i giapponesi, invece, preferiscono l'affollamento, almeno in certe situazioni: per esempio, amano dormire stretti insieme sul pavimento, secondo uno stile che giudicano propriamente giapponese, e in contrasto con quello americano. Non desta sorpresa, dunque, scoprire che [...] il loro vocabolario non comprende alcuna parola corrispondente al nostro *privacy*. Non si può dire che il concetto di *privacy* sia inesistente in Giappone: solo che è diversissima da quella occidentale. Perché un giapponese, se da un lato non avverte la necessità di isolarsi e non si dà pensiero della folla che gli si possa trovare intorno, d'altra parte è assolutamente restio a mettere in comune un locale o una parte della casa.

**Gli arabi e la solitudine**. Le esigenze spaziali degli arabi sembrano concentrarsi nel desiderio assai sentito di alloggi amplissimi, la cui organizzazione è però totalmente diversa da quella delle case americane. La grandezza dei loro vani è infatti enorme, incomparabile con i nostri modelli, perché essi evitano i muri divisori e le partizioni, *non amando stare soli.* I membri della famiglia si sentono molto "attaccati" e coin-

**2 valersi ... isolarsi**: non hanno bisogno di ricorrere a uno spazio isolato per stare da soli.

**3 barriere *interiori***: l'immagine indica una barriera, un "muro" che si alza idealmente dentro di sé per isolarsi dagli altri.

**4 norma del non contatto**: nei popoli europei e americani le persone non hanno l'abitudine di stare molto vicine, sia a casa propria sia in pubblico; ciascuno ha uno spazio personale che gli altri rispettano, cercando di non invaderlo senza permesso.

volti l'uno con l'altro; e la casa è costruita in modo tale da offrire a tutti i famigliari un'unica cappa protettiva. Gli arabi hanno bisogno di mescolarsi l'uno con l'altro per alimentare la propria personalità come le radici hanno bisogno dell'*humus*. [...] Un antico proverbio riflette bene questa concezione: "Il paradiso senza gente sarebbe l'inferno". [...] Dato che nelle case arabe non esiste la *privacy* materiale quale noi la intendiamo, e non esiste neppure la parola per questo concetto si deve pensare che gli arabi usino qualche altro sistema per isolarsi. Ora, esso consiste semplicemente nello smettere di parlare per chiudersi nel mutismo. Con questa azione, essi, proprio come gli inglesi, non vogliono manifestare scontento, biasimo o ripulsa, ma semplicemente la volontà di essere lasciati tranquilli, soli con i propri pensieri.

da E. Hall, *La dimensione nascosta*, Bompiani

## competenze alla prova

## LEGGO E...

### ... COMPRENDO

**1 Quale significato ha per lo studente inglese camminare da solo in una stanza?**

- ☐ Voleva essere aiutato
- ☐ Voleva essere lasciato solo
- ☐ Vuole iniziare una conversazione
- ☐ Non sta bene

**2 I giapponesi amano dividere la casa con altre persone oltre a quelle appartenenti alla famiglia?**

**3 Nel mondo arabo come si presenta la vita in casa?**

- ☐ Ambienti piccoli e separati per ciascun componente della famiglia
- ☐ Ambienti grandi in cui le persone vivono insieme
- ☐ Grandi giardini con piccole case in cui è forte la *privacy* famigliare
- ☐ Case piccole in cui tutti vivono insieme

**4 In quali popoli tra quelli esaminati dal testo è presente l'idea di *privacy*?**

**5 Quali popoli presentano uno stesso modo, lo stare in silenzio, per isolarsi dagli altri?**

### ... RICAVO DAL TESTO

**6 Hall presenta le abitudini di tre popoli diversi, facendo riferimento (in modo non sempre diretto) a un quarto popolo, con il quale li confronta di volta in volta: quale?**

- ☐ Tedesco
- ☐ Americano
- ☐ Inglese
- ☐ Giapponese

### ... ANALIZZO E INTERPRETO

**7 Dalla lettura dei testi puoi dire che la *privacy* sia una condizione essenziale per tutti i popoli?**

**8 Quali sono i due atteggiamenti "estremi", in relazione alla *privacy*, tra i quali si collocano tutti gli atteggiamenti descritti dall'antropologo?**

**9 A quale idea di *privacy* si avvicina di più tra quelle esaminate quella che riguarda la cultura italiana?**

## ORA SCRIVO IO

**10 Ti è mai capitato di vivere una situazione sgradevole, perché le tue abitudini di vita non sono state riconosciute e rispettate? Oppure, al contrario, ti è capitato di non capire il comportamento di un'altra persona e di comportarti in modo indiscreto? Racconta.**

## GIOCO DI SQUADRA

**11 Lo scopo dell'attività è individuare le "differenze spiacevoli" che si riscontrano nella vita quotidiana, per dimostrare che le differenze possono essere anche problematiche, non solo quando si incontrano culture diverse, ma anche in casa, a scuola, con gli amici, insomma con persone che, pur essendo vicine a noi, sono però differenti da noi. Capire come si può agire in conseguenza di ciò, sarà frutto di un'ulteriore riflessione.**

### FASE 1

**Il testo che abbiamo proposto riguarda il proprio spazio privato, quello in cui ognuno sente di poter fare liberamente ciò che lo interessa. Le osservazioni di Hall fanno vedere con chiarezza che popoli diversi rispetto al modo di intendere lo spazio privato hanno concezioni e abitudini differenti tra loro; quando poi queste diverse abitudini si incontrano e "convivono", possono provocare tensioni e incomprensioni. Dunque le differenze di vita possono risultare spiacevoli quando non sono comprese. Rimaniamo all'interno dello stesso tema e proviamo ora a riscontrare le "differenze spiacevoli" che viviamo personalmente.**

- Dividetevi a gruppi di quattro secondo le indicazioni dell'insegnante e mettete i banchi in modo da crearne uno grande, con i quattro tavoli uniti. Ciascuno avrà un foglio sul quale lavorerà personalmente; un foglio da disegno grande, invece, verrà posto in centro per raccogliere riflessioni comuni.
- Per dieci minuti ciascuno di voi, individualmente, scriverà sul foglio a propria disposizione la risposta alle seguenti domande:
  - qual è il tuo spazio privato? Riconoscilo e descrivilo.
  - che cosa o chi lo invade? (chi è "maggiore" di te, adulti; chi è uguale a te, coetanei; chi è "minore" di te, fratelli più piccoli).
  - quali sensazioni provoca in te "l'invasione" del tuo spazio?
  - anche a scuola hai un tuo spazio? Chi lo invade? (non si tratta di dire nome e cognome di qualcuno, ma di descrivere le azioni che fa chi invade il tuo spazio).

### FASE 2

**Dopo la riflessione personale, nei piccoli gruppi, mettete in comune quanto avete pensato e provate a fare una breve sintesi, per punti. La scriverete sul foglio centrale.**

- Avete tutti una percezione chiara della *privacy*? Scrivete in che cosa consiste e come ciascuno di voi la vive (la propria camera, i propri pensieri ecc.).
- Chi ha abitudini diverse dalle vostre, al punto da non capire che cosa desiderate e da invadere il vostro spazio? (fate riferimento a persone e a qualche esempio pratico, ma non è necessario fare nomi precisi)
- Che cosa provate quando un'abitudine diversa dalla vostra invade il vostro spazio o modifica il vostro modo di vivere? Elencate le sensazioni che avete espresso.
- Spazio scuola: che cosa o chi non rispetta la vostra *privacy*? Fate un elenco espresso in modo sintetico (anche in questo caso non è necessario fare nomi precisi).

### FASE 3

**Ogni gruppo è pronto ora per parlare con gli altri, per mettere in comune le riflessioni maturate prima personalmente e poi condivise. Un portavoce riferirà ciò che si è discusso, facendo riferimento alla sintesi scritta sul foglio centrale.**

- Sulla base di quanto avete messo in comune, insieme all'insegnante provate a riflettere su che cosa è una "differenza spiacevole", secondo la vostra esperienza.
- Elaborate una vostra definizione di "differenza spiacevole" e provate a pensare quanto influisca nella convivenza con gli altri un atteggiamento diverso da quello che ci si aspetterebbe.

# ... ma senza differenze non potremmo vivere da www.tolerance.it

**Se le differenze tra gli esseri umani possono essere anche spiacevoli, tuttavia senza differenze non potremmo vivere. Pensate se tutti avessimo la stessa faccia o se sfogliassimo un giornale con un'unica notizia ripetuta molte volte. Non ci distingueremmo uno dall'altro e non potremmo avere termini di confronto.**

leggere scrivere parlare

TESTO INFORMATIVO

1 2 3 livello di difficoltà

Se non ci fossero differenze, non potremmo nemmeno capire chi siamo noi: non potremmo dire "io" perché ci mancherebbe un "tu" con cui confrontarci.
Se tutti gli esseri umani fossero alti esattamente un metro e sessanta, non si presterebbe più attenzione alla statura degli individui; se tutti avessero i capelli rossi, anche il colore dei capelli cesserebbe di essere un dato rilevante; se tutti mangiassero sempre e solo lo stesso cibo, la cucina non avrebbe alcuna importanza; se tutti indossassero la stessa divisa, si perderebbe interesse per l'abbigliamento; se tutti la pensassero allo stesso modo, non ci sarebbe bisogno di comunicare alcunché; e così via, fino ad annullare la possibilità stessa di costruirci un'immagine della nostra identità. Dunque, mentre osserviamo la diversità

R. Magritte, *Golconda*, Houston, The Menil Collection.

altrui, allo stesso tempo comprendiamo meglio chi siamo noi, come scrive Tzvetan Todorov[1]: "*Se si allevasse un essere umano in isolamento, questi non potrebbe esprimere alcun giudizio, neppure su di sé: gli mancherebbe uno specchio per vedersi*".
La constatazione della differenza[2] può anche indurci a migliorare noi stessi. [...]
Di fronte a un problema comune, può darsi che più persone elaborino soluzioni diverse. Il confronto con qualcuno che ha escogitato una risposta diversa dalla nostra può dimostrarsi estremamente utile, in quanto ci permette di accorgerci dei limiti del nostro punto di vista, di imitare l'altra soluzione nel caso in cui essa ci appaia più adeguata della nostra, e di confrontare le rispettive strategie per giungere a formularne una più complessa ed efficace. Ogni volta che due persone, e a maggior ragione due civiltà, si incontrano e si confrontano, il risultato è un arricchimento per entrambe le parti.

da www.tolerance.it

**1 Tzvetan Todorov**: intellettuale di origine bulgara, che attualmente vive a Parigi. Si è particolarmente occupato dello studio del linguaggio.

**2 constatazione della differenza**: prendere atto che tutti siamo diversi uno dall'altro.

## competenze alla prova

### LEGGO E...

#### ... COMPRENDO

1. **Quali esempi vengono portati nella prima parte del testo per fare capire che tutti non possono essere uguali?**
2. **A che cosa sono paragonate le "altre persone" nella citazione di Todorov?**
   - ☐ A una cella d'isolamento
   - ☐ A uno specchio
   - ☐ A un allevamento
   - ☐ Ai giudizi espressi da chi vede dall'esterno
3. **Di fronte ai problemi che pone la vita è meglio elaborare una risposta da soli o tenere presente il confronto con altri?**

#### ... RICAVO DAL TESTO

4. **Da quanto puoi ricavare dal testo, il confronto con gli altri da quanti elementi è fatto, al minimo indispensabile?**
   - E quanti può comprenderne al massimo?

#### ... ANALIZZO E INTERPRETO

5. **Riprendendo i cinque esempi proposti all'inizio del testo a riguardo della statura, del colore dei capelli, del cibo, del vestito, dei pensieri spiega perché:**
   - non si presterebbe più attenzione alla statura;
   - il colore dei capelli cesserebbe di essere un dato rilevante;
   - la cucina non avrebbe più importanza;
   - non ci sarebbe interesse verso l'abbigliamento;
   - non ci sarebbe bisogno di comunicare qualcosa.
6. **Perché una persona non potrebbe esprimere un giudizio su di sé, se fosse allevata in solitudine?**
7. **Quale conseguenza si ha quando si incontrano persone o popoli diversi?**

### ORA SCRIVO IO

8. **Pensa all'ultimo anno che hai trascorso e trova almeno tre novità che hai imparato da qualcun altro: di che cosa si tratta? Racconta perché è stato importante cambiare ciò che sapevi o facevi rispetto a ciò che hai imparato.**

## GIOCO DI SQUADRA

**9** **Lo scopo dell'attività è di trovare le "differenze positive" che hanno permesso a ciascuno di capire un aspetto del proprio carattere o del proprio modo di essere e di apprezzare quello degli altri. Un esercizio per comprendere che il confronto con gli altri permette di identificare se stessi.**

### FASE 1

**Mettetevi in cerchio, un unico cerchio grande che vi comprenda tutti e, se volete, cercate di creare un'atmosfera comune, scegliendo una musica come tappeto sonoro. L'esercizio che farete vi chiederà di spiegare le differenze tra voi e tre altri vostri compagni a vostra scelta attraverso una similitudine.**

Facciamo un esempio: ciascuno di voi penserà (o scriverà, se preferite) tre frasi costruite su questo modello: "*Io sono diverso/a da Giovanni come una spiaggia da una nave, perché a me piace rimanere fermo/a e osservare le cose intorno a me e a lui, invece, piace muoversi continuamente, per cercare altre cose, lontano*". "*Io sono diverso/a da Francesca come un girasole da un moscerino, perché a lei piace essere in vista, a me essere invisibile*".

Dopo un tempo di cinque minuti in cui ciascuno di voi penserà alle tre similitudini, esprimetele liberamente, senza un ordine preciso, ma in modo che tutti prendano la parola.

### FASE 2

**Al termine del giro, fate una seconda pausa di riflessione personale, nuovamente di cinque minuti di durata, nella quale penserete al comportamento di un'altra persona, che per voi è stato importante perché avete cercato di essere *diversi* il più possibile da lui/lei o perché avete cercato di essere il più possibile *simili* a lui/lei.**

Esprimete ciò che avete pensato, ascoltando in silenzio le riflessioni di ognuno.

### FASE 3

**Valutate l'esercizio rispondendo insieme alle seguenti domande:**

- dopo avere riflettuto sulla presenza delle "differenze positive" (e "spiacevoli" nell'esercizio precedente), pensate sia necessario vedere le differenze tra sé e gli altri per capire se stessi?
- vedere che si è diversi dagli altri (e in quale modo) porta a giudicare gli altri o a comprenderli meglio?
- come pensate si potrebbe avere a che fare con gli altri senza giudizi, ma semplicemente prendendo atto che si fanno scelte di comportamento diverse?

# Non accettare le differenze: i pregiudizi

Quando le differenze tra persone, popoli, gruppi, religioni sono considerate in modo negativo, la convivenza diventa molto difficile e produce sofferenza in chi subisce il giudizio degli altri. Pensate, per esempio, alle barzellette sulle donne al volante o sugli stranieri - con sfumature diverse per ciascun popolo del mondo -, sui mestieri o le professioni: sono basate su un pregiudizio, sulla considerazione generica che tutti i dentisti o i carabinieri o le donne o gli appartenenti a un dato popolo si comportino così. È ovvio che si tratta di una generalizzazione, che mette un velo davanti alle cose, non permettendo di vedere la realtà così com'è. Però, questo "**giudizio che viene prima**" di vedere la realtà delle cose (**pre-giudizio**) può portare conseguenze molto pesanti, molto più dure che la risata di una barzelletta. Si può non dare retta a qualcuno "perché è un ragazzo troppo giovane" o si può dare un lavoro a un uomo e non a una donna "perché le donne non sanno fare lavori manuali o non sono capaci di rivestire un certo ruolo", non si fa entrare qualcuno in un negozio o non gli si affitta una casa "perché è straniero", si accusa qualcuno di qualche reato "perché viene da un certo popolo" ecc. **Non accettare semplicemente la differenza delle persone tra loro, può portare a molte forme di ingiustizia gravi e discriminanti.**

## Pregiudizi sugli stranieri di Marco Aime

leggere scrivere parlare

TESTO NARRATIVO

1 2 3 livello di difficoltà

**Marco Aime, che è un antropologo, ha scritto un breve testo sull'accoglienza degli stranieri in Italia; ha organizzato i suoi pensieri come se fossero una "lettera" a un bambino di nome Dragan, di origine rom; si rivolge a lui in modo semplice, per dirgli che cosa significa la paura verso gli stranieri e i pregiudizi che ostacolano la possibilità di incontrarsi e di conoscersi, semplicemente.**

"Generalmente sono di piccola statura e di pelle scura. Non amano l'acqua, molti di loro puzzano anche perché tengono lo stesso vestito per molte settimane. Si costruiscono baracche di legno e alluminio nelle periferie delle città dove vivono, vicini gli uni agli altri. Quando riescono ad avvicinarsi al centro affittano a caro prezzo appartamenti fatiscenti[1]. Si presentano di solito in due e cercano una stanza con uso cucina. Dopo pochi giorni diventano quattro, sei, dieci.

Tra loro parlano lingue a noi incomprensibili, probabilmente antichi dialetti. Molti bambini vengono utilizzati per chiedere l'elemosina ma sovente davanti alle chiese donne vestite di scuro e uomini quasi sempre anziani invocano pietà, con toni pietosi e petulanti[2]. Fanno molti figli che faticano a mantenere e sono assai uniti fra di loro.

**1 fatiscenti**: deteriorati, in cattive condizioni.

**2 petulanti**: insistenti, sfinenti.

Dicono che siano dediti al furto e, se ostacolati, violenti. Le nostre donne li evitano non solo perché poco attraenti e selvatici ma perché si è diffusa la voce di alcuni stupri[3] consumati dopo agguati in strade periferiche quando le donne tornano dal lavoro.
I nostri governanti hanno aperto troppo gli ingressi alle frontiere ma, soprattutto, non hanno saputo selezionare fra coloro che entrano nel nostro Paese per lavorare e quelli che pensano di vivere di espedienti[4] o, addirittura, attraverso attività criminali".
No, Dragan, non si parla di voi, né dei rumeni e nemmeno degli albanesi. Sono parole tratte da una relazione dell'Ispettorato per l'immigrazione del Congresso[5] americano. È dell'ottobre 1912 e parla degli italiani. La relazione prosegue così:
"Propongo che si privilegino i veneti e i lombardi, tardi di comprendonio[6] e ignoranti ma disposti più degli altri a lavorare. Si adattano ad abitazioni che gli americani rifiutano pur che le famiglie rimangano unite e non contestano il salario[7]. Gli altri, quelli ai quali è riferita gran parte di questa prima relazione, provengono dal sud dell'Italia. Vi invito a controllare i documenti di provenienza e a rimpatriare i più. La nostra sicurezza deve essere la prima preoccupazione".
Una volta eravamo noi a disturbare, ora siete voi a "darci fastidio" e, ci dicono, a "farci paura".

da M. Aime, *La macchia della razza*, Ponte alle Grazie

**3 stupri**: violenze sessuali.

**4 espedienti**: modi non sempre corretti o leciti.

**5 Congresso**: Parlamento americano.

**6 comprendonio**: capacità di comprendere.

**7 salario**: stipendio, denaro dovuto a chi lavora.

K. Malevic, *Contadini*, San Pietroburgo, Museo Statale Russo.

## competenze alla prova

### LEGGO E...

#### ... COMPRENDO

1. A chi si rivolge idealmente l'autore del testo per le sue riflessioni?
2. L'autore del testo riproduce un documento originale: di che cosa si tratta?
3. Di quale popolo si parla in questo documento?
4. Come vengono descritti fisicamente gli appartenenti al popolo di cui si parla nel documento?
   - ☐ Alti e biondi, puliti e ordinati
   - ☐ Di costituzione robusta, grassi e unti
   - ☐ Piccoli in altezza e di pelle scura, sporchi e puzzolenti
   - ☐ Di pelle chiara, di altezza media, ordinati
5. Dove vivono le persone che appartengono a questo popolo?
6. Come trattano i bambini?
   - ☐ Bene, li educano e li curano con attenzione
   - ☐ Li mandano a mendicare per le strade
   - ☐ Non se ne occupano
   - ☐ Li viziano fin dalla più tenera età
7. Quali indicazioni vengono date alla fine di questo documento/relazione?
   - ☐ Isolare gli stranieri dal resto della società civile
   - ☐ Limitarne l'ingresso nel Paese
   - ☐ Utilizzare per il lavoro solo una parte di questi stranieri considerata più "docile" rimandando a casa gli indesiderati
   - ☐ Accoglierli, utilizzare le loro potenzialità per integrarli nella società civile

#### ... RICAVO DAL TESTO

8. In tutta la prima parte del testo non viene dichiarato il nome del popolo di cui si parla. Questo meccanismo invita il lettore a pensare a che cosa, secondo te?

#### ... ANALIZZO E INTERPRETO

9. Come definiresti precisamente il giudizio generale che questo documento esprime nei confronti del popolo descritto?
   - ☐ Fortemente negativo
   - ☐ Negativo
   - ☐ Negativo solo per alcuni aspetti
   - ☐ Positivo
10. Che cosa vuole spiegare l'autore con il suo scritto?
    - ☐ Quanto incide la paura nell'avvicinarsi a uno straniero
    - ☐ La forza del pregiudizio nei confronti degli stranieri
    - ☐ La paura nei confronti degli albanesi
    - ☐ La paura nei confronti dei rumeni
11. Secondo te c'è qualche punto in comune tra come gli americani di ieri percepivano gli italiani e come gli italiani di oggi vivono la presenza degli stranieri?

### ORA SCRIVO IO

12. Sicuramente ti sarà capitato di avere un compagno di scuola, di sport o anche un vicino di casa "straniero", sia che tu sia italiano d'origine o che tu venga da un altro Paese. Esprimi i tuoi sentimenti al momento del vostro primo incontro.

### FILOFILE

13. Che cosa sai del popolo rom, cui Dragan appartiene? Se vuoi avere qualche notizia e conoscere qualche storia interessante, vai all'indirizzo http://www.amnesty.it/flex/files/d/4/7/D.8c175e993f992a0614d0/Amnesty_Rom_Studente.pdf. Troverai un documento scritto per ragazzi della tua età da Amnesty International. Prepara poi una relazione che risponda a queste domande:
    - quale storia ha il popolo rom?
    - quali accuse vengono rivolte tradizionalmente al popolo rom?
    - in quali Paesi sono diffusi, soprattutto?
    - che cos'è uno "sgombero forzato"?

### AD ALTA VOCE

14. Quando dovete esprimere la vostra opinione, vi lasciate influenzare dal giudizio degli altri oppure preferite cercare di costruire da soli il vostro pensiero?

# Pregiudizi sulle donne (e gli uomini)

di Carla Ravaioli

**Che gli uomini e le donne siano diversi tra loro, nessuno lo nega, ovviamente; ma che alle donne spetti cucinare, riordinare, allevare i figli mentre agli uomini prendere decisioni, aggiustare le macchine e occuparsi del denaro di famiglia, questo è tutto da discutere. Possono esserci uomini che si occupano dei bambini e donne che aggiustano motori, in modo del tutto naturale. È infatti un pregiudizio, molto radicato nella tradizione dei popoli (e ciascuno a modo proprio), quello che assegna agli uomini e alle donne certi modi di essere, ma questo non viene da un dato naturale, biologico. Proviamo a capirne di più dei pregiudizi sul femminile e sul maschile, attraverso le parole di Carla Ravaioli, che ha ragionato in modo profondo e documentato sul problema della considerazione della donna nella nostra società.**

leggere scrivere

parlare

TESTO INFORMATIVO

1 2 3 livello di difficoltà

Il pregiudizio sulle donne riguarda mezza umanità largamente abbondante. [...] Dunque: "chi dice donna dice danno"; "capelli lunghi, cervello corto"; "la donna pensa come ama, l'uomo ama come pensa"; "l'uomo è la testa della donna"; "l'uomo per gli affari, la donna per la cucina"; "le donne intellettuali sono come le scarpe strette, non si vede l'ora di toglierle dai piedi". Potrei continuare a lungo con citazioni di questo genere; sono proverbi, modi di dire popolari. [...] E mi pare che in maniera abbastanza vistosa siano indicativi di quella che è la mentalità tradizionale, il pregiudizio, appunto, nei confronti della donna. Questi proverbi sono tutti contrassegnati da una valutazione pesantemente negativa nei confronti della donna, se non addirittura dal disprezzo espresso nella maniera più esplicita, come in "chi dice donna, dice danno" ecc.

Insomma tutti sappiamo che nel giudizio tradizionale, nell'immagine tradizionale la donna è inferiore, la donna vale meno dell'uomo, la donna è un essere che viene definito per sottrazione di quelle che sono le più importanti o almeno vengono ritenute le più importanti qualità umane, principalmente l'intelletto. [...]

La donna è passiva, l'uomo attivo.

L'uomo è capace di logica, di sintesi, di coordinazione, di organizzazione; la donna è incapace di tutto questo. Quindi questo significa – secondo un pregiudizio – considerare la donna come incapace non solo nei confronti dei più alti prodotti dell'intelletto, la poesia, l'arte, la musica, la scienza, la letteratura ecc., ma anche nei confronti di tutto quello che è prodotto della logica, della capacità di sintesi, quindi la tecnica, quindi la scienza applicata, quindi la meccanica, anche la più elementare.

D'altra parte dovunque si è sempre sentito dire, e ancora si sente dire, che le donne sono assolutamente incapaci di trattare qualsiasi macchina, anche di accomodare un interruttore o una lampadina; sono "negate".

*Immagine stereotipa femminile*, da calendario degli anni Cinquanta.

Tutte le donne sanno che la realtà smentisce questi pregiudizi.
Noi sappiamo che appena le donne hanno la possibilità di accedere a determinate conoscenze, a determinate carriere, a determinati campi di attività, a determinati lavori, a determinati studi si esprimono in maniera non certo inferiore a quella maschile.
Eppure questa mentalità continua a vivere.
[...] Oggi noi sappiamo molto bene che è la tradizione ad attribuire alla donna la sensibilità, la dolcezza, la docilità, la capacità di sacrificio, la dipendenza, la passività; mentre si indicano come caratteristiche esclusivamente maschili la forza, il coraggio, l'aggressività, la capacità imprenditoriale, la capacità di organizzare l'attività, l'autorità in tutte le espressioni e in tutti i suoi sensi. Ora, credo che chiunque abbia un minimo di osservazione dell'individuo, sappia che queste sono caratteristiche umane, che appartengono alla mente umana nel suo complesso. Conosco donne che potrebbero essere ottimi sergenti e conosco uomini che potrebbero essere ottimi puericultori[1], però la società non glielo permette.
Ogni individuo è dotato in misura diversa di tutte queste qualità che vengono attribuite separatamente all'uomo o alla donna, che vengono date come maschili o femminili. [...]
Come la donna è condizionata a comportarsi da donna, cioè secondo quanto vuole la tradizione, l'educazione, la cultura, tutti gli strumenti formativi, dalla scuola alla religione, alle istituzioni di tutti i tipi tendono a far sì che la donna obbedisca a questa identità definita dalla storia, allo stesso modo in maniera opposta anche l'uomo attraverso l'educazione viene condizionato a comportarsi secondo lo stereotipo della virilità[2], cioè a essere aggressivo, intraprendente, forte, coraggioso, anche se non lo è.
Ci sono tanti uomini che sono per niente coraggiosi, ma se non lo sono vengono stigmatizzati[3]; mentre la donna ha diritto a essere debole – anzi deve essere debole – l'uomo deve essere forte, l'uomo deve essere intraprendente, fare carriera, essere aggressivo, guadagnare un sacco di soldi; quindi anche per l'uomo esiste un ruolo preciso che è obbligato a seguire.

da C. Ravaioli, *La donna: la diversità naturale*, in *La natura del pregiudizio*, ed. a cura della Regione Piemonte

**1 puericultori**: specializzati ad assistere il neonato e il bambino nei primi anni di vita.

**2 stereotipo della virilità**: secondo un modello precostituito che assegna agli uomini un certo comportamento.

**3 stigmatizzati**: criticati, segnati a dito.

competenze alla prova

## LEGGO E...

### ... COMPRENDO

1 Il testo che hai appena letto parla di un solo pregiudizio?

2 Il fatto che ci siano detti popolari o proverbi che contengono un pregiudizio che cosa prova?

- ☐ Che si tratta di un pregiudizio antico
- ☐ Che il pregiudizio si è ben radicato nel linguaggio
- ☐ Che i proverbi non dicono sempre il vero
- ☐ Che è difficile cambiare opinione

3 Rileggi con attenzione e compila la seguente tabella elencando i pregiudizi citati nel testo sulle donne e sugli uomini.

| Pregiudizi sugli uomini | Pregiudizi sulle donne |
|---|---|
| L'uomo è attivo | La donna è passiva |
| L'uomo è capace di logica, di sintesi, di organizzazione ecc. | La donna non è capace di logica, di sintesi, di organizzazione ecc. |
| | |
| | |
| | |
| | |
| | |

### ... RICAVO DAL TESTO

4 Secondo quanto puoi ricavare dal testo, credi che l'autrice pensi agli uomini e alle donne come uguali tra loro?

### ... ANALIZZO E INTERPRETO

5 Sottolinea nel testo quei passaggi in cui l'autrice esprime il suo parere sulla divisione dei ruoli uomo-donna all'interno della società.

6 Il pregiudizio che riguarda le donne colpisce in qualche modo anche gli uomini?

- ☐ No, perché l'uomo è comunemente ritenuto più importante della donna all'interno della società
- ☐ Sì, perché impedisce agli uomini di esprimere le proprie capacità e inclinazioni con naturalezza
- ☐ No, perché è comunque l'uomo che decide i ruoli
- ☐ No, il pregiudizio nei confronti degli uomini è raro

## ORA SCRIVO IO

7 Pensa al rapporto che c'è in classe tra maschi e femmine. Credi che ci siano "pregiudizi" rispetto alle ragazze? E rispetto ai ragazzi? Prova ad applicare le considerazioni fatte da Carla Ravaioli a ciò che accade nel vostro gruppo di compagni: anche tra voi ci sono pregiudizi?

### UN MONDO DI PAROLE

8 Scrivi il femminile delle parole elencate qui di seguito. È possibile scriverlo di tutte? Di quali, poi, è più frequente l'uso del femminile rispetto al maschile?

- Possessore
- Cuoco
- Ingegnere
- Ministro
- Infermiere
- Maestro
- Professore
- Avvocato
- Architetto
- Sindaco
- Cassiere
- Senatore
- Notaio

Discuti con i tuoi compagni come mai appare così differente l'uso del femminile e del maschile in questi termini.

### AD ALTA VOCE

9 Credi che siano giusti i pregiudizi sul maschile e femminile? Sei d'accordo sul fatto che siano "prigioni" entro cui gli uomini e le donne sono stati "ingabbiati" dalla tradizione? Quale opinione hai in proposito? Discutine con i compagni e provate insieme a valutare questo aspetto così importante della vita sociale.

# Effetti del pregiudizio: un esempio molto famoso di Primo Levi

leggere scrivere

TESTO ARGOMENTATIVO

1 2 3 livello di difficoltà

**Il pregiudizio verso un popolo può provocare danni molto gravi. La storia insegna che quando un popolo viene considerato "inferiore" a un altro per qualche motivo, questo pregiudizio fa sì che quel popolo venga perseguitato, rinchiuso in territori separati o addirittura sterminato. Il caso degli ebrei nella Seconda guerra mondiale è un esempio noto a tutti. Nel testo che segue Primo Levi, ebreo italiano internato in un campo di concentramento, racconta un episodio che gli è accaduto proprio durante la prigionia. Lo riportiamo per prendere in considerazione quanto può essere terribile la conseguenza di un pregiudizio verso un popolo (riprenderemo l'argomento nell'ultima Unità del testo), ma anche per paragonare le considerazioni di Levi a quanto si osserva nella nostra società di oggi verso tanti stranieri costretti a condizioni di vita e di lavoro che sono frutto, forse, di un pregiudizio simile.**

Ancora una testimonianza personale. Io sono stato in un campo di concentramento[1], ad Auschwitz[2], e ho lavorato in una fabbrica che veniva bombardata, periodicamente; e a noi facevano sgomberare le macerie.

Era da parecchi mesi, era quasi un anno che eravamo prigionieri, io perlomeno (altri erano due anni che erano prigionieri) e non eravamo belli da vedere, avevamo la barba lunga, avevamo gli abiti stracciati, avevamo i capelli rasati a zero, eravamo sporchi, molti non parlavano il tedesco. Accanto a questa fabbrica bombardata c'era un accampamento di giovani hitleriani[3]; erano ragazzi di quattordici anni, appartenevano a tutte le classi sociali e facevano un campeggio premilitare per così dire, un campeggio sportivo in tende, lì vicino.

Li portavano in visita guidata, a vedere noi che spalavamo le macerie; e il discorso che i loro istruttori facevano, e che non si curavano di tenere segreto, di dire a bassa voce, era questo: vedete, è chiaro che li teniamo in campo di concentramento e li facciamo lavorare, perché non sono mica uomini, si vede benissimo; hanno la barba lunga, non si lavano, sono sporchi, non sanno neppure parlare, sono solo buoni a menare la pala e il piccone, quindi è chiaro che dobbiamo trattarli per forza in questo modo, come si tratta un animale domestico.

Questo capovolgimento della causa con l'effetto[4] è molto tipico, perché è evidente, quelli erano gli effetti della prigionia, non la causa della prigionia; e si manifesta in tutti gli angoli del mondo in cui c'è un pregiudizio razziale. Si perseguita un popolo "altro", e poi si dice "si capisce che lo perseguitiamo, non vedete com'è? È abbrutito[5], vale meno di noi, non ha la nostra cultura, naturale che gli facciamo fare i lavori pesanti, i lavori più sgradevoli..."

Chiaro non voglio fare equiparazioni[6] perché la persecuzione degli Ebrei d'Europa è stata una cosa molto più approfondita e terribile,

**1 campo di concentramento**: campo di reclusione dove venivano concentrati prigionieri provenienti da luoghi diversi per il lavoro forzato e poi lo sterminio.

**2 Auschwitz**: località della Polonia (oggi Oswiecim) sede di uno dei più grandi campi di sterminio nazista durante la Seconda guerra mondiale.

**3 hitleriani**: seguaci del dittatore nazista Adolf Hitler.

**4 causa ... effetto**: un effetto è prodotto da un motivo preciso, la sua causa.

**5 È abbrutito**: ha perso le sue caratteristiche umane.

**6 equiparazioni**: paragoni.

molto estesa, più sanguinosa di tutte le altre persecuzioni razziali; ma questo serve in qualche modo come esempio.
A questo punto che dire dell'oggi?

da P. Levi, *Il pregiudizio verso la razza*, ed. a cura della Regione Piemonte

## competenze alla prova

### LEGGO E...

#### ... COMPRENDO

1. **L'autore del testo racconta un episodio vissuto personalmente. Dove?**
2. **Perché Levi si trovava in quel luogo?**
3. **A quale attività erano sottoposti i prigionieri?**
4. **Come si presentavano i prigionieri agli occhi degli estranei?**
   - ☐ Puliti e ordinati
   - ☐ Abbrutiti dalla fatica, dalla sporcizia e dalla fame
   - ☐ Brutti da vedere e puzzolenti
   - ☐ Come estranei che non parlavano tedesco
5. **Perché un gruppo di ragazzi campeggiava vicino alla fabbrica bombardata?**
6. **Che cosa dicevano ai ragazzi i loro istruttori, riguardo ai prigionieri? Sottolinea la risposta sul testo.**

#### ... RICAVO DAL TESTO

7. **Da quanto racconta Levi, puoi dedurre che egli conoscesse il tedesco?**

#### ... ANALIZZO E INTERPRETO

8. **Completa le due frasi seguenti sulla base delle informazioni ricavate dal testo.**
   - I prigionieri si erano ridotti in quel modo perché ......................................
   - I prigionieri erano stati ridotti in quel modo perché ......................................
9. **Secondo quanto dicono gli accompagnatori dei ragazzi, su chi ricade la responsabilità dello stato in cui sono ridotti i prigionieri?**
   - ☐ Su loro stessi
   - ☐ Sui carcerieri che privavano i prigionieri della loro umanità
   - ☐ Sulla guerra
   - ☐ Sull'ideologia nazista
10. **Spiega che cosa significa secondo te la seguente frase del testo: *"Questo capovolgimento della causa con l'effetto è molto tipico, perché è evidente, quelli erano gli effetti della prigionia, non la causa della prigionia"*.**
11. **Secondo Levi nel mondo di oggi ci sono ancora persecuzioni razziali?**

### ORA SCRIVO IO

12. **Il testo di Levi si conclude con una domanda: "*che dire dell'oggi?*" Le persone che hanno pregiudizi nei confronti degli stranieri, credi che ne siano consapevoli? Prova a esprimere un parere in proposito, portando una motivazione convincente.**

### FILOFILE

13. **Nella breve intervista che compare all'indirizzo che riportiamo, registrata dalla RAI molti anni fa, Primo Levi collega l'esperienza di Auschwitz all'idea della discriminazione e alla mancanza di diritti. Vedi il breve documento e poi rispondi alle domande: http://www.youtube.com/watch?v=1tffs51lj14**
   - Che cosa accade a Levi quando parla di Auschwitz, oggi, in Germania?
   - Perché ciò che è accaduto allora, in Germania, potrebbe accadere in qualunque altro Paese (e anzi in alcuni già accade)?
   - Perché il campo di concentramento è l'estrema conseguenza della discriminazione?

scheda

# Tre conseguenze dei pregiudizi

Un famoso pensatore del nostro tempo, Norberto Bobbio, in una conferenza tenuta qualche anno fa, ragionava con gli ascoltatori su che cosa è appunto il pregiudizio e quali sono le sue conseguenze. Secondo Bobbio il pregiudizio è qualcosa che sono gli uomini stessi a fabbricare nella propria mente e per questo può essere corretto, se solo lo si vuole.

"Le conseguenze nocive del pregiudizio si possono distribuire in tre livelli diversi, che si distinguono per gradi di gravità o di intensità. *Primo*. In tutte le costituzioni moderne esiste un principio secondo il quale "tutti sono uguali di fronte alla legge". Questo principio vuol dire che tutti debbono godere degli stessi diritti. Uno degli effetti di una **discriminazione** è che alcuni sono esclusi dal godimento di certi diritti. Ecco un esempio molto facile e illuminante: fino al 1946 in Italia le donne erano escluse dal voto, cioè non godevano di un diritto di cui godevano gli uomini. Si trattava di una vera e propria discriminazione, anche se non era per lo più sentita come tale. Quando scoppiò anche in Italia la campagna contro gli ebrei durante gli ultimi anni del regime fascista[1], la prima conseguenza di questa campagna fu la privazione, inflitta a coloro che erano ritenuti di razza ebraica, di alcuni diritti di cui avevano goduto come tutti gli altri italiani prima della discriminazione. Anche in questo caso vi era un gruppo che non era più uguale agli altri rispetto a certi diritti.

Una *seconda* conseguenza, ancora più grave, della discriminazione è l'**emarginazione**. L'esempio classico è il ghetto[2] in cui furono rinchiusi gli ebrei per secoli. Ma anche se non istituzionalizzati, ghetti di minoranze etniche o sociali ce ne sono in tutte le grandi città. Si pensi ai quartieri neri, come Harlem, nelle città americane, o alle *bidonville*[3] che circondano le metropoli. [...] Rispetto al rapporto uomo-donna, oggi spesso la casa dove è stata relegata[4] per secoli la donna viene paragonata a un ghetto, che ha contrassegnato anche fisicamente l'emarginazione sociale della donna.

La *terza* fase, più grave, del processo di discriminazione è la **persecuzione politica**. Qui intendo per persecuzione politica l'uso della forza per schiacciare una minoranza di "disuguali". Rappresenta in modo drammatico questa terza fase lo sterminio degli ebrei e di altre minoranze, come per esempio gli zingari, perpetrato dal regime nazista.

So bene che dovrei concludere questa mia lezione rispondendo alla domanda: "*Ma se il pregiudizio reca tanti guai all'umanità, è possibile eliminarlo?*" Permettetemi di dirvi molto francamente che a una domanda del genere non ho alcuna risposta. Purtroppo. Chiunque conosca un po' la storia degli uomini, sa che di pregiudizi ce ne sono sempre stati e che anche quando alcuni di essi vengono superati ne sorgono subito degli altri.

Posso dirvi solo una cosa: i pregiudizi nascono nella testa degli uomini. E bisogna combatterli nella testa degli uomini, cioè con lo sviluppo delle conoscenze, e quindi con l'educazione.

Pensate un po': vi sono uomini che si ammazzano per una partita di calcio. Dove nasce questa passione se non nella testa della gente? Non è un toccasana, ma credo che la democrazia possa servire anche a questo: la democrazia, vale a dire una società in cui le opinioni sono libere. Per liberarsi dai pregiudizi, gli uomini hanno bisogno prima di tutto di una cosa: di vivere in una società libera".

da N. Bobbio, *La natura del pregiudizio*, ed. a cura della Regione Piemonte

**1 regime fascista**: dittatura che governò l'Italia dal 1922 al 1943.

**2 ghetto**: luogo dove erano obbligati a risiedere gli ebrei o altre minoranze etniche.

**3 *bidonville***: città di baracche (dette anche favelas, baraccopoli, slums ecc.).

**4 relegata**: ridotta, segregata, obbligata a stare.

# Che cos'è la tolleranza?

Abbiamo visto, attraverso molti esempi, che **tutti abbiamo il diritto a essere diversi uno dall'altro.** Oltre a questo diritto, **abbiamo anche qualche dovere?** Uno certamente sì: quello di **comprendere in che cosa consista la differenza tra noi e gli altri.** È uno sforzo importante da compiere, che può comportare anche la necessità di **informarsi**, di **leggere**, di **fare domande**, per **capire di più**. Sforzandosi di comprendere ciò che appare diverso da noi, infatti, possiamo renderci conto che la posizione di un altro non è poi tanto diversa dalla nostra o che molte sono le cose in comune. Se nessuno prevarica l'altro, se si cerca una via per comprendersi senza pregiudizi, si crea una condizione di rispetto, riconoscendo a tutti la possibilità di essere trattati con dignità. Anche se non si condivide pienamente il pensiero o l'azione di un altro, si può vivere davvero in modo più giusto.

# Lettera sulla discriminazione

## di Diletta Ceccarelli e Umberto Galimberti

**Una ragazza di dodici anni scrive a un pensatore del nostro tempo, Umberto Galimberti, servendosi di uno spazio particolare, cioè la rubrica di lettere aperte, che chiude il settimanale "D" de "la Repubblica". Il confronto tra i due è interessante e, forse, puoi riconoscerti nelle parole e nelle domande di Diletta, appassionate e intelligenti.**

leggere scrivere

parlare

**TESTO EPISTOLARE**

1 2 3 livello di difficoltà

*Le scrive una ragazza dodicenne per denunciare le discriminazioni e umiliazioni che ogni giorno subisce chi è "diverso" da noi. In tutti gli ambienti si manifestano atti di razzismo che portano a scontri e incomprensioni. A scuola vedo bulli che insultano, disturbano e stuzzicano ragazzi più piccoli e deboli di loro, troppo spaventati per difendersi. Camminando per le strade del mio paese sento barzellette offensive su ebrei, africani, cinesi e sulle donne. Ai telegiornali raccontano di incendi appiccati nei campi del popolo Rom, di venditori ambulanti picchiati e di ragazze straniere violentate. Perfino i politici non hanno rispetto per gli altri popoli. La nostra intolleranza verso chi è diverso ha raggiunto livelli estremi. Perché, nelle aziende, le donne vengono pagate meno degli uomini? E perché gli africani sono tutti considerati dei ladri e dei saccheggiatori? Il razzismo è in ognuno di noi, confinato in un angolino della nostra mente: siamo talmente condizionati da programmi televisivi e da racconti sentiti a scuola o negli ambienti di lavoro, che sobbalziamo se vediamo un mendicante che ci chiede qualche soldo o pensiamo male se un venditore straniero ci passa accanto. Abbiamo costantemente paura del diverso perché non lo conosciamo. È come un vuoto buio e ignoto, di cui non sappiamo nulla.*

*Invece dovremmo considerarci fratelli di tutti e "cittadini del mondo". Anche se abbiamo la pelle, la religione e i costumi diversi, avremo sempre qualcosa che ci accomunerà tutti: la stessa forza generatrice che ci ha creati e l'amore per la libertà. So di essere solo una ragazza con gli orizzonti troppo idealizzati, ma spero che condivida e accolga le mie idee, creando una rubrica sul suo giornale che cerchi di sensibilizzare i giovani al concetto della libertà e della tolleranza.*

Diletta Ceccarelli

Cara Diletta, sono stupito dalle idee che abitano la tua mente e dal modo con cui riesci a esprimerle. E se anche qualcuno ti ha aiutato nel pensarle e nell'esprimerle, questo qualcuno ha preso le mosse dagli spunti che tu gli hai fornito. La tua età, dodici anni, è interessante in ordine alla formazione di pregiudizi razzisti, perché, finché si è bambini e si scopre il mondo, ogni cosa nuova che si incontra e quindi ogni curiosità, che si tratti del colore della pelle o dell'angolatura degli occhi degli altri bambini, del loro modo di parlare o di vestirsi, desta interesse. Ma i bambini non crescono solo in un prato verde dove giocano con tutti quelli della loro età, i bambini crescono anche in famiglie, in alcune delle quali sono invitati a non familiarizzare troppo con chi ha la pelle nera o non parla bene la nostra lingua, perché questi bambini non sono proprio uguali a noi, dove è sottinteso che sono inferiori a noi. E infatti abitano case che non sono belle e spaziose come le nostre, a scuola hanno qualche difficoltà in più nell'apprendere, talvolta quando si esprimono fanno ridere, e

allora nell'età della prima adolescenza, in cui ogni bambino è alla ricerca di una propria identità, non c'è strada più facile per trovarla che arroccarsi nella differenza che li distingue da loro e, a partire dalle considerazioni che hanno sentito in famiglia, sentirsi in questa differenza superiori. Quando uno si sente superiore a un altro cade facilmente in preda a quella legge animale dove il forte aggredisce il debole. E il gioco riesce, perché chi viene da noi, lasciando la sua terra, la sua lingua, le sue abitudini, è davvero più debole di chi cresce nella propria terra, parla la propria lingua e non deve cambiare il suo modo di vivere. L'aggressione del debole fa sentire ancora più forti, e la propria identità così rafforzata diventa uno stile di vita. Ma siccome oltre alla "legge animale" del più forte esiste anche la "legge umana" che chi da subito incontra difficoltà e col tempo e l'impegno le supera diventa più abile di chi le difficoltà non le ha mai incontrate, e quindi non ha avuto occasione di affrontarle e superarle, alla fine tutto si capovolge e quello che un tempo era più debole diventa più forte di chi si riteneva forte perché così in famiglia aveva sentito dire. Succederà allora che in un mondo che ormai mescola tutte le culture, chi fin da piccolo è stato abituato a inserirsi e convivere con una cultura diversa dalla sua sarà più capace di muoversi nel mondo, rispetto a chi non è mai uscito dal proprio paese e in questo recinto ha trovato la sua misera identità.

Umberto Galimberti

Lettere a Umberto Galimberti, in "D la Repubblica", 26 maggio 2012

## competenze alla prova

### LEGGO E...

#### ... COMPRENDO

**1 Chi sono destinatario e mittente di queste lettere?**

**2 Quali sono gli argomenti che Diletta tratta nella sua lettera di denuncia a Galimberti?**

- ☐ Il bullismo
- ☐ Le discriminazioni, il razzismo che colpisce chi è "diverso"
- ☐ Il razzismo
- ☐ L'ingiustizia

**3 Quali esempi cita Diletta? Compila la tabella.**

| Ambito | Esempio |
|---|---|
| A scuola | |
| Per le strade del Paese | |
| Nei telegiornali | |
| In politica | |
| Nelle aziende | |

**4 Perché secondo Diletta si ha "*paura del diverso*"? Sottolinea la frase nel testo.**

**5 Quale proposta fa Diletta a Galimberti?**

#### ... RICAVO DAL TESTO

**6 Utilizzando le informazioni del testo, date anche in modo indiretto, spiega in sintesi che cosa intende Galimberti per:**

- legge umana
- legge animale

#### ... ANALIZZO E INTERPRETO

**7 Secondo Galimberti, quando si è bambini e adolescenti, si è razzisti?**

**8 Quale ruolo ha la famiglia nel formare un sentimento di parità tra le persone?**

- ☐ Nessuno, ognuno capisce da solo che cosa pensare
- ☐ Fondamentale, perché può far credere che gli altri non sono tutti uguali, ma alcuni pari a sé e altri diversi da sé
- ☐ Solo la scuola ha il compito di formare la mentalità dei ragazzi, non la famiglia
- ☐ I ragazzi si regolano solo sul messaggio dato dai mezzi di comunicazione di massa

**9 Che cosa accade se qualcuno si sente superiore a un altro?**

- Sottolinea nel testo la frase che risponde alla domanda e riscrivila poi con parole tue.

**10 In che cosa consiste la "debolezza" delle persone che vengono in Italia da un altro Paese?**

- Sottolinea nel testo la frase che risponde alla domanda e riscrivila poi con parole tue.

**11 In un mondo in cui si mescoleranno tutte le culture, chi avrà più probabilità di orientarsi? Rispondi facendo riferimento alla conclusione del testo.**

### ORA SCRIVO IO

**12 Pensando alla tua personale esperienza prova a rispondere alle domande che seguono e che riprendono le riflessioni di Diletta. Stendi poi un testo che raccolga la tua riflessione guidata dalle domande.**

- Ti senti in imbarazzo o hai paura se uno straniero ti passa accanto?
- Hai mai provato il desiderio di conoscere qualcosa della vita delle persone diverse da te che incontri nella tua giornata?
- Condividi l'idea di Diletta per cui dovremmo considerarci tutti fratelli e cittadini del mondo?
- Credi che, anche se siamo diversi per provenienza, credo politico, religione, abitudini, possiamo ugualmente sentirci accomunati dallo stesso amore per la vita e la libertà?

#### AD ALTA VOCE

**13 Qual è secondo voi l'*opposto* di tolleranza? Provate a discutere e a trovare la soluzione del problema. Inoltre, valutate se alla parola "tolleranza" non possa esserne sostituita un'altra più adatta: alcuni infatti, ormai, non parlano più di tolleranza ma di "inclusione". Che cosa sono a vostro giudizio una società, una famiglia, un gruppo di ragazzi o di amici che sono in grado di "includere" gli altri?**

# Dichiarazione di princìpi sulla tolleranza

dall'UNESCO

**Il 16 novembre 1995 si è riunita a Parigi la XXVIII sessione della Conferenza Generale dell'UNESCO; durante quella seduta i membri della commissione, preoccupati per tutte le manifestazioni di intolleranza nel mondo, anche e, anzi, soprattutto nei Paesi cosiddetti civili, hanno scritto un documento nel quale venivano enunciati i *Princìpi della tolleranza*, perché dovunque nel mondo venisse rispettato il diritto di essere diversi uno dall'altro, per genere, religione, origine, condizione fisica e mentale. Riportiamo qui, a conclusione del percorso sull'idea di tolleranza, tre capitoli dall'Articolo 1 di questo documento, a proposito del *Significato della tolleranza*.**

leggere scrivere

TESTO REGOLATIVO

1 2 3 livello di difficoltà

1. La tolleranza è il rispetto, l'accettazione e l'apprezzamento della ricchezza e della diversità delle culture del nostro mondo, dei nostri modi di espressione e delle nostre maniere di esprimere la nostra qualità di esseri umani. È incoraggiata dalla conoscenza, dall'apertura, dalla comunicazione e dalla libertà di pensiero, di coscienza e di credo. La tolleranza è l'armonia nella differenza. [...]
3. La tolleranza deve essere praticata dagli individui, dai gruppi e dagli Stati. [...]
4. La pratica della tolleranza significa che ciascuno ha la libera scelta nell'aderire alle proprie convinzioni e accetta che gli altri fruiscano della stessa libertà. Significa l'accettazione del fatto che gli esseri umani che si caratterizzano naturalmente per la diversità del loro aspetto fisico, della loro situazione, dei loro modi d'espressione, dei loro comportamenti e dei loro valori, hanno diritto di vivere in pace e d'essere tali quali sono. Significa egualmente che nessuno deve imporre le proprie opinioni agli altri.

## competenze alla prova

### LEGGO E...

**... COMPRENDO**

1. **Come è definita la tolleranza dal documento?**
2. **Da chi deve essere praticata?**
3. **La pratica della tolleranza spinge ad accettare un fatto: quale?**

**... RICAVO DAL TESTO**

4. **Se un organismo come l'UNESCO ha redatto un documento di questo tenore, quale deve essere la situazione nel mondo a riguardo dell'uguaglianza tra gli uomini?**

☐ Grave ☐ Lieve ☐ Non rilevante ☐ Preoccupante

**... ANALIZZO E INTERPRETO**

5. **Spiega con parole tue l'espressione "*armonia nella differenza*" che è riportata nel documento: che cosa significa, a tuo giudizio, essere capaci di mettere d'accordo elementi molto differenti?**
6. **Il documento dice "*la pratica della tolleranza...*": che cosa significa "*praticare*" la tolleranza?**

### ORA SCRIVO IO

7. **Scrivi un testo regolativo composto da cinque norme che possa aiutare tutti nella tua classe a essere più giusti e aperti rispetto agli altri.**

## Siete attratti o respinti dalle differenze?

### Le differenze esistono

- tutti siamo diversi
- le differenze possono essere spiacevoli...
- ... ma senza differenze non possiamo vivere

### Quando non si accettano le differenze

*parole chiave*

- pregiudizio
- prevaricazione
- discriminazione
- emarginazione

### Quando si accetta l'altro

*parole chiave*

- apertura
- informazione approfondita
- parità nella differenza
- inclusione

**Tutti siamo diversi**
**tutti siamo uguali**

**e costruiamo**
**una sola società**

# Fumetti tolleranti

**Obiettivo del lavoro** proporre una riflessione sulla tolleranza ad altri ragazzi della scuola o del luogo in cui si abita attraverso l'uso del fumetto

**1** **Durante lo svolgimento dell'Unità avete riflettuto sul tema della diversità e dell'uguaglianza, del pregiudizio e della prevaricazione, della tolleranza e dell'intolleranza. Quali sono gli aspetti di questo argomento che vi hanno interessato o colpito di più?**

- Dividetevi a gruppi sulla base dell'argomento che vi ha colpito maggiormente: diversità; pregiudizio; prevaricazione; tolleranza.
- Discutete tra voi per definire ognuna di queste idee con parole vostre e scrivete in una o due frasi il risultato della vostra riflessione.
- Trovate un esempio di quanto avete appena definito: una storia vera o inventata, ma credibile.

**2** **Scrivete la storia in un testo breve scandito in dieci sequenze, che devono corrispondere ad altrettante vignette. Nessuno di voi può superare questo limite e nemmeno evitarlo: dovete usare dieci passaggi e dieci vignette.**

**3** **Procedete ora a dividervi i compiti sulla base delle vostre capacità:**

- gli sceneggiatori (quelli che scriveranno le battute dei personaggi: brevi!);
- i disegnatori (chi è bravo a disegnare traccerà i disegni della storia);
- i titolisti (trovare un titolo a una storia, che colpisca e sia efficace: è un compito non facile);
- i trovarobe (per procurare strumenti, materiali, libri, giornali per collage, tutto ciò che è utile per realizzare il fumetto secondo la tecnica che avete deciso).

**4** **Al termine del lavoro presentate agli altri gruppi le vostre storie e raccoglietele in un libro che potrete presentare ad altre classi, portare nella libreria di quartiere perché venga visto da chi passa di là, spedirlo all'Assessore alla Cultura, o alle Pari Opportunità, per dimostrare il vostro impegno a comprendere che essere uguali è riconoscere il diritto a tutti di essere diversi.**

# Rosaconfetto

C'era una volta, nel paese degli elefanti... una tribù nella quale le femmine avevano gli occhi grandi e brillanti e la pelle color rosa confetto.
Questo bel colore dipendeva dal fatto che le elefantine mangiavano solo peonie e anemoni fin dal primo giorno di vita. Non che le peonie e gli anemoni fossero proprio buonissimi da mangiare. Ma – questo sì – facevano venire una pelle liscia e rosa e dei begli occhi brillanti. Le peonie e gli anemoni crescevano in un giardinetto chiuso da un recinto. Così le elefantine rimanevano dentro a giocare fra di loro e a mangiare i fiori.
– Bambine – dicevano i papà – se non mangiate tutti gli anemoni, se non finite le peonie, non diventerete mai belle e rosa come la mamma, non avrete mai gli occhi brillanti e nessuno vi vorrà sposare quando sarete grandi.
E per incoraggiare il color rosa a venire su si mettevano alle elefantine delle scarpine rosa, dei collettini rosa e dei bei fiocchi rosa in fondo alla coda.
Le elefantine, dal loro recinto di peonie e anemoni, vedevano i loro fratelli e cugini grigio elefante, giocare nella savana odorosa, mangiare l'erba verde, rovesciarsi addosso dell'acqua e del fango, fare la siesta sotto gli alberi.
Fra tutte, Pasqualina, malgrado le peonie, malgrado gli anemoni, non diventava rosa neanche un po'. Questo fatto rattristava la mamma elefantessa e faceva molto arrabbiare il papà elefante.
– Ma Pasqualina – le dicevano – come mai sei sempre di quel brutto colore grigio che non si addice a un'elefantina? Hai forse cattiva volontà? Sei forse ribelle? Attenta, Pasqualina, così non diventerai mai una bella elefantessa.
E Pasqualina, sempre più grigia, taceva. E mangiava, per compiacenza, qualche anemone e un po' di peonie.
Così un giorno, il papà e la mamma di Pasqualina decisero che ormai non c'era più nessuna speranza di vederla diventare bella e rosa e con gli occhi lucidi, come doveva essere un'elefantessa. E decisero di lasciarla in pace.
Pasqualina, felice, uscì dal recinto, si levò le scarpette, il collettino, il fiocco della coda e se ne andò a scorrazzare per conto suo fra le erbe alte, sotto gli alberi carichi di frutti succulenti e a sguazzare nelle belle pozzanghere di fango.
Dal recinto, le altre elefantine la guardavano: il primo giorno spaventate, il secondo giorno preoccupate, il terzo giorno perplesse e il quarto giorno invidiose.
Il quinto giorno le più coraggiose incominciarono a uscire dal recinto a una a una. Attorno al giardinetto di peonie e anemoni le scarpette, i fiocchi, i collettini si ammucchiarono abbondanti.
Nessuna elefantina, dopo aver provato l'erba verde, le docce fre-

sche, i frutti dolcissimi, i giochi spensierati e le sieste all'ombra dei begli alberi frondosi volle più in vita sua vedere una scarpetta, né mangiare una peonia, né entrare in un recinto.

Da quell'epoca ormai lontana, riesce difficile a chi guarda giocare i piccoli di quella tribù, decidere quali sono gli elefantini e quali le elefantine.

da A. Turin, *Rosaconfetto*, Motta junior

## Dopo aver letto il testo rispondere alle domande, scegliendo una sola risposta

**A1 Perché le elefantine mangiano solo fiori?**

A Perché sono gustosi e amano quel cibo
B Perché fanno diventare rosea e delicata la loro pelle, brillanti i loro occhi
C Perché sono obbligate a mangiarli dai genitori
D Perché non c'è altro da mangiare

**A2 Perché i fiori crescono in un giardinetto ben recintato?**

A Perché nessun altro si avvicini per mangiarli
B Perché le elefantine rimangano al suo interno a mangiare i fiori che le rendono belle
C Perché i genitori possano controllare meglio fiori ed elefantine
D Perché sono fiori delicati

**A3 Che cosa dicono i papà per convincere le figlie a mangiare i fiori?**

A Se non mangeranno i fiori non diventeranno belle
B Le minacciano di una punizione
C Spiegano che i fiori sono necessari alla loro crescita
D Ricordano loro che la disobbedienza le priverà non solo del bel colore rosa ma anche di un futuro marito

**A4 Che cosa fanno i genitori per incoraggiare il colore rosa delle loro figlie?**

A Ogni tanto le portano in giro nella savana
B Mettono loro fiocchetti, collettini e scarpine rosa
C Le fanno giocare con i fratellini e i cugini
D Danno loro da mangiare dei biscotti

**A5 Nella frase "*Le elefantine, dal loro recinto di peonie e anemoni, vedevano i loro fratelli e cugini grigio elefante, giocare nella savana odorosa, mangiare l'erba verde, rovesciarsi addosso dell'acqua e del fango, fare la siesta sotto gli alberi*" (righe 18-21) è sottintesa la diversità di trattamento riservata ai maschi. In sintesi esprimi in che cosa consiste questa diversità.**

**A6 Tutte le elefantine diventano rosa?**

A No, non tutte
B L'elefantina Pasqualina non diventa rosa
C Solo quelle obbedienti diventano rosa
D Sì, tutte diventano rosa

**A7 La scelta dei due colori, il rosa e il grigio, non è del tutto casuale. In sintesi scrivi che cosa rappresentano l'uno e l'altro colore nel racconto:**

il colore grigio .................................................. il colore rosa ..................................................

**A8 Che cosa desidera davvero Pasqualina?**

A Fare le stesse cose che fanno gli elefantini
B Essere libera
C Rotolarsi nel fango
D Mangiare banane

**A9 Come si comportano i genitori di fronte alla ribellione di Pasqualina?**

A Cercano di convincerla ma poi, persa ogni speranza, la lasciano fare quel che vuole
B La puniscono severamente per la sua ribellione
C Sono preoccupati per il suo futuro
D Amano il suo spirito libero e la lasciano fare

**A10 Le altre elefantine del recinto condividono le idee di Pasqualina? In un testo di tre righe giustifica la tua risposta.**

.......................................................................................................................................

.......................................................................................................................................

.......................................................................................................................................

**A11 Pasqualina porta un cambiamento all'interno della tribù? Quale?**

A Sì, le elefantine comprendono la bellezza dell'essere libere. Maschi e femmine d'allora in poi cresceranno insieme
B No, tutto resta come sempre
C Sì, ma solo in parte, Pasqualina riesce a cambiare qualche abitudine della tribù
D No, Pasqualina cambia solo la sua vita

**A12 In quale tempo è ambientata la storia?**

A Nel tempo sospeso delle favole
B Ai giorni nostri
C Qualche secolo fa
D Nel futuro prossimo venturo

**A13 Quale delle seguenti affermazioni sullo stile del testo è corretta?**

A È ricco di dialoghi
B Lo stile è ironico e metaforico
C Il linguaggio è solenne
D Non compaiono nomi propri

**A14 Quale delle seguenti affermazioni contiene la tesi di fondo dell'autore?**

A "*Se non mangiate tutti gli anemoni, se non finite le peonie, non diventerete mai belle e rosa come la mamma, non avrete mai gli occhi brillanti e nessuno vi vorrà sposare quando sarete grandi*"
B "*Riesce difficile a chi guarda giocare i piccoli di quella tribù, decidere quali sono gli elefantini e quali le elefantine*"
C "*Attenta, Pasqualina, così non diventerai mai una bella elefantessa*"
D "*Questo fatto rattristava la mamma elefantessa e faceva molto arrabbiare il papà elefante*"

**A15 Qual è lo scopo principale del testo?**

A Dimostrare una tesi
B Raccontare una storia comica
C Dare consigli utili
D Presentare una realtà

## Quesiti grammaticali: una sola risposta corretta

**B1 In uno dei seguenti gruppi è presente un elemento che non gli appartiene, in quale?**

A Aggettivi qualificativi: grandi, brillanti, rosa, buonissimi
B Pronomi personali: loro, vi, (...)la, ma
C Nomi comuni: paese, elefanti, peonie, anemoni
D Preposizioni: dal, nel, fra, di

**B2** **I verbi "chiuso", "spaventate", "preoccupate" sono coniugati al:**

A participio passato
B participio presente
C gerundio presente
D gerundio passato

**B3** **In quale delle seguenti frasi non compare un pronome relativo?**

A *"Non che le peonie e gli anemoni fossero proprio buonissimi da mangiare"*
B *"Come mai sei sempre di quel brutto colore grigio che non si addice a un'elefantina?"*
C *"C'era una volta, una tribù nella quale le femmine avevano gli occhi grandi e brillanti e la pelle color rosa confetto"*
D *"Riesce difficile a chi guarda giocare i piccoli di quella tribù decidere quali sono gli elefantini e quali le elefantine"*

**B4** **Quale dei seguenti termini potrebbe sostituire il pronome la nella frase: "*Così un giorno, il papà e la mamma di Pasqualina decisero che ormai non c'era più nessuna speranza di vederla diventare bella*".**

A La mamma
B L'elefantessa
C La figlia Pasqualina
D La speranza

**B5** **Individua elementi che nelle seguenti frasi hanno funzione di soggetto e sottolineali.**

1. *"Si mettevano alle elefantine delle scarpine rosa"*
2. *"Ormai non c'era più nessuna speranza"*
3. *"Il quinto giorno le più coraggiose incominciarono a uscire dal recinto a una a una"*

**B6** **Nella frase: "*C'era una volta, nel paese degli elefanti... una tribù nella quale le femmine avevano gli occhi grandi e brillanti e la pelle color rosa confetto*" (righe 1-3), *c'era* è:**

A un predicato nominale
B un predicato verbale
C un verbo impersonale
D un verbo riflessivo

**B7** **Quale delle seguenti frasi contiene un complemento di causa efficiente?**

A *"Le peonie e gli anemoni crescevano in un giardinetto chiuso da un recinto"*
B *"Così un giorno, il papà e la mamma di Pasqualina decisero che ormai non c'era più nessuna speranza di vederla diventare bella e rosa..."*
C *"Il quinto giorno le più coraggiose incominciarono a uscire dal recinto a una a una"*
D *"Da quell'epoca ormai lontana, riesce difficile stabilire quali sono gli elefantini e quali le elefantine"*

**B8** **In quale delle frasi dell'esercizio precedente compare un complemento di moto da luogo?**

**B9** **Quali di queste frasi contiene un complemento di tempo?**

A *"Da quell'epoca ormai lontana, riesce difficile decidere quali sono gli elefantini e quali le elefantine"*
B *"Attorno al giardinetto di peonie e anemoni le scarpette, i fiocchi, i collettini si ammucchiarono"*
C *"Pasqualina, felice, uscì dal recinto, si levò le scarpette, il collettino, il fiocco della coda e se ne andò a scorrazzare per conto suo fra le erbe alte"*
D *"E decisero di lasciarla in pace"*

**B10** **Colloca nella seguente tabella i condizionali presenti dei verbi al corrispondente imperfetto indicativo.**

| Modo Indicativo (imperfetto) | Modo condizionale (presente) |
|---|---|
| Avevano | |
| Dipendeva | |
| Mangiavano | |
| Crescevano | |

# La Libreria dei Ragazzi di Torino consiglia:

Chris Doner,
*Lettere dal mare*,
Einaudi

Marie Aude Murail,
*Nodi al pettine*,
Giunti

Cynthia Lord,
*Niente giochi nell'acquario*, Piemme

Rodman Philbrick,
*Basta guardare il cielo*,
Rizzoli

Bianca Pitzorno,
*La bambina col falcone*,
Salani

**Due minuti in libreria**

## Chi ha trovato?

1. **Un situazione interessante di contrasto tra accettazione e rifiuto di una differenza?**
2. **Una persona capace di opporsi al pregiudizio?**
3. **Una situazione di giustizia che si è ristabilita (e che è stata interessante da leggere)?**

### PHILOSOPHY

In tutte le storie di cui avete letto ritorna il tema della giustizia e dell'uguaglianza tra le persone. Non è facile poterla affermare, soprattutto nel nostro mondo.

- Quale legge proporresti nella tua città perché le persone si rispettassero, anche se diverse tra loro?

# L'Associazione Museo Nazionale del Cinema consiglia:

Johannesburg (Sud Africa), 1982: una nave spaziale aliena, rimasta immobile per settimane sopra il cielo della città, viene fatta ispezionare da una squadra di polizia. All'interno vengono ritrovati numerosi alieni che, dopo un difficile periodo di convivenza con gli umani, verranno isolati in un campo profughi denominato "Distretto 9". Attraverso il genere fantascientifico il film è una profonda metafora dei fenomeni di xenofobia legati all'immigrazione.

**District 9**
Sud Africa, 2009
diretto da Neill Blomkamp
112 min.

- Secondo te, a quale fenomeno diffuso in Europa può riferirsi il film, nonostante il suo carattere fantascientifico?
- Quale diversa soluzione poteva essere trovata per gli alieni di Johannesburg?

Il piccolo Peter, svegliatosi come ogni mattina nella casa in cui vive con il nonno Gramp, si accorge di avere i capelli verdi. Questo evento inaspettato complicherà i rapporti con i compagni di scuola, i quali non esiteranno a deriderlo e a volergli tagliare i capelli, ma l'anomalia sarà anche un'occasione di crescita per il ragazzino, che al termine della vicenda riuscirà a vincere i fantasmi del suo passato.

**Il ragazzo dai capelli verdi**
U.S.A., 1948
diretto da Joseph Losey
82 min.

- Perché, secondo te, il regista del film ha scelto un avvenimento così inverosimile per parlare dell'intolleranza?
- Nella tua esperienza di studente fino a oggi hai vissuto situazioni simili a quella raccontata dal film? In quel caso, quale elemento è stato determinante per scatenare un comportamento di intolleranza?

1938: Umberto Melchiorri e Leone della Rocca, entrambi commercianti di stoffa, svolgono le loro attività nella stessa via di Roma. L'acuta concorrenza che li ha sempre divisi si risolve solo dopo la promulgazione delle leggi razziali fasciste, quando Leone, ebreo romano, dovrà subire numerose discriminazioni fino alla conclusiva partenza della sua famiglia verso il ghetto di Roma.

**Concorrenza sleale**
Italia-Francia, 2001
diretto da Ettore Scola
110 min.

- Le leggi razziali cambiano la vita di Leone: questo fatto produce un cambiamento importante nella vita dei due commercianti, dando una diversa connotazione alla loro precedente concorrenza. Sapreste commentare questo dato?
- Come sono caratterizzati i due personaggi? Anche questo è un dato significativo da interpretare?

# PAGINE LABORATORIO

# L'ascolto è attivo

**Abilità**

ascoltare

parlare

# ABILITÀ E COMPETENZE

## Ascoltare un testo

> L'importanza del silenzio
**Impariamo a... ascoltare in modo passivo**

> Un ascolto attivo
**Impariamo a... avere un ascolto attivo**

# Ascoltare un testo

Abbiamo già visto che, sia che ce ne rendiamo conto sia che ne siamo inconsapevoli, **siamo sempre soggetti ad ascoltare un messaggio**. Quando camminiamo per strada, quando abbiamo la radio accesa, quando parliamo con qualcuno e così via. L'ascolto è l'attività che compiamo più frequentemente, al punto che un'indagine commissionata in America qualche tempo fa ha rilevato che nella nostra comunicazione per il 47% ascoltiamo, per il 32% parliamo, per il 15% leggiamo, per l'11% scriviamo. Eppure, **siamo più abituati a essere istruiti e guidati nello scrivere o nel parlare correttamente, che nell'ascoltare**. Sembra quasi che ascoltare sia un'azione "scontata" e invece è tra le più complesse. Lo scorso anno abbiamo incominciato a riflettere sull'ascolto, quest'anno approfondiremo il discorso, cercando di mettere a fuoco alcune "azioni" che ci possono rendere ascoltatori più attenti e capaci di umanità.

## L'importanza del silenzio

Una delle esperienze più dure che toccano quando si comunica con gli altri è quella di **non essere capiti**; e la comprensione, per lo più, deriva dall'ascolto. Se si ascolta male, si capisce male. Proviamo a riflettere innanzitutto su alcuni aspetti dell'ascolto, che fanno parte del cosiddetto ascolto passivo.

**Se non fai silenzio, non puoi ascoltare**. Il che significa che la prima condizione di **rispetto per il messaggio di un'altra persona** è di lasciargli spazio per dirlo. Per esempio se non lasci il tempo a un altro di parlare, ma intervieni tu prima che abbia finito; oppure se chiudi in fretta una comunicazione, chi parla con te si ferma e non dice ciò che ha da dire.

**Se pensi ad altro, non puoi ascoltare**. Il che significa che non basta essere in silenzio, ma bisogna **non fare né pensare ad altro mentre qualcuno parla**. Se scrivi un messaggio mentre qualcuno parla con te o se ascolti una canzone con attenzione o se guardi altri che parlano, stai in silenzio, ma non ascolti chi parla.

**Se non sei sulla stessa lunghezza d'onda dell'altro, non lo ascolti**. Ovvero, se una persona ti parla per divertirsi e tu rispondi con un consiglio, non c'è stato un vero ascolto. Se qualcuno vuole sfogarsi e essere capito e tu rispondi ancora una volta con un consiglio, non ascolti chi ti parla, che voleva solo trovare conforto. **Capire l'intenzione di chi parla** è importante per un buon ascolto.

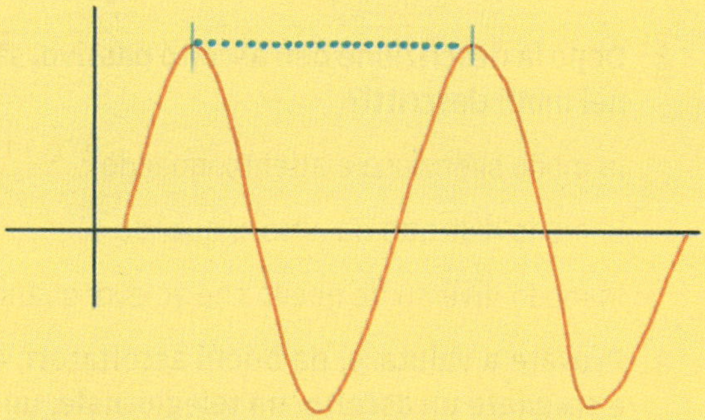

Tutte queste condizioni, se accompagnate da un segno di comprensione, come guardare chi parla, fare un cenno con il capo, dire piccole cose come "*sì, ok*", "*capisco*" ecc., costituiscono un buon **ascolto passivo**. Senza un po' di silenzio attento, non ci si raggiunge.

## L'ASCOLTO PASSIVO

**Quando si ascolta una persona bisogna:**

- **stare in silenzio mentre parla**
- **essere attenti al contenuto di ciò che dice**
- **avere la stessa intenzione di chi parla**
- **dare segno con il capo, con l'atteggiamento o con poche parole per dimostrare che si sta ascoltando**

## IMPARIAMO A...

# Ascoltare in modo passivo

1 **Uno di voi uscirà dall'aula per due minuti e si preparerà un breve discorso, per raccontare un fatto che gli è accaduto di recente. Dovrà riferire che cosa è capitato e quali sono le considerazioni che ha fatto tra sé e sé.**

Intanto in classe si decideranno tre ruoli:

- chi ascolta in modo passivo;
- chi ascolta facendo altro;
- chi ascolta con un atteggiamento diverso da quello che sarebbe coerente.

Al rientro in classe, il vostro compagno si troverà a ripetere la stessa vicenda per tre volte, con i tre ascoltatori diversi.

Al termine, ogni ascoltatore dirà come si è sentito durante l'esercizio e così farà chi ha parlato: che cosa significa ascoltare e parlare in modo tale da capirsi?

**2** **Dopo la descrizione dell'ascolto passivo, sapreste elencare tre situazioni in cui siete stati ascoltati nei modi descritti?**

In modo silenzioso e attento, quando ..........

In modo distratto da altro/i, quando ..........

In modo diverso da quello che volevo, quando ..........

**3** **Provate a valutare, da buoni ascoltatori, come una persona comunica. Leggete i seguenti criteri e scegliete un ascolto: un telegiornale, un programma di discussione che seguite ecc. Qualunque testo va bene, purché sia lo stesso per tutti e provate a porvi in ascolto passivo, valutando poi sulla base di questi tre criteri. Le valutazioni negative corrispondono a "complicato", disordinato" e "non stimolante"; le positive ai loro contrari.**

| complicato | -2 | -1 | 0 | +1 | +2 | semplice |
|---|---|---|---|---|---|---|
| • Formulazione complicata | | | | | | • Formulazione semplice |
| • Periodi lunghi | | | | | | • Frasi brevi |
| • Parole non comuni | | | | | | • Parole note |
| • Parole tecniche non spiegate | | | | | | • Parole tecniche spiegate |
| • Concetti difficili | | | | | | • Concetti concreti |

| disordinato | -2 | -1 | 0 | +1 | +2 | ordinato |
|---|---|---|---|---|---|---|
| • Comunicazione disordinata | | | | | | • Comunicazione ordinata |
| • Comunicazione sconnessa e confusa | | | | | | • Comunicazione consequenziale |
| • Scarsa distinzione tra essenziale e non essenziale | | | | | | • Buona distinzione tra essenziale e non essenziale |

| non stimolante | -2 | -1 | 0 | +1 | +2 | stimolante |
|---|---|---|---|---|---|---|
| • Comunicazione monotona | | | | | | • Comunicazione piacevole |
| • Comunicazione neutra | | | | | | • Comunicazione interessante |
| • Comunicazione impersonale | | | | | | • Comunicazione personale |

Come si è comportato il vostro "interlocutore"? Confrontate le valutazioni che avete espresso con quelle dei vostri compagni e dell'insegnante.

- Siete risultati essere tutti d'accordo su tutti i criteri?
- Quali differenze ci sono state tra le vostre valutazioni?
- È stato facile valutare la comunicazione, ascoltando con attenzione?
- Quale dei tre criteri vi è sembrato indispensabile per capire il discorso ascoltato, più degli altri?
- L'uso di questi criteri vi ha fatto riflettere su come è importante comunicare o ascoltare con cura?

# Un ascolto attivo

Quando si ascolta, però, non basta avere un ascolto ricettivo, è importante avere anche un buon **ascolto attivo**, cioè **interagire con chi parla in modo da andare oltre l'iniziale accoglienza**. Che cosa significa questo nuovo passaggio? Quando qualcuno parla, sta comunicando a chi ascolta un messaggio, che si compone di molti aspetti diversi. Talvolta si parla di qualcosa di personale, si spera di essere chiari e di essere compresi fino in fondo; succede anche che si parli per ragionare con chi ascolta, in modo tale da approfondire il proprio pensiero, mentre lo si comunica a qualcuno, un amico, un'amica, un adulto ecc. In tutte queste situazioni è importante che l'atteggiamento di **chi ascolta aiuti a rielaborare il contenuto del messaggio in modo positivo, non giudicante e corretto**, perché chi parla possa parlare e riflettere nello stesso tempo. Vediamo in particolare che cosa aiuta e che cosa ostacola un buon ascolto attivo.

**Aiutano l'ascolto attivo:**

- la **parafrasi**, cioè la **riformulazione del contenuto**. Quando qualcuno parla, chi lo ascolta, per essere sicuro di aver capito bene, esprime quanto ha capito del messaggio stesso, dando a chi ha parlato la possibilità di verificare se è stato interpretato correttamente. Facciamo un esempio: se al termine del racconto di un fatto, chi ascolta dice "*allora fammi capire, è successo che tu sei andato dalla prof e le hai chiesto di farti vedere il compito, lei si è arrabbiata e tu sei uscito dall'aula di corsa*", l'ascolto attivo che riporta in successione, senza giudizio, correttamente ciò che l'interlocutore ha detto, permetterà a chi ha parlato di sentirsi compreso e di proseguire; e a chi ha ascoltato di essere sicuro della correttezza del suo ascolto. Così il discorso potrà andare oltre e i due interlocutori saranno in sintonia piena;

- la **verbalizzazione**, cioè la **comprensione delle emozioni che sta vivendo e comunicando chi parla**. Cercando di "sentire" insieme a chi parla ciò che prova, si può approfondire molto la comunicazione. Per riprendere l'esempio di prima: in coda a quanto già detto, la verbalizzazione può aggiungere "*mi sembri molto in ansia per quello che è accaduto*". L'ascoltatore ridà così al suo interlocutore **tutto** ciò che gli ha comunicato, i **contenuti** corretti e senza giudizio, e le **emozioni che ha provato**, come se fosse nelle sue scarpe. In questo modo, chi parla si sentirà capito pienamente e potrà continuare il suo discorso. Se vorrà, potrà chiedere esplicitamente un consiglio o un parere o altro ancora...

**Che cosa ostacola l'ascolto attivo:**
- esprimere giudizi su ciò che si è ascoltato;
- esprimere consigli sul da farsi;
- pensare di conoscere già il seguito di ciò che si sta ascoltando;
- sovrapporre un proprio stato d'animo a quello dell'altro;
- volersi sostituire all'altro, senza lasciare libera la comunicazione;
- essere intermittenti, prestando attenzione un po' sì e un po' no, con il risultato di non avere ben chiaro il quadro intero della comunicazione.

Imparando a poco a poco a diventare buoni ascoltatori, assumendo l'ascolto attivo come un atteggiamento costante, si può scoprire che migliora non solo la comunicazione tra amici, con gli adulti, con le persone in generale, ma anche si rendono più corretti e limpidi la costruzione del proprio sapere, la formulazione di giudizi, la comprensione delle regole della società, della politica ecc. **Ascoltando bene, si diventa maggiormente responsabili di ciò che si dice e di ciò che dicono gli altri**, accorgendosi quando ci sono in atto inganni, manipolazioni, falsi entusiasmi, scorrettezze. Infatti, non sempre ciò che viene detto anche dai mezzi di comunicazione è corretto e coerente. Ascoltare volutamente bene, con disponibilità e con la giusta attenzione permette di **comprendere bene ciò che viene comunicato**, di essere **aperti verso gli altri in modo imparziale**, di essere **capaci di giudizio** così come di **assunzione di responsabilità**, con partecipazione profonda.

## L'ASCOLTO ATTIVO

**Quando si ascolta una persona:**
- **si può riferire il contenuto di ciò che ha detto (parafrasi)**
- **si può fare presente l'emozione che trasmette (verbalizzazione) per far procedere il ragionamento accompagnando chi parla nei suoi pensieri e sentimenti**

# IMPARIAMO A...

## ... avere un ascolto attivo

**1** **Provate a comunicare con il vostro compagno di banco secondo i principi dell'ascolto attivo per due minuti su un argomento reale, scambiandovi poi i ruoli: chi ascolta parlerà e viceversa. Più sceglierete un argomento importante e coinvolgente per voi e più l'ascolto attivo sarà significativo per chi parla e chi ascolta.**
**Valutate come vi siete sentiti (da 1 a 3):**

**1** fraintesi

**2** compresi solo in parte

**3** compresi

**2** **Provate a scrivere su un foglio due frasi, una che risponde alla parafrasi e una alla verbalizzazione come "risposta" alle frasi seguenti, come se vi fossero state dette da qualcuno che parla di sé con voi.**

- *"È impossibile comunicare con i miei genitori! Parlano un'altra lingua e non mi capiscono mai..."*
- *"Mio fratello non mi considera, è come se non esistessi per lui"*
- *"Che bello, ho preso sette in scienze, non ci riesco da mesi!"*
- *"So che è normale litigare con gli amici, ma ogni volta che succede io mi sento male"*
- *"Mi piace andare a calcio, mi sento fortissimo e non vorrei che finisse mai l'allenamento"*
- *"Mi sento tranquilla quando cammino per tornare a casa, è un momento tutto mio, in cui posso pensare ciò che voglio"*

**3** **Leggi questo testo e commenta il tipo di comunicazione che vedi messo in atto. Se ti è utile, segui le domande proposte in fondo. Dopo aver lavorato personalmente, confronta le tue conclusioni con quelle dei tuoi compagni e dell'insegnante.**

– Allora che cos'hai contro di me?
– Non ho niente.
– Bugiarda! Che cos'hai contro di me?
Io sono tua madre. Non posso aver niente contro di te –.
Si era girata e faceva un verso da avvocato, tendeva le mani con le palme all'insù, a dimostrare.
Ettore scrollò furiosamente la testa e a occhi chiusi urlò: – Cos'hai contro di meee?
– Ho che non lavori! – gridò lei e si rannicchiò nell'angolo del gas.
Ma lui stette fermo nel mezzo della cucina, solo accennò con la testa e fece un lungo: – Ah!
– Ho che hai ventidue anni e non lavori, – disse lei.

da B. Fenoglio, *I ventitre giorni della città di Alba*, Einaudi

- Che cosa potrebbe andare diversamente in questa discussione?
- Si può evitare lo scoppio di rabbia reciproca?
- Che cosa avrebbe potuto essere detto prima di quel momento e non lo è stato?
- Si può affrontare una comunicazione difficile?

# 5 IL GENERE Giallo

## Traguardi di competenza

- Riconoscere i caratteri propri del genere giallo, una narrazione centrata sulla risoluzione di un enigma, legato a un crimine
- Utilizzare il lessico adatto per definire gli elementi centrali di una storia "gialla": distinzione tra "giallo a enigma" e "giallo poliziesco", ruolo della *suspense*, caratteri del metodo risolutivo dell'enigma (intuitivo o deduttivo)
- Riconoscere, attraverso il confronto, le forme proprie del "giallo" nella trasposizione cinematografica del genere
- Scegliere una lettura integrale in cui sono presenti i caratteri del genere, portarla a termine ed elaborare un giudizio partecipato e discusso con i compagni
- Scrivere alcune parti di una storia "gialla" e un articolo di cronaca nera

## Obiettivi di apprendimento

- Leggere, comprendere, ricavare informazioni, interpretare una storia "gialla"
- Riconoscere il modello narrativo di un racconto o di un romanzo giallo, con due percorsi possibili: il lettore conosce fin dall'inizio chi è il colpevole e segue il percorso d'indagine che lo smaschera; il lettore non conosce il colpevole e arriva a individuarlo attraverso l'indagine del detective
- Descrivere oralmente i caratteri dei detective a partire da esempi letti
- Ascoltare un racconto "giallo" e riconoscere le informazioni fondamentali contenute in esso

## Contenuti

- Dal colore della copertina delle storie poliziesche, pubblicate dall'editore Mondadori, da cui deriva il nome "giallo" in Italia, alle *storie krimi* tedesche, ai francesi *romans policiers*, alle *detectives stories* inglesi, il genere attraversa tutta l'Europa, dall'Ottocento a oggi
- In ogni storia c'è sempre un enigma, che il lettore non si spiega, ma che è lì a sfidarlo, per essere risolto; sarà guidato dall'investigatore ma, forse, sarà più veloce di lui a trovare la soluzione
- In ogni storia c'è sempre un detective, un uomo delle forze dell'ordine o un privato cittadino, che, connotato da un suo modo di essere tutto speciale, condurrà un'indagine accurata, guidata dall'intuito o dalla logica più raffinata

# Che cos'è il giallo?

Il termine "giallo" deriva dal **colore della copertina** dei volumi pubblicati da Mondadori, editore che per primo in Italia (nel 1929) ha dedicato una collana a questo tipo di narrazione. In altri Paesi europei, invece, le definizioni sono diverse: i **francesi** parlano di ***roman policier*** (romanzo poliziesco), gli **inglesi** di ***detective story*** o ***detective novel*** (racconto investigativo), i **tedeschi** di ***Kriminalroman*** (romanzo criminale, comunemente abbreviato in *Krimi*). Anche in Italia, tuttavia, si parla di "poliziesco" riferendosi al giallo. Come si caratterizza questo genere, nei suoi personaggi, nelle storie, nei meccanismi che congegnano una storia di delitti e detective?
Cominciamo a esplorarlo attraverso i primi due testi di questa Unità, che ti faranno capire le due logiche di base sulle quali un giallo si costruisce. Attenzione, allora, e buona lettura...

## Ladro a bordo di Agatha Christie

leggere scrivere

TESTO NARRATIVO

1 2 3 livello di difficoltà

**Il seguente racconto appartiene a una delle più famose autrici del giallo, Agatha Christie. Protagonista è un detective privato, Hercule Poirot, brillante e infallibile, che svolge indagini basandosi sull'analisi degli indizi, cercando prove che confermano i suoi sospetti, secondo una logica ferrea. Quando, alla fine della storia, Poirot chiarisce come ha svolto l'inchiesta, quali indizi l'hanno portato sulla strada giusta, quali prove hanno convalidato i suoi sospetti, ci sorprende sempre un po'. L'investigatore non è certo un personaggio ordinario e quella che viene descritta è una realtà che non sempre coincide con quella di tutti i giorni. La voce narrante è quella del capitano Hastings, amico di Poirot e suo aiutante, spesso un po' maldestro nella risoluzione dei casi.**

**IL CRIMINE E L'AMBIENTAZIONE**
• Vengono presentati tutti gli elementi necessari allo svolgimento dell'indagine, di cui si conosce il crimine ma non il colpevole.

La padrona di casa entrò nella stanza con passo deciso. – Una signorina chiede di lei, signor Poirot – disse interrompendo la conversazione fra me e il mio amico – ecco il suo biglietto da visita. – E la donna porse a Poirot un nitido cartoncino elegante.
– Signorina Esmée Farquhar – lesse il mio amico. – Conosce questa ragazza, Hastings[1]?
– Mai sentita nominare – dissi – ma evidentemente conosce lei.
Poirot sorrise come era solito fare.
– Questo è il male – disse – non si dovrebbe essere troppo famosi! La faccia entrare, signora.

**1 Hastings**: Arthur Hastings, capitano dell'esercito, amico di Poirot, che lo accompagna in alcune delle sue indagini.

Aveva circa venticinque anni, dei grandi occhi bruni, una figura perfetta. Era veramente una delle ragazze più graziose che abbia mai avuto modo di vedere.
Poirot si era alzato.
– Si sieda, *mademoiselle*[2], la prego – disse con un lievissimo inchino. – Questo è il mio amico, capitano Hastings, che spesso mi aiuta a risolvere i miei piccoli problemi.
La ragazza sedette. Aveva un modo di muoversi particolarmente elegante.
– Temo – disse – che il mio sia un grosso problema, *monsieur*[3] Poirot.
Sorrise con disinvoltura.
– Credo che lei abbia letto sui giornali la notizia del furto delle azioni Liberty avvenuto a bordo dell'Olympia. È per questo che sono venuta.
Sul viso di Poirot si diffuse una certa meraviglia.
– Senza dubbio – continuò in fretta la ragazza – lei si sta chiedendo che cosa possa avere a che fare una ragazza come me con un istituto di credito come la London and Scottish Bank. In un certo senso, infatti, niente; ma in un altro senso tutto. Vede, *monsieur* Poirot, sono fidanzata a[4] Philip Ridgeway...
– Ah – disse Poirot – e il signor Ridgeway è colui...
– Al quale appunto erano affidate le azioni al momento in cui furono rubate. Naturalmente nessun biasimo può essergli mosso, né alcuna colpa attribuita; Philip non è davvero responsabile di ciò che è accaduto. Tuttavia questo è un colpo gravissimo per la sua carriera, capisce *monsieur*, ed egli ne sta facendo una vera fissazione[5]. Anche suo zio, del resto, sembra convinto che Philip abbia commesso qualche imprudenza, nel senso di aver fatto cenno a qualcuno della somma che si trovava in sue mani. Suo zio dice...
– Chi è suo zio? – chiese Poirot.
– Il signor Vavasour, condirettore generale della London and Scottish Bank.
– Ah – disse Poirot. Aveva acceso una sigaretta. – E se lei – riprese – mi raccontasse tutta la storia?
– È presto detto – rispose la ragazza – il terribile di questa storia è proprio che non c'è niente di eccezionale. Come lei sa, la Banca desiderava estendere il suo credito[6] in America e a tale scopo decise di immettere[7] sul mercato americano un milione di dollari in azioni Liberty. Per trasportare le azioni il signor Vavasour scelse appunto Philip, non tanto perché essendo suo nipote godeva la massima stima, quanto perché, avendo per molti anni occupato un posto importante nell'organizzazione della Banca ed essendo al corrente di tutti i traf-

• Si presentano i **personaggi** coinvolti nell'avvio dell'indagine: la signorina Esmée Farquhar, Hercule Poirot, il capitano Hastings.

• Si definisce il **crimine commesso**, in questo caso un **furto**. Senza questo punto, il giallo non avrebbe ragione d'essere.

• Si indica il **falso colpevole**, ritenuto responsabile del furto, ma in realtà innocente.

• **Analessi** (o ***flashback***) necessaria per capire l'attuale situazione.

2 ***mademoiselle***: in francese, signorina (Poirot è belga e parla come prima lingua il francese).
3 ***monsieur***: signore (in francese).
4 **fidanzata a**: fidanzata con.
5 **fissazione**: mania.
6 **estendere il suo credito**: estendere la possibilità di prestare denaro.
7 **immettere**: qui "vendere".

• Gli **spazi** e i **tempi** in cui si verifica l'azione sono diversi da quelli in cui avviene l'indagine. In particolare, qui l'ambiente (la nave) è un luogo in cui pare impossibile entrare o uscire (abbiamo un esempio di "giallo della camera chiusa").

fici della filiale di New York, aveva le caratteristiche necessarie per svolgere egregiamente[8] l'incarico. L'Olympia salpò da Liverpool[9] il 23; le azioni furono consegnate a Philip la mattina dello stesso giorno dai due condirettori generali, il signor Vavasour, appunto, e il signor Shaw. Furono contate, controllate, chiuse in un pacchetto e sigillate in presenza del mio fidanzato. Philip mise immediatamente il pacchetto nel suo baule.
– Un baule con serratura normale? – chiese Poirot.
La ragazza scosse la testa.
– No – disse. – Proprio il signor Shaw si era preoccupato di questo ed aveva provveduto personalmente a far applicare una serratura speciale dalla ditta Hubbs. Bene; nel corso del viaggio, Philip ha tenuto continuamente il baule sotto controllo e non ha notato niente di strano. Pure, le azioni sono sparite proprio poche ore prima che la nave attraccasse ai moli di New York. Naturalmente non fu fatto scendere nessuno senza sottoporlo a una rigorosa perquisizione. Anche la nave venne perquisita da cima a fondo. Non fu trovato niente. È stato come se le azioni si fossero dissolte nell'aria.
– Ma non si erano dissolte – mormorò Poirot come se parlasse a se stesso. – Infatti era appena trascorsa mezz'ora dall'entrata in porto dell'Olympia che le azioni erano già state vendute a piccoli lotti[10]. Credo – disse a voce più alta – sia necessario che parli col suo fidanzato, signorina Farquhar.
– Stavo per proporle la stessa cosa – disse prontamente la ragazza. – Perché non cena con noi al "Cheshire Cheese"[11]? Ho un appuntamento con Philip e cenando possiamo parlare di tutto.

**L'INVESTIGATORE E L'INDAGINE**

• L'investigatore, avendo ormai un preciso mandato, inizia la sua indagine, nella quale, attraverso un metodo logico, scoprirà il colpevole.

• Entrano in scena altri personaggi coinvolti nella vicenda, in questo caso Philip Ridgeway, colui che è stato falsamente accusato.

Seduti a un tavolo appartato dell'elegante ritrovo, cenammo in silenzio ascoltando il racconto dettagliato del signor Ridgeway. Non aggiunse niente di nuovo. Tolto qualche particolare di nessuna importanza, il caso rimase nei termini esposti dalla ragazza.
– E così – concluse alla fine Poirot – quando lei, signor Ridgeway, giunto alla fine del viaggio aprì il baule per prendere le azioni, trovò che erano state rubate...
Il funzionario sorrise amaramente.
– Oh – disse – non ci fu bisogno di tanto; bastò entrare in cabina per accorgersi del furto. Il baule era ai piedi della cuccetta graffiato e scalfito dove avevano tentato di forzare la serratura.
– Come – chiese Poirot, – ma avevo capito che fosse stato aperto con una chiave!
Ridgeway sorrise di nuovo.

**8 egregiamente**: molto bene.
**9 Liverpool**: città inglese dove si trova uno dei maggiori porti del Regno Unito, che si affaccia sul mare d'Irlanda.
**10 lotti**: parti.
**11 al "Cheshire Cheese"**: nome di un ristorante: "Formaggio del Cheshire" (il Cheshire è una contea inglese).

– Proprio così – disse. – La serratura non risulta forzata[12]. Evidentemente, dopo aver cercato invano di farla saltare, debbono essere riusciti ad aprirla con una chiave.
– Curioso – disse Poirot, mentre nei suoi occhi si accendeva quella luce verde che conoscevo tanto bene – Curioso davvero! Perdono tempo prezioso per cercare di far saltare una serratura, rischiano per questo di essere sorpresi in flagrante, lasciano tracce pericolose e poi, perbacco, scoprono improvvisamente che hanno sempre avuto quella chiave. Ogni serratura Hubbs, infatti, è unica.
– Perciò non potevano avere la chiave – esclamò Ridgeway. – Non l'ho lasciata mai, né giorno né notte! E poi – riprese – se avessero avuto la chiave o un duplicato, perché avrebbero dovuto perdere tanto tempo a cercare di forzare una serratura palesemente inattaccabile?
Poirot si era animato di colpo.
– Questo – esclamò battendo la mano sulla tavola – questo è il punto da esaminare! Non mi piace anticipare gli eventi, ma posso garantirle, signor Ridgeway, che se riusciremo a trovare la soluzione sarà proprio riflettendo alla stranezza di questo fatto. A meno che… Mi scusi, signor Ridgeway, non si offenda: è assolutamente certo di non aver dimenticato di chiudere il baule?
Ridgeway non disse una sillaba; ma la sua occhiata fu tanto evidente che Poirot gesticolò per scusarsi.
– Ah – disse imbarazzato – ma son cose che possono succedere, glielo assicuro!
La ragazza scoppiò a ridere.
– Ma certo – disse, – renditi conto, Philip, che *monsieur* Poirot è un detective[13], deve avanzare ogni dubbio.
– Bene – riprese Poirot. – Sappiamo ormai che le azioni furono asportate[14] dal baule. Ma che ne fece il ladro? O meglio, come fece a sbarcarle?
Il povero signor Ridgeway allargò le braccia.
– È un mistero – disse sconfortato. – Furono avvertite subito le autorità di dogana[15] e ogni persona che scese dalla nave fu passata al setaccio.
– Fra l'altro – notò Poirot – penso che le azioni dovevano essere un pacco piuttosto ingombrante.

• Poirot incomincia a **raccogliere indizi** e **collegare fatti**: sarà la **logica** a portare alla corretta risoluzione dell'enigma.

**12 forzata**: scassinata.
**13 detective**: termine inglese diffuso anche in italiano, equivalente a "investigatore".
**14 asportate**: tolte, sottratte.
**15 dogana**: ufficio in cui è necessario pagare tasse e dazi per commerciare da una nazione all'altra.

• Il racconto dei fatti presenta **alcuni passaggi palesemente assurdi**, illogici: in quelli deve celarsi la chiave per risolvere l'enigma.

– Molto ingombrante – fece l'altro. – Sarebbe stato già difficile celarle nella nave; e a parte che anche questa fu perquisita, come ho detto, è certo che le azioni giunsero subito a terra, perché era trascorso appena qualche minuto dall'attracco dell'Olympia che esse erano già in vendita sul mercato. Il colpo fu condotto con tale sveltezza che si concluse, si può dire, prima ancora che avessi il tempo di comunicare in borsa la notizia del furto e inviare i numeri di serie per il riconoscimento delle azioni. Un agente di cambio ha addirittura affermato di averne acquistate alcune prima ancora che la nave arrivasse. Assurdo, naturalmente! Le azioni non possono essere spedite per telegrafo!

– No, ovviamente – sorrise Poirot. – Ma per caso non saranno state lanciate a qualche rimorchiatore[16]?

– Fummo accostati solo da quelli ufficiali – disse Ridgeway – e dopo che era stato dato l'allarme. Ormai eravamo tutti sul chi vive; posso garantirle, *monsieur* Poirot, che le azioni non lasciarono la nave per quella strada: sorvegliai io stesso la manovra dei rimorchiatori. Mio Dio, *monsieur* Poirot, questa faccenda mi farà impazzire! Non c'è dubbio che la gente finirà col pensare che sia stato io a compiere il furto!

– Ma anche lei è stato perquisito quando scese a terra, non è vero? – chiese Poirot gentilmente.

Il giovane lo guardò sconcertato.

– Sì – disse – anch'io.

– Vedo che non ha afferrato il mio pensiero – e Poirot sorrise enigmatico. – Ma ora vorrei fare una piccola inchiesta alla sua Banca – concluse. – È possibile?

Ridgeway trasse fuori un biglietto e vi scrisse in fretta poche parole.

– Ecco – disse – si presenti con questo e sarà ricevuto immediatamente. Mio zio sarà lieto di vederla.

**16 rimorchiatore**: piccola nave, con motori molto potenti, usata per trainare le grandi navi nelle acque dei porti e farle così spostare.

Lo zio del nostro cliente, il signor Vavasour, era un distinto funzionario impeccabile che aveva fatto i capelli grigi al servizio del suo istituto. Una corta barbetta bianca dava al suo volto un'espressione simpatica e sorridente, mentre il signor Shaw, suo collega nella direzione della Banca, era accuratamente rasato e sembrava uscito da una recente malattia.
Il signor Vavasour entrò subito in argomento.
– Se ho ben compreso, lei è un detective privato – disse. – Bene. Per quanto ci riguarda, abbiamo dovuto, naturalmente, rivolgerci a Scotland Yard[17], non potevamo fare altrimenti. Lei capisce, vero?
Poirot si inchinò leggermente.
– Certo – disse con gentilezza.
– Il caso è nelle mani dell'ispettore McNeil; un funzionario bravissimo, credo.
– Ne sono sicuro – disse Poirot. – Ma, come lei sa, io sono un detective privato e sto indagando per conto di suo nipote. Potrei avere alcune informazioni al proposito?
– Certo – rispose Shaw – anche noi siamo ansiosi di spiegare la cosa. Ci consideri a sua disposizione – e fece cenno che ci accomodassimo.
– Non prenderò loro molto tempo – disse Poirot sedendosi. – Per prima cosa vorrei sapere chi ha ordinato la serratura da montare sul baule del signor Ridgeway e chi si è occupato di farla applicare. È della ditta Hubbs, se non sbaglio, vero?
– Esattamente – rispose il signor Shaw. – Mi occupai personalmente della cosa e nessuno dei nostri impiegati ne ha avuto notizia. Non siamo dei bambini, *monsieur* Poirot.
– E le chiavi?
– Intende dire chi le ha conservate? – chiese Vavasour. – Philip ne aveva una, naturalmente; le altre rimasero al mio collega e a me. Le riponemmo nella cassaforte la mattina stessa del 23 e ancora non sono state toccate. Vede, *monsieur* Poirot – riprese dopo un secondo – disgraziatamente il mio collega si è ammalato circa quindici giorni fa, proprio il giorno in cui spedimmo le azioni; oggi è il secondo giorno che viene in ufficio: è palese che non si è ancora rimesso del tutto. Questo spiega perché non abbiamo più avuto occasione di muovere quelle chiavi: in seguito alla sua assenza mi sono trovato molto impegnato.
– Una brutta bronchite – commentò con tristezza il collega. – E ora questo incredibile furto delle azioni! Proprio non ci voleva. Fatti simili sono vere bastonate per un uomo della mia età.
Per qualche momento ci guardammo in silenzio, mentre Poirot, la testa china fra le mani, sembrava pensare intensamente.
Poi fece ancora qualche domanda ed ebbi l'impressione che stesse cercando di valutare il grado di affetto esistente fra zio e nipote. Il signor Vavasour rispose con chiarezza e precisione: suo nipote era molto stimato nel suo ambiente e nei diversi anni trascorsi al servizio della banca aveva dato prova di acume[18] e di singolare rettitudine[19]; non

• Il signor Vavasour e il signor Shaw sono **personaggi secondari** nella storia, ma indispensabili per il chiarimento del furto.

• Si **aggiungono elementi** necessari per comprendere la dinamica del furto.

**17 Scotland Yard**: la polizia del Regno Unito.
**18 acume**: lucidità e intelligenza.
**19 rettitudine**: onestà.

gli constava[20] che avesse debiti o difficoltà finanziarie, come pure era certo dell'incensurabilità[21] della sua vita privata. Sì, era molto affezionato a suo nipote; lui e il signor Shaw lo avevano sempre guidato e corretto, era il loro allievo preferito, se così era possibile dire.
– Un uomo di prim'ordine – disse Shaw – assolutamente eccellente.
Sì, anche in passato gli erano stati affidati incarichi simili. Se li aveva condotti a buon fine? Certo, com'era suo dovere!
E alla fine fummo gentilmente congedati con un breve inchino.

**LO SVELAMENTO DELL'ENIGMA**
- La fase conclusiva è quasi divisa in due parti:
  - in prima battuta è solo l'investigatore ad avere capito la soluzione e lo annuncia con chiarezza;
  - in un secondo tempo la soluzione verrà resa nota agli altri personaggi e anche ai lettori.

Nella strada Poirot camminava in silenzio. Procedendo al suo fianco, cercavo di raccogliere le idee nel tentativo di mettere in ordine i fatti secondo uno schema che mi desse un qualsiasi appiglio[22] per la soluzione.
– Sono deluso! – disse a un tratto il mio amico, tanto improvvisamente da farmi sobbalzare.
– Anch'io – risposi. – Speravo di scoprire di più. Sono dei vecchietti tanto insipidi!
– Non è la loro poca vivacità che mi ha deluso, *mon ami*[23], non pensavo certo di trovare in un direttore di banca "un astuto finanziere dall'occhio di falco" come amano esprimersi gli autori dei romanzi d'appendice[24]; no, è il caso che mi ha deluso: troppo semplice!
– Semplice? – esclamai, credendo di aver compreso male.
– Sì; non lo trova di una facilità puerile[25]?
– Io no! – dissi – Lei sa chi ha rubato le azioni?
– Certo – rispose. – È chiaro.
– Ma allora dobbiamo... perché...
– Hastings, per carità non si agiti – disse il mio amico ridendo. – Lei è troppo emozionabile per un lavoro come il nostro. Stia calmo; per il momento non c'è niente da fare.
– Ma perché? Cosa sta aspettando?
– L'Olympia – rispose. – Martedì prossimo giungerà a Liverpool a termine del suo viaggio di ritorno dall'America. Fino ad allora non desidero compiere alcuna mossa.
– Ma se conosce chi ha rubato le azioni, perché aspetta? Potrebbe scappare!
– In qualche isoletta deserta dove non vi sia estradizione[26]? No, *mon ami*, non abbia fantasie da romanzo. Non si ruba del denaro se non per goderlo. Non tema, Hastings, il nostro ladro resterà nel suo guscio finché non andremo a stanarlo.

**20 constava**: risultava.
**21 incensurabilità**: correttezza e onestà.
**22 appiglio**: aggancio, aiuto.
**23 *mon ami***: in francese "amico mio".
**24 romanzi d'appendice**: romanzi pubblicati a puntate in appendice (cioè nelle pagine finali) dei quotidiani. La consuetudine di queste pubblicazioni si diffuse in Inghilterra e Francia alla metà dell'Ottocento. Alcuni scrittori famosi pubblicarono a puntate, ma, tranne qualche eccezione, spesso si trattò di romanzi di scarso valore letterario.
**25 puerile**: infantile.
**26 estradizione**: atto con il quale l'autorità di uno Stato consegna, dietro richiesta di un altro Stato, una persona che si trovi nel proprio territorio, ma che sia imputata o condannata nello Stato richiedente.

– Ma perché attendere insomma! Muoviamoci!
– Perché attendere?... *Eh bien*[27], per l'intelligenza di Hercule Poirot il caso è perfettamente chiaro in tutti i dettagli; ma per amore degli altri non così abbondantemente dotati di materia grigia[28] (l'ispettore McNeil, ad esempio) penso sia bene portare a termine una piccola inchiesta e trarre alla luce fatti e prove concrete. Si deve ben mostrare qualche premura anche per gli stupidi!
Quando Poirot parlava della sua intelligenza, diveniva antipatico.
– Perbacco – dissi – Poirot! È intollerabile! Non so cosa darei per vederla fallire. Non si può essere tanto boriosi[29]!
Mi rispose con faccia contrita[30]: – Non si arrabbi, Hastings – disse – Ho già notato in diverse occasioni che detesta la mia indiscutibile superiorità intellettuale. Cosa vuole, amico mio, è il destino; soffro le pene della grandezza!
E allargando le braccia trasse un sospiro talmente comico che dovetti io stesso mettermi a ridere.

Il martedì ci trovò seduti in uno scompartimento di prima classe diretti a Liverpool col primo rapido della mattina. Poirot aveva sempre rifiutato di mettermi a parte[31] dei suoi sospetti, o certezze, limitandosi a mostrarsi stupito che ormai non avessi del tutto chiara la situazione. Disdegnai[32] di subire ancora l'ironia del mio amico e nascosi la mia curiosità dietro un muro di finta indifferenza.

- Hastings non ha chiara la spiegazione dei fatti; è attraverso la sua "ottusità" che si giustifica anche quella del lettore che, come lui, non ha capito del tutto.

Non appena sul molo lungo il quale il transatlantico stava attraccando con blando[33] dondolio, Poirot si dette immediatamente da fare. Ottenuto non so come il permesso di salire a bordo, cercò subito, uno dopo l'altro, i quattro *steward*[34] della nave e cominciò a interrogarli chiedendo notizie di un suo amico che doveva aver fatto il viaggio fino a New York partendo da Liverpool la mattina del 23.
– Un signore anziano – spiegava Poirot – con gli occhiali. Un grande invalido. Difficilmente si sarà mosso dalla cabina.
Un signore anziano? Ammalato? Sì, certo: il signor Ventnor! Sì, era sulla nave, ma non era mai stato in condizioni di uscire in coperta. Povero signore; sembrava che soffrisse molto! Quale cabina occupava? La numero 24. Poirot mi lanciò un'occhiata. Ridgeway aveva viaggiato nella cabina numero 25!
Sebbene non comprendessi assolutamente da che cosa Poirot avesse potuto dedurre l'esistenza del signor Ventnor, il suo aspetto e la sua presenza sull'Olympia, sentivo prossima la spiegazione del mistero ed ero vivamente eccitato.

- Non sempre i personaggi secondari hanno nomi e volti, spesso servono solo a porgere indizi o conferme a sospetti dell'investigatore.

- Quando si avvicina la spiegazione dell'enigma cresce la **suspense**, per tenere viva la tensione del lettore.

27 ***Eh bien***: in francese "ebbene".
28 **materia grigia**: cervello, intelligenza.
29 **boriosi**: arroganti, presuntuosi.
30 **contrita**: dispiaciuta.
31 **mettermi a parte**: farmi partecipe.
32 **Disdegnai**: rifiutai con sdegno.
33 **blando**: lento.
34 ***steward***: addetto all'assistenza dei passeggeri.

**35 giovialmente**: cordialmente.

**36 sballato**: modificato.

**37 minuta**: piccola.

**38 serrato**: concatenato dal punto di vista logico.

**39 amena**: divertente.

**40 contrabbandato**: venduto illegalmente.

– Mi dica – chiesi – il signor Ventnor fu uno dei primi a sbarcare quando giungeste a New York, vero?
Lo *steward* scosse la testa.
– No, signore – disse – no davvero. Fu uno degli ultimi a scendere a terra. Lo ricordo benissimo perché fui io stesso ad aiutarlo a percorrere la scaletta.
Mi ritirai demoralizzato mentre Poirot sogghignava allegramente. Egli ringraziò lo *steward*, con tutta calma, gli dette una mancia, gli strinse calorosamente la mano secondo la sua abitudine tutta francese e dopo avermi raggiunto con passo veloce mi prese giovialmente[35] a braccetto.
– Beh, Hastings – disse – che gliene pare?
– Va tutto bene – dissi aspramente. – Spero solo che la risposta alla mia ultima domanda abbia sballato[36] la sua preziosa teoria!
– Al contrario, amico mio, al contrario! Lei mi ha procurato una assoluta conferma.
Alzai le mani al cielo con un gesto di rassegnazione.
– O lei è un genio, o un pazzo! – esclamai – Mi arrendo; staremo a vedere.

Il treno correva verso Londra. Chino su alcuni fogli che aveva appoggiato al tavolinetto ribaltabile dello scompartimento, Poirot scriveva rapidamente riempiendo la carta con la sua calligrafia minuta[37] e sottile. Ogni tanto alzava la testa e mi guardava sorridendo e quando ebbe finito e chiuso i fogli in una busta: – Questo è per il buon amico McNeil – disse allegramente. – La lasceremo a Scotland Yard strada facendo. A proposito, Hastings, ho invitato a pranzo miss Farquhar. In fondo è lei che ci ha assunto ed è a lei che dobbiamo delle spiegazioni.
– Forse sarebbe bene che anch'io avessi delle spiegazioni – dissi davvero seccato. – Non è simpatico andare in giro senza capir niente come un imbecille.
– Lei non è un imbecille, Hastings – rispose – è solamente pigro; non riesce a costringere la sua mente a un ragionamento veramente serrato[38]; per questo non giunge alla soluzione di casi semplici come quello che abbiamo risolto. Aveva ragione, come al solito, non mi è mai stato possibile concentrarmi a lungo nel ragionamento.
– Bene – riprese dopo un attimo – visto che ha rinunciato ad arrivarci con le sue forze, credo proprio sia giunto il momento di illustrarle questa faccenda che le appare tanto misteriosa. Procediamo con ordine. Il pacchetto sigillato sparisce dal baule e scompare, come ha detto miss Farquhar, quasi si fosse dissolto nell'aria. Questo è il fatto. Lasciamo da parte l'amena[39] teoria di miss Farquhar, che non è sostenibile allo stato attuale della scienza, e consideriamo ciò che invece è realmente possibile che sia successo. Tutti asseriscono l'impossibilità che il pacchetto delle azioni sia stato contrabbandato[40] in terraferma...
– Sì, ma noi ora sappiamo...
– Lei forse saprà, Hastings, io no. Io parto dall'idea che, sembrando a tutti incredibile, ciò era davvero incredibile. Rimangono dunque due

• Dopo avere raccolto indizi e prove, il detective è pronto a **dare la spiegazione** "*procedendo con ordine*", ovvero dando a tutte le parti della storia la loro giusta sistemazione, secondo logica.

possibilità: che sia rimasto nascosto a bordo della nave, la quale pure fu perquisita attentamente, o che sia stato gettato in mare.
– In un involucro di sughero, lei pensa?
– Senza sughero.
Lo fissai stupito.
– Ma se le azioni fossero state gettate in mare – osservai – non avrebbero potuto essere vendute a New York!
– Ammiro la sua mente logica, Hastings – disse Poirot con un leggero sogghigno. – Le azioni infatti furono vendute a New York, quindi non furono gettate in mare! Capisce dove ci porta questa constatazione?
– Al punto di partenza! – esclamai mestamente.
– *Jamais de la vie!*[41] Se il pacchetto fu gettato in mare e le azioni furono vendute a New York, è chiaro che il pacchetto non conteneva le azioni! Del resto, c'è qualche prova che le azioni si trovassero davvero dentro la busta sigillata? Si ricordi che mister Ridgeway non l'aprì mai dal momento in cui fu rimessa in sue mani.
– Sì, ma allora...
Poirot fece con la mano un gesto di impazienza.
– Un momento – disse – mi permetta di continuare. Le faccio notare che in realtà le azioni vengono viste l'ultima volta la mattina del 23 nell'ufficio della London and Scottish Bank. Dopo di allora sappiamo soltanto che riappaiono nella Borsa di New York circa mezz'ora dopo che l'Olympia ha attraccato, anzi, secondo un uomo che nessuno ascolta, addirittura prima che la nave sia giunta. A questo punto è logico supporre che esse non siano mai state sull'Olympia e conviene appurare[42] se esiste un altro mezzo con cui avrebbero potuto giungere a New York. Sì: il Gigantic, che detiene il record della traversata dell'Atlantico, è partito da Southampton la sera stessa del 23. Spedite con questa nave, le azioni possono giungere in America con almeno un giorno di vantaggio sull'Olympia. Allora tutto è chiaro; il caso comincia a spiegarsi. Il pacchetto sigillato è soltanto un falso che contiene i classici fogli di giornale e la sostituzione avviene proprio negli uffici della Scottish Bank. Ovviamente, per qualsiasi dei tre uomini che si occupano della cosa, è stato un giuoco facilissimo preparare un pacchetto duplicato per operare la sostituzione al momento giusto. *Très bien!*[43] In tal modo le azioni vengono sottratte a Philip Ridgeway, imbarcate sul Gigantic, inviate a un complice in America con le istruzioni di venderle non appena giunga l'Olympia. Ma qualcuno deve ben viaggiare sulla stessa nave di Ridgeway, per fabbricare il momento del furto!
– Ma perché?
– Perché non appena il giovane giunto a New York col pacchetto lo avesse aperto e non vi avesse trovato le azioni, il suo sospetto sarebbe immediatamente corso a Londra. No; l'uomo a bordo, celato nella cabina contigua, fa il suo lavoro al momento giusto: finge di forzare la

• Sono sempre molto importanti, nella spiegazione dei fatti, **i tempi e i luoghi** in cui essi si sono svolti.

**41** ***Jamais de la vie!***: esclamazione francese, equivalente al nostro "mai più!".

**42** **appurare**: accertarsi.

**43** ***Très bien!***: in francese, "molto bene!".

serratura, si preoccupa di lasciare falsi indizi, poi, essendo in possesso di un duplicato della chiave, apre tranquillamente il baule, getta il pacchetto in mare e con calma, giunti a New York, lascia per ultimo la nave. Naturalmente porta gli occhiali per nascondere gli occhi e si finge invalido, onde[44] avere una buona scusa per restare in cabina ed esser certo in tal modo di non incontrarsi con Ridgeway. Giunto a New York, il giuoco è fatto: incassa i denari e torna a Londra con il primo piroscafo. Lei ha compreso chi è?
– Sì – dissi – ho compreso.
– Naturalmente. È colui che, avendo ordinato la serratura, aveva anche avuto modo di procurarsi un duplicato della chiave, colui che

**44 onde**: per.

## competenze alla prova

### LEGGO E...

#### ... COMPRENDO

1. **Chi risolve il caso?**
2. **Quale ruolo ha Hastings rispetto al detective?**
   - ☐ Protagonista
   - ☒ Aiutante
   - ☐ Antagonista
   - ☐ Donatore
   - Sottolinea nel testo il punto in cui Hastings aiuta involontariamente Poirot a risolvere l'indagine.
3. **Qual è il motivo per cui la signorina Farquhar è coinvolta nel caso del furto delle azioni Liberty sulla nave Olympia?**
4. **Poirot ha quattro diversi momenti di colloquio, dai quali ottiene le varie informazioni a lui necessarie per risolvere il caso.**
   - Individua questi momenti e segnalali con colori diversi di fianco al testo.
   - Specifica ogni volta con chi parla.
5. **Di questi quattro colloqui, quale serve a Poirot solo a confermare le certezze che, in effetti, possiede già? Scrivi un breve riassunto del contenuto del colloquio.**

#### ... RICAVO DAL TESTO

6. **L'ambiente descritto dall'autrice appartiene a un'epoca e a un tipo di società diversa da quella attuale. Quali sono gli elementi che te lo lasciano supporre? Sottolineane alcuni nel testo.**

#### ... ANALIZZO E INTERPRETO

7. **Ricostruisci, numerandoli nell'ordine, i punti che via via Poirot analizza per chiarire la situazione e accingersi a risolvere il caso.**
   - [2] Alcune azioni Liberty sono state vendute poche ore prima che l'Olympia giungesse a New York
   - [3] Il baule aveva una serratura speciale: reca tracce di scasso, ma alla fine viene aperto con una chiave
   - [1] Ridgeway è sempre stato un funzionario scrupoloso, efficiente e affidabile
   - [4] Il pacco che conteneva le azioni era molto voluminoso e non è stato gettato in mare né è stato trovato sulla nave dopo la perquisizione
8. **In quali spazi e tempi si svolge il racconto?**
   - Sottolinea nel testo i riferimenti precisi agli uni e agli altri.
   - Sono presenti analessi o prolessi?

   **Scrivi sul quaderno i risultati della tua analisi.**
9. **Poirot è un uomo pieno di stile, con caratteristiche di comportamento ben precise. Trova nel testo gli elementi che definiscono il personaggio e sottolineali.**
10. **Anche Hastings è ben caratterizzato. Come lo definiresti?**

    scaltro - intuitivo - ingenuo - coraggioso
    - Sottolinea nel testo le parti che ti permettono di motivare la tua risposta.
11. **Individua nel testo gli indizi che Poirot raccoglie, attraverso i quali arriva alla soluzione. Scrivili poi in un elenco.**

non è stato gravemente ammalato di bronchite nella sua casa di campagna, colui che è mancato dall'ufficio la mattina stessa in cui è partita l'Olympia. *Enfin*[45], quel vecchietto noioso: *mister*[46] Shaw!
Non mi piaceva questa storia. Non mi piaceva scoprire ancora una volta che l'animo umano spesso non riesce a sfuggire alle tentazioni.
Eravamo arrivati.
– Ah, *mademoiselle* – stava esclamando Poirot – eccoci! Siamo in ritardo? Ci sono riuscito, mia cara; lei permette?
E sprizzante gioia da tutti i pori, Poirot baciò leggermente sulle guance l'attonita e stupita ragazza.

A. Christie, *Ladro a bordo*, in AA.VV., *Chiamate la polizia*, Vallecchi

• Lo **svelamento del colpevole**, dopo la ferrea dimostrazione dei fatti, conclude definitivamente il racconto giallo.

**45 *Enfin***: in francese, "alla fin fine".
**46 *mister***: in inglese, "signor".

**12** Chi è il colpevole del furto e come si è svolta la sua azione per rubare le azioni Liberty? Scrivi in sintesi, per punti, come ha agito il ladro.

**13** Secondo te, in questo testo quale di queste due situazioni si verifica?
- ☐ All'inizio della storia si conosce il delitto ma non il colpevole, che scoprirà il detective nel corso del testo
- ☐ Già dall'inizio della storia si conoscono delitto e colpevole; il detective deve solo trovare le prove che "incastrano" il ladro

## ORA SCRIVO IO

**14** Immagina di essere il signor Ridgeway e scrivi una pagina di diario personale, in cui spieghi il tuo stato d'animo, non appena ti sei reso conto del furto.

**15** Descrivi l'ambiente in cui si svolge la storia come se tu fossi un passeggero della nave su cui viaggiano i protagonisti.

## UN MONDO DI PAROLE

**16** Il testo dice che ogni persona scesa dalla nave è stata "passata al setaccio". L'espressione significa che:
- ☐ è stata spazzolata
- ☐ è stata derubata
- ☐ è stata attentamente esaminata
- ☐ è stata rinchiusa

**17** "*Eravamo tutti* sul chi vive" dice Ridgeway. Aiutandoti con il vocabolario, spiega il significato di questa espressione. ..................

Scrivi poi il significato di questi modi di dire.
- Vivere alle spalle ➲ ..................
- Vivere nelle nuvole ➲ ..................
- Vivere d'aria ➲ ..................

**18** Nel testo appaiono alcune parole che non sono d'uso quotidiano. Scrivi il significato corretto di:
- biglietto da visita ➲ ..................
- istituto di credito ➲ ..................
- filiale ➲ ..................
- lotti ➲ ..................
- telegrafo ➲ ..................

## FILOFILE

**19** Cerca notizie su Hercule Poirot nel sito dedicato alla regina del crimine www.agathachristie.com e scrivi un breve testo in cui traduci dall'inglese le informazioni che ti sembrano essenziali a descrivere il personaggio. Se puoi fai anche riferimento agli attori che lo hanno interpretato al cinema.

# Lavoriamo insieme

## Che cos'è il giallo?

**Quali elementi caratterizzano il giallo? Dopo aver svolto una prima riflessione, leggi le seguenti affermazioni e valuta se sono vere V o false F.**

- La vicenda avviene in un'epoca non ben precisata e in un luogo sconosciuto. V F
- C'è un detective privato che indaga su un crimine commesso. V F
- Tutti i personaggi coinvolti nella vicenda capiscono subito chi è il colpevole. V F
- Il personaggio del detective è descritto come un uomo normalissimo e comune. V F
- Il lettore ha già chiara la soluzione del caso fin dal principio. V F
- Il lettore fino all'ultimo non sa con certezza chi è il colpevole. V F
- Il detective alla fine risolve il caso grazie a un preciso ragionamento condotto sugli indizi che ha raccolto. V F
- Il lettore deve capire da solo ciò che è accaduto, perché nessuno lo spiega mai. V F
- Alla fine, il detective spiega chi è il colpevole, ma non come e perché ha agito. V F
- Alla fine il colpevole è proprio quello che, fin dall'inizio, era apparso il più sospettabile. V F

## È tutto chiaro?

**Compila ora lo schema riassuntivo, con riferimento al testo di Agatha Christie.**

| | caratteristiche del giallo | in *Ladro a bordo* |
|---|---|---|
| **il crimine e l'ambientazione** | • Si è verificato un **crimine** o un **delitto**, che a tutti sembra a prima vista inspiegabile (è infatti per tutti un **enigma**).<br>• Per rendere comprensibile la vicenda, la narrazione "torna indietro" attraverso una tecnica definita **analessi** o ***flashback***: la successione degli eventi narrati si interrompe e si dà spazio al racconto di ciò che è avvenuto in precedenza.<br>• Lo **spazio** e il **tempo** in cui l'azione si verifica sono indicati e descritti in modo molto chiaro e preciso.<br>• Lo spazio e il tempo in cui avviene l'indagine sono a volte diversi da quelli in cui è avvenuto il crimine. | Sono misteriosamente sparite alcune azioni Liberty<br>Al inizio<br>New York, olimpia 23, 24 novembre.<br>lo studio di Poirot |
| **l'investigatore e l'indagine** | • Le indagini sono affidate a un **detective** (o **investigatore**) privato.<br>• L'investigatore svolge le sue indagini con un **metodo razionale**. Fa partire la sua **indagine** o **inchiesta** da precisi **indizi**, trae conclusioni a partire dall'osservazione degli indizi stessi e cerca di confermarle attraverso delle **prove**.<br>• Lo svolgersi dell'indagine avviene in un crescendo di tensione che determina la ***suspense***.<br>• L'investigatore, anche se non lo rivela a nessuno, intuisce ben presto che cos'è realmente accaduto. | Poirot<br>Il lucchetto, lo stuart, la nave l'armadietto,<br>Poirot non racconta subito<br>Poirot lo sapeva già |

| | caratteristiche del giallo | in *Ladro a bordo* |
|---|---|---|
| **svelamento dell'enigma, effetto a sorpresa o colpo di scena** | • L'investigatore scopre il **colpevole** (cioè chi ha commesso il crimine) e spiega **chi** è, ma anche **come** e **perché** ha agito. In pratica **svela l'enigma**.<br>• Il colpevole, smascherato dall'investigatore, è di solito il personaggio che aveva destato meno sospetti nel lettore: per questo si ha un **effetto a sorpresa** o **colpo di scena** che rovescia le aspettative.<br>• Nel meccanismo narrativo usato in questo caso **si scopre il colpevole solo alla fine del testo**, dopo tutto il lavoro di indagine svolto dal detective. Il lettore ricava **il quadro dell'accaduto**:<br>- dalle **parole** dei personaggi stessi;<br>- dai loro **dialoghi**;<br>- ma soprattutto dalla **spiegazione finale** del detective, che svela il mistero in ogni particolare. | lo zio ha scambiato le azioni con normali fogli bianchi<br>lo zio sembrava innocente<br>lo zio e lo scambio<br>l'ammalato ecc.<br>I4 dialoghi<br>lo zio ha scambiato le azioni con normali fogli bianchi |

scheda STUDIA

# La *suspense* nel giallo

La *suspense*, come sappiamo, prevede un tipo di narrazione che **presenta gradualmente i fatti** al lettore, concatenandoli con un effetto di sospensione, di forte **attesa** per quello che succederà. Questo continuo rimandare il momento "fatale" di un'azione fa aumentare la tensione. In questo modo il lettore, consapevole che sta per succedere qualcosa, si trova progressivamente più coinvolto nella narrazione e aspetta con ansia crescente il proseguimento dell'azione. È proprio su questo meccanismo che si fonda gran parte della narrazione in un giallo, per tenere alta la tensione del lettore. Chi sarà il colpevole? Ce la farà il detective? Si salverà la prossima vittima?

# Le caratteristiche del giallo

Proseguiamo ora con un testo in cui ritroverai evidenziate le caratteristiche proprie del giallo come hai già visto nel racconto precedente di Agatha Christie, ma scoprirai che questa volta è stata usata una logica ben diversa nell'organizzazione della storia. Fai quindi molta attenzione ai passaggi che la strutturano, per capirne il meccanismo.

## Il vampiro di Novellara di Carlo Lucarelli

leggere scrivere

TESTO NARRATIVO

1 2 3 livello di difficoltà

**Nell'esempio che ora leggeremo, l'investigatore è un maresciallo dei Carabinieri. Attraverso il suo lavoro di investigazione, da lui narrato in prima persona, scopriremo le cause di un delitto brutale che ha come vittima un suo collega e amico dell'antidroga. Il racconto di Lucarelli è un chiaro esempio del cosiddetto "poliziesco", che ha la caratteristica di affiancare alla narrazione di fatti criminosi una vivace descrizione della realtà sociale, in questo caso del nostro Paese: i personaggi presentati appaiono identici a quelli della cronaca nera dei giornali e hanno una precisa caratterizzazione psicologica, i fatti sono verosimili, le cause che hanno determinato il crimine del tutto plausibili.**

**IL CRIMINE E L'AMBIENTAZIONE**
• Vengono presentati tutti gli elementi necessari allo svolgimento dell'indagine, di cui si conoscono sia il crimine sia il colpevole.

• La **vittima** e l'**investigatore** appartengono alle forze dell'ordine (qui ai Carabinieri). Il **colpevole** è un boss mafioso, mandato in un paese del nord Italia in soggiorno obbligatorio. Sono evidenti fin da subito il protagonista e l'antagonista del racconto.

C'era ancora la freccia accesa che lampeggiava, perché il brigadiere Barberis stava per svoltare per Villargine, sulla statale che da Bagnolo va a Novellara[1], quando gli avevano sparato tre colpi dal finestrino, tutti e tre in testa. Era scivolato di fianco, trattenuto dalla cintura di sicurezza come un paracadutista su un albero in un film sulla Seconda guerra mondiale e lì era rimasto, assieme alla freccia accesa che lampeggiava sul fianco della sua Uno, nonostante il sostituto procuratore[2] di Reggio, il medico legale[3], i carabinieri della stazione di Bagnolo, il fotografo del "Carlino"[4] e tutti i curiosi. E nonostante me, che arrivai di corsa e feci in tempo soltanto a fare due passi prima di essere preso per un braccio da un collega che lo sapeva che io e Barberis eravamo nati nello stesso quartiere a Napoli e avevamo fatto tutte le scuole assieme dalle elementari al corso allievi sottufficiali dei Carabinieri, prima di finire lui all'antidroga e io a fare il maresciallo della stazione di Novellara.

**1 Villargine ... Bagnolo ... Novellara**: si tratta di località in provincia di Reggio Emilia.
**2 sostituto procuratore**: colui che sostituisce il magistrato che svolge le funzioni di pubblica accusa.
**3 medico legale**: medico che si occupa dei rapporti fra la medicina e la legge.
**4 "Carlino"**: "Il resto del Carlino", quotidiano diffuso in particolare in Emilia-Romagna e nelle zone limitrofe.

Don[5] Raffaele era seduto a un tavolino, davanti al solito bar che si affaccia sulla piazza del paese. Ce ne sono tre o quattro sotto i portici, ma lui sceglieva sempre quello, sempre quello da tre anni, da quando era stato mandato a Novellara in soggiorno obbligatorio[6]. Aveva un gelato in mano, come sempre, e mi guardò appena quando arrivai, anche lì di corsa, lasciando la macchina dove capitava.
– Volete un moretto[7], marescia'[8]? – mi chiese tranquillo, senza alzare gli occhi, staccando dal bastoncino di legno le ultime scaglie[9] di cacao nero.
– Io ne mangio uno tutti i giorni… li fanno loro, sapete? Buonissimi, meglio che al paese mio…
Strinsi i pugni, piantandomi le unghie nel palmo delle mani, ma riuscii a non dire niente. E soprattutto a non fare niente. A non fargli niente. Don Raffaele leccò il bastoncino, pulito come un osso, poi si strinse nelle spalle. – Lo sapete, maresciallo? Voi mi sembrate uno di quelli dei film, quei poliziotti che quando gli ammazzano un amico corrono dal boss a dirgli maledetto, ti prenderò… Ma marescia', qua non stiamo in un film e io non sono un boss. Sono soltanto un galantuomo al soggiorno obbligatorio in un tranquillo paese della provincia reggiana, perché un giudice del sud si è sbagliato sul mio conto e mi ha mandato quaggiù. E così l'appuntato che avete nascosto nel bar deve stare tutte le sere a guardarmi mentre mangio il mio moretto quotidiano e ora ha paura che mi prendiate a pugni e gli tocchi fermarvi.
Gli avrei sparato, altro che prenderlo a pugni. Non mi ero mai sentito così impotente e così inutile come in quel momento. Don Raffaele coordinava le attività della camorra[10] nella provincia di Reggio e sorvegliava il riciclaggio dei soldi[11] in alcune banche locali. Lo sapevamo da tre anni e da tre anni cercavamo di incastrarlo. Barberis c'era andato vicino.
– Ma davvero voi credete che da qua, da questo paesino io faccio chissà cosa? Ma quando mai? Sto in una casa senza telefono, non ho mai spedito una lettera a nessuno e ogni giorno venite a perquisirmi l'appartamento per cercare una radio e un telefonino… L'unico svago che ho è venire qua a mangiare un gelato e anche allora non parlo con anima viva, tranne il ragazzo del bar che, lo so benissimo, è un carabiniere pure lui. Me lo dite come facevo a ordinare la morte dell'amico vostro? – Spezzò il bastoncino con tre dita, con uno schiocco secco, che mi fece

**Boss**
È una parola che l'italiano riprende dall'americano: la sua origine, però, è dal neerlandese (la lingua che comprende l'olandese e il fiammingo, parlata nelle Fiandre, in Belgio) *baas* e significa "zio" e poi anche "capo, padrone".

**5 Don**: titolo onorifico che nell'Italia meridionale si attribuisce a persone ritenute di riguardo.

**6 soggiorno obbligatorio**: un provvedimento che viene preso nei confronti di chi è stato condannato per associazione di stampo mafioso e consiste nella necessità di vivere in un paese diverso da quello di origine.

**7 moretto**: tipo di gelato ricoperto di cioccolato.

**8 marescia'**: abbreviazione per maresciallo.

**9 scaglie**: frammenti, piccoli pezzi di forma appiattita.

**10 camorra**: organizzazione criminale, originaria dell'area napoletana, che esercita il controllo su attività illecite.

**11 riciclaggio dei soldi**: nuova immissione sul mercato di denaro che deriva da attività illegali.

trasalire. Me ne andai veloce, scappai quasi, mentre l'appuntato tirava un sospiro di sollievo e don Raffaele, lo sapevo anche senza vederlo, sorrideva.

– È un'inchiesta della DIA[12] – mi aveva detto il comandante – cercano di incastrarlo da Caserta col riciclaggio dei soldi delle estorsioni[13]... e poi tu cosa credi di fare? Ce l'hai un'idea almeno?

No, non ce l'avevo. Andavo tutte le mattine nella piazzetta a guardare don Raffaele che mangiava un gelato, pensando a come facesse a comunicare coi suoi. Da sei mesi, da quando l'attività della camorra si era fatta più intensa ed era andata a cozzare contro gli interessi della mafia[14] a Modena e dei gangsters bolognesi, avevo tenuto don Raffaele sotto sorveglianza ventiquattr'ore su ventiquattro e credo che quello fosse l'unico caso in cui il soggiorno obbligatorio risultasse efficace. In gran parte era merito proprio di don Raffaele, che non usciva quasi mai di casa e viveva come un eremita[15] in un paese che tutto sommato, a partire dal moretto quotidiano nel bar della piazza, lo ignorava. Una sera, per esempio, lo seguimmo passo per passo, gradino per gradino per la scalinata che portava ai piani superiori, metro per metro nei corridoi e nei saloni... non rivolse una parola a nessuno e nessuno gli disse niente, quasi fosse un fantasma, un'ombra fatta d'aria che si muoveva per le stanze del castello e per le strade di Novellara come mosso dal vento. Qualcuno notò che a parte l'uscita serale delle nove non lo si era mai visto in giro prima che calasse il sole, come un vampiro e così cominciarono a chiamarlo in paese, *il vampiro*... il vampiro di Novellara.

Tutte le sere, alle nove precise, il vampiro don Raffaele veniva al bar, si sedeva a un tavolino, fosse estate o inverno, posava lo sguardo sugli alberi al centro della piazza, sulla chiesa, sui portici e poi ordinava un moretto. Se si avvicinava qualcuno, si alzava e se ne andava, per tornare dopo. Parlava solo con l'appuntato Morace, che tutti i giorni si toglieva la divisa e si metteva il grembiule del barista e una volta che fece tardi servì direttamente in uniforme. Poi don Raffaele tornava a casa, si chiudeva dentro e non aveva più contatti col mondo esterno se non con la perpetua dell'arciprete[16], che gli portava da mangiare. E

**L'INVESTIGATORE E L'INDAGINE**
• A partire dalla convinzione circa il colpevole, l'investigatore cerca di raccogliere prove per dimostrare la sua implicazione nel delitto, anche se non ha una strategia precisa.

**12 DIA**: sigla per "Direzione Investigativa Antimafia" (corpo speciale che si occupa di lotta alle associazioni di stampo mafioso).

**13 estorsioni**: reati che consistono nell'ottenere un profitto in modo violento.

**14 mafia**: organizzazione criminale clandestina sorta nella Sicilia del XIX secolo e sviluppatasi a livello nazionale e internazionale.

**15 eremita**: persona che vive in totale isolamento.

**16 arciprete**: parroco.

la perpetua, ottant'anni, arteriosclerosi[17] e niente memoria, era sotto controllo anche lei.
Cominciai a odiare i moretti, soprattutto quei bastoncini di legno che don Raffaele leccava e rileccava, fino a levigarli, per poi buttarli via… Lui finiva di leccare il bastoncino e poi lo alzava, girandolo da una parte all'altra, come per farmelo vedere e a volte lo spezzava, sorridendomi affabile. Un altro moretto, un altro giorno perso… Avrei fatto meglio ad occuparmi del traffico sulla statale e mandare l'appuntato Morace a scoprire chi fossero i teppisti che regolarmente imbrattavano i muri e le colonne dei portici. L'unico progresso che feci fu di notare che c'era sempre qualcuno che passava in macchina, la mattina, davanti alla piazza.
Magro progresso, perché proprio in quei giorni i colleghi della stazione di Castelnuovo Sotto trovarono due spacciatori[18] locali nel baule di una Croma, incaprettati[19] e con un buco in testa. L'ordine di ammazzarli, lo sapevano tutti, era di don Raffaele.
Poi un giorno mi venne un'idea…
Forse per caso… o forse fu il fantasma di Barberis, in sogno. Un fantasma buono contro un vampiro, come nei film dell'orrore di serie B.
Chiamai un collega della DIA e rimasi al telefono con lui per quasi due ore, a parlare di criminalità organizzata, cosche[20] e geografia mafiosa.
Poi entrai in un ferramenta e comprai una bomboletta spray.
Don Raffaele era al primo morso e aveva scavato una nicchia bianca nella crosta scura quando mi avvicinai.
– Vi ho fregato, don Raffaè – gli dissi e per un attimo, un attimo solo, vidi un'ombra di sospetto nell'occhiata, rapida, che mi lanciò.
– Ma quando mai – disse don Raffaele, tornando al gelato.
– Ho capito come fate a comunicare. Parlate col tipo che passa in macchina.
– E come farei? Col pensiero? Cosa pensate che sia maresciа'… un vampiro per davvero? Parlo con la telepatia[21], come il conte Dracula?
– È come se lo foste un vampiro, don Raffaele. Ma non uno di quelli che si vedono al cinema, quelli col mantello, che succhiano il sangue… Voi siete un vampiro umano, uno di quelli veri, che fanno paura. Siete un boss della camorra e parlate così.

• L'investigatore procede con meticolosa pazienza all'**osservazione del colpevole**, cercando di scoprire come comunicava i suoi ordini, fino alla definitiva **comprensione del meccanismo criminoso**. A guidarlo sono soprattutto il suo **fiuto** e la sua **intuizione**.

**SVELAMENTO DELL'ENIGMA**
• L'investigatore, avendo raccolto gli indizi e applicato un metodo che somma logica e intuizione, riesce a scoprire il legame tra il colpevole e il delitto.

**17 arteriosclerosi**: degenerazione delle arterie che comporta disturbi di varia natura, tra cui la perdita della memoria.
**18 spacciatori**: venditori di droga.
**19 incaprettati**: nel gergo mafioso incaprettare significa uccidere qualcuno legandogli mani e piedi dietro la schiena con una corda, in modo che qualsiasi movimento, anche piccolo, provochi lo strangolamento.
**20 cosche**: bande organizzate di mafiosi.
**21 telepatia**: capacità di capire o comunicare a distanza.

• L'**investigatore svela** al colpevole (e ai lettori) il meccanismo usato, dedotto per logica e sostenuto da prove.
Il punto di partenza, che ha sostenuto l'azione del maresciallo, è stato tuttavia il suo **intuito**.

Mi voltai verso la piazza e indicai un negozio di abbigliamento di intimo che si apriva sotto un portico. Sul muro a fianco, sbavata a lettere liquide da bomboletta spray, c'era una scritta.
– Mi è venuto in mente guardando i muri della piazza… ogni setti-mana c'è una scritta nuova. I colleghi dell'antimafia dicono che avete copiato l'idea alle cosche di Palermo.
– Ma quando mai – ripeté don Raffaele. Solo, adesso era un po' più nervoso.
– I vostri vi fanno le domande sul muro e voi rispondete col baston-cino del gelato. È un codice: in alto, in basso, di traverso… e quando si spezza c'è qualcuno che prima o poi finisce ammazzato, come Bar-beris o i due nella Croma.
– Voi vedete troppi film, maresciallo.
– Può darsi… però questa volta vi ho fregato. Perché quel messaggio là, "Antonio sei un vigliacco e un traditore", l'ho scritto io. Voi avete spezzato il bastoncino e Antonio Carrano, che ha smesso di pagarvi la tangente[22] per gestire il suo giro di scommesse, lo ha saputo e si è messo paura. Così appena lo abbiamo arrestato ha fatto il pentito e adesso io ho il mandato di cattura per voi.

**22 tangente**: somma richiesta (e pagata) illegalmente.

## competenze alla prova

### LEGGO E...

#### ... COMPRENDO

1. **Quale legame ha chi sta raccontando con il brigadiere Barberis?** ERA SUO AMICO
2. **Per quale motivo Barberis è stato ucciso? Indica con precisione il riferimento nel testo.** PERCHÉ S'ERA AVVICINATO AL DON
3. **Da quanto tempo don Raffaele è al soggiorno obbligatorio di Novellara?**
   ☒ Quattro anni ☒ Tre anni
   ☐ Cinque anni ☐ Un anno
4. **Perché, quando il maresciallo si allontana da don Raffaele, l'appuntato tira un sospiro di sollievo?**
   ☒ L'appuntato ritiene che il maresciallo abbia capito come incastrare don Raffaele
   ☐ L'appuntato spera che il maresciallo rinunci all'inchiesta ed eviti così di mettersi nei guai
   ☐ L'appuntato teme che il maresciallo non controlli i nervi e aggredisca fisicamente don Raffaele
   ☐ L'appuntato spera che il maresciallo rinunci all'inchiesta perché è un complice di don Raffaele
5. **Il barista del locale in cui va don Raffaele è, in realtà, un carabiniere. Anche don Raffaele lo sa: da quale particolare se n'è accorto?** UNA VOLTA HA SERVITO IN DIVISA
6. **Come faceva don Raffaele a comunicare i suoi ordini?** CON IL BASTONCINO DEL MORETTO

#### ... RICAVO DAL TESTO

7. **Certamente conosci quali sono le prerogative del vampiro, come essere fantastico dei racconti di paura: sulla base di questa informazione, sai dedurre per quale motivo don Raffaele è soprannominato "vampiro di Novellara"?** PERCHÉ USCIVA SOLO LA SERA

#### ... ANALIZZO E INTERPRETO

8. **Che cosa gestiva, in effetti, don Raffaele a Novellara?**
   ☒ Coordinava le attività della camorra nella provincia di Reggio
   ☐ Coordinava le attività della delinquenza comune nella provincia di Reggio
   ☐ Ordinava di eliminare tutti coloro che intralciavano le sue attività
   ☐ Si occupava della fabbricazione e della distribuzione di gelati

Don Raffaele impallidì. Restò immobile finché non ebbe ripreso colore, poi alzò la testa e mi guardò, stringendosi nelle spalle. – E a che serve? – disse – Tra sei mesi sono fuori di nuovo.
– Può darsi di sì e può darsi di no. Serve a me, comunque, perché ancora un giorno così e finiva che vi sparavo io.
Don Raffaele si alzò, indifferente. – E bravo il nostro maresciallo – disse – proprio come nei film. – Iniziò un sorriso che gli si gelò sulle labbra appena vide le manette.
– Quelle non servono – disse – marescia', voi lo sapete, sono un uomo d'onore, io, e non scappo.
– Lo so che non scappate. Ma non siete un uomo d'onore e nemmeno un vampiro. Siete un assassino e le manette io ve le metto, eccome.
E gliele feci scattare ai polsi, *clic clac*.
Come nei film.

C. Lucarelli, *Il vampiro di Novellara*, in I. Rossi-A. Scansani (a cura di), *Novellara di delitti e di fantasmi*, Diabasis

• La conclusione del racconto è l'**affermazione della giustizia** e la **punizione del colpevole**.

9 **Quando don Raffaele gli parla, il maresciallo si pianta le unghie nelle mani. Che cosa significa questo suo gesto?** INNERVOSIRSI

10 **Come definisce se stesso don Raffaele e che cosa dice a proposito del fatto che si trova al soggiorno obbligatorio?** SI DEFINISCE GALANT UOMO, DICE CHE LO AVEVANO MANDATO PER ORDINE DEL GIUDICE DEL SUD.

11 **Che cosa dice a don Raffaele il maresciallo, quando gli fa scattare le manette ai polsi?** CHE UERA UN GALANT UOMO E NON NE AVEVA BISOGNO 6 MESI

12 **A che cosa viene paragonata la vicenda raccontata nel testo?**
- ☐ Alla realtà di tutti i giorni
- ☒ A ciò che accade in un film
- ☐ A un quadro
- ☐ Agli articoli dei quotidiani

13 **Riprendi le varie fasi del racconto e prova a specificare:**
- qual è l'omicidio di cui trovare il colpevole;
- quale sospetto viene formulato sul colpevole;
- come viene dimostrata la colpevolezza.

**Alla luce del tuo lavoro, secondo te in questo racconto:**
- ☒ già dall'inizio della storia si conoscono delitto e colpevole; l'investigatore deve solo trovare le prove per "incastrare" l'assasino
- ☐ all'inizio della storia si conosce il delitto ma non il colpevole, che scoprirà il detective nel corso del testo

14 **Nel testo compaiono analessi e prolessi?**

## ORA SCRIVO IO

15 **Immagina di essere l'appuntato che lavora nel bar frequentato da don Raffaele e racconta l'episodio finale della storia.**

16 **In un breve testo inventa una nuova sequenza del racconto in cui don Raffaele dà al protagonista un avvertimento per dissuaderlo a proseguire nell'indagine.**

## UN MONDO DI PAROLE

17 **Riscrivi le seguenti espressioni con altre di uguale significato.**
- *"qua non stiamo in un film"*
  ➲ NON RECITIAMO
- *"aveva scavato una nicchia bianca nella crosta scura"* ➲ aveva dato un morso.

# Lavoriamo insieme

## Le caratteristiche del giallo

**Hai individuato ulteriori elementi che caratterizzano questo tipo di testo? Leggi le seguenti affermazioni e valuta se sono vere V o false F.**

- C'è un uomo di legge che indaga su un crimine commesso. V F
- Alla fine l'investigatore risolve il caso basandosi solo su un procedimento logico e non sull'osservazione. V F
- La storia è descritta con crudo realismo, tanto che appare identica alle notizie di cronaca nera che si leggono quasi ogni giorno sui giornali. V F
- Dall'ambientazione della storia emergono con forte evidenza alcune delle caratteristiche del luogo in cui la vicenda si svolge. V F
- Nessun personaggio, né tanto meno il lettore, sa chi è il colpevole. V F
- Il lettore sa chi è il colpevole, ma prosegue nella lettura solo per capire se e come verrà smascherato. V F

## È tutto chiaro?

**Compila ora lo schema riassuntivo, con riferimento al brano letto.**

| | caratteristiche del giallo | ne *Il vampiro di Novellara* |
|---|---|---|
| **il crimine e l'ambientazione** | • Si è verificato un **crimine** o un **delitto**, di cui tutti subito capiscono chi è il colpevole.<br>• Lo **spazio** e il **tempo** in cui l'azione si verifica sono indicati e descritti in modo molto chiaro e preciso. | Viene ucciso il brigadiere Barberis per ordine di don Raffaele<br>la piazza di Novellara |
| **l'investigatore e l'indagine** | • Le indagini sono svolte da **un uomo delle forze dell'ordine**.<br>• L'investigatore svolge le sue indagini usando l'esperienza, l'**intuizione**, il "fiuto".<br>• L'investigatore intuisce la verità, perché conosce il **movente**, ma gli indizi sono deboli e fatica a trovare le prove, anche perché il sospettato ha un **alibi**. | Il maresciallo<br>Capisce il colpevole<br>Raffaele non comunica con nessuno |
| **svelamento dell'enigma, effetto a sorpresa o colpo di scena** | • L'investigatore riesce alla fine ad assicurare il colpevole alla giustizia.<br>• Per incastrare il colpevole il detective ricorre a una **trappola**.<br>• Il lettore, pur sapendo già chi è il colpevole, prova comunque un senso di ***suspense***, perché vuole sapere come si concluderà la vicenda. | lo arresta.<br>Scrive il murates<br>Quindi come farà a incastrarlo. |

scheda

## Alcune parole chiave del giallo

- **Crimine**: è il fatto violento che dà l'avvio all'azione (un furto, un omicidio, un rapimento...) inspiegabile e pertanto misterioso.
- **Enigma**: è il fatto misterioso da risolvere.
- **Indagine** o **inchiesta**: è la ricerca svolta per conoscere la natura del crimine e la sua motivazione.
- **Indizi**: sono eventi che costituiscono segni, tracce utili per svolgere l'inchiesta. Vengono raccolti mediante l'osservazione.
- **Prove**: sono gli elementi oggettivi che permettono di inchiodare il colpevole (a volte il colpevole si fa forte del fatto che, sebbene l'investigatore abbia intuito la verità, tuttavia non ha prove per dimostrarla).
- **Movente**: è il motivo per cui è stato commesso il crimine.
- **Alibi**: è la prova che un indiziato deve fornire per dimostrare di non essere stato nel luogo del crimine nel momento in cui esso veniva commesso. La parola deriva dal latino e significa "altrove".

## I metodi d'indagine

- Il metodo razionale usato da molti investigatori si basa sulla cosiddetta **logica deduttiva**, un tipo di ragionamento che parte dall'**osservazione di indizi** precisi. Essi in pratica mettono l'investigatore sulle tracce della soluzione dell'enigma. La veridicità dell'ipotesi va poi confermata attraverso le **prove**.
È questo il cosiddetto **metodo deduttivo**, basato in sostanza su **osservazione** e **ragionamento**, che ha affinità sostanziali con il moderno metodo scientifico. Esso produce un forte coinvolgimento emotivo nel lettore, con il quale l'autore intreccia un sottile gioco di intelligenza.
- Il **metodo intuitivo** è meno rigoroso del precedente: pur partendo da premesse logiche, ricostruisce i fatti attraverso varie ipotesi che vengono via via eliminate, restringendo il campo d'indagine. È un metodo che ha come requisito la fantasia, la capacità di immaginazione, insomma l'intuito o il "fiuto" nella ricostruzione dei fatti.
- Il **metodo *hard boiled*** è quello caratteristico del cosiddetto **giallo d'azione**, in cui il detective svolge la sua indagine con metodi violenti, in situazioni realistiche e dinamiche, con un forte grado di drammaticità.

STRUTTURA NARRATIVA

CARATTERISTICHE DEL GIALLO

PERSONAGGI

Il testo è affiancato da caselle che ti aiutano a individuare la struttura e le caratteristiche della vicenda.
Troverai:

- caselle **blu** per le parti della struttura narrativa;
- caselle **verdi** per le caratteristiche del giallo;
- caselle **rosa** per i personaggi.

**Devi completarle tu, utilizzando i riferimenti sotto inseriti in ordine casuale.**

**struttura narrativa**: il crimine e l'ambientazione - svelamento dell'enigma - l'investigatore e l'indagine

**caratteristiche del giallo**: descrizione della perdita dei valori - testimonianza con prove utili all'indagine - sopralluogo con *suspense* - prima spiegazione dei fatti - situazione generale in cui si ambienta la frode - raccolta di indizi - evoluzione dell'indagine con coinvolgimento di un ente esterno - colpo di scena - testimonianza inutile - probabile movente della frode - sospetti del commissario - spiegazione definitiva della frode, con movente e dinamica dei fatti

**personaggi**: commissario - vittima - colpevole - testimoni - aiutante del commissario - presunta vittima - aiutante occasionale dell'indagine

# I gioielli in fondo al mare di Andrea Camilleri

leggere scrivere ascoltare

TESTO NARRATIVO

1 2 3 livello di difficoltà

**Nel 1998 il quotidiano "La Stampa" chiese ad Andrea Camilleri di scrivere otto racconti da pubblicare durante l'estate. Così dall'autore del famoso commissario Montalbano nacque l'idea di un nuovo personaggio, il commissario Collura, momentaneamente in forze su una nave da crociera e a riposo da un servizio più impegnativo. È un ambiente chiuso, la nave - un po' come quelli che spesso sceglie Agatha Christie per i suoi gialli - e nelle mille occasioni d'incontro che si creano in quello spazio, il commissario Collura, aiutato dal suo vice Premuda, si imbatte in delitti, furti, frodi, che risolve brillantemente, talvolta intervenendo davvero, talvolta dando spazio alla soluzione solo nella sua mente "di sbirro", senza dar seguito alle sue conclusioni. Il linguaggio e l'ambientazione del racconto è, ancora una volta per Camilleri, la Sicilia, con inflessioni del dialetto di quella terra.**

Commissario

Situazione Generale

Il comandante della nave era un gran pignolo, e questo era bene, lo giustificava Cecè Collura considerato che aveva la responsabilità di quasi duemila persone. Ma certe volte – sempre secondo Cecè – esagerava. Una volta che al ristorante notò un cammarere[1] coi guanti non perfettamente bianchi, lo chiamò sparte e gli fece un lisciebusso[2] tale che a momenti quello cadeva a terra svenuto. Un giorno chiamò a rapporto tutti gli ufficiali e annunziò loro che il giorno appresso si sarebbe fatta un'esercitazione di abbandono della nave: tutto l'equipaggio e il personale di bordo dovevano cooperare

**1 cammarere**: cameriere.

**2 lo ... lisciebusso**: lo chiamò da parte e gli fece una ramanzina.

affinché l'esercitazione si svolgesse senza incidenti e riuscisse alla perfezione. "E che incidenti possono capitare – si spiò[3] Collura – se i passeggeri sanno che si tratta di una cosa fatta per finta?".
Toccava a lui avvertire i croceristi, ma abilmente si scansò e incaricò della faccenna[4] il suo vice Premuda. Naturalmente, una certa quantità di croceristi s'appresentò[5] all'ufficio commissariato per esporre dubbi e problemi:

AIUTO-COMMISSARIO

– Dobbiamo procedere di corsa o a passo normale?
– Possiamo portare con noi le valigie?
– Scusino, ma che bisogno c'è di questa esercitazione se il mare è una tavola?
– Siamo sicuri che si tratta di un'esercitazione finta nel senso che c'è un pericolo vero e non ce lo volete dire?

Sono caduti i gioielli

Quando la camurria[6] finì, Cecè aveva i capelli ritti per il nirbuso[7]. L'indomani mattino alle undici, la sirena sonò il previsto segnale. I passeggeri si comportarono esattamente come una scolaresca elementare alla fine della lezione: sciamarono fino ai ponti di raccolta scherzando, ridendo, ammuttandosi[8]. Al comandante quell'atteggiamento non piacque per niente. E riconvocò gli ufficiali.
– Ritengo non valida l'esercitazione. È stata presa alla leggera dai croceristi. E, quel che è peggio, questo clima euforico da gita campestre ha contagiato anche voi. Dal ponte, ho visto qualcuno di lorsignori che rideva. Proveremo di nuovo. Lei, commissario, avverta i passeggeri che la prossima esercitazione avrà luogo senza preavviso. Potrò ordinarla anche di notte.
Cecè Collura s'infuscò[9], il comandante evidentemente era sotto a una botta di pignolaggine[10]. Come potevano gli ufficiali imporre serietà ai croceristi che sapevano di non correre alcun pericolo? E poi, cosa più inquietante, il signor comandante non la sapeva la storia di Pierino che gridava "al lupo, al lupo" per scherzo e poi, quando il lupo arrivò veramente, nessuno ci credette? Cecè non si riteneva superstizioso, ma, per il sì e per il no, se un gatto nivuro[11] gli attraversava la strada, pigliava un altro percorso. Stavolta i passeggeri che s'appresentarono[12] all'ufficio commissariato furono di più della prima volta.

**3 si spiò**: si chiese.
**4 faccenna**: faccenda.
**5 s'appresentò**: si presentò.
**6 camurria**: noia, gran rumore.
**7 nirbuso**: nervosismo.
**8 ammuttandosi**: spintonandosi.
**9 s'infuscò**: si rabbuiò.
**10 una botta di pignolaggine**: era stato preso da pignoleria.
**11 nivuro**: nero.
**12 s'appresentarono**: si presentarono.

– Senta, commissario, io soffro d'insonnia, riesco a prendere sonno solo dopo le cinque del mattino. Vorrebbe essere tanto cortese da pregare il comandante di fare scattare l'allarme tra l'una e le tre di notte?
– Se l'esercitazione dell'altra volta è stata veramente finta, chi m'assicura che la prossima non sia veramente vera?
Il segnale d'abbandono nave il comandante, che in quell'occasione rivelò avere leggere tendenze sadiche, lo fece suonare alle cinco[13] del mattino. Intordonuti dal sonno, i croceristi stavolta non ebbero gana di ridere o sgherzare[14], s'avviarono al punto di riunione con passo da corteo funebre. Non ci furono incidenti e il comandante riconvocò gli ufficiali.
– Non c'è male, posso considerarmi abbastanza soddisfatto. È necessario però fare un'ultima esercitazione, più completa. I croceristi non dovranno limitarsi a raggiungere il punto di riunione, ma salire sulle scialuppe che verranno messe in mare. La terremo in pieno giorno, alle quindici. Lei, commissario, stavolta avverta i passeggeri e spieghi loro che cosa dovranno fare.
L'umore di Cecè addiventò scuro come una nottata di frivaro. Non arrinisciva[15] a levarsi dalla testa una voce che ripeteva come un disco inceppato: "Tanto va la gatta al lardo che ci lascia lo zampino". Invece si sbagliò, non fu quella la volta che la gatta ci lasciò la zampa. Tutto andò benissimo, il comandante restò soddisfatto, si congratulò con gli ufficiali, disse che sarebbe stato di parola, niente più esercitazioni di abbandono nave.

Presunta vittima

Però, a essere sinceri fino in fondo, proprio benissimo non andò, in quanto la trentenne e splendida Irene Martino, moglie del Cavaliere del lavoro Martino Martino, perdette in mare il borsone da viaggio che si era portata appresso sulla scialuppa. E dintra il borsone ci sta-

**13 cinco**: cinque.
**14 Intordonuti ... sgherzare**: intontiti dal sonno, i passeggeri stavolta non ebbero voglia di ridere o scherzare.
**15 addiventò ... arrinisciva**: diventò scuro come una notte di febbraio. Non riusciva.

vano[16] tutti i gioielli che sfoggiava col più piccolo pretesto e che erano stati assicurati per miliardi due e mezzo. Quando la signora s'appresentò[17] con il marito sessantino[18] per denunziare l'incidente, a sentire il valore dei gioielli persi in mare, Cecè Collura stunò[19].

Prima spiegazione

L'incantevole signora sorrise: – Non faccia quella faccia, commissario, mi ripagherà l'assicurazione. E poi Cicciotto me ne comprerà altri, vero, Cicciotto?

Cicciotto, al secolo Martino cav. Martino (salumi & affini), calò la testa in segno di assenso e taliò[20] innamorato la mogliettina. Ogni volta che si rimaritava, se a[21] pigliava sempre più picciotta[22]: forse si augurava di campare fino a ottant'anni per impalmare una diciottenne.

Aiutante occasionale

– Mi perdoni la domanda, signora. Come mai non li aveva depositati in una delle nostre cassette di sicurezza?

Raccolta di indizi

– L'ho fatto, commissario. Ma, vede, quando ci è stata annunziata la nuova esercitazione, ho deciso, malauguratamente, di prelevarli e di tenerli con me. Non mi andava di abbandonarli, sia pure per poco, poveri gioiellini miei!

E scoppiò a piangere. O a ridere. Il verso che faceva era ambivalente. Ma forse piangeva, se il cav. Martino Martino le diede affettuosi colpettini sulla schiena sussurrandole: – Non piangere, cara, Cicciotto tuo te ne comprerà altri più belli. Se vuoi, telefono subito al gioielliere.

La bellissima disse che non c'era tutta questa prescia[23]. Cecè Collura si fece dare tutti i dati dell'assicurazione e telefonò alla Società per comunicare la gradita notizia che, con molta probabilità, avrebbero dovuto sborsare due miliardi e mezzo. Venne richiamato dalla Società assicuratrice in serata: gli facevano noto che al prossimo scalo si sarebbe imbarcato un loro funzionario per svolgere le normali pratiche che precedevano il risarcimento del danno. Cecè Collura appizzò[24] le orecchie. Primo: quello che gli aveva telefonato voleva fare apparire il fatto come normale amministrazione, il suo tono era troppo, come dire, conciliante, rassicurante. E in genere le società di assicurazione non la fanno troppo semplice. Secondo: se tutta la faccenda non presentava problemi, perché s'affrettavano a mandare a bordo un loro funzionario? Collura, sbirro nato, sentì feto d'abbrusciato[25].

Evoluzione

Sospetti

– Premuda, lei saprebbe dirmi qual era la scialuppa sulla quale hanno preso posto il cavalier Martino Martino e sua moglie?

– Un momento solo, commissario – fece il triestino. E andò nel retro ufficio a compulsare il computer. Tornò quasi immediatamente. – La

**16 dintra ... stavano**: dentro il borsone stavano.

**17 s'appresentò**: si presentò.

**18 sessantino**: sessantenne.

**19 stunò**: si sorprese.

**20 taliò**: guardò.

**21 a**: la.

**22 picciotta**: giovane (allude al fatto che il cavalier Martino si sposava ogni volta con una moglie più giovane).

**23 prescia**: fretta.

**24 appizzò**: drizzò.

**25 sentì ... abbrusciato**: sentì puzza di bruciato, modo di dire che significa "s'insospettì".

scialuppa 14. I marinai che la governavano erano Luigi Toi e Francesco Liguori. Li convoco?
Collura taliò ammirato il suo vice: capiva le cose al volo. Il marinaio Toi dichiarò che della faccenda della borsa caduta in mare non sapeva praticamente niente, aveva solo sentito il grido della signora: "Oddio, i gioielli!". Assai più esauriente fu invece il secondo marinaio. La bella signora, disse, teneva il borsone sulle ginocchia...
– E tu dove tenevi gli occhi? – gli spiò a tradimento Collura.
– Sulla signora – ammise il marinaio Liguori. – È così bella. A un tratto la signora s'accorse di avere le scarpette sportive slacciate. Si è chinata, ma il borsone le dava fastidio. Se l'è levato dalle ginocchia e l'ha messo tra lei e il marito. Questi si è voltato verso la moglie e col gomito ha urtato il borsone che è caduto in acqua. Ho cercato, sporgendomi, di pigliarlo, ma era troppo tardi. La signora ha gridato: "Oddio, i gioielli!". Mi è parsa però solo dispiaciuta.
– Spiegati meglio.
– Beh, una donna che perde tutti i suoi gioielli piange, si dispera... Lei no, ecco.
Il marinaio era un picciotto[26] sveglio, aveva contato[27] i fatti con precisione e non aveva manifestato il minimo sospetto che la faccenda fosse stata tutta architettata tra marito e mogliere[28], come invece lui andava sempre più persuadendosi. Ci ragionò sopra a lungo e poi decise di giocare il tutto per tutto. Per perquisire la cabina dei Martino avrebbe dovuto domandare il permesso al comandante, ma era certo che quello, pignolo com'era e sulla base di un semplice sospetto, non glielo avrebbe mai dato. S'informò discretamente con la cammarera[29] addetta alla cabina sulle abitudini della coppia: i Martino andavano sempre a pranzo alle tredici e tornavano alle quindici spaccate. Due ore di tempo: ce l'avrebbe fatta? Per sicurezza passò al ristorante: i

**26 picciotto**: ragazzo.
**27 contato**: raccontato.
**28 mogliere**: moglie.
**29 cammarera**: cameriera.

Martino erano assittati[30] al loro posto. Si precipitò nella cabina che occupavano, raprì[31] col passepartout, richiuse la porta alle sue spalle. La perquisizione, fatta con estrema quatela[32] per non lasciare traccia del passaggio di uno straneo[33], durò poco più di un quarto d'ora. Raprendo una scatola di scarpe in fondo all'armadio, dovette a fatica trattenere un grido di trionfo: i gioielli, che ben conosceva per averli visti indosso alla signora, erano tutti malamente stipati lì dentro. Possibile che dopo tutto il teatro che avevano fatto, li lasciassero così, quasi allo scoperto, alla mercé di una cammarera qualsiasi? Forse – si persuase Cecè – non avevano ancora avuto il tempo di trovare un nascondiglio sicuro. Il Cavalier Martino e la sua dolce mogliere l'avevano pensata bella: tenersi i gioielli e farseli pagare dall'assicurazione. Nisci[34], chiuse nuovamente la porta, andò a mangiare con soddisfazione. Il giorno appresso era previsto lo scalo e il rappresentante della Società s'appresentò all'ufficio commissariato. Quando seppe che il commissario era un commissario sbirro provvisoriamente ceduto al mare, cangiò[35] di colpo modo e parola.

Colpo di scena

– Ha detto ai Martino che sarei arrivato? – spiò quello dell'assicurazione, che si chiamava De Dominici.

– Me ne sono guardato bene. – fece Cecè.

E spiò a sua volta: – C'è qualcosa che non va?

– C'è che il Cavaliere è in balia degli strozzini. Le basta?

MOVENTE

Collura si era assicurato che i Martino fossero scesi a terra.

– Venga con me.

Guidò De Dominici nella cabina della coppia, gli mostrò trionfalmente i gioielli nella scatola di scarpe.

De Dominici, che nelle vene doveva avere sangue di pesce, non disse né ai né bai[36], si limitò a taliare i gioielli di sfuggita.

– Queste sono copie – decretò. – Il cavaliere Martino ce l'aveva fatto sapere.

Testimonianza utile

Collura aggelò[37]: aveva sbagliato tutto. E decise di non occuparsi più della faccenda. La sera stessa il rappresentante se ne ripartì, lasciando intendere che l'assicurazione avrebbe pagato. La notte, nel suo letto, Cecè Collura si contò[38] una storia.

**30 erano assittati**: erano seduti.

**31 raprì**: aprì; più avanti "raprendo": aprendo.

**32 quatela**: cautela.

**33 straneo**: estraneo.

**34 Nisci**: uscì.

**35 cangiò**: cambiò.

**36 doveva ... bai**: che doveva davvero avere sangue freddo, non disse una parola.

**37 aggelò**: rimase di stucco.

**38 contò**: raccontò.

## RICONOSCIAMO IL GENERE

Colpevole

C'è un sissantino innamorato della giovane moglie. La vendita dei gioielli che lei possiede, assediato com'è dagli strozzini, potrebbe dargli tanticchia[39] d'ossigeno. Ma non osa dirlo a Irene, tanto più che la picciotta ignora la sua situazione economica disperata. Quel giorno, sulla scialuppa, gli si presenta una soluzione. Far cadere in acqua i

**39 tanticchia**: un poco.

## competenze alla prova

### LEGGO E...

#### ... COMPRENDO

**1 Chi è Cecè Collura?**

- [ ] Il comandante della nave
- [x] Il commissario della nave
- [ ] Il perito di un'assicurazione
- [ ] Il vice commissario

**2 Quante volte viene provata l'evacuazione della nave?** 3

- Con quali differenze una volta dall'altra? Sottolinea le informazioni nel testo.

**3 Quando vengono persi i gioielli di Irene Martino? Sottolinea nel testo l'informazione.**

**4 Chi sono precisamente Irene Martino e il Cavalier Martino?**

- [ ] Marito e moglie molto ricchi
- [x] Marito e moglie, apparentemente ricchi
- [ ] Marito e moglie, commercianti di gioielli
- [ ] Marito e moglie, assicuratori di valori

**5 Che cosa contiene la scatola di scarpe che Collura trova nell'armadio della cabina dei Martino?**

**6 Che cosa spiega il perito dell'assicurazione De Dominici a proposito:**

- del cavalier Martino;
- del contenuto della scatola di scarpe?

#### ... RICAVO DAL TESTO

**7 In quale campo si colloca l'attività lavorativa del Cavalier Martino?**

**8 Il Cavalier Martino si è sposato una sola volta?**

**9 Alla fine del racconto Collura denuncia i colpevoli?**

#### ... ANALIZZO E INTERPRETO

**10 Puoi dire che il meccanismo su cui si fonda questo racconto giallo dichiara:**

- [ ] fin dall'inizio chi è il colpevole, che Collura dovrà smascherare
- [x] la dinamica della perdita dei preziosi, che Collura dovrà spiegare attraverso l'indagine

**11 Per le caratteristiche narrative che presenta, il racconto di Camilleri si avvicina alla dinamica con cui è costruito il racconto di Agatha Christie o quello di Lucarelli?**

**12 Quando compare in Collura il sospetto che i gioielli non siano andati perduti per caso? Sottolinea il punto nel testo.**

**13 Quali sono gli indizi che Collura raccoglie per risolvere il caso? Elencali sul quaderno.**

**14 Quale movente ha portato il colpevole a cogliere l'occasione per frodare l'assicurazione?**

- [x] È perseguitato da usurai per i debiti contratti
- [ ] Non è in grado di risolvere la crisi economica della sua società
- [ ] Ha comperato troppi gioielli e ne deve far sparire alcuni
- [ ] È in conflitto con l'assicurazione e deve frodarla

**15 Quale dinamica sceglie il colpevole per attuare il suo piano?**

- [ ] Premedita un piano con la moglie come complice
- [x] Agisce in modo impulsivo, sfruttando l'occasione propizia
- [ ] Si accorda con il comandante per fare un'esercitazione con le scialuppe
- [ ] Si mette d'accordo con il perito dell'assicurazione

veri gioielli e riscuotere i soldi dell'assicurazione. Per i gioielli nuovi da ricomperare, si vedrà. Cecè Collura si ripromise di non contare quella storia a nessuno: gli era servita solo per pigliare sonno. E s'inquadrava perfettamente con le altre storie che gli erano capitate per cui non riusciva più a capacitarsi se quella crociera fosse vera o virtuale.

A. Camilleri, *I gioielli in fondo al mare* in *Le inchieste del commissario Collura*, Mondadori

Svelamento

**16** **Quali caratteristiche presenta il commissario Collura? Raccogli sul quaderno gli elementi che secondo te sono utili a definire il suo modo di agire.**

**17** **Come viene presentato dal testo il Cavalier Martino?**

- ☐ Un uomo anziano in preda all'ansia
- ☒ Un uomo anziano, sposato a una donna giovane e desideroso di fare una "bella vita"
- ☐ Un uomo di mezza età oppresso dai debiti
- ☐ Un uomo sposato e felice, pur con molte difficoltà economiche

**18** **Come viene costruito il testo? Motiva la tua risposta.**

- ☐ Secondo la *fabula*
- ☒ Secondo l'intreccio

**19** **Quale effetto narrativo produce l'uso del dialogo tra Collura e De Dominici?**

## ORA SCRIVO IO

**20** **Prova a riscrivere il finale del racconto, immaginando che Collura riveli a De Dominici le sue conclusioni.**

### UNO SGUARDO ALLA GRAMMATICA

**21** **Nella frase "*andò a mangiare con soddisfazione*" quale complemento è "*con soddisfazione*"?**

**22** **Nella frase "*non riusciva a capacitarsi se quella crociera fosse vera o virtuale*" gli aggettivi *vera* e *virtuale* quale funzione hanno?**

### FILOFILE

**23** **Perché Andrea Camilleri usa il dialetto nei suoi romanzi e racconti? Entra nel sito dell'autore www.andreacamilleri.net e scegli la voce *Linguaggio*. Troverai le informazioni necessarie per rispondere alla domanda.**

### PROVA D'ASCOLTO

**24** **Prova a spiegare le seguenti espressioni usate dal testo che hai ascoltato: "*il mare è una tavola*"; "*una cosa fatta per finta*"; "*con un passo da corteo funebre*"; "*la fanno semplice*"; "*fare teatro*"; "*nelle vene doveva avere sangue di pesce*".**

**25** **Ascoltando il racconto, ti è parso che il tono usato fosse lievemente diverso da quello di altri racconti gialli che hai letto?**

- ☒ Sì, è più leggero, anche per il particolare uso del linguaggio
- ☐ No, è teso e ricco di *suspense* come sempre

**26** **Attraverso gli elementi raccolti dall'ascolto, scrivi una breve descrizione del commissario Collura che riprenda esattamente almeno tre caratteristiche citate.**

### UN MONDO DI PAROLE

**27** **Nel testo si trovano espressioni tratte da modi di dire o proverbi. Sai trovare sinonimi per:**

- "*nelle vene doveva avere sangue di pesce*"
  ➲ AVEVA SANGUE FREDDO
- "*Pierino gridava al lupo al lupo*" ➲ IMBROGLIAVA
- "*aveva i capelli ritti per*" ... ➲ ERA NERVOSO
- "*c'è che il Cavaliere è in balia degli strozzini*"
  ➲ DOVEVA SOLDI

# Confrontiamo e riflettiamo

**Dopo aver riflettuto sui testi finora letti, riorganizziamo le idee. Completa la tabella, con riferimento alle tre letture fatte.**

| | *Ladro a bordo* | *Il vampiro di Novellara* | *I gioielli in fondo al mare* |
|---|---|---|---|
| La storia è narrata da... **[scegli tra: a) narratore esterno b) narratore interno]** | a | b | a |
| Il crimine commesso è... | LA SPARIZIONE DELLE AZIONI | L'UCCISIONE DI BARBERIS | LA CADUTA DEI GIOIELLI |
| Ambiente ed epoca sono... | INGHILTERRA 1930 | NOVELLARA ATTUALI | ATTUALI |
| L'investigatore è... | Poirot | MARESCIA' | Cece Collura |
| L'investigatore usa un metodo d'indagine basato su... **[scegli tra: a) deduzione logica b) fiuto ed esperienza c) azione]** | b | c | a |
| I sospetti cadono su... | Ridgway | Don Raffaele | Martino |
| Il colpevole è... | Snow | Don Raffaele | Martino |
| Il colpevole ha agito perché... | Imbrogliare | è mafioso | è inseguito dagli usurai |
| La struttura del giallo prevede che... **[scegli tra: a) si conosca il colpevole fin dall'inizio b) si scopra il colpevole solo alla fine]** | b | a | b |
| Il lettore solo in conclusione verrà a sapere... **[scegli tra: a) chi è il colpevole e come e perché ha commesso il crimine b) se il colpevole verrà assicurato alla giustizia]** | a | b | a |

STUDIA

scheda

# Il sistema dei personaggi nel giallo

Molti tipi di giallo funzionano con un preciso sistema dei personaggi. Possiamo definire "sistema dei personaggi" l'intreccio dei rapporti che si determinano nel racconto tra i vari personaggi e i ruoli o funzioni che essi ricoprono. In particolare, nel giallo si trovano personaggi e ruoli sostanzialmente "fissi".

- Il **protagonista** = l'**investigatore** o **detective**: svolge le **indagini** e alla fine scopre il **colpevole**, ricostruendo i fatti dagli **indizi** che ha a disposizione e spiegando la dinamica dell'accaduto nei minimi particolari.

- A volte è un **detective privato** ed è, in questo caso, molto caratterizzato e descritto come tipo insolito, eccezionale, con abitudini stravaganti e assolutamente eccentriche.

- Altre volte **è un uomo delle forze dell'ordine** o **un magistrato**; in questo caso è un personaggio a tutto tondo, con le sue rabbie, le sue frustrazioni e, in genere, una buona dose di umanità.

- Infine ci sono anche i **detective dilettanti**, che non agiscono per mestiere o per ricompensa, ma per pura curiosità.

- L'**aiutante**: è un personaggio che affianca il detective nelle indagini, dimostrando per lui grande ammirazione e stima incondizionata. Spesso è lui stesso a raccontare le gesta del proprio maestro, come narratore interno.
- I **personaggi sospettati**: quasi sempre c'è un piccolo gruppo di persone sospettate. Lo scrittore fa in modo che si sospetti via via di ciascuno di essi, concentrando l'attenzione del lettore prima su uno, poi sull'altro e così via, fino alla conclusione, quando sarà svelato invece il vero colpevole.
- L'**antagonista** = il **colpevole**: il colpevole nei gialli "classici" è smascherato solo alla fine e di solito, con un **meccanismo a sorpresa**, è il personaggio in precedenza meno sospettato (questa considerazione vale, in realtà, solo per il lettore meno abituato a questo genere, perché i giallisti più esperti, in effetti, capiscono quasi subito come si risolverà la vicenda). Quando indica il colpevole, l'investigatore spiega anche come ha agito e per quale motivo (il cosiddetto "movente"). Come abbiamo visto dagli esempi letti, il meccanismo a volte è rovesciato: si sa subito chi ha commesso il crimine ed è interessante allora seguire le mosse del detective per inchiodare il colpevole.
- La **vittima**: è il personaggio che subisce il crimine (viene assassinato o derubato, subisce comunque le conseguenze delle azioni del colpevole).
- I **testimoni**: sono i personaggi che forniscono le prove grazie alle quali l'investigatore smascherera il colpevole e scagionerà chi è ingiustamente sospettato.

STUDIA

# Il giallo

## CHE COS'È

La parola "giallo" nasce dal fatto che erano di questo colore le prime copertine della collana di romanzi polizieschi Mondadori. Si tratta di un genere di racconto o, nella sua forma più estesa, di romanzo che ruota attorno a **delitti** o **crimini** commessi per ragioni che, in genere, all'inizio sono ignote al lettore. Essi costituiscono quindi un **enigma**, che va risolto con indagini o inchieste volte a scoprire il colpevole e ad assicurarlo alla giustizia.

## LA STRUTTURA

- La struttura di un giallo si articola con:
  - un crimine e lo scenario in cui avviene;
  - la presentazione del detective e la sua indagine;
  - lo svelamento dell'enigma.
- Nel giallo si trova di solito uno di questi due meccanismi narrativi:
  - si sa fin dall'inizio chi è il colpevole e il detective deve arrivare a dimostrarlo;
  - non si conosce il colpevole, ma il detective riesce a scoprirlo attraverso indizi, prove e uso dell'intuizione o della logica deduttiva.
- Nel **giallo classico** o **giallo a enigma** la storia si fonda sulla risoluzione di un delitto da parte di un investigatore fortemente caratterizzato nel modo di agire e di indagare. Nel **giallo poliziesco** la vicenda è ambientata in una realtà cruda e attuale, con il racconto di una storia molto verosimile, vicino alla cronaca nera di tutti i giorni. Rilevanti sono le descrizioni dell'ambiente sociale e il linguaggio realistico.

## I PERSONAGGI

- Su tutti predomina la figura dell'**investigatore**. Nel giallo classico l'investigatore è un **detective privato** o **dilettante**, che si distingue per la sua intelligenza fuori dal comune e per la sua ferrea logica deduttiva.
- Nel poliziesco invece, svolge le indagini **un uomo delle forze dell'ordine o un magistrato** (un commissario, un maresciallo, un poliziotto, un avvocato, un giudice ecc.), senza dubbio intelligente e dotato di fiuto ed esperienza, ma che appare fondamentalmente una persona normale.
- Importante è anche l'**aiutante del detective**, che talvolta è il narratore (interno al racconto) delle vicende.
- La **vittima** è colui o colei che subisce il crimine.
- Ci sono poi coloro sui quali, man mano, cadono i sospetti di chi indaga e sono, appunto, i **sospettati**.
- Importante è anche la presenza dei **testimoni** dell'accaduto.
- Il **colpevole** è colui che ha commesso il crimine e che viene smascherato e punito.

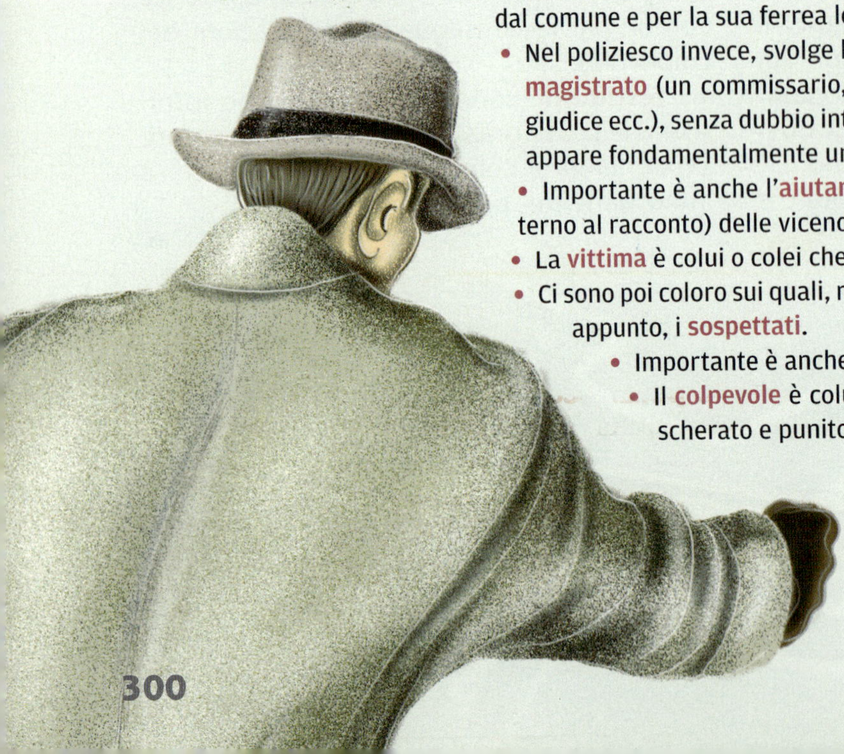

## LE CARATTERISTICHE E L'AMBIENTAZIONE

- I **tempi** e i **luoghi** in cui si svolgono i gialli sono i più svariati, ma sempre descritti in modo particolareggiato. Grande successo hanno avuto i cosiddetti "**gialli della camera chiusa**" (un luogo ben preciso, dal quale sembra impossibile entrare o uscire: una stanza, un appartamento, ma anche una nave, un treno ecc.). I polizieschi, in genere, si svolgono in grandi città, spesso in periferie urbane degradate. Nel **giallo storico** l'epoca è collocata in un passato lontano (Medioevo) o addirittura lontanissimo (Roma antica, la Grecia classica, l'antico Egitto ecc.).
- Il giallo classico è congegnato con un preciso sistema, per cui il detective deve ricostruire, dagli **indizi** a sua disposizione, un mistero che a prima vista appare insolubile, svolgendo un'**indagine** (o **inchiesta**), che deve suffragare con **prove** le conclusioni raggiunte. Il lettore è portato a sospettare vari personaggi, ma alla fine scopre che il colpevole è quello a prima vista meno sospettabile, anche se lo scrittore dissemina in genere una serie di indizi che dovrebbero permettere al lettore più attento di capire in anticipo chi ha commesso il crimine.
- Molti investigatori si basano sul **metodo deduttivo**, che prevede **osservazione** e **ragionamento**. Esso produce un forte coinvolgimento emotivo nel lettore.
- Il **metodo intuitivo**, presente molto spesso nei polizieschi, è meno rigoroso del precedente. Pur partendo da premesse logiche, ha come requisito l'intuito dell'investigatore nella ricostruzione dei fatti.
- La maggior parte dei gialli è basata su un meccanismo di scrittura, per cui la tensione sale passo dopo passo, detto ***suspense***. Il lettore teme che qualcosa succeda e prosegue nella lettura sperando che ciò non accada: l'inquietudine cresce tra continui "alti e bassi" di speranze e delusioni.
- Tipici di tutti i gialli sono uno **stile** e una **lingua** semplice, scorrevole e di facile lettura. Di solito, predominano i **dialoghi** tra i personaggi: il lettore ricostruisce il quadro della vicenda attraverso le loro parole. Si tratta di un elemento che dà vivacità al racconto, perché il lettore ha la sensazione di essere presente a sua volta sulla scena.

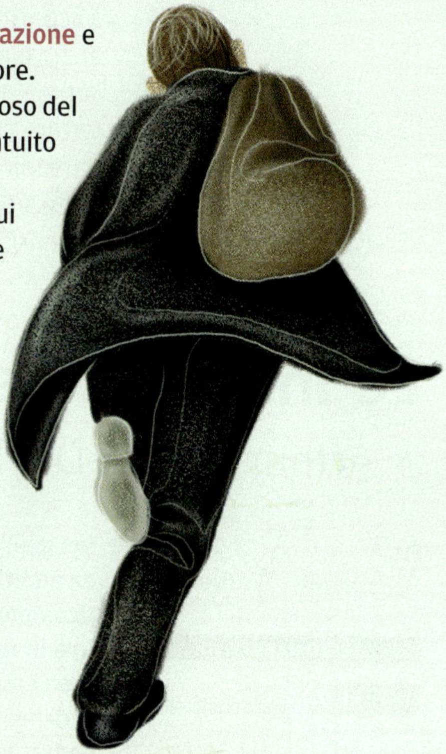

### NELL'ANTOLOGIA TROVERAI

**nel testo**

**Il giallo classico**
- il giallo "a enigma" ha una lunga storia che parte dalla metà dell'Ottocento: i maestri del genere ci accompagnano a scoprire la logica delle più terribili azioni umane

**pagine digitali** +

**Il giallo poliziesco**
**La finestra aperta** *di George Simenon*

INTERCULTURA
**La notte efferata** *di Fred Vargas*
**Stazione Centrale ammazzare subito** *di Giorgio Scerbanenco*

STUDIA

# Il giallo classico

Il giallo "a enigma", di cui abbiamo visto le caratteristiche, ha una lunga storia che vede come iniziatore **Edgar Allan Poe** con il suo detective Auguste Dupin ne *I delitti della Rue Morgue* (1841). Nell'Ottocento l'inglese **Arthur Conan Doyle** creò l'investigatore forse più conosciuto: Sherlock Holmes, famoso per la sua logica deduttiva. Anche Hercule Poirot, nato nel Novecento dalla penna di **Agatha Christie**, è noto per le sue capacità logiche; oltre a lui la "signora del giallo", come la Christie fu definita, inventò anche la finta svaporata Miss Marple. Non vanno dimenticati altri famosi creatori di storie a enigma come **Gilberth Keith Chesterton, Edgar Wallace, Ellery Queen, Rex Stout**. Nel giallo, lo scrittore sfida chi legge: riuscirà l'ignaro lettore a raccogliere tutti gli indizi e a scoprire il colpevole o il movente prima che gli venga svelato? In genere no e, anzi, alla fine si accorge che il colpevole è quello che a prima vista gli appariva come il meno sospettabile. L'abilità dello scrittore sta appunto nel fuorviare il lettore con mille particolari, in modo tale che non si accorga di avere avuto fin da subito sotto gli occhi tutti gli elementi necessari per ricostruire il quadro della situazione. Nell'Unità conoscerai qualche esempio di questi grandi e abili maestri, che forse leggerai passando qualche ora piacevole.

# Le infallibili deduzioni di Sherlock Holmes

di Arthur Conan Doyle

leggere scrivere

TESTO NARRATIVO

1 2 3 livello di difficoltà

**Nei gialli classici "a enigma", il crimine o il delitto commesso è all'inizio circondato da un fitto mistero, a prima vista inspiegabile: solo all'ultimo l'investigatore ricompone il quadro, spiegando l'accaduto ai personaggi presenti sulla scena (ma in realtà al lettore). L'eccezionale abilità di ragionamento del detective si basa essenzialmente sulla sua capacità di collegare i fatti attraverso riflessioni logiche: il campione di questo modo di investigare, che va sotto il nome di "metodo deduttivo", è Sherlock Holmes. Come funziona il "metodo deduttivo" è ben spiegato dal testo seguente, tratto da *Il segno dei quattro*: Watson, aiutante di Holmes e anche narratore delle sue imprese, sfida il suo maestro a dare dimostrazione delle sue deduzioni analizzando un orologio.**

– Una volta lei[1] ha affermato che è difficile che un individuo si serva quotidianamente di un oggetto senza lasciarvi impressa qualche traccia della sua personalità, in modo che un osservatore esercitato non possa non decifrarla. Ecco dunque un orologio di cui sono venuto in possesso da poco tempo. Vorrebbe usarmi la cortesia di esprimermi un giudizio sul carattere e le abitudini del suo defunto proprietario?

**1 lei**: sta parlando Watson che si rivolge a Holmes.

Così dicendo gli porsi l'orologio, non senza un lieve sentimento di incredulità, giacché si trattava di una prova secondo me impossibile, e volevo che risultasse piuttosto come una lezione verso il mio compagno, per il tono alquanto dogmatico[2] che egli amava assumere di quando in quando. Holmes soppesò l'orologio tra le mani, ne fissò attentamente il quadrante, ne aprì la cassa e ne esaminò il congegno, dapprima a occhio nudo, in seguito servendosi di una potente lente convessa[3]. Non potei trattenermi dal sorridere nel vedere l'espressione scoraggiata della sua faccia quando egli richiuse l'orologio con un colpo secco e me lo restituì.

– Non reca praticamente nessun indizio – disse. – È stato ripulito di recente, il che mi priva di ogni filo conduttore degno di nota.

– Effettivamente – ammisi – lo hanno fatto pulire prima di spedirmelo.

In cuor mio accusai il mio compagno di aver accampato una scusa molto magra e meschina per giustificare il suo insuccesso. Che indizi poteva aspettarsi da un orologio non ripulito?

– Tuttavia, per quanto incompleto, il mio esame non è stato del tutto infruttuoso – riprese Holmes, fissando il soffitto con occhi vacui[4], sognanti. – Salvo rettifiche da parte sua, io direi che quell'orologio è appartenuto a suo fratello maggiore, il quale a sua volta dovette ereditarlo da vostro padre.

– Suppongo che questo lei lo abbia dedotto dalle iniziali H.W. incise nella cassa.

– Precisamente. Il W mi fa pensare al suo cognome. La data dell'orologio risale a quasi cinquant'anni fa e le iniziali sono vecchie quanto l'orologio, perciò appartiene alla generazione passata. Gli oggetti preziosi di solito vengon trasmessi al figlio maggiore, e accade spesso che questi porti il nome del padre. Suo padre, se ben ricordo, è morto da molti anni. Perciò l'oggetto in questione deve essere stato nelle mani di suo fratello maggiore.

– Fin qui il suo ragionamento fila a perfezione. Ma non ha altro da dirmi?

– Suo fratello era un uomo di abitudini disordinate, molto disordinate e trascurate. Gli sono capitate molte buone occasioni, ma lui ha buttato via probabilità di successo, vivendo a volte poveramente, a volte con brevi intervalli di prosperità, finché, datosi al bere, non è morto. Ecco tutto quello che ho potuto intuire.

Mi alzai di scatto dalla seggiola e mi misi a zoppicare per la stanza, il cuore pieno di amarezza.

– Questo è uno scherzo indegno di lei, Holmes – esclamai. – Non mi sarei mai immaginato che lei potesse abbassarsi a certi trucchi me-

**2 dogmatico**: molto sicuro di sé, che afferma il valore assoluto delle proprie convinzioni.

**3 lente convessa**: lente di ingrandimento.

**4 vacui**: vuoti.

**5 sui trascorsi**: sulla vita passata.

**6 ciarlataneria**: comportamento ingannevole da ciarlatano (il ciarlatano è un venditore di piazza, che spesso inganna i clienti).

**7 in nome di tutte le potenze occulte**: forma di esclamazione che vale: "per tutti i diavoli".

**8 intaccata**: segnata con una tacca (segno su metallo, ottenuto con un'incisione).

**9 illazione**: conclusione, anche arbitraria (cioè soggettiva e quindi discutibile), che si fa derivare come logica conseguenza di una premessa.

**10 arguire**: trarre una conclusione a partire da indizi.

schini. Lei si è informato sui trascorsi[5] del mio disgraziato fratello, e adesso finge di esserne venuto a conoscenza grazie a deduzioni fantastiche. Non pretenderà che io creda che lei abbia letto tutti questi particolari in un vecchio orologio. È proprio un'azione poco cortese da parte sua e, se devo dirle tutta la verità, mi sa un po' di ciarlataneria[6]!

– Mio caro dottore – replicò affettuosamente il mio compagno – la prego di accettare le mie più profonde scuse. Considerando la cosa dal punto di vista puramente astratto, avevo dimenticato che per lei si trattava invece di un argomento strettamente personale e doloroso. Comunque, le garantisco che non sapevo neppure che avesse un fratello sino al momento in cui lei mi ha dato da esaminare l'orologio!

– Ma allora mi sa dire, in nome di tutte le potenze occulte[7], come è riuscito a indovinare tutti quei fatti... che sono effettivamente esatti sin nei più minuti particolari?

– Be', in questo caso sono stato aiutato dalla fortuna: io non potevo dire se non quello che era il risultato di un calcolo di probabilità, ma non mi aspettavo di essere stato tanto preciso.

– Non è stato forse un semplice tirare a indovinare?

– No, io non tiro mai a indovinare: è un'abitudine odiosa e distruttrice delle facoltà logiche. Ciò che le sembra strano, è tale per lei unicamente perché non segue la mia linea di pensiero e non osserva i piccoli fatti da cui possono derivare grandi conclusioni. Per esempio, ho incominciato col dichiarare che suo fratello era una persona trascurata. Se osserva con attenzione la parte inferiore della cassa dell'orologio, noterà che questa non soltanto è intaccata[8] in due punti, ma è tutta segnata e graffiata dall'abitudine di tenere insieme all'orologio, nella medesima tasca, altri oggetti duri, come ad esempio monete o chiavi. Naturalmente non ci vuole un genio per dedurne che un uomo che tratta così un orologio da cinquanta ghinee deve essere un tipo trascurato. D'altronde, non è una illazione[9] troppo azzardata arguire[10]

**Ghinee**
La ghinea è una moneta d'oro inglese in uso dal 1663. Fu la prima moneta a essere coniata meccanicamente, cioè attraverso un torchio, anziché manualmente battendo con il martello i tondelli metallici fra i due coni. Il suo nome deriva da Guinea, perché da questo Paese africano proveniva, per la maggior parte, l'oro usato per coniare questa moneta.

che un individuo che eredita un oggetto di tanto pregio deve essere ben provvisto di altri beni di fortuna.
Annuii, per dimostrargli che lo seguivo.
– Qui in Inghilterra gli strozzini[11] su pegno[12], quando ritirano un orologio, hanno l'abitudine di segnare con la punta di uno spillo, all'interno della cassa, il numero della ricevuta. È più comodo che appiccicarvi un'etichetta, e non vi è pericolo di perdere o di scambiare il numero. Di questi numeri, ben visibili con la mia lente, ce ne sono quattro incisi nell'interno della cassa. Dal che si deduce che suo fratello si è trovato spesso in cattive acque. Seconda illazione: ha avuto momenti saltuari di prosperità, altrimenti non sarebbe stato in grado di riscattare il pegno. Infine le chiedo di esaminare la placca interna, quella che contiene la serratura della chiavetta. Guardi le infinite graffiature che circondano tutt'intorno la serratura e che indicano i punti in cui la chiavetta è scivolata. Un uomo in sé avrebbe tracciato tanti solchi prima di ricaricare il suo orologio? Non vedrà mai l'orologio di un ubriacone senza questi segni. Lui lo carica di notte, lasciandovi sopra le tracce della sua mano malferma. Dov'è il mistero in quanto le ho esposto sinora, mi dica?
– È chiaro come la luce del giorno – risposi – e sono profondamente addolorato per le mie parole ingiuste di poco fa. Avrei dovuto avere più fede nelle sue meravigliose facoltà.

da A.C. Doyle, *Il segno dei quattro*, Mondadori

**11 gli strozzini**: coloro che prestano denaro a un tasso di interesse elevatissimo.

**12 pegno**: oggetto che si lascia come garanzia in cambio di un prestito di denaro (quando si restituisce il prestito con l'interesse, si ritira il pegno).

## competenze alla prova

### LEGGO E...

**... COMPRENDO**

1. **Chi racconta l'episodio?**
2. **Perché Watson sfida Holmes, chiedendo di analizzare l'orologio?**
3. **Qual è l'ultimo proprietario dell'orologio che Holmes esamina e quali sono i due proprietari precedenti?**
4. **Che cosa dice subito Sherlock dopo aver esaminato l'orologio, e quale causa adduce? Scegli e abbina correttamente.**
   1. Di poter trarre grandi conclusioni
   2. Di non poter fare grandi riflessioni
   3. Di poter formulare solo un'opinione personale
   4. Di non poter dire assolutamente nulla

   a. perché la cassa dell'orologio è ricca di indizi
   b. perché la cassa dell'orologio reca solo delle iniziali
   c. perché la cassa dell'orologio è stata accuratamente pulita
   d. perché la cassa dell'orologio è sporca e piena di graffi

   1 d 2 c 3 b 4 a

**... RICAVO DAL TESTO**

5. **Perché Sherlock Holmes conclude il suo ragionamento dicendo: "*Dov'è il mistero in quanto le ho esposto finora*"?**

**... ANALIZZO E INTERPRETO**

6. **Quali sono l'atteggiamento e lo stato d'animo di Watson, subito dopo che Holmes ha finito di esaminare l'orologio? Scegli, tra gli aggettivi proposti, quelli che ti sembrano descrivere meglio ciò che Watson prova e motiva la tua risposta facendo riferimento al testo.**

   soddisfatto – deluso – irritato – triste – ammirato – speranzoso – offeso – arrabbiato – stanco – scanzonato – divertito – annoiato – preoccupato

   - Quale atteggiamento ha invece il dottore, dopo che Holmes ha tracciato un profilo del fratello?

   **Scegli di nuovo tra gli aggettivi proposti e poi motiva la tua scelta.**

   - Alla fine il suo atteggiamento cambia ancora. Compi la stessa operazione.
7. **Holmes osserva attentamente alcuni particolari da cui trae le necessarie conseguenze logiche. Completa la tabella seguendo l'esempio.**

| Elemento osservato da Holmes | Successiva deduzione |
|---|---|
| Iniziali H.W. | potrebbero essere le iniziali del fratello di Watson, per via della W iniziale del cognome |
| La parte inferiore della cassa è segnata e graffiata | ERA UN UOMO TRASCURATO |
| Ci sono segni delle ricevute per pegno | ERA ANDATO PARECCHIE VOLTE AL BANCO DEI PEGNI |
| I segni di ricevuta per pegno sono quattro | AVEVA AVUTO 4 CRISI. |
| Ci sono segni di graffiatura intorno alla serratura per ricaricare l'orologio | ERA UBRIACO |

### ORA SCRIVO IO

8. **Immagina di essere Watson: racconta in una lettera a un amico l'episodio della straordinaria deduzione di Holmes dopo l'analisi dell'orologio.**

**FILOFILE**

9. **La BBC ha prodotto ultimamente uno sceneggiato che dà a Sherlock Holmes e a Watson un volto nuovo e un'ambientazione nella Londra contemporanea. Guarda un breve stralcio tratto da uno degli episodi (in inglese) all'indirizzo http://www.youtube.com/watch?v=N8_YQ7_Jo8k e rispondi alle domande.**
   - Come sono resi i due personaggi protagonisti? Sono stati interpretati in modo "fedele" ai loro modelli originari?
   - L'uso dell'ambientazione moderna, delle armi, delle parole contemporanee secondo te crea disturbo o risulta interessante?

# Questione di dettagli di Dashiell Hammet

**Un detective privato, di cui non conosciamo il nome, indaga sulla morte poco chiara di un tranquillo tipografo malato di cuore, investito da una macchina pirata risultata poi rubata. Sembra un caso piuttosto facile ma, grazie a semplici dettagli, scopriremo che la realtà è molto diversa da quel che in apparenza sembra.**

leggere scrivere

TESTO NARRATIVO

1 2 3 livello di difficoltà

**L'antefatto**

*Un uomo di nome Newhouse, proprietario di una tipografia vicinissima all'ufficio del signor Chrostwaite, è stato investito e ucciso dall'auto del signor Chrostwaite cinque minuti dopo che questi l'aveva lasciata, per entrare in ufficio. La polizia ha ritrovato l'auto poco dopo, a un solo isolato di distanza dal luogo dell'incidente. Per l'avvocato del signor Chrostwaite la situazione è lampante: qualcuno ha rubato l'auto subito dopo che il signor Chrostwaite l'aveva parcheggiata, è fuggito investendo Newhouse e poi, spaventato, ha abbandonato l'auto. Chi racconta la storia, un investigatore privato, è stato incaricato dall'avvocato del signor Chrostwaite di trovare l'uomo o gli uomini che hanno rubato l'auto, così da scagionare completamente il suo cliente. Alle tre in punto l'investigatore comincia le sue ricerche.*

Dall'ufficio dell'avvocato raggiunsi il palazzo di giustizia e, con qualche minuto di ricerche, trovai un poliziotto che era accorso pochi secondi dopo l'investimento di Newhouse.

– Stavo proprio uscendo dal tribunale quando ho visto un autobus svoltare a gran velocità in Clay street – mi disse l'agente. – Poi ho visto radunarsi della gente e ho trovato questo signor Newhouse steso per terra. Era già morto. Una mezza dozzina di persone avevano visto l'investimento e una aveva preso il numero di targa. Abbiamo ritrovato l'auto, abban-

donata, vuota. Erano in due a bordo, quando l'auto ha investito Newhouse, però nessuno se li ricorda.
– In che direzione stava camminando Newhouse?
– Verso nord e aveva traversato Clay street quando è stato investito. Anche l'auto stava andando nella stessa direzione. Forse non è stata tutta colpa dei due a bordo, secondo i testimoni dell'incidente. Newhouse attraversava la strada guardando un pezzo di carta che aveva in mano. Io gli ho trovato in mano dei soldi stranieri, una banconota, e credo che stesse guardando quella. Il tenente mi ha detto che sono soldi olandesi... una banconota da cento fiorini.
– Saputo qualcosa degli uomini a bordo dell'auto?
– Niente! Abbiamo interrogato tutti, dove l'auto è stata rubata e dove è stata abbandonata. Questo John Newhouse aveva un occhio nero di due o tre giorni, però abbiamo controllato e scoperto che un paio di giorni fa aveva avuto un attacco di cuore o qualcosa del genere ed era caduto battendo la testa contro una sedia. Era stato a casa in malattia per tre giorni, ed era uscito appena una mezz'ora prima dell'incidente.
– Dove abitava?
– In fondo a Sacramento street. Devo avere il suo indirizzo. Sfogliò le pagine di un bloc notes lercio[1] e mi diede l'indirizzo del morto, e i nomi e gli indirizzi dei testimoni che aveva interrogato.
Passai poi a setacciare il quartiere in cui l'automobile era stata rubata e abbandonata e a interrogare testimoni. Il lavoro investigativo consiste nel raccogliere pazientemente dei dettagli, e i dettagli devono essere per quanto possibile di prima mano, anche se non si è i primi a ricercarli. Prima di cominciare, però, decisi di far un salto alla tipografia del morto. La tipografia occupava il pianterreno di un palazzotto di California street. Nell'ufficio c'era solo Soules, un uomo tozzo sulla quarantina, coi capelli biondi e un'espressione preoccupata. Mi presentai dicendogli che ero un agente della Continental Detective Agency e che mi occupavo della morte di Newhouse.
– Un disastro! – disse. – Tra una cosa e l'altra siamo sommersi dal lavoro e io devo occuparmi di questi libri di cui non capisco niente e...
Si interruppe per rispondere al telefono.
– Sì... parla Soules... li stiamo stampando adesso... li avrà al più tardi verso mezzogiorno di lunedì... lo so che li avevo promessi per ieri, ma...lo so! Lo so! Siamo andati in ritardo per la morte del capo. Lo dica al signor Chrostwaite. E... sì, ve lo prometto, e ve li daremo per lunedì mattina! Agganciò.
– È stata la sua automobile a uccidere il capo, e lui ha anche il cattivo gusto di lamentarsi del ritardo!
– Chrostwaite?
– Sì, era uno dei suoi impiegati, al telefono. Gli avevamo promesso di stampargli dei volantini per ieri, ma la morte del capo e due nuovi operai da scozzonare[2], siamo in ritardo su tutto... Quel Chrostwaite! Avesse almeno la decenza di pazientare, dopo che la sua auto ha ucciso il capo!
– Mi parlava di due nuovi operai da istruire. Come mai?

**1 bloc notes lercio**: il quaderno per appunti dell'investigatore era molto sporco e sgualcito.
**2 scozzonare**: insegnare i rudimenti di un mestiere.

– La settimana scorsa il signor Newhouse aveva licenziato due dei nostri tipografi. Ha scoperto che erano del sindacato W.W.I. e gli ha dato gli otto giorni[3].
– Avevano creato dei problemi, a parte essere iscritti a quel sindacato?
– No, erano buoni operai.
– E hanno dato dei problemi dopo il licenziamento? – domandai.
– Nessun problema anche se erano due teste calde. Prima di andarsene, hanno fatto un sacco di discorsi sovversivi[4].
– Ricorda che giorno era?
– Mercoledì della settimana scorsa, credo. Sì, mercoledì, perché ha assunto i due nuovi giovedì.
– Quanti operai ci sono?
– A parte me, tre.
– Il signor Newhouse stava spesso male?
– Non da star via spesso, anche se ogni tanto il cuore gli dava dei guai e doveva restare a letto per una settimana o dieci giorni.
– Quando era stato male l'ultima volta?
– La moglie ha chiamato martedì mattina per dire che aveva avuto un altro attacco e che non sarebbe venuto per qualche giorno. È venuto giovedì, per una decina di minuti, dicendo che sarebbe tornato stamattina. È stato ucciso subito dopo che se n'era andato.
– Aveva l'aria di star molto male?
– Non molto.
– Non ha detto dove andava, quando è uscito? Glielo domando perché, abitando in Sacramento street avrebbe dovuto prendere un tram per rincasare, invece è stato investito in Clay street.
– Ha detto che sarebbe andato in piazza a sedersi al sole per una mezz'oretta. Era stato chiuso in casa troppo.
– Non sa niente della banconota straniera che aveva in mano quando è stato investito?
– Sì, l'aveva presa qui. Un cliente – un certo Van Pelt – è venuto a pagare un lavoro ieri pomeriggio, mentre il capo era qui. Van Pelt aveva nel portafogli questa banconota olandese – non so come si chiami – e ha detto che valeva trentotto dollari circa. Il capo l'ha voluta e ha dato il resto a Van Pelt: voleva farla vedere ai suoi ragazzi, poi se la sarebbe fatta cambiare.
– Chi è questo Van Pelt?
– Un olandese che tra un mese o due vorrebbe incominciare a importare tabacco. A parte questo, non so molto di lui.
– Dove ha la casa, o l'ufficio?
– Ha l'ufficio in Bush street.
– Sapeva che Newhouse era stato male?
– Non credo. Il capo non sembrava diverso dal solito.
– Sa anche il nome di Van Pelt?
– Hendrik Van Pelt.
– Che aspetto ha?
Prima che mi rispondesse, tre squilli risuonarono a intervalli regolari. Te-

**3 dato gli otto giorni**: quando si intende licenziare una persona bisogna avvertirla con alcuni giorni di preavviso.
**4 sacco ... sovversivi**: gli operai avevano protestato per il licenziamento facendo riferimento ai diritti dei lavoratori che i sindacati difendevano. Il testo è ambientato in anni in cui la discussione di questi diritti era ritenuta "sovversiva" dai proprietari delle aziende.

nevo da cinque minuti la pistola sulle ginocchia. Alzai la canna sopra il bordo della scrivania quel tanto che bastava per fargliela vedere.

– Metta tutte e due le mani sulla scrivania – dissi.

Mi obbedì.

La porta che dava sulla tipografia era proprio dietro di lui, così che dalla mia posizione io l'avevo di fronte. Il suo corpo massiccio avrebbe nascosto la pistola a chiunque fosse entrato dalla porta in risposta al suo segnale.

Non dovetti aspettare a lungo.

Tre uomini neri d'inchiostro entrarono nell'ufficio con aria distratta e disinvolta ridendo e scherzando tra loro.

– Fermi! – abbaiai quando anche l'ultimo fu dentro l'ufficio, e alzai la pistola in modo che potessero vederla. Si fermarono contemporaneamente come se avessero avuto un solo paio di gambe.

Scostai la sedia con una pedata e mi alzai. L'ufficio era troppo piccolo. Se avessero deciso di attaccarmi, ne avrei potuto abbattere uno solo prima che gli altri tre mi fossero addosso: lo sapevo e lo sapevano anche loro.

– Alzate le mani – ordinai – e voltatevi.

Nessuno di loro mi obbedì. Uno degli uomini inchiostrati sogghignò malignamente. Gli altri due restarono immobili a guardarmi.

Non sapevo che pesci pigliare. Non si può sparare a un uomo – neanche a un criminale – solo perché rifiuta di obbedire a un ordine. Se si fossero voltati, almeno avrei potuto tenerli d'occhio mentre telefonavo. Ma non aveva funzionato. Pensai allora d'arretrare fino alla porta d'ingresso, tenendoli sotto tiro, e poi gridare aiuto dalla soglia oppure affrontarli per la strada, dove avrei avuto più possibilità. Ma dovetti scartare immediatamente questa idea.

Quei quattro stavano per balzarmi addosso, su questo non c'era dubbio: per farli passare all'azione sarebbe bastata qualsiasi tipo di scintilla. Eravamo così vicini che uno qualsiasi dei quattro avrebbe potuto allungare la mano e toccarmi. Sogghignai con finta sicurezza – perché avevo davvero le spalle al muro – e tesi la mano verso il telefono: dovevo fare

qualcosa! Il sudore mi gocciolò da sotto il cappello sulle tempie. La porta d'ingresso si aprì, e sentii alle mie spalle una esclamazione di sorpresa. Parlai in fretta, senza perdere d'occhio i quattro davanti a me.
– Presto, il telefono, la polizia!
Credevo d'essere tornato in vantaggio.
– Si sbrighi! Incitai il nuovo arrivato.
– Sì! Sì – rispose. La sua "s" sibilante mi disse che era uno straniero. Teso com'ero, fu per me un segnale d'allarme più che sufficiente. Mi gettai di lato per allontanarmi in qualsiasi modo dal punto in cui mi trovavo, ma non fui abbastanza svelto.
Il colpo che mi arrivò da dietro non mi prese in pieno, ma fu abbastanza forte da farmi cedere le gambe come se avessi le ginocchia di carta. Qualcosa di scuro precipitò verso di me e lo afferrai con le mani. Forse era un piede diretto alla mia faccia. Lo torsi come una lavandaia torce un panno. La mia spina dorsale veniva scossa da colpi su colpi. Forse qualcuno mi stava picchiando sulla testa, ma non ne ero certo. Attaccavo in tutti i modi, a volte trovavo solo il vuoto, altre volte trovavo cose che sembravano far parte di un corpo allora le picchiavo e le strattonavo. Mi rendevo conto di essere sballottato da colpi che ero troppo torpido[5] per sentire. Colpivo incessantemente le ombre intorno a me con la testa, le spalle, i gomiti, le ginocchia, i piedi [...].

*Il detective benché stordito dai colpi ricevuti trova una sputacchiera metallica che lancia contro i vetri che danno sulla strada, richiamando così l'attenzione della polizia.*

Alla fine fummo separati e venni ripescato dal fondo del mucchio da una squadra di poliziotti. Uno di loro disse: – Ragazzi – che ripassata le hanno dato! Ha una faccia che sembra un geranio bagnato! Non risi. Non faceva ridere.
Con l'unico occhio che aveva ripreso a funzionare, guardai i cinque uomini allineati nell'ufficio: Soules, i tre tipografi sporchi d'inchiostro e l'uomo dalla "s" sibilante che aveva dato inizio al pestaggio dandomi il colpo in testa. Era piuttosto alto, sulla trentina, con una faccia rotonda e rossa ora adorna di qualche livido. Non ebbi bisogno di chiedere per capire che era Hendrik Van Pelt.
– E allora che storia è questa? – mi stava domandando un poliziotto.
– Sono stati loro a investire Newhouse – dissi – e non è stato un incidente. Newhouse aveva in mano una banconota da cento fiorini quando è stato travolto, e stava andando a denunciare qualcuno... era solo a mezzo isolato dal palazzo di giustizia. Soules dice che Newhouse stava andando in piazza a prendere il sole, però non sa che Newhouse aveva un occhio nero, quello su cui lei ha indagato. E quindi scommetto che quel giorno Soules non ha affatto visto Newhouse! Ricordiamoci che Newhouse stava andando dalla tipografia alla polizia con una banconota estera in mano. Secondo l'amico Soules, Newhouse aveva frequenti malori che lo costringevano a casa per sette o dieci giorni, ma l'ultima volta era stato a casa solo due giorni e mezzo. Soules dice che la tipografia ha tre giorni

**5 torpido**: fiacco, inattivo.

di ritardo sugli ordini e dà la colpa alla morte di Newhouse – avvenuta solo ieri. Se i precedenti malori di Newhouse non avevano causato ritardi, perché questa volta sì? La settimana scorsa sono stati licenziati due tipografi, e altri due sono stati assunti il giorno dopo... Che rapidità! L'automobile che ha investito Newhouse è stata rubata dietro l'angolo e poi abbandonata a breve distanza dalla tipografia rivolta a nord, e quindi è molto probabile che i ladri siano scesi e andati a sud. Dei normali ladri d'auto non sarebbero andati nella direzione da cui erano venuti. Secondo me il nostro olandese Van Pelt aveva delle lastre per stampare delle banconote da cento fiorini false e cercava un tipografo disposto a fare il lavoro. Ha trovato Soules, il capoccia di una tipografia dove il padrone era spesso assente per una settimana e più per problemi cardiaci. Uno dei tre tipografi alle dipendenze di Soules era disposto a starci, ma forse gli altri due no. In ogni caso sono stati licenziati e sostituiti da amici di Soules. Era tutto pronto, i nostri amici attendevano solo un nuovo malore di Newhouse – che puntualmente si è verificato lunedì sera. Appena informati dalla moglie, la mattina dopo, questi gentiluomini hanno cominciato a sfornare banconote false – ecco perché sono in ritardo su tutti i normali lavori. Però l'attacco di cuore di Newhouse stavolta era più lieve del solito: nel giro di due giorni si era già alzato e ieri pomeriggio è passato di qui per qualche minuto. Deve essere entrato mentre i nostri amici erano indaffaratissimi da un'altra parte. Deve aver visto del denaro falso, afferrato al volo la situazione e preso una banconota da mostrare alle autorità. Poi si è incamminato per andare al palazzo di giustizia. L'hanno seguito in due, girato l'angolo hanno trovato l'auto di Chrostwaite, sono saliti sull'auto e hanno inseguito Newhouse. Hanno avuto un'occasione d'oro quando lo hanno visto attraversare Clay street, assorto a esaminare la banconota falsa. Lo hanno investito. Poi hanno abbandonato l'auto e sono tornati qui. Deve esserci un bel mucchio di banconote olandesi nascoste da qualche parte, e se voi...

*ormai le forze stanno abbandonando il povero detective. Fortunatamente arriva l'ambulanza ma...*

La polizia mise fine alla faccenda mentre io me ne stavo a letto. Nell'ufficio di Van Pelt, in Bush street, trovarono un cumulo di banconote da cento fiorini, e poi si apprese che in Europa, Van Pelt era reputato un falsario di gran classe. Uno dei tipografi confessò; disse che erano stati Van Pelt e Soules a seguire Newhouse fuori dalla tipografia e a ucciderlo.

da D. Hammet, *Questione di dettagli*, in *150 anni di giallo*, Mondadori

## competenze alla prova

### LEGGO E...

#### ... COMPRENDO

1. **Dove si svolge il racconto?**
   - ☐ In una città americana non specificata
   - ☐ A New York
   - ☐ In una tranquilla città inglese
   - ☐ In strade e ambienti di pura fantasia
2. **Che cosa è successo al signor Newhouse?**
   - ☐ È stato investito da un autobus
   - ☐ Ha avuto un infarto
   - ☐ È stato ucciso dal suo socio olandese
   - ☐ È stato investito da un'automobile rubata mentre attraversava la strada
3. **Di che cosa si occupava il signor Newhouse?**
4. **Chi ha dato al detective l'incarico di investigare?**
   - ☐ Il proprietario dell'auto rubata
   - ☐ La polizia
   - ☐ La compagnia di Assicurazioni
   - ☐ L'avvocato del signor Chrostwaite
5. **Che cosa deve scoprire il detective?**

#### ... RICAVO DAL TESTO

6. **Che cosa fa intuire al lettore il detective, quando dice: "*Alzai la canna sopra il bordo della scrivania quel tanto che bastava per fargliela vedere*"?**
   - ☐ Vuole far capire a Soules che lo difenderà
   - ☐ Vuole minacciare Soules per saperne di più
   - ☐ Si sente minacciato da qualcuno
   - ☐ Ha capito che Soules è implicato nella vicenda
7. **L'ambiente urbano in cui si svolge la vicenda narrata è identificabile da alcuni chiari elementi. Sottolineane almeno cinque nel testo.**

#### ... ANALIZZO E INTERPRETO

8. **L'uso della violenza ricorre in alcuni passi del racconto: evidenziane gli esempi più significativi.**
9. **Chi è il protagonista di questo racconto e come è caratterizzato dall'autore?**
10. **Come si pone il narratore in questo racconto?**
11. **Puoi dire che il meccanismo su cui si fonda questo racconto giallo:**
    - ☐ dichiara fin dall'inizio chi è il colpevole, che l'investigatore dovrà smascherare
    - ☐ segue la dinamica dei fatti, insieme all'indagine del detective

### ORA SCRIVO IO

12. **Nella parte del racconto riportata non si descrive l'investigatore: come te lo sei immaginato? Prova a descriverlo e inserisci la sequenza che hai scritto nel punto che ti sembra migliore nel testo del racconto.**

### C'È STILE E STILE

13. **Il racconto è scritto in prima persona. Qual è il motivo di tale scelta narrativa secondo te?**
    - ☐ La vicenda è stata realmente vissuta dal protagonista
    - ☐ La storia è un verbale della Polizia
    - ☐ È un espediente stilistico per rendere la vicenda più verosimile e drammatica
    - ☐ Per rendere il lettore più partecipe
14. **Da che cosa ti sembra ritmato il racconto?**
    - ☐ Dalle descrizioni d'ambiente
    - ☐ Dalle scene di lotta
    - ☐ Dalle deduzioni del detective
    - ☐ Dall'uso del dialogo

# Scrivere storie "gialle"

**Dopo avere letto molte pagine tratte dai romanzi gialli, scritte da autori della letteratura, prova a scriverne qualcuna tu, seguendo alcune regole importanti. Tieni sempre presente che:**

- la descrizione dello spazio è sempre particolareggiata; spesso la vicenda si ambienta in luoghi chiusi
- il meccanismo della storia segue uno di questi due percorsi: si indica subito il colpevole che l'investigatore dovrà dimostrare tale attraverso prove schiaccianti; oppure il colpevole deve essere cercato attraverso indizi e prove, fino alla sua identificazione
- chi indaga per risolvere l'enigma è un uomo delle forze dell'ordine o è un detective privato; entrambi sono descritti in modo attento soprattutto nelle loro qualità intuitive o logiche
- la storia è costruita con un grande coinvolgimento emotivo del lettore, determinato dalla *suspense*
- spesso il finale è a sorpresa, perché il sospettato principale non è mai il colpevole vero
- nel giallo sono presenti molti dialoghi tra i personaggi e spesso il linguaggio è semplice e scorrevole

**1** **Ogni storia gialla si basa sulla figura dell'investigatore. Prova a inventarne una tu, facendo riferimento ai modelli di cui hai letto nell'Unità: Hercule Poirot, Collura, Maigret, Adamsberg ecc. Se ti è utile, scegli la traccia che preferisci tra le due proposte; se no, crea tu un nuovo personaggio, basandoti sulla tua fantasia.**

| Detective | Funzionario pubblica sicurezza |
|---|---|
| Un uomo molto ricco e colto. | Una donna comandante dei Carabinieri. |
| Ha un carattere sofisticato e un po' scostante; spesso offende gli altri ritenendoli poco interessanti o si sente superiore perché più intelligente. | È forte e decisa, ma ha il terrore dei temporali; sa essere attenta agli altri colleghi e alle loro esigenze. |
| Vive in una casa meravigliosa piena di mobili e quadri antichi; fa collezione di gatti ritratti in tutte le forme possibili (quadri, statue, gioielli ecc.). | Vive nel comando dei Carabinieri che è in centro città, in una casa accogliente, ma senza tante comodità. Ci tiene all'ordine, anche se non sempre le riesce di ottenerlo. |
| Ha un'amica importante che l'aiuta nei suoi complicati ragionamenti, ascoltandolo parlare mentre lei cucina piatti meravigliosi: fa la cuoca di un ristorante esclusivo della città. | L'appuntato del comando dei C.C. è vecchio del mestiere e con la nostra comandante fa brevi chiacchiere al caffè o durante una "pausa sigaretta"; in quelle occasioni ascolta i suoi dubbi e la fa pensare a particolari significativi delle indagini, con qualche battuta veloce, esperta e affettuosa. |

**2** **Inventa ora un ambiente "chiuso" in cui far accadere una storia gialla: descrivilo dall'esterno e poi entra fino al luogo del delitto. Scegli uno dei seguenti luoghi:**

- una villa inglese
- una casa in montagna nelle alpi austriache
- una casa sul mare sulla costa spagnola del Mediterraneo
- una villa nel centro di una città italiana
- un grattacielo di New York
- una piccola soffitta di Londra
- un castello danese

**3** **Non sempre al centro di una storia gialla c'è un omicidio; alle volte si tratta di un furto, con il quale si sottrae un oggetto preziosissimo a un luogo sorvegliato, con un'azione rocambolesca. Di che cosa si tratta? Descrivi ciò che un ladro spregiudicato è riuscito a sottrarre, usando tecniche sofisticate o, semplicemente, molto sangue freddo.**

**4** **Leggi gli "accenni" di trama che seguono e scegli le combinazioni possibili. Poi, se ritieni di riuscire a sviluppare un racconto, prova a costruire per intero un testo. Se ti è utile, immagina le varie "fotografie" come se fossero scene di un film e descrivile con le parole.**

1 In un ristorante del centro di Parigi si trovano riunite a tavola dieci persone: sono uomini e donne d'affari. Ascoltano il presidente della loro società che tiene un discorso a capotavola.

2 Entra nel ristorante un uomo che arriva all'altezza del presidente che sta parlando. Estrae la pistola, gli spara e corre via dalla finestra spalancata, fuggendo indisturbato.

3 Arriva il detective/commissario e fa domande a tutti i presenti, ma raccoglie pochi dati. Un'indagine minuziosa ricostruirà dove l'assassino è passato, dove ha gettato la pistola, dove si nasconde.

4 Chi sarà il colpevole? Un sicario pagato da tutti i commensali per eliminare un presidente troppo tirannico e ingiusto? Un uomo che aveva in sospeso un conto con il presidente, per un fatto accaduto molti anni fa? Un uomo che voleva sparare a un altro bersaglio e che ha colpito per errore? Scegli tu il movente.

5 La storia si conclude con la spiegazione del movente alla presenza di tutti i personaggi coinvolti.

# Verifica delle conoscenze

## Definisci

**1 Che cos'è un racconto o un romanzo giallo?**

È un tipo di testo trattante scomparse, rapimenti ecc...

**2 Nel giallo sono presenti di solito due meccanismi narrativi: quali?**

a. quando si sa il colpevole bisogna trovare le prove

b. si hanno indizi e manca il colpevole

## Rispondi alle domande

**3 Il protagonista di un racconto o un romanzo giallo è:**

- ☒ sempre un investigatore, o privato o rappresentante dello Stato
- ☐ sempre una persona eroica, eccezionale
- ☐ una persona reale cui l'autore si ispira
- ☐ una persona qualunque

**4 Al protagonista talvolta si accompagna un personaggio che:**

- ☐ lo aiuta a risolvere gli enigmi grazie alle sue notevoli qualità
- ☒ ha intuizione e capacità, ma sempre inferiori al protagonista
- ☐ è impacciato e desideroso di imparare
- ☐ fa parte della stessa squadra

**5 Sempre presenti nel giallo sono personaggi secondari:**

- ☒ la vittima, i sospettati, i testimoni senza i quali non ci sarebbe la storia
- ☐ persone varie che costituiscono lo sfondo dell'avventura
- ☐ alternativamente amici o nemici del protagonista
- ☐ persone che sviano il protagonista dall'indagine rallentandone l'azione

**6 L'ambiente in cui si svolge un racconto o un romanzo giallo è prevalentemente:**

- ☐ fuori città, in campagna, al mare o ai laghi
- ☐ senza connotazioni particolari
- ☒ uno spazio chiuso (treno, nave ecc.) oppure una grande città, una periferia urbana
- ☐ una casa precisa

**7 Il modo di agire del detective prevede che:**

- ☐ si muova senza un particolare ordine o metodo
- ☐ cerchi di fare giustizia da sé
- ☒ svolga un'indagine, usando un metodo preciso (deduttivo o intuitivo)
- ☐ si serva di metodi leciti o illeciti per arrivare a incastrare il colpevole

**8 Il ritmo proprio di un racconto o un romanzo giallo è:**

- ☐ lento, per permettere al lettore di seguire le varie fasi dell'indagine
- ☐ accelerato, per disorientare il lettore e metterlo fuori strada
- ☒ con andamento variabile per sorprendere il lettore con colpi di scena
- ☐ senza un ritmo preciso, secondo lo stile dell'autore

**9 La *suspense* è:**

- ☐ una sospensione della soluzione data dal detective
- ☐ una tecnica di indagine
- ☒ la progressiva crescita della tensione
- ☐ il finale tragico

**10 Il linguaggio presenta:**

- ☒ una terminologia tipica di ambienti polizieschi o giudiziari
- ☐ solo parole di uso comune
- ☐ un carattere poetico
- ☐ molte parole straniere

## Verifica delle abilità

# Lo zio ingegnere di Daria Cassianese

**Nell'estate afosa un ispettore di polizia si trova ad affrontare un caso di tentato furto che si presenta da subito un po' sospetto. Si tratta di un vero reato o di una messa in scena, creata ad arte per "risolvere" tensioni familiari?**

TESTO NARRATIVO

Erano passate da poco le due di notte quando l'ispettore Ruggeri fece il suo ingresso in casa Foschi del Santo. Poteva apparire strano, però qualcosa era successo in quella parte della città nota esclusivamente per le sue eleganti ville, i bei giardini, i ricchi abitanti che vi conducevano una vita tranquilla e agiata. Giunto al portone, Ruggeri si trovò di fronte un uomo fasciato in una veste da camera di seta bordeaux dalla quale spuntavano le braghe di un pigiama grigio e delle ciabatte di marocchino[1].
– L'ingegner Foschi – suppongo – disse semplicemente Ruggeri.
– Sono l'ingegner Romano Foschi del Santo – precisò l'altro.
L'ingegnere era un uomo di mezza età, l'espressione triste, pensosa, una postura quasi militaresca[2], mentre gli occhi, lucidi come quelli dei febbricitanti[3] rivelavano un'ansia irrefrenabile difficile da decifrare. Ruggeri la notò subito ma preferì aspettare a porre domande troppo dirette, per darsene una spiegazione ragionata.
Percorsero in silenzio un dedalo di stanze fino a giungere al grande studio prima che l'ingegnere si decidesse a parlare.
– Guardi ispettore – disse con secchezza quando furono all'interno della stanza. Tutto quello che Ruggeri vide fu solo un grande quadro posato per terra e una cassaforte a muro chiusa.
– Stavo dormendo al secondo piano della villa quando mi ha svegliato un insolito rumore, come dei passi frettolosi nel corridoio. Allora mi sono alzato per assicurarmi di non aver sognato così ho potuto sentire chiaramente il cigolio della porta del mio studio che si apriva. Sapendomi solo in casa, con la servitù in permesso settimanale, benché inquieto, non ho saputo resistere al desiderio di scendere a controllare. Sono un collezionista piuttosto conosciuto di quadri e possiedo inoltre gioielli e titoli[4]. Niente di sorprendente che un ladro avesse deciso di tentare il colpo. La vera sorpresa invece è stato affacciarmi sulla soglia della stanza e sorprendervi mio nipote Giovanni Maria.
– Suo nipote? – lo interruppe Ruggeri, piuttosto annoiato dalla banalità della storia.
– Proprio lui! Mio nipote Giovanni Maria – e qui l'ingegnere assunse un'espressione a mezza strada tra il *fosco* e il *santo* – aveva già tolto

**1 marocchino**: cuoio pregiato ottenuto dalla pelle di capra e di montone con uno speciale trattamento che la rende morbida, lucida e colorata.

**2 postura quasi militaresca**: un atteggiamento simile a quello di un militare.

**3 lucidi ... febbricitanti**: gli occhi dell'ingegnere erano lucidi per l'emozione, all'apparenza simili a quelli di chi ha la febbre.

**4 titoli**: si tratta di forme di investimento del denaro.

**5 stinco di santo**: persona poco onesta o corretta.

**6 allampanato**: magrissimo e molto alto.

**7 deliranti bugie**: nel racconto fatto dallo zio alla polizia il nipote aveva sentito un cumulo di bugie simili a un delirio.

il quadro che mimetizza la mia cassaforte e stava armeggiando per aprirla. Purtroppo mesi fa, caduto in una grave malattia, quando mi trovavo in clinica, mi ero visto costretto a rivelargli la combinazione perché mi portasse dei documenti che si trovavano al suo interno e che dovevo firmare con assoluta urgenza. Giovanni Maria è rimasto il mio unico parente in linea diretta. Purtroppo il giovanotto non è quello stinco di santo[5] che sembrerebbe. Ama la vita comoda, le auto veloci, la compagnia delle belle ragazze. Ha bisogno del denaro ma fatica a procurarsene con il lavoro onesto.

Ruggeri scosse la testa. Era seccato dall'intera faccenda, però passò ugualmente nella stanza accanto. Si trovò di fronte un uomo giovane, sui ventitré, ventiquattro anni, decisamente di bella presenza, alto come lo zio, ma meno magro e allampanato[6] di lui. Non appena Giovanni Maria si rese conto che quell'uomo stropicciato, dall'aspetto stanco era l'ispettore venuto a interrogarlo cominciò a proclamare tra copiosissime lacrime la sua completa innocenza.

– È tutta una montatura di mio zio – gridava – È un vecchio rancoroso ed egoista! Non gli piaccio e per questo vuole cancellarmi dalla sua vita.

Il nipote continuò poi a raccontare con una certa calma che lo zio lo aveva convocato in villa quella stessa sera col pretesto di una importante rivelazione che doveva fargli. Al suo arrivo era stato accolto dall'ingegnere con una pistola spianata che lo aveva convinto a entrare e a obbedirgli. In seguito lo aveva sentito chiamare la polizia raccontando una serie di deliranti bugie[7] riguardo a un furto.

– Sono innocente, ispettore, mi creda, glielo giuro sul ricordo della mia povera mamma...

Ruggeri si grattò la testa. Ma che storia era quella, pensò. Che strano caso. Ma a chi doveva credere e soprattutto, in quella notte afosa, c'era davvero la certezza del reato?

Ruggeri chiese un bicchiere d'acqua gelata. Uscì in giardino sorseggiandosi quel fresco benessere. Alla fine comprese come si erano svolti i fatti.

Rientrò in casa. Vide nello studio lo zio, gli occhi ancora lucidi di quell'ansia che lo aveva impressionato così tanto quando si erano incontrati la prima volta. Vide come percorreva nervosamente la stanza, attendendo quel che più desiderava, la riuscita del suo piano. Capì che quella luce che gli aveva visto non erano che i bagliori dell'odio che coltivava dentro sé per quel nipote giovane bello e insolente che forse con la sua giovinezza sconsiderata gli stava intossicando una vita tranquilla. Gli vide scritta in faccia la verità. Ma Ruggeri passò oltre. Ritrovò nella stanza il nipote. Si era preso la testa tra le mani e a capo chino ancora singhiozzava: – Ma perché mi odia così tanto, ma perché?

E vaglielo a spiegare che forse lui, Giovanni Maria, è esattamente quello che l'ingegnere non è mai stato e che forse avrebbe desiderato d'essere. Tempo perso. L'ispettore Ruggeri si limitò a dirgli che era propenso a credere alla sua innocenza e, per quanto lo riguardava, poteva tranquillamente tornarsene a casa sua perché le accuse che lo zio gli rivolgeva non avevano alcun senso. Per gli stessi motivi Ruggeri non si trattenne più di tanto a spiegare all'ingegnere che se veramente suo nipote avesse voluto penetrare di notte nella sua casa per derubarlo, non si sarebbe senza dubbio presentato con un ineccepibile vestito di lino bianco, un colore che spicca e che facilmente si distingue nell'oscurità. Era tardi, faceva caldo.

Allora, in un eccesso di bontà e di fretta, si limitò a consigliare maggiore pazienza con i giovani, specialmente se orfani e bisognosi di una solida figura al loro fianco. Ma si sentì in dovere di aggiungere che comunque la simulazione di un reato è essa stessa un reato.

La stessa pazienza, pensò dentro di sé, che dobbiamo impiegare noi poveri poliziotti costretti dal dovere ad assistere ai deliri di un'umanità che ha perduto l'orientamento nelle notti d'afa.

adatt. da D. Cassianese, *Lo zio ingegnere*, in *Racconti gialli*, SEI

## La struttura del testo

**1** Il testo che hai appena letto è un giallo classico o un poliziesco? Giustifica la tua risposta.

**2** Qual è il crimine su cui si indaga nel testo?

**3** Quale elemento insospettisce l'ispettore fin dalle prime battute della storia?

**4** Come reagisce il sospettato alle accuse che gli vengono mosse?

## I personaggi

**5** Come si presenta l'ispettore Ruggeri? Descrivine brevemente le caratteristiche fisiche e psicologiche.

**6** Come viene presentato il nipote dallo zio? Ruggeri lo vede allo stesso modo? Quali elementi sono identici e quali diversi nell'opinione dei due?

**7** L'ingegnere Foschi del Santo da vittima diventa colpevole: che cosa fa cambiare così radicalmente il ruolo di questo personaggio nella storia?

## Le caratteristiche e l'ambientazione

**8** Come è caratterizzato l'ambiente in cui si svolge la storia? Descrivilo brevemente.

**9** C'è, a tuo parere, un passaggio nel racconto in cui sia presente la *suspense*?

**10** Come si presenta, in generale, il ritmo della narrazione?

**11** Hai trovato termini tecnici polizieschi nel racconto? Se sì, quali?

# Il giallo

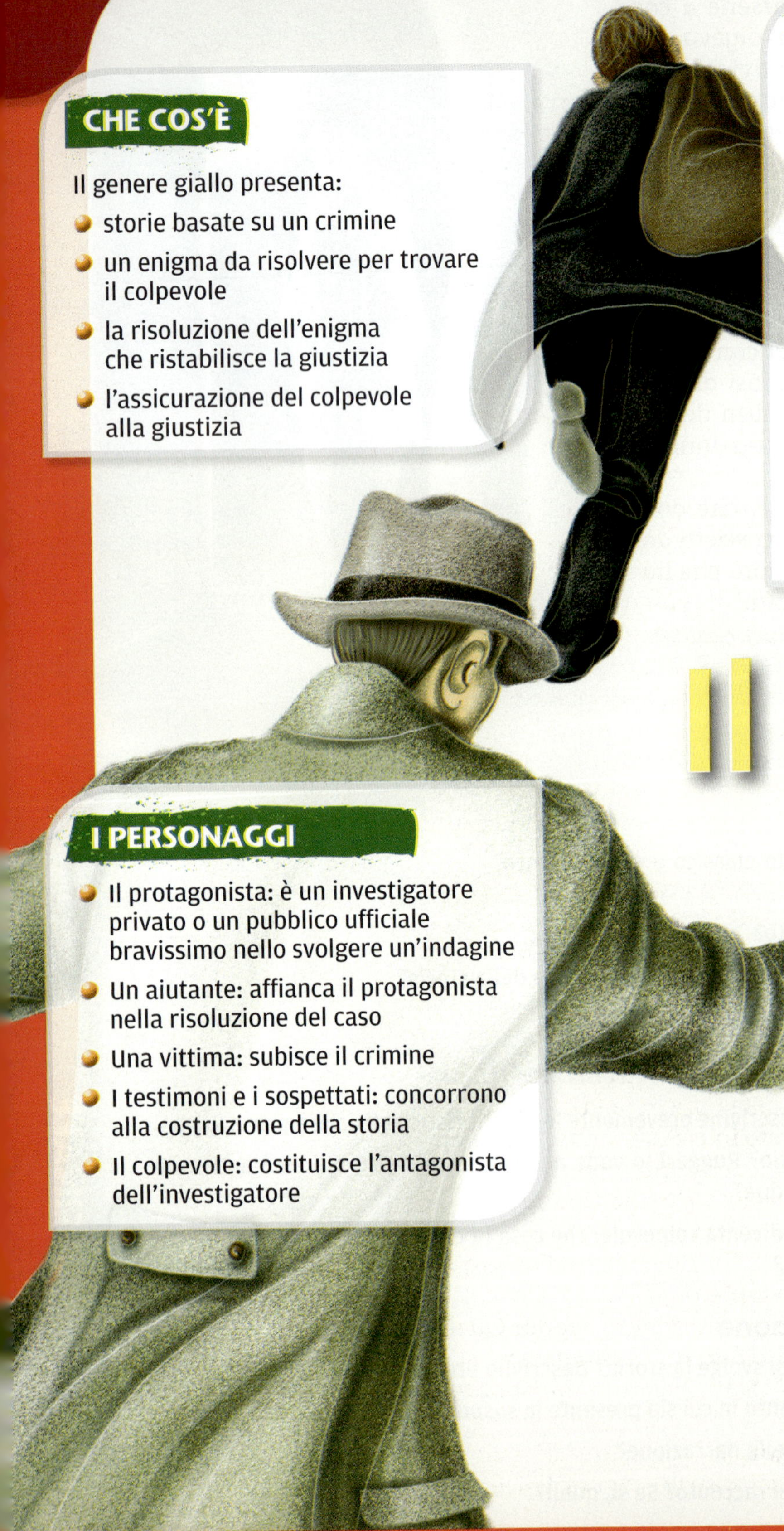

## CHE COS'È

Il genere giallo presenta:

- storie basate su un crimine
- un enigma da risolvere per trovare il colpevole
- la risoluzione dell'enigma che ristabilisce la giustizia
- l'assicurazione del colpevole alla giustizia

## LA STRUTTURA

Un racconto o un romanzo giallo o poliziesco presenta:

- un crimine e lo scenario in cui avviene
- la figura del detective che svolge l'indagine
- la risoluzione dell'indagine (svelamento dell'enigma)

Nel racconto si possono distinguere solitamente due meccanismi:

- si conosce il colpevole e l'investigatore deve dimostrarne la colpevolezza
- non si conosce il colpevole e lo si scopre man mano che l'investigatore svolge l'indagine

## I PERSONAGGI

- Il protagonista: è un investigatore privato o un pubblico ufficiale bravissimo nello svolgere un'indagine
- Un aiutante: affianca il protagonista nella risoluzione del caso
- Una vittima: subisce il crimine
- I testimoni e i sospettati: concorrono alla costruzione della storia
- Il colpevole: costituisce l'antagonista dell'investigatore

## CARATTERISTICHE DEL GENERE

- L'ambientazione è di solito un luogo chiuso (un treno, una stanza, una nave oppure una città, un quartiere di periferia
- La descrizione dell'ambiente è svolta con molta cura
- Nella costruzione del racconto ci sono frequenti colpi di scena
- Si fa uso della ***suspense***, che provoca la crescita della tensione
- I dialoghi e le descrizioni sono molto importanti per vivacizzare l'azione e fornire maggiori dettagli

# Lo zio d'Australia di Ellery Queen

TESTO NARRATIVO

**Ellery Queen si trova alle prese con un altro caso complicato, questa volta a proposito di un assassinio commesso per impadronirsi di una grossa eredità. La sua abilità nell'usare logica e intuito sarà ancora una volta assolutamente sorprendente.**

– Come mai avete chiamato me, signor Hall? – chiese Ellery. All'inizio si era irritato perché erano le dieci e mezzo e stava per mettersi a letto con il suo libro preferito, il dizionario, quando era squillato il telefono.
– L'agente di sicurezza dell'albergo mi ha dato il vostro numero – disse l'uomo all'altro capo del filo. Aveva un forte accento londinese, ma disse di esser australiano.
– Qual è il vostro problema?
Risultò che Herbert Peachtree Hall non solo veniva dall'Australia, ma che era lo zio d'Australia di qualcuno.
Sembrava che il signor Hall fosse lo zio d'Australia di tre persone, una nipote e due nipoti. Emigrato dall'Inghilterra da trent'anni, Hall disse di aver fatto la sua fortuna sul continente lontano e di essere pronto, ora, a donare tutto con un testamento. Poiché la giovane nipote e i due giovani nipoti erano i suoi unici parenti e poiché tutti e tre abitavano a New York, Hall era venuto negli Stati Uniti per conoscerli e decidere quale dei tre meritasse di diventare suo erede. Si chiamavano Millicent, Preston e James e il loro cognome era Hall, visto che erano figli del suo unico fratello defunto.
Con la prudenza che lo caratterizzava, Ellery chiese:
– Perché non vi limitate a dividere il patrimonio tra tutti e tre?
– Perché non voglio – rispose Hall e il motivo sembra ragionevole.
A quanto pareva, aveva orrore di frammentare il suo capitale.
Aveva trascorso due mesi cercando di conoscere Millicent, Preston e James e quella sera li aveva invitati a cena per annunciare loro la sua grande decisione.
– Ho detto loro, il vecchio Herbert... il vecchio Herbert ha preso in simpatia uno di voi tre. Senza rancore, capite ragazzi? Ma è a Millie che va il mio denaro. Ho fatto un testamento in cui la nomino mia erede.
Preston e James avevano accolto quella comunicazione in un modo che Hall riteneva molto sportivo e avevano persino brindato con lo champagne alla fortuna della sorella Millie.
Ma dopo che i tre se n'erano andati, nella sua stanza d'albergo lo zio d'Australia aveva avuto dei ripensamenti.
– Non ho mai avuto difficoltà a guadagnare denaro, signor Queen, ma può darsi che regalandolo io commetta un'imprudenza.
– E allora fate un altro testamento – disse Ellery – e ripristinate lo *status quo ante*[1].
– Forse non sarebbe giusto per la ragazza – protestò Hall. – Io non ho un buon motivo reale per avere dei sospetti, signor Queen; per

1 ***status quo ante***: in latino, "la situazione precedente"; in questo caso si riferisce ad annullare il testamento e ritornare da capo a stabilire un nuovo erede.

questo voglio i servizi di un investigatore, per scavare nella vita di Millie e scoprire se sarebbe quel genere di persona disposta a dare un colpo in testa al povero zio ricco. Potete venire qui subito, in modo che io possa dirvi quello che so di lei?
– Stasera? Non mi sembra il caso! Non andrebbe bene domani mattina, signor Hall?
– Domani mattina – rispose Herbert Peachtree Hall caparbiamente – potrebbe essere troppo tardi.
E così, per qualche ragione a lui stesso oscura, Ellery decise di assecondare l'australiano... alle undici e sei minuti si trovava davanti all'appartamento di Hall, in un albergo del centro. Bussò ma nessuno gli rispose, al che Ellery abbassò la maniglia, si rese conto che la porta si apriva ed entrò.
Steso sul tappeto, a faccia in giù, c'era un ometto magrissimo con una massa di capelli bianchi, abbronzato, con un tagliacarte orientale apparentemente di ottone conficcato nella schiena.
Ellery si precipitò al telefono, disse al centralinista di mandare subito il dottore dell'albergo, di chiamare la polizia e si inginocchiò accanto alla figura distesa. Aveva visto un battere di ciglia.
– Signor Hall! – si affrettò a dire – Chi è stato? Quale dei tre?
Le labbra cianotiche tremarono. Dapprima non ne uscì nulla, poi Ellery udì, molto chiaramente, una sola parola.
– Hall – bisbigliò il moribondo.
– Hall? Quale Hall? Millie, uno dei vostri due nipoti maschi? Signor Hall, dovete dirmi...
Ma il signor Hall non poteva più dire nulla a nessuno.

Il giorno successivo, alla stazione di polizia, Ellery costituiva l'unico spettatore molto interessato allo spettacolo di cui suo padre, l'ispettore Queen, era il regista, mentre i protagonisti erano i tre Hall: Millicent, James, Preston. L'ispettore prese a interrogarli stizzosamente.

– Tutto ciò che vostro zio è riuscito a dire, prima di morire – disse seccamente l'ispettore – è stato il nome Hall, il che significa che si è trattato di uno di voi, ma non si sa chi dei tre. Questo è un caso insolito, che Dio mi aiuti! – proseguì l'anziano ispettore. – Gli omicidi di solito hanno tre ingredienti: movente, arma, opportunità. Voi tre li sommate piuttosto bene. Il movente? Soltanto uno di voi beneficia della morte di Herbert P. Hall. E questa siete voi signorina Hall.
Millicent Hall aveva un grosso deretano e una grossa faccia con un grosso naso al centro.
– Non l'ho ucciso io – protestò la ragazza.
– Così dicono tutti, signorina Hall. Arma? Beh, non ci sono impronte sul coltello che ha ucciso a causa della cesellatura del manico e della lama, ma si tratta di un oggetto insolito e stabilire a chi appartiene è stato un gioco da ragazzi. Signor Preston Hall, il coltello che ha ucciso vostro zio vi appartiene.
– Mi apparteneva – rispose tossicchiando Preston Hall, un impiegato di spedizioni marittime, lungo e secco e con le zanne di un ocelot[2] affamato – l'ho regalato a zio Herbert proprio la scorsa settimana.
– Sono commosso – disse sarcasticamente l'ispettore. – Opportunità? Uno di voi tre è stato visto e riconosciuto mentre si aggirava per l'albergo dopo che la cena era finita... e quello eravate voi, signor James Hall.
James Hall era il tipo del bevitore, pieno di spirito di entrambi i generi[3].
– Certo che ero io – disse James Hall ridendo. – Che diavolo, mi sono fermato a bere qualche bicchierino, tutto qui, prima di tornare a casa. Questo significa che sono io l'assassino cattivo?
– Siete come tre cavalli sulla dirittura d'arrivo – si lamentò l'ispettore Queen. – Millicent Hall è in testa per il movente, anche se vorrei far notare che voi, Preston, o voi, James, avreste benissimo potuto far fuori quel povero vecchio per dargli una lezione, perché non vi aveva lasciato il suo denaro. Preston è in testa per quanto riguarda l'arma; ho soltanto la vostra parola non corroborata da nulla, che avete regalato il tagliacarte a Herbert Hall; quello che invece so è che il tagliacarte è vostro, anche se a usarlo potrebbero essere stati Millie o James. Quanto a voi, James, siete in testa per l'opportunità, anche se vostro fratello e vostra sorella avrebbero facilmente potuto sgattaiolare nella stanza di vostro zio senza essere visti. Ellery, perché te ne stai seduto lì come un manichino?
– Il vecchio Herbert aveva ragione, papà – disse Ellery. – Millie, che faceva le bave alla prospettiva di quelle leccornie australiane[4], non poteva aspettare che suo zio morisse di morte naturale, ma non aveva il coraggio di ammazzarlo da sola, vero signorina Hall? E così avete teso l'esca di una suddivisione a tre con i vostri fratelli e loro si sono uniti subito a voi nel complotto. L'unione fa la forza. Vero?

**2 ocelot**: felino simile al ghepardo, diffuso in America meridionale.

**3 spirito di entrambi i generi**: si riferisce allo spirito inteso come alcool (alludendo all'inclinazione al bere di James) e allo spirito inteso come allegria, che evidentemente il nipote del signor Hall aveva.

**4 leccornie australiane**: le leccornie sono cibi golosi e gustosi. In questo caso si riferisce al patrimonio dello zio australiano, che evidentemente faceva gola alla nipote.

I tre Hall si erano immobilizzati completamente.
– È sempre disastroso – disse in tono mesto Ellery – cercare di fare i furbi, in un delitto. Il piano consisteva nel confondere le carte in tavola e farsi beffe della polizia, dato che uno di voi era collegato al movente, un altro all'arma e il terzo all'opportunità. Era tutto calcolato per annacquare i sospetti…
– Non sappiamo di che cosa state parlando – disse Hall, l'ubriacone, con espressione molto sobria, e i due suoi fratelli annuirono subito. L'ispettore era turbato.
– Come lo sai, Ellery?
– Perché Herbert Hall parlava con un forte accento di Londra e quindi non pronunciava la h, mentre in certe parole che iniziavano con una vocale, aggiungeva la h. Bene, che cosa ha detto quando gli ho chiesto quale dei tre lo aveva pugnalato? Ha detto "Hall" e fino a quel momento io non mi sono reso conto che non diceva "Hall"… ma che "stava aggiungendo una h". Quello che in effetti ha detto è stato "all"[5] (tutti)… Lo hanno ucciso tutti e tre!

adatt. da E. Queen, *Complimenti Mr. Queen*, Mondadori

**5 all**: il testo gioca su due parole inglesi. *All* e *Hall* si pronunciano nello stesso modo, ma il primo dei due significa "*tutti*", mentre il secondo, oltre a essere in questo caso il cognome della vittima, significa "*atrio*".

## Rispondi

### La struttura

**1 Dalle caratteristiche del testo puoi dire che si tratti di:**

- ☐ un poliziesco, perché sulla scena del crimine è la polizia a intervenire (con l'ispettore Queen) e risolvere il caso
- ☐ un giallo classico perché si fonda sull'azione di un investigatore fortemente caratterizzato, Ellery Queen, che deve risolvere un enigma
- ☐ un racconto non propriamente giallo perché non c'è un vero delitto
- ☐ un racconto autobiografico, perché Ellery Queen parla di ciò che gli accade

**2 Quale meccanismo narrativo è presente in questo racconto?**

- ☐ Si conosce il colpevole fin dall'inizio e si segue l'indagine fino a che l'investigatore non lo scopre
- ☐ Non si conosce il colpevole finché non è l'investigatore a chiarirlo con la sua indagine

### I personaggi

**3 Rispondi alle quattro domande seguenti servendoti dell'elenco posto in fondo.**

- Chi sono il detective e il suo aiutante?
- Chi è la vittima?
- Chi sono i sospettati?

Ellery Queen - l'ispettore Queen - Herbert Peachtree Hall - Millicent, Preston e James Hall

**4 Chi è il colpevole?**

## Caratteristiche del genere

**5 Come si caratterizza l'ambiente in cui si svolge la vicenda?**

- ☐ Si tratta di un ambiente urbano, un quartiere elegante della città
- ☐ È un luogo chiuso, in questo caso un Grand Hotel
- ☐ È una villa della campagna inglese, come rivela l'accento del signor Hall
- ☐ È un ambiente pubblico, una stanza adibita a ufficio

**6 Come viene risolto l'enigma dall'investigatore?**

- ☐ Attraverso l'aiuto di un vecchio ispettore di polizia
- ☐ Per mezzo di un complesso ragionamento logico sull'eredità
- ☐ Con un'intuizione riguardo a una parola pronunciata dalla vittima
- ☐ Per la confessione del colpevole

**7 Qual è il movente del delitto?**

- ☐ Non dividere una notevole eredità
- ☐ La minaccia dello zio di diseredare tutti e tre i nipoti
- ☐ Ottenere subito l'eredità anziché attendere la morte naturale dello zio
- ☐ Andare in Australia prendendo possesso della casa dello zio

**8 Qual è l'arma del delitto?**

- ☐ Un tagliacarte dalla particolare fattura
- ☐ Un'arma da fuoco
- ☐ Un oggetto contundente non meglio identificato
- ☐ Un oggetto appartenente alla vittima da molti anni

**9 Dalla costruzione del testo potresti dire che è importante la presenza dei dialoghi?**

- ☐ No, si preferisce la narrazione in terza persona
- ☐ Sì, sono proprio i dialoghi a costruire il racconto
- ☐ Non sono importanti i dialoghi nei gialli, quindi neanche in questo
- ☐ Sono pari in quantità dialoghi e narrazione

## Che cos'è il genere giallo

**10 Da tutte le caratteristiche che presenta il testo possiamo dire che è "giallo" perché:**

- ☐ presenta un crimine che deve essere chiarito attraverso un'indagine di cui si occupa un investigatore
- ☐ presenta un enigma che molte persone diverse concorrono a sciogliere
- ☐ si rende giustizia di un crimine attraverso l'intervento della polizia
- ☐ la storia è ambientata in una stanza chiusa e si svolge con un crescendo di *suspense*

# Temporale in città

Un'ora prima aveva piovuto molto: una cascata d'acqua, improvvisa, accompagnata da tuoni e saette da far tremare i vetri. Poi la violenza era finita per far posto alla calma di una sera qualunque quando quelli che lavorano abbandonano gli uffici e se ne tornano a casa, intanto che imbrunisce e il quartiere degli affari si trasforma in un deserto notturno. Di tutta la pioggia caduta non erano rimaste che larghe pozzanghere che lentamente defluivano nelle griglie, nei colatoi laterali, negli scarichi. Un velo di nebbia si stava alzando dalla parte del fiume dove il grande ponte illuminato da migliaia di minuscole lampadine pullulava già del traffico del rientro.
Sull'asfalto umido si riflettevano le luci bianche dei palazzi e quelle gialle dei fari delle automobili che procedevano lentamente lungo la corsia delimitata dalle transenne. All'inizio della strada, due agenti in uniforme deviavano il traffico sulla Albany street scoraggiando i pochi curiosi a penetrare nell'area circoscritta dal nastro della polizia. Le automobili in sosta nel parcheggio dell'edificio erano state prontamente rimosse per ordine del detective Wallace, così che tutto quanto aveva adesso un aspetto insolitamente pulito e insieme desolato. Sembrava che il luogo nel quale un uomo era stato ucciso fosse una terra di nessuno. Il corpo giaceva solitario sull'asfalto, in una pozza di sangue che la pioggia aveva diluito, i segni delle ferite mortali non erano così evidenti: l'assassino doveva aver sparato a distanza ravvicinata ma con una discutibile precisione. Le ferite sulla mano erano facilmente giustificabili con i colpi che avevano staccato la catena dalle manette che l'assicuravano al polso sinistro. Quanto alle ferite all'inguine come minimo parevano insolite per un omicidio di quel genere. Una grossa ambulanza attendeva da tempo con le quattro frecce accese. Prima che lo coprissero con un telo, Wallace aveva fatto in tempo a notare sul morto le iniziali R.C. ricamate sulla camicia di mussola e i polsini con gemelli d'oro che gli avevano fatto pensare ai negozi alla moda piuttosto che ai grandi magazzini. Una catenella metallica, di quelle che stanno attaccate alle manette spuntava dal polso sinistro. Ma chi era quell'uomo, che ci faceva nel parcheggio:
– Si può sapere chi ha fatto il riconoscimento? – chiese stizzoso a Brooker, uno dei suoi.
Brooker si avvicinò guardando per terra, chiedendosi perché Wallace se la prendeva sempre con lui quando qualcosa lo irritava:
– Capo, è laggiù, nella guardiola del sorvegliante. Ha appena parlato con Wicinsky... – e indicò un punto, nella direzione dell'edificio davanti al quale era avvenuto l'omicidio, però è sicuro di non aver visto niente di sospetto in tutta la giornata. Dice di essersi assentato solo intorno alle 16, giusto il tempo di prendersi un panino. Ma solo per pochi minuti.

Intanto gli impiegati, i commessi, le segretarie, i fattorini, tutta gente che a quell'ora affollava la zona, era stata fatta sciamar via velocemente verso le fermate degli autobus, incanalata nella direzione delle stazioni della metro. Ma prima, a ognuno di loro era stato chiesto se avevano visto o sentito qualcosa. Gli agenti Brooker e Wicinsky prendevano diligentemente nota di ogni possibile indizio. Ma non ne era venuto fuori niente d'interessante. Le persone erano per lo più *dipendenti* dei vari uffici che si trovavano all'interno del grattacielo *Indipendent*, qualche uomo d'affari di passaggio, clienti, fornitori, roba così. Nessuno comunque aveva visto o sentito niente. Il parcheggio era frequentato da gente sempre di corsa, gente distratta dai propri impegni, gente abituata a vedere senza guardare, a sentire senza ascoltare. O meglio, i colpi li avevano sentiti in molti ma quasi tutti scambiandoli per i rumori tipici del terribile temporale che nel pomeriggio si era scatenato sulla città. Tutti quanti però convenivano sull'ora: le 16.30. Probabile che quella fosse l'ora esatta del delitto. Il medico legale ne avrebbe dato conferma. Bastava aspettare.

Wallace stava perdendo la pazienza. Era morto un uomo, visibilmente giovane e in piena salute e i suoi stavano trastullandosi da un'ora con i blocchi notes come due cronisti di nera alle prime armi. I giornalisti veri, i cronisti a caccia di notizie fresche intanto stavano per piombargli addosso come un'orda di barbari, pronti a infilzarlo coi loro microfoni, con le telecamere puntate. Già si scaldavano i muscoli per ripetere a voce e per scritto la solita storia della polizia corrotta che non difende il cittadino come dovrebbe e della malavita che spadroneggia in città e lui, il detective Wallace, ancora non era stato messo al corrente dell'identità del morto. Roba da pazzi. Ci pensò Wicinsky a condurlo dal sorvegliante del parcheggio. Era un uomo sui cinquant'anni, stretto in una divisa di una taglia inadatta ai suoi cento e passa chili. A dispetto della sua stazza, si comportava come un bambino sgridato dalla maestra.

– Era la seconda o la terza volta che lo vedevo, piagnucolò, aveva un *passi* regolare. Per me era sufficiente per entrare nell'edificio.

– Ricorderà il suo nome, almeno, incalzò Wallace, qualche particolare...

Ma tutto quello che il portiere ricordava era l'eleganza dei vestiti del giovanotto e la valigetta che portava incatenata al polso. Una valigetta di pelle nera stampata, una qualunque, forse volutamente banale.

– Un portavalori. Ecco sì, un portavalori. Corman, mi pare si chiamasse. Sì, adesso ricordo bene, si chiamava proprio così... Corman, Robert Corman. Andava su, al dodicesimo piano, da Blumenthal & Crower, Diamonds limited. Ma, ripeto, questo qui era uno nuovo. Non so che fine avesse fatto il vecchio portavalori. Forse non ce la faceva più a sopportare lo stress continuo.

Il sorvegliante ancora parlava del pericolo di quel rischioso mestiere di Corman che Wallace era già al dodicesimo piano da Blumenthal

& Crower. Naturalmente erano già stati informati dell'accaduto ma, in assenza dei titolari della ditta, il direttore era impegnatissimo al telefono con l'assicurazione e non si era precipitato nel parcheggio. Dei dipendenti in ufficio non era rimasta che Carla, la sua segretaria, una ragazza molto graziosa che fornì a Wallace tutte le informazioni del caso, benché visibilmente sconvolta. La ragazza non riusciva più a trattenere le lacrime. Effettivamente Robert Corman era uno dei loro portavalori, il più giovane. Lavorava da poco più di un mese per la ditta ma si stava guadagnando la fiducia dei capi della B&C Diamonds. A detta di tutti era efficiente, attento, onesto. Carla sospirò. Anche Wallace sospirò. Gli venne spontaneo chiedersi il motivo di quelle lacrime se, dopotutto, Corman lavorava in ditta da così poco tempo.

– Che cosa c'era nella valigetta? – chiese con aria distratta al direttore che nel frattempo si era liberato.

La risposta "due milioni di dollari di diamanti" non lo fece sussultare più di tanto. Da tempo aveva perso l'abitudine dei detective giovani di paragonare sempre e comunque il loro stipendio con l'ammontare dei furti in casa dei ricchi.

– Due milioni di dollari in diamanti stanno in un sacchetto – si limitò a osservare. – Non è necessaria una valigetta.

Ma il direttore tergiversava al punto che Wallace si vide costretto a ricorrere a stringenti, seppur velate minacce. Il poveruomo cominciò allora a balbettare e a chiedere l'intervento dei titolari che però, stranamente, erano entrambi in viaggio d'affari. Irraggiungibili. Comunque l'avvocato della ditta stava per raggiungerli.

"Sento odore di bruciato", pensò Wallace, ma tenne per sé la cosa.

La perizia del medico legale provò che Corman era morto per un solo colpo inferto a distanza ravvicinata, alla vena femorale che aveva prodotto un dissanguamento inarrestabile. Quanto alle ferite alla mano e al polso non erano certo mortali, anzi il medico legale nel suo referto le aveva definite "trascurabili", probabili errori che l'assassino aveva fatto nel tentativo di impossessarsi della valigetta. La dinamica dell'omicidio sembrava di facile spiegazione: un agguato a scopo di rapina finito male. Corman era stato avvicinato da qualcuno che sapeva che cosa stava trasportando e ucciso senza lasciargli il tempo di estrarre la pistola che portava nella tasca destra della giacca. Ma il detective Wallace non riusciva ad accettare questa semplice scena del crimine, la trovava a dir poco innaturale. Un portavalori armato che non fa neppure il gesto di estrarre la pistola. Non era strano? Il detective dell'assicurazione tra l'altro lo aveva già contattato dandogli il tormento. Voleva sovrapporre alla sua un'altra indagine e Wallace non aveva alcuna intenzione di avere un dilettante tra i piedi. Doveva far presto, ma l'urgenza non gli piaceva affatto. Anzi lo innervosiva di più.

Wallace, dopo aver sguinzagliato Brooker e Wicinsky in giro per la città a far domande, se ne stava nel suo ufficio mordicchiando nervosamente la matita intanto che cominciava a mettere insieme i pezzi del suo puzzle: una valigetta piena di diamanti e di segreti, un bel giovanotto portavalori freddato con un solo colpo nel parcheggio della ditta per la quale lavorava, un direttore reticente, una ragazza carina e molto addolorata, due titolari d'azienda irreperibili...

Si chiedeva che cosa li tenesse insieme.

Per prima cosa ordinò a Wicinsky di tallonare Carla. Era sicuro che fosse lei la chiave di tutto. Questo Wicinsky era un polacco giovane, biondo di capelli, dai tratti delicati e un modo di parlare suadente, tranquillo. Una di quelle persone che ti induce a confidarti. Non gli fu quindi difficile scoprire che Carla e Robert erano segretamente fidanzati, insomma innamorati e che era stata proprio lei a farlo assumere da Blumenthal.

– Bene, bene... bravo Wicinsky, complimenti. Lo sapevo che le lacrime della segretaria non erano di circostanza. Non mi sbagliavo. E si complimentò con se stesso.

Toccava ora a Brooker mostrare che non era da meno del collega. Il poliziotto cercava un'occasione da tempo, quindi fece carte false per scoprire che la ditta B&C Diamonds non se la passava poi così bene come voleva far credere ai clienti. In giro si diceva che avessero fatto degli investimenti molto azzardati che avevano esposto l'azienda a un rischio fallimento piuttosto serio.

– Un uccellino mi ha detto che i due soci non sono in viaggio d'affari, ma se la sono squagliata in qualche isoletta per sottrarsi ai controlli di quelli delle tasse – esclamò tutto orgoglioso Brooker, entrando nell'ufficio dove il Capo continuava a ciancicare la sua matita.

– Bingo! – esultò il detective Wallace – voi due vi meritate una birra. Andiamo!

Uscirono in cerca di un bar aperto.

– Adesso tutto torna – fece Wallace ripulendosi le labbra dalla schiuma.

– Torna? – fecero i due poliziotti guardandosi in faccia.

– Ma sì, ragazzi. Non vedete quanto è chiaro? No, eh? Allora seguitemi: B&C sono in cattive acque e cercano un mezzo per rifarsi a spese dell'assicurazione. Allora cercano qualcuno che accetti un incarico rischioso, ma molto remunerativo, e lo trovano nel fidanzato di Carla, la loro fidatissima segretaria, Robert Corman, un ragazzo spiantato e ambizioso cui promettono non solo un lavoro ma soprattutto un bel mucchietto di dollari in cambio di una falsa aggressione. Corman accetta convinto che si tratti di un gioco da ragazzi. Lo assumono e dopo qualche tempo lo mandano a effettuare un trasporto preziosi particolarmente consistente. Poi il destino li aiuta, o meglio dovrei dire il temporale li aiuta. Corman si presenta, come stabilito, nel parcheggio verso le 16, proprio quando sta infuriando il temporale. Non c'è nessuno in giro con quel tempaccio. I due, camuffati, inscenano allora la rapina: uno lo tiene sotto tiro mentre l'altro fa saltare le catenelle del polso.

È probabile che gli abbiano detto che sono esperti tiratori e che nessuno si farà male. Il ragazzo è tranquillo. Non pensa neanche a impugnare la sua di pistola. Forse hanno mimato altre volte la scena, chissà. Ma qualcosa va storto, forse parte un colpo, succede comunque qualcosa che non ci è dato di sapere e bum... il giovane Corman è a terra, morto. Capiscono subito che la ferita è mortale. Nessuno li ha visti, corrono via, nella pioggia. Al sicuro, verso l'aeroporto o chissà dove.

– E così si spiega la ferita all'inguine – interruppe Brooker, – mai vista una cosa del genere.

– Già, brutta storia, brutta storia davvero. Penso a quella povera ragazza. Chissà perché aveva accettato di farsi complice di un imbroglio come questo.

Ma subito Wallace tornò Wallace: – Mandato di cattura immediato, in tutto il Paese e anche oltre, ragazzi, conoscete la procedura. Bisogna fare in fretta. Hanno almeno dodici ore di anticipo su di noi! – Tolse dal taschino il suo mozzicone di matita e scosse la testa.

– Ce la faremo?

D. Cei

## Dopo aver letto il testo rispondere alle domande, scegliendo una sola risposta

**A1** **Da quali elementi puoi capire che si tratta di un giallo? Segna con una crocetta le risposte che ritieni corrette.**

| | |
|---|---|
| La vicenda ruota intorno a un crimine | X |
| Si interrogano testimoni | X |
| Sta piovendo sulla città | |
| Si parla di denaro | |
| Si utilizza un metodo d'indagine | X |
| Si fa cenno a una storia d'amore | |
| C'è un investigatore che svolge un'indagine | X |
| L'investigatore risolve l'enigma | X |

**A2** **Nel testo l'autore descrive fisicamente i suoi personaggi?**

A Solo i minori
B Nessuno
C Solo i più importanti
D Solo l'investigatore

**A3** **Che cosa fa l'investigatore all'inizio della sua indagine?**

A Interroga personalmente tutti i testimoni del fatto
B Segue le procedure della polizia
C Osserva dettagli anche minimi, apparentemente insignificanti
D Manda i suoi aiutanti a interrogare i testimoni

**A4** **Perché l'autore più volte dà informazioni sulla scena del crimine?**

A Per far capire che è un importante dettaglio
B Per far entrare di più nel cuore del racconto
C Perché è decisivo per capire lo svolgimento della storia
D Per nessun motivo particolare

**A5** **Perché l'investigatore va a vedere il luogo dove lavorava il morto?**

A Per conoscere l'ambiente che frequentava
B Per aver notizie sulla vita del morto
C Per conoscere particolari interessanti per l'indagine
D Per curiosità

**A6** **Segna con una crocetta tra le caratteristiche indicate quali appartengono a Wallace, quali a Brooker e quali a Wicinsky. Possono essere possibili anche due attribuzioni per una stessa affermazione.**

| | Wallace | Brooker | Wicinsky |
|---|---|---|---|
| È oggetto dell'ira del suo capo, quando questo è irritato | | | |
| Prende appunti con puntiglio | | | |
| Viene colpito da piccoli dettagli | | | |
| Mordicchia nervosamente la matita | | | |
| Ha modi tranquilli | | | |
| Sta cercando un'occasione per emergere | | | |
| Agisce con prontezza e decisione | | | |

**A7** **Perché secondo te Carla risponde a tutte le domande dell'investigatore?**

A Per non destare sospetti
B Perché è molto addolorata
C Perché è poco intelligente
D Perché non ha niente da nascondere

**A8** **Come reagisce il direttore?**

A Tergiversa
B È molto imbarazzato
C Cerca di scaricare su altri le responsabilità
D Non risponde

OBIETTIVO PROVA INVALSI

**A9 Qual è, in particolare, l'elemento che desta più sospetti in Wallace?**

- [A] I proprietari della ditta sono entrambi assenti
- [B] Il direttore parla subito con l'assicurazione
- [C] Carla piange
- [D] L'ucciso era armato ma non si è difeso

**A10 Che cosa convince l'investigatore Wallace che la rapina era falsa?**

- [A] I colpi ravvicinati
- [B] Dettagli della vita di Corman
- [C] Corman teneva la pistola dalla parte opposta a quella della valigetta
- [D] Corman non ha avuto alcuna reazione

**A11 Due ragazzi, Franco e Giovanni, hanno letto il testo e discutono del finale: Giovanni sostiene che non si sa come la vicenda andrà a finire, perché i colpevoli non sono stati condannati; Franco invece dice che ogni cosa è spiegata e per questo giustizia è fatta. Chi ha ragione? Spiega la tua risposta.**

Ha ragione Franco, perchè Wallance chiede mandato di cattura immediato

**A12 Nella frase "*o meglio, i colpi, li avevano sentiti in molti*" (righe 58-59), l'espressione *o meglio* introduce:**

- [A] un commento
- [B] un contrario
- [C] un'esclamazione
- [D] una precisazione

**A13 L'espressione "*un uccellino mi ha detto*" (riga 164) significa che Brooker:**

- [A] ha ricevuto un'informazione da qualcuno che non ha voluto rendersi noto
- [B] ha dato retta a persone poco attendibili
- [C] ha sentito una spia il cui nome in codice era "un uccellino"
- [D] ha ricevuto notizie dall'aeroporto

**A14 Quale funzione ha il dialogo nel racconto giallo? Spiega questo aspetto in una risposta di massimo tre righe.**

Ha la funzione di interrogatorio, quindi una ricerca di informazioni.

**A15 Tendenzialmente nel testo vengono usate frasi lunghe e articolate o brevi? Completa la frase seguente, servendoti di una sezione del testo come esempio giustificativo.**

Nel testo vengono usate frasi brevi, come si vede per esempio dalla riga 100 alla riga 106.

## Quesiti grammaticali: una sola risposta corretta

**B1 Nella frase "*... gli avevano fatto pensare ai negozi alla moda*" (righe 32-33), il *gli* è:**

- [A] pronome relativo
- [B] pronome interrogativo
- [C] pronome personale
- [D] articolo determinativo

**B2** **In quale delle seguenti frasi c'è un verbo passivo?**

A "*Di tutta la pioggia caduta non erano rimaste che larghe pozzanghere*"
B "*Sembrava che il luogo fosse una terra di nessuno*"
C "*il detective Wallace ancora non era stato messo al corrente dell'identità del morto*"
D "*Chissà perché aveva accettato di farsi complice di un imbroglio come questo*"

**B3** **Nella frase "*Si chiedeva che cosa li tenesse insieme*" (riga 147), il verbo *tenere* è coniugato:**

A al condizionale presente
B al congiuntivo imperfetto
C al passato prossimo
D al passato remoto

**B4** **Per ciascuna delle seguenti frasi trascrivi gli avverbi di modo nello spazio sottostante:**

"*Le ferite sulla mano erano facilmente giustificabili con i colpi che avevano staccato la catena dalle manette*"

facilmente

"*Fornì a Wallace tutte le informazioni del caso benché visibilmente sconvolta*"

visibilmente

**B5** **In quali delle seguenti frasi il "*che*" è un pronome relativo? Più di una risposta è esatta.**

A "*Ma il direttore tergiversava al punto che Wallace si vide costretto a ricorrere a stringenti, seppur velate minacce*"
B "*Una di quelle persone che ti induce a confidarti*"
C "*In giro si diceva che avessero fatto degli investimenti molto azzardati*"
D "*Allora cercano qualcuno che accetti un incarico rischioso, ma molto remunerativo...*"

**B6** **Nella frase "*Ma non ne era venuto fuori niente*" (riga 52), quale parola svolge la funzione di soggetto?**

Niente

**B7** **Nella frase "*Un'ora prima aveva piovuto molto*" (riga 1), qual è il soggetto del verbo piovere?**

(sotto inteso)

**B8** **Nella frase "*Poi il destino li aiuta, o meglio dovrei dire il temporale li aiuta*" (righe 184-185), *li* svolge la funzione di:**

A soggetto
B complemento oggetto
C complemento di termine
D attributo

**B9** **Quali di queste frasi contiene un complemento di termine?**

A "*era finita per far posto alla calma*"
B "*era morto per un solo colpo inferto a distanza ravvicinata*"
C "*tutta la gente che a quell'ora affollava la zona era stata fatta sciamar via velocemente*"
D "*Era stata proprio lei a farlo assumere da Blumenthal*"

**B10** **Quali di queste frasi contiene un complemento d'agente?**

A "*Corman era stato avvicinato da qualcuno*"
B "*Da tempo aveva perso l'abitudine dei detective giovani*"
C "*Una cascata d'acqua, improvvisa, accompagnata da tuoni e saette*"
D "*Un velo di nebbia si stava alzando dalla parte del fiume*"

# La **Libreria dei Ragazzi** di Torino consiglia:

Sean Stewart,
*Il diario di Cathy*,
Mondadori

Agatha Christie,
*Dieci piccoli indiani*,
Mondadori

Anna Parola
Alberto Arato,
*La banda degli scherzi*,
Rizzoli

Elisabeth Honey,
*Stella street 45 e 47*,
Salani

Siobhan Dowd,
*Il mistero di London Eye*,
Uovonero

### Due minuti in libreria

## Chi ha trovato?

1. Il detective più eccentrico?
2. Il colpevole più simpatico?
3. Il delitto più stravagante?
4. L'ambientazione che emoziona di più?

### PHILOSOPHY

I gialli sono un modo per mettere in scena un atto ingiusto e dimostrare che è sempre possibile trovare la via per ristabilire la giustizia.

- Qual era, nel tuo libro, l'ingiustizia che è stata "riparata"?

# L'Associazione Museo Nazionale del Cinema consiglia:

A seguito di un incidente durante un servizio fotografico, il celebre fotoreporter Jeff è costretto, con grande dispiacere, a restare nel proprio appartamento sulla sedia a rotelle. Servendosi del teleobiettivo della sua macchina fotografica, per far passare il tempo, Jeff osserva dalla finestra la vita che si svolge negli altri appartamenti che si affacciano sul cortile. Finché una notte l'urlo di una donna sposta la sua attenzione sulla finestra dei Thorwald...

**La finestra sul cortile**
U.S.A., 1954
diretto da Alfred Hitchcock
121 min.

- La condizione e la posizione del protagonista possono ricordare da un lato quella di un regista e dell'altro quella dello spettatore cinematografico?
- Quali elementi del giallo hai riconosciuto in questo film? Come li ha "giocati" il grande maestro Hitchcock?

---

Il giovane Gillis, lasciatosi alle spalle i debiti accumulati negli anni, trova rifugio nella villa dell'ex-diva del cinema muto Norma Desmond. In un ambiente sfarzoso e decadente, il ragazzo vivrà due esistenze parallele che condurranno inevitabilmente a un tragico epilogo.

**Viale del tramonto**
U.S.A., 1950
diretto da Billy Wilder
110 min.

- In che modo il film, pur svelando la morte del protagonista nella prima scena, riesce a rendere ugualmente avvincente il racconto?
- Sai ricondurre la struttura di questo film a quella di alcuni testi dell'Unità?

---

In piena Guerra Fredda, in seguito a misteriosi guasti riguardanti alcuni radar della NATO in Grecia, un agente segreto incaricato di indagare sulla faccenda viene assassinato; a prendere il suo posto sarà la giovane vedova Shanny. Costruito con la struttura dei film di spionaggio, il film alterna *humor* e mistero, rappresentando uno dei più chiari omaggi al maestro della *suspence* Alfred Hitchcock.

**Criminal Story**
Francia, 1967
diretto da Claude Chabrol
90 min.

- Il regista fa convivere tanto elementi propri dello *humor* e del racconto di spionaggio: come?
- A tuo avviso, quanto è realistica la caratterizzazione del luogo e della popolazione greca nel film e quanto è invece forzata in funzione del racconto?

## PAGINE LABORATORIO

# Lo spazio e il suo significato

**Abilità**

leggere

scrivere

# ABILITÀ E COMPETENZE

## Lo spazio è un "personaggio"

Impariamo a... lavorare sullo spazio come "personaggio"

## Lo spazio è un simbolo

Impariamo a... lavorare sullo spazio simbolico

# Lo spazio è un "personaggio"

Ci sono storie nelle quali lo spazio diventa talmente importante da essere quasi un vero e proprio "personaggio", perché:

- agisce nei confronti dei personaggi come un **sostegno** o, al contrario, come un **ostacolo**;
- diventa come una sorta di **prolungamento dello stato d'animo del personaggio** che sta agendo o parlando, facendo da eco ai suoi pensieri o al suo umore.

Proviamo a vedere qualche esempio, per osservare più da vicino quanto stiamo dicendo.

La sera era insolitamente calma, quantunque l'aria fosse soffocante e il cielo soffuso d'una strana penombra luminosa e sulfurea. Cielo e mare si confondevano all'orizzonte. Il sole d'un rosso cupo tramontò in una confusione di luci. Le onde apparivano d'una singolare sostanza, come se la riva brulicasse di meduse. Era una sera altamente suggestiva; e molte cose accaddero a Norderney. Ma, nella notte, chi già non veniva tenuto sveglio dal battito del proprio cuore si destò di soprassalto, atterrito, al rapido avvicinarsi d'un fragore inusitato. Possibile che il mare amico cantasse ora con quella voce?

Al mattino il mondo appariva trasformato, ma in che cosa nessuno avrebbe saputo dirlo. In quel baccano nessuno riusciva a parlare, e nemmeno a pensare. Difficile era poi dire che cosa facesse il mare. Prima ancora che uno fosse in vista della spiaggia si sentiva strappare i vestiti di dosso, e la schiuma salmastra spruzzava sino al cielo; e lunghi torreggianti cavalloni giungevano di continuo, ognuno più possente dell'altro. L'aria era fredda e amara. [...] L'alluvione non venne che il giovedì; e allora la tempesta era già passata. Appunto in quelle ore, tra l'ultima della tempesta e la prima della sera che seguì, il mare irruppe attraverso le dighe. Queste, che erano fatte per resistere a una forte pressione esercitata dalla parte del mare, non sopportarono la furia che le minava da oriente. Cedettero per un strato di mezzo miglio, e attraverso quell'apertura si scatenarono le acque.

da K. Blixen, *Diluvio a Norderney*, in *Sette storie gotiche*, Adelphi

Come puoi vedere, l'ambiente in cui viene raccontata la terribile avventura del paese di Norderney viene presentato prima in un'atmosfera amica e serena, poi via via la situazione si inasprisce e diventa sempre più minacciosa: la tempesta, il calmarsi apparente della natura e poi lo scatenarsi del peggio, l'alluvione delle campagne data dall'aprirsi della diga. **Lo spazio acquista qui la dimensione di un personaggio, attivo nella narrazione, capace di un suo movimento con il quale gli uomini sono costretti ad avere a che fare.**

Leggi ora questo testo, tratto da un romanzo di Laura Mancinelli, nel quale la giovane e bella Alial, nobildonna del Duecento d'origine orientale, presenta ai suoi ospiti un giardino, specchio del suo carattere.

S. Botticelli, *Flora*, particolare da *La Primavera*, Firenze, Galleria degli Uffizi.

Il mattino seguente il sole splendeva trionfante, moltiplicato dal riflesso del lago, placido e tanto vasto che non se ne vedeva la riva opposta. Alial condusse gli ospiti nel giardino che dal retro della casa scendeva verso l'acqua, un giardino ampio, non recintato, luminoso e ricco di belle piante fiorite.
– Non ho mai visto un giardino così bello, signora! – esclamò pieno di ammirazione il giovane poeta. [...] Vedo delle piante che mi sono del tutto sconosciute. Quell'arbusto dalle foglie lucenti e dai fiori rossi a calice, splendidi, come di vetro colorato...
– È un ibisco, una pianta che vuole il clima mite, senza geli prolungati. Nel mio Paese è molto comune, qui, invece, d'inverno, quando comincia il freddo, devo avvolgerlo nella paglia, fargli una specie di piccola capanna intorno. Ci sono altre piante di ibisco, qui vicino al muro, vedete, dove sono riparate dal vento, perché anche il vento è loro nemico.
Un parte del giardino si apriva infatti tra due ali laterali della casa, sì da formare uno spazio riparato rivolto a occidente, che riceveva la brezza del lago, ma non il vento di tramontana. Qui i due giovani furono colpiti da un profumo dolce e intenso, che non proveniva dagli ibischi, ma da un timido rampicante tutto

aggrappato ai mattoni della costruzione, tra le foglie pendevano piccoli grappoli di fiori bianchi, modesti nell'apparenza ma ricchi di quel profumo che tutti gli altri vinceva.
– È il gelsomino, – spiegò Alial sollevando con una mano uno di quei grappoli, – una pianta che nella mia terra nasce persino selvatica. Anche di questa ho portato i semi. E laggiù, vedete quegli alberi bassi, poco più alti di un cespuglio? Con i fiori rossi che spiccano tra il verde tenero? Sono melograni, simbolo di amore e di fortuna. Da ogni fiore matura un pomo dai bellissimi colori sfumati dal giallo al rosso. Quando la dura scorza si apre, appaiono all'interno chicchi color rubino molto belli a vedersi ma di sapore asprigno.
Così conversando scendevano per un sentiero tra verdi praticelli punteggiati di piccoli fiori primaverili, cespugli di rose appena in boccio, piante da frutto di ogni tipo, già sfiorite e pronte a fruttificare, e a spalliere di viti tenute alte da olmi frondosi. [...]
– Coltivo personalmente il mio giardino. Solo quando occorre far salire l'acqua dal lago per immetterla nei canali d'irrigazione, mi faccio aiutare da un garzone del vicinato. [...] Permettetemi ora di lasciarvi soli: il mio signore forse ha finito di scrivere e ha bisogno di me.
E si allontanò verso casa facendo ondeggiare graziosamente la lunga veste bianca di lino che dalle spalle scendeva fino alle caviglie non trattenuta in vita da cintura alcuna, aprendosi verso il fondo come corolla di fragile campanula.

da L. Mancinelli, *Biglietto d'amore*, Einaudi

In un luogo del tutto inaspettato, sulle rive di un lago svizzero, la giovane Aliel, moglie di un poeta – il suo signore, come lo chiama – riproduce un giardino di melograni, ibisco, viti e gelsomini, come nel Vicino Oriente da cui viene. Quando si allontana, Aliel stessa sembra una corolla di campanula e così giardino e dama sono un tutt'uno, di modi e d'animo. Il luogo in questo caso è dunque **lo specchio di uno stato d'animo, di una personalità**, moltiplicando all'esterno ciò che avviene all'interno di una persona.

## LO SPAZIO COME "PERSONAGGIO"

- È un **elemento attivo** della narrazione
- Può essere un **ostacolo** o **può favorire** le azioni di un personaggio
- È la **continuazione all'esterno** degli stati d'animo dei protagonisti della storia narrata

IMPARIAMO A...

# Lavorare sullo spazio come "personaggio"

**1** **Leggi il testo e rispondi alle domande che seguono. La descrizione riguarda Renzo, uno dei protagonisti del romanzo *Promessi Sposi* di Alessandro Manzoni, che si trova in difficoltà.**

Seguitando a andare avanti, e allungando il passo, con più impazienza che voglia, cominciò a veder tra le macchie qualche albero sparso; e andando ancora, sempre per lo stesso sentiero, s'accorse d'entrare in un bosco. Provava un certo ribrezzo a inoltrarvisi; ma lo vinse, e contro voglia andò avanti; ma più s'inoltrava, più il ribrezzo cresceva, più ogni cosa gli dava fastidio. Gli alberi che vedeva in lontananza, gli rappresentavano figure strane, deformi, mostruose; l'ombra delle cime leggermente agitate, che tremolava sul sentiero illuminato qua e là dalla luna; lo stesso scrosciar delle foglie secche che calpestava o moveva camminando, aveva per il suo orecchio un non so che d'odioso. Le gambe provavano come una smania[1], un impulso di corsa, e nello stesso tempo pareva che durassero fatica[2] a regger la persona.
Sentiva la brezza notturna batter più rigida e maligna sulla fronte e sulle gote; se la sentiva scorrer tra i panni e le carni, e raggrinzarle[3], e penetrar più acuta nelle ossa rotte dalla stanchezza, e spegnervi quell'ultimo rimasuglio di vigore.

da A. Manzoni, *Promessi sposi*, SEI

**1 smania**: impazienza.
**2 durassero fatica**: facessero fatica.
**3 raggrinzarle**: farle rabbrividire.

- Di quale tipo di spazio si tratta, secondo te?
- Quali elementi del testo giustificano la tua risposta? Elencali.
- Quale differenza c'è tra la descrizione di questo luogo e quella del luogo come atmosfera?

**2** **Leggi ora questo secondo testo e ripeti l'operazione di definizione che hai fatto in precedenza, rispondendo alle domande poste in basso.**

Quand'ecco, guardando a loro e al vasto paesaggio urbano che mi si mostrava di lassù in tutta la sua estensione, mi sentii d'un tratto penetrare da una gran dolcezza, da una pace e da una gratitudine tenerissime. Il sole al tramonto, forando una scura coltre di nuvole bassa sull'orizzonte, illuminava vivamente ogni cosa: il cimitero ebraico ai miei piedi, l'abside e il campanile della chiesa di San Cristoforo poco più in là, e sullo sfondo, alte sopra la bruna distesa dei tetti, le lontane moli del castello Estense e del duomo. Mi era bastato recuperare l'antico volto materno della mia città, riaverlo ancora una volta tutto per me, perché quell'atroce senso di esclusione che mi aveva tormentato nei giorni scorsi cadesse all'istante.

da G. Bassani, *Il romanzo di Ferrara*, Einaudi

- Di quale tipo di spazio si tratta, secondo te?
- Quali elementi del testo giustificano la tua risposta? Elencali.
- Quale differenza c'è tra la descrizione di questo luogo e quella del luogo come cornice?

**3** **Descrivi due camere di tuoi coetanei: nella prima scegli oggetti che facciano pensare a una ragazzina disordinata, ribelle e che ama oggetti, abiti e particolari neri, pieni di teschi e di borchie; nella seconda scegli oggetti che facciano pensare a un ragazzo appassionato di calcio, che gioca a basket ed è particolarmente ordinato.**

**4** **Descrivi la cucina di casa tua. Una volta terminata la descrizione, modificala secondo le seguenti indicazioni:**

- nella cucina mangiano di solito cinque persone: due adulti, due ragazzi e un bambino molto piccolo;
- nella cucina mangia una persona sola, leggendo il giornale;
- nella cucina mangia una coppia appena sposata.

**5** **Scegli un ambiente della tua casa e descrivilo nelle seguenti condizioni:**

- la sera della vigilia di Natale;
- il pranzo di compleanno di tua sorella o di tuo fratello;
- un giorno in cui fa molto freddo;
- il giorno di ritorno dalle vacanze estive.

**6** **Descrivi un ragazzo (che conosci o di tua invenzione) attraverso l'ambiente in cui abita e modifica la descrizione aggiungendo dettagli che facciano intuire alcuni tratti del suo carattere:**

- ama il nuoto e non pensa che ad allenarsi;
- è riflessivo e il suo hobby preferito è fare fotografie a luoghi e persone;
- è un appassionato di animali;
- è un appassionato di computer;
- è timido e fatica a fare amicizia;
- è estroverso ed è un leader tra i suoi amici.

**7** **Descrivi una ragazza (che conosci o di tua invenzione) attraverso l'ambiente in cui abita e modifica la descrizione aggiungendo dettagli che facciano intuire alcuni tratti del suo carattere:**

- studia danza classica;
- è una sportiva e sogna, per il suo futuro, di partecipare alle Olimpiadi come maratoneta;
- è una ragazza semplice, è un'amica sincera ed è una persona affidabile;
- è appassionata di moda e ama stare in mezzo alla gente.

**8** **Descrivi una persona che conosci attraverso l'ambiente in cui lavora e dai al tuo testo il maggior numero di particolari possibile; per esempio:**

- il barista vicino alla scuola o a casa;
- un negoziante che conosci bene (libreria, hifi, giochi ecc.);
- la maschera del cinema;
- il preside della tua scuola;
- l'allenatore della tua squadra.

# Lo spazio è un simbolo

Ti sarà capitato di sentire parlare di Gerusalemme come di una "città simbolo" per i cristiani perché è il luogo dove è morto Gesù; oppure hai sentito dire che La Mecca è la "città simbolo" per i musulmani, perché è quella dove si svolse la maggior parte della predicazione di Maometto. Le due città sono per l'appunto solo città, come altre ce ne sono nel mondo, ma hanno una valenza diversa, perché rappresentano qualcosa di più per qualcuno. Sono appunto un **simbolo, mettono insieme una situazione di realtà** (la città) **con una ideale** (il cristianesimo o l'islamismo).

Se hai letto qualche passo dalla *Divina Commedia* di Dante, sai che in essa si descrivono e si attraversano tre luoghi, l'inferno, il purgatorio e il paradiso, che - secondo la religione cristiana - sono simbolo di dannazione, espiazione e salvezza per le anime. I luoghi descritti dall'autore non si possono visitare nella realtà, ma vengono raccontati per ciò che vogliono significare dal punto di vista ideale e religioso, più che per la loro "realtà".

Insomma, esistono nella vita reale come nella narrazione **luoghi che vengono caricati di un valore ulteriore rispetto a quello che hanno, perché rappresentano qualcosa "di più", che ha a che fare con un ideale, un principio religioso, un principio di valore** (la giustizia, la libertà, l'amore ecc.). In questo caso si dice che **lo spazio ha una funzione simbolica**.

## LO SPAZIO COME "SIMBOLO"

- Aggiunge a un luogo reale o fantastico un ulteriore significato
- Collega un principio di valore (la giustizia, la libertà, il Bene o il Male) a un luogo preciso
- Permette alla storia uno sviluppo ulteriore sulla base di ciò che il luogo rappresenta

Leggi, per esempio, questo testo di Italo Calvino, in cui lo scrittore immagina una città sospesa tra due rupi, con ogni cosa allacciata a corde che si agganciano alle due estremità del burrone. Non si tratta di una città reale come Gerusalemme o La Mecca, ma di una città fantastica, in cui si vede applicato però lo stesso criterio di cui abbiamo detto.

Ora dirò come è fatta Ottavia, la città-ragnatela. C'è un precipizio in mezzo a due montagne scoscese: la città è sul vuoto, legata alle due creste con funi e catene e passerelle. Si cammina sulle traversine di legno, attenti a non mettere il piede negli intervalli, o ci si aggrappa alle maglie di canapa. Sotto non c'è niente per centinaia e centinaia di metri: qualche nuvola scorre; si intravede più in basso il fondo del burrone. Questa è la base della città: una rete che serve da passaggio e da sostegno. Tutto il resto, invece d'elevarsi sopra, sta appeso sotto: scale di corda, amache, case fatte a sacco, attaccapanni, terrazzi come navicelle, otri d'acqua, becchi del gas, girarrosti, cesti appesi a spaghi, montacarichi, docce, trapezi e anelli per i giochi, teleferiche, lampadari, vasi con piante dal fogliame pendulo. Sospesa sull'abisso, la vita degli abitanti d'Ottavia è meno incerta che in altre città. Sanno che più di tanto la rete non regge.

da I. Calvino, *Le città invisibili*, Einaudi

La città è immaginaria, certo, ma fa pensare a qualcosa di reale e quotidianamente vissuto anche nelle nostre città vere. Gli abitanti di Ottavia vivono su passerelle di legno con ogni cosa appesa, sanno che la loro è una condizione di incertezza; la difficoltà, la precarietà della vita di ogni giorno nella loro città, che non ha basi stabili, induce i suoi abitanti ad adeguarsi e a trovare il modo di vivere ugualmente, anche nell'incertezza. La città di Ottavia è quindi **simbolo della condizione in cui tutti noi viviamo oggi**, in luoghi che sembrano normali (con lampadari, vasi, terrazzi, attaccapanni ecc.), ma in cui **non ci sono certezze**.
Anche in questo caso si tratta quindi di un luogo simbolico, che attraverso le sue forme conduce a un significato più profondo.

# IMPARIAMO A...

## Lavorare sullo spazio simbolico

**1** **Leggi questo testo, in cui Umberto Eco descrive, attraverso le vicende del protagonista del suo romanzo, Baudolino, città che i viaggiatori medievali pensavano di poter incontrare andando sempre più verso Oriente, oltre i luoghi normalmente conosciuti e frequentati dai viaggiatori. Immaginavano che quelle città fossero una sorta di paradiso, molto distante dalla "terra" in cui erano abituati a vivere.**

Il Poeta diceva che nella biblioteca di San Vittore si leggeva che chi viaggiava in quei luoghi non faceva altro che imbattersi in città splendide, coi templi dal tetto coperto di smeraldi, con regge dai soffitti d'oro, colonne con capitelli d'ebano, statue che sembrano vive, altari d'oro con sessanta gradini, mura di zaffiro puro, pietre così luminose da rischiarare come fiaccole, montagne di cristallo, fiumi di diamanti, giardini con alberi da cui stillano balsami profumati che permettono agli abitanti di vivere aspirando il loro solo odore, monasteri dove si allevano solo pavoni coloratissimi, la cui carne non subisce corruzione e a portarla in viaggio si conserva per trenta e più giorni anche sotto un sole rovente senza mai emanare cattivo odore, fonti splendenti la cui acqua brilla come la luce del fulmine che, a metterci dentro un pesce secco conservato nel sale, ecco che quello ritorna alla vita e guizza via, segno che quella è la fonte dell'eterna giovinezza.

da U. Eco, *Baudolino*, Bompiani

**a.** **Compila la tabella mettendo a confronto una città reale e quella immaginata da Baudolino.**

| La città immaginata | La città reale |
|---|---|
| I tetti sono coperti di smeraldi | I tetti sono coperti di tegole |
| I soffitti sono d'oro | I SOFFITTI SONO BIANCHI |
| Le statue sembrano vive | LE STATUE SONO FERME |
| Le mura sono di zaffiro | LE MURA SONO DI PIETRA |
| *(prosegui tu)* I FIUMI SONO DI DIAMANTI | I FIUMI SONO D'ACQUA |

- Di tutte le descrizioni quali ti sembrano meno probabili?
- Secondo te, si può affermare che il poeta riportando tali descrizioni abbia un preciso intento? Se sì, quale?
- Quale valore simbolico può trovarsi in tali descrizioni?

**b.** **Leggi ora la descrizione che segue, tratta da una novella del *Decameron* di Giovanni Boccaccio, dove si racconta uno scherzo fatto da due amici burloni a Calandrino, una persona semplice e credulona.**

A tali ragionamenti Calandrino drizza le orecchie, e dopo alquanto si leva in piedi, sentendo che non era credenza, si unì a loro, il che piacque molto a Maso; il quale, seguendo le sue parole, fu da Calandrino interrogato su dove queste pietre così virtuose si trovassero. Maso rispose che le più si trovavano in Berlinzone, terra de' baschi, in una contrada che si chiamava Bengodi, nella quale si legano le vigne con le salsicce e si aveva un'oca per un quattrino e un papero in aggiunta; e c'era una montagna tutta di formaggio parmigiano grattugiato, sopra la quale stavano genti che nessuna altra cosa faceva se non che far maccheroni e ravioli e cuocerli in brodo di capponi, e poi li gettavano quindi giù, e chi più ne pigliava più ne aveva; e nei pressi correva un fiumicello di vernaccia, della migliore che mai si bevve, senza avervi entro gocciola d'acqua. – Oh! – disse Calandrino – Cotesto è buon paese ma dimmi che si fa dei capponi che cuociono coloro? – Rispose Maso: – Se li mangiano i baschi tutti! Disse allora Calandrino: – Ci sei mai stato? – Al quale Maso rispose: – Ci sono stato una volta come mille. – Disse allora Calandrino: – E quante miglia dista? – Maso rispose: – Ce ne sono più di mille e cinquanta, che tutta la notte canta! – Disse Calandrino: – Dunque deve essere più là degli Abruzzi! (...) Calandrino semplice, vedendo Maso dir queste parole con un viso fermo e senza ridere, gli dava quella fiducia che dar si può a qualunque verità è più manifesta, e così ci credeva; e disse: – È troppo lontano dai fatti miei: ma se fosse più vicino, ti dico che io davvero verrei una volta con te pur per veder dal vivo quei maccheroni e farmene una scorpacciata.

adatt. da G. Boccaccio, *Decameron*, Garzanti

- Cogli delle differenze tra la prima descrizione, fatta da Baudolino, e questa? Giustifica la tua risposta.
- Perché, secondo te, Maso, parlando del paese del Bengodi lo descrive in quel modo a Calandrino?
- La novella è ambientata nella Firenze del 1300. Dalla descrizione traspare quale fosse il problema essenziale per la gente di quel tempo?
- Perché si può affermare che questo del paese di Bengodi è uno spazio simbolico?

2. Scrivi un breve testo nel quale distingui, nella tua stanza o in un luogo che senti tuo, ciò che ha per te un significato simbolico.

3. Osserva questi quadri e prova a indicare quali elementi della scena li connotano come spazio simbolico. Per rendere più libero il tuo lavoro interpretativo non inseriamo la didascalia con autori e titoli delle opere.

- I luoghi rappresentati, secondo te, esistono veramente?
- Chi è il personaggio principale dei quadri?
- A che cosa fa pensare il pittore?
- Quali sentimenti suscitano questi quadri?

# 6 IL GENERE Comico

## Traguardi di competenza

- Riconoscere i caratteri propri del genere comico, un tipo di narrazione che intende far ridere il lettore, ma al tempo stesso anche per farlo riflettere
- Utilizzare il lessico adatto per definire gli elementi centrali di una storia comica: distinzione tra comico (che suscita la risata immediata) e umoristico (che fa sorridere, ma su un tema serio)
- Riconoscere, attraverso il confronto, le forme proprie del "comico" nella trasposizione cinematografica del genere
- Scegliere una lettura integrale in cui sono presenti i caratteri del genere, portarla a termine ed elaborare un giudizio partecipato e discusso con i compagni
- Scrivere testi che riproducono i meccanismi del comico, dopo averli letti nei passi d'autore

## Obiettivi di apprendimento

- Leggere, comprendere, ricavare informazioni, interpretare un testo comico
- Riconoscere il modello narrativo di un testo comico, in cui sono riconoscibili i meccanismi dell'imprevisto, dell'incongruenza, del contrario, della ripetizione, del gioco di parole, dell'esagerazione, del finale a sorpresa; riconoscere i caratteri principali della satira, dell'ironia e dell'umorismo
- Raccontare un testo comico a partire da punti di vista differenti
- Ascoltare un racconto comico e riconoscere le informazioni fondamentali contenute in esso

## Contenuti

- Come si costruisce una risata? Quando un comico provoca il sorriso o la risata nei suoi lettori usa particolari meccanismi, che permettono di costruire una situazione comica, ampliarla, dirigerla in modo appropriato a ciò che si vuole ottenere, fino alle forme dell'esagerazione e dell'assurdo
- Il linguaggio comico usa accorgimenti linguistici particolari, come il doppio senso, il gioco di parole, l'esagerazione, la ripetizione e così via
- Anche la caricatura fa parte dei meccanismi comici, costituendo una deformazione dei tratti fisici e psicologici di una persona in modo divertente
- Il comico, pur nei suoi tratti grotteschi e rovesciati, fa intendere, però, tra una risata e un sorriso, qualcosa di profondamente umano e spinge a riflettere sulla vita

# Che cos'è un racconto **comico**?

Ridere è un fatto spontaneo, naturale, innato. Se tutti ridiamo, è anche vero, però, che da cultura a cultura o più semplicemente da persona a persona può essere molto diversa la percezione di ciò che fa o non fa ridere. Inoltre bisogna distinguere fra **comicità**, che ha il solo scopo di far divertire, e **umorismo**, che si propone di fare anche riflettere su temi seri. Proviamo dunque a esplorare il complesso e vario mondo della risata nelle sue caratteristiche generali.

## Mia mogl la pens così di Vittorio Metz

leggere scrivere

TESTO NARRATIVO

1 2 3 livello di difficoltà

**SITUAZIONE REALE**
La vicenda comica ha origine da una situazione reale o verosimile, in cui s'innesta un elemento comico.

**CARICATURA**
Le caratteristiche e i difetti di un personaggio vengono messi in evidenza e anche esagerati, fino ad avere la "caricatura" del personaggio.

**LINGUAGGIO INSOLITO**
La comicità può nascere dal linguaggio strano, storpiato, ricco di termini inventati o di giochi di parole.

E adess – disse mia moglie, che quando ha i nervi smozzica le parole, vedendo che invece di chiudere la porta di casa a doppia mandata[1] all'esterno, come faccio sempre quando usciamo, la spingevo frettolosamente, per rientrare nell'appartamento – che cos t'è success? Perché torn indietr?

La informai gentilmente che fuori pioveva e che io avevo dimenticato di prendere l'ombrello.

– Non ved la necessità di prend l'ombrell – disse mia moglie. – C'è il mio, d'ombrell, che può servir beniss per tutt'e du. Dunq...

– Mi dispiace – dissi fermamente – ma non sono della tua opinione!

– Mi piacerebb saper il motiv – disse mia moglie.

– È semplice – dissi io – ho giurato che non uscirò più con te avendo un solo ombrello in due. Se piove non fai altro che lamentarti, che lo tengo troppo alto, che lo tengo troppo basso, che ti bagno tutta, che non lo so tenere, che ti ho acciaccato[2] il cappellino, che debbo stare attento, che sono un egoista perché penso soltanto a coprirmi io eccetera, eccetera. Va sempre a finire che, per coprire te, mi bagno tutto io. No cara, preferisco prendere il mio ombrello.

– Per perderl – insinuò[3] mia moglie.

– Quando mai – protestai – ho perduto l'ombrello in vita mia?

– Esattament vent volt, dacché[4] siam sposat – disse mia moglie. – Per quest preferisc che non lo port... Un ombrell cost car, che ti cred?... Non possiam mic spender tutt i sold del tuo stipend per comprar ombrell.

**1 a doppia mandata**: con due giri di chiave.

**2 acciaccato**: danneggiato, ammaccato.

**3 insinuò**: disse con malignità.

**4 dacché**: da quando.

– Ma qui non si tratta di comprarne uno nuovo, si tratta di adoperare quello che già ho – rimbeccai[5] io. – Non pretenderai mica che, avendo un ombrello, lo lasci a casa e mi bagni, soltanto perché tu hai paura che possa perderlo...
– Io ti dic che fai mol mal...
– Farò molto male, ma già t'ho detto che non ho nessunissima voglia di bagnarmi. Perciò vado a prendere il mio ombrello.
Entrai, presi l'ombrello e uscii di nuovo. Per la strada mia moglie ricominciò a fare il pianto greco[6].
– Sei cocciut come un mul – disse. – Ecc, sei propr cocciut com un mul. Vuoi far sempr di tua test, sarei propr content se l'ombrell lo dimenticass in qualch post.
L'idea che io potessi dimenticarlo veramente in qualche posto pareva che la solleticasse oltremodo[7], perché, quando siamo scesi dall'autobus, siccome lo tenevo chiuso e appeso al braccio sinistro, ella, che non lo poteva vedere, lanciò un urlo di trionfo.
– Hai vist che l'hai perdut? – esclamò. – Te l'avev dett che non l'avrest riportat a cas! Ecc, l'hai dimenticat sull'autobus...
Le dissi di no, che non l'avevo dimenticato sull'autobus e glielo mostrai. Ella parve piuttosto delusa.
– Se non l'hai dimenticat all'andat, lo dimenticherai al ritorn – disse, in tono di cattivo umore.
– È quello che vedremo.
Poi, siccome aveva ricominciato a piovere, aprimmo tutti e due l'ombrello.
– E stamm distant, accidentacc! – esclamò a un certo punto mia moglie. – Finirai per sgarrar[8] la set del mio ombrell, se non stai attent. Te l'avev dett che sarebb bastat un ombrell sol. Con due ombrell apert, non si può camminare insiem.
Ghignò[9] a un suo pensiero interiore: – Tant – disse in tono convinto – al ritorn ne avrem un sol, ne son cert. Al cinematografo, ogni tanto tornava a parlare dell'ombrello.
– Famm il piacer, tienlo scostat dal mio vestit, finirai col bagnarm tutt. Accident a te e a quand ti è venut in ment di portar appress l'ombrell. Non ti ci mancav che quell'impicc.
All'uscita del cinema, siccome non pioveva, ricominciò.
– Ha piovut molt poc, sol all'andat, il mio ombrell sarebbe potut bastar beniss.
– Quale ombrello? – chiesi io, dolcemente.
– Il mio ombr...
Si guardò le mani, lanciò un urlo strozzato.
– Porc miser! – gridò. – L'ho dimenticat al cinematogr. Adess son sicur che non lo ritrov più.
Si rivolse a me, inferocita: – Te l'avev dett che due ombrell erano tropp e che un dei due certament si sarebb smarrit? Te l'avev dett?

V. Metz, *Mia mogl la pens così*, in A. Chiesa, *Come ridevano gli Italiani*, Newton & Compton

**5 rimbeccai**: ribattei, risposi.
**6 fare il pianto greco**: lamentarsi (è un modo di dire che fa riferimento alle tragedie greche, in cui il pianto era una delle caratteristiche).
**7 la solleticasse oltremodo**: le facesse particolarmente piacere.
**8 sgarrar**: rompere, rovinare.
**9 Ghignò**: sorrise con cattiveria.

**RIPETIZIONE**
Le azioni comiche o le parole che generano il riso sono ripetute, variando qualche particolare.

**FINALE A SORPRESA**
La conclusione giunge del tutto inaspettata, capovolgendo la vicenda stessa.

## competenze alla prova

### LEGGO E...

#### ... COMPRENDO

**1) Sta piovendo: marito e moglie, prima di uscire, discutono. Perché?**

- ☐ Perché non si aspettavano il brutto tempo
- ☐ La moglie non vuole che il marito prenda il suo ombrello perché teme che lo perda
- ☐ Il marito vuole essere indipendente dalla moglie
- ☐ La moglie quel giorno è particolarmente nervosa

**2) Quando il marito prende l'ombrello, che cosa fa la moglie?**

- ☐ È contrariata dal fatto che il marito non le dà retta
- ☐ È convinta che perderà l'ombrello
- ☐ È contenta, perché in questo modo il marito non si bagnerà
- ☐ È dispiaciuta, perché è affezionata all'ombrello e non vuole perderlo

**3) Perché il marito vuole prendere l'ombrello anche se la moglie non è d'accordo?**

**4) Chi perde l'ombrello alla fine?**

#### ... RICAVO DAL TESTO

**5) Da quanto dicono i due coniugi, puoi dedurre che siano sposati da poco tempo? Giustifica la tua risposta.**

**6) Dove vivono marito e moglie?**

- ☐ In un appartamento in città
- ☐ In una casa in campagna
- ☐ In un hotel
- ☐ Sono ospiti da amici

#### ... ANALIZZO E INTERPRETO

**7) La moglie a parole teme che il marito perda l'ombrello, ma nel testo ci sono dei passaggi nei quali si capisce che, in fondo, spera che ciò accada. Rintraccia nel testo:**

- i diversi punti in cui dice che il marito, prima o poi, perderà l'ombrello;
- il punto in cui per la prima volta crede che il marito abbia perso l'ombrello;
- i punti in cui agisce appositamente per fare in modo che il marito perda l'ombrello.

**8) Per costruire un elemento di comicità, l'autore accentua un particolare atteggiamento, che annuncia in apertura del testo. Di che cosa si tratta?**

- ☐ La moglie balbetta quando piove
- ☐ Il marito perde in continuazione ombrelli
- ☐ La moglie non finisce le parole quando è nervosa
- ☐ Marito e moglie litigano sempre

### ORA SCRIVO IO

**9) Ti trovi sullo stesso pianerottolo mentre marito e moglie stanno discutendo. Descrivili.**

**10) Scrivi una pagina di diario in cui racconti di una situazione comica che ti è capitata a scuola o a casa, inserendo anche, in modo opportuno, alcuni discorsi diretti.**

### UNO SGUARDO ALLA GRAMMATICA

**11) Nella frase "*Ho giurato che non uscirò più con te avendo un solo ombrello in due*", quale complemento è *con te*?**

- ☐ Causa
- ☐ Fine
- ☐ Compagnia
- ☐ Mezzo

### UN MONDO DI PAROLE

**12) Nel testo, tra le sue considerazioni, il marito dice "*L'idea... pareva che la solleticasse oltremodo*": quale significato ha in questo caso il verbo "*solleticare*"? Cerca sul dizionario il suo valore e poi scrivi due frasi di tua invenzione utilizzando il verbo con due significati diversi.**

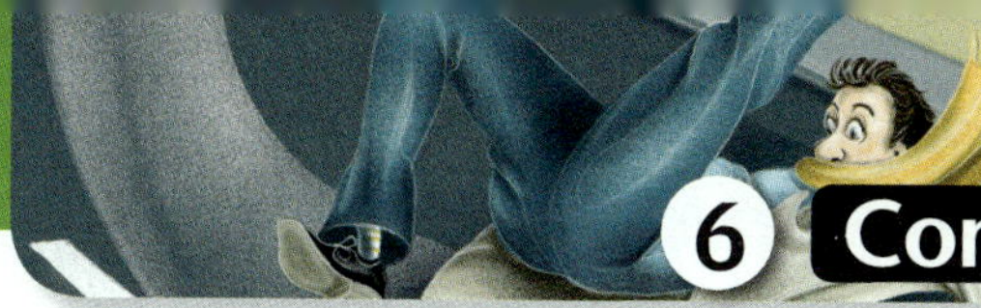



# Lavoriamo insieme

## Che cos'è un racconto comico?

**Possiamo mettere alla prova la nostra conoscenza di alcuni elementi tipici di un racconto comico. Indica se le seguenti affermazioni sono vere V o false F.**

- Il racconto prende spunto da una situazione di vita quotidiana. V F
- Una coppia di persone legata da affetti vive in totale armonia. V F
- Una delle due persone è molto noiosa, prepotente e insopportabile, ma non del tutto malvagia. V F
- Certe azioni o certi modi di esprimersi si ripetono più volte. V F
- Un personaggio è caratterizzato dal modo di parlare strano, insolito e scorretto dal punto di vista grammaticale. V F
- L'alterazione del modo di parlare di un personaggio è un motivo fondamentale che spinge alla risata. V F
- Alla fine accade il contrario di quanto il lettore si aspetta. V F

## È tutto chiaro?

**Approfondiamo adesso insieme, schematicamente, alcuni elementi che consentono di individuare un racconto comico. Tu completa la colonna relativa a *Mia mogl la pens così*.**

| | caratteristiche del racconto comico | in *Mia mogl la pens così* |
|---|---|---|
| **situazione reale** | Il racconto comico prende avvio da una **situazione reale**, che diventa via via sempre più ridicola. | |
| **incongruenza o contrario** | Nella situazione verosimile s'inserisce un elemento **contrario** a ciò che ci si aspetterebbe. | |
| **esagerazione** | La deformazione della realtà porta a effetti **esagerati e assurdi**. | |
| **ripetizione** | La situazione comica viene **ripetuta più volte**, con variazioni minime, per accrescere l'effetto comico. | |
| **rovesciamento di situazione** | Spesso il **finale a sorpresa** ribalta le attese dei lettori. | |
| **linguaggio insolito e giochi di parole** | L'effetto comico si ottiene anche **deformando il linguaggio** e introducendo **parole strane** e **giochi di parole** (battute, doppi sensi ecc.). | |
| **ritmo incalzante e discorso diretto** | Il ritmo è **rapido**, **incalzante**, in modo da non interrompere l'effetto comico con pause; il **discorso diretto** favorisce la rapidità nella concatenazione delle situazioni comiche. | |
| **caricatura** | Le caratteristiche fisiche o di carattere di uno o più **personaggi** vengono **esagerate**, in modo da avere la **caricatura** dei personaggi stessi. | |

# Che cos'è un racconto umoristico?

Proviamo ora a vedere quali caratteristiche ha un racconto umoristico, per individuare i punti in comune con quello di carattere comico e per sottolinearne invece gli elementi di originalità.

## La traversata dei vecchietti di Stefano Benni

leggere scrivere

TESTO NARRATIVO

1 2 3 livello di difficoltà

**Il racconto di Benni prende spunto da una situazione assolutamente banale, cioè l'attraversamento di una strada da parte di due vecchietti, Aldo e Alberto. L'operazione, però, non si dimostrerà così semplice, perché moltissimi ostacoli interverranno a impedirla, fino a spingere il lettore a un'amara riflessione.**

**SITUAZIONE REALE**
Ogni racconto comico prende avvio da una situazione reale, a partire dalla quale si introdurrà l'elemento comico.

C'erano due vecchietti che dovevano attraversare la strada. Avevano saputo che dall'altra parte c'era un giardino pubblico con un laghetto. Ai vecchietti, che si chiamavano Aldo e Alberto, sarebbe piaciuto molto andarci.

Così cercarono di attraversare la strada, ma era l'ora di punta c'era un flusso continuo di macchine.

– Cerchiamo un semaforo – disse Aldo.

– Buon'idea – disse Alberto.

Camminarono finché non ne trovarono uno, ma l'ingorgo era tale che le auto erano ferme anche sulle strisce pedonali.

Aldo cercò di avanzare qualche metro, ma fu subito respinto indietro a suon di clacson e male parole. Allora disse: proviamo a passare in un momento in cui tutti sono fermi. Ma l'ingorgo era tale che, anche se i vecchietti erano magri come acciughe, non riuscirono a passare. Anzi, Aldo rimase incastrato in un parafango e il proprietario dell'auto scese tutto arrabbiato, lo prese sotto le ascelle, lo strappò via e, non sapendo dove metterlo, lo posò sul cofano di un'altra auto.

**ESAGERAZIONE**
Vengono introdotti particolari esagerati, assurdi, che deformano la realtà.

– Eh no, qua no – disse il proprietario della seconda auto, lo sollevò e lo depositò sul tetto di un camioncino.

Così, una botta alla volta, Aldo stava quasi per arrivare dall'altra parte della strada. Ma l'uomo del camioncino mise la freccia a destra e imprecando e insultando riuscì ad attraversare la strada e posteggiò nel solito lato, quello da cui erano partiti i vecchietti.

Era quasi sera quando ad Aldo venne un'altra idea.

**RIPETIZIONE**
Si ripetono molte volte le situazioni che creano il riso, con variazioni minime di volta in volta.

– Mi sdraio in mezzo alla strada e faccio finta di essere morto – disse – quando le auto si fermano tu attraversi veloce, poi mi alzo e passo io.

– Non possiamo fallire – disse Alberto.

Allora Aldo si sdraiò in mezzo alla strada, ma arrivò un'auto nera e

non frenò, gli diede una gran botta e lo mandò quasi dall'altra parte della strada.
– Forza che ce la fai! – gridò Alberto.
Ma passò una grossa moto e con una gran botta rispedì Aldo dalla parte sbagliata. Il vecchietto rimbalzò in tal modo tre o quattro volte e alla fine si ritrovò tutto acciaccato al punto di partenza.
– Che facciamo? – chiese.
– Dirottiamo una bicicletta – disse Alberto.
Così aspettarono che un terzo vecchietto passasse in bicicletta e balzarono sul sellino (ci stavano perché erano molto magri tutti e tre). Aldo puntò la pipa contro la schiena del terzo vecchietto che si chiamava Alfredo e disse: – Vai a sinistra o guai a te!
– A sinistra? Ma io devo andare dritto.
– Vai – disse Aldo – o ti riempio di tabacco.
Alfredo non comprese bene la minaccia, però si spaventò e cercò di voltare a sinistra, ma piombò una Mercedes che li centrò in pieno. Arrivò la polizia.
– Com'è successo? – chiese.
– Io sono l'onorevole De Balla – disse quello della Mercedes.
– Allora può andare – disse il poliziotto – e voi, cosa avete da dire a vostra discolpa?
– Volevamo attraversare la strada – dissero i tre vecchietti.
– Senti questa! – disse il poliziotto – Ah, gli anziani di oggi! Imprudenti. C'è troppo traffico e siete vecchi e malandati.
– La prego, ci faccia attraversare – disse Aldo.
– Dobbiamo andare ai giardini – disse Alberto.
– Se no mi riempiono di tabacco – disse Alfredo.
– Neanche per sogno, vi riaccompagno indietro. Da dove vi siete mossi? – disse il poliziotto.
– Da lì – disse Alberto indicando il marciapiede che volevano raggiungere.
– Allora vi ci riporto, e guai se cercate ancora di attraversare – disse il poliziotto.

**SATIRA**
Attraverso il sorriso si fa riflettere su una situazione che è discutibile nella realtà sociale o politica.

**IRONIA**
Si capovolge il normale significato di una situazione, rendendola così significativa in modo nuovo.

Così con la scorta della polizia i tre vecchietti riuscirono a passare dall'altra parte e poi arrivarono a giardino. C'era veramente un bel laghetto. Si trovarono così bene che non riattraversarono mai più.

da S. Benni, *Il bar sotto il mare*, Feltrinelli

## competenze alla prova

### LEGGO E...

#### ... COMPRENDO

1. **Per quale motivo i due vecchietti vogliono attraversare la strada? Sottolinea l'informazione nel testo.**

2. **Perché non riescono per lungo tempo a raggiungere il marciapiede opposto?**
   - [ ] Perché uno di loro ha paura
   - [ ] Perché Alfredo li porta con la bici da un'altra parte
   - [ ] Perché uno di loro si sente male
   - [ ] Perché il traffico è troppo caotico e intenso

3. **Quando e perché interviene la polizia?**

4. **Come si conclude il racconto?**

#### ... RICAVO DAL TESTO

5. **Quando il poliziotto dice: "*e voi che cosa avete da dire a vostra discolpa?*", che cosa sottintende?**
   - [ ] I vecchietti hanno offeso il poliziotto
   - [ ] L'onorevole De Balla ha ragione
   - [ ] Siccome il guidatore della Mercedes è un onorevole, dalla parte del torto devono essere i vecchietti
   - [ ] Siccome attraversare la strada non è un diritto, i vecchietti hanno torto

#### ... ANALIZZO E INTERPRETO

6. **Rintraccia nel testo i punti in cui i vecchietti cercano di attraversare la strada inutilmente: sono in tutto sei. Numerali a fianco del testo. Di quale caratteristica del comico sono esempio?**
   - [ ] Ripetizione
   - [ ] Colpo di scena
   - [ ] Imprevisto
   - [ ] Rovesciamento

7. **Si può dire che la reazione del vigile sia interpretabile come assurda? Se sì, sottolinea nel testo il punto che lo dimostra.**

8. **Si può dire che questo testo contenga una morale?**
   - [ ] Sì, ma non è chiaro quale sia
   - [ ] No, non ne contiene nessuna
   - [ ] Sì, vuol fare pensare che nella nostra società sono più importanti le macchine degli uomini
   - [ ] Sì, vuol fare pensare che le persone anziane dovrebbero agire in modo più attento

### ORA SCRIVO IO

9. **Riscrivi il testo riassumendolo, come se si trattasse di un racconto fatto a posteriori da uno dei due vecchietti a un signore incontrato nel parco.**

#### UNO SGUARDO ALLA GRAMMATICA

10. **Rileggi il testo e indica in quale tempo è raccontato l'episodio prevalentemente, a eccezione dei dialoghi diretti.**
    - [ ] Passato prossimo
    - [ ] Passato remoto
    - [ ] Imperfetto
    - [ ] Presente

# Lavoriamo insieme

## Che cos'è un racconto umoristico?

**Possiamo cercare ora di raccogliere le idee sulle caratteristiche di un racconto umoristico. Indica se le seguenti affermazioni sono vere V o false F.**

- Il racconto prende spunto da una situazione reale. V F
- I personaggi e l'azione che si svolge sono caratterizzati in modo esagerato. V F
- Le situazioni che suscitano la risata non vengono mai ripetute nel corso del racconto. V F
- Ci sono situazioni che dovrebbero essere normali, ma vengono invece descritte in modo diverso da ciò che ci si aspetterebbe. V F
- Non si può ricavare dal testo un insegnamento o un pensiero significativo. V F

## È tutto chiaro?

**Approfondiamo adesso insieme, schematicamente, gli elementi che consentono di individuare un racconto umoristico. Tu completa la colonna relativa a *La traversata dei vecchietti*.**

| | caratteristiche del racconto umoristico | ne *La traversata dei vecchietti* |
|---|---|---|
| **situazione reale** | Il racconto presenta una situazione che si può **ricondurre alla realtà**, anche se viene man mano deformata. | |
| **esagerazione** | La realtà viene **deformata** per creare effetti assurdi. | |
| **ripetizione** | La situazione comica viene **ripetuta** per accrescere l'effetto della risata. | |
| **ritmo incalzante e discorso diretto** | Non si devono creare pause nella narrazione comica, perché il **ritmo** sia **incalzante**, anche attraverso i dialoghi. | |
| **caricatura** | Il comportamento dei personaggi presenti nel racconto viene un po' **forzato** perché sia più divertente. | |
| **ironia** | Si afferma qualcosa **intendendo però il suo contrario**. Talvolta questo aspetto è implicito nel tono del testo. | Il vigile dice che non è naturale per due persone anziane voler attraversare la strada. Questa affermazione capovolge il rapporto tra l'importanza dell'uomo e quella delle macchine in città. |
| **satira** | Attraverso scene ridicole, **si criticano** persone famose o situazioni inaccettabili della società e della politica. | |

scheda

# Parole per dire...

Le parole possono essere un elemento di grande forza comica, come ben dimostrano, per esempio, le barzellette. Riassumiamo qui alcuni elementi su cui più facilmente si basa la comicità di parola.

## Il doppio senso e l'equivoco

Una parola che può avere di per sé significati diversi è intesa da due o più persone in senso differente.

– Dove va così di fretta?
– A **prendere** il treno.
– Mi raccomando: dopo lo restituisca!

*Un interlocutore usa l'espressione **prendere** il treno nel senso di "salire sul treno per viaggiare", mentre l'altro lo intende nel senso di "portarlo via".*

## La sostituzione di lettere

Modificando (o sottraendo o aggiungendo) una sola lettera di una parola, si forma una parola nuova dal significato del tutto diverso (per esempio, dalla parola "cosa", cambiando l'iniziale, posso ottenere la parola "rosa", "posa", "dosa" ecc.). L'effetto comico scaturisce operando un cambiamento di questo tipo, magari all'interno di una frase di uso molto comune.

– A che velocità va il cammello dei Re Magi?
– A tutta **mirra**!

*Nell'espressione "a tutta **birra**", comunemente usata per indicare l'alta velocità di uno spostamento, cambiando l'iniziale si è ottenuta la parola mirra, uno dei doni portati dai Magi a Gesù.*

## Il gioco di parole

Talvolta, con un gioco di parole, si esprime una situazione **assurda**, cioè contraria alla logica, sulla quale si basa l'effetto comico.

Una nonna lavora a maglia a una tale velocità che un'amica le chiede: – Perché lavori così in fretta?
– Voglio **finire** il maglione **prima che termini** la lana.

*Il contrasto tra le azioni citate (**finire..., prima che termini**), basate anche su un gioco di parole, porta alla luce l'errore logico, l'affermazione assurda della nonna.*

**CARATTERISTICHE NARRATIVE**

**PERSONAGGI**

Il testo è affiancato da caselle che ti aiutano a riconoscere le caratteristiche del racconto. Troverai:

- caselle **blu** per le caratteristiche narrative;
- caselle **rosa** per i personaggi.

**Devi completarle tu, utilizzando i riferimenti dati qui in ordine casuale.**

caratteristiche narrative: ripetizione - situazione reale o verosimile - finale a sorpresa - esagerazione - giochi di parole - discorso diretto

personaggi: esasperazione delle caratteristiche di un personaggio (bambino) - esagerazione del carattere del personaggio (protagonista)

# Il bicchiere infrangibile di Achille Campanile

**Marcello è un bambino che, per la sua tenera età, non ha ancora il senso dell'economia e dello spreco: per esempio, rompe senza nessuna preoccupazione un bicchiere dietro l'altro. Il papà e la mamma, persone a cui dispiace spendere inutilmente, cercano di porre rimedio ai disastri del figlio. Ci riusciranno?**

leggere scrivere

TESTO NARRATIVO

1 2 3 livello di difficoltà

Io e Teresa, voi lo sapete, siamo due tipi economi[1]. Non avari, no, questo no. Ma ci piace non sperperare. Invece Marcello è tutt'altro tipo e non si direbbe mai nostro figlio, per quel che riguarda i bicchieri. È capace di prendere un bicchiere e lasciarlo cadere tranquillamente in terra. Proprio non fa nessun conto del denaro che costano. Forse col tempo si correggerà. Ma per ora – ha tre anni – i bicchieri immagina che servano unicamente per essere rotti. Abbiamo provato a dargli un bicchiere d'argento, ma non ha voluto saperne. Non beve se non ha un bicchiere come i nostri. E noi non possiamo bere tutti in bicchieri d'argento. Allora, dopo che egli ebbe rotto un intero servizio e che mia moglie ne ebbe comperato un altro per dodici, io ho avuto un'idea geniale: prendere per Marcello un bicchiere infrangibile. La cosa non è stata facile, perché occorreva un bicchiere come i nostri, altrimenti Marcello non beve. Ma dopo molte ricerche ho potuto trovarlo. L'ho portato a casa e ho fatto riusciti esperimenti davanti a familiari, prima di dir loro che era un bicchiere infrangibile.

Osservo di passaggio che il primo esperimento mi ha valso[2] un litigio con mia moglie, che credeva mi fossi messo a giocare a palla con un comune bicchiere del servizio buono. Invece Marcello s'era divertito un mondo all'esperimento e in giornata, prima che qualcuno potesse impedirglielo, capitatogli a tiro un bicchiere del servizio buono, egli,

1 **economi**: attenti nello spendere.

2 **valso**: procurato come risultato.

che ignorava ch'io avevo operato[3] con un bicchiere speciale, l'ha scaraventato a terra. Ma questo non c'entra, sebbene abbia ridotto il numero del bicchieri da dodici a undici.

Insomma tutto è andato liscio, fino al giorno dopo. Fino a quando, cioè, la donna di servizio[4] non è venuta a chiamarmi dicendo:

– Debbo apparecchiare la tavola. Per favore, qual è il bicchiere infrangibile?

Quell'imbecille[5] l'aveva messo nella credenza[6], assieme con gli altri. E poiché erano tutti uguali, lascio a voi immaginare il suo e il mio imbarazzo, quando s'è trattato di scegliere il bicchiere da mettere davanti a Marcello.

– Razza di cretina – ho gridato – prima lo confondete con gli altri e poi volete sapere da me qual è.

È accorsa mia moglie, che per fortuna non è un tipo nervoso. L'ho scelta apposta così, dopo anni di ricerche.

– Via – ha detto – ora lo troveremo.

Ci siamo messi a esaminare con la più grande attenzione tutti i bicchieri. Ma non c'era nessuna differenza. Ripeto: avevo cercato apposta un bicchiere infrangibile identico ai nostri del servizio. Alla fine mia moglie ha detto: – Mi pare questo.

– Uhm – ho detto – a me pare piuttosto quest'altro.

È questo, è quest'altro, è questo, è quest'altro, è andato a finire che mia moglie, convinta che il suo fosse quello infrangibile, l'ha lasciato cadere per dimostrarmelo. Ed è stata una vera soddisfazione, per me, vedere il bicchiere rompersi e trionfare la mia tesi.

– Ma non è nemmeno il tuo – ha gridato mia moglie, che cominciava a irritarsi.

– Eh, non è questo? – ho gridato.

E giù, il bicchiere per terra. È seguito un grido di trionfo; non mio, ma di mia moglie, raggiante[7] di vedere che il bicchiere era andato in mille pezzi, appena toccato il suolo.

– Oh, questa è bella – ho detto. – Allora non era nessuno dei due.

– Pare di no – ha esclamato mia moglie perplessa[8].

La presenza d'un misterioso bicchiere infrangibile tra quelli frangibili[9] del nostro servizio ci rendeva inquieti e nervosi. Quale dare a Marcello? Con lo scegliere a caso, c'era probabilità di indovinare quanto di sbagliare. E un errore significava un bicchiere rotto.

Stavamo appunto discutendo sul da farsi[10], quando un grido ci ha raggiunti dalla vicina stanza: la donna di servizio, provando per

**3 operato**: agito.

**4 donna di servizio**: persona assunta come collaboratrice domestica.

**5 Quell'imbecille**: si riferisce alla donna di servizio.

**6 credenza**: mobile in cui vengono riposti piatti, bicchieri, tazze e altri oggetti usati in cucina.

**7 raggiante**: molto felice.

**8 perplessa**: stupita e poco convinta.

**9 frangibili**: che si possono rompere.

**10 sul da farsi**: su ciò che si doveva fare.

conto proprio, aveva rotto un bicchiere. Era il quarto del servizio buono. Benché la cosa fosse tutt'altro che piacevole, pure presentava il vantaggio di restringere notevolmente il campo delle ricerche; ormai il bicchiere infrangibile era uno degli otto rimasti; vale a dire che avevamo soltanto sette probabilità su otto di rompere un bicchiere. Probabilità che scesero a sei tosto che[11] io, incoraggiato da questo calcolo, feci un nuovo esperimento, conclusosi con la quinta rottura. Al quale seguirono un esperimento di mia moglie e uno della domestica, altrettanto disgraziati.

Ormai ci eravamo accaniti nella ricerca. Andavamo afferrando bicchieri a caso e, al grido di: "È questo!", li scaraventavamo con rabbia per terra.

Rimasti due soli bicchieri, m'imposi.

– Ormai – dissi – è inutile continuare stupidamente a provare con tutti. È chiaro che il bicchiere infrangibile è uno di questi due. Proviamo a scaraventarne per terra uno solo: se non si rompe, vuol dire che è quello infrangibile; se si rompe, vuol dire che quello infrangibile è l'altro.

Provammo.

Quello infrangibile era l'altro. Finalmente si sapeva. Proprio l'ultimo, putroppo, ma ormai s'era assodato.

– Io – dissi, asciugandomi il freddo sudore che m'imperlava la fronte[12] – non ci credo ancora, che sia questo.

– Proviamo – disse mia moglie.

Alzai il bicchiere per lanciarlo a terra. Ma un presentimento mi trattenne.

– Non si sa mai – dissi – se per caso non è nemmeno questo, si rompe.

Con mille precauzioni andammo a mettere il bicchiere infrangibile al sicuro.

da A. Campanile, *Paganini non ripete*, Sansoni

**11 tosto che**: non appena.

**12 m'imperlava la fronte**: mi ricopriva la fronte.

## competenze alla prova

### LEGGO E...

#### ... COMPRENDO

1 **Dove si svolge la storia?**
- ☐ Nella famiglia dell'autore
- ☐ In una famiglia non meglio precisata
- ☐ Nella famiglia di amici dell'autore
- ☐ Nella famiglia dell'autore quando era piccolo

2 **Quanti anni ha Marcello?**
- ☐ Tre
- ☐ Cinque
- ☐ Dodici
- ☐ Non si capisce dal testo

3 **Marcello beve in un bicchiere d'argento?**

4 **Quale soluzione trova il papà di Marcello per la rottura dei bicchieri?**

5 **Come mai capita che non si riesca a riconoscere il bicchiere infrangibile?**

6 **Alla fine il bicchiere infrangibile viene trovato, ma a quale prezzo?**
- ☐ Viene acquistato un bicchiere nuovo
- ☐ Viene licenziata la donna di servizio
- ☐ Vengono rotti tutti gli altri bicchieri del servizio
- ☐ Il protagonista scivola e si rompe una gamba

#### ... RICAVO DAL TESTO

7 **L'autore, all'inizio del racconto, nomina alcuni personaggi, senza presentarli direttamente. Siamo noi che, procedendo, riusciamo a capire di chi si tratta e quali caratteristiche hanno. Completa la tabella sottostante, seguendo l'esempio indicato.**

| | Chi è il protagonista? | Quali caratteristiche (comiche) ha? |
|---|---|---|
| Io | colui che racconta | |
| Teresa | | |
| Marcello | | |
| Donna di servizio | | |

#### ... ANALIZZO E INTERPRETO

8 **Perché Marcello rompe sempre i bicchieri? Cerca nel testo il punto in cui si trova la conferma alla tua risposta.**

9 **Una caratteristica del protagonista viene esagerata nel racconto. Qual è?**
- ☐ L'avarizia, che lo spinge a comprare un bicchiere infrangibile
- ☐ La precisione, che lo spinge a cercare il bicchiere infrangibile
- ☐ L'amore per il figlio, che gli fa comprare il bicchiere infrangibile
- ☐ Il carattere irritabile, che emerge perché il protagonista è molto nervoso e grida di continuo

10 **L'ultima frase del racconto contiene un'espressione che fa ridere per la sua assurdità: rintracciala e spiega perché può essere definita assurda.**

11 **A tuo giudizio prevale nel racconto l'aspetto comico o umoristico?**

### ORA SCRIVO IO

12 **Immagina di aver perso un oggetto importante per te e di cercarlo disperatamente, aiutato da parenti o amici. Scrivi una lettera a un amico cercando di essere "comico", ovvero cercando di esagerare qualche elemento del tuo carattere, della situazione, delle persone coinvolte. Non dimenticare di inserire un finale a sorpresa.**

#### UN MONDO DI PAROLE

13 **Esprimi il sognificato delle seguenti espressioni:**
- *"non ha voluto saperne"* ➲ ..............................
- *"tutto è andato liscio"* ➲ ..............................
- *"ma ormai s'era assodato"* ➲ ..............................

#### C'È STILE E STILE

14 **Il testo è ricco di discorsi diretti, con scambi di battute fra i protagonisti. Trasforma i discorsi diretti in discorsi indiretti da "*Alla fine mia moglie ha detto...*" a "*... ha esclamato mia moglie perplessa*".**
- Ti pare che il risultato aumenti o diminuisca l'effetto comico?

# Confrontiamo e riflettiamo

**Ripensando ai racconti fin qui proposti, osserva lo schema che segue e completalo.**

| | *Mia mogl la pens così* | *La traversata dei vecchietti* | *Il bicchiere infrangibile* |
|---|---|---|---|
| situazione reale | | | |
| incongruenza o contrario | | | |
| esagerazione | | | |
| ripetizione | | | |
| finale a sorpresa | | | |
| linguaggio insolito e giochi di parole | | | |
| ritmo incalzante e discorso diretto | | | |
| caricatura del personaggio | | | |
| ironia | | | |
| satira | | | |

# Il comico e

## CHE COS'È

Il comico è un genere che diverte e suscita il riso. Ridere è un fatto naturale ma anche soggettivo: non tutti ridono allo stesso modo per le stesse situazioni, per questo si può distinguere tra il **comico**, che si limita a suscitare il riso, e l'**umoristico, che fa sorridere cercando nello stesso tempo di far riflettere su temi seri.**

## LA STRUTTURA

- La struttura dipende dalla tipologia narrativa: si possono considerare testi comici tanto l'improvvisazione orale, quanto testi scritti (romanzi, racconti, sceneggiature) o ancora il cinema comico o, infine, la vignetta e il fumetto.

## I PERSONAGGI

- Di solito domina la figura di un **personaggio sciocco e pasticcione**, che crede di essere capace e intelligente, invece combina solo guai. Gli effetti delle sue azioni, che spesso appaiono assurde, goffe e sconclusionate, possono causare **danni**, che però non sono **mai gravi** o particolarmente pericolosi per nessuno.
- Frequente è anche **la coppia** di personaggi che, al di là del rapporto amichevole o affettivo che intercorre tra loro, si punzecchiano e litigano in continuazione per motivi di minima importanza.
- Le caratteristiche dei personaggi (soprattutto i difetti) vengono **accentuate ed esagerate** fino all'assurdo; si può avere la **caricatura** dei personaggi, quando un difetto fisico oppure del carattere viene esasperato e messo in ridicolo.

# l'umoristico

LE CARATTERISTICHE

- Il racconto comico prende spunto da una situazione **reale** o **verosimile**; fa ridere la distanza che passa tra la realtà che chiunque si aspetterebbe di trovare e quello che viene invece descritto nel racconto.
- Un meccanismo che suscita il riso è costituito dall'**errore**, volontario o involontario: anche qui ritorna il concetto della distanza tra ciò che si dovrebbe fare e ciò che invece realmente si fa.
- A volte il riso è suscitato da un elemento **imprevisto**, inatteso.
- Può far ridere il fatto che si verifichi una situazione opposta a quella che tutti si sarebbero aspettati (**incongruenza** o **contrario**).
- L'effetto comico viene accentuato tramite l'**esagerazione**, che porta a **situazioni assurde** e paradossali.
- Un altro meccanismo che suscita il riso è la **ripetizione** insistita dello stesso errore o della situazione comica.
- Spesso a far nascere il riso è il **finale inatteso**, a sorpresa, che rovescia le aspettative dei lettori.
- Talvolta gli elementi del comico sfociano nell'**umoristico**, che non cerca la risata fine a se stessa, ma intende far pensare su qualche particolare aspetto della realtà umana.
- L'**ironia**, poi, ottiene di far sorridere dicendo l'esatto contrario di ciò che si vuole affermare, dando così un particolare effetto umoristico.
- La **lingua** è molto semplice, scorrevole, vicina al parlato e alla realtà quotidiana. Spesso il linguaggio viene distorto e **deformato**; i **giochi di parole** creano equivoci, fraintendimenti e doppi sensi, che rappresentano uno degli elementi-chiave del riso.
- Il **ritmo** della narrazione è **rapido** e incalzante, in modo che le situazioni comiche in rapida successione tengano legato il lettore all'effetto comico.
- È caratteristico il **discorso diretto**, con veloci scambi di battute fra i personaggi.

## NELL'ANTOLOGIA TROVERAI

**nel testo**

### L'errore, l'assurdo, l'estremo, l'equivoco

- quattro testi per quattro meccanismi frequenti nel comico: l'attesa di qualcosa di diverso da quello che accade (errore), la presenza di una situazione inimmaginabile (assurdo), l'arrivo di qualcosa di inverosimile (estremo) e lo scambio tra ciò che ci dovrebbe essere e ciò che c'è (equivoco)

**pagine digitali** +

### L'umorismo, la satira e l'ironia

**La spiaggia... micidiale!** *di Jean Jaques Sempé - Goscinny*
**Ridatemi il mio sapone personale** *dal "Sunday Times"*
**Quello che si perde tutto** *di Giorgio Gaber*

### Parenti serpenti

**Gli Sporcelli** *di Roald Dahl*
**Una madre incorreggibile** *di Darrill Chase*

# L'errore, l'assurdo, l'estremo, l'equivoco

I meccanismi del comico sono molti: sono quei passaggi che permettono di far scattare la risata quando si legge un testo o si ascolta un attore comico a teatro. Quali sono i più frequenti, quelli su cui "classicamente" il comico fa affidamento? Ne abbiamo già presentati alcuni, ora ci soffermeremo in particolare su quattro di essi. Innanzitutto l'**errore**, che fa ridere perché il lettore si aspetterebbe qualcosa di diverso da ciò che invece legge, nella forma sbagliata di una parola, nel fraintendimento di situazioni, nel vedere cose che sono diverse dalla realtà abituale; il testo di Bernard Friot esemplificherà questo aspetto. Poi l'**assurdo**, cioè la presentazione di una situazione illogica, molto al di sopra di quello che si è abituati a vedere e a riconoscere come possibile; il testo di Eduardo Mendoza sulle prodezze di un extraterrestre innamorato ne sarà un esempio. **Estrema** sarà invece la situazione comica portata dal racconto di Jerome K. Jerome, in cui non si raggiunge l'inverosimile, l'assurdo, ma si presenta tuttavia una situazione ai confini di ciò che si può pensare credibile. Ultima situazione comica, ancora, sarà quella provocata dall'**equivoco**, qui rappresentato ancora da un testo di Roald Dahl, che gioca sull'incomprensione tra una maestra e la direttrice di una scuola. Leggere questi buffi meccanismi ti insegnerà a riconoscere quando, anche nella realtà, non si può fare altro che ridere.

## Dietro la porta di Bernard Friot

leggere scrivere parlare

TESTO NARRATIVO

1 2 3 livello di difficoltà

**Due fratelli in un appartamento: il maggiore intento a guardare un appassionante horror in dvd e il minore, il noiosetto Mattia, che di continuo lo interrompe con le sue immotivate paure fino a che... Serve poco all'autore per immaginare una storia fondata sul meccanismo dell'errore; arricchita in questo caso da un "perfido" tono scherzoso che solo allude alla eterna rivalità tra fratelli maggiori e minori.**

Guardavo un DVD[1] in salotto. Un film dell'orrore. Mio fratello piccolo giocava in camera sua. Suonano alla porta. Grido: – Mattia, vai a vedere chi è!
Lo sento aprire la porta. Poi un urlo, la porta che sbatte, una galoppata nel corridoio, e spunta mio fratello, bianco cadaverico[2], ginocchia tremanti, gli occhi fuori dalle orbite, completamente terrorizzato.

**1 DVD**: sigla per Digital Video Diffusion, dischetto di registrazione e fruizione di materiale multimediale (film e musica).

**2 cadaverico**: pallido come sono i morti.

– Là… là… là… –, balbetta lui.
– Beh, che cosa hai visto ?
– U… un uomo… tutto vestito di blu… in salopette[3]… e… e… –
– E… e… che? Spara! Hai visto Frankenstein[4] o cosa?
Mattia sprofonda nella poltrona.
– A… a… aveva una valigetta… e un berretto… e un giravite[5] in mano!
– Ah beh, bravo – gli dico. – È l'idraulico, scemo, viene a riparare lo scaldabagno della cucina. Vieni, me ne occupo io.
Mi alzo sospirando e vado ad aprire al povero idraulico.
Due ore dopo, stessa sceneggiata. Suonano.
– Mattia, vai a vedere chi è!
Sento la porta aprirsi, poi un grido spaventoso, la porta che sbatte, una galoppata nel corridoio, e spunta mio fratello, sconvolto, con i capelli dritti.
– Là… là… là… –, balbetta lui.
– Beh, che cosa hai visto?
– U… u… una donna… tutta vestita di blu… con una giacca…
– Ma bene, era la signora Frankenstein questa volta?
Il volto sembrava stravolto dalla paura, Mattia scompare dietro il divano.
– Aveva un pacchetto in mano! Una bomba… salteremo tutti in aria!
– Scemo –, gli ho detto. – È la postina!
Mi estraggo dalla poltrona e mi vado a occupare di quella povera donna.
Due ore dopo ricomincia. Suonano. Questa volta vado io. Apro la porta. Davanti a me, un gigante tutto vestito di nero. Cranio im-

**3 salopette**: parola francese che indica un particolare tipo di pantaloni con pettorina, solitamente indossata dagli operai.

**4 Frankenstein**: personaggio letterario protagonista del romanzo creato dalla scrittrice inglese Mary G. Shelley. Il dottor Frankenstein aveva dato vita in laboratorio a un essere umano.

**5 giravite**: cacciavite, utensile per svitare e avvitare.

**6 pitbull**: cane di grossa corporatura, muscoloso, particolarmente feroce, se addestrato per i combattimenti con altri cani.

menso, rasato. Viso ricoperto di cicatrici e sfregi. Sopracciglia spesse, occhi gialli iniettati di sangue. Niente denti, ma zanne, come un pitbull[6]. Nella mano destra, una pistola. In quella sinistra, un coltello tagliente da macellaio. E uno sguardo da fare gelare il sangue.
– Buongiorno –, faccio, – è venuto per mio fratello piccolo, giusto?
Mi giro verso il corridoio e grido: – Mattia, è per te.
Per l'assassino, preciso: – Seconda porta a destra, in fondo al corridoio.
Poi corro in salotto ad alzare il volume del DVD.

B. Friot, *La mia famiglia e altri disastri. Storie di Luca e Sara*, Il Castoro edizioni

## competenze alla prova

### LEGGO E...

#### ... COMPRENDO

1 **Dove si svolge la storia?**
- ☐ In un appartamento
- ☐ In salotto
- ☐ In una camera
- ☐ In strada

2 **Quante volte suonano e chi sono le persone che si presentano alla porta davanti a Mattia?**

3 **Chi è l'ultimo personaggio che vuole entrare, quando va ad aprire il fratello più grande?**

#### ... RICAVO DAL TESTO

4 **Da quali elementi si può dedurre chi c'è veramente alla porta quando Mattia va ad aprire?**

#### ... ANALIZZO E INTERPRETO

5 **Come reagisce il fratello maggiore all'agitazione di Mattia?**
- ☐ Spiegandogli con calma che non c'è alcun pericolo
- ☐ Prendendolo in giro
- ☐ Spiegandogli con modi spicci che si tratta dell'idraulico e della postina
- ☐ Ordinandogli di tornare in camera sua a giocare

6 **Sottolinea gli aggettivi che definiscono meglio Mattia, il fratello minore.**

scherzoso - angosciato - preoccupato - credulone - timido - bugiardo - egoista - superficiale - pauroso - insicuro - fantasioso - infantile

7 **Secondo te qual è l'elemento comico che suscita la risata?**
- ☐ L'errore
- ☐ I giochi di parole
- ☐ L'imprevisto
- ☐ La caricatura

8 **Il narratore si presenta come interno o esterno?**

### ORA SCRIVO IO

9 **Descrivi nel dettaglio la terza persona che suona alla porta come se fossi tu ad aprire e a vedertela davanti.**

10 **In un breve testo continua il racconto dopo che la terza persona raggiunge la camera di Mattia.**

### UNO SGUARDO ALLA GRAMMATICA

11 **Nelle espressioni "*gli occhi gialli iniettati di sangue*" e "*un gigante vestito di nero*" quali complementi rappresentano *di sangue* e *di nero*?**

12 **Nella frase "*il volto stravolto dalla paura*" quale complemento rappresenta *dalla paura*?**

### C'È STILE E STILE

13 **Per dare l'effetto della comicità, vengono usate spesso espressioni esagerate. Prova a indicarne almeno tre presenti in questo testo.**

### AD ALTA VOCE

14 **Tra fratelli capita spesso che ci siano momenti di incomprensione e tensione: vi è mai successo di trovarvi a cercare un "punto d'equilibrio" con un fratello o una sorella? Raccontate qualche vostra esperienza.**

# Scusi ha un po' di riso? di Eduardo Mendoza

**Due extraterrestri sono sbarcati sulla Terra e, per via di un guasto alla loro astronave, sono costretti a restare per cercare ciò che serve ad aggiustarla. Uno dei due prende le sembianze di una donna e lascia l'astronave ma, dopo molte ore, non ritorna; allora il suo compagno prende l'aspetto di un uomo e si avvia a cercarlo. L'operazione dura diversi giorni e provoca molte situazioni divertenti. Preso un alloggio, il nostro extraterrestre cerca di adeguarsi alle situazioni umane e addirittura si innamora della vicina di casa. Come farà a conquistarla?**

leggere scrivere

TESTO NARRATIVO

1 2 3 livello di difficoltà

**19.00** Di ritorno a casa mi metto a pensare davanti alla televisione. Macchino un piano per prendere contatto con la mia vicina senza suscitare i suoi sospetti sulle mie intenzioni. Provo di fronte allo specchio.

**20.30** Vado a casa della mia vicina, busso leggermente alla sua porta con le nocche, mi apre la mia vicina in persona. Mi scuso di importunarla a quest'ora e le dico (ma è una menzogna) che stavo cucinando e che mi sono accorto di non avere neanche un chicco di *riso*. Sarebbe così gentile da imprestarmi una tazzina di *riso*, che le restituirò senza fallo domani mattina presto, appena apre Mercabarna[1] (alle 5 del mattino)? Ci mancherebbe altro. Mi dà la tazzina di *riso* e mi dice che non c'è bisogno che le restituisca il *riso*, né domani né mai, che i vicini ci sono per questo. La ringrazio. Ci salutiamo. Chiude la porta. Salgo di corsa in casa e butto il *riso* nella spazzatura. Il piano sta funzionando meglio di quanto io stesso avessi previsto.

**20.35** Torno a bussare alla porta della mia vicina. Mi apre lei personalmente. Le chiedo due cucchiai d'olio.

**20.39** Torno a bussare alla porta della mia vicina. Mi apre lei personalmente. Le chiedo una testa d'aglio.

**20.42** Torno a bussare alla porta della mia vicina. Mi apre lei personalmente. Le chiedo quattro pomodori pelati, senza semi.

**20.44** Torno a bussare alla porta della mia vicina. Mi apre lei personalmente. Le chiedo sale, pepe, prezzemolo, zafferano.

**1 Mercabarna**: è il nome dei mercati generali di Barcellona, in Spagna.

**20.46** Torno a bussare alla porta della mia vicina. Mi apre lei personalmente. Le chiedo duecento grammi di carciofi (già bolliti), piselli, fagioli.

**20.47** Torno a bussare alla porta della mia vicina. Mi apre lei personalmente. Le chiedo mezzo chilo di gamberetti sgusciati, cento grammi di rospo di mare, duecento grammi di telline vive[2]. Mi da due schiaffi e mi dice che vada a mangiare al ristorante e la lasci in pace.

da E. Mendoza, *Nessuna notizia di Gurb*, Feltrinelli

**2 rospo ... vive**: il rospo di mare è un pesce dalla carne bianca e saporita; le telline sono piccole conchiglie che si mangiano normalmente come condimento della pasta o del riso.

## competenze alla prova

### LEGGO E...

#### ... COMPRENDO

1. Attraverso quale mezzo l'extraterrestre cerca di conquistare l'attenzione della sua vicina di casa?
2. In quanto tempo si svolge il suo maldestro tentativo di corteggiamento?

#### ... RICAVO DAL TESTO

3. Sapresti ricavare dagli ingredienti citati dal testo qual è la ricetta tipica spagnola che sta fingendo di cucinare il protagonista?

#### ... ANALIZZO E INTERPRETO

4. Da quali elementi del testo puoi vedere che l'extraterrestre sta cercando di comportarsi come gli umani?
5. Quali suoi atti, invece, non corrisponderebbero mai a un comportamento umano?
6. Il testo è un esempio di comicità dell'assurdo: in che cosa consiste l'assurdità, secondo te, nella situazione descritta?

### ORA SCRIVO IO

7. Prova a continuare la situazione con un nuovo tentativo dell'extraterrestre: riuscirà a conquistare la sua generosa vicina? O sarà la vicina a cercare dell'extraterrestre per vedere che ne è di lui?

### C'È STILE E STILE

8. Uno dei meccanismi del comico è quello della ripetizione: osserva come è realizzato nel testo e prova darne una definizione.

### UN MONDO DI PAROLE

9. Che cosa significa "macchinare" e quanti usi ha questa parola? Prova a leggere il suo significato al sito http://www.treccani.it/vocabolario/tag/macchinare/ e a produrre tre frasi con tre sfumature diverse di significato.

### UNO SGUARDO ALLA GRAMMATICA

10. Leggi la frase: "*Mi dà la tazzina di riso e mi dice che non c'è bisogno che le restituisca il riso, né domani né mai, che i vicini ci sono per questo*" e individua:
    - le proposizioni indipendenti con la relativa coordinazione;
    - le subordinate: di quale tipo sono e come sono collegate tra loro.

# La signorina Spezzindue di Roald Dahl

**Matilde, il simpatico personaggio creato dallo scrittore Roald Dahl, è al centro di una disputa tra una dolcissima maestra elementare che la vorrebbe addirittura promuovere in un colpo solo dalla prima alla quinta e una temibilissima "virago", cioè una donna dal carattere d'acciaio, che veste i panni della direttrice della scuola, la signorina Spezzindue, che al contrario la considera una pestifera monella. Chi avrà ragione?**

leggere scrivere

parlare

TESTO NARRATIVO

1 2 3 livello di difficoltà

Durante l'intervallo, la signorina Dolcemiele uscì dall'aula e andò dritta nell'ufficio della direttrice. Era eccitatissima: aveva appena scoperto una bambina dall'intelligenza fuori del comune[1] (o almeno così pareva). Non c'era stato il tempo di scoprire fino a che punto Matilde fosse dotata, ma la maestra aveva avuto sufficienti prove per rendersi conto che bisognava intervenire: era assurdo lasciare una bambina del genere in prima elementare.

In genere la signorina Dolcemiele aveva un sacro terrore della direttrice, e se ne teneva alla larga[2] il più possibile. In quel momento, però, si sentiva pronta ad affrontare chiunque. Bussò alla porta del temutissimo ufficio e la voce cupa e minacciosa della signorina Spezzindue tuonò: – Avanti! –. La signorina Dolcemiele entrò.

Di solito, per dirigere una scuola si scelgono persone che possiedono particolari qualità: devono capire i bambini e i loro bisogni, essere comprensive, giuste e colte. La signorina Spezzindue non possedeva nessuna di queste qualità, ed era un mistero per tutti come fosse riuscita a farsi nominare direttrice di questa scuola.

Si trattava di un donnone davvero colossale. In passato era stata un'atleta famosa, e anche adesso i suoi muscoli apparivano poderosi. Aveva il collo taurino[3], spalle enormi, braccia grosse, polsi fortissimi e gambe più che robuste. Bastava guardarla per capire che avrebbe potuto piegare una sbarra di ferro, o strappare in due un elenco telefonico. Il viso, purtroppo, era tutt'altro che bello: mento ostinato, bocca crudele e piccoli occhi arroganti. E quanto ai suoi vestiti... non si può fare che definirli stravaganti.

Indossava in genere un camiciotto marrone stretto in vita da una larga cintura di cuoio chiuso da una massiccia fibbia d'argento. Le cosce possenti che emergevano dal camiciotto erano inguainate[4] in un paio di calzoni alla zuava[5], di una ruvida stoffa color verde bottiglia. Dal ginocchio in giù, portava calzettoni verdi con risvolto, che sottolineavano i polpacci muscolosi. Le scarpe erano da uomo, a tacco basso. Insomma, assomigliava a un eccentrico cacciatore, assetato di sangue e scatenato dietro a una muta di segugi[6], piuttosto che alla direttrice di una gradevole scuola per bambini.

Quando la signorina Dolcemiele entrò, la direttrice era in piedi accanto all'enorme scrivania, con espressione minacciosa e impaziente. – Allora, Dolcemiele, che cosa vuole? È tutta rossa e agitata, stamattina. Che le succede? Quelle piccole canaglie l'hanno bombardata di palline di carta?

**1 fuori del comune**: espressione del linguaggio parlato per definire qualcosa o qualcuno che si distingue in modo particolare.

**2 teneva alla larga**: espressione del linguaggio parlato che vale per evitare.

**3 collo taurino**: collo corto e tozzo.

**4 inguainate**: protette da una guaina, rivestite da qualcosa che fa da protezione.

**5 zuava**: si tratta di pantaloni lunghi fino al polpaccio; l'uso deriva dalla divisa degli Zuavi, militari francesi che erano soliti indossare, nella loro divisa, calzoni ti questo tipo.

**6 muta di segugi**: gruppo di tre o più cani addestrati per le battute di caccia.

– No, direttrice. Niente del genere.
– Allora di che si tratta? Su, avanti. Non ho tempo da perdere.
Mentre parlava, si versò un bicchiere d'acqua da una caraffa che si trovava in permanenza sulla sua scrivania.
– Nella mia classe c'è una bambina che si chiama Matilde Dalverme... – cominciò la signorina Dolcemiele.
– È la figlia di quel tizio che vende macchine usate, giù in paese – abbaiò la signorina Spezzindue. Non parlava mai con un tono di voce normale: abbaiava o ruggiva. – Un'ottima persona, quel Dalverme – continuò. – Sono andata da lui proprio ieri. Mi ha venduto una macchina quasi nuova, che ha fatto solo diecimila chilometri. L'ex proprietaria era una vecchietta che la usava sì e no una volta all'anno. Un vero affare. Mi è davvero piaciuto, il signor Dalverme. Una colonna della società[7]. Però mi ha detto che sua figlia è una teppistella[8] e che è meglio tenerla d'occhio. Anzi, ha aggiunto che se a scuola succedesse qualcosa di strano probabilmente la responsabile sarebbe lei. Non ho ancora fatto conoscenza con quella monellaccia, ma, quando accadrà, si ricorderà di me. Suo padre dice che è una vera peste.
– Oh, direttrice, non può essere! – esclamò la signorina Dolcemiele.
– E invece è così! Anzi, scommetto che è stata lei a mettere quella bomboletta puzzolente sotto la mia scrivania, stamattina. La stanza puzzava da svenire! Sì, dev'essere stata lei. Gliela farò pagare cara! Che faccia ha quel vermiciattolo odioso? Nel corso della mia lunga carriera di insegnante ho imparato, signorina Dolcemiele, che le bambine sono molto più pericolose dei maschietti. Ed è difficile domarle. Domare una mocciosa perversa è come schiacciare un moscone su una cacca. Cerchi di colpirlo e quello è già volato via. Che cosa disgustosa, le bambine. Per fortuna *io* non sono mai stata bambina.
– Ma, direttrice, dev'esserlo stata per forza!
– Non per molto tempo, comunque – abbaiò la signorina Spezzindue sghignazzando. – Sono diventata donna molto in fretta.
È proprio matta, pensò la signorina Dolcemiele. Matta come un ca-

**7 colonna della società**: espressione del linguaggio parlato che indica una persona molto autorevole presso la società civile.

**8 teppistella**: diminutivo di teppista (da teppa, cattiva razza). Indica una persona, di solito giovane, che compie gesti sconsiderati contro le proprietà pubbliche o private, senza alcuno scopo apparente.

vallo. Ma rimase dritta in piedi davanti alla direttrice: stavolta era decisa a non lasciarsi tiranneggiare.
– Le assicuro, direttrice, che si sbaglia: non è stata Matilde a mettere la bomboletta puzzolente sotto la sua scrivania.
– Io non sbaglio mai, signorina Dolcemiele.
– Ma la bambina è venuta a scuola stamattina per la prima volta, entrando direttamente in classe...
– Non discuta, ragazza, per l'amor del cielo! Quel mostriciattolo ha messo una bomboletta puzzolente nel mio ufficio, non ci sono dubbi! Grazie per avermelo suggerito.
– Ma io non gliel'ho suggerito!
– Certo che l'ha fatto! Insomma, signorina, che cosa vuole? Ha deciso di farmi perdere tempo?
– Sono venuta a parlare di Matilde. Ho da raccontarle cose straordinarie, su di lei. Mi consente di spiegarle che cosa è successo nella mia classe poco fa?
– Le avrà appiccato fuoco alla gonna bruciandole le mutandine, suppongo – grugnì la signorina Spezzindue.
– No, no! – esclamò la signorina Dolcemiele. – Matilde è un genio.
La faccia della signorina Spezzindue diventò paonazza e tutto il corpo sembrò gonfiarsi, proprio come quello di una rana gigante. – Un genio! – strillò. – Che stupidaggine! Lei è matta! Suo padre mi ha giurato che la figlia è una vera delinquente!
– Il padre si sbaglia, direttrice.
– Lei è proprio una stupida, signorina Dolcemiele! Conosce quel piccolo mostro sì e no da mezz'ora, mentre il padre la conosce da quando è nata.
La signorina Dolcemiele, però, era ben decisa a dire la sua, e cominciò a riferire alcune delle prodezze di Matilde.
– Sa semplicemente a memoria qualche tabellina! – sbraitò la signorina Spezzindue. – Ragazza mia, questo non basta per definirla un genio! È soltanto un pappagallo!
– Ma sa leggere.
– Anch'io – rispose la signorina Spezzindue.

– Secondo me, Matilde dovrebbe passare dalla mia classe alla quinta, con i bambini di dieci anni.
– Ah! – sbuffò la signorina Spezzindue. – Non riesce a tenerla a freno e vuole sbarazzarsene, scaricandola sulla povera signorina Pilli, alla quale farà vedere i sorci verdi!
– No, no! – gridò la signorina Dolcemiele. – Non è per questo!
– E invece sì! – abbaiò la signorina Spezzindue. – Ho capito perfettamente il suo piano, e la mia risposta è no! Matilde rimane dov'è, e tocca a lei fare in modo che si comporti a dovere.
– Ma signora direttrice, la prego…
– Basta! Non una parola di più! In questa scuola una regola ben precisa prescrive che i bambini della stessa età debbano stare insieme, indipendentemente dalle loro capacità. Non accetterò mai di far sedere una bambina di cinque anni nello stesso banco di un bambino di dieci. Chi ha mai sentito una cosa del genere!

## competenze alla prova

### LEGGO E...

#### ... COMPRENDO

**1 Chi sono i personaggi principali del dialogo?**

- ☐ Una maestra elementare e una bambina
- ☐ Una maestra e la direttrice della scuola
- ☐ Una maestra, la direttrice e una bambina
- ☐ Una maestra e il padre di una sua alunna

**2 Che cosa pensa la maestra di Matilde?**

- ☐ È una bambina molto dotata
- ☐ È dotata e capace, ma monella
- ☐ È una bambina come tante
- ☐ Non è in grado di frequentare la classe prima

**3 Che cosa pensa di Matilde la direttrice?**

- ☐ Non pensa niente; non l'ha ancora conosciuta
- ☐ È una brava bambina
- ☐ È pericolosa, come tutte le bambine
- ☐ È un piccolo mostro

**4 Che cosa chiede la maestra alla direttrice?**

- ☐ Premiare Matilde
- ☐ Fare avanzare Matilde dalla prima alla quinta classe
- ☐ Un permesso d'uscita anticipata per Matilde
- ☐ Punire Matilde che le ha dato fuoco alla gonna

**5 Sottolinea nel testo la frase dalla quale si capisce che qualcuno ha influenzato il giudizio della direttrice su Matilde.**

**6 Come finisce il dialogo della maestra Dolcemiele con la direttrice?**

#### ... RICAVO DAL TESTO

**7 Per ciò che dice con la maestra, quale opinione ha dei maschi la signorina Spezzindue a differenza delle femmine?**

**8 A che cosa allude la signorina Spezzindue quando dice: "*mi dispiace che non sia più permesso usare la bacchetta, come ai bei tempi!*"?**

- ☐ A un ricordo di quando era bambina
- ☐ Alla bacchetta che serviva per le punizioni corporali
- ☐ A una bacchetta magica
- ☐ Al fatto che non c'è modo di correggere le disobbedienze di Matilde

#### ... ANALIZZO E INTERPRETO

**9 Quando la direttrice dice "*Le bambine sono più pericolose dei maschietti. Ed è difficile domarle […] Che cosa disgustosa, le bambine. Per fortuna io non sono mai stata una bambina*", che cosa può significare?**

- ☐ La direttrice ha avuto un'infanzia molto difficile
- ☐ La direttrice ha un carattere poco dolce
- ☐ La direttrice sta scherzando
- ☐ La direttrice vuole mostrare forza di carattere alla giovane maestra

La signorina Dolcemiele rimase imbambolata[9], del tutto impotente di fronte a quella gigantessa dal collo taurino. Avrebbe voluto aggiungere qualcosa, ma sapeva che era inutile e mormorò: – Va bene, come vuole lei.

– Naturale, che è come voglio io! – tuonò la signorina Spezzindue. – E non dimentichi, ragazza, che abbiamo a che fare con una piccola vipera che ha piazzato una bomboletta puzzolente sotto la mia scrivania...

– Ma non è stata lei!

– Invece è stata proprio lei! – latrò la direttrice. – E le dirò una cosa: mi dispiace che non sia più permesso usare la bacchetta, come ai bei tempi! Quella mocciosa non avrebbe potuto sedersi per un mese buono!

La signorina Dolcemiele uscì dall'ufficio sentendosi depressa, ma non sconfitta. Farò qualcosa per quella bambina, si disse. Non so ancora cosa, ma troverò pure il modo di aiutarla.

da R. Dahl, *Matilde*, Salani

**9 imbambolata**: che assume un'espressione fissa tipica delle bambole.

**10 Per quale motivo il personaggio della direttrice è molto caratterizzato, anche fisicamente?**

- ☐ Per mettere in risalto la dolcezza della maestra
- ☐ Per fare capire quanto è forte una direttrice scolastica
- ☐ Per esagerarlo e renderlo in questo modo più comico
- ☐ Per renderlo simpatico nonostante tutto

**11 L'elemento dell'arroganza della direttrice nei confronti della giovane maestra, il suo linguaggio spiccio e volgare, sono presenti in tutto il testo. Sottolinea tre frasi nelle quali questo dato, secondo te, si capisce più chiaramente.**

**12 Sottolinea gli aggettivi che definiscono meglio la signorina Dolcemiele.**

timida - volgare - arrogante - remissiva - dolce - paurosa - matta - prevenuta - presuntuosa - gentile - affettuosa - amante del lavoro - crudele - insensibile

**13 In quali punti, in particolare, la direttrice equivoca le parole della maestra Dolcemiele? Individuane almeno tre.**

## ORA SCRIVO IO

**14 La maestra improvvisamente ha un guizzo di coraggio e si ribella alla direttrice: in un breve testo inventa un finale diverso per la storia.**

## UN MONDO DI PAROLE

**15 A volte gli scrittori giocano con le parole; i nomi della signorina Dolcemiele e della signorina Spezzindue, per esempio, rivelano il carattere di ciascuno dei due personaggi. Prova a inventare altri nomi per i diversi protagonisti del racconto, in modo che rispecchino le loro caratteristiche fisiche o morali.**

**16 Trova sinonimi per i seguenti verbi presenti nel testo.**

- Tuonare ➲ ..........
- Sghignazzare ➲ ..........
- Tiranneggiare ➲ ..........
- Grugnire ➲ ..........
- Sbraitare ➲ ..........

## UNO SGUARDO ALLA GRAMMATICA

**17 Fai l'analisi logica della frase "*La signorina Spezzindue non possedeva nessuna di queste qualità*". Quale complemento è *di queste qualità*?**

- Scrivi almeno tre frasi che contengano il medesimo complemento.

## NARRA LA TRAMA

**18 Racconta l'episodio narrato una volta come se fossi la signorina Dolcemiele e un'altra come se fossi la signorina Spezzindue. Assumi anche il loro "carattere" nel raccontare l'accaduto.**

# Il quadro di Jerome K. Jerome

leggere scrivere ascoltare

TESTO NARRATIVO

1 2 3 livello di difficoltà

**I tre amici Jerome, Harris e George, insieme al cane Montmorency, organizzano un viaggio: vogliono risalire il Tamigi in barca e il viaggio sarà lo spunto per una serie di divertenti e paradossali avventure.**
**Un lato particolare del carattere di Harris, che vuole sempre decidere tutto lui, ricorda a Jerome un suo parente molto speciale, lo zio Podger. Da qui scatta la descrizione di una memorabile impresa dello zio: appendere... un quadro!**

La sera [...] eravamo di nuovo riuniti per discutere gli accordi definitivi. Harris disse: – Ora la prima cosa da decidere è quel che dobbiamo portare con noi. Tu, Jerome, prendi un pezzo di carta e scrivi; tu, George, tieni sotto mano il catalogo del droghiere; poi datemi un pezzo di matita, e l'elenco sarà fatto in quattro e quattr'otto.
In quel discorso c'era tutto Harris, sempre pronto ad assumersi il peso di tutto e a scaricarlo sulle spalle altrui.
Egli mi ricorda sempre il povero zio Podger. Non si vide mai un trambusto[1] paragonabile a quello che accadeva in casa di mio zio Podger quando questi si accingeva a una delle sue imprese. Per esempio, c'era un quadro consegnato recentemente dal corniciaio, messo in piedi contro una parete della sala da pranzo, in attesa che qualcuno l'appendesse. La zia Maria[2] domandava che cosa si doveva fare con quel quadro e lo zio Podger rispondeva: – Oh, lascia fare a me. Nessuno ci metta le mani, nessuno. Ci penso io.
Allora si toglieva la giacca e cominciava. Mandava la serva a comperare sei pence[3] di chiodi, poi le spediva dietro uno dei ragazzi per dirle come dovevano essere lunghi; e di qui, a poco a poco, mobilitava tutti e metteva a soqquadro la casa.
– Tu, Mino[4], vammi a prendere il martello – gridava – e tu, Tom, portami la riga; e mi occorrerà anche lo sgabello e poi una seggiola di cucina. Ehi, Jim, fa' una corsa dal signor Goggles[5] e digli: "Il mio papà vi manda tanti saluti e spera che la vostra gamba vada meglio e ha detto se potete prestargli la vostra livella[6]". E tu, Maria, non te ne andare, perché avrò bisogno di qualcuno che mi tenga il lume[7] e, quando ritorna la ragazza, bisognerà mandarla fuori ancora per comperare un pezzo di cordone per quadri e Tom... dov'è Tom?, vieni qui, ho bisogno che tu mi porga il quadro.

1 **trambusto**: confusione.
2 **La zia Maria**: la moglie di Podger.
3 **pence**: plurale di *penny*, sottomultiplo della sterlina (moneta in uso in Gran Bretagna).
4 **Mino**: come tutti gli altri citati subito dopo, fa parte della famiglia o della servitù dello zio Podger.
5 **signor Goggles**: vicino di casa di Podger.
6 **livella**: strumento che serve a verificare che un oggetto sia in perfetta posizione orizzontale.
7 **lume**: lampada (il testo è ambientato in un'epoca precedente alla diffusione della luce elettrica).

Allora si faceva porgere il quadro e se lo lasciava sfuggir di mano e il quadro usciva dalla cornice e lo zio tentava di salvare il vetro e si tagliava un dito; allora si metteva a saltare per la stanza, alla ricerca del suo fazzoletto. Non poteva trovare il fazzoletto, perché era nella tasca della giacca che si era tolta e non sapeva dove fosse la giacca e tutta la famiglia doveva sospendere la ricerca degli strumenti per mettersi a cercare la giacca; intanto lui continuava a girare come una mosca senza testa, intralciando le ricerche.

– Non c'è dunque nessuno in tutta la casa che sappia dov'è la mia giacca? Io non ho mai visto della gente simile in vita mia... sulla mia parola d'onore. Siete in sei!... e non riuscite a trovare una giacca che mi son tolta nemmeno cinque minuti fa! Domando e dico io...

Allora si alzava da una sedia sulla quale intanto si era seduto e, scoprendo che era stato seduto sopra la giacca fino a quel momento, si metteva a gridare: – Ehi, voialtri, smettetela di cercare! Me la son trovata da solo. Rivolgersi a voi perché troviate una cosa è come rivolgersi al gatto.

Quando poi si era sprecata una mezz'ora a bendargli il dito, si era procurato un vetro nuovo e gli arnesi, lo sgabello, la seggiola e la candela erano stati portati, faceva un altro tentativo, mentre tutta la famiglia, compresa la cameriera e la donna di fatica, stava attorno in semicerchio, pronta ad aiutare. Due persone dovevano tener ferma la seggiola, una terza doveva aiutarlo a montarci sopra, poi tener fermo lo sgabello che stava sulla seggiola, una quarta gli porgeva un chiodo, una quinta gli dava il martello ed egli prendeva il chiodo e lo lasciava cadere.

– Ecco – diceva in tono offeso – ora il chiodo se n'è andato chissà dove!

E noi dovevamo inginocchiarci tutti, esplorando il pavimento per cercare il chiodo, mentre lo zio brontolava e ci domandava se lo avremmo costretto a star lassù tutta la sera.

Finalmente si trovava il chiodo, ma nel frattempo egli aveva perso il martello.

– Dov'è il martello? Dove ho cacciato il martello? Accidenti! Ve ne state lì in sette come tanti allocchi[8] e non sapete dove ho cacciato il martello!

Trovavamo il martello ed egli intanto aveva perso di vista il segno che aveva fatto sulla parete per piantarvi il chiodo: a uno a uno salivamo tutti vicini a lui sulla seggiola, per vedere se riuscivamo a trovarlo; ognuno di noi lo scopriva in un posto diverso e lo zio ci dava dei cretini e ci ordinava di scendere. Prendeva la riga, misurava daccapo e trovava che il chiodo doveva distare dall'angolo la metà di settantotto centimetri e sette millimetri; tentava di fare il calcolo a memoria[9] e ci perdeva la testa.

Ognuno di noi tentava a sua volta di fare il calcolo a memoria e tutti arrivavamo a un risultato differente e ci deridevamo a vicenda. Nel trambusto generale, il numero originario era dimenticato e lo zio Podger doveva misurare daccapo.

Questa volta si serviva di un pezzo di spago e al momento critico, quando, ormai al colmo dell'agitazione, si era sporto dalla seggiola

**8 allocchi**: l'allocco è un uccello che sembra poco intelligente.

**9 a memoria**: a mente.

con un angolo di quarantacinque gradi e tentava di raggiungere con la mano un punto che era almeno dieci centimetri più in là del massimo a cui poteva arrivare, lo spago gli sfuggiva dalle dita ed egli capitombolava sul pianoforte e produceva un efficace effetto musicale, colpendo contemporaneamente con la testa e il corpo i tasti.
La zia Maria diceva allora che non poteva permettere ai bambini di restare ad ascoltare il linguaggio usato per l'occasione dallo zio Podger.
Finalmente lo zio riusciva a fissare il punto per il chiodo; si metteva sopra la punta del chiodo con la mano sinistra e prendeva il martello nella mano destra e col primo colpo si schiacciava il pollice, lasciando cadere il martello, con un urlo di dolore, sui piedi di qualcuno.
La zia Maria osservava, in tono blando[10], che la prossima volta che lo zio Podger voleva piantare un chiodo nel muro, sperava che glielo facesse sapere in tempo, affinché ella potesse predisporre le cose in modo da andare a passare una settimana con sua madre, intanto che l'impresa si compiva.

**10 blando**: calmo, tranquillo.

## competenze alla prova

### LEGGO E...

#### ... COMPRENDO

1. **Lo zio Podger, prima di iniziare il lavoro, divide gli incarichi: che cosa assegna a ciascuno dei personaggi seguenti?**
   - Alla domestica ➲ ..............................
   - A uno dei ragazzi ➲ ..............................
   - A Mino ➲ ..............................
   - A Tom ➲ ..............................
   - A Jim ➲ ..............................
   - A Maria ➲ ..............................
   - Ancora alla domestica (secondo incarico) ➲ ..............................
   - Ancora a Tom ➲ ..............................

2. **Quando lo zio Podger si taglia il dito con il vetro, cerca il fazzoletto, che è nella giacca, ma non riesce a trovarla. Perché?**
   - ☐ È seduto sulla giacca
   - ☐ Ha ancora indosso la giacca
   - ☐ La giacca è appesa nell'armadio
   - ☐ La giacca è caduta dietro il divano

3. **Quando lo zio Podger sale sulla sedia per piantare il chiodo, che cosa fanno le persone di casa?**

4. **Che cosa succede quando devono dividere a metà la misura calcolata?**

#### ... RICAVO DAL TESTO

5. **Dai riferimenti sparsi qua e là nel testo, sai ricavare in quale ambiente si svolge la storia?**
   - ☐ In una galleria d'arte del secolo scorso
   - ☐ In un appartamento popolare attuale
   - ☐ Una casa privata borghese di qualche tempo fa
   - ☐ In un castello dell'Ottocento

6. **Quale motivo sottinteso riconosci nella battuta di zia Maria, quando dice di voler andare a casa di sua madre "*la prossima volta che lo zio Podger voleva piantare un chiodo nel muro*"?**
   - ☐ È seccata per il comportamento di suo marito con lei
   - ☐ Preferisce essere altrove per non assistere a una scena simile
   - ☐ Vuole separarsi dal marito
   - ☐ Vuole fare visita a sua madre quando in casa non c'è bisogno di lei

#### ... ANALIZZO E INTERPRETO

7. **L'elemento del pericolo causato dall'incapacità di zio Podger ricorre più volte nel testo creando un effetto comico invece che tragico. Sottolinea nel testo le situazioni di riferimento.**

– Oh, voialtre donne fate sempre un grande scalpore[11] per ogni piccolezza! – rispondeva lo zio Podger raddrizzandosi. – Eppure a me piace fare qualche lavoretto di questo genere.
Allora faceva un altro tentativo e al secondo colpo il chiodo penetrava tutto intero nell'intonaco e il martello gli andava dietro per metà, cosicché lo zio Podger veniva proiettato contro il muro con una forza sufficiente ad appiattirgli il naso.
Naturalmente dovevamo rimetterci alla ricerca della riga e dello spago ed egli faceva un altro segno. Verso mezzanotte il quadro era montato... storto e malsicuro, la parete per diversi metri all'intorno aveva l'aria di esser stata grattata con un rastrello; e tutti erano stanchi morti e avviliti... tutti, eccetto lo zio Podger.
– Ecco fatto! – egli diceva, saltando pesantemente dalla seggiola sui calli della donna di fatica e osservando il disastro che aveva fatto, con palese[12] orgoglio. – Diamine, chissà quanti avrebbero chiamato un operaio per fare un lavoretto come questo!

da J.K. Jerome, *Tre uomini in barca*, Rizzoli

**11 scalpore**: rumore, chiasso.

**12 palese**: evidente, chiaro.

**8** **Sottolinea gli aggettivi che secondo te definiscono meglio il carattere della zia Maria:**
flemmatica - gentile - confusionaria - comica - spiritosa - irascibile - presuntuosa - remissiva - autoritaria - simpatica - previdente - paurosa - ansiosa - paziente

**9** **La figura dello zio Podger è resa comica soprattutto attraverso l'uso dell'esagerazione: che cosa di questo personaggio è costruito in modo "esagerato"?**

## ORA SCRIVO IO

**10** **Descrivi il salotto della casa dello zio Podger come se fossi nella stanza, prima dell'impresa del quadro.**

**11** **Immagina di essere la zia Maria e di raccontare a un'amica le prodezze del marito con chiodi e martello.**

### UN MONDO DI PAROLE

**12** **Nel testo sono presenti espressioni idiomatiche. Spiega con altre parole ciascuna delle espressioni che seguono.**

- "*sarà fatto in quattro e quattr'otto*"
  ➲ ..............................
- "*rivolgersi a voi* [...] *è come rivolgersi al gatto*"
  ➲ ..............................
- "*lo zio ci dava dei cretini*"
  ➲ ..............................

### C'È STILE E STILE

**13** **Come si presenta il ritmo della narrazione?**
- ☐ Rapido e serrato
- ☐ Lento e monotono
- ☐ Eccessivamente accelerato
- ☐ Ben equilibrato
- Secondo te, il ritmo del testo accresce l'effetto comico? Giustifica la tua risposta.

### PROVA D'ASCOLTO

**14** **Dopo l'ascolto, indica in quale ordine compaiono i seguenti oggetti.**
- ☐ Giacca
- ☐ Fazzoletto
- ☐ Sgabello
- ☐ Riga
- ☐ Martello e chiodo
- ☐ Seggiola

**15** **Ti ricordi?**
- A che cosa servono le misure fatte dallo zio Podger?
- Quante sono le persone coinvolte nell'impresa?
- Quante volte viene ripresa da capo l'operazione di sistemazione del quadro?
- A quale ora termina il lavoro?
- Qual è la considerazione di zio Podger a lavoro finito?

# Giuhà e gli asini fiaba popolare araba

LEGGERE IN ARABO

**Giuhà è una figura che rappresenta il prototipo dello sciocco. Questo personaggio, le cui origini si fanno risalire al IX secolo d.C., è famosissimo in tutto il mondo arabo ed è presente in molti Paesi (Siria, Israele, Turchia, Albania, ma anche Sicilia e Toscana), conosciuto con nomi diversi, quale protagonista di aneddoti divertenti. Qui vediamo Giuhà alle prese con un conto... complicato.**

leggere scrivere

TESTO NARRATIVO

1 2 3 livello di difficoltà

اِشْتَرَى جُحَا عَشَرَةَ حَمِيرٍ مِنْ آلسُّوقِ.
ثُمَّ رَكِبَ وَاحِداً مِنْ هَذِهِ آلحَمِيرِ وَ آتَّجَهَ إِلى بَيْتِهِ.
فَكَّرَ جُحَا، بَعْدَ وَقْتٍ قَلِيلٍ فِي عَدِّهَا:
وَاحِدٌ، اِثْنَانِ، ثَلاثَةٌ، أَرْبَعَةٌ، خَمْسَةٌ،
سِتَّةٌ، سَبْعَةٌ، ثَمَانِيةٌ، تِسْعَةٌ:
كَانَتْ تِسْعَةَ حَمِيرٍ فَقَطْ!
نَقُصَ وَاحِدٌ مِنْهَا.

[...]

Giuhà aveva comprato dieci asini al mercato.
Salì sopra uno di quegli asini e si avviò verso casa.
Dopo un po' pensò di contarli:
uno, due, tre, quattro, cinque,
sei, sette, otto, nove.
Erano solo nove! Ne mancava uno.
Preoccupato si guardò intorno,
poi scese dall'asino e ricominciò a contare:
uno, due, tre, quattro, cinque,
sei, sette, otto, nove, dieci.
Erano dieci adesso!
Tutto contento risalì sull'asino, ma prima
di riprendere il cammino contò ancora una volta:
uno, due, tre, quattro, cinque,
sei, sette, otto, nove.
Ne mancava uno.
Scese dall'asino, contò: erano dieci!
Allora disse: – È meglio andare a piedi e guadagnare un asino
che andare a cavallo e perderne uno.
E così arrivò a casa stanchissimo ma contento,
perché aveva tutti e dieci gli asini che aveva comprato…

da M. Ciari (a cura di), *Le storie di Giuhà*, L'Harmattan Italia

## competenze alla prova

### LEGGO E...

#### ... COMPRENDO

1. **Giuhà compra al mercato degli asini: quanti sono?**
   - ☐ Dieci
   - ☐ Nove
   - ☐ Due coppie
   - ☐ Non si capisce dal testo
2. **Perché nel contarli Giuhà pensa di avere nove asini?**
   - ☐ Non ha considerato di essere in groppa a uno di essi
   - ☐ Non conosce bene i numeri
   - ☐ Uno di essi si nasconde
   - ☐ Un asino gli è stato rubato
3. **Perché alla fine Giuhà decide di tornare a casa a piedi?**

#### ... RICAVO DAL TESTO

4. **A noi Giuhà appare sciocco, ma lui crede di essere molto saggio. Cerca nel testo la frase corrispondente a questo suo pensiero.**

#### ... ANALIZZO E INTERPRETO

5. **Nel passo si trova un elemento tipico del genere comico. Quale?**
   - ☐ Giochi di parole
   - ☐ Finale a sorpresa
   - ☐ Imprevisto
   - ☐ Errore
6. **L'effetto comico è accresciuto dalla ripetizione. Sottolinea nel testo i punti in cui la riconosci.**

### ORA SCRIVO IO

7. **Riscrivi il testo come se fosse un dialogo tra Giuhà e sua moglie, in cui il nostro riferisce in analessi l'episodio.**

### C'È STILE E STILE

8. **Possiamo affermare che Giuhà sia il "prototipo" dello sciocco, cioè una figura che sembra costruita apposta per far vedere come si comporta uno sciocco. Conosci altri personaggi delle fiabe, dei racconti, delle barzellette, del cinema, dei cartoni animati, dei fumetti che possono essere definiti in questo modo?**

# Scrivere storie comiche

**Dopo avere letto molte pagine tratte da testi di autori comici, prova a scriverne qualcuna tu, seguendo alcune regole importanti. Tieni sempre presente che:**

- i personaggi comici sono spesso esagerati, meglio se caricaturali
- il testo comico si basa su alcuni particolari meccanismi, come la ripetizione, l'esagerazione, la caricatura, il finale a sorpresa, il gioco di parole
- oltre al comico è possibile giocare sull'umoristico, che fa ridere pur facendo pensare a qualcosa di serio
- l'uso del discorso diretto è frequente e spesso è centrato sulla battuta fulminante

**1** Che cos'è la caricatura? È la forzatura dell'aspetto di un personaggio, per mettere in rilievo i difetti, fisici o di carattere. Come si fa a ottenerla? Innanzitutto ingrandendo (enfatizzando) pregi e difetti con l'uso di due procedimenti, la similitudine e la consecutiva. Segui l'esempio e produci anche tu qualche caricatura.

- **Similitudine**: aveva la testa liscia **come** una palla da biliardo
- **Consecutiva**: Gianni era **così** grasso **che** in autobus pagava due biglietti

a) Crea due battute con la similitudine e due con la consecutiva;
b) Inventa la caricatura usando sia la similitudine sia la consecutiva per questi "personaggi": una signora sempre arrabbiata; un cameriere molto timido; un'insegnante molto severa; un ragazzo molto innamorato.
c) Nelle foto ci sono due esempi di personaggi caricaturali. Scrivi in che cosa lo sono, usando similitudine e consecutiva.

**(2) Che cos'è l'esagerazione? È un meccanismo che deforma la realtà tanto da provocare una risata senza freni. Mentre nella caricatura c'è un paragone (così... come), nell'esagerazione c'è il "massimo" della caricatura. Leggi il breve esempio costruito su Cenerentola da Stefano Benni e procedi nello stesso modo con un altro personaggio delle fiabe.**

In Cenerentola c'è qualcosa che non mi convince. La favola dice che la poverina stava tutto il giorno a lavorare in casa. Eppure quando va al ballo del principe, subito balla il valzer, il tango, tutto il resto. Dove aveva imparato a ballare? Aveva fatto un corso per corrispondenza? Oppure usciva tutti i sabato sera in discoteca, altroché stare in casa. E come faceva la fata ad avere le misure del suo vestito? E aveva davvero il piedino più piccolo di tutte le donne del reame? E come camminava?

da S. Benni, *Cenerentola ha il 54 di scarpa*, in www.stefanobenni.it

**(3) Che cos'è la ripetizione? Capita quando un personaggio ripete più e più volte una stessa frase o una stessa azione; più essa è fuori luogo e più è divertente. Leggi l'esempio tratto da un racconto di Eduardo Mendoza che compare a p. 371 e prova a costruire un esempio di ripetizione di tua invenzione, per esempio:**

- tra professore e allievo;
- tra gelataio e bambino;
- tra un contadino e un coniglio.

**(4) Che cosa sono i giochi di parole? Sono effetti ridicoli creati con le parole, per esempio utilizzando doppi sensi, storpiatura di pronuncia, equivoci (capendo una parola al posto di un'altra) o svarioni grammaticali. I giochi di parole sono usati soprattutto nelle barzellette. Prova a seguire gli esempi.**

a) **Scrivere un "colmo".**

Qual è il colmo per due piloti d'aereo? Capirsi al volo!

Qual è il colmo per un'ape? Farsi un giro in vespa.

Qual è il colmo per un giardiniere? Essere al ..................................................

Qual è il colmo per un tennista? Ridere a ogni ..................................................

b) **Scrivere un "doppio senso".**

Che cosa fa una formica in un barattolo di zucchero? La settimana bianca

Che cosa fa un computer in mezzo al mare? ..................................................

Che cosa fa un vigile al mare? ..................................................

Che cosa fa un cammello su un budino? ..................................................

# Verifica delle conoscenze

## Definisci

**1 Che cosa sono il comico e l'umoristico?**

.............................................................................................

.............................................................................................

**2 Elenca almeno quattro tipologie diverse di testi comici:**

a. .......................................................................................

b. .......................................................................................

c. .......................................................................................

d. .......................................................................................

## Rispondi alle domande

**3 Il protagonista di una storia comica o umoristica è:**

☐ sempre goffo e ridicolo
☐ una persona comune
☐ una persona dotata di aspetti fisici e psicologici che suscitano il riso
☐ una persona che crea molti danni con il suo comportamento

**4 Al protagonista vengono affiancati a volte uno o più personaggi che:**

☐ sono più ridicoli o spiritosi di lui
☐ sono il contrario del protagonista
☐ offrono al protagonista l'occasione per mettere in evidenza il proprio lato comico
☐ lo contrastano

**5 L'ambientazione delle storie comiche o umoristiche è in luoghi:**

☐ immaginari
☐ facilmente riconoscibili, ma non sempre reali
☐ tratti dalla vita quotidiana
☐ del presente, del passato o del futuro

**6 Temi caratteristici delle storie comiche o umoristiche sono:**

☐ una riflessione seria e approfondita sui difetti umani
☐ l'esagerazione, la caricatura
☐ la riflessione anche molto seria ma in forma divertente su difetti dell'uomo e della società
☐ l'odio per l'essere umano nei suoi aspetti più deleteri

**7 Tipico del racconto comico è un ritmo:**

☐ serrato, con battute fulminanti
☐ lento e riflessivo
☐ veloce, con colpi di scena
☐ teso e ricco di *suspense*

**8 Il finale di un racconto comico o umoristico è:**

☐ sempre positivo
☐ per lo più positivo e inatteso
☐ con una morale
☐ sempre negativo

**9 Alcuni dei principali meccanismi del comico sono:**

☐ errore, esagerazione, ripetizione
☐ incongruenza, *suspense*
☐ finale inatteso, riflessione
☐ autobiografia, assurdo, gioco di parole

**10 Il linguaggio comico presenta:**

☐ giochi di parole
☐ sottintesi e allusioni
☐ parole tecniche
☐ termini inusuali

# Verifica delle abilità

## Dal medico di Achille Campanile

**Nella sala d'aspetto del medico avvengono sempre scenette gustose, che ispirano frequentemente gli autori comici; in questo caso si tratta quasi di una scena di teatro tra preoccupazioni di salute e strani presagi.**

TESTO NARRATIVO

Il salotto che serviva da stanza d'aspetto per i clienti del dottor Pastone, deserto e luminoso, era immerso nel silenzio. S'aprì la porta e la cameriera introdusse un ometto pallido e tremulo[1], seguito da un donnone congestionato.
E si ritirò pianamente.
Nella stanza c'era un silenzio uggioso[2]. Nessun rumore si udiva al di là dalla porta chiusa che immetteva nel gabinetto di consultazione[3], non il minimo segno di vita veniva dal resto della casa, ch'era anche abitazione. Forse i bambini dei medici, in casa, non si muovono. Forse la moglie è sempre fuori.
I nuovi venuti si misero a sedere, dettero un'occhiata distratta ai soliti quadri che sono appesi alle pareti di questi salotti. Sul tavolinetto c'erano le solite riviste vecchie che si trovano nelle anticamere dei medici. Il donnone ne prese una a caso e si mise a sfogliarla distrattamente.
– Ti sei segnato tutto quello che devi dirgli? – domandò piano all'ometto.
– Me lo ricordo, stai tranquilla.
– Quando si va dal medico, scompaiono i sintomi e capita magari di dimenticarsi di dire le cose più importanti.
– Non c'è pericolo.
L'ometto pallido si guardò intorno un po' intimidito. Su una scrivania si vedevano molti telegrammi aperti.
– Quanti telegrammi! – mormorò il donnone.
L'ometto incominciò a scorrerne qualcuno.
– Che dicono? – domandò lei.
L'ometto incominciò a leggergliene qualcuno a mezza voce, nel silenzio uggioso s'udiva il bisbiglio incolore[4], monotono:
– "Nostro caro che avevate in cura dipartitosi ieri per sempre stop[5].

1 **tremulo**: tremante, debole.
2 **uggioso**: triste, grigio.
3 **gabinetto di consultazione**: lo studio di visita del medico.
4 **bisbiglio incolore**: tono basso e senza inflessioni particolari.
5 **stop**: nei telegrammi equivale al punto.

Segue lettera stop. Ossequi".
– Poveretto – mormorò la donna.
L'ometto passò a un secondo dispaccio:
– "Morte strappotici vostro cliente. Costernati dispensiamovi ulteriori visite, prosecuzione cura, salutiamo eccetera".
– Siamo nati per soffrire – sospirò la donna, mentre l'uomo attaccava il terzo telegramma:
– "Vostro paziente spirato stanotte fra braccia suoi cari".
– Pace all'anima sua –, bisbigliò la donna.
– "Comunicovi decesso vostro ammalato" – proseguì l'ometto su un quarto telegramma.
Su un quinto:
– "Presente per comunicarvi improvviso aggravamento seguito catastrofe vostro paziente nostro amatissimo congiunto".
Poi, di telegramma in telegramma:
– "Informiamovi straziati fine immatura nostro adorato padre affidato vostre cure".
– "Partecipiamo trapasso cliente. Ossequi".
– "Vostro cliente cessato soffrire causa morte".
– "Inutile veniate domattina perché cliente deceduto".
– "Annunziamovi vostro cliente strappato nostro affetto tra sofferenze inenarrabili".
– "Grati se vorrete partecipare esequie vostra cliente".
– "Funerali vostro cliente svolgerannosi domani forma solenne".

– "Subito dopo vostra visita nostro caro deceduto".
– "Infermo da voi curato passato repentinamente miglior vita".
A ogni telegramma il donnone faceva nascostamente le corna. L'ometto proseguiva la lettura dei dispacci col suo tono uniforme, con la vocetta flebile.
– "Diamovi ferale[6] notizia perdita nostro caro che voi avevate in cura... vostro cliente non est più[7] stop una prece... Catastrofe avvenuta in nottata stop astenetevi venire domani solita visita..."
L'omino s'interruppe, udendo aprirsi la porta. Sulla porta apparve l'imponente figura del dottor Pastone alto, grosso, florido, in camice bianco, con lo stetoscopio in mano e una piccola lampadina sulla fronte.
– Avanti a chi tocca –, disse.
Ma l'ometto e sua moglie infilarono la porta d'uscita e se la batterono facendo scongiuri. Il medico richiuse la porta alle loro spalle e il salotto, deserto e luminoso, ripiombò nel religioso silenzio.

da A. Campanile, *Manuale di conversazione*, Rizzoli

**6 ferale**: terribile, drammatica.

**7 non est più**: non c'è più, non è più in vita.

## La struttura del testo

1 **Individua la situazione iniziale, l'avvio, lo svolgimento della vicenda e la conclusione, segnandolo a fianco del testo con colori diversi.**

2 **Quale elemento rompe l'equilibrio iniziale?**

3 **Qual è il mezzo attraverso il quale si crea la situazione comica?**

## I personaggi

4 **Quali aspetti del carattere e del comportamento dei protagonisti corrispondono a quelli tipici delle situazioni comiche o umoristiche?**

5 **Qualche personaggio, a tuo parere, è caratterizzato in modo caricaturale?**

## Le caratteristiche e l'ambientazione

6 **Dalle caratteristiche del racconto ritieni che sia comico o umoristico? Giustifica la tua risposta.**

7 **Quale meccanismo del comico tra quelli proposti vedi applicato in questo testo: ripetizione, esagerazione, finale inatteso?**

8 **Rifletti sull'ambientazione dell'azione: si può dire sia reale o verosimile?**

9 **Il ritmo della narrazione è veloce o lento?**

10 **Il linguaggio è semplice o complesso?**

# Il comico

## CHE COS'È

Le storie del genere comico e umoristico sono:

- capaci di divertire chi le legge
- comiche, quando si limitano a suscitare il riso
- umoristiche, quando fanno anche riflettere su temi seri

## LA STRUTTURA

Il genere comico si può trovare realizzato in molte forme diverse:

- testo scritto (romanzi, racconti, sceneggiature)
- forma orale (improvvisazione comica)
- vignette o fumetti
- cinema

e la sua struttura narrativa dipende dalla forma nella quale si trova espresso

## I PERSONAGGI

- La figura principale del testo comico è in genere un personaggio sciocco e pasticcione, che crede di "essere capace" e invece procura danni
- Frequente è anche la coppia di personaggi che si punzecchiano su ogni aspetto della vita
- Il carattere dei personaggi viene normalmente esagerato, talvolta fino alla caricatura

## LE CARATTERISTICHE DEL GENERE

- Il racconto comico di solito prende spunto da una situazione reale o verosimile
- Nel testo comico ciò che ci si aspetterebbe di trovare viene cambiato in modo imprevedibile
- Aspetti tipici del comico sono l'esagerazione, l'assurdo, la ripetizione, la caricatura, il finale inatteso
- Nell'umorismo la risata non è fine a se stessa, ma produce una riflessione
- La lingua è molto vivace e vicina al parlato, ma spesso è deformata o risulta ricca di giochi di parole

# La cura delle vespe di Italo Calvino

TESTO NARRATIVO

**Marcovaldo, un manovale con problemi economici, un po' ingenuo e a volte goffo, è il protagonista dell'omonima raccolta di novelle di Italo Calvino. Tutte le avventure che gli capitano dimostrano la sua fondamentale ingenuità, ma anche la sua fiducia nel futuro. In questo brano, Marcovaldo legge su un giornale che è stata inventata una cura per i reumatismi a base di veleno di vespa; così manda i figli a catturare molte vespe e improvvisa un ambulatorio in casa.**

L'inverno se ne andò e si lasciò dietro i dolori reumatici[1]. Un leggero sole pomeridiano veniva a rallegrare le giornate e Marcovaldo passava qualche ora a guardar spuntare le foglie, seduto su una panchina, aspettando di tornare a lavorare. Vicino a lui veniva a sedersi un vecchietto, ingobbito nel suo cappotto tutto rammendi[2]: era un certo signor Rizieri, pensionato e solo al mondo, anch'egli assiduo[3] delle panchine soleggiate. Ogni tanto questo signor Rizieri dava un guizzo[4], gridava – Ahi! – e s'ingobbiva ancora di più nel suo cappotto. Era carico di reumatismi, di artriti[5], di lombaggini[6], che raccoglieva nell'inverno umido e freddo e che continuavano a seguirlo tutto l'anno. Per consolarlo, Marcovaldo gli spiegava le varie fasi dei reumatismi suoi e di quelli di sua moglie e di sua figlia maggiore Isolina, che, poveretta non cresceva tanto sana.
Marcovaldo si portava ogni giorno il pranzo in un pacchetto di carta da giornale; seduto sulla panchina lo svolgeva e dava il pezzo di giornale spiegazzato al signor Rizieri, che tendeva la mano impaziente, dicendo: – Vediamo che notizie ci sono – e lo leggeva con interesse sempre uguale, anche se era di due anni prima.
Così un giorno ci trovò un articolo sul sistema di guarire dai reumatismi col veleno d'api.
– Sarà col miele – disse Marcovaldo, sempre propenso[7] all'ottimismo.
– No – fece Rizieri – col veleno, dice qui, con quello del pungiglione – e gli lesse alcuni brani. Discussero a lungo sulle api, sulle loro virtù e su quanto poteva costare quella cura.
Da allora, camminando per i corsi, Marcovaldo tendeva l'orecchio a ogni ronzio, seguiva con lo sguardo ogni insetto che volava attorno. Così, osservando i giri d'una vespa dal grosso addome a strisce nere e gialle, vide che si cacciava nel cavo d'un albero e che altre vespe uscivano: un brusio, un va e vieni che annunciavano

**1 dolori reumatici**: reumatismi, cioè stati dolorosi a carico dei muscoli e delle ossa dovuti a infiammazione.

**2 tutto rammendi**: pieno di buchi e strappi cuciti.

**3 assiduo**: frequentatore costante.

**4 dava un guizzo**: aveva uno scatto improvviso.

**5 artriti**: infiammazioni delle articolazioni.

**6 lombaggini**: dolori della parte bassa della schiena.

**7 propenso**: favorevole.

**8 varco**: passaggio.
**9 lombi**: parte posteriore del corpo, subito sopra le gambe.
**10 doleva**: faceva male.
**11 sgranando**: recitando.
**12 marziale**: militaresco, dritto e fiero.
**13 Domitilla**: è la moglie di Marcovaldo.
**14 munirli di barattoli**: dar loro alcuni barattoli.
**15 terga**: lato posteriore.
**16 provetto**: esperto.

la presenza di un intero vespaio dentro il tronco. Marcovaldo s'era messo subito alla caccia. Aveva un barattolo di vetro, in fondo al quale restavano ancora due dita di marmellata. Lo posò aperto vicino all'albero. Presto una vespa gli ronzò intorno ed entrò, attratta dall'odore zuccherino; Marcovaldo fu svelto a tappare il barattolo con un coperchio di carta.
E al signor Rizieri, appena lo vide, poté dire: – Su, su, ora le faccio l'iniezione! – mostrandogli il flacone con la vespa infuriata prigioniera.
Il vecchietto era esitante, ma Marcovaldo non voleva a nessun costo rimandare l'esperimento e insisteva per farlo lì stesso, sulla loro panchina: non c'era neanche bisogno che il paziente si spogliasse. Con timore e insieme con speranza, il signor Rizieri sollevò un lembo del cappotto, della giacca, della camicia e, aprendosi un varco[8] tra le maglie bucate, si scoperse un punto dei lombi[9] dove gli doleva[10]. Marcovaldo applicò lì la bocca del flacone e strappò via la carta che faceva da coperchio. Da principio non successe niente; la vespa stava ferma: s'era addormentata? Marcovaldo per svegliarla diede una botta sul fondo del barattolo. Era proprio il colpo che ci voleva: l'insetto sfrecciò avanti e conficcò il pungiglione nei lombi del signor Rizieri. Il vecchietto cacciò un urlo, saltò in piedi e prese a camminare come un soldato che fa il passo di parata, sfregandosi la parte punta e sgranando[11] una serie di confuse imprecazioni.
Marcovaldo era tutto soddisfatto, mai il vecchietto era stato così diritto e marziale[12]. Ma s'era fermato un vigile lì vicino e guardava con tanto d'occhi; Marcovaldo prese Rizieri sottobraccio e s'allontanò fischiettando.
Rincasò con un'altra vespa nel barattolo. Convincere la moglie a farsi la puntura non fu affare da poco, ma alla fine ci riuscì. Per un po', se non altro, Domitilla[13] si lamentò solo del bruciore della vespa.
Marcovaldo si diede a catturare vespe a tutt'andare. Fece un'iniezione a Isolina, una seconda a Domitilla, perché solo una cura sistematica poteva recare giovamento. Poi si decise a farsi pungere anche lui. I bambini, si sa come sono, dicevano: – Anch'io, anch'io – ma Marcovaldo preferì munirli di barattoli[14] e indirizzarli alla cattura di nuove vespe, per alimentare il consumo giornaliero.
Il signor Rizieri venne a cercarlo a casa; era con lui un altro vecchietto, il cavalier Ulrico, che trascinava una gamba e voleva cominciare subito la cura.
La voce si sparse; Marcovaldo ora lavorava in serie: teneva sempre una mezza dozzina di vespe di riserva, ciascuna nel suo barattolo di vetro, disposte su una mensola. Applicava il barattolo sulle terga[15] dei pazienti come fosse una siringa, tirava via il coperchio di carta e, quando la vespa aveva punto, sfregava col cotone imbevuto d'alcool, con la mano disinvolta d'un medico provetto[16]. Casa sua consisteva d'una sola stanza, in cui dormiva tutta la famiglia; la divisero con un paravento improvvisato, di qua sala d'aspetto, di là studio. Nella sala d'aspetto la moglie di Marcovaldo introduceva i clienti e ritirava gli onorari. I bambini prendevano i barat-

toli vuoti e correvano dalle parti del vespaio a far rifornimento. Qualche volta una vespa li pungeva, ma non piangevano quasi più, perché sapevano che faceva bene alla salute.
Quell'anno i reumatismi serpeggiavano tra la popolazione come i tentacoli d'una piovra; la cura di Marcovaldo venne in grande fama; e al sabato pomeriggio egli vide la sua povera casa invasa d'una piccola folla d'uomini e donne che si premevano una mano sulla schiena o sui fianchi, alcuni dall'aspetto cencioso di mendicanti, altri con l'aria di persone agiate, attratti dalla novità di quel rimedio.
– Presto – disse Marcovaldo ai suoi tre figli maschi – prendete i barattoli e andatemi ad acchiappare più vespe che potete.
I ragazzi andarono.
Era una giornata di sole, molte vespe ronzavano nel corso. I ragazzi erano soliti dar loro la caccia un po' lontano dall'albero in cui era il vespaio, puntando sugli insetti isolati. Ma quel giorno Michelino[17], per far presto e prenderne di più, si mise a cacciare proprio intorno all'imboccatura del vespaio. – Così si fa – diceva ai fratelli e cercava di acchiappare una vespa cacciandole sopra il barattolo appena si posava. Ma quella ogni volta volava via e ritornava a posarsi sempre più vicino al vespaio. Ora era proprio sull'orlo della cavità del tronco e Michelino stava per calarle sopra il barattolo, quando sentì altre due grosse vespe avventarglisi contro come se volessero pungerlo al capo. Si schermì[18], ma sentì la trafittura dei pungiglioni e, gridando dal dolore, lasciò andare il barattolo. Subito, l'apprensione[19] per quel che aveva fatto gli cancellò il dolore: il barattolo era caduto dentro la bocca del vespaio. Non si sentiva più nessun ronzio, non usciva più nessuna vespa; Michelino senza la forza neppure di gridare, indietreggiò d'un passo, quando dal vespaio scoppiò fuori una nuvola nera, spessa, con un ronzio assordante: erano tutte le vespe che avanzavano in uno sciame infuriato!
I fratelli sentirono Michelino cacciare un urlo e partire correndo come non aveva mai corso in vita sua. Pareva andasse a vapore, tanto quella nuvola che si portava dietro sembrava il fumo d'una ciminiera.
Dove scappa un bambino inseguito? Scappa a casa! Così Michelino.
I passanti non avevano il tempo di capire cos'era quell'apparizione tra la nuvola e l'essere umano che saettava[20] per le vie con un boato misto a un ronzio.

**17 Michelino**: uno dei figli di Marcovaldo.
**18 Si schermì**: si riparò.
**19 apprensione**: timore, paura.
**20 saettava**: correva veloce come un fulmine.

Marcovaldo stava dicendo ai suoi pazienti: – Abbiate pazienza, adesso arrivano le vespe – quando la porta s'aperse e lo sciame invase la stanza. Nemmeno videro Michelino che andava a cacciare il capo in un catino d'acqua: tutta la stanza fu piena di vespe e i pazienti si sbracciavano nell'inutile tentativo di scacciarle e i reumatizzati facevano prodigi d'agilità e gli arti rattrappiti[21] si scioglievano in movimenti furiosi.
Vennero i pompieri e poi la Croce Rossa. Sdraiato sulla sua branda all'ospedale, gonfio irriconoscibile dalle punture, Marcovaldo non osava reagire alle imprecazioni che dalle altre brande della corsia gli lanciavano i suoi clienti.

adatt. da I. Calvino, *Marcovaldo*, Einaudi

**21 rattrappiti**: irrigiditi e deformati dal dolore.

## Rispondi

### La struttura

**1 Che cosa interrompe la situazione di equilibrio iniziale?**

- ☐ Marcovaldo porta un articolo di giornale al signor Rizieri
- ☐ Il signor Rizieri dice di avere i reumatismi
- ☐ Marcovaldo e il signor Rizieri mangiano insieme un panino
- ☐ Il signor Rizieri legge sul giornale che esiste un sistema per guarire i reumatismi con il veleno delle vespe

**2 Individua quale aspetto utile a creare la comicità della storia viene ripetuto nel testo.**

- ☐ Andare più volte nel parco
- ☐ Incontrare molte volte il signor Rizieri
- ☐ Catturare le vespe per usarle come "cura" contro i reumatismi
- ☐ "Curare" le persone affette dai reumatismi

### I personaggi

**3 Quale personaggio è descritto in modo caricaturale?**

- ☐ Michelino che viene rincorso dalle vespe
- ☐ Marcovaldo, che è ingenuo e pasticcione, ma si comporta come se fosse esperto di medicina
- ☐ Il signor Rizieri che ha i reumatismi
- ☐ I clienti di Marcovaldo pieni di dolori

**4 Quale funzione hanno gli altri personaggi della storia oltre al protagonista Marcovaldo?**

- ☐ Sono protagonisti insieme a lui della storia
- ☐ Sono secondari e risultano coinvolti nelle strane azioni del protagonista
- ☐ Costituiscono di volta in volta l'antagonista di Marcovaldo
- ☐ Creano danni ai quali Marcovaldo deve riparare

## Caratteristiche del genere

**5 Il racconto prende spunto da una situazione reale o almeno verosimile?**

☐ Sì, perché riguarda una scoperta medica nota
☐ No, perché si parla di persone e situazioni del tutto irreali
☐ Sì, perché si svolge in un parco e in un appartamento di città con persone reali
☐ No, perché la cura dei reumatismi non può essere effettuata senza la presenza di un medico

**6 Quale azione di Marcovaldo fa cambiare la "normalità" dei fatti descritti dalla storia e inizia l'avventura comica?**

☐ Cattura una vespa che sente ronzare mentre cammina
☐ Crede in modo troppo letterale al fatto che il veleno delle vespe guarisca i reumatismi
☐ Fa la prima "puntura" di vespa al signor Rizieri
☐ Mangia un panino sulla panchina del parco

**7 Quali meccanismi del comico puoi rintracciare nel racconto?**

☐ La ripetizione nel continuare a catturare vespe
☐ L'assurdo nel credere che le vespe curino i reumatismi
☐ La ripetizione nel continuare a catturare vespe, l'errore nel credere che curino e l'esagerazione nella costruzione dell'ambulatorio
☐ Il contrario di ciò che ci si aspetterebbe quando Marcovaldo comincia a catturare le vespe

**8 Come definiresti il ritmo della narrazione?**

☐ Piuttosto rapido
☐ Molto lento
☐ Prima lento e poi via via più veloce
☐ Costante

**9 Come si presenta il finale del racconto?**

☐ Inatteso
☐ Negativo
☐ Positivo: si è ristabilita la stessa situazione di partenza
☐ Scontato

## Che cos'è il genere comico

**10 Dalle caratteristiche generali del testo, possiamo dire che è "comico" perché:**

☐ il protagonista è sciocco
☐ la situazione non si spiega con la logica e perciò è ridicola
☐ presenta una situazione reale o verosimile nella quale si inserisce un elemento che "esagera" la realtà e la deforma comicamente
☐ è un testo ricco di giochi di parole e di personaggi caricaturali

# Galileo

Quando Galileo, osservando le oscillazioni del pendolo, per prima cosa andò a dare la notizia al Granduca.

– Eccellenza, – disse – ho scoperto che il mondo si muove.

– Ma davvero? – fece il Granduca meravigliato e anche un po' allarmato. – E come l'avete scoperto?

– Col pendolo.

– Accidenti! Colpendolo con che cosa?

– Come, con che cosa? Col pendolo e basta. Non c'era altro quando ho fatto la scoperta.

– Ho capito, ma colpendolo con che cosa? Con un oggetto contundente? Con un'arma? Con la mano?

– Col pendolo, soltanto col pendolo.

– Benedetto uomo, ho capito. Avete scoperto che il mondo si muove colpendolo. Cioè, che si muove quando lo si colpisce. Bisogna vedere con che cosa lo si colpisce. Non potete averlo colpito con niente! E ci vuole un bell'aggeggio per colpire il mondo e per farlo muovere.

Il grande astronomo e matematico si mise a ridere di cuore.

– Eccellenza, – disse – ma voi credete che "col pendolo" vada legato con "si muove". No, va legato con "ho scoperto". Col pendolo ho scoperto che il mondo si muove. L'ho scoperto, col pendolo.

– Colpendo il mondo, ho capito.

– Ma no, col pendolo. Col pendolo.

– Ma colpendo chi, allora e con che?

– Ma non colpendolo, col pendolo!

– Ma che modo di ragionare! Colpendolo, non colpendolo!

Insomma, dovette scriverglielo su un pezzo di carta. E dire che avrebbe chiarito tutto se avesse detto: "con il pendolo".

A. Campanile, *Galileo*, in *L'asino di Buridano*, Sansoni

## Dopo aver letto il testo rispondere alle domande, scegliendo una sola risposta

**A1 Galileo Galilei era un famoso:**

- A scrittore
- B orologiaio
- C astronomo e matematico
- D uomo politico

**A2 Nelle prime righe del testo che hai letto, Galilei:**

- A viene descritto fisicamente
- B viene descritto sia per le sue alte qualità morali che per quelle fisiche
- C non viene descritto
- D viene presentato solo attraverso le sue capacità intellettuali

**A3 Quando Galileo dice "*ho scoperto che il mondo si muove*" (riga 3) si riferisce a quale fenomeno?**

- A Alla considerazione che tutte le cose del mondo non stanno mai ferme
- B Al fatto che la Terra si muove al ritmo di un pendolo
- C Al movimento della Terra intorno al Sole; fino ad allora infatti si riteneva che essa stesse ferma al centro dell'universo
- D Ai terremoti

**A4 A che cosa si riferisce il pronome *lo* nella frase: "*Accidenti! Colpendolo con che cosa?*" (riga 7)?**

.................................................................................................................................

**A5 Che cosa vuole evidenziare Galileo nella sua comunicazione?**

- A Che ha osservato il pendolo per saperne di più del mondo
- B Che ha usato il pendolo per osservare
- C Che attraverso il pendolo ha capito che il mondo si muove
- D Che dedica al Granduca la sua scoperta

**A6 Se dovessi inserire una parola o un'espressione per collegare le seguenti frasi:**

a. "*Benedetto uomo, ho capito. Avete scoperto che il mondo si muove colpendolo*" (righe 13-14)
b. "*Bisogna vedere con che cosa lo si colpisce*" (righe 14-15)

**che cosa useresti?**

- A Però
- B Vediamo un po'
- C Perché
- D Dato che

**A7 Nella frase "*Come, con che cosa?*" (riga 8), quel *come* che cosa esprime?**

- A Esprime un dubbio su quanto espresso prima
- B Serve per un esprimere un paragone
- C Esprime la meraviglia dell'interlocutore
- D Ribadisce con forza quanto già espresso

**A8 Quale atteggiamento manifesta il Granduca riguardo la comunicazione di Galileo?**

- A Timore
- B Meraviglia
- C Incomprensione
- D Sospetto

**A9 Perché il Granduca pensa subito che Galileo stia dicendo "*colpendolo*" e non "*col pendolo*"?**

- A Perché è un uomo d'armi abituato alla violenza
- B Perché le due parole hanno lo stesso suono
- C Perché non sa niente degli studi di Galileo
- D Perché è sordo

**A10 Perché Galileo non si scompone per l'atteggiamento del Granduca, ma riprende puntualmente il discorso?**

- A Perché il Granduca è il suo Signore
- B Perché non capisce che il Granduca ha equivocato
- C Perché non ha fiducia nel Granduca
- D Perché capisce la sua buona fede

**A11** Nella frase: "*Eccellenza, disse, ma voi credete che 'col pendolo' vada legato con 'si muove'. No, va legato con 'ho scoperto'. Col pendolo ho scoperto che il mondo si muove. L'ho scoperto, col pendolo*" (righe 19-21), con quale verbo o espressione verbale sostituiresti *ho scoperto*?

..............................................................................................................................................

**A12** Galileo rinuncia a farsi capire dal Granduca?

- A No, perché gli deve rispetto
- B No, perché ha paura di lui
- C Sì, rinuncia e se ne va offeso
- D No, perché è divertito dall'equivoco

**A13** Galileo ha fatto la sua scoperta unicamente attraverso l'osservazione del pendolo? Trascrivi la frase del testo che risponde alla domanda.

..............................................................................................................................................

**A14** Quanto dura l'intera storia?

- A Pochi minuti
- B L'intera giornata
- C Qualche ora
- D Una notte

**A15** Tenendo presente tutta la storia, come definiresti Galilei?

- A Un uomo di spirito
- B Un uomo ostinato
- C Un uomo collerico
- D Un uomo aristocratico

## Quesiti grammaticali: una sola risposta corretta

**B1** Nella frase "*Non potete averlo colpito con niente*" (righe 15-16), *lo* è:

- A un pronome relativo
- B un pronome personale
- C un articolo determinativo
- D un articolo indeterminativo

**B2** In quale delle seguenti frasi c'è un verbo servile?

- A *"per prima cosa andò a dare la notizia al Granduca"*
- B *"Eccellenza, disse, ma voi credete che 'col pendolo' vada legato con 'si muove'"*
- C *"Il grande astronomo e matematico si mise a ridere di cuore"*
- D *"dovette scriverglielo su un pezzo di carta"*

**B3** Nella frase "*Non c'era altro quando ho fatto la scoperta*" (righe 8-9) il verbo *fare* è coniugato al:

- A passato remoto
- B trapassato prossimo
- C condizionale presente
- D passato prossimo

**B4** **Nella battuta di Galilei che va da "*Eccellenza*" a "*col pendolo*" (righe 19-21), *col pendolo* quale funzione logica ha?**

- A Complemento di modo
- B Complemento di mezzo
- C Complemento di compagnia
- D Complemento di causa

**B5** **In qualcuna delle seguenti frasi "*che*" ha funzione di pronome relativo?**

- A "*Ho scoperto che il mondo si muove*"
- B "*Ma voi credete che 'col pendolo' vada legato con 'si muove'*"
- C "*Ma che modo di ragionare!*"
- D "*Ma colpendo chi, allora e con che?*"

**B6** **Nella frase "*Ma davvero?, fece il Granduca meravigliato e anche un po' allarmato*" (righe 4-5) quale parola svolge la funzione di soggetto? Individuala e trascrivila.**

..............................................................................................................................

**B7** **Nelle frasi nelle quali il Granduca ripete "*colpendolo*" la parola è intesa come un verbo nella seguente forma:**

- A indicativo presente attivo
- B congiuntivo presente attivo
- C infinito presente attivo
- D gerundio presente attivo

**B8** **Nella frase "*Insomma, dovette scriverglielo su un pezzo di carta*" (riga 27) il soggetto del verbo *dovette* è:**

- A sottinteso
- B non c'è perché il verbo è impersonale
- C è espresso dal verbo "*scrivere*"
- D "*pezzo di carta*"

**B9** **Nella frase "*E ci vuole un bell'aggeggio per colpire il mondo e per farlo muovere*" (righe 16-17) quale funzione svolge il pronome *lo*?**

- A Soggetto
- B Complemento oggetto
- C Complemento di termine
- D Attributo

**B10** **In queste frasi è contenuto un complemento di modo?**

- A "*Si mise a ridere di cuore*" (riga 18)
- B "*Ma non colpendolo, col pendolo!*" (riga 25)

# La Libreria dei Ragazzi di Torino consiglia:

Royce Buckingam,
*AAA Acchiappa-mostri cercasi*,
Salani

Bernard Friot,
*La mia famiglia e altri disastri*,
Il Castoro

Domenica Luciani,
*Mondo tarocco*,
Feltrinelli

Bianca Pitzorno,
*Polissena del Porcello*,
Mondadori

Josh Lieb,
*Sono troppo un genio del male*,
Rizzoli

**Due minuti in libreria**

## Chi ha trovato?

1. **Il personaggio più comico e quello più ironico?**
2. **Una situazione che scarta verso la comicità in modo imprevisto e riuscito?**
3. **Un meccanismo del comico: uno scambio, un equivoco, un'esagerazione, una ripetizione?**

### PHILOSOPHY

La riflessione dei filosofi talvolta definisce la comicità come un senso di liberazione da un obbligo, facendo ciò che normalmente non si può fare.

- Come definiresti, tu, la risata? Da che cosa nasce e che cosa provoca dentro di te?

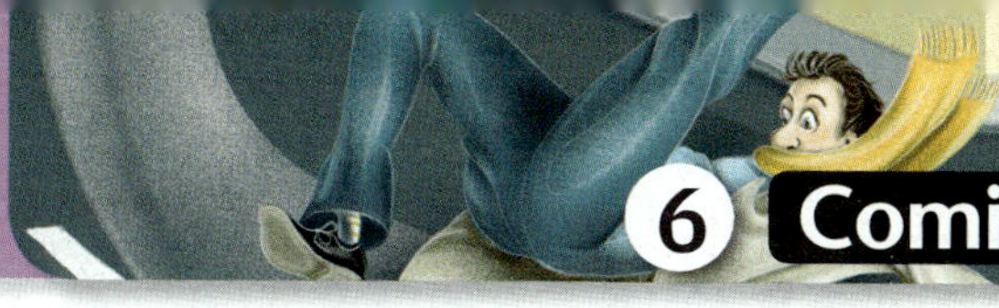



# L'Associazione Museo Nazionale del Cinema consiglia:

Oscar al miglior film straniero nel 1958, *Mon Oncle* ha come protagonista lo zio Hulot, personaggio bizzarro e anticonformista interpretato dallo stesso Jacques Tati, intento a "salvare" il nipote Gérard dall'inesorabile monotonia impostagli dai genitori. Nonostante la tenacia con cui i due tentano di osteggiare l'influenza di Hulot sul giovane, questi finirà per farsi contagiare dalla semplicità e dalla vitalità dello zio.

**Mon Oncle**
Francia, 1958
diretto da Jacques Tati
120 min.

- A tuo avviso, quale aspetto della personalità di Hulot permette al ragazzino un'occasione di evadere dalla severità dei genitori?
- Secondo te, l'approccio più leggero e spensierato dello zio ha un valore educativo?

Dopo essere rimasti in panne con l'auto in una stradina di campagna, il bidello Mario e l'insegnante Saverio trovano rifugio in una locanda nella quale passano la notte; l'indomani al risveglio, i due scopriranno di trovarsi in un borgo chiamato Frittole nell'anno 1492. Durante il sorprendente salto temporale, i due si imbatteranno in svariati personaggi, tra cui Leonardo da Vinci al quale cercheranno di suggerire alcune possibili invenzioni. Inedita collaborazione per il grande schermo tra Troisi e Benigni.

**Non ci resta che piangere**
Italia, 1984
diretto da Massimo Troisi e Roberto Benigni
125 min.

- Quale espediente narrativo rende ancora più comico il salto temporale in cui sono coinvolti i due protagonisti?
- Quali meccanismi del comico hai riconosciuto nel film?

Ambientato a Roma nel secondo dopoguerra, il film narra l'improbabile amicizia fra il piccolo truffatore Ferdinando Esposito e il brigadiere Lorenzo Bottoni che, per non perdere il posto, deve catturarlo. Dopo numerosi inseguimenti, i due si scopriranno accomunati dagli stessi problemi e finiranno per aiutarsi a vicenda. Interpretato da Totò e Aldo Fabrizi, il film è un concentrato di comicità e realismo che segna una delle più celebri collaborazioni fra i registi Mario Monicelli e Steno.

**Guardie e ladri**
Italia, 1951
diretto da Mario Monicelli e Steno
101 min.

- Cosa unisce i due personaggi, così distanti all'inizio del film?
- A tuo avviso, la marcata comicità dei due attori è in contrasto o meno con la drammaticità del periodo storico?

# PAGINE LABORATORIO

# Il narratore è come un regista

**Abilità**

leggere

scrivere

# ABILITÀ E COMPETENZE

## Chi racconta?

Impariamo a... riconoscere il punto di vista dell'autore

## Il narratore come regista

Impariamo a... riconoscere il narratore utilizzato in un testo

Impariamo a... cambiare il narratore in un testo

# Chi racconta?

Quando si legge o si ascolta una storia si segue naturalmente il filo della narrazione, vedendo svolgersi degli eventi attraverso gli occhi di chi sta raccontando. Nella storia di Cappuccetto Rosso per esempio, siamo abituati a seguire la narrazione attraverso gli occhi della bambina dalla mantellina rossa. E se invece a raccontare fosse un altro personaggio e raccontasse la vicenda guardandola dal suo punto di vista? Cambierebbe qualcosa?

## Il lupo, la nonna e Cappuccetto Rosso

La foresta era la mia casa e ne avevo cura. Un giorno di sole vidi una ragazzina che scendeva lungo un sentiero portando un cestino.

Nella tradizione, il **lupo** viene rappresentato come un animale incapace di buoni sentimenti. Qui invece cerca di convincere il lettore che è un animale gentile.

Sospettai subito di lei perché vestiva in modo buffo, tutta in rosso con la testa coperta come se non volesse farsi riconoscere. Mi fermai per controllare chi fosse. Mi raccontò che stava andando a casa della nonna a portarle il pranzo. Mi sembrò una persona onesta, ma si trovava nella mia foresta e certamente appariva sospetta.

Invertendo ancora la tradizione il lupo presenta qui **Cappuccetto Rosso** come una persona sospetta e sostanzialmente inaffidabile che usa anche il suo abito come un camuffamento.

Così mi decisi a insegnarle quanto era pericoloso attraversare la foresta e vestita in modo così buffo. La lasciai e corsi alla casa di sua nonna. Quando vidi quella simpatica vecchietta, le spiegai il mio problema e lei acconsentì che sua nipote aveva bisogno di una lezione. Fu d'accordo con lo stare fuori casa fino a che non l'avessi chiamata.

Il lupo racconta della sua intenzione di dare una lezione a Cappuccetto cercando di insegnarle di essere più accorta e meno esposta ai rischi. Dice inoltre di essersi accordato con la **nonna** di Cappuccetto che di buon grado si presta alla scenetta che insieme allestiscono.

Quando arrivò la ragazza, la invitai in camera da letto, mentre io mi ero coricato vestito come sua nonna. La ragazza, tutta bianca e rossa, entrò e disse qualcosa di poco simpatico sulle mie grosse orecchie. Feci del mio meglio suggerendole che le mie grosse orecchie mi avrebbero permesso di udire meglio. Ma lei fece un altro commento sui miei occhi sporgenti. Adesso puoi immaginare quello che cominciai a provare per questa ragazza che mostrava

Cappuccetto Rosso viene descritta dal lupo come una ragazza impertinente e antipatica tanto da rendere giustificata la sua esagerata reazione dopo l'ennesimo insulto riguardante il suo aspetto fisico.

un aspetto così carino ma che era una bella antipatica. Le dissi che i miei grossi occhi mi servivano per vederla meglio. L'insulto successivo mi ferì veramente. Ho infatti il problema dei denti grossi e quella ragazzina fece un commento insultante riferito a loro. Saltai giù dal letto e ringhiai che i miei denti mi sarebbero serviti per mangiarla meglio.

Quella pazza di una ragazza cominciò a correre per la casa urlando, con me che la inseguivo cercando di calmarla. Improvvisamente la porta si aprì di schianto ed ecco un grosso guardiacaccia con un'ascia. C'era una finestra aperta dietro di me e scappai fuori. Quella nonna non raccontò mai la mia versione della storia. Poco dopo cominciò a circolare la voce che ero un tipo cattivo e antipatico e tutti cominciarono a evitarmi. Dopo quel fatto non ho più vissuto felicemente.

La situazione scappa di mano al lupo, il quale vede nella fuga la sua unica possibilità di salvezza. Ma ahimè questa fuga genera un equivoco che nel tempo getterà un'ombra incancellabile sulle sue buone intenzioni.

da L. Fearn,
*Tecniche di animazione*, SEI

Avrai sicuramente notato quanto questa fiaba si discosti da quella che probabilmente conosci tu. Ovvero, gli **eventi narrati sono gli stessi**, però in realtà tutto è cambiato. Che cosa ha reso possibile questo cambiamento? Nella fiaba tradizionale a narrare la storia è l'autore, Charles Perrault, non certo dal punto di vista del lupo, ma, semmai, da quello di Cappuccetto Rosso. In quel caso Cappuccetto Rosso costituisce l'elemento positivo mentre il lupo l'elemento negativo. **Qui invece è il lupo stesso a narrare la vicenda, naturalmente dal suo punto di vista; perciò si presenta come vittima delle sue buone intenzioni**, mentre tocca a Cappuccetto Rosso il ruolo della ragazzina indisponente e disobbediente, responsabile della cattiva opinione che la gente ha del lupo.

Quando si legge un testo, dunque, bisogna fare attenzione a due elementi, che a volte si possono sovrapporre: uno è il **narratore** (che talvolta coincide con l'autore, talvolta con un personaggio della storia); l'altro è il **punto di vista** (che coincide con lo sguardo di chi narra la vicenda).

IMPARIAMO A...

# Riconoscere il punto di vista dell'autore

**1** **Leggi con attenzione questi due testi che raccontano la vita del Nord America nell'Ottocento vista dalla parte dei nativi americani e da quella dei bianchi che colonizzarono il continente.**

A.

## Parla Alce Nero

Avevo ormai dieci anni e quell'inverno vidi per la prima volta un Wasichu (*bianco*). Pensai che tutti sembravano malati e temevo che in qualsiasi momento ci avrebbero attaccati, ma poi mi abituai alla loro presenza. Capivo che i Wasichu non si curavano gli uni degli altri Wasichu come faceva la mia gente prima che il cerchio della nazione fosse spezzato. Ognuno prendeva all'altro tutto quello che poteva. C'erano alcuni che avevano più di quanto potesse servire loro, e moltitudini di altri che non avevano proprio niente e forse morivano di fame. Avevano dimenticato che la terra era la loro madre. Questo non poteva essere certo una vita migliore di quella antica della mia terra. [...]
La fame ritornava spesso tra di noi perché buona parte di quello che il Grande Capo a Washington ci mandava probabilmente lo rubavano i Wasichu che erano pazzi per il denaro. C'erano molte menzogne, non le potevamo mangiare...

rid. da J.C. Neihardt, *Alce Nero parla*, Adelphi

B.

# Un racconto di ordinaria violenza

Durante il mese di agosto 1878, Dan Croocks e Boone Helm furono uccisi nella Valle Rotonda a quel tempo completamente abitata presumibilmente dagli indiani Mangiapecore dato che non c'erano all'epoca altre tribù in quel territorio. I loro corpi vennero scoperti e sepolti da un distaccamento del secondo Fanteria proveniente dal campo Howard vicino a Grangeville dove vivevano i genitori di Croocks. Il motivo di queste uccisioni non saranno mai conosciuti. I primi mesi della primavera 1879, gli indiani Mangiapecore inaugurarono una nuova campagna di uccisioni e razzie. […]

In marzo o aprile 1879 le ostilità culminarono nell'assassinio dei minatori Johnson e Peter Dorsey. Questi due uomini frequentemente visitavano il camp Warren per le provviste e la posta e dato che da tempo nessuno li aveva più visti, qualcuno pensò di fare ricerche per conoscere le cause della loro assenza. […] In un campo nelle vicinanze trovarono i corpi di Johnson e Dorsey in stato di decomposizione, con ferite d'arma da fuoco. Furono scoperte tracce della presenza di indiani e le circostanze diedero l'assoluta sicurezza che erano stati uccisi dai Pellerossa.

rid. da A.F. Parker, *Forgotten tragedies of an Indian war*, Boulder (trad. D. Cei)

**2** **Nel primo testo un nativo dell'America del Nord parla dei bianchi. Nel secondo un bianco parla dei nativi americani. Leggi con attenzione e completa la tabella:**

| Punto di vista dei nativi americani | Punto di vista dei bianchi colonizzatori |
|---|---|
| Il nome con cui indichiamo i bianchi è WASICHU | Noi chiamiamo i nativi così ~~PELLEROSSA~~ MANGIAPECORE |
| Guardando i bianchi pensiamo che SIANO MALATI ED EGOISTI | Guardando i nativi pensiamo che SIANO COME SCHIAVI Aggressivi |
| I bianchi trattano noi indiani in questo modo SFIDANDOCI E MALTRATTANDOCI | I nativi si comportano con noi in questo modo SPIETATO E COME SE FOSSIMO OSPITI MALGRADITI |
| I bianchi hanno soprattutto questi difetti PENSANO SOLO AL DENARO | Noi pensiamo che i nativi inaugurano UNA NUOVA CAMPAGNA DI UCCISIONI E RAZZIE. |
| Noi, nativi americani consideriamo la terra come NOSTRA MADRE | Riguardo al territorio i nativi trattano noi bianchi che lo attraversiamo IN MODO SPREGEVOLE |
| Noi soffriamo la fame perché LORO RUBANO LE NOSTRE RISORSE. | Noi non possiamo andare al campo per le provviste perché I PELLEROSSA HANNO UCCISO I DUE MINATORI PROPRIO LÌ. |

- **Dopo aver confrontato i due testi, rispondi:**
  - Ti pare che le opinioni di nativi americani e bianchi abbiano qualcosa in comune? Giustifica la tua opinione.
  - Ti pare che nativi americani e bianchi abbiano dei difetti in comune? Giustifica la tua opinione.
  - Qual è l'elemento che reputi più importante nel primo testo?
  - Qual è l'elemento che reputi più importante nel secondo?
- NO **Riscrivi la prima storia come narrata da un bianco colonizzatore.**
- NO **Riscrivi la seconda storia come narrata da un nativo americano.**
- NO **Avrai visto dei film che raccontano l'epopea del Far West. In questi film, secondo te:**
  - La storia viene sempre raccontata dal punto di vista dei nativi americani?
  - La storia viene sempre raccontata dal punto di vista dei bianchi colonizzatori?
  - La storia viene raccontata tenendo presente il punto di vista di entrambi i gruppi?
  - La storia viene raccontata solo dal punto di vista di chi la racconta?

**3** **Riscrivi una fiaba che conosci bene, cambiando il narratore e scegliendo il punto di vista del "cattivo", dell'antagonista, per far comprendere le sue ragioni, altrimenti nascoste. Racconta, per esempio, *Cenerentola* dal punto di vista delle sorellastre, *Biancaneve* dal punto di vista della matrigna, *La Bella Addormentata* dalla parte della strega.**

**4** **Sarà capitato anche a te di assistere a un episodio che può essere raccontato con ragioni diverse a seconda del punto di vista; scegli una delle situazioni proposte e racconta:**

- in classe c'è rumore, il professore alza gli occhi e punisce tutti: racconta la situazione a partire dal punto di vista dei ragazzi e da quello dell'insegnante;
- a casa c'è una festa con tanto di pranzo familiare: racconta la situazione con gli occhi di due invitati diversi, con il loro punto di vista;
- una gita scolastica per alcuni è un divertimento, per altri una fatica: racconta la situazione dal punto di vista di due allievi immaginari;
- sei alla partita finale del torneo di calcio della scuola e l'arbitro segna un rigore dubbio: racconta la situazione a partire dal punto di vista del difensore e dell'attaccante.

**5** **Osserva attentamente il quadro dell'artista olandese Maurits Cornelis Escher e poi, per poterlo interpretare, rispondi alle domande che seguono.**

- Qual è il soggetto del quadro?
- Quale storia viene narrata attraverso le immagini?
- Tutti i soggetti hanno lo stesso colore?
- Quanti e quali sono i possibili punti di vista?
- Quale immagine percepisci per prima, osservando il quadro?
- Che cosa scopri in seguito?
- Quale titolo daresti a questo quadro?
- In merito all'argomento che siamo trattando, quale riflessione possiamo fare, partendo dalla lettura di questo quadro?

# Il narratore come regista

Abbiamo detto che diverse possono essere le tipologie di narratori e, parallelamente, vari i punti di vista. Approfondiamo adesso il discorso e proviamo a **paragonare il narratore a un regista di cinema**: che cosa cambierebbe se la cinepresa per riprendere venisse posizionata dal regista in luoghi diversi, in alto, al di sopra di tutti i personaggi oppure in basso, in mano al protagonista o, invece, a un personaggio secondario?
Proseguiamo il ragionamento partendo da alcuni esempi significativi.

## Lavoro

"'A iurnata è 'nu muorzo," la giornata è un morso, è la voce di mastr'Errico sulla porta della bottega. Io stavo già là davanti da un quarto d'ora per cominciare bene il primo giorno di lavoro. Lui arriva alle sette, tira la serranda e dice la sua frase d'incoraggiamento: la giornata è un morso, è corta, diamoci da fare. Ai vostri comandi, gli rispondo, e così è andata. Oggi scrivo la prima notizia per tenere conto dei nuovi giorni. Non sto più a scuola. Ho fatto tredici anni e babbo mi ha messo a lavorare.

da E. De Luca, *Montedidio*, Feltrinelli

In un caso come questo:

- **il punto di vista** (o focalizzazione) **e il protagonista coincidono;**
- il narratore è situato **all'interno della storia di cui è anche il protagonista;**

Quando, nella narrazione, si verifica una situazione del genere, si dice che il **narratore è interno al testo**. Un **narratore interno** al testo propone al lettore una visione della vicenda molto caratterizzata dalla prospettiva da cui egli stesso guarda gli avvenimenti.

Leggi ora questo secondo testo; a parlare è una giornalista che intervista Carla Voltolina, moglie di Sandro Pertini, Presidente della Repubblica dal 1978 al 1985.

# Un incontro

Vado alla stazione di Santa Maria Novella a prenderla. Il suo treno è stranamente in anticipo. La vedo sulla pensilina che trascina verso l'uscita un trolley verde bottiglia mentre cerco di colmare la distanza che ci divide per non dare di me l'impressione di una che arriva tardi agli appuntamenti. In tutto il settennato[1] di suo marito è apparsa poco o niente in pubblico. Però la riconosco subito: è una donna alta, robusta che indossa un camicione dai colori allegri come le africane.
Le porgo la mano presentandomi e chiamandola signora Pertini.
– Mi chiami Carla – dice.
Dentro di me sento che non ci riuscirò perché è tanto più grande di me, perché è stata la moglie del grande presidente Pertini, oltre che una partigiana. Insomma, i motivi non mancano.
Siccome vede che esito, ripete: – Non abbia paura, ragazza mia. Carla va benissimo. Non mi piacciono le cerimonie. Intanto che andiamo, mi esporrà la sua idea.
Carla cammina dritta e sicura di sé fino alla macchina che ci attende fuori della stazione e solo sedendosi si permette un sospiro di sollievo.
Le consegno una copia del lavoro che ho appena finito. Le chiedo timidamente un'opinione. Sembra non dar peso alle mie carte. Mi lancia invece uno sguardo severo, ma diretto, quasi a misurare la mia capacità di rapportarmi con gli esseri umani, anziché la mia professionalità.

*Ritratto di Carla Voltolina*, scritto da D. Cei

**1 settennato**: è il periodo di sette anni, in cui dura in carica ciascun presidente della Repubblica italiana.

Anche in questo secondo caso **il narratore è interno, ma non è il protagonista**, è piuttosto un testimone, **un personaggio secondario**. Come nel caso precedente, il **narratore ha una conoscenza limitata di ciò che avviene, il suo punto di vista è limitato e parziale**. Il narratore interno infatti non sempre sa che cosa è accaduto, gli accade o gli accadrà.

Leggi ora il testo che segue, che presenta ancora un caso diverso dai precedenti e vedrai che la situazione diventa via via più complessa.

# La tempesta

In un tardo pomeriggio di mezzo settembre, il giovane architetto Luca Sebastiani stava fermo davanti all'ingresso di un cinematografo, incerto se entrare o no. Fosse il tempo oltremodo afoso e insieme rannuvolato che, infondendogli un'irrequieta spossatezza, gli impediva di dedicarsi a qualsiasi operazione; fosse la stanchezza degli ultimi due mesi durante i quali aveva lavorato senza mai interrompersi né concedersi alcuno svago; egli si sentiva in quelle condizioni di nervosismo, di inappetenza e di oppressione, delle quali, similmente alla scura nuvolaglia che da più giorni pesava sulla città e soltanto la violenza di un temporale avrebbe potuto dissipare, intuiva che sarebbe stato vano sperare di uscire se non con qualche crisi violenta e salutare; e intanto il meglio da fare era non far nulla e cercare di distrarsi in attesa della catastrofe incombente.

adatt. da A. Moravia, *La tempesta*, Bompiani

Il narratore è **esterno** al racconto ma è come se fosse il personaggio di cui sta parlando; potrebbe essere l'architetto Sebastiani a dire che si trova in una situazione di tensione che non riesce a calmare. In situazioni come questa:

- il **narratore è esterno, ma assume il punto di vista di un** determinato **personaggio**;
- esprime le sue stesse **conoscenze** e trasmette a chi legge le sue stesse **emozioni**.

Arriviamo all'ultimo caso da considerare. Partiamo, come sempre, da un testo.

# Un invito a cena

L'ingresso buio era attraversato da fasci di luce polverosa, provenienti dalle alte finestre. Nell'oscurità, i dipinti a olio che decoravano i muri erano pressoché invisibili. La calura estiva era quasi una presenza fisica.

– Annuncerò che siete qui – disse Sherlock a Crowe.

– Non ce n'è bisogno – mormorò Crowe. – Qualcuno lo sa già – continuò, facendo un cenno del capo in direzione della scala: una sagoma scura era spuntata dall'ombra. Indossava un abito nero e aveva i capelli corvini: un netto contrasto con il candore della pelle.

– Signor Crowe – lo salutò la governante. – Non credo proprio che l'aspettassimo.

– Tutti parlano della generosa ospitalità di casa Holmes – replicò l'americano in tono solenne – e del cibo delizioso che offre ai viandanti. E per di più, come potevo rinunciare all'opportunità di rivedervi, signora Eglantine?

adatt. da A. Lane, *Young Sherlock Holmes. Fuoco ribelle*, De Agostini

Dove si trova in questo caso il narratore? Se ci fosse il regista di cui abbiamo parlato, dove avrebbe collocato la sua cinepresa? Nelle mani di Sherlock, oppure in quelle di Crowe o, ancora, in quelle di miss Eglantine? L'impressione è piuttosto che **la cinepresa sia nelle mani di qualcuno esterno alla scena**, che vede tutto ma non vi partecipa.

In questo caso si dice che:

- il **narratore è esterno**;
- è **onnisciente**, cioè conosce tutto quello che fanno, faranno, pensano e penseranno i personaggi della storia;
- **non si identifica con un personaggio**, perciò la storia viene raccontata da un punto di vista oggettivo.

Quando la storia segue questo schema narrativo è più facile che l'autore faccia ricorso a **salti temporali (analessi e prolessi)** proprio perché il narratore, coincidendo con l'autore stesso, ha la piena conoscenza di quello che avviene nella vicenda.

## IN SINTESI

**Il punto di vista perciò può essere:**

- **interno** — **quando è il personaggio principale a narrare la vicenda;**
  **quando è un personaggio secondario, a narrare la vicenda;**
  **quando chi racconta si immedesima con uno dei personaggi, specialmente con il protagonista.**
- **esterno** — **quando chi narra è al di fuori della storia narrata, sa già ogni cosa (onnisciente)**

IMPARIAMO A...

# Riconoscere il narratore utilizzato in un testo

(1) **Leggi i testi che seguono e riconosci di volta in volta quale tipo di narratore è stato scelto.**

## La prima notte

Lo svegliarsi la prima notte in carcere è cosa orrenda! – Possibile! – dissi ricordandomi dove io fossi – possibile! Io qui? E non è ora un sogno il mio? Ieri dunque m'arrestarono? Ieri mi fecero quel lungo interrogatorio, che domani, e chi sa fin quando dovrà continuarsi? Ieri sera, avanti di[1] addormentarmi, io piansi tanto, pensando a miei genitori?
Il riposo, il perfetto silenzio, il breve sonno che aveva ristorato le mie forze mentali, sembravano avere centuplicato in me la forza del dolore.

da S. Pellico, *Le mie prigioni*, Mondadori

**1 avanti di**: prima di.

• Quale tipo di narratore c'è nel testo? INTERNO ED È IL PROTAGONISTA

## Che freddo!

Il freddo ha mille forme e mille modi di muoversi nel mondo: sul mare corre come una mandria di cavalli, sulla campagna si getta come un sciame di locuste, nelle città come lame di coltello taglia le vie e infila le fessure delle case non riscaldate. A casa di Marcovaldo quella sera erano finiti gli ultimi stecchi, e la famiglia, tutta incappottata, guardava nella stufa impallidire le braci, e dalle loro bocche le nuvolette salire a ogni respiro. Non dicevano più niente; le nuvolette parlavano per loro: la moglie le cacciava lunghe lunghe come sospiri, i figlioli le cacciavano assorti come bolle di sapone, e Marcovaldo le sbuffava verso l'alto a scatti come lampi di genio che subito svaniscono.

da I. Calvino, *Il bosco sull'autostrada*, in *Racconti*, Einaudi

• Quale tipo di narratore c'è nel testo? ESTERNO E ONNISCENTE

# L'arrivo del parroco

Arrivò con la sua vecchia automobile, una Citroën DS, ereditata dal padre. L'auto aveva un unico sedile anteriore, di pelle marrone, e il volante era grande quanto quello di un camion. Scese dinanzi al sagrato della chiesa, aveva viaggiato tutta la notte. In giro non c'era nessuno. Due leoni di marmo reggevano le colonne all'ingresso dell'edificio. Fece qualche passo, fino al portale. Toccò la pietra fredda, poi guardò la piazza, era da poco passata l'alba. Solo qualche rumore di stoviglie, gli sembrava di vederle quelle case, donne che preparavano il caffè e uomini che si alzavano, l'odore saturo della notte.

Un uomo vestito di nero attraversò la piazza in bicicletta. Era piccolo e con il naso schiacciato. Posò la bici e si avvicinò.

– Sono Lagrasta Nicola.
– Buongiorno.
– Sono il sagrestano.
– Ah.
– Siete voi il nuovo parroco?
– Sì.
– Don Lorenzo?
– Sono io.
– Siete arrivato con quella macchina?
– Sì.
– Benvenuto.

Dentro l'auto un nastro che andava. *Heart and Soul, Joy Division.*

da F. Carofiglio, *Radiopirata*, Marsilio

• Quale tipo di narratore c'è nel testo? ESTERNO

# Cambiare il narratore in un testo

1. Riscrivi il primo dei tre testi letti cambiando il tipo di narratore.
2. Riscrivi il secondo testo raccontando la vicenda dal punto di vista prima del cappellano, poi da quello dei marinai, utilizzando il narratore che ritieni più adatto allo scopo.
3. Riscrivi il terzo testo utilizzando come narratori, con diverso punto di vista, prima Lorenzo, poi agli abitanti del paese.

# 7 Emozioni

## Traguardi di competenza

- Interagire in modo efficace in diverse situazioni comunicative, attraverso modalità dialogiche rispettose delle idee degli altri
- Usare il dialogo per apprendere informazioni ed elaborare opinioni che non esprimono giudizi
- Usare il dialogo per collaborare con gli altri e per realizzare un progetto comune

## Obiettivi di apprendimento

- Ascoltare testi prodotti da altri offrendo un "ascolto accogliente"
- Intervenire in una discussione, di classe e di gruppo, con pertinenza, rispettando tempi, turni di parola ed elaborando una propria argomentazione

## Contenuti

- Le emozioni sono stati d'animo con prerogative proprie, che hanno grande importanza nella vita interiore
- Le emozioni possono sommarsi e divenire così complessi stati d'animo, che hanno significato e profondità
- È possibile comunicare le emozioni, esprimendo ciò che avviene dentro di sé: la letteratura in molti modi diversi aiuta a riconoscere gli stati d'animo e a rispecchiarsi in essi

# Per pensare e motivare

- L'attività di avvio dell'Unità prevede che vi confrontiate su quattro preferenze diverse all'interno di uno stesso argomento. Per esempio, se doveste discutere su qual è la stagione migliore dell'anno secondo i gusti della vostra classe, si tratterebbe di dividersi in quattro *corners*, ovvero in quattro gruppi di preferenza, tra **1** primavera, **2** estate, **3** autunno, **4** inverno. Sulla base di queste "preferenze" si avvierà poi un'attività di riflessione e di confronto. L'argomento di discussione oggi è **provare emozioni.** Qual è l'atteggiamento che sentite come più sincero dentro di voi? Scegliete tra: **1** "si deve esprimere sempre ciò che si prova"; **2** "non si deve mai esprimere ciò che si prova"; **3** "non conviene mai esprimere ciò che si prova"; **4** "dire ciò che si prova è da deboli".

- Prima di riunirvi con i compagni che hanno scelto il vostro stesso “angolo” (e ancora non sapete chi sono), scrivete su un foglio le ragioni che vi hanno fatto operare quella particolare scelta.

  Riflettete su:

  - che cosa motiva la vostra preferenza;
  - quali sono i sentimenti che provate;
  - esempi che ti vengono in mente a proposito dell’atteggiamento che avete scelto;
  - quali pensieri accompagnano la vostra preferenza.

  Se è più di una la preferenza per cui optereste, sceglietene una, quella che vi sembra più importante.
- Dividetevi ora nei quattro gruppi ai quattro angoli della classe, mettendovi in cerchio con le sedie. Ognuno spiegherà agli altri che cosa ha scritto e ascolterà i compagni: chi ha scelto lo stesso angolo, infatti non è detto lo abbia fatto per la stessa motivazione. In questa fase è importante il confronto con i compagni, sia nell’esprimersi con libertà, sia nell’accogliere le esperienze degli altri con attenzione.
- Al termine della discussione farete un breve riassunto per punti di tutte le opinioni-motivazioni espresse nel gruppo e infine un rappresentante del vostro “angolo” preparerà un resoconto per la classe.
- L’ultima fase del lavoro prevede che i quattro rappresentanti dei *corners* raccontino ciò che è accaduto all’interno del gruppo, facendo una relazione della discussione avvenuta. Tutti avranno quindi una “fotografia” delle diverse opinioni che sono presenti nella classe a proposito di uno stesso argomento, in modo condiviso e articolato, perché ogni parere ha più di una motivazione a sostenerlo.

## NELL’ANTOLOGIA TROVERAI

**nel testo**

### Le emozioni “primarie”

- **otto emozioni e la loro voce letteraria: tristezza, gioia, attesa, sorpresa, collera, paura, disgusto e accettazione/cura**

**pagine digitali** +

### Le emozioni miste

**Delusione** *di Gustave Flaubert*
**Spavento** *di Italo Calvino*

# Dare un nome alle emozioni

Quante volte vi siete visti nelle fotografie con le espressioni del volto più stravaganti? Sorrisi contenti al mare, facce sorprese per una festa, occhi tristi per una delusione, insomma sentimenti "che si vedono" e si provano nel profondo di se stessi. Tutte le esperienze che viviamo, infatti, sono accompagnate da uno stato d'animo e talvolta ciò che proviamo è davvero molto intenso. Tuttavia, è difficile dire con esattezza che cosa si è sentito, distinguendo se è più tristezza o nostalgia, più abbattimento o delusione, più serenità o appagamento, più gioia o soddisfazione. Insomma, provare emozioni è inevitabile, fa parte del nostro esistere, ma **dare un nome a ciò che si prova non è semplice**. L'avvio dell'Unità propone un breve percorso all'interno del proprio mondo emotivo, per riconoscerlo e incominciare a nominarlo, non solo nei confronti di se stessi ma anche degli altri.

## Tante emozioni per Henry e Mr Bones

di Paul Auster

leggere scrivere parlare

TESTO NARRATIVO

1 2 3 livello di difficoltà

**Mr Bones è un grande cane intelligente, cui è morto il padrone che lo ha cresciuto, Willy. Da quando è rimasto solo, Mr Bones ha cercato un nuovo riferimento, ma non è semplice trovare qualcuno che lo adotti: finito in mezzo alla rissa tra due bande di ragazzini, trova rifugio in un cespuglio, da dove viene stanato da un timido bambino cinese, Henry. I due iniziano un'amicizia fatta di passeggiate, giochi e chiacchiere allegre, ma anche di segreti, perché i genitori di Henry non vogliono un cane e Henry per questo dà di nascosto il cibo al suo amico a quattro zampe e lo fa dormire in uno scatolone di cartone, in fondo al giardino dietro la sua casa. La situazione, tra alti e bassi, va avanti tutta l'estate, ma purtroppo arriva il giorno in cui Henry deve tornare a scuola...**

Ma l'estate non era l'unica stagione dell'anno, e mentre per Henry si avvicinava il giorno di tornare a scuola, le tranquille giornate a passeggio, chiacchierando e facendo volare gli aquiloni nel parco, improvvisamente furono dietro le spalle. La notte prima di iniziare la sesta classe[1] Henry si costrinse a non dormire, restando a letto con gli occhi aperti finché fu sicuro che i suoi genitori si fossero addormentati. Poco dopo la mezzanotte, quando la via finalmente fu libera, discese furtivo dalla scala sul retro, arrivò in cortile ed entrò nello scatolone vicino a Mr Bones. Abbracciandolo e piangendo gli spiegò che d'ora in poi le cose sarebbero cambiate.

**1 sesta classe**: nel sistema scolastico americano la sesta classe è l'ultimo anno della scuola elementare.

– Questa mattina, quando si alza il sole, – disse Henry – il divertimento finirà. Sono proprio uno stupido. Dovevo trovarti un altro posto, qualcosa di meglio che questa scatola schifosa in questo cortile schifoso, e non l'ho fatto. Ci ho provato, ma nessuno mi ha aiutato, e adesso non c'è più tempo. Non avresti mai dovuto fidarti di me. Sono uno sfigato e rovino sempre tutto. È sempre stato così e sarà sempre così. Succede questo quando sei un vigliacco. Ho troppa paura di parlare di te con mio padre, e se lo scavalco e parlo con mamma, lei glielo dirà lo stesso, e le cose andranno ancora peggio. Tu sei il migliore amico che ho mai avuto, e sono stato capace solo di lasciarti in mezzo ai guai.

Mr Bones aveva soltanto una vaghissima idea di quello che Henry stava dicendo. Il bambino singhiozzava troppo forte perché le sue parole fossero comprensibili, ma dato che il flusso di sillabe smozzicate e di balbettamenti continuava, diventò sempre più ovvio che questo sfogo era qualcosa di più che un turbamento passeggero. C'erano dei problemi, e anche se Mr Bones non riusciva a immaginare di cosa si trattasse, l'amarezza di Henry incominciava a contagiarlo, e nel giro di pochi minuti l'assunse come propria. I cani sono così. Può darsi che non sempre afferrino tutte le sfumature dei pensieri dei loro padroni, ma sentono quello che loro sentono, e in questo caso non c'era dubbio che il giovane Henry Chow fosse in crisi nera.

Passarono dieci minuti, poi venti, poi mezz'ora, e rimasero lì seduti, bambino e cane, incastrati nell'ombra dello scatolone, il bambino che piangeva a dirotto, stringendo il cane tra le braccia, e il cane che per solidarietà guaiva, alzando ogni tanto la testa per leccare le lacrime dalla faccia del bambino.

Alla fine si addormentarono tutti e due. Prima Henry, poi il cane: e a dispetto della triste occasione, a dispetto dello spazio limitato e della poca aria nella scatola che rendeva difficile respirare, Mr Bones prese coraggio dal calore del corpo vicino, assaporando il piacere di non dover passare un'altra notte di terrore solo soletto nelle tenebre[2].

**2 solo ... tenebre**: Mr Bones era abituato a dormire sempre a fianco del suo padrone e a sentire il rassicurante calore del suo corpo. Dalla morte di Willy, Mr Bones non aveva trovato più nessuno vicino a sé per tranquillizzarlo con la sua protezione e per questo non era più riuscito ad abbandonarsi al sonno.

**3 tramestio**: rumore provocato da un movimento non ben distinto.
**4 anchilosati**: rattrappiti per essere stati fermi a lungo nella stessa posizione.

Per la prima volta da quando gli era stato portato via Willy, dormì sodo e profondo, senza timore dei pericoli che lo circondavano.
Spuntò l'alba. La luce rosea filtrò da una fessura nella scatola e Mr Bones si mosse sforzandosi di sciogliersi dall'abbraccio di Henry e allungare le membra. Seguì qualche secondo di urti e spinte, ma anche quando il cane si dimenò sbattendo contro le pareti del rifugio, il bambino continuò a dormire senza accorgersi del tramestio[3]. Era incredibile come potevano dormire i bambini, pensò Mr Bones, raggiungendo finalmente un punto in cui poteva flettere i muscoli anchilosati[4]; ma era ancora molto presto – le sei e qualche cosa – e per

## competenze alla prova

### LEGGO E...

#### ... COMPRENDO

1. **Perché Henry raggiunge Mr Bones nella scatola di cartone?**
   - ☐ Per dirgli che è stata l'estate più bella della sua vita
   - ☐ Per dirgli che l'indomani incomincerà la scuola e non potrà più stare con lui
   - ☐ Per proporgli di scappare
   - ☐ Per dormire con lui
2. **Henry è riuscito a dire ai suoi genitori della presenza di Mr Bones?**
3. **Dopo che Henry ha finito di piangere, che cosa fanno bambino e cane?**
   - ☐ Si separano e Henry torna a dormire in casa
   - ☐ Il cane si alza piano piano
   - ☐ Dormono abbracciati
   - ☐ Henry dorme nella scatola e Mr Bones fuori, per fare la guardia
4. **Chi dei due si sveglia per primo, Henry o Mr Bones?**

#### ... RICAVO DAL TESTO

5. **Da quale punto del testo si può ricavare che Mr Bones non è abituato a dormire da solo?**

#### ... ANALIZZO E INTERPRETO

6. **Perché Henry, parlando con Mr Bones, dice "*sono stato solo capace di lasciarti in mezzo ai guai*"?**
   - A che cosa fa riferimento?
7. **Che cosa significa "*assumere come proprio*" il sentimento provato da un altro (il testo lo dice dei cani rispetto agli uomini)?**
   - ☐ Immedesimarsi in ciò che prova un altro
   - ☐ Farsi spiegare molto nel dettaglio che cosa prova un altro
   - ☐ Togliere a un altro ciò che sta provando
   - ☐ Essere generosi con un'altra persona
8. **Compila la tabella assegnando a ciascuna emozione scritta nella colonna di sinistra il passo del testo in cui viene espressa. Segui l'esempio.**

| Emozione | Passo del testo |
|---|---|
| Attesa | Henry resta sveglio per raggiungere Mr Bones quando ormai i suoi dormono |
| Disperazione | |
| Senso di inadeguatezza | |
| Sfinimento | |
| Tenerezza | |
| Speranza | |

### ORA SCRIVO IO

9. **Nel testo che hai letto sono rappresentate tante emozioni diverse, alcune più intense, altre meno. Prova a raccontare due episodi, uno in cui hai vissuto un'emozione molto forte e una, invece, meno intensa: che cosa è accaduto e che cosa hai provato?**

come doveva essere esausto dopo la crisi di pianto della scorsa notte, probabilmente era inevitabile che Henry fosse ancora nel mondo dei sogni. Il cane osservò attentamente la faccia del bambino nella penombra tremolante – così tonda e liscia in confronto al vecchio muso barbuto di Willy – e guardò le minuscole bolle di saliva sgocciolargli dalla lingua e raccogliersi agli angoli della bocca semiaperta. Mr Bones sentì il cuore che traboccava di tenerezza. Capì che purché Henry restasse insieme a lui sarebbe stato felice di dormire in quella scatola per sempre.

da P. Auster, *Timbuctù*, Einaudi

## GIOCO DI SQUADRA

**10** **Il primo gioco di questa sezione ha lo scopo di prendere atto che si provano molte emozioni, per esempio nel corso di una giornata, e che variano di intensità.**

### FASE 1

**Ciascuno al suo posto, con molti colori a disposizione, proverà a pensare alla giornata appena passata: il gioco si chiama "il colore di ieri". Se credete, accompagnate l'attività con un tappeto sonoro che facilita la riflessione. L'insegnante vi aiuterà, scandendo le varie fasi attraverso quanto indicato qui di seguito.**

- Fate mente locale su come è trascorsa la giornata: con chi eravate? Che cosa stavate facendo? Chi era con voi? Qual è la sensazione che avete a riguardo della giornata?
- Immaginate un colore che può "riassumere" la giornata di ieri; non pensateci troppo a lungo, anzi: qual è il primo colore che vi viene in mente? Fate sparire tutte le altre immagini e riempite il vostro campo visivo solo con quel colore. Restate in silenzio un minuto in compagnia delle vostre sensazioni e del colore che avete immaginato.

### FASE 2

**Riempite la forma del cerchio sottostante con il colore che avete scelto, scrivendo una frase che lo "spieghi": che cosa rappresenta? Come mai proprio quel colore e non un altro riesce a esemplificare la sensazione che avevate in mente?**

..................................................................

..................................................................

..................................................................

..................................................................

### FASE 3

**Al termine del lavoro, chi si sente di farlo, può spiegare agli altri compagni quale colore ha scelto e perché. Chi ascolta è importante lo faccia in modo attento e senza giudizio, accogliendo l'espressione di chi parla con la stessa gentilezza di Mr Bones.**

# Che cosa provi? di Charlotte Brontë

leggere scrivere

parlare

TESTO NARRATIVO

1 2 3 livello di difficoltà

**Dopo essere stata punita severamente e ingiustamente, Jane Eyre, una bambina di circa nove anni, piange disperata e poi si sente male. La punizione che ha subito, infatti, è consistita nell'essere rinchiusa in una certa "stanza rossa" in cui, secondo lei, si trova il fantasma dello zio Reed, morto di recente; pur avendolo pregato di non apparire, quello invece le si presenta puntualmente. Jane si spaventa a morte, piange e urla, ma nessuno la fa uscire dalla stanza. Quando finalmente alla bambinaia, Bessie, viene dato il permesso di aprire la porta e portarla via da lì, Jane ha esaurito tutte le sue forze ed è in uno stato di abbattimento molto profondo. La viene a visitare il farmacista, il signor Lloyd, che la tratta con gentilezza e le fa alcune domande importanti. Jane è una bambina che vive a metà dell'Ottocento, ma dice parole che potrebbero essere vere anche per noi oggi.**

– Vieni signorina Jane: ti chiami Jane, vero?
– Sì, signore, Jane Eyre.
– Ma tu hai pianto, signorina Jane Eyre; sai dirmi perché? Ti fa male da qualche parte?
– No, signore.
– Oh – intervenne Bessie – forse piange perché non è potuta uscire in carrozza con la signora.
– No di certo! È troppo grande per questi capricci.
Anche io[1] ero di questo parere; e, sentendomi ferita nell'amor proprio da una falsa accusa, risposi subito: – Non ho mai pianto per una cosa simile in vita mia: detesto andare in carrozza. Piango perché sono molto infelice.
– Oh, andiamo, signorina!
Il farmacista sembrava perplesso. Io gli stavo in piedi davanti; mi guardò con molta attenzione: aveva gli occhi piccoli e grigi, non molto luminosi, ma immagino che adesso li giudicherei penetranti; aveva un viso dai lineamenti duri ma dall'espressione benevola. Dopo avermi guardata a lungo, chiese: – Che cosa vi ha fatto sentire male ieri?
– È caduta – spiegò Bessie intromettendosi di nuovo.
– Caduta! Ma come, è una cosa da bambini piccoli. Non sa camminare da sola alla sua età? Deve avere otto o nove anni.
– Mi hanno buttato per terra – mi affrettai a spiegare, punta nell'orgoglio –, ma non è stato questo che mi ha fatto piangere – aggiunsi mentre il signor Lloyd prendeva una presa di tabacco.
Stava rimettendo la tabacchiera nella tasca del panciotto, quando suonò il campanello per il pranzo della servitù; lui lo capì. – È per voi, bambinaia – disse. – Potete scendere. Ci penserò io a parlare con la signorina Jane fino al vostro ritorno.
Bessie avrebbe preferito rimanere, ma fu costretta da andare perché a Gateshead la puntualità ai pasti era osservata rigorosamente.
– Dunque non sei stata male per la caduta; per che cosa allora? – continuò Lloyd dopo la partenza di Bessie.

**1 io**: è Jane Eyre stessa a raccontare la situazione.

V. Serov, *Fanciulla con pesche*, Mosca, Galleria Tretyakov.

– Sono stata rinchiusa in una stanza dove c'è un fantasma, fino a notte.
Vidi il signor Lloyd sorridere e accigliarsi nello stesso tempo: – Un fantasma! Ma allora sei davvero una bambinetta. Hai paura dei fantasmi?
– Del fantasma del signor Reed sì: è morto in quella stanza, è stato composto nella bara in quella stanza. Né Bessie né gli altri ci entrano di notte se non ci sono costretti; è stato crudele rinchiudermi da sola, senza una candela, così crudele che non lo dimenticherò mai.
– Sciocchezze! È per questo che sei tanto infelice? Adesso, in pieno giorno, hai paura?
– No; ma fra poco tornerà la notte; e poi io sono infelice, molto infelice, per altre cose.
– Quali? Puoi dirmene qualcuna?
Quanto desideravo rispondere pienamente a quella domanda! E quanto era difficile dare una risposta! I bambini sentono, ma non sanno analizzare i loro sentimenti, e anche quando nella loro mente l'analisi in parte si compie, non sanno esprimere attraverso le parole il risultato del loro processo mentale. Temendo di perdere quella

prima e unica occasione di addolcire la mia pena condividendola con qualcuno, riuscii, dopo una breve pausa inquieta, a pronunciare una frase scarsamente carica di significato, ma in ogni caso vera.

– Tanto per cominciare, non ho né padre né madre, né fratelli né sorelle.

– Hai una zia affettuosa e dei cugini.

Tacqui di nuovo; poi lasciai che le parole venissero fuori da sole.

– Ma John Reed mi ha spinto per terra[2] – dissi – e la zia mi ha chiuso nella stanza rossa.

Per la seconda volta il signor Lloyd prese la tabacchiera.

– Non credi che Gateshead Hall sia una casa molto bella? – chiese. – Non sei contenta di vivere in un posto così bello?

– Non è casa mia, signore, e la Abbot[3] dice che ho meno diritto di una serva di starci.

– Via! Non sarai tanto sciocca da voler abbandonare un posto così bello?

– Se avessi un altro posto dove andare, sarei contenta di lasciarlo; ma non potrò andarmene da Gatesheas Hall finché non sarò una donna.

da C. Brontë, *Jane Eyre*, Mondadori

**2 mi … per terra**: Jane era stata punita perché aveva reagito all'aggressione del cugino John Reed. John l'aveva spinta per terra senza un motivo, solo per darle fastidio, e Jane si era ribellata. In conseguenza di questo, John aveva urlato di essere stato aggredito dalla "malvagia" Jane.

**3 Abbot**: le bambinaie di Gateshead Hall erano Bessie Lee e miss Abbott.

## competenze alla prova

### LEGGO E...

#### ... COMPRENDO

1. **Chi è il signor Lloyd?**
   - ☐ È un medico
   - ☒ È un farmacista, ma si comporta come se si trattasse di un medico
   - ☐ È un amico di famiglia
   - ☐ È un maestro, esperto di bambini
2. **Perché Jane ha paura della stanza rossa?**
3. **Jane è contenta di vivere nella grande casa in cui abita?**

#### ... RICAVO DAL TESTO

4. **Qual è la condizione familiare di Jane Eyre?**
   - ☐ È orfana e vive con una bambinaia
   - ☐ Non sa qual è la sua origine
   - ☒ È orfana e vive con la zia e i cugini
   - ☐ Vive con la sorella maggiore Bessie
5. **Da quanto dice il testo, puoi dedurre che Jane soffra di notti tormentate, da quando è stata rinchiusa nella stanza rossa?**

#### ... ANALIZZO E INTERPRETO

6. **Nella sequenza delle domande e risposte tra Jane e il farmacista vengono escluse innanzitutto le cause più banali del malessere di Jane: quali sono?**
7. **Quali domande del signor Lloyd invece, nella loro semplicità, aiutano Jane a capire qualcosa di più di ciò che le sta accadendo? Sottolineale sul testo.**
8. **Credi che Jane abbia guadagnato la stima del signor Lloyd? Giustifica la tua risposta.**

### ORA SCRIVO IO

9. **In un passaggio del testo Jane pensa: *"I bambini sentono, ma non sanno analizzare i loro sentimenti, e anche quando nella loro mente l'analisi in parte si compie, non sanno esprimere attraverso le parole il risultato del loro processo mentale"*. Credi di poter condividere questa osservazione di Jane? Spiega quello che pensi in proposito.**

## GIOCO DI SQUADRA

(10) Lo scopo del gioco è incominciare a dare un nome alle emozioni, comprendendo a quale stato d'animo corrispondono.

### FASE 1

Le emozioni hanno una stretta relazione con gli eventi che ciascuno di noi vive. Secondo gli studiosi è difficile dire se venga prima un fatto e poi un'emozione o viceversa se si viva prima un'emozione e poi ci si renda conto di che cosa la provoca. Se, cioè, uno prima veda un mostro e poi abbia paura o prima avverta la paura e dopo si renda conto che c'è un mostro. In ogni caso è importante capire che tante e varie sono le emozioni che siamo in grado di provare ed è altrettanto importante riconoscerle. La tabella che segue rappresenta la relazione tra eventi ed emozioni. La selezione delle emozioni presenti nello schema è stata fatta da un gruppo di psicologi che le hanno ritenute *"primarie"*, cioè in relazione immediata con una situazione che capita. Dividetevi in gruppi di quattro e leggete la tabella, provando a capire che cosa significano le singole voci; cercate di spiegarle tra voi e poi portate qualche esempio secondo la vostra esperienza.

| Evento | Emozione | Esempio |
|---|---|---|
| **Pericolo**<br>È presente la minaccia di un nemico o di un danno | **Paura** | Abbiamo provato paura quando...<br>infatti era presente la minaccia di... |
| **Ostacolo**<br>Un impedimento non permette di realizzare ciò di cui si ha bisogno | **Collera** | Quando i nostri fratelli mentono e danno a noi la colpa |
| **Acquisizione**<br>Si ottiene ciò che si desidera | **Gioia** | Quando abbiamo vinto una gara e ci hanno apprezzati. |
| **Perdita**<br>Non si ha più un sostegno o un bene | **Tristezza** | Quando prendiamo un brutto voto e ci sgridano. |
| **Beneficio**<br>Si riceve nutrimento, cura; si viene accolti o corteggiati | **Accettazione (cura)** | Quando si va in una nuova scuola e tutti ti vogliono. |
| **Nocività**<br>Si ha contatto con qualcosa di inutile o nocivo | **Disgusto** | Quando mangiamo qualcosa che non ci piace. |
| **Interesse**<br>Curiosità verso aspetti diversi | **Attesa** | Quando ci aspettiamo qualcosa di bello |
| **Novità**<br>Si presenta uno stimolo nuovo e improvviso | **Sorpresa** | Quando ci sorprendono con gesti che non ci aspettiamo. |

### FASE 2

Ricomponete la classe e attraverso un portavoce per ciascun gruppo condividete le vostre definizioni e, anche attraverso l'aiuto dell'insegnante, verificate che gli esempi che avete riportato corrispondano effettivamente all'evento-emozione che avete di volta in volta preso in esame.

### FASE 3

**Leggete ora la tabella seguente e commentatela insieme: le emozioni primarie alle volte si sommano tra loro, dando origine a "emozioni miste". Anche in questo caso, ragionate sulla prima parte della tabella dove si indica la formazione delle emozioni miste e poi scrivete qualche esempio che deriva dalla vostra esperienza. A discrezione dell'insegnante potete fare questa seconda parte del lavoro in due fasi (prima in piccoli gruppi e poi insieme), oppure direttamente tutti riuniti nel gruppo classe.**

| Emozioni primarie | Emozioni miste | Esempio |
|---|---|---|
| Gioia + attesa | = ottimismo | Ci siamo sentiti ottimisti quando... dovevamo fare qualcosa di nuovo che ci attivava |
| Attesa + collera | = aggressività | Quando veniamo presi in giro |
| Collera + disgusto | = disprezzo | Quando qualcuno si crede più importante |
| Disgusto + tristezza | = rimorso | Quando si mente o si fa qualcosa di sbagliato e si vorrebbe tornare indietro |
| Tristezza + sorpresa | = delusione | Quando partiamo con buone intenzioni ma qualcosa va storto |
| Sorpresa + paura | = spavento | Quando qualcosa di più grande di noi ci sorprende |
| Paura + accettazione (cura) | = sottomissione | Quando siamo soggetti al bullismo |
| Accettazione + gioia | = amore | Quando siamo in famiglia e siamo tutti uniti, ci sentiamo accolti |

### FASE 4

**Valutate il lavoro appena concluso, prima in modo individuale, riflettendo da soli per un paio di minuti e poi mettendo in comune le vostre riflessioni per altri dieci. Rispondete alle seguenti domande.**

- Vi siete trovati nella condizione di Jane Eyre, di provare una sensazione, senza però saperle dare un nome preciso?
- Capire che si può dare un nome a ciò che si prova è importante, secondo voi? Vi permette di prendere più confidenza con voi stessi?
- Distinguere il collegamento che c'è tra ciò che capita nella vita e ciò che si prova dentro di sé, può aiutarvi a reagire meglio? Spiegate il vostro punto di vista.

# Quando Rüya è triste di Orhan Pamuk

**Pamuk è uno degli scrittori contemporanei più noti, autore di romanzi importanti, e anche padre di una bambina di nome Rüya, alla quale dedica tempo e sensibilità. Nella pagina che segue la vede triste sul divano e pensa a come fare per distrarla e farla sorridere. Tante emozioni che si susseguono e si differenziano da padre a figlia, per colore e intensità.**

leggere scrivere parlare

**TESTO NARRATIVO**

1 2 3 livello di difficoltà

Sai, tesoro mio, mi spiace molto vederti così triste. Come se un istinto dentro di me, nel mio corpo, nella mia anima, mi costringesse a sentirmi triste ogni volta che ti vedo triste. Come se un programma informatico sistemato dentro di me dicesse: QUANDO VEDI RÜYA TRISTE, SII TRISTE ANCHE TU.
Così, imprevedibilmente, divento triste. Invece, nella routine della giornata avrei voluto fare altro: rovistare nel frigorifero, nei giornali, nei miei pensieri, tra i capelli. Sto pensando a tutt'altro quando vedo Rüya col broncio; è rannicchiata sul divano e guarda infelice, con la coda dell'occhio, il mondo e suo padre che guarda il suo modo di guardare il mondo.
In una mano il suo coniglietto azzurro.
L'altra mano sotto la guancia a mo' di cuscino.
Vado in cucina, rovistando nel frigorifero dei pensieri. Che cosa può essere successo? Ha mal di pancia? Forse sta scoprendo il sapore della tristezza. Meglio lasciarla immalinconire, sprofondare nel proprio odore e nella propria solitudine. Il primo segno di intelligenza è saper rattristarsi mentre tutti sono felici. O almeno una volta lo pensavo. Mi rifugio nelle parole di Borges: "Naturalmente, anch'io cerco di essere infelice come posso, come tutti i giovani". Ma Rüya non è una ragazza, un "giovane", è ancora una bambina.
Silenzio.
Apro il frigorifero, prendo una mela rossa enorme, e la mordo più forte che posso. Esco dalla cucina. Rüya è sempre sdraiata sul divano. Mi fermo a pensare.
Pian piano avvicìnati a lei e proponile di giocare a dadi. Dov'è la scatola? Una volta trovata, apri il coperchio e chiedi: quale colore scegli? Verde. Allora io prendo il rosso. Poi tira i dadi, conta il punteggio, fa' in modo che sia lei a vincere. Se riuscisse a battermi, sarebbe soddisfatta:
– Ecco, sto vincendo: chi mi ferma più!
Va' pure tranquilla. Vinci tutte le mani. A volte mi innervosisco e decido di batterla almeno una volta, in modo che questa benedetta bambina impari a perdere. Macché. Stizzita, butta via i dadi. Non gioca più e imbronciata si ritira in un angolo.
Propongo il gioco dei salti.
Bisogna saltare dal tavolo sulle sedie, dalle sedie sulla poltrona, poi sul divano e da lì sull'altro tavolo e sul termosifone. Poi toccare per terra, ma se vieni sorpreso perdi. Però io salto troppo lontano.

**Plastica**
Deriva dal verbo greco *plàsso*, che significa "formare", "modellare", perché la plastica è un materiale che permette di modellare il prodotto con la massima libertà nella sua costruzione.

Meglio rincorrersi: in casa, intorno ai tavoli, da una stanza all'altra, intorno alle sedie. Guardate, guardate come corriamo mentre la TV parla degli ultimi omicidi, dei colpi di stato, delle ribellioni, del dollaro, della borsa e dei concorsi di bellezza, e ce ne infischiamo di voi e delle vostre sciocchezze. Rovesciamo i tavolini, facciamo cadere le lampade, passiamo sopra i buoni delle offerte dei giornali e i castelli di carta, siamo in un lago di sudore, urliamo senza sapere il motivo e mentre corriamo come dei pazzi ci togliamo i vestiti. Non potete immaginare come ci inseguiamo veloci tra pacchetti di cioccolato, libri da colorare, giocattoli rotti, bottiglie d'acqua, vecchie riviste, sacchetti di **plastica**, pantofole, scatole.

Ma non funziona neanche questo gioco.

Mi siedo e guardo il color di sporcizia che scivola silenzioso sulla città in tumulto. La TV è accesa, ma non si sente nulla. Dal ticchettio intuisco che uno di quei gabbiani inquieti cammina sul tetto. Guardiamo fuori dalla finestra a lungo, io seduto, Rüya sdraiata, senza dirci una parola, e capiamo, lei con tristezza, io con gioia, quanto sia bello essere al mondo.

da O. Pamuk, *La vita e i suoi tormenti*, in *Altri colori*, Einaudi

## competenze alla prova

### LEGGO E...

#### ... COMPRENDO

1. **Dove si svolge la scena descritta?**
2. **In un primo momento l'autore decide di intervenire per distrarre Rüya?**
3. **Che cosa inventa lo scrittore per fare sorridere la figlia?**
   - ☐ Niente, sono solo giochi immaginati
   - ☐ Tre giochi diversi: i dadi, saltare da un mobile all'altro, rincorrersi
   - ☐ Due giochi diversi: rincorrersi e i dadi
   - ☐ Due giochi diversi: saltare tra i mobili e tirare i dadi

#### ... RICAVO DAL TESTO

4. **Da quello che intendi tra le righe del testo, puoi dedurre che tra padre e figlia ci sia la consuetudine di trascorrere tempo insieme?**

#### ... ANALIZZO E INTERPRETO

5. **I tentativi per rendere di nuovo felice la bambina sono fatti con affetto, da parte del padre?**
6. **Che cosa significa, secondo te, "*scoprire il sapore della tristezza*"?**
7. **Perché l'autore pensa sia meglio lasciare che la figlia si immalinconisca, ovvero sprofondi sempre di più nella tristezza?**
8. **Rintraccia le emozioni vissute dai protagonisti: secondo te, variano di intensità nel corso del racconto?**
9. **Il mondo che sta fuori, rappresentato sia dalla città che si vede dalla finestra sia da ciò che viene detto dalla TV, influisce sugli stati d'animo di padre e figlia?**

### ORA SCRIVO IO

10. **Quando, alla fine del testo e dei giochi, l'autore e sua figlia guardano fuori dalla finestra a lungo, senza dirsi una parola, capiscono "*lei con tristezza, io con gioia, quanto sia bello essere al mondo*". Quale giudizio esprime l'autore sulle emozioni, anche opposte, nei confronti della vita? Rifletti e spiega.**

## GIOCO DI SQUADRA

**11 L'obiettivo del lavoro è vedere che le emozioni non solo hanno nomi diversi, ma cambiano anche di intensità a seconda delle occasioni.**

### FASE 1

**Le emozioni possono avere tante sfumature diverse, come i colori di una scatola di matite o i sapori di piatti gustosi. La prima fase del lavoro è tutta dedicata a riconoscere che nella percezione delle emozioni c'è una diversa intensità: nella tabella che segue troverete le emozioni "primarie", su cui avete lavorato nell'attività precedente, scritte nella colonna centrale, mentre nelle altre due, a sinistra e a destra, vedrete le corrispettive emozioni di minore e maggiore intensità. Provate per cinque minuti a immaginare un episodio della vostra vita in cui avete vissuto alcune di quelle emozioni, divise per sfumature di intensità.**

| Intensità delle emozioni | | |
|---|---|---|
| **Lieve intensità** | **Media intensità** | **Forte intensità** |
| Apprensione | **Paura** | Terrore |
| Irritazione | **Collera** | Furia |
| Contentezza | **Gioia** | Entusiasmo |
| Pensosità | **Tristezza** | Dolore |
| Fiducia | **Accettazione (cura)** | Adorazione |
| Noia | **Disgusto** | Schifo |
| Vigilanza | **Attesa** | Aspettativa |
| Perplessità | **Sorpresa** | Sbalordimento |

- Dividetevi ora in piccoli gruppi di quattro e chiarite i dubbi discutendo tra voi: avete compreso bene le differenze tra sfumature di emozione?
- Finito il breve confronto, lavorate sul "lessico delle emozioni" intorno a quattro emozioni primarie (gioia, tristezza, collera, paura). Dividete per intensità (lieve, media, forte) le diverse sfumature indicate per ciascuna di esse, scegliendo tra le "parole" scritte alla rinfusa qui di seguito. Al termine del lavoro, discutete con i componenti degli altri gruppi se avete compiuto tutti le stesse scelte.

**Gioia**: compiacimento, spensieratezza, buon umore, contentezza, estasi, eccitazione, soddisfazione, tenerezza, allegria, essere elettrizzato, calma, serenità, ottimismo, tranquillità

**Tristezza**: dispiacere, scoraggiamento, dolore, solitudine, angoscia, desolazione, depressione, essere giù di tono, solitudine, disillusione, sconfitta, essere tagliato fuori, essere demoralizzato, essere finito, avvilito, essere ferito

**Collera**: irrequietezza, stizza, furia, ira, agitazione, essere infastidito, offesa, desiderio di vendetta, essere contrariato o scosso, risentimento, essere violento o furibondo, essere turbato, essere irritato, essere vulnerabile

**Paura**: apprensione, ansia, terrore, timore, inquietudine, spavento, essere pietrificato, nervosismo, esitazione, agitazione, essere pavido, timidezza, imbarazzo, vulnerabilità, essere a disagio

### FASE 2

**Nei piccoli gruppi, in modo tale da poter condividere quanti più colori è possibile, dedicatevi ora a dare un colore a ciascuna emozione: prima a quelle di media intensità e poi alle due rispettive sfumature, bassa e alta. Se, perciò, decidete di dare a un'emozione media il colore rosso, alle sfumature bassa e alta toccheranno rispettivamente il rosa e il viola. A voi la scelta e poi, se vorrete, la condivisione con gli altri compagni. Se l'insegnante lo riterrà opportuno, potrà accompagnare l'attività con un tappeto sonoro.**

SOLIDO DELLE EMOZIONI (LATO A)

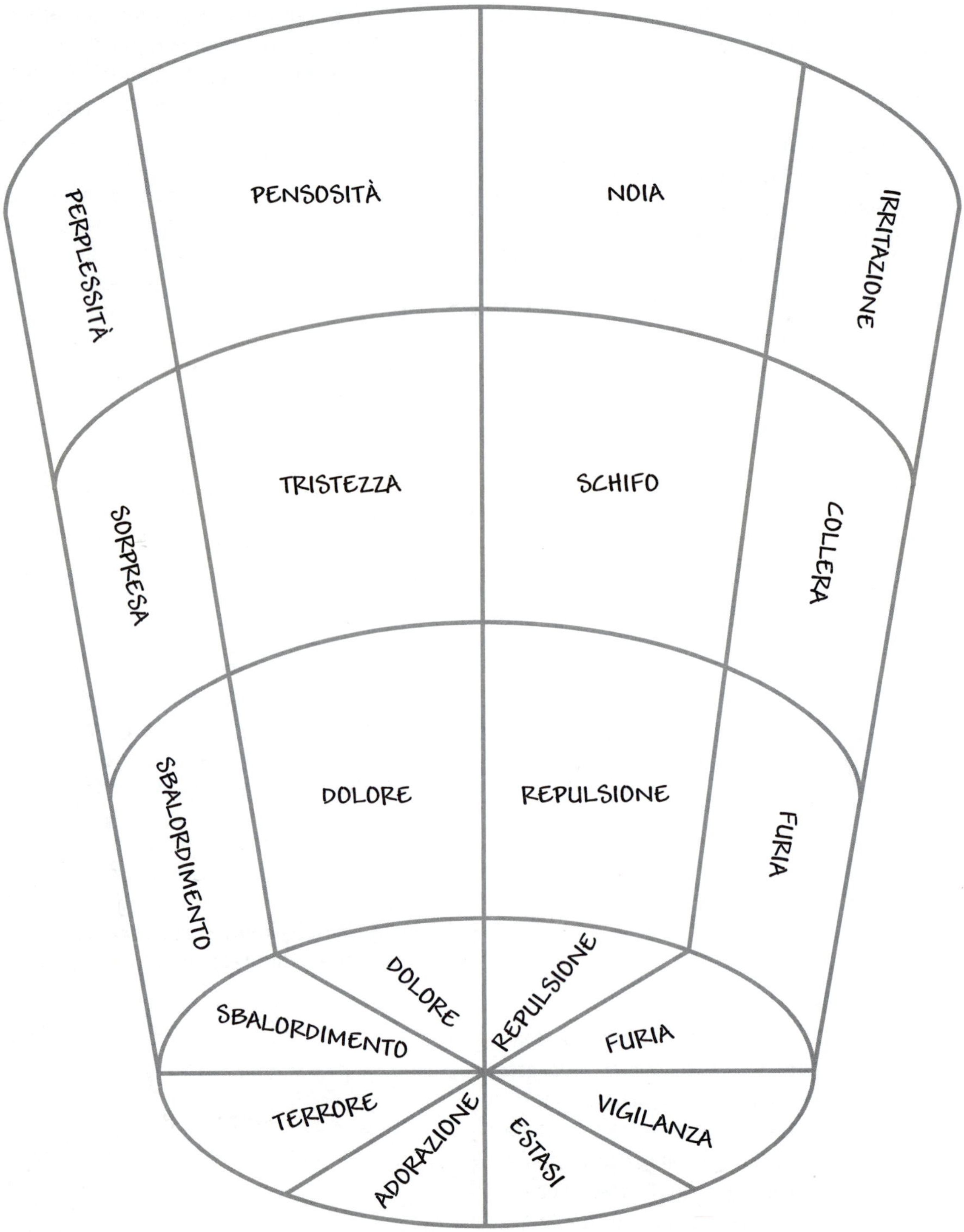

SOLIDO DELLE EMOZIONI (LATO B)

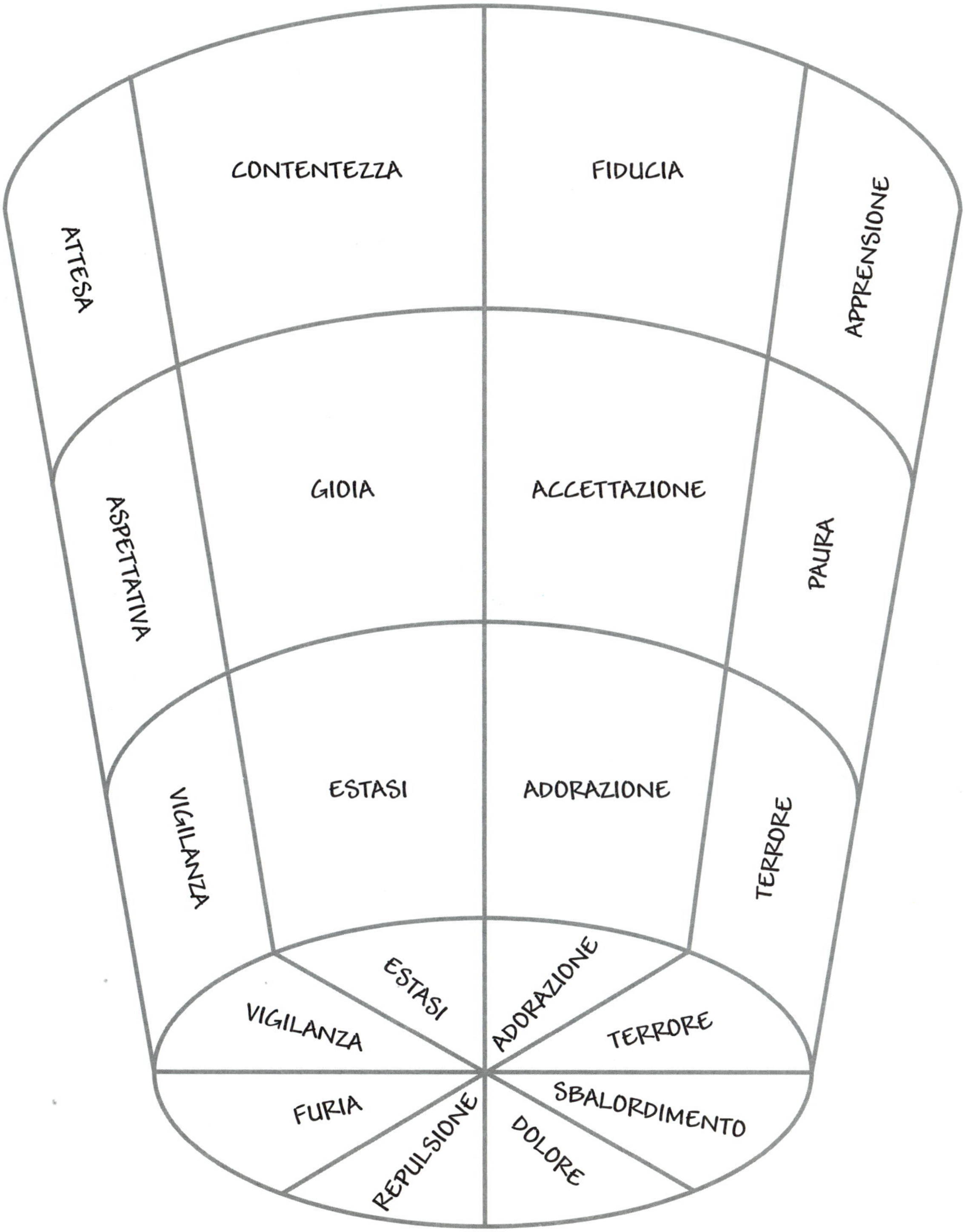

# Le emozioni "primarie"

Una per volta, ora, ritorniamo alle **otto emozioni** che abbiamo definito **primarie** - **tristezza**, **gioia**, **accettazione e cura**, **attesa**, **sorpresa**, **collera**, **paura**, **disgusto** - e ascoltiamo la voce della letteratura, che le racconta. Scopriremo che nel mondo della narrativa le emozioni sono moltissime e sono rappresentate con intensa capacità di espressione. Anzi, più l'autore è abile, più è in grado di evocare nel lettore le sensazioni che i personaggi provano o di provocare in lui un particolare stato d'animo, semplicemente descrivendo un luogo o una situazione. Vediamo come.

## Gioia di Joseph Conrad

leggere scrivere

parlare

TESTO NARRATIVO

1 2 3 livello di difficoltà

**Insoddisfatto della sua vita di ufficiale su una nave in servizio nei mari d'Oriente, il protagonista di questo breve romanzo di Conrad (nel quale si cela l'autore stesso) si licenzia e cerca (o aspetta) qualcosa di più adatto a se stesso, alle sue aspirazioni. La sua speranza è di diventare capitano di una nave, senza fare una lunga trafila di carriera come molti altri hanno fatto. Dopo un periodo di sospensione, viene improvvisamente convocato dal capitano Ellis per una comunicazione al comando di Singapore.**

– Questa è la vostra nomina al comando, – disse, con una certa gravità[1]. – Una nomina ufficiale che impegna gli armatori[2] alle condizioni che voi avete accettate. Allora quando siete pronto a partire?

Dissi che sarei stato pronto, se necessario, il giorno stesso. Fu sollecito a prendermi in parola. Il vapore *Melita* era in partenza per Bangkok[3] quella sera alle sette circa. Avrebbe richiesto ufficialmente al capitano di darmi un passaggio e di aspettarmi fino alle dieci.

Quindi si alzò dalla poltrona, e mi alzai anch'io. La testa mi girava, non c'era dubbio su questo, e mi sentivo una pesantezza nelle membra come se si fossero ingrossate dal momento che mi ero seduto su quella sedia. Mi accomiatai con un ossequioso cenno del capo.

Nelle maniere del capitano Ellis si rese percettibile un sottile mutamento, come se avesse deposto il suo tridente da vice-Nettuno[4]. In realtà, nell'alzarsi, aveva soltanto lasciato cadere sul tavolo la penna ufficiale.

Mi strinse la mano: – Bene, eccovi ora padrone di voi stesso, nominato ufficialmente sotto la mia responsabilità.

In effetti mi stava accompagnando verso la porta. Che mi sembrava a una distanza infinita! Avanzavo come uno in catene, ma a quella porta infine ci arrivammo. La aprii con la sensazione di muovermi in

1 **gravità**: solennità.

2 **armatori**: l'armatore è chi allestisce la nave; in genere coincide con il proprietario della stessa.

3 **Bangkok**: capitale dell'attuale Thailandia.

4 **vice-Nettuno**: Nettuno è presso i Romani dio del mare. Il comandante viene chiamato così per sottolinearne l'importanza.

un puro sogno; e allora, all'ultimo momento, più forte di ogni differenza di età e di grado, si impose il cameratismo degli uomini di mare. Si impose la voce del capitano Ellis.
– Arrivederci – e vi auguro buona fortuna, – egli disse, così di cuore che riuscii soltanto a rivolgergli uno sguardo grato. Poi mi voltai e uscii, per non rivederlo mai più in vita mia. Non avevo fatto tre passi nell'ufficio esterno che alle mie spalle udii una voce burbera, forte, autoritaria: la voce del nostro vice-Nettuno.
Apostrofava[5] il commissario capo, che, da quando mi aveva fatto entrare, era apparentemente rimasto a gironzolare senza allontanarsi troppo.
– Signor R., fate tenere sotto pressione la lancia[6] del porto per accompagnare il capitano a bordo del *Melita* stasera alle nove e mezzo.
Mi sorprese lo sbalordito "Sissignore" di R. Mi precedette di corsa sul pianerottolo. La mia nuova dignità pesava ancora così poco sulle mie spalle, che non mi rendevo conto che ero io, il capitano, l'oggetto di quest'ultima cortesia. Pareva che all'improvviso mi fosse spuntato sulle spalle un paio d'ali. Sfioravo appena il pavimento levigato. [...]
Intorno a me la gente sarebbe potuta cader morta, le case rovinare, i cannoni sparare, che non me ne sarei accorto. Pensavo soltanto: "Perdio! Ce l'ho!". Quel *lo* era il comando. Ero capitato in un modo del tutto imprevisto nei miei modesti sogni a occhi aperti.
Mi resi conto che la mia fantasia aveva finora seguito canali convenzionali[7], e che le mie speranze erano sempre state roba scialba[8]. Al comando avevo pensato come al risultato di una lenta serie di promozioni al servizio di qualche compagnia altamente rispettabile. Ricompensa di fedele servizio. Benissimo, quanto al fedele servizio. Si è naturalmente pronti a prestarlo per se stessi, per la nave, per amore della vita che si è scelta; non avendo di mira la ricompensa.
C'è qualcosa di sgradevole nel concetto di ricompensa.
Ed ora il comando lo avevo qui, assolutamente in tasca ottenuto in modo inequivocabile, ma del tutto inatteso; al di là delle mie fantasticherie, al di fuori di ogni prospettiva ragionevole, e addirittura a dispetto di una specie di oscuro complotto per tenermi a distanza. A dire il vero, il complotto era di poco conto, ma contribuiva al senso di portento – come se fossi stato destinato a quella nave che non conoscevo da un potere più alto delle prosaiche intermediazioni del mondo commerciale.
Una strana sensazione di esultanza cominciò a insinuarsi in me. Se avessi lavorato dieci anni o più per avere quel comando, non avrei provato nulla di simile. Ero un po' spaventato.
– Stiamo calmi –, mi dissi. [...]
Quello di cui avevo realmente bisogno era di rimanere un po' solo. Afferrai al volo l'occasione. La mia camera era un rifugio tranquillo in un'ala apparentemente disabitata dell'edificio. Non avendo assolutamente nulla da fare (dal momento che non avevo disfatto i bagagli), mi sedetti sul letto e mi abbandonai agli influssi del momento. Agli inattesi influssi...

5 **Apostrofava**: rimproverava.

6 **lancia**: leggera imbarcazione di servizio presente su ogni grande nave.

7 **canali convenzionali**: canali comuni, non originali.

8 **scialba**: incolore.

E per prima cosa mi interrogai sul mio stato d'animo. Come mai non ero più sorpreso che tanto? Come mai? Eccomi qua, investito in un batter d'occhio di un comando, non secondo l'ordine consueto delle cose umane, ma piuttosto quasi per incanto. Avrei dovuto essere intontito dallo stupore ma non lo ero. Ero proprio come i personaggi delle favole, nulla li stupisce, mai. Cenerentola non prorompe in alcuna esclamazione quando da una zucca salta fuori un cocchio di gala attrezzato di tutto punto per portarla al ballo. Ci monta su tranquillamente e se ne va incontro alla sua straordinaria fortuna.

Il capitano Ellis (una specie di fata burbera[9]) aveva fatto saltar fuori da un cassetto un comando, quasi altrettanto inaspettatamente che in una favola. Ma un comando è un concetto astratto, e sembrava una sorta di "prodigio minore", finché mi balenò il pensiero che esso implicava l'esistenza concreta di una nave.

Una nave! La mia nave! Mia, un possesso più assoluto, una più assoluta cura di qualsiasi altra cosa al mondo; un oggetto di responsabilità e di devozione. Era là che mi aspettava, fino al mio arrivo preda di un **sortilegio**, incapace di muoversi, di vivere, di uscire nel mondo, come una principessa stregata. Il suo richiamo era giunto a me come dal cielo. Non ne avevo mai sospettato l'esistenza. Non sapevo che aspetto avesse, ne avevo udito appena il nome, eppure eravamo indissolubilmente uniti per una parte del nostro futuro, per navigare o naufragare insieme.

Un improvviso impeto di ansiosa impazienza mi corse per la schiena e mi diede una sensazione così forte dell'intensità dell'esistenza, quale non ho mai provato né prima né dopo. Scoprii quanto ero marinaio, nel cuore, nella mente e, per così dire, fisicamente – un uomo che apparteneva al mare e alle navi soltanto; il mare l'unico mondo che contava, e le navi, la misura della virilità[10], del temperamento, del coraggio e della fedeltà – e dell'amore.

Fu per me un momento di rara intensità. E fu unico.

da J. Conrad, *La linea d'ombra*, Einaudi

**Sortilegio**
Deriva dal latino *sortes* (le sorti): erano tessere di legno con i simboli che venivano estratte (*legere* significa scegliere, estrarre). La loro interpretazione permetteva di predire il futuro.

**9 burbera**: severa.

**10 virilità**: il senso profondo del proprio essere uomo.

## LEGGO E...

### ... COMPRENDO

1. Chi è il protagonista del racconto?
2. Da chi riceve il comando della nave?
3. Come si chiama la nave su cui il protagonista si imbarcherà?

### ... RICAVO DAL TESTO

4. Quando il protagonista dice "*c'è qualcosa di sgradevole nel concetto di ricompensa*" che cosa sottintende?
   - ☐ Il protagonista preferisce essere eroico
   - ☐ La ricompensa arriva solo dopo una lunga carriera che il protagonista ritiene umiliante
   - ☐ È sgradevole essere riconosciuto degno di qualcosa
   - ☐ Non è piacevole ricevere regali

### ... ANALIZZO E INTERPRETO

5. Due uomini a confronto: il capitano Ellis e il protagonista; segna una crocetta nella casella che corrisponde alla risposta esatta e giustifica oralmente la tua scelta.

| | Protagonista | Capitano Ellis |
|---|---|---|
| Chi è il più giovane dei due? | | |
| Chi è il più autorevole dei due? | | |
| Chi è il più emozionato dei due? | | |
| Chi è il più deciso dei due? | | |

6. Che cosa si può intendere dalla lettura della frase "*Nelle maniere del capitano Ellis si rese percettibile un sottile mutamento, come se avesse deposto il suo tridente da vice-Nettuno*"?
   - ☐ Il capitano Ellis ha addolcito il suo carattere burbero
   - ☐ Il capitano Ellis ha cominciato a considerare il protagonista un collega
   - ☐ Il capitano Ellis si è stancato della presenza del protagonista
   - ☐ Il capitano Ellis si è commosso

7. Il nuovo incarico ricevuto provoca nel protagonista un turbinio di emozioni. Ricercale nel testo annotandole nella tabella. L'esercizio è avviato.

| Emozioni | Passaggi del testo |
|---|---|
| Stupore, malessere fisico, imbarazzo | La testa mi girava, non c'era dubbio su questo, e mi sentivo una pesantezza nelle membra come se si fossero ingrossate dal momento che mi ero seduto su quella sedia. |
| Timidezza | |
| Spavento | |
| Fierezza, orgoglio | |
| Forte senso della vita, felicità | |
| Esultanza | |

## ORA SCRIVO IO

8. Racconta in un breve testo quale notizia favorevole ti ha procurato emozioni indimenticabili.

### UN MONDO DI PAROLE

9. Spiega con altre parole le seguenti espressioni tratte dal testo.
   - "*Mi accomiatai con un ossequioso cenno del capo*"
   - "*Ed ora il comando lo avevo qui, assolutamente in tasca*"
   - "*E per prima cosa mi interrogai sul mio stato d'animo*"

### AD ALTA VOCE

10. Nel testo il protagonista è felice perché ottiene ciò che ha sempre sperato. Secondo voi che cos'è la speranza? Ne sapreste dare una definizione? Secondo voi, è uno stato d'animo?

# Tristezza di Lev Tolstòj



LEGGERE IN RUSSO

leggere scrivere parlare

TESTO NARRATIVO

1 2 3 livello di difficoltà

**Maša e Sonja sono due sorelle cui è appena morta la madre; sono in una casa di campagna insieme alla loro governante Katja e vivono un momento di tristezza e di abbattimento; non solo per il lutto che stanno attraversando, ma anche perché la loro madre aveva il progetto di trasferirsi in città, dove sarebbero state introdotte in società e dove la loro vita sarebbe stata ben più movimentata. La perdita è quindi doppia e soprattutto la giovane Maša ne soffre.**

I

Мы носили траур по матери, которая умерла осенью, и жили всю зиму в деревне, одни с Катей и Соней.

Катя была старый друг дома, гувернантка, вынянчившая всех нас, и которую я помнила и любила с тех пор, как себя помнила. Соня была моя меньшая сестра. Мы проводили мрачную и грустную зиму в нашем старом покровском доме. Погода была холодная, ветреная, так что сугробы намело выше окон; окна почти всегда были замерзлы и тусклы, и почти целую зиму мы никуда не ходили и не ездили. Редко кто приезжал к нам; да кто и приезжал, не прибавлял веселья и радости в нашем доме. У всех были печальные лица, все говорили тихо, как будто боясь разбудить кого-то, не смеялись, вздыхали и часто плакали, глядя на меня и в особенности на маленькую Соню в черном платьице. В доме еще как будто чувствовалась смерть; печаль и ужас смерти стояли в воздухе. Комната мамаши была заперта, и мне становилось жутко, и что-то тянуло меня заглянуть в эту холодную и пустую комнату, когда я проходила спать мимо нее.

Мне было тогда семнадцать лет, и в самый год своей смерти мамаша хотела переехать в город, чтобы вывозить меня. Потеря матери была для меня сильным горем, но должна признаться, что из-за этого горя чувствовалось и то, что я молода, хороша, как все мне говорили, а вот вторую зиму даром, в уединении, убиваю в деревне. Перед концом зимы это чувство тоски одиночества и просто скуки увеличилось до такой степени, что я не выходила из комнаты, не открывала фортепьяно и не брала книги в руки. Когда Катя уговаривала меня заняться тем или другим, я отвечала: не хочется, не могу, а в душе мне говорилось: зачем? Зачем что-нибудь делать, когда так даром пропадает мое лучшее время? Зачем? А на *зачем* не было другого ответа, как слезы.

[...]

Portavamo il lutto per nostra madre, che era morta in autunno, e trascorrevamo l'intero inverno in campagna, con Katja e Sonja, sole. Katja era una vecchia amica di casa, era la governante[1] che aveva allevato noi tutte, e io ricordavo che la amavo fin da quando avevo memoria di me stessa. Sonja era la mia sorella minore. Trascorrevamo un inverno cupo e triste nella nostra vecchia casa di Pokròvskoe. Faceva freddo, c'era vento e s'erano ammassati cumuli di neve alti fin alle finestre; i vetri erano quasi sempre velati di ghiaccio, appannati, e quasi tutto l'inverno non ci recammo da nessuna parte, né a piedi né in carrozza. Di rado qualcuno veniva a farci visita; ma anche se veniva, non aggiungeva né gioia né allegria alla nostra casa. Tutti avevano i volti mesti[2], parlavano a voce bassa, come per timore di svegliare qualcuno, non ridevano, sospiravano e spesso piangevano guardando me e in particolare la piccola Sonja, nel suo abitino nero. In casa era come se si avvertisse ancora la morte; la mestizia e l'orrore della morte stagnavano nell'aria. La camera di mamma era chiusa, e io provavo spavento, e al tempo stesso c'era qualcosa che mi attirava a gettare uno sguardo in quella stanza fredda e vuota, quando le passavo accanto, andando a letto.
Avevo a quel tempo diciassette anni, e proprio nell'anno della sua morte la mamma avrebbe voluto trasferirsi in città per presentarmi in società[3]. La perdita di mia madre era stata per me

J. McNeill Whistler, *Sinfonia in bianco n. 1: La ragazza in bianco*, Washington, National Gallery of Art.

1 **governante**: persona di servizio che nelle famiglie agiate si occupa del buon funzionamento della casa.
2 **mesti**: tristi.
3 **presentarmi in società**: Maša si riferisce all'uso presso le famiglie nobili o ricche di presentare le figlie diciottenni durante un ballo.

un grande dolore, ma debbo confessare che, dietro a questo dolore, sentivo anche d'esser giovane, bella, a detta di tutti, e invece ecco che mi trovavo a trascorrere il secondo inverno in campagna, così, per nulla, in solitudine. Prima della fine dell'inverno questo senso d'angoscia, di solitudine e semplicemente di noia s'andò accentuando al punto che io non uscivo dalla mia stanza, non toccavo il pianoforte e non prendevo un libro in mano. Katja mi esortava a occuparmi di questo o di quello, o rispondevo: non ho voglia, non posso, ma nell'anima mi domandavo: "Perché? Perché fare qual-

## competenze alla prova

### LEGGO E...

#### ... COMPRENDO

1. **Perché le due sorelle trascorrono l'inverno in campagna?**
   - ☐ Perché in autunno è morta la loro mamma
   - ☐ Perché amano la loro casa
   - ☐ Perché non hanno altri luoghi dove andare
   - ☐ Perché la campagna mette loro allegria
2. **Chi si prende cura delle due ragazzine?**
3. **Perché tutti nella casa parlano a bassa voce?**
   - ☐ Per timore di disturbare
   - ☐ Per un senso di tristezza
   - ☐ Per rispetto del recente lutto
   - ☐ Per educazione
4. **Che cosa prova la protagonista passando davanti alla camera della mamma?**
   - ☐ Un grande dolore per la sua morte
   - ☐ Spavento ma anche attrazione
   - ☐ Tristezza e solitudine
   - ☐ Ansia e tormento
5. **Quanti anni ha la protagonista?**

#### ... RICAVO DAL TESTO

6. **Dalla descrizione della casa e della vita che vi si svolge, puoi dedurre qual è la condizione sociale della famiglia di Maša e Sonja?**
   - ☐ Molto ricca
   - ☐ Media
   - ☐ Modesta
   - ☐ Povera
7. **Da quanto dice, Maša è abituata alla solitudine?**

#### ... ANALIZZO E INTERPRETO

8. **Perché la morte della mamma ha infranto i sogni della protagonista?**
   - ☐ Le ha provocato un dolore irreparabile
   - ☐ L'ha costretta a rimanere con la sorellina in campagna
   - ☐ Le ha impedito, oltre al dolore per la perdita, di essere presentata in società
   - ☐ Le ha provocato delle ristrettezze economiche
9. **Che cosa significa questa frase che la protagonista va ripetendosi "*Perché fare qualsiasi cosa, quando il mio tempo migliore va perduto così, invano?*"**
   - ☐ Si accorge di perdere irrimediabilmente il tempo prezioso della giovinezza
   - ☐ Dopo la morte della mamma niente ha più un senso
   - ☐ Vorrebbe cambiare vita ma non può, perché nessuno la porta a Mosca
   - ☐ Il tempo trascorso in campagna non le piace
10. **Compila la tabella assegnando a ciascuna emozione scritta nella colonna di sinistra il passo del**

siasi cosa, quando il mio tempo migliore va perduto così, invano? Perché?". E a questo "perché" non c'era altra risposta che le lacrime. Mi dicevano che ero dimagrita e che mi ero imbruttita in quel tempo, ma la cosa arrivava persino a non avere importanza per me. Perché? Per chi? Avevo l'impressione che l'intera mia vita dovesse procedere sempre così in quel luogo sperduto e solitario e in quell'angoscia impotente, dalla quale io stessa, da sola, non avevo la forza e nemmeno il desiderio di tirarmi fuori.

da L. Tolstoj, *La felicità domestica*, Mondadori

**testo in cui viene espressa. Segui l'esempio.**

| Emozione | Passo del testo |
|---|---|
| Senso di solitudine | ... trascorrevamo l'intero inverno in campagna... sole |
| Dolore, lutto | |
| Sconforto | |
| Noia | |
| Spavento, orrore | |
| Smarrimento | |

**(11) Come definiresti l'ambiente in cui si svolge la scena che hai letto?**

☐ A cornice
☐ D'atmosfera
☐ Come un personaggio
☐ Simbolico

## ORA SCRIVO IO

**(12) Nel testo che hai letto sono rappresentate emozioni nate nella solitudine, nella mancanza. Racconta di quando hai provato tristezza e scoraggiamento, e forse ti sei sentito solo, indifeso. Che cosa aveva provocato quelle emozioni?**

## UN MONDO DI PAROLE

**(13) Leggi con attenzione, poi, senza cambiarne il senso, riscrivi la frase sottostante con parole diverse: "*La camera di mamma era chiusa, e io provavo spavento, e al tempo stesso c'era qualcosa che mi attirava a gettare uno sguardo in quella stanza fredda e vuota, quando le passavo accanto, andando a letto*".**

## C'È STILE E STILE

**(14) Rileva l'uso degli aggettivi nel testo. Con quali attributi vengono descritti i seguenti nomi? Ricopiali a fianco del nome.**

- Inverno: ➲ ..........................................
- Vetri: ➲ ..........................................
- Volti: ➲ ..........................................
- Stanza: ➲ ..........................................
- Scegli e trascrivi almeno cinque aggettivi riferiti a Maša: ➲ ..........................................

## AD ALTA VOCE

**(15) Maša prova due sentimenti opposti: da un lato sente il dolore per la perdita della madre, dall'altra vorrebbe essere felice, sentirsi giovane e bella e sperare di fare incontri in società. Ti è mai capitata una situazione in cui hai provato due sentimenti contrastanti? Racconta.**

# Accettazione e cura di Charles Dickens

leggere scrivere

parlare ascoltare

TESTO NARRATIVO

1 2 3 livello di difficoltà

**A David Copperfield è capitata davvero una disavventura terribile: il suo patrigno, avendo stabilito che era troppo costosa e troppo poco fruttuosa la sua educazione scolastica, lo manda a lavorare in un bassofondo di Londra, insieme a bambini sfruttati e sfortunati, tra topi e sporcizia, quasi senza cibo. Dopo un certo tempo, David non resiste, soprattutto vedendosi senza prospettive e ricordando un tempo in cui la vita era diversa per lui, tra studio in collegio, una casa comoda e affetti saldi. Saputo che è morta anche sua madre, David scappa da Londra e cerca di raggiungere una lontana zia, che conosceva solo attraverso i racconti della madre e della governante. Il percorso per raggiungerla dura giorni, è faticoso e pericoloso al limite della sua stessa sopravvivenza; ma alla fine, David arriva al giardino della sua strana zia, Miss Betsey, che sta per uscire di casa a curare i suoi fiori.**

Le mie scarpe erano ormai ridotte in condizioni pietose. Le suole se ne erano andate pezzetto per pezzetto e le tomaie[1] si erano rotte e screpolate fino a perdere perfino forma e disegno di scarpa. Il cappello (che mi era servito anche da berretto da notte) era talmente schiacciato e ammaccato, che nessuna vecchia padella sfondata e buttata in un letamaio si sarebbe vergognata di gareggiare con lui. La camicia e i pantaloni, macchiati dal sudore, dal fango, dall'erba e dal suolo del Kent[2] sul quale avevo dormito (e, inoltre, strappati), avrebbero potuto far scappare gli uccelli dal giardino di mia zia, mentre stavo lì accanto al cancello. I miei capelli non avevano più conosciuto pettine né spazzola, da quando avevo lasciato Londra. La mia faccia, il collo e le mani, non avvezzi a essere esposti all'aria e al sole, erano abbronzati fino a una tinta rosso mattone. Da capo a piedi ero incipriato di gesso e di polvere, che parevo appena uscito da una cava di calce. In quel modo, e rendendomene acutamente conto, aspettavo di presentarmi e di fare la prima impressione sulla mia formidabile zia. Deducendo, dopo un po', dall'ininterrotta quiete della finestra del salotto, che lei non fosse lì dietro, alzai gli occhi verso la finestra del piano di sopra; e lì vidi un signore dall'aspetto gradevole e florido e dal capo grigio, che strizzava l'occhio in modo grottesco; che annuì con il capo diverse volte, lo scrollò verso di me altrettante volte, rise, e se ne andò.

Ero abbastanza sconcertato[3] anche prima; ma fui tanto più sconcertato da quell'inaspettato contegno, che ero sul punto di svignarmela per andare a pensare al miglior partito da prendere[4], quand'ecco uscire dalla casa una signora con un fazzoletto legato sopra la cuffia e con indosso un paio di guanti da giardino e un grembiule a tasca come la borsa di un fattorino, e con un coltellaccio in mano. La riconobbi immediatamente per Miss Betsey, perché uscì di casa a grandi passi, precisamente come l'aveva descritta tante volte la mia povera mamma, quando si inoltrava a grandi passi nel nostro giardino di Blunderstone.

**1 tomaie**: parte superiore della scarpa che fascia il piede.

**2 Kent**: regione della Gran Bretagna.

**3 sconcertato**: disorientato, messo in subbuglio.

**4 miglior partito da prendere**: soluzione migliore da prendere.

– Va' via! – disse Miss Betsey scuotendo il capo e tagliando col coltello una distante fetta d'aria. – Va' via! Niente ragazzi, qui!
La guardai, col cuore in gola, marciare fino a un angolo del giardino e chinarsi a sradicare certe piccole radici in quel punto. Poi, senza un filo di coraggio, ma con molta disperazione, entrai piano piano e mi fermai vicino a lei, toccandola col dito.
– Per piacere, signora – cominciai.
Ella trasalì e alzò gli occhi.
– Per piacere, zia.
– Eh? – esclamò Miss Betsey, con un tono di sbalordimento[5] che non ne ho mai più sentito uno uguale.
– Per piacere, zia, io sono suo nipote.
– Oh, Signore! – esclamò mia zia. E cadde a sedere nel viottolo.
– Sono David Copperfield, di Blunderstone, nel Suffolk... dove lei è venuta la notte che sono nato e ha veduto la mia cara mamma. Sono stato molto infelice dopo che è morta. Sono stato trascurato, e non mi è stato insegnato niente, e sono stato lasciato abbandonato a me stesso, e mi hanno messo a fare un lavoro che non era adatto a me, sono scappato per venire da lei. Sono stato derubato alla partenza e ho fatto tutta la strada a piedi, e non ho mai dormito in un letto da quando ho cominciato il viaggio.
A questo punto tutta la mia forza d'animo cedette all'improvviso; e, con un cenno delle mani, a mostrarle i miei cenci e a chiamarli a testimonio di quello che avevo sofferto, scoppiai in pianto dirotto, che probabilmente, era stato represso in me per tutta la settimana.
Mia zia, con la fisionomia priva di qualsivoglia espressione che non fosse stupore, rimase seduta sulla ghiaia a fissarmi, finché non comin-

**5 sbalordimento**: sorpresa.

C. Pissarro, *Natura morta con mele, brocca di porcellana e bicchiere di vino*, New York, Metropolitan Museum.

ciai a piangere; allora si alzò in fretta e furia, mi ghermì[6] per il colletto e mi portò in salotto. Il suo primo atto lì dentro, fu di aprire un'alta credenza, di cavarne diverse bottiglie e di mescere[7] parte del contenuto di ciascuna nella mia bocca: e credo che fossero state tirate fuori a caso, perché sono certo di avere assaggiato acqua d'anice, salsa di acciughe e condimento d'insalata.

Quando mi ebbe somministrato questi cordiali[8], siccome io ero ancora in preda all'accesso di pianto isterico ed ero incapace di fermare i singhiozzi, mi mise sul sofà, con uno scialle sotto la testa e il suo fazzoletto da capo sotto i piedi, per paura che insudiciassi la ricopertura; e poi, sedutasi dietro uno schermo o paravento verde, in modo che non potevo vederla in faccia, restò lì esclamando di tanto in tanto: – Misericordia! –, ed emettendo queste esclamazioni come salve[9] di cannone.

Dopo un certo tempo suonò il campanello.

– Janet – disse mia zia, quando la domestica fu entrata. – Va' di sopra, presenta i miei ossequi a Mr Dick e digli che desidero parlargli.

Janet parve un po' sorpresa nel vedermi disteso rigido sul sofà (avevo paura di muovermi e di dispiacere alla zia), ma andò a fare l'ambasciata[10]. Mia zia, con le mani dietro la schiena, passeggiò su e giù per la stanza, finché il signore che mi aveva strizzato l'occhio dalla finestra del piano di sopra non entrò ridendo.

– Mr Dick, – disse mia zia – non fare lo sciocco, perché nessuno può avere più giudizio di te, quando vuoi. Lo sappiamo tutti. Dunque, non fare lo sciocco, checché tu sia.

Il signore divenne serio immediatamente e mi guardò, mi parve, come per pregarmi di non dire nulla della faccenda della finestra.

– Mr Dick, – disse mia zia – mi hai sentito nominare David Copperfield? Ora, non fingere di non avere memoria, perché tu ed io ci intendiamo.

– David Copperfield? – domandò Mr Dick, che non mi parve ricordare un gran che. – *David* Copperfield? Oh, sì, certo. David, sicuro.

– Bene, – disse mia zia – questo è il suo ragazzo, suo figlio. Somiglierebbe a suo padre il più possibile, se non somigliasse tanto anche a sua madre.

– Suo figlio? – domandò Mr Dick. – Il figlio di David? Davvero!

– Sì – proseguì mia zia – e ha combinato un bel lavoretto. È scappato. [...] Dunque, qui vedi il giovane David Copperfield e la domanda che ti rivolgo è questa: che cosa ne devo fare?

– Che cosa ne deve fare? – disse Mr Dick, indeciso, grattandosi la testa. – Oh! Che se ne deve fare?

– Sì – disse mia zia, con espressione solenne e con l'indice alzato. – Avanti! Voglio un consiglio molto saggio.

– Be', se fossi in lei, – dichiarò Mr Dick, riflettendo e guardandomi con sguardo vacuo[11] – io... –. La contemplazione della mia persona parve ispirargli un'idea immediata ed egli soggiunse, con fare vispo:

– Io lo laverei!

6 **ghermì**: afferrò con violenza e rapidità.

7 **mescere**: versare.

8 **cordiali**: bevande che rinvigoriscono e ristorano.

9 **salve**: spari senza uso di proiettili.

10 **fare l'ambasciata**: portare la comunicazione da parte della zia.

11 **vacuo**: vago, quasi vuoto.

– Janet! – disse mia zia, voltandosi con un'aria di placido trionfo che io allora non compresi. Mr Dick ci dà un ottimo consiglio. Scalda un bagno!
[...]
Il bagno fu un gran sollievo. Cominciavo a sentire dolori acuti dappertutto per aver dormito all'addiaccio[12] nei campi, ed ero ormai talmente stanco e sfinito, che riuscivo a stento a rimanere sveglio per cinque minuti di seguito. Quando ebbi fatto il bagno, mi ammantarono[13] (intendo, mia zia e Janet) con una camicia e un paio di pantaloni appartenenti a Mr Dick, e mi legarono in due o tre grandi scialli. Non so che razza di fagotto sembrassi, ma certo un fagotto molto caldo. Sentendomi anche molto debole e assonnato, mi distesi ben presto sul sofà e mi addormentai.
Può darsi che fosse un sogno generato dalla mia fantasia che aveva occupato la mia mente tanto a lungo, ma mi svegliai con l'impressione che mia zia si fosse chinata su di me, mi avesse allontanato i capelli dal viso, mi avesse messo il capo in posizione più comoda e poi fosse rimasta lì a guardarmi. Mi pareva di avere anche nell'orecchio le parole "Carino", o "Poverino"; ma certo non c'era null'altro, quando mi destai, che mi potesse far credere che fossero state pronunciate da mia zia, la quale era seduta alla finestra con lo sguardo fisso sul mare, dietro lo schermo verde che era montato su di una specie di perno e si poteva girare da tutte le parti.
Pranzammo, non appena mi svegliai, con pollo arrosto e un budino; io sedevo a tavola, non molto diverso da un volatile farcito, e muovevo le braccia con non poche difficoltà. Ma siccome era stata mia zia a fasciarmi, non mi lamentai dell'impaccio. Intanto ero ansiosissimo di sapere che cosa ne sarebbe stato di me.
[*Passano alcune ore, in cui David racconta della sua vita fino a quel momento*]
Dopo il tè, sedemmo davanti alla finestra, fino all'imbrunire, quando Janet mise sul tavolo le candele e un gioco di dama, e abbassò le tende.
– Ora, Mr Dick, – disse mia zia, con la sua aria seria e con l'indice alzato, come prima – ti farò un'altra domanda. Guarda questo bambino.
– Il figlio di David? – disse Mr Dick, con viso attento e perplesso.
– Precisamente – rispose mia zia. – Che ne faresti, ora?
– Che ne farei, del figlio di David? – domandò Mr Dick.
– Sì – rispose mia zia – del figlio di David.
– Oh! – disse Mr Dick. – Sì... Che fare del... Io lo metterei a letto.
– Janet! – esclamò mia zia, con la stessa aria di compiacimento e di trionfo che avevo osservato prima. – Mr Dick ci dà un ottimo consiglio. Se il letto è pronto, mettiamolo a dormire.
Avendo Janet riferito che il letto era prontissimo, fui condotto di sopra; con dolcezza, ma un po' come un prigioniero, con mia zia che marciava innanzi e Janet alla retroguardia. L'unica cosa che mi ispirò una nuova speranza fu la fermata di mia zia per le scale per domandare cos'era un certo odore di bruciato che si sentiva; e la risposta di Janet, la quale dichiarò di avere dato fuoco alla mia vecchia camicia, giù

**12 dormito all'addiaccio**: dormito all'aperto, fuori.
**13 ammantarono**: vestirono.

**14 moccoletto**: ultima parte della candela, poco prima di consumarsi completamente.

**15 rammento**: ricordo.

in cucina. Ma in camera mia non c'erano altri panni, oltre all'assortimento di oggetti che avevo addosso; e fui lasciato solo, con un moccoletto[14] che, secondo l'avvertimento di mia zia, sarebbe durato per cinque minuti precisi. [...]
Era una bella camera, all'ultimo piano, e con vista sul mare sul quale risplendeva la luce viva della luna. Dopo che ebbi detto le preghiere e che la candela si fu consumata, rimasi, rammento[15], a guardare il chiaro di luna sull'acqua, quasi sperando di leggervi la mia sorte, come in un libro lucente. Rammento come il senso di solennità con cui

## competenze alla prova

### LEGGO E...

#### ... COMPRENDO

**1** **Perché l'aspetto di David è sgradevole?**

☐ È una persona poco pulita
☒ Ha dovuto affrontare un difficile e lungo viaggio a piedi
☐ Non fa caso al suo aspetto esteriore
☐ Ha un cattivo carattere

**2** **Dove si conclude il viaggio di David?**

**3** **Che cosa fa la zia Betsey quando David scoppia in un pianto dirotto?**

**4** **Chi altro vive nella casa di zia Betsey?**

#### ... RICAVO DAL TESTO

**5** **Dal testo chi si può presumere sia Mr Dick?**

☐ Il marito di zia Betsey
☒ Un ospite di riguardo di zia Betsey
☐ Un cameriere
☐ Un villeggiante

#### ... ANALIZZO E INTERPRETO

**6** **Una volta giunto a destinazione, David scorge due persone, un uomo alla finestra e una donna in giardino i quali, vedendolo, reagiscono in modo diverso nei suoi confronti: come?**

| Personaggi | Reazione |
|---|---|
| Uomo dietro ai vetri | CONTINUA AD ABBASSARE IL CAPO |
| Donna in giardino | SI ARRABBIA, NON VUOLE RAGAZZI |

| Personaggi | Emozioni predominanti |
|---|---|
| Uomo dietro ai vetri | compassione |
| Donna in giardino | esclusione |

**7** **David, invece, quali reazioni ha nei loro confronti? Svolgi lo stesso lavoro dell'esercizio precedente, ma dal punto di vista di David.**

| David rispetto a | Reazione |
|---|---|
| Uomo dietro ai vetri | SI CHIEDE PERCHÉ |
| Donna in giardino | SI SENTE ESCLUSO |
| **David rispetto a** | **Emozioni prevalenti** |
| Uomo dietro ai vetri | domanda |
| Donna in giardino | tristezza |

**8** **Per quale motivo, secondo te, zia Betsey si rivolge a Mr Dick per un consiglio?**

☐ È completamente in confusione
☐ Ha bisogno di un sostegno morale
☐ Detesta i ragazzini
☒ Tiene molto alla sua opinione

**9** **Sottolinea gli aggettivi che secondo te meglio si adattano a definire i personaggi:**

**David:** pauroso, forte, indipendente, lagnoso, ribelle, deciso, tenero, affranto, coraggioso, grato, bisognoso d'amore

**Zia Betsey:** sospettosa, irascibile, confusionaria, buona, gentile, generosa, pignola, avida, simpatica, stravagante, inesperta

**Janet:** curiosa, gentile, obbediente, affidabile

finalmente distolsi gli occhi cedesse al sentimento di gratitudine e di riposo ispirato dalla vista del letto con le cortine bianche[16]; e tanto accresciuto nell'atto di distendermi sul giaciglio soffice e di annidarmi fra le lenzuola candide! Rammento di aver ripensato a tutti i luoghi solitari sotto il cielo notturno, in cui avevo dormito, e di aver pregato di non trovarmi senza tetto mai più e di non dimenticare mai i senza tetto. Ricordo, poi, che mi parve di librarmi[17] lungo il melanconico fulgore di quel sentiero, sul mare, e di allontanarmi verso il mondo dei sogni.

da C. Dickens, *David Copperfield*, Rizzoli

**16 cortine bianche**: tende che chiudevano il letto a baldacchino.

**17 librarmi**: rimanere sospeso in aria, volare.

**Mr Dick:** curioso, simpatico, gentile, saggio, sciocco, stravagante, eccentrico, cattivo, serio, allegro

**(10) Come si colloca il narratore nel testo?**

- [x] Interno
- [ ] Esterno

**(11) Come definiresti il luogo in cui si ambienta la storia?**

- [x] A cornice
- [ ] D'atmosfera
- [ ] Come un personaggio
- [ ] Simbolico

## ORA SCRIVO IO

**(12) Hai mai provato la sensazione piacevole di essere accolto e accudito? Racconta che cosa si prova quando qualcuno si prende cura di te e puoi sentirti al sicuro.**

### UN MONDO DI PAROLE

**(13) Ricerca e scrivi il significato originale delle parole che seguono.**

- Formidabile: ➲ fantastico, ammirabile e magnifico eccezionale
- Grottesco: ➲ ~~cupo, ma poco spaventoso~~ ridicolo mostruoso
- Cordiale: ➲ gentile ma poco colloquiale.
- Giaciglio: ➲ letto, posto dove dormire. (dove giacere)

### UNO SGUARDO ALLA GRAMMATICA

**(14) Sottolinea nel testo seguente i complementi di luogo e spiega di quali si tratta in particolare.**

*Era una bella camera, all'ultimo piano, e con vista sul mare sul quale risplendeva la luce viva della luna. Dopo che ebbi detto le preghiere e che la candela si fu consumata, rimasi, rammento, a guardare il chiaro di luna sull'acqua, quasi sperando di leggervi la mia sorte, come in un libro lucente.*

### C'È STILE E STILE

**(15) Osserva nel testo le espressioni esclamative. Sono molte?**

- Quale funzione hanno secondo te?

### NARRA LA TRAMA

**(16) Racconta l'episodio come se fossi zia Betsey che riferisce a un'amica quanto le è accaduto.**

### PROVA D'ASCOLTO

**(17) Dopo l'ascolto del testo rispondi alle seguenti domande.**

- Chi sono i personaggi principali?
- Da dove fugge David e perché?
- Dove intende recarsi David e perché?
- La zia Betsey riconosce subito il nipote?
- Chi viene interpellato dalla zia per avere un'opinione a riguardo di David?
- Quali sono i consigli di Mr Dick?
- Come reagisce David alle cure della zia?
- Quando finisce il racconto è pomeriggio o notte?

# Scoperta di Simone de Beauvoir

leggere scrivere

TESTO NARRATIVO

1 2 3 livello di difficoltà

**Nel racconto della sua infanzia e adolescenza, Simone de Beauvoir, scrittrice francese del Novecento, donna di grande libertà di pensiero, racconta le sue esperienze di vita, di studio, di relazione con gli altri, prima in modo più conforme a quanto vedeva capitare intorno a sé, poi via via in modo più autonomo e critico. Nel testo che segue, la de Beauvoir è una ragazzina, che nella casa di campagna dei nonni e dei cugini scopre mille cose, camminando e guardando intorno a sé, con un misto di curiosità e stupore per ciò che vede.**

Tutto cambiava quando lasciavo la città ed ero trasportata tra gli animali e le piante, nella natura dalle innumerevoli pieghe[1]. Passavamo l'estate nel Limousin[2], dalla famiglia di papà. Il nonno si era ritirato presso Uzerche, in una tenuta acquistata da suo padre. Portava i favoriti[3] bianchi, la papalina[4], il nastrino della Legion d'Onore[5], e canticchiava tutto il giorno. Mi diceva il nome degli alberi, dei fiori e degli uccelli. I pavoni facevano la ruota davanti alla casa coperta di glicini e di bignonie; nella voliera ammiravo il cardinale dalla testa rossa e i fagiani dorati. Interrotto da cascate artificiali e fiorito di ninfee, "il fiume inglese", dove nuotavano i pesci rossi, chiudeva nelle sue acque una minuscola isola collegata alla terra da due ponti di tronchetti. Cedri, wellingtonie, faggi violacei, alberi nani del Giappone, salici piangenti, magnolie, araucarie[6], sempreverdi a foglie caduche[7], cespugli, siepi, prati: il parco, circondato da bianche staccionate, non era grande, ma così vario che non finivo mai di esplorarlo. Lo lasciavamo alla metà delle vacanze per andare dalla sorella di papà, che aveva sposato un gentiluomo terriero dei dintorni; avevano due figli. Venivano a prenderci con il "gran break[8]" tirato da quattro cavalli. Dopo il pranzo di famiglia ci installavamo sui sedili di cuoio blu che sapevano di polvere e di sole. Mio zio ci scortava a cavallo. Fatti venti chilometri si arrivava alla Grillère. Il parco, più vasto e più selvaggio di quello di Meyrignac, ma più monotono, circondava un brutto castello fiancheggiato di torrette e col tetto d'ardesia. [...] Dalla zia, come dal nonno, mi lasciavano correre in libertà sui prati, e potevo arrivare dappertutto. Grattando la terra, impastando il fango, gualcendo foglie e corolle, pelando le castagne d'India, schiacciando col calcagno le galle[9] piene d'aria, imparavo ciò che non insegnavano i libri, né l'autorità. Imparavo a conoscere il bottone d'oro e il trifoglio, il flox[10] zuccheroso, l'azzurro fluorescente dei volubili, le farfalle, la coccinella, il verme lucente, le tele di ragno, e i fili della Vergine. Imparai che il rosso dell'agrifoglio è più rosso di quello del lauro-ciliegia o del sorbo, che l'autunno indora le pesche e fa diventare i fogliami color rame, che il sole sale e scende nel cielo senza che mai lo si veda muoversi. La profusione dei colori e degli odori mi esaltava, dappertutto, nell'acqua verde delle peschiere[11], nell'ondeggiare delle praterie, sotto le felci taglienti, nelle forre[12] dei boschi cedui[13], si nascondevano tesori che io ardevo di scoprire.

da S. de Beauvoir, *Memorie di una ragazza perbene*, Einaudi

1 **pieghe**: aspetti.
2 **Limousin**: regione della Francia attorno al Massiccio Centrale.
3 **favoriti**: lunghe basette in uso tra gli uomini nell'Ottocento.
4 **papalina**: berretto di lana un tempo usato in casa dagli anziani.
5 **Legion d'Onore**: importante onorificenza francese.
6 **Cedri ... araucarie**: specie diverse di piante da giardino.
7 **caduche**: destinate a cadere.
8 **gran break**: tipo di carrozza scoperta tirata da due coppie di cavalli.
9 **galle**: rigonfiamenti prodotti da parassiti su varie piante.
10 **flox**: pianta erbacea annuale.
11 **peschiere**: bacini dove si allevano pesci.
12 **forre**: profonde gole nella terra o nella roccia.
13 **cedui**: che si può tagliare; è un attributo che si lega al bosco, che si taglia periodicamente per averne legna.

S. Vinagradov, *Il giardino*, Irkutsk, Regional Museum of Fine Art.

## competenze alla prova

## LEGGO E...

### ... COMPRENDO

1 **Dove trascorreva l'autrice le estati della sua infanzia?**

2 **Quale ricordo ha del nonno Simone de Beauvoir?**

- ☐ Era una persona allegra da cui imparare molte cose sulla natura
- ☐ Era una persona vecchia e noiosa
- ☐ Era una persona istruita
- ☐ Non ne ha un ricordo particolare

3 **Quali attività le piacevano di più, nel Limousin?**

4 **Quali personaggi risultano come i più interessanti nella memoria dell'autrice?**

### ... RICAVO DAL TESTO

5 **Quando l'autrice scrive "*Tutto cambiava quando lasciavo la città ed ero trasportata tra gli animali e le piante, nella natura dalle innumerevoli pieghe*" come si può immaginare fosse la sua vita in città?**

- ☐ Diversa ma non meno bella di quella della campagna
- ☐ Molto più piacevole di quella della campagna
- ☐ Del tutto diversa da quella della campagna e meno piacevole
- ☐ Con mille curiosità

### ... ANALIZZO E INTERPRETO

6 **Segna a margine del testo le frasi che, secondo te, permettono di rilevare il piacere dell'esplorazione e della scoperta della piccola Simone a contatto con la natura.**

7 **Come definiresti la vita che la bambina Simone conduce in campagna?**

- ☐ Noiosa e ripetitiva
- ☐ Non particolarmente emozionante
- ☐ Libera e ricca di nuove scoperte
- ☐ Avventurosa, ma pericolosa

## ORA SCRIVO IO

8 **Simone de Beauvoir descrive l'emozione della scoperta vissuta da bambina, a contatto con la natura. E tu? Quando hai vissuto le emozioni legate alla scoperta? Racconta.**

### UN MONDO DI PAROLE

9 **Nel testo sono presenti termini ricavati dal linguaggio della zoologia e della botanica. Cerca e scrivi il significato delle parole che seguono, se credi anche illustrandolo con un'immagine.**

- Glicine: ➲ ....................
- Bignonie: ➲ ....................
- Wellingtonia: ➲ ....................
- Botton d'oro: ➲ ....................
- Cardinale dalla testa rossa: ➲ ....................

# Sorpresa di Emilio Salgari

leggere scrivere parlare

TESTO NARRATIVO

1 2 3 livello di difficoltà

**Una valanga, caduta lungo il versante di una montagna degli Urali, in Russia, copre un'isba, cioè una casa di legno, nella quale vivevano un minatore e i suoi due figli. Ben presto, i tre si rendono conto che la struttura solida dell'isba li ha protetti, ma capiscono anche che non potranno uscire da lì, perché la neve intorno a loro si è ghiacciata. Si organizzano per la sopravvivenza: hanno legna, provviste, erba per le capre e aria che filtra attraverso le crepe della neve. Forse potranno farcela fino al disgelo. Quando, però, si annuncia la primavera e la neve incomincia a sciogliersi e a smottare, l'isba scricchiola e incomincia a cedere.**

A metà febbraio, dopo due lunghi mesi di prigionia, la capanna, che fino ad allora aveva resistito a quell'enorme peso, un mattino incominciò a dare segni di decrepitezza. Una delle pareti si era incurvata minacciosamente e alcune travi, guastate dall'umidità, accennavano a cadere.

– Padre, – disse Nicola, il quale se n'era accorto per primo, – la nostra fine s'avvicina. La capanna non resiste più.

– Dobbiamo tentare di tutto per uscire, – disse il minatore con voce angosciata. – Non so se domani la nostra isba sarà ancora in piedi. Se ti preme la vita, aiutami, figlio mio, e cerchiamo di riaprire il corridoio.

Il pericolo incalzava. Il tetto e le pareti continuavano a scricchiolare e le travature si spostavano.

Fortunatamente la galleria, scavata due mesi prima dal minatore, non si era chiusa. Anzi si era formata una specie di volta di ghiaccio, la quale aveva impedito alla neve soprastante di abbassarsi.

Il minatore, temendo un'improvvisa catastrofe, fece uscire anche Michele e le capre e porre sotto la tettoia, la quale sembrava ancora in ottimo stato, le provviste e le sue poche ricchezze.

– Affrettiamoci, Nicola, – disse. – Questo è il momento di mostrarti uomo e di lavorare come un uomo.

Si cacciarono entrambi nella galleria, portando picconi e badili, e assalirono con furore la crosta gelata che pareva avvolgesse la casupola.

Il piccolo Michele con un canestro portava via i rottami, accumulandoli sotto la tettoia affinché il padre e il fratello potessero lavorare più liberamente.

Quando dopo parecchie ore di lavoro tornarono nell'isba, s'accorsero con loro grande terrore che il tetto aveva cominciato ad abbassarsi e che le pareti s'erano maggiormente piegate.

La casupola non reggeva più all'enorme peso. Stava per crollare.

Perfino le capre davano segni d'inquietudine, belando insistentemente e cercando di rifugiarsi nella galleria, nonostante gli sforzi del piccolo Michele.

– Non contiamo più sulla nostra casa, – disse Gurko. – Essa è perduta per noi.

– E se crollasse e noi non potessimo proseguire il lavoro, che cosa acca-

drebbe di noi, padre? – chiese Nicola, con voce alterata.
– Lavoriamo, figlio, – rispose evasivamente il povero padre, lanciando uno sguardo disperato sui due bambini.
Stavano per riattaccare i massi di ghiaccio, quando un rombo spaventoso li arrestò.
La casupola aveva ceduto e la enorme massa di neve era precipitata attraverso il tetto sfondato, tutto seppellendo.
La sola tettoia, per un caso miracoloso, aveva resistito, salvando da morte certa il piccolo Michele e le quattro capre.
– Padre, – disse Nicola – siamo perduti.
Gurko non aveva risposto.
Curvo verso l'estremità della galleria ascoltava attentamente. Gli era sembrato d'aver udito un sordo rumore sopra la sua testa.
– Padre, – disse Nicola, – che cosa ascolti?
– Sento del rumore – disse il vecchio.
– Si direbbe che dei picconi percuotano la crosta gelata.
– Che qualcuno venga in nostro soccorso?
In quel momento i disgraziati udirono distintamente i latrati di un cane.
Gurko aveva mandato un grido.
– Ci cercano!
Un momento dopo, attraverso lo strato gelato, udì una voce gridare:
– Siete ancora vivi?
– Chi siete? – chiese il minatore con voce tremante.
– Siamo montanari di Karsoff, – rispose la voce di prima, – in vostro soccorso.
– Dio sia ringraziato! Forse giungerete in tempo per salvarci – rispose il minatore.
Un momento dopo una parte della crosta gelata cadeva con fracasso, seppellendo in parte il minatore, Nicola e Michele, e alcuni uomini comparivano attraverso lo squarcio.
Erano otto montanari di Karsoff. Avvertiti da un cacciatore d'orsi che la capanna era stata seppellita dalle valanghe, da quarantott'ore lavoravano con accanimento per liberare i disgraziati e, come abbiamo veduto, erano giunti in tempo.

Accortisi che la valanga s'era abbassata, avevano raddoppiato gli sforzi, scavando una galleria obliqua, ed erano riusciti a sfondare l'ultima crosta di ghiaccio.
Il minatore e i suoi due figli, miracolosamente salvati, poche ore dopo ricevevano le più affettuose cure dagli abitanti di Karsoff, accorsi in massa ad incontrarli.

da E. Salgari, *Le valanghe degli Urali*, in D. Longo (a cura di), *Racconti di Montagna*, Einaudi

## competenze alla prova

### LEGGO E...

#### ... COMPRENDO

1) **Chi sono i protagonisti?**

2) **Dove vivono i personaggi?**
- ☐ In una capanna sommersa da una valanga
- ☐ In un casa di campagna
- ☐ Sulla cima di una montagna
- ☐ In un appartamento

3) **Qual è, dopo la valanga, la seconda prova che i protagonisti devono affrontare?**

4) **Come fanno a salvarsi miracolosamente il piccolo Michele e alcune capre?**

5) **Da che cosa è costituito il pericolo in chiusura del racconto?**
- ☐ Il peso della neve
- ☐ Il ghiaccio che impedisce l'uscita dalla casa
- ☐ Il possibile crollo delle strutture della casa
- ☐ La mancanza d'aria

#### ... RICAVO DAL TESTO

6) **Quando Nicola chiede: "*E se crollasse e noi non potessimo proseguire il lavoro, che cosa accadrebbe di noi, padre?*", quale situazione sta immaginando?**

#### ... ANALIZZO E INTERPRETO

7) **L'avventura ha un finale lieto o tragico? Sottolinea nel testo la sequenza che ci permette di intuirlo.**

8) **Sottolinea gli aggettivi che ritieni più opportuni per descrivere i personaggi del racconto.**

coraggiosi - forti - timidi - tenaci - disperati - felici - sicuri - paurosi - impauriti - generosi - fortunati - tranquilli - rassegnati - ambiziosi

9) **Rifletti sulle caratteristiche dello spazio in questo racconto: come lo definiresti?**
- ☐ A cornice
- ☐ Di sfondo
- ☐ Come un personaggio
- ☐ Simbolico

10) **Come si presenta il narratore nel racconto?**
- ☐ Interno
- ☐ Esterno

11) **Come definiresti l'azione contenuta nel testo? Segna anche più di una risposta.**
- ☐ Tragica
- ☐ Scontata
- ☐ Drammatica
- ☐ Ricca di *suspense*

### ORA SCRIVO IO

12) **Hai mai provato un'emozione di sorpresa forte e significativa? Racconta, anche se non era legata a una situazione determinante come per i protagonisti del testo di Salgari.**

#### NARRA LA TRAMA

13) **Racconta la vicenda narrata dal testo come se uno dei ragazzi la ripercorresse in *flashback*.**

#### UNO SGUARDO ALLA GRAMMATICA

14) **In ciascuna delle seguenti frasi tratte dal testo è presente un gerundio. Sostituiscilo con altra forma verbale senza mutare il senso della frase. Secondo la necessità userai pronomi o altri connettivi.**
- "*Il minatore, temendo un'improvvisa catastrofe, fece uscire anche Michele*"
- "*Si cacciarono entrambi nella galleria, portando picconi e badili*"
- "*La casupola aveva ceduto e la enorme massa di neve era precipitata attraverso il tetto sfondato, tutto seppellendo*"

# Collera di Jerome David Salinger

leggere scrivere

TESTO NARRATIVO

1 2 3 livello di difficoltà

**Holden Caulfield è un ragazzo di sedici anni iscritto in un college americano, figlio di una famiglia benestante, ma polemico rispetto alle regole e allo studio così come gli vengono proposti dalla scuola e in generale dalla società. Per la sua condotta e per i risultati che ottiene viene espulso dalla scuola, proprio alla vigilia di Natale. Nell'ultimo week end prima di essere allontanato, scoppia una lite tra lui e il suo compagno di stanza, Stradlater, che quella sera è uscito con la ex fidanzata di Holden stesso. Stradlater è in piedi vicino a lui, con lo spazzolino da denti in bocca e lo provoca con qualche pugno sulla spalla, mentre Holden cerca di indagare su che cosa hanno fatto fuori insieme il suo amico e la ragazza. Stradlater non gli risponde e Holden reagisce, perché vuole a modo suo proteggere l'ex fidanzata.**

Tutto quel che so è che mi alzai dal letto, come se stessi andando al gabinetto o giù di lì, e poi cercai di mollargli un pugno, con tutta la mia forza, proprio in pieno sullo spazzolino da denti. Solo che non l'azzeccai. Cilecca. Tutto quel che feci fu di colpirlo sulla testa, di lato o giù di lì. Probabilmente gli fece un po' male, ma non quanto avrei voluto. Probabilmente gli avrebbe fatto un male cane, ma gliel'avevo mollato con la mano destra, e io quella mano non la potevo stringere bene. Per quella frattura che vi ho detto.

Ad ogni modo, la prima cosa che seppi fu che stavo su quel maledetto pavimento e lui mi stava seduto sul torace, rosso in faccia. O meglio, lui mi teneva le sue dannate ginocchia sul torace, e pesava almeno una tonnellata. E per giunta mi teneva stretto per i polsi, così non potevo dargli un altro pugno.

– Che accidente ti piglia? – continuava a dire, e la sua faccia da cretino diventava sempre più rossa.

– Toglimi quelle ginocchia schife[1] dallo stomaco, – gli dissi. Stavo quasi gridando. Sul serio. – Forza, togliti di là.

Ma lui niente. Continuava a tenermi stretto per i polsi, e io continuavo a insultarlo. Quasi non riesco nemmeno a ricordarmi tutto quello che gli dissi [...].

– Chiudi il becco[2], Holden, – disse, con quel suo stupido faccione congestionato[3]. – Chiudi il becco, adesso!

– Non sai nemmeno se si chiama Jane o *June*, maledetto idiota!

– *Chiudi il becco*, Holden, maledizione, te l'avverto, – disse. L'avevo proprio fatto partire in quarta. – Se non chiudi il becco, te ne appioppo[4] uno.

– Toglimi dallo stomaco quei tuoi sozzi luridi ginocchi.

– Se ti lascio, tieni il becco chiuso?

Non gli risposi nemmeno.

Lui lo ridisse. – Holden, se ti lascio, tieni il becco chiuso?

– Sì.

Mi si tolse di dosso, e mi alzai anch'io. Con quelle luride ginocchia mi aveva fatto un male cane allo stomaco. [...]. Mi agitò davanti alla fac-

**1 schife**: ripugnanti.

**2 becco**: espressione del parlato, sta per bocca.

**3 congestionato**: in preda a un'eccessiva collera.

**4 appioppo**: ti affibbio un pugno.

cia quel suo grosso indice idiota. – Holden, maledizione, io t'avverto, bada. Per l'ultima volta. Se non chiudi il becco, te ne appioppo...
– E perché? – dissi; stavo quasi urlando, quasi. – Ecco il guaio con voi idioti. Non volete mai discutere. Ecco com'è che si capisce che uno è idiota. Non vogliono mai discutere di una cosa intellig...
Allora lui ne mollò uno sul serio, e la prima cosa che seppi fu che stavo un'altra volta su quel maledetto pavimento. Non mi ricordo se mi aveva messo knock-out[5] oppure no, ma non credo. È abbastanza difficile spedire uno a knock-out, ci riescono solo in quei maledetti film. Ma mi sanguinava il naso a tutta forza. Quando alzai gli occhi, il vecchio Stradlater era là come mi stesse sopra in piedi. Aveva quella sua dannata borsa da bagno sotto il braccio. – Perché diavolo non chiudi il becco quando te lo dico io? – disse. Pareva molto nervoso. Probabilmente aveva paura che mi fossi rotto la testa o vattelappesca[6], quando avevo battuto sul pavimento. Peccato che non me l'ero rotta davvero. – Te la sei voluta, maledizione, – disse. Ragazzi pareva proprio preoccupato. Io non mi presi nemmeno il disturbo di alzarmi. Ero così imbestialito che stavo addirittura gridando.

**5 knock-out**: termine inglese che nel pugilato indica l'abbattimento dell'avversario, senza che questi riesca a rialzarsi entro dieci secondi.

**6 vattelappesca**: nell'uso del linguaggio parlato significa "va' a saperlo", "chi lo sa!".

## competenze alla prova

### LEGGO E...

#### ... COMPRENDO

1. **Chi tra i due ragazzi inizia l'aggressione fisica?**

2. **Come reagisce Stradlater alle provocazioni di Holden?**
   - ☐ Gli dà un pugno
   - ☐ Lo immobilizza al suolo
   - ☐ Scappa via
   - ☐ Rimane immobile, stupito

3. **Che cosa irrita di più Holden?**
   - ☐ La rozzezza di Stradlater
   - ☐ La sua intelligenza
   - ☐ La sua fortuna con le ragazze
   - ☐ La sua bellezza

4. **Che cosa irrita di più Stradlater?**
   - ☐ Il linguaggio di Holden
   - ☐ La sua forza fisica
   - ☐ La sua intelligenza
   - ☐ La sua bellezza

#### ... RICAVO DAL TESTO

5. **Trova nel testo un riferimento al motivo scatenante della collera di Holden nei confronti di Stradlater, dal quale si deduce che il punto di partenza del litigio è a proposito della ragazza che entrambi conoscono.**

#### ... ANALIZZO E INTERPRETO

6. **Nella sequenza delle offese e delle risposte tra Holden e Stradlater si intuisce la superiorità del primo sul secondo: individua almeno un passaggio in cui questo si rivela.**

7. **Rabbia e aggressione fisica: nel testo sono quasi tutt'uno. I due ragazzi potrebbero risolvere la loro rabbia diversamente, magari a parole? Giustifica la tua risposta.**

8. **Nel passaggio finale del testo Holden dice di essere spaventato e affascinato dal suo stato: "*Mi dava una cert'aria da duro. In vita mia avevo fatto a cazzotti solo un paio di volte, e le avevo buscate tutt'e due le volte. Non sono tanto duro. Sono pacifista, se proprio volete saperlo*". Holden è un "duro", secondo te? Spiega quello che pensi in proposito.**

9. **Dove si colloca il narratore nel testo?**
   - ☐ Interno
   - ☐ Esterno

– Sta a sentire. Va' a lavarti la faccia, – disse Stradlater. – Mi senti?
Gli dissi di andare a lavarsela lui, quella sua faccia da idiota – che era una risposta proprio da asilo infantile, ma non ci vedevo più dalla rabbia. [...]
Me ne restai seduto per terra finché non sentii che il vecchio Stradlater chiudeva la porta e se ne andava per il corridoio verso i gabinetti. Allora mi alzai. Non mi riusciva di trovare quel mio dannato berretto da cacciatore in nessun posto. Finalmente lo trovai. Stava sotto il letto. Me lo misi, con la visiera dietro come piaceva a me, e poi andai allo specchio per dare un'occhiata alla mia faccia da cretino. Mai visto un macello così in tutta la mia vita. Avevo sangue sulla bocca, sul mento, perfino sul pigiama e sulla vestaglia. Un po' mi spaventava e un po' mi affascinava. Mi dava una cert'aria da duro. In vita mia avevo fatto a cazzotti solo un paio di volte, e le avevo buscate tutt'e due le volte. Non sono tanto duro. Sono pacifista, se proprio volete saperlo.

adatt. da J.D. Salinger, *Il giovane Holden*, Einaudi

## ORA SCRIVO IO

**10** **Hai mai provato una rabbia che non si può contenere? Che cosa significa sentire la rabbia che esplode? Racconta.**

**11** **La rabbia si fa sentire quando un ostacolo impedisce di realizzare qualcosa cui si tiene. Riesci sempre a essere "ragionevole" e a contenere questo sentimento, quando si presenta?**

### UN MONDO DI PAROLE

**12** **Esprimi con altre parole le seguenti espressioni che derivano dal parlato.**

- *"Gli avrebbe fatto un male cane"* ➲ ..............................................................
- *Chiudi il becco"* ➲ ..............................................................
- *"L'avevo fatto partire in quarta"* ➲ ..............................................................
- *"Mai visto un macello così"* ➲ ..............................................................

### C'È STILE E STILE

**13** **Ripercorri il testo e individua le espressioni che ti sembrano più legate a un linguaggio gergale o familiare (come quello che si adopera in famiglia o in determinati ambienti, a scuola tra studenti, tra sportivi ecc.): sono molte? Quale effetto producono?**

**14** **Quando nel testo Holden dice: "*Ragazzi pareva proprio preoccupato*" la parola "*ragazzi*" chiama in causa qualcuno? Giustifica la tua risposta.**

**15** **Nel testo appaiono espressioni volgari, parolacce comuni. Per quale motivo l'autore sceglie di inserirle?**

- ☐ Dare vivacità a una materia noiosa
- ☐ Riprodurre il modo di parlare dei liceali dell'epoca
- ☐ Per moda
- ☐ Per caso

### FILOFILE

**16** **Per saperne qualcosa di più sul libro di Salinger, guarda il booktrailer, al sito http://seieditrice.com/leggere-trame/300-pagine-per-leggere/il-giovane-holden/. Holden riproduce un modello di adolescente che trova la sua ragione d'essere in un preciso momento della storia americana; credi però che abbia qualcosa a che fare anche con i ragazzi di oggi?**

# Paura di Stephen King

leggere scrivere parlare

TESTO NARRATIVO

1 2 3 livello di difficoltà

**Quattro ragazzi, dodici anni ciascuno, Gordie, Chris, Teddy, Vern, durante un'estate piena di sole in un villaggio nell'Oregon, decidono di compiere un'impresa: un loro coetaneo è scomparso – si dice che sia morto – e niente sembra più eroico che andarlo a cercare, trovarlo e vantarsi della scoperta. Decidono quindi di partire, mettendosi in cammino lungo i binari del treno, per riuscire nella loro strana impresa di affrontare la morte e con essa tutte le sfide che il cammino vorrà riservare loro. Proprio mentre seguono i binari in prossimità di un ponte altissimo su un fiume, viene loro in mente una sfida eccezionale: attraversare il ponte sui binari prima che il treno arrivi.**

Ci avviamo lungo il ponte in fila indiana; Chris per primo poi Teddy, poi Vern e poi io a fare il fanalino di coda perché avevo detto io chi sfida va prima. Camminavamo sulle traverse in mezzo ai binari e bisognava guardare dove si mettevano i piedi, che si avesse paura dell'altezza o meno. Un passo falso e ci si infilava nello spazio vuoto, probabilmente anche con una caviglia rotta.

La massicciata[1] scendeva ripida sotto di me e ogni passo avanti sembrava sigillare più fermamente la nostra decisione... e farla sembrare più stupidamente suicida. Mi fermai per alzare gli occhi quando vidi le rocce lasciare il posto all'acqua, lontano sotto di me, Chris e Teddy erano molto avanti, quasi a metà, e Vern avanzava lentamente dietro di loro, scrutando attentamente giù ai suoi piedi. Sembrava una vecchia signora che prova i trampoli[2], la testa spinta in avanti, la schiena curva, le braccia in fuori per mantenere l'equilibrio. Mi guardai alle spalle. Troppo lontano, amico. Dovevo continuare ad andare, ormai, e non solo perché poteva arrivare un treno. Se fossi tornato indietro sarei stato una femminuccia per tutta la vita.

E così ripresi a camminare. Dopo aver guardato giù l'interminabile serie di traversine per un po', con tra l'una e l'altra la visione dell'acqua che ci scorreva sotto, cominciai a sentire le vertigini[3], a sentirmi disorientato. Ogni volta che mettevo giù un piede, una parte del mio cervello mi giurava che sarei affondato nel vuoto, anche se potevo vedere benissimo che non era così.

Dovetti fermarmi in mezzo al ponte e alzare gli occhi al cielo per un po'. La sensazione di vertigine stava peggiorando. Vidi delle traversine fantasma – mi ballavano giusto davanti al naso. Poi svanirono e mi sentii di nuovo a posto. Guardai avanti e vidi che avevo quasi raggiunto Vern, che avanzava più lentamente che mai. Chris e Teddy erano arrivati quasi dall'altra parte. Fu quella la mia prima e unica esperienza di un lampo psichico[4]. Sono sicuro che si trattò di quello; come spiegarlo, altrimenti? Mi chinai e presi nel pugno il binario alla mia sinistra. Vibrava così forte che era come tenere un pugno di serpenti metallici.

**1 massicciata**: pavimentazione su cui è posata la ferrovia.

**2 trampoli**: pali di legno sui quali si cammina a una certa altezza dal suolo.

**3 vertigini**: sensazione di perdita dell'equilibrio.

**4 lampo psichico**: intuizione immediata.

La bocca mi si aprì. Non la aprii io, si aprì da sola, la mascella scattò cadendo come una trappola a cui sia stato d'un tratto tolto il fermo[5]. La lingua mi si era incollata contro il palato in maniera soffocante, tutti i muscoli erano bloccati. Questo era il peggio. Fu solo un attimo, ma parve un'eternità. La vibrazione del binario era penetrata così profondamente nella mano che quando la tolsi vibrava ancora, le terminazioni nervose che si urtavano all'infinito, formicolandomi come formicola una mano o un piede che si è addormentato e comincia svegliarsi. Urlai: – TRENO!

Le ultime tracce di paralisi mi abbandonarono e attaccai a correre. La testa di Vern si girò di scatto. La sorpresa che ne distorceva i lineamenti lo faceva sembrare quasi una caricatura umoristica, mi vide rompere[6] nella mia goffa corsa sbilenca, saltellando da una traversina orribilmente alta all'altra e capì che non scherzavo. Si mise anche lui a correre.

Molto più in là, vidi Chris che scendeva dai binari sulla solida sicura massicciata e lo odiai con un improvviso lampo verde di odio, aspro e amaro come il succo di una foglia di aprile. Era in salvo. Lo vidi che si buttava in ginocchio e afferrava una rotaia. Il piede sinistro mi mancò quasi sotto. Agitai le braccia, gli occhi che mi scottavano come cuscinetti a sfera in un macchinario, ripresi l'equilibrio e continuai la mia corsa. Ora ero alle spalle di Vern. Avevamo superato la metà e per la prima volta sentii il treno. Veniva da dietro di noi, dal lato Castle Rock[7] del fiume. Era un rombo profondo che cominciava a crescere e a dividersi nel ruggito del motore e nel rumore più acuto, più sinistro delle grosse ruote che giravano pesanti sui binari.

– Ahhhhhhhhhh! – strillava Vern.

– Corri, vigliacco! – urlai io e gli diedi un colpo nella schiena.

– Non posso! Cado!

– Corri più forte!

– AHHHHHHHH!

**5 fermo**: dispositivo che serve a bloccare o fissare qualcosa.

**6 rompere**: correre disordinatamente.

**7 Castle Rock**: paese da cui i ragazzi si sono allontanati.

Ma correva più forte, spaventapasseri saltellante col dorso nudo, abbronzato, il colletto della camicia ciondolante sotto il sedere. Stringeva ancor il suo sacco a pelo e io stringevo ancora il mio. I piedi di Vern pestavano sulle traversine. Ne mancò quasi una, balzò in avanti con le braccia in fuori, e io gli battei ancora sulla schiena per spingerlo ad andare avanti.
– Gooordieee non posso AHHHHHHHH...
– CORRI PIÙ FORTE! – urlai.
Il treno era fortissimo adesso, il motore profondo come un tuono continuo. Il fischio risuonò quando arrivò al punto di snodo[8] dove ci eravamo fermati a tirare sassi alla bandierina. Continuavo ad aspettare che il ponte si mettesse a tremarmi sotto i piedi. A quel punto lo avremo avuto giusto dietro di noi.
– VAI PIÙ FORTE, VERN! PIÙ FORTEEEE!
– ODDIO Gordie Oddio Gordie Oddio Gordie OHHHHHHHH!
La sirena elettrica del merci frantumò all'improvviso l'aria in mille pezzi. Ed ecco che Chris era sotto di noi e sulla destra e Teddy era dietro di lui, gli occhiali lampeggianti di sole e tutti e due avevano sulla bocca una sola parola e la parola era "*salta*"! Ma il treno aveva succhiato via tutto il sangue, dalla parola, lasciandone solo la forma sulla bocca. Il ponte cominciò a vibrare appena il treno vi montò sopra. Saltammo.
Vern finì lungo disteso nella polvere e nei sassi, e io atterrai vicinissimo a lui, quasi addosso a lui. Mi schiacciai le orecchie con le mani e ficcai la faccia nella polvere mentre il merci passava, metallo stridente contro metallo, l'aria che ci investiva. Non avevo nessuna fretta di guardare. Era un lungo treno ma non lo guardai mai. Prima che fosse completamente passato sentii una mano calda sul collo e seppi che era Chris.
Quando fu passato – quando fui sicuro che fosse passato – alzai la testa come un soldato che esce dalla sua tana alla fine di un giorno intero di sbarramento d'artiglieria[9]. Vern era ancora incollato a terra, tremante. Chris sedeva a gambe incrociate in mezzo a noi, una mano sul collo sudato di Vern, l'altra ancora sul mio.
Quando Vern finalmente si mise a sedere, tremando per tutto il corpo e leccandosi freneticamente le labbra, Chris disse: – Che ne dite se ci bevessimo quelle Coche? A qualcun altro andrebbe oltre che a me?
A tutti ne andava una.

adatt. da S. King, *Il corpo*, in *Stagioni diverse*, Sperling & Kupfer

**8 punto di snodo**: punto dove i binari si dividono.

**9 sbarramento d'artiglieria**: fuoco continuo dei cannoni.

## competenze alla prova

# LEGGO E...

### ... COMPRENDO

1. **Chi sono i protagonisti?**

2. **In che cosa consiste l'impresa che i ragazzi si prefiggono?**
   - ☐ Lanciarsi da un ponte
   - ☐ Attraversare i binari in una stazione
   - ☐ Attraversare a piedi un alto ponte della ferrovia mentre sta per arrivare il treno
   - ☐ Sfidarsi in una corsa

3. **Qual è la prima difficoltà che essi devono affrontare?**
   - ☐ Camminare svelti tra le traversine
   - ☐ Vincere la paura del vuoto
   - ☐ Vincere la paura del treno
   - ☐ Arrivare in tempo dall'altra parte del ponte

4. **Da che cosa è costituito il pericolo più serio?**

5. **Chi riesce a mettersi in salvo per primo?**

### ... RICAVO DAL TESTO

6. **Quando nel testo si legge: "*alzai la testa come un soldato che esce dalla sua tana alla fine di un giorno intero di sbarramento d'artiglieria*", a quale ambito sta facendo riferimento l'autore?**

### ... ANALIZZO E INTERPRETO

7. **Gordie e Vern hanno molte paure da vincere nella sfida. Compila opportunamente la tabella seguente.**

| Ragazzi | Paure | Manifestazioni fisiche della paura |
|---|---|---|
| Gordie | | |
| Vern | | |

8. **Quando Gordie urla a Vern "*Corri, vigliacco!*", che cosa teme?**
   - ☐ Che Vern lo intralci volontariamente
   - ☐ Che Vern si faccia prendere dalla paura
   - ☐ Che gli altri lo prendano in giro
   - ☐ Che non ci sia più tempo

9. **Perché Chris appoggia la mano sul collo di Gordie e di Vern?**

10. **Abbiamo detto che la paura nasce dalla minaccia di un pericolo. Elenca tre pericoli reali nei quali i ragazzi, un po' troppo temerari, incorrono.**

11. **Sottolinea gli aggettivi che ti sembrano più appropriati per definire i quattro ragazzi.**
    coraggiosi - audaci - incoscienti - folli - simpatici - buoni - tenaci - incapaci - affettuosi - incredibili - straordinari - temerari

12. **Che tipo di narratore si ha nel racconto? Coincide con la "voce" di chi?**

13. **Come definiresti lo spazio del racconto?**
    - ☐ A cornice
    - ☐ Di sfondo
    - ☐ Come un personaggio
    - ☐ Simbolico

# ORA SCRIVO IO

14. **Scegli uno dei quattro ragazzi e immedesimati in lui; poi racconta l'episodio, descrivendo le emozioni che proveresti nel cimentarti in quell'impresa.**

15. **Racconta di quella volta in cui hai avuto davvero paura e rifletti su che cosa hai sentito in definitiva come minaccia di un danno per te.**

### UN MONDO DI PAROLE

16. **Esprimi con altre parole le espressioni seguenti, tratte dal linguaggio parlato.**
    - *"Se fossi tornato indietro sarei stato una femminuccia per tutta la vita"*
    - *"Fu solo un attimo, ma parve un'eternità"*
    - *"A qualcun altro andrebbe oltre che a me?"*

### C'È STILE E STILE

17. **Ripercorri il testo e osserva quante sono le espressioni esclamative. Perché sono così tante, secondo te? Quale funzione hanno in questo testo?**

### NARRA LA TRAMA

18. **Racconta l'avventura come se fossi Vern.**

### AD ALTA VOCE

19. **Secondo voi, ha senso mettersi in pericolo per compiere "un'impresa?". Discutetene insieme e provate a ragionare su quale valore ha avvertire il pericolo di un'azione: è sempre una sfida? O si può valutare il suo significato, per decidere se affrontarlo o no?**

# Schifo di Patricia Highsmith

leggere scrivere

TESTO NARRATIVO

1 2 3 livello di difficoltà

**Peter Knoppert è un agente di cambio che, da quando ha deciso di fare in casa propria un allevamento intensivo di chiocciole per avere qualche soldo di più, migliora il suo carattere, il suo rendimento in agenzia e anche il suo conto in banca. Tutto sembra andare per il meglio, ma le chiocciole incominciano a moltiplicarsi in modo troppo abbondante, rispetto alle previsioni, e un sospetto odore di pesce marcio si diffonde in casa. La moglie di Peter, preoccupata, gli chiede di verificare che cosa sta accedendo nello studio, la stanza in cui, appunto, cresce l'allevamento delle chiocciole. (Precisiamo che la traduzione del testo usa il termine "*lumache*", ma parla anche dei "*gusci*" delle lumache; si tratta quindi di chiocciole, in realtà).**

– Peter, vorrei che tu dessi un'occhiata per vedere se è successo qualcosa – gli disse la moglie una mattina con aria piuttosto preoccupata. – Magari qualche contenitore si è rovesciato. È da una settimana che non entri nello studio, vero?

Erano quasi due settimane. – Ci andrò stasera – disse. Ma ci vollero altri tre giorni perché trovasse il tempo. Ci andò una sera prima di coricarsi e con sua grande sorpresa trovò il pavimento interamente brulicante di lumache[1], disposte in doppi e tripli strati. Con molta difficoltà riuscì a richiudere la porta senza fracassarne qualcuna. I grappoli di lumache che rivestivano ogni angolo della stanza gli diedero l'impressione di trovarsi al centro di un'enorme massa di eterogenea[2] composizione. Si guardò attorno a bocca aperta. Le lumache non avevano soltanto ricoperto ogni superficie possibile, ma pendevano persino dal lampadario.

Doveva far subito qualcosa per liberare il soffitto. Prese un ombrello, da cui naturalmente dovette scrollare un bel po' di lumache, e liberò un pezzo della scrivania per poterci salire sopra. Con la punta dell'ombrello lacerò la tappezzeria, da cui staccò una striscia che il peso delle lumache fece arrivare quasi fin sul pavimento. Knoppert si sentì improvvisamente avvilito e inviperito. Forse con l'acqua avrebbe potuto cacciarle. Azionò la leva degli spruzzatori.

L'acqua inondò i contenitori e l'intensa attività che regnava nella stanza non fece che aumentare. Knoppert, strisciando i piedi sul pavimento tra le lumache, i cui gusci produssero un rumore come di ciottoli, diresse un paio di sprizzi d'acqua sul soffitto. Subito si accorse di avere commesso un errore. La carta della tappezzeria, inumidita, si lacerò e Knoppert fece appena a tempo a evitare di essere investito in pieno da uno strato di lumache, ma subito dopo fu colpito sul lato della testa da un'intera striscia ricoperta di animali. Intontito, cadde su un ginocchio. Le lumache incominciarono a strisciargli sulle scarpe e ad arrampicarsi sui pantaloni. Scosse i piedi con rabbia. Stava per dirigersi verso la porta, con l'intenzione

**1 brulicante di lumache**: pieno di lumache che si muovevano confusamente.

**2 eterogenea**: varia, diversa.

di chiamare una domestica in aiuto, quando gli cadde addosso il lampadario. Crollò pesantemente sul pavimento. Per un momento pensò che non sarebbe più riuscito a rialzarsi.
– Edna![3] – urlò. Il suono debole, attutito della propria voce lo sbalordì. La stanza era acusticamente isolata[4].
Strisciò fino alla porta, senza curarsi della marea di lumache che fracassò con le mani e le ginocchia. Ma la porta resistette: c'erano tante lumache lungo gli stipiti che era impossibile sbloccarla. – Edna! –. Una lumaca, approfittando del suo urlo gli entrò in bocca. Knoppert la sputò disgustato e cercò di liberare le proprie braccia dalle miriadi[5] di lumache che aveva addosso. Ma per ogni centinaio che sloggiava altre mille gli salivano sopra, immobilizzandolo.

da P. Highsmith, *L'uomo che studiava le lumache*, in *Horroriana*, Mondadori

**3 Edna:** è la moglie di Peter.

**4 acusticamente isolata**: isolata dai rumori.

**5 miriadi**: moltitudine, gran numero.

## competenze alla prova

### LEGGO E...

#### ... COMPRENDO

**1** **Perché le lumache hanno occupato lo studio?**

**2** **Che cosa pensa di fare Peter appena si trova di fronte alle sue lumache?**

**3** **Che cosa accade a Peter dopo gli inutili tentativi di liberarsi delle lumache?**

#### ... RICAVO DAL TESTO

**4** **Peter alleva lumache/chiocciole per ricavarne un utile economico: conosci qualche uso di questo animale, in un ambito preciso?**

#### ... ANALIZZO E INTERPRETO

**5** **Come potresti definire le sensazioni prodotte dalla descrizione dello studio di Peter invaso dalle lumache?**

- ☐ Ribrezzo, disgusto
- ☐ Ansia, oppressione
- ☐ Interesse zoologico
- ☐ Ilarità, humour

**6** **Sottolinea gli aggettivi che ti sembrano più opportuni per descrivere lo stato d'animo di Peter.**

stupito - raccapricciato - contento - soddisfatto - interessato - sorpreso - affascinato - inviperito - stanco - impotente - distratto

**7** **Se lo schifo si prova quando si è a contatto con qualcosa di nocivo, come viene applicata questa definizione al racconto?**

- Si riferisce più al protagonista o al lettore?

**8** **L'argomento scelto dall'autrice si presta a diverse interpretazioni. Quali ti sembrano più convincenti? Scegline una che secondo te prevale sulle altre e giustifica la tua risposta.**

- Provocare nel lettore l'orrore attraverso il disgusto, il ribrezzo.
- Far riflettere il lettore sulla possibilità che anche i più piccoli possono diventare forti, unendosi.
- Far riflettere il lettore sulla sconsideratezza dell'allevamento degli animali selvatici.
- Far riflettere il lettore sull'avidità dell'uomo.

**9** **Come si può definire lo spazio in questo racconto?**

- ☐ A cornice
- ☐ D'atmosfera
- ☐ Come un personaggio
- ☐ Simbolico

### ORA SCRIVO IO

**10** **Hai mai provato una sensazione di ribrezzo per qualcosa? Sapresti descriverla e "analizzarla", individuando che cosa l'ha provocata in te?**

#### C'È STILE E STILE

**11** **Patricia Highsmith è una scrittrice di gialli. Ai suoi libri si sono ispirati per le sceneggiature anche i più grandi registi di film polizieschi, primo fra tutti Alfred Hitchcock. Rileggendo il testo, trovi degli spunti che ti facciano pensare al genere giallo?**

**12** **Rileggi il testo con attenzione: a tuo parere, il testo potrebbe essere letto in chiave comica?**

## Tutti proviamo emozioni

Sono aspetti importanti della nostra vita interiore

## Le emozioni hanno una relazione stretta con gli eventi che viviamo

### Emozioni primarie

- paura, collera, tristezza, disgusto, attesa, sorpresa, accettazione e cura, gioia

### Emozioni miste

- sommano tra loro le emozioni primarie

### Riconoscere e nominare le emozioni permette di

- conoscersi più profondamente
- essere più consapevoli di sé
- agire in modo più limpido

# Campagna per la tutela delle emozioni

| Obiettivo del lavoro | proporre una riflessione sulle emozioni, producendo una campagna pubblicitaria che insegni a conservare e proteggere l'autenticità e la profondità del mondo emotivo |
|---|---|

1 **Durante lo svolgimento dell'Unità avete riflettuto sulle emozioni, individuandone i nomi, distinguendole per intensità e soprattutto comprendendone un poco la dinamica: quando si presentano e come. Tutto questo sforzo, probabilmente, vi ha permesso di comprendere che il mondo emotivo è quello più personale, profondo e delicato, che merita rispetto sia in se stessi sia negli altri. Da qui sorge la domanda: come mai nei mezzi di comunicazione, soprattutto in televisione, si insiste così spesso sulla "messa in scena" delle emozioni?**

- Provate tutti insieme a fare mente locale sui programmi televisivi, sulle interviste, sugli show: viene chiesto spesso: "*Che cosa ha provato?*"
- Nei programmi dedicati all'osservazione diretta della vita delle persone ha un senso, secondo voi, raccontare che cosa si è provato in alcune circostanze della propria vita?
- Secondo voi, è possibile o giusto, davanti a una telecamera, chiedere in un'intervista in diretta che cosa si è provato, magari dopo un evento tremendo, come la perdita di un genitore o di un figlio o della propria casa ecc.?

2 **Riflettete ora sul senso del privato e del pubblico: le emozioni possono essere dichiarate sempre in pubblico a commento di ciò che si è vissuto?**

- È necessaria, secondo voi, la tendenza a rivelare in modo così plateale ciò che si è vissuto internamente?
- È sempre vero ciò che viene detto in pubblico, negli spettacoli televisivi, secondo voi? Oppure talvolta si utilizzano finzioni, per catturare l'interesse degli spettatori?
- Potrebbe o dovrebbe essere più protetta la sfera della propria interiorità dai mezzi di comunicazione?

3 **Dopo avere riflettuto tutti insieme, dividetevi in quattro gruppi e costruite ciascuno un cartellone pubblicitario per insegnare a riflettere sulle proprie emozioni.**

- **Destinatari**: i ragazzi della scuola.
- **Argomento**: che cosa sono le emozioni; la necessità di esprimerle; la necessità di rispettarle; l'importanza di distinguere tra ciò che è pubblico e ciò che è privato.
- **Slogan**: a seconda del tema sul quale decidete di insistere, scegliete una frase a effetto che permetta di pensare al tema scelto.
- **Testo esplicativo**: scrivete un breve testo, una o due frasi al massimo che spieghino, a fondo pagina, l'intenzione della vostra campagna pubblicitaria.
- **Immagine**: un disegno o una foto o un collage da opere d'arte in cui si presenti il vostro pensiero con un buon impatto visivo.

4 **Date evidenza ai vostri cartelloni, non solo a scuola; se potete, portate il vostro pensiero anche in altri luoghi dove i ragazzi della vostra età si ritrovano: il vostro lavoro può diventare un buon segnale di riflessione per tutti.**

# Le emozioni ci appartengono

Le emozioni sono aspetti importanti della nostra vita interna. Facciamo un esempio: riuscireste a non avere una sensazione di tensione prima di un'interrogazione? O di una gara? O di una partita di calcio in un torneo? Provare emozioni è segno di una reazione personale importante alle cose che si stanno vivendo, ma è altrettanto importante riconoscere le emozioni che si provano e nominarle. Tante delle difficoltà che si hanno nell'affrontare le cose della vita derivano dal fatto che non si ha ben chiaro di essere dentro la "nuvola" che crea un'emozione e di agire di conseguenza in modo inconsapevole e talvolta dannoso (per se stessi e per gli altri). Un'emozione segnala sempre qualcosa del nostro vissuto. Vediamo un po' nel dettaglio. Se ci si sente disperati, la sensazione forte della perdita della speranza rispetto a qualche cosa segnala che è importante – per superarla – mettere da parte un obiettivo che non siamo riusciti a raggiungere, perché appunto non ci sono speranze di ottenerlo; in questo caso può essere più efficace trovare altre forme di gratificazione per i nostri sforzi, che non siano quelle che abbiamo cercato ostinatamente di ottenere.

L'ansia si presenta quando si ha paura di non ottenere qualcosa cui si tiene e segnala in positivo che abbiamo bisogno di prepararci meglio per affrontare la situazione che ce la fa provare. Avere ulteriori informazioni intorno a ciò che si fa è la scelta migliore per riuscire a fare un passo oltre la paura.

La delusione trasmette la necessità di valutare nuovamente le nostre aspettative che forse erano troppo elevate o irrealistiche per sostituirle con altre più raggiungibili o più adeguate.

La vergogna fa percepire che qualche osservazione proveniente dall'esterno, dagli altri, minaccia la stima che abbiamo di noi stessi ed è necessario un intervento per rinsaldarla.

Questi esempi dimostrano che è importante accettare l'emozione come un segnale utile per migliorare il nostro comportamento, sospendendo qualsiasi tipo di pregiudizio o di svalutazione di sé, per vedere con attenzione che cosa ha da comunicare della nostra vita interna. Fatta questa analisi si può considerare più obiettivamente la situazione, riconoscere se i nostri comportamenti non sono efficaci e di conseguenza modificarli per essere più appagati e sereni.

Si tratta di un esercizio importante da fare dentro se stessi, per crescere davvero e anche per costruire la propria interiorità in modo profondo, senza essere – come tanti degli spettacoli attuali propongono – in balia di sensazioni e non di movimenti profondi del nostro animo.

S. Bertagna, *Le emozioni ci appartengono* , in "Mente emotiva", settembre 2012

## Dopo aver letto il testo rispondere alle domande, scegliendo una sola risposta

**A1 Dove risiedono le nostre emozioni?**

- A Nella vita di relazione
- B Nella nostra vita interiore
- C Nel cuore
- D Dappertutto

**A2 Perché le emozioni sono importanti?**

- A Perché regolano il nostro umore
- B Perché ci rendono diversi dagli animali
- C Perché esse sono il segno della nostra reazione alle cose che ci accadono
- D Perché tutti le possiedono

**A3 Perché è importante riconoscere le nostre emozioni?**

- A Per superare alcune difficoltà della vita
- B Per vivere come dentro un nuvola, serenamente
- C Per acquisire la consapevolezza di essere in uno stato "particolare" e comportarsi quindi di conseguenza
- D Per migliorare la propria condizione

**A4 In quali casi le nostre emozioni possono nuocere a noi stessi e agli altri?**

- A Quando agiamo senza prima pensare
- B Quando agiamo senza considerare le conseguenze del nostro agire
- C Quando non abbiamo ben chiaro quello che stiamo vivendo
- D Quando siamo troppo spontanei

**A5 Che cosa significa l'espressione "*un'emozione segnala sempre qualcosa del nostro vissuto*" (riga 11)?**

- A Che se proviamo un'emozione viviamo
- B Che le emozioni ci aiutano a vivere
- C Che le emozioni si riferiscono sempre a qualcosa che abbiamo vissuto o che stiamo vivendo
- D Che le emozioni ci avvertono dei momenti di crisi

**A6 Quali importanti emozioni vengono analizzate ed esemplificate nel testo?**

- A La disperazione, l'ansia, la paura, la collera
- B La disperazione, l'ansia, la delusione, la vergogna
- C L'orrore, la pietà, l'angoscia, l'amore
- D Il senso di inadeguatezza, la speranza, la tenerezza, il disgusto

**A7 Come si può superare la mancanza di speranza rispetto a qualcosa che non riesce?**

- A Spostando l'attenzione su qualcosa d'altro
- B Concentrandosi solo sull'insuccesso
- C Cercando gratificazione su obiettivi raggiungibili
- D Non pensandoci

**A8 Quando scatta l'ansia?**

NO A Quando non riusciamo a vincere la paura
B Quando ci sentiamo impreparati e pretendiamo più tempo
C In presenza del timore di non raggiungere il nostro obiettivo
D Quando non riusciamo a individuare neanche un lato positivo

**A9 Come si può superare l'ansia?**

A Cercando aiuto negli altri
B Prendendo tempo
C Rinunciando ai nostri obiettivi
D Raccogliendo più informazioni su quello che dobbiamo fare

**A10 Quale funzione ha la delusione?**

A Quella di riconsiderare gli obiettivi che ci eravamo prefissati e sceglierne di più raggiungibili
B Quella di farci rinunciare ai nostri obiettivi
C Quella di prendere tempo
D Nessuna

**A11 Come agisce la vergogna su di noi?**

A Ci spinge a rinsaldare la considerazione che abbiamo di noi stessi e che il giudizio degli altri ha minacciato
B Ci fa esitare di fronte agli obiettivi
C Ci obbliga a nasconderci dagli altri
D Ci fa perdere la stima di noi stessi

**A12 Perché è importante accettare tutte le nostre emozioni?**

A Perché attraverso questa accettazione possiamo migliorare il nostro comportamento
B Per evitare il giudizio degli altri
C Per conoscerci meglio
D Per nessun motivo particolare

**A13 Quali delle seguenti affermazioni sullo stile del testo è corretta?**

A È ricco di esempi pratici
B Lo stile è drammatico
C Ci sono termini tipici di un linguaggio scientifico
D Compaiono nomi propri

**A14 Quale delle seguenti affermazioni tratte dal testo contiene la tesi di fondo dell'autrice?**

A "*Le emozioni sono aspetti importanti della nostra vita interna*" (riga 1)
B "*è importante accettare l'emozione come un segnale utile per migliorare il nostro comportamento, sospendendo qualsiasi tipo di pregiudizio o di svalutazione di sé, per vedere con attenzione che cosa ha da comunicare della nostra vita interna*" (righe 30-34)
C "*Avere ulteriori informazioni intorno a ciò che si fa è la scelta migliore per riuscire a fare un passo oltre la paura*" (righe 21-23)
NO D "*Un'emozione segnala sempre qualcosa del nostro vissuto*" (riga 11)

**A15** **Qual è lo scopo principale del testo?**

- A Dimostrare una tesi
- B Dare consigli utili
- C Aiutare il lettore a capire meglio la propria interiorità
- D Presentare una realtà

## Quesiti grammaticali: una sola risposta corretta

**B1** **In ognuno dei seguenti gruppi è presente un elemento che non gli appartiene: segna quale nello spazio assegnato.**

Pronomi enclitici (nostri, nominar***le***, superar***la***, modificar***li***): ..........

Preposizioni (a, di, si, da): ..........

Aggettivi indefiniti (qualche, altro, prima, troppi): ..........

Avverbi (ostinatamente, nuovamente, davvero, per): ..........

**B2** **In quali delle seguenti frasi non compare un pronome relativo?**

- A *"Se ci si sente disperati, la sensazione forte della perdita della speranza rispetto a qualche cosa segnala che è importante - per superarla - mettere da parte un obiettivo"*
- B *"L'ansia si presenta quando si ha paura di non ottenere qualcosa cui si tiene e segnala in positivo che abbiamo bisogno di prepararci meglio"*
- C *"In questo caso può essere più efficace trovare altre forme di gratificazione per i nostri sforzi, che non siano quelle che abbiamo cercato ostinatamente di ottenere"*
- D *"Avere ulteriori informazioni intorno a ciò che si fa è la scelta migliore per riuscire a fare un passo oltre la paura"*

**B3** **Quale dei seguenti termini potrebbe sostituire il pronome *la* nella frase: "*La vergogna fa percepire che qualche osservazione proveniente dall'esterno, dagli altri, minaccia la stima che abbiamo di noi stessi ed è necessario un intervento per rinsaldar**la***" (righe 27-29)?**

- A Vergogna
- NO B Osservazione
- C Stima
- D Minaccia

**B4** **Individua nelle seguenti frasi gli elementi che hanno funzione di soggetto e trascrivili nello spazio assegnato.**

*"Tante delle difficoltà che si hanno nell'affrontare le cose della vita derivano dal fatto che non si ha ben chiaro di essere dentro"*: difficoltà

*"Questi esempi dimostrano che è importante accettare l'emozione come un segnale utile per migliorare il nostro comportamento"*: esempi

*"è necessario un intervento per rinsaldarla"*: un intervento

**B5** **In quali delle seguenti frasi non compare un aggettivo o un pronome indefinito?**

- A *"Tante delle difficoltà che si hanno nell'affrontare le cose della vita derivano dal fatto che non si ha ben chiaro di essere dentro la "nuvola" che crea un'emozione"*

B "*Vediamo un po' nel dettaglio. Se ci si sente disperati, la sensazione forte della perdita della speranza rispetto a qualche cosa segnala che è importante*"

C "*La delusione trasmette la necessità di valutare nuovamente le nostre aspettative che forse erano troppo elevate o irrealistiche per sostituirle con altre più raggiungibile o più adeguate*"

D "*Si tratta di un esercizio importante da fare dentro se stessi, per crescere davvero*"

**B6 Quale delle seguenti frasi contiene un complemento di specificazione?**

A "*Riuscireste a non avere una sensazione di tensione prima di un'interrogazione*"

B "*Riuscire a fare un passo oltre la paura*"

C "*Fatta questa analisi si può considerare più obiettivamente la situazione, riconoscere se i nostri comportamenti non sono efficaci e di conseguenza modificarli per essere più appagati e sereni*"

D "*Si tratta di un esercizio importante da fare dentro se stessi*"

**B7 Quale delle seguenti frasi contiene un complemento di argomento?**

A "*in questo caso può essere più efficace trovare altre forme di gratificazione per i nostri sforzi*"

B "*è importante accettare l'emozione come un segnale utile per migliorare il nostro comportamento*"

C "*senza essere in balia di sensazioni*"

D "*Avere ulteriori informazioni intorno a ciò che si fa è la scelta migliore*"

**B8 Leggi le frasi seguenti e segna con una crocetta se il verbo contenuto in esse è un Predicato Verbale (PV) o Predicato Nominale (PN).**

PN PV "*le emozioni sono aspetti importanti della nostra vita interna*"

PN PV "*un'emozione segnala sempre qualcosa del nostro vissuto*"

PN PV "*i nostri comportamenti non sono efficaci*"

PN PV "*La delusione trasmette la necessità di valutare nuovamente le nostre aspettative*"

**B9 Scrivi nella colonna di destra, coniugandoli al gerundio semplice, i verbi elencati al presente indicativo nella colonna di sinistra; viceversa fai con i verbi al gerundio scritti nella colonna di destra, coniugandoli nella colonna di sinistra alla terza persona plurale del presente indicativo.**

| Modo indicativo (presente) | Modo gerundio (presente) |
|---|---|
| hanno | AVENDO |
| crea | CREANDO |
| fa | FACENDO |
| dimostrano | DIMOSTRANDO |
| abbiamo | AVENDO |
| VIVONO | vivendo |
| SOSPENDONO | sospendendo |
| AFFRONTANO | affrontando |
| RAGGIUNGONO | raggiungendo |
| OTTENGONO | ottenendo |

**B10** **A ciascun complemento contenuto nella colonna di sinistra è stata attribuita una definizione; segnala di volta in volta se è Vera V o Falsa F e, se è il caso, correggi scrivendo nell'ultima colonna di quale complemento si tratta.**

| | **è complemento...** | **V** | **F** | **No, è complemento...** |
|---|---|---|---|---|
| Prima di un'interrogazione | di specificazione | | | |
| Dannoso per se stessi | di svantaggio | | | |
| Proveniente dall'esterno | di causa efficiente | | | |
| Dentro se stessi | di stato in luogo | | | |
| Essere in balia | di mezzo | | | |
| Migliorare il nostro comportamento | oggetto | | | |
| Agire in modo inconsapevole | di causa | | | |
| Vedere con attenzione | di modo | | | |
| Facciamo un esempio | predicativo | | | |
| Forme di gratificazione | di specificazione | | | |

# La Libreria dei Ragazzi di Torino consiglia:

Hélène Vignal,
*Passare col rosso*,
Carmelozampa

Clive Barker,
*La casa delle vacanze*,
Rizzoli

Rob Buyea,
*Il maestro nuovo*,
Rizzoli

Roddy Doyle,
*La gita di mezzanotte*,
Salani

Anne Fine,
*Qualcosa in comune*,
Salani

### Due minuti in libreria

## Chi ha trovato?

1. **Un personaggio o una situazione particolarmente emozionante?**
2. **Un personaggio che è stato capace di vivere un'emozione con saggezza?**
3. **Un personaggio che ti ha fatto riflettere sul valore dell'emozione?**

### PHILOSOPHY

L'emozione è una parte essenziale della vita, che certamente avete sentito tante volte dentro di voi. I saggi del nostro mondo, da sempre, insegnano ai loro allievi a conoscere le proprie emozioni e a esserne consapevoli.

- Credete che sia importante trasmettere ai ragazzi la consapevolezza di sé e della propria vita interiore? Perché?

# L'Associazione Museo Nazionale del Cinema consiglia:

*Mary & Max* è stato realizzato con la tecnica claymation (come *Galline in fuga*, schedato nel primo volume) e narra la storia dell'amicizia epistolare tra Mary, una bambina timida e solitaria che vive nella periferia di Melbourne in Australia, e Max, un newyorkese di 44 anni con la sindrome di Asperger.

**Mary & Max**
Australia, 2009
diretto da Adam Elliot
88 min.

- Mary e Max comunicano attraverso una corrispondenza cartacea speciale. Prova a scrivere una lettera a un tuo caro amico per raccontargli le emozioni che hai vissuto e nelle quali ti sei identificato guardando questo film.
- Che cosa significa comunicare se stessi, nonostante un ostacolo così grande come la sindrome di Asperger?

Tratto dall'omonimo romanzo di Winston Groom del 1986, il film racconta l'incredibile storia di Forrest Gump, nato e cresciuto in un paesino dell'Alabama: nonostante un lieve ritardo, grazie alla sua generosità e determinazione, riesce a laurearsi, tornare dal Vietnam come eroe, diventare un campione di ping-pong, attraversare gli Stati Uniti di corsa e arricchirsi grazie alla pesca dei gamberi; ma soprattutto riesce a sposare la donna che è il suo grande amore e ad avere un figlio da lei.

**Forrest Gump**
U.S.A., 1994
diretto da Robert Zemeckis
143 min.

- Forrest ha l'abitudine di pronunciare degli aforismi; scegli quello che si avvicina di più al tuo modo di vivere la sfera delle emozioni e spiega il perché.
- Descrivi l'incontro e la relazione umana che ti ha colpito di più nel corso del film.

Will Hunting, nato e cresciuto in un quartiere povero, si guadagna da vivere facendo le pulizie nel dipartimento di matematica del MIT - Massachusetts Institute of Technology di Boston. Un giorno risolvendo un difficile problema, conquista l'attenzione del Prof. Lambeau, che lo farà incontrare con l'amico psicologo Sean McGuire.

**Will Hunting - Genio ribelle**
U.S.A., 1997
diretto da Gus Van Sant
126 min.

- Il film è stato scritto alcuni anni primi dai due attori protagonisti Matt Damon e Ben Affleck quando erano insieme studenti all'università; individua gli elementi giovani e creativi che contraddistinguono questa originale sceneggiatura.
- Descrivi le emozioni che crea la particolare relazione che si instaura tra Sean McGuire, interpretato da Robin Williams, e Will Hunting.

# PAGINE LABORATORIO

# Comunicare fatti ed emozioni

**Abilità**

parlare

ascoltare

# ABILITÀ E COMPETENZE

**Parole chiare**

- La comunicazione descrittiva
  **Impariamo a... descrivere oralmente**
- La comunicazione rappresentativa
  **Impariamo a... rappresentare uno stato d'animo**

# Parole chiare

I Greci antichi pensavano che la parola fosse un "essere potente", dal corpo piccolissimo, ma capace di realizzare cose potentissime, se usata bene. In effetti, le parole sono il mezzo attraverso il quale entriamo in contatto con gli altri, quando raccontiamo un fatto, esprimiamo un sentimento, riflettiamo su un argomento, convinciamo qualcuno di qualcosa che riflette la nostra opinione. È molto importante, quindi, usare bene le parole. Per imparare almeno alcuni aspetti della comunicazione verbale, quella che i Greci (e poi i Latini) chiamarono "retorica", ci serviremo di questo laboratorio e di un altro il prossimo anno, esercitandoci su due aspetti: quest'anno sul saper **raccontare un fatto** ed **esprimere un'idea** (o un **sentimento**); il prossimo sul saper **costruire un'argomentazione e sostenerla** (per convincere gli altri).

## La comunicazione descrittiva

Prima di avviare qualunque ragionamento, ricordiamo sempre che nella comunicazione è importante avere chiaro:

- chi parla a chi, ovvero chi sono **emittente** e **ricevente**;
- qual è l'**argomento** della comunicazione;
- qual è lo **scopo** della comunicazione.

Facciamo un esempio: se un ragazzo vuole dire al proprio migliore amico come funziona il suo videogioco preferito, la comunicazione avviene tra persone della stessa età (emittente-ricevente), su un videogioco (argomento), per spiegare come si gioca (scopo). Il ragazzo che parla non racconta quanto per lui è divertente o quante volte al giorno torna a giocare, ma solo **come** funziona il gioco; separando così i fatti (il funzionamento del gioco) dalle sue opinioni (se gli piace giocare e quanto).

In questo caso, lo **scopo della comunicazione** è la **descrizione**, che consiste nel **fornire informazioni obiettive, distinguendo fatti da opinioni**.

Per essere buoni descrittori, bisogna essere attenti alla **comprensibilità** del proprio discorso, lavorando almeno su questi quattro elementi:

- **semplicità**;
- **ordine**;
- **brevità**;
- **interesse**.

Prendiamoli in considerazione uno per volta in un modo particolare, attraverso una tabella che li metta **a confronto con il loro opposto**: come si può essere semplici, ordinati, brevi e interessanti nel descrivere? Vediamo.

| Complicato | Semplice |
|---|---|
| Periodi lunghi e complessi | Periodi brevi e semplici |
| Parole non comuni | Parole note e corrette |
| Parole tecniche non spiegate | Parole tecniche spiegate |
| Contenuti difficili o non chiari | Contenuti facili e concreti |
| Forma sintattica scorretta | Forma sintattica completa e corretta |

| Disordinato | Ordinato |
|---|---|
| Comunicazione con molti salti nel tempo | Comunicazione con un ordine cronologico |
| Comunicazione senza un ordine logico | Comunicazione con un ordine logico, connettendo cause ed effetti |
| Molti particolari inutili | Buona distinzione tra essenziale e inutile |
| Si perde spesso il filo | Il filo del discorso è sempre evidente |
| Non si arriva a una conclusione logica | Si arriva a una conclusione logica |

| Lungo | Breve |
|---|---|
| Comunicazione dispersiva | Ogni parola è necessaria |
| Introduzione di elementi superflui | Comunicazione di elementi di base |
| Comunicazione che si perde nei particolari | Comunicazione centrata sulla meta finale |

| Noioso | Interessante |
|---|---|
| Comunicazione costantemente neutra | Comunicazione personale con qualche richiamo diretto all'ascoltatore |
| Comunicazione senza toni o colori particolari | Comunicazione con esempi e paragoni necessari a capire piacevolmente l'argomento |

In conclusione, provando a leggere di seguito per ogni tabella la colonna degli aspetti positivi, si ha una **linea guida** per costruire una buona descrizione, che **non** intende dare **giudizi, valutazioni, interpretazioni**, ma intende raccontare la realtà delle cose così come sono, riproducendo in modo oggettivo (ma non noioso) **come si presenta un oggetto, un'idea, un fatto**.

IMPARIAMO A...

# Descrivere oralmente

**1 Prova a descrivere un piccolo oggetto di uso comune; scegline uno tra questi:**

- un oggetto che si trova nel tuo zaino;
- un oggetto che usi sempre a colazione;
- la maglia che hai addosso;
- un orologio colorato;
- un uovo;
- un ipod.

Esprimiti in modo semplice, ordinato e breve. Hai trenta secondi di tempo.

- Prova poi ad aggiungere dieci secondi di tempo nei quali inserire un esempio o un paragone, che hanno il compito di suscitare un maggiore interesse in chi ascolta. Effettivamente, è cambiato qualcosa nella tua descrizione?
- Finito il lavoro di "prova" personale, fai ascoltare la tua descrizione al compagno/a di banco e viceversa farà lui o lei.
- Ora prova a raddoppiare i tempi, ma mantieni le stesse prerogative di ordine, brevità, semplicità: è più difficile o più facile costruire la descrizione? Prova prima in modo autonomo e poi con il compagno di banco.

**2 Prova di descrizione di un fatto; scegline uno tra questi:**

- come ti sei svegliato stamattina;
- come hai passato l'intervallo oggi;
- che cosa è successo nell'ora di lezione precedente;
- un fatto accaduto nel giorno del tuo compleanno;
- un fatto accaduto durante le vacanze più vicine.

Esprimiti in modo semplice, ordinato, breve e interessante, ma non fare mai riferimento a un'emozione, a un giudizio, a una valutazione positiva o negativa. Attieniti solo ai fatti.

- Hai un minuto e mezzo di tempo. Finito il lavoro di "prova" personale, esprimi la prova di descrizione con il tuo compagno di banco e poi ascolta la sua.
- Ora lavora in modo personale e poi con il tuo compagno di banco: parti da un esempio e poi sviluppa il resto della descrizione, rispettando le stesse prerogative di prima, anche nei tempi: è più facile o più difficile? Sapresti dire perché?

**3 Prova di descrizione di un'idea; scegline una tra queste:**

- che cos'è la giustizia a scuola;
- che cos'è la forza d'animo in una gara;
- che cos'è la solidarietà tra amici.

Esprimiti in modo semplice, ordinato, breve e interessante, ma non fare riferimento mai a un'emozione, a un giudizio, a una valutazione positiva o negativa. Attieniti solo alla descrizione nuda e cruda dell'idea. Hai quarantacinque secondi di tempo.

- Finito il lavoro di "prova" personale, esprimi la prova di descrizione con il tuo compagno di banco e poi ascolta la sua. È stato più complicato che nelle altre prove? Perché?

4 **Ora scegliete la migliore performance tra le tre che avete preparato e fate un piccola gara di retorica in classe: entrerete in gara con il vostro "pezzo forte" e vinca il migliore. Giudice, l'insegnante.**

5 **Prova senza prova: il vostro docente preparerà alcuni bigliettini su ciascuno dei quali scriverà un oggetto, un fatto, un'idea da descrivere. Chi vorrà partecipare alla prova, prenderà a caso un bigliettino e dopo un piccolo momento di silenzio, farà il proprio discorso, senza averlo provato prima. Il tempo è al massimo un minuto, ma ci si può interrompere prima.**

- I compagni non sanno di che cosa si tratta ma dovranno indovinarlo alla fine della descrizione. Solo chi è stato davvero breve, semplice, ordinato sarà capace di trasmettere correttamente il suo messaggio.

6 **Guardate i tre quadri che sono riprodotti qui sotto (rappresentano un fatto A, un'idea B, degli oggetti C), sceglietene uno e provate a descriverlo prima in trenta secondi, poi in un minuto, poi in un minuto e mezzo. Che cosa cambia nelle tre prove, oltre al tempo? Valutate voi stessi ed esprimetevi in proposito.**

A

B

C

# La comunicazione rappresentativa

Ben diversa dalla descrizione, che vuole essere capace di informare su un fatto con chiarezza e brevità, è la comunicazione "rappresentativa", che si concentra sulla **comunicazione delle proprie emozioni e delle esperienze personali**. Nella nostra cultura a riguardo delle emozioni e delle esperienze private ritornano due atteggiamenti in particolare:

- l'abitudine a non esprimere direttamente e chiaramente ciò che si prova, perché si ritiene meglio tenerlo nascosto (almeno in parte);
- la tendenza attuale a dire fin troppo apertamente ciò che si prova, senza davvero prestare attenzione al sentimento profondo, come accade nei talk show di bassa lega.

Nell'un caso e nell'altro non si dispone degli strumenti necessari per dare un'equilibrata manifestazione al proprio sentire. Come si può fare, allora, per esprimere in modo chiaro e diretto ciò che si prova o si è vissuto?

- Innanzitutto **sentirsi liberi di comunicare** le proprie emozioni o ciò che si è vissuto in modo responsabile, solo **se e quando lo si ritiene significativo**;
- comunicare in modo **diretto e aperto**, esprimendo ciò che si è vissuto con le parole che lo esprimono; ciascuno di noi può dire apertamente "ho paura", "sono felice", spero che", "sono preoccupato" ecc., senza che questo debba essere fonte di giudizio o di svalutazione;
- essere in grado di **riconoscere i propri stati d'animo**, di **nominarli**, di dare loro un **contesto di riferimento**, per esempio dicendo "ho paura **quando**...", "sono felice quando...", "spero che succeda questo, quando..." ecc. perché quanto si prova o si vive sia sempre colto nella forma in cui si presenta, con coscienza di ciò che è e di quando accade.

Tutto questo sforzo comunicativo permetterà di essere sempre presenti a se stessi, assumendosi la responsabilità di ciò che si prova, in modo autentico. La sincerità e la schiettezza della propria comunicazione è in grado di esprimere con chiarezza ciò che appartiene alla nostra vita, nei fatti "oggettivi" e nella percezione "personale" di ciò che capita in noi e intorno a noi.

IMPARIAMO A...

# Rappresentare uno stato d'animo

**1 Prova a rappresentare il tuo stato d'animo in una delle situazioni indicate. Hai a disposizione un minuto al massimo.**

- Sono una frana quando parlo con una persona completamente sconosciuta.
- Sono triste quando perdo una gara.
- Sono felice quando sto con i miei amici.
- Sono sorpreso quando mi arriva un regalo inaspettato e bellissimo.
- Sono deluso quando mi aspetto un voto e ne ricevo un altro.

**2 Rappresenta il tuo stato d'animo facendo capo a un ricordo particolare: un giorno di scuola, un pranzo con i nonni, una passeggiata ecc. Raccontalo a un tuo compagno di classe, scegliendo chi vuoi. Al termine di questo racconto, chi ti ha ascoltato riformulerà quanto tu hai raccontato in un discorso che sia descrittivo e rappresentativo insieme.**

- Se vuoi puoi "correggere" il racconto in modo tale da renderlo più rispondente allo stato d'animo che hai provato.

**3 Prova a esprimere il tuo stato d'animo, immedesimandoti in una delle situazioni che seguono. Esprimiti poi con un racconto che non superi i due minuti.**

- Ho preso un brutto voto in storia e so che mia madre la prenderà malissimo; vado a casa e le dico...;
- ho discusso con il mio migliore amico/a e non vorrei che le cose rimanessero così; vado da lui/lei e gli/le dico...;
- mi accorgo che mia sorella ha fatto in modo che i miei non si arrabbiassero con me per una cosa che ho fatto; vorrei esprimerle un po' di riconoscenza, vado da lei e le dico...;
- i miei amici ultimamente mi escludono un po' dalle varie iniziative, sono deluso e così vado da loro e dico...;
- quando mi sono ritrovato con un'insufficienza in matematica tre miei compagni sono stati fantastici con me e mi hanno consolato; adesso vado da loro e dico...

**4 Unisci la comunicazione descrittiva a quella rappresentativa, mettendole una di seguito all'altra a proposito di un film. Racconta la trama in modo essenziale e chiaro, facendo seguire che cosa hai provato in qualche scena in particolare e quale esperienza è stata per te vederlo.**

# 8 IL GENERE Poesia

## Traguardi di competenza

- Leggere una poesia comprendendone il significato e cominciando a costruirne un'interpretazione
- Utilizzare i termini specialistici relativi al linguaggio poetico: verso, strofa, ritmo, pausa, accento ritmico, rima, schema di rima, consonanza, assonanza, figure retoriche di suono e significato
- Scrivere un testo poetico rispettandone alcuni degli elementi costitutivi
- Scrivere una parafrasi, rispettando precise fasi di stesura

## Obiettivi di apprendimento

- Leggere, comprendere, ricavare informazioni, interpretare una poesia
- Riconoscere gli elementi costitutivi della poesia: strofe, versi, rime, cesure
- Distinguere figure retoriche di posizione: enjambement, anafora, epifora, chiasmo, anastrofe
- Distinguere figure retoriche di suono: allitterazione e onomatopea
- Distinguere figure retoriche di significato: similitudine, metafora, personificazione, metonimia, sinestesia
- Individuare le immagini poetiche e decodificarne il significato
- Impostare la parafrasi del testo poetico

## Contenuti

- Leggere poesie “d’occasione”, imparando a vedere in esse la relazione tra la vita e la creazione poetica
- Leggere poesie che riflettono sulle emozioni, sulla serenità, sulla solitudine, sulla speranza, sulla delusione e sulla bellezza del vivere

# La disposizione delle parole

L'anno scorso hai già studiato che, attraverso la **disposizione delle parole**, il poeta costruisce la struttura stessa della poesia, richiamando l'attenzione sugli aspetti che più gli stanno a cuore. Naturalmente, questo è un aspetto tipico del testo poetico, ben diverso dalla prosa. Tuttavia a volte, per comprendere meglio il significato di una poesia, si esce dalla sua forma particolare per ricondurla alla prosa, rispettandone il contenuto e le immagini, ma non la disposizione delle parole. Del **passaggio dalla forma poetica alla prosa**, cioè della produzione di una **parafrasi**, si occupa il laboratorio che segue l'Unità, che ti invitiamo a vedere fin da subito, così da poter parafrasare i testi poetici che leggerai, migliorandone la comprensione complessiva.

## Il signor A di Edoardo Sanguineti

leggere

TESTO POETICO

1 2 3 livello di difficoltà

Il signor A prese un arco e uno STRALE[1]:
la freccia aveva un magico puntale,
così, scagliata, andò a un'altezza ASTRALE;

il signor A portò via tutto un LATO
a un triangolo appena disegnato:
rimase il nudo becco di un ALATO[2];

il signor A fu un virtuoso di CANTO:
fece un classico acuto, che fu un pianto,
coronato lì in testa con l'ACANTO[3];

il signor A acquistò una villa a RATE:
fece, nel parco, mille passeggiate
e mille, ancora, per campagne ARATE;

il signor A si tuffò un giorno in MARE:
tra le bagnanti si pose a nuotare
e disse: bello è, tra onde AMARE, AMARE.

E. Sanguineti, in "Il Secolo dei bambini",
24 ottobre 2002

**1 strale**: freccia.
**2 alato**: uccello.
**3 acanto**: pianta erbacea.

## competenze alla prova

## LEGGO E...

### ... COMPRENDO

1 **Qual è l'idea originale, espressa già dal titolo e dalle prime parole della poesia, su cui si basa la composizione? Per rispondere, completa il seguente ragionamento.**

Il signor A interviene trasformando le parole, che, con l'aggiunta della lettera .................................................. all'inizio, .................................................. completamente il loro ..................................................

2 **In ciascuna strofa, le nuove parole formate con l'aggiunta di una lettera costituiscono un puro gioco di parole oppure hanno un senso logico?**

### ... RICAVO DAL TESTO

3 **Da ciò che dice il testo, puoi dedurre che il signor A sia un personaggio reale?**

### ... ANALIZZO E INTERPRETO

4 **Individua le strofe e contrassegna a lato ciascuna con un diverso colore.**

5 **Quante sono in tutto le strofe?**

- ☐ Tre
- ☐ Quindici
- ☐ Cinque
- ☐ Sei

6 **Da quanti versi è composta ciascuna strofa?**

- ☐ Tre
- ☐ Quattordici
- ☐ Quindici
- ☐ Cinque

7 **Per rendere più visibile il gioco di parole compiuto dal signor A, il poeta usa un espediente grafico. Quale?**

### UNO SGUARDO ALLA GRAMMATICA

8 **Nell'ultimo verso, compare due volte di seguito la parola AMARE, anche se diversa è la funzione grammaticale. Completa, collocando al posto giusto i completamenti dati qui di seguito.**

- è l'infinito di un verbo
- è un aggettivo femminile plurale

*primo caso*: bello è, tra onde AMARE, AMARE

..................................................................................................

*secondo caso*: bello è, tra onde AMARE, AMARE

..................................................................................................

### UN MONDO DI PAROLE

9 **Provate a comporre nuove parole da quelle assegnate, riproducendo lo stesso schema usato dalla poesia:**

- aggiungere una o più lettere al posto del trattino blu all'inizio della parola;
- aggiungere più di una lettera al posto del trattino blu nel corpo della parola.

  _arco, _andò, an_dò, and_ò

Con ciascuna parola si possono trovare anche più esempi. Se volete potete avviare una piccola competizione tra voi: chi è riuscito a trovare più parole?

STUDIA



scheda

# Il verso e la strofa

Certamente dall'anno scorso ricorderai che i testi in poesia si distinguono dai testi in prosa per la disposizione delle parole. In particolare:
- le parole che, grazie all'"a capo", sono scritte su un'unica riga, costituiscono un **verso**;
- i versi possono avere lunghezza varia;
- talvolta i versi vengono riuniti in gruppi, separati dallo spazio di una riga vuota, che si chiamano **strofe**.

## I diversi tipi di strofa

A seconda del **numero di versi** da cui è composta, la strofa assume nomi diversi.

**Distico**
(due versi)

Fresche le mie parole ne la sera
ti sien come il fruscio che fan le foglie. (G. D'Annunzio)

**Terzina**
(tre versi)

Era il tramonto: ai garruli trastulli
erano intenti, nella pace d'oro
dell'ombroso viale, i due fanciulli. (G. Pascoli)

**Quartina**
(quattro versi)

Esplodon le simpatiche campane
d'un bianco campanile sopra tetti
grigi: donne con rossi fazzoletti
cavano da un rotondo forno il pane. (C. Govoni)

**Sestina**
(sei versi)

Il portiere caduto alla difesa
ultima vana, contro terra cela
la faccia, a non veder l'amara luce.
Il compagno in ginocchio che l'induce,
con parole e con mano, a rilevarsi,
scopre pieni di lacrime i suoi occhi. (U. Saba)

**Ottava**
(otto versi)

Pel bosco errò tutta la notte il conte;
e allo spuntar de la diurna fiamma
lo tornò il suo destin sopra la fonte
dove Medoro isculse l'epigramma.
Veder l'ingiuria sua scritta nel monte
l'accese sì, ch'in lui non restò dramma
che non fosse odio, rabbia, ira e furore;
né più indugiò, che trasse il brando fuore. (L. Ariosto)

Una poesia può essere formata da strofe con numero differente di versi (per esempio, il **sonetto**, componimento poetico molto usato nella letteratura italiana, è composto da due quartine e due terzine).

A volte i poeti (soprattutto quelli del Novecento) non seguono questi schemi rigidi di divisione in strofe e scrivono liberamente le loro poesie; in tal caso si parla di **strofe libere**.

# Lavoriamo insieme

## La disposizione delle parole

**Indica se le seguenti affermazioni a proposito di versi e strofe sono vere V o false F.**

- Il verso contiene sempre un pensiero di senso compiuto. V ☒F
- I versi possono non avere la stessa lunghezza. ☒V F
- La cinquina è una strofa composta da cinque versi. ☒V F
- Ciascun gruppo di versi costituisce una strofa. ☒V F
- Ogni strofa è autonoma rispetto al contenuto. V ☒F
- In una poesia ogni strofa contiene lo stesso numero di versi. V ☒F
- Non tutte le poesie devono essere suddivise in strofe. ☒V F
- La terza sillaba di un verso si chiama terzina. V ☒F

## È tutto chiaro?

**Completa le frasi inserendo al posto corretto le parole elencate in ordine sparso.**

riga - strofe - parole - ritmo - verso - contenuto - spazio - numero - musicalità - libero - successiva

- Le parole scritte su un'unica ...riga... costituiscono un ...verso... .
- Gruppi di versi separati l'uno dall'altro da uno ...spazio... bianco costituiscono le ...strofe... .
- Il poeta è ...libero... di disporre o no i versi in strofe; nei tempi passati generalmente i poeti usavano strofe con un ...ritmo... fisso di versi: due, tre, quattro ecc.
- La suddivisione in strofe non è legata al ...contenuto..., infatti spesso uno stesso pensiero prosegue nella strofa ...successiva...; la disposizione delle ...parole... in versi e strofe dipende piuttosto da esigenze di ...ritmo... e ...musicalità... .

# Le figure retoriche di posizione

leggere

TESTO POETICO

1 2 3 livello di difficoltà

## Fratelli di Giuseppe Ungaretti

| Prima stesura del 1916 | | Versione definitiva del 1943 |
|---|---|---|
| Di che reggimento siete, | parte mantenuta | Di che reggimento siete, |
| fratelli? | parte mantenuta | fratelli? |
| Fratello | parola eliminata (ma ripresa in fondo) | |
| tremante parola | parole invertite tra loro | Parola tremante |
| nella notte | parte mantenuta | nella notte |
| come una fogliolina | eliminati la similitudine e il diminutivo | |
| appena nata | due versi in uno solo | Foglia appena nata |
| Fratelli | parola spostata in fondo | |
| saluto | parola eliminata | |
| accorato | parola eliminata | |
| nell'aria spasimante | parte mantenuta | Nell'aria spasimante |
| implorazione sussurrata | parole totalmente modificate | involontaria rivolta |
| di soccorso | parole eliminate | |
| all'uomo presente alla | espressione adattata e aggiunto | dell'uomo presente alla sua |
| sua fragilità | un "a capo" | fragilità |
| | parola spostata | Fratelli |

da G. Ungaretti, *Vita d'un uomo*, Mondadori

scheda

## La scelta e la posizione delle parole

La scelta delle parole e la loro disposizione nel verso sono fondamentali in poesia. Ogni poeta sceglie in modo molto attento le parole che usa e a volte corregge (anche a distanza di molti anni, come Ungaretti in *Fratelli*) la stesura della poesia, finché non riesce a trovare i termini più adatti a esprimere il suo messaggio. Spesso le parole importanti sono collocate in posizione di rilievo **all'inizio o alla fine di un verso o di un gruppo di versi**, dove più facilmente si concentra l'attenzione del lettore.

## competenze alla prova

# LEGGO E...

### ... COMPRENDO

**1** A chi si rivolge il poeta?

**2** Perché, secondo te, il poeta chiama "*fratelli*" le persone alle quali si rivolge?

- [ ] Perché crede che i soldati incontrati siano italiani
- [x] Perché il dolore della guerra rende come fratelli tutti quelli che vi partecipano
- [ ] Perché tra soldati ci si chiama così
- [ ] Perché i soldati del suo reparto erano imparentati fra loro

### ... RICAVO DAL TESTO

**3** Leggi le date di composizione delle due poesie: a quali momenti storici si riferiscono?

- Puoi ricavare dalle due date un particolare significato da attribuire al testo della poesia?

*Soldato italiano in trincea durante la Prima guerra mondiale.*

### ... ANALIZZO E INTERPRETO

**4** Analizza le diverse parti della poesia e riporta nello schema i cambiamenti operati dal poeta, completando espressioni e frasi.

| Prima stesura (1916) | Versione definitiva (1943) |
|---|---|
| vv. 1-2 | • Nessun a viene mantenuta |
| vv. 3-7 | • Una parola viene spostata<br>• Due parole vengono tra loro invertite |
| vv. 8-14 | • La parola del v. 8 viene spostata<br>• Le parole dei vv. 9-10 vengono eliminate.<br>• L'espressione "1" viene modificata e diventa "2".<br>• L'ultimo verso viene modificato mediante un "a capo" |

**5** Secondo te, la parola "*fragilità*" isolata in un unico verso risulta più o meno evidenziata rispetto alla prima stesura della poesia?

**6** Secondo te, lo spostamento della parola "*Fratelli*" nell'ultimo verso ha lo scopo di metterla in evidenza? Motiva la tua risposta.

**7** Se dovessi indicare una parola come più rappresentativa di questa poesia, quella in grado di riassumere meglio lo spirito del messaggio del poeta, quale sceglieresti e perché?

- Con quale altra parola del testo può creare una relazione significativa?

# Scuola di Sandro Penna

leggere

TESTO POETICO

1 2 3 livello di difficoltà

Negli azzurri mattini
le file svelte e nere
dei collegiali. Chini[1]
sui libri poi. Bandiere
di nostalgia campestre[2]
gli alberi alle finestre.

da S. Penna, *Tutte le poesie*, Garzanti

**1 Chini**: chinati.
**2 campestre**: della campagna.

## competenze alla prova

### LEGGO E...

#### ... COMPRENDO

**1 Di chi parla la poesia?**

- ☒ Di un collegio
- ☐ Dei collegiali
- ☐ Della nostalgia
- ☐ Degli alberi
- ☐ Dei libri
- ☐ Delle bandiere

**2 Riordina cronologicamente, numerandole da 1 a 5, le azioni compiute dai collegiali.**

- 3 Guardano fuori dalle finestre
- 1 Camminano in fila, veloci
- 4 Vedono gli alberi
- 5 Provano nostalgia
- 2 Stanno chini sui libri

#### ... RICAVO DAL TESTO

**3 Chi sono i collegiali?**

- ☒ Ragazzi che frequentano un collegio
- ☐ Colleghi di studio
- ☐ Generalmente alunni della stessa scuola
- ☐ Giovani delle scuole medie

#### ... ANALIZZO E INTERPRETO

**4 Come puoi vedere dalle frecce segnate nel testo, le frasi continuano in versi successivi, cioè sono legate fra loro. Trascrivi la poesia eliminando questi legami fra versi.**

**5 Secondo te, per quale motivo il poeta ha deciso di utilizzare questi legami? Puoi scegliere più di una risposta.**

- ☒ Per rendere la poesia un po' più lunga
- ☐ Per mettere in risalto alcune parole
- ☐ Per dare un ritmo più veloce alla lettura della poesia
- ☒ Per dare un ritmo più lento alla lettura della poesia

## scheda

Studia

### L'enjambement

Spesso il verso coincide con una frase e, anche se lo isoliamo dal resto della poesia, può avere da solo un senso compiuto. Talvolta, però, la frase prosegue e presenta **a capo**, nel verso successivo, **elementi strettamente legati alla frase del verso precedente.** Si crea, così, un forte legame tra i versi, che risultano strettamente concatenati nella lettura. Questo procedimento si chiama **enjambement**. Ne abbiamo visti alcuni esempi nella poesia *Scuola* di Sandro Penna.

# Occorrono occhi grandi di Roberto Piumini

**Occorrono occhi grandi**
**per** la linea del mare.

**Occorrono occhi grandi**
**per** le stelle del cielo.

**Occorrono occhi grandi**
**per** guardare un amore.

da D. Marcheschi (a cura di),
*Tutto l'amore che c'è*, Einaudi Ragazzi

leggere scrivere

TESTO POETICO

1 2 3 livello di difficoltà

## competenze alla prova

### LEGGO E...

**... COMPRENDO**

1. **Quale delle tre strofe ha un elemento sintattico che manca alle altre due?**

2. **Gli "*occhi grandi*" consentono di vedere tre diversi elementi. Collega opportunamente gli elementi alle loro spiegazioni.**

   1 La linea del mare
   2 Le stelle del cielo
   3 Un amore

   a Si riferisce al mondo interiore umano
   b Si riferisce al mondo esterno terrestre
   c Si riferisce al mondo esterno celeste

   1 [a] 2 [c] 3 [b]

**... RICAVO DAL TESTO**

3. **Puoi ritrovare nel testo un riferimento all'immensità nella natura?**

**... ANALIZZO E INTERPRETO**

4. **Da quanti versi è composta la poesia?**

5. **Da quante strofe?**

   - [ ] Due
   - [x] Tre
   - [ ] Sei
   - [ ] Non ci sono strofe

6. **Come si chiama il tipo di strofa usato?**

7. **Secondo te, per quale motivo il poeta ha ripetuto più volte le stesse parole?**

### ORA SCRIVO IO

8. **Componi liberamente altre strofe che comincino come quelle del poeta.**

**scheda** Studia

## L'anafora

Nella poesia abbiamo messo in evidenza parole uguali all'inizio di più versi; si tratta di una figura usata per mettere in risalto alcuni termini significativi e importanti. Questa figura retorica si chiama **anafora** e consiste nella **ripetizione** di una o più parole **all'inizio** di frasi o di gruppi di versi.

# In stracarichi tranvai... di Evgenij Evtusenko

leggere scrivere parlare

TESTO POETICO

1 2 3 livello di difficoltà

In stracarichi tranvai
accalcandoci insieme,
dimenandoci insieme,
insieme barcolliamo. Uguali ci rende
un'uguale stanchezza.
Di quando in quando c'inghiotte
il metrò,
poi dalla bocca fumosa ci risputa il metrò.
Per incerte strade, tra vortici bianchi,
camminiamo, uomini accanto a uomini.
I nostri fiati si mescolano fra loro,
si scambiano e si confondono fra le orme.

Dalle tasche tiriamo fuori il tabacco,
mugoliamo qualche canzonetta di moda.
Urtandoci coi gomiti,
diciamo scusa – o non diciamo niente...

Ognuno per conto suo, attraverso
le nostre Sadowye, Lebjazie, Trubnye[1],

secondo un proprio itinerario
e senza conoscersi l'un l'altro
noi, sfiorandoci l'un l'altro,
andiamo...

da E.A. Evtusenko, *Poesie*, Garzanti

**1 Sadowye, Lebjazie, Trubnye**: sono strade della città di Mosca.

competenze alla prova

## LEGGO E...

### ... COMPRENDO

1) **In quale ambiente si svolge la scena immaginata dal poeta?**

- ☐ In un paese isolato
- ☒ In una città
- ☐ Nel deserto
- ☐ In una fabbrica

2) **Quale elemento accomuna le persone, rendendole uguali? Sottolinea nel testo la parola che lo indica.**

### ... RICAVO DAL TESTO

3) **Puoi ricavare dal testo della poesia chi sono le persone delle quali si parla?**

- ☐ Persone qualsiasi
- ☐ Le persone che vanno al lavoro
- ☒ Cittadini di Mosca
- ☐ I passeggeri di un treno

### ... ANALIZZO E INTERPRETO

4) **Com'è il ritmo della poesia?**

5) **Quanti versi ci sono nella poesia?**

6) **Nella poesia c'è una personificazione: individuala.**

7) **Nel testo sono state evidenziate alcune parole: in che posizione si trovano?**

8) **Secondo te, la ripetizione di queste parole serve a metterle in evidenza?**

- ☒ Sì, perché diventano importanti
- ☐ No, perché ..........

## ORA SCRIVO IO

9) **Nella poesia non ci sono rime. Riscrivila, inserendo uno schema di rima a tuo piacere.**

### UNO SGUARDO ALLA GRAMMATICA

10) **Stracarichi è un aggettivo di grado superlativo, formato da un prefisso (stra-) messo davanti a un aggettivo di grado positivo. Altri prefissi che hanno la stessa funzione sono arci-, ultra-, extra-, super-, iper-. Forma il superlativo dei seguenti aggettivi, usando a tuo piacere i prefissi elencati.**

- Veloce ➲ Superveloce
- Lungo ➲ extralungo
- Facile ➲ ultrafacile
- Pieno ➲ per pieno
- Deciso ➲ ultra deciso
- Ricco ➲ extraricco
- Furbo ➲ arcifurbo
- Amico ➲ ultraamico

### AD ALTA VOCE

11) **Pensi anche tu che la stanchezza del lavoro quotidiano possa rendere in qualche modo uguali le persone? In che senso? Discutine in classe con i compagni.**

scheda

Studia

## L'epifora

Proprio come l'anafora consiste nel ripetere una o più parole all'inizio di verso o di frase, l'**epifora** le ripete **alla fine** di due o più versi, come abbiamo visto nella poesia di Evtusenko. In questo modo, il poeta concentra l'attenzione su queste parole, per far capire che rivestono un'importanza particolare.

# Maggiolata di Giosue Carducci

leggere scrivere

TESTO POETICO

1 2 3 livello di difficoltà

Maggio risveglia i nidi,
maggio risveglia i cuori:
porta le ortiche e i fiori,
i serpi e l'usignol.

Schiamazzano i fanciulli
**in terra, e in ciel li augelli**[1]
le donne han ne i capelli
rose, ne gli occhi il sol.

Tra colli prati e monti
di fior tutto è una trama[2];
canta germoglia ed ama
l'acqua la terra il ciel.

E a me germoglia in cuore
di spine un bel boschetto;
tre vipere ho nel petto
e un gufo entro[3] il cervel.

da G. Carducci, *Tutte le poesie*, Rizzoli

**1 augelli**: uccelli.

**2 trama**: un intreccio, un tessuto.

**3 entro**: dentro.

## competenze alla prova

### LEGGO E...

**... COMPRENDO**

**1** Quali sono le azioni che compie il mese di maggio? Riportale in ordine.

**2** Per ciascuno dei personaggi elencati, indica le azioni che compie.

- Bambini ➲ SCHIAMAZZANO
- Uccelli ➲ SCHIAMAZZANO
- Donne ➲ HANNE, CAPELLI ROSE, NEGLI OCCHI IL SOL

**3** In ogni strofa il poeta sposta il suo sguardo dalla natura alle persone. In quali strofe si sofferma sulla natura e in quali sulle persone?

**4** Qual è lo stato d'animo del poeta?

- [x] È in armonia con la natura che rinasce
- [x] Si sente totalmente in contrasto con la serenità primaverile
- [ ] Osserva indifferente la natura
- [ ] Non esprime considerazioni su di sé

**... RICAVO DAL TESTO**

**5** Nella strofa conclusiva della poesia tre parole, "*spine*", "*vipere*" e il "*gufo*" sono usate perché si richiamano al significato che esse hanno nella tradizione: sai ricavare dalle tue conoscenze questi significati?

**... ANALIZZO E INTERPRETO**

**6** Quanti versi ha ogni strofa della poesia?

**7** Segna accanto ai versi lo schema di rima.

**8** Individua nel testo l'anafora.

**9** Quale struttura hanno i versi 5-6 evidenziati?

- [x] Soggetto + complemento e complemento + soggetto, a incrocio
- [ ] Complemento + soggetto e complemento + soggetto, in simmetria
- [x] Soggetto + complemento e soggetto + complemento, in simmetria
- [ ] Soggetto + soggetto e complemento + complemento, in simmetria

### ORA SCRIVO IO

**10** E se anche il poeta si fosse sentito felice per l'arrivo della primavera, che cosa avrebbe scritto? Modifica l'ultima strofa.

**scheda**

## Il chiasmo

Nella poesia *Maggiolata* abbiamo richiamato la tua attenzione su un costrutto "a incrocio" dei versi 5-6. Si tratta di un'altra figura retorica di posizione, il **chiasmo**, che consiste nell'**incrociare** fra loro due coppie di termini (il nome è dovuto alla lettera greca "chi", che ha una forma che ricorda la nostra "x"):

la mamma, il papà, il figlio, la figlia

*femmina, maschio, maschio, femmina*

Il chiasmo può riguardare non solo i concetti, ma anche gli elementi grammaticali:

ed aguzza l'orgoglio e l'ire accende (T. Tasso)

*verbo* — *sostantivo (c. oggetto)* — *sostantivo (c. oggetto)* — *verbo*

Non è detto che il chiasmo si collochi in un verso solo, anzi è possibile trovarlo anche in due versi consecutivi, anche con a capo in enjambement:

Ora il vento s'è fatto silenzioso
E silenzioso il mare (G. Ungaretti)

# Trieste di Umberto Saba

leggere scrivere

TESTO POETICO

1 2 3 livello di difficoltà

Ho attraversata tutta la città.
Poi ho salita un'erta[1],
popolosa in principio, in là deserta,
chiusa da un muricciolo:
un cantuccio in cui solo
siedo; e mi pare che dove esso termina
termini la città.
Trieste ha una scontrosa
grazia. Se piace,
è come un ragazzaccio aspro e vorace[2],
con gli occhi azzurri e mani troppo grandi
per regalare un fiore;
come un amore
con gelosia.
Da quest'erta ogni chiesa, ogni sua via
scopro, se mena[3] all'ingombrata spiaggia,
o alla collina cui, sulla sassosa
cima, una casa, l'ultima, s'aggrappa.
**Intorno**
circola ad ogni cosa
un'aria strana, un'aria tormentosa,
l'aria natia.
La mia città che in ogni parte è viva,
ha il cantuccio a me fatto, alla mia vita
pensosa e schiva[4].

da U. Saba, *Il canzoniere*, Einaudi

**1 erta**: salita con forte pendenza.

**2 vorace**: che mangia molto.

**3 mena**: conduce.

**4 schiva**: che ama la solitudine.

## competenze alla prova

### LEGGO E...

#### ... COMPRENDO

1. Collega le parti in cui si può dividere la poesia con gli argomenti proposti dal poeta in ciascuna di esse, seguendo l'esempio.
   1 Prima parte (vv. 1-7)
   2 Seconda parte (vv. 8-14)
   3 Terza parte (vv. 15-22)
   4 Quarta parte (vv. 23-25)
   a Immagini e paragoni poetici di Trieste
   b Il poeta riflette sul legame che lo lega alla sua città
   c Il poeta attraversa tutta la città e, seduto in un punto quasi all'estremo di essa, la osserva e riflette
   d Descrizione della città vista dall'alto
   1 c 2 a 3 d 4 b
2. Quali sentimenti prova il poeta verso Trieste? Sottolinea le parole che ti aiutano a capirlo.

#### ... RICAVO DAL TESTO

3. La poesia si riferisce alla città di Trieste: puoi ricavare dalle azioni descritte nei primi versi da quale punto di vista il poeta osserva la sua città?

#### ... ANALIZZO E INTERPRETO

4. Quanti versi ci sono nella poesia?
5. Quante strofe?
6. Segna i casi in cui una frase non finisce con il verso, ma continua nel verso seguente.
7. Osserva le parole evidenziate: ti sembra che mantengano l'ordine che si userebbe normalmente in prosa?
   ☐ Sì, perché ..........
   ☒ No, perché sono al contrario
8. Trascrivi secondo l'ordine comune della prosa le espressioni che contengono le parole evidenziate. Ti sembra che l'effetto sia più o meno efficace?

### ORA SCRIVO IO

9. Scrivi una breve poesia sul tuo paese o sulla tua città, cercando di mettere in posizione di rilievo le parole che ritieni più importanti per far capire al lettore i tuoi sentimenti (positivi o negativi) verso questi luoghi.

#### UNO SGUARDO ALLA GRAMMATICA

10. Nel testo compaiono diversi nomi alterati (per esempio muricciolo, che deriva dal sostantivo muro). Rintracciali e indica per ciascuno di essi il nome da cui deriva.

scheda

## L'anastrofe

Nella poesia *Trieste* abbiamo fermato la nostra attenzione sulla disposizione di alcune parole, che sembra "invertita" rispetto all'ordine consueto della prosa: il poeta è ricorso all'**anastrofe**. L'anastrofe è una figura retorica di posizione grazie alla quale il poeta **inverte** l'ordine delle parole rispetto a come si usa comunemente in prosa, concentrando l'attenzione dei suoi lettori su alcuni termini, che in questo modo vengono messi particolarmente in rilievo.

# Lavoriamo insieme

## Le figure retoriche di posizione

**Rifletti sulla scelta e sulla disposizione delle parole da parte del poeta in poesia e indica quali, tra le seguenti affermazioni, sono vere V o false F.**

- Il poeta sceglie casualmente le sue parole, badando solo al ritmo. V F
- La scelta delle parole è sempre totalmente libera da parte del poeta. V F
- Alcune parole, particolarmente importanti, vengono poste in posizione di rilievo. V F
- Alcune figure retoriche, dette di posizione, servono a mettere in particolare rilievo parole ritenute importanti dal poeta. V F
- L'anafora è una figura di posizione, l'anastrofe no. V F
- Sia l'anafora sia l'epifora riguardano l'ordine delle parole nella frase. V F
- Il chiasmo comprende sempre quattro termini. V F
- Il chiasmo è sempre compreso in un unico verso. V F

## È tutto chiaro?

**Completa le frasi, utilizzando le parole sotto riportate in ordine sparso.**

anafora - di rilievo - l'inizio - epifora - la fine - chiasmo - a caso - di posizione - anastrofe

- Il poeta non sceglie ...................... le parole per esprimere il proprio messaggio, anzi cerca quelle più adatte a esprimerlo.
- Spesso il poeta colloca le parole per lui più importanti in posizione ......................, che spesso coincide con ...................... oppure con ...................... di un verso.
- Esistono alcune figure retoriche dette ......................, grazie alle quali il poeta mette in particolare rilievo alcuni termini.
- Tra le figure di posizione, quella grazie alla quale il poeta inverte l'ordine delle parole si chiama ......................; quella che consiste nella ripetizione di termini all'inizio di verso o strofa si chiama .......................
- Tra le figure di posizione, quella che corrisponde in senso opposto all'anafora si chiama ......................; quella che consiste in una successione di quattro termini tra loro incrociati, si chiama .......................

# I ritmi nella poesia

Abbiamo già visto lo scorso anno che nelle composizioni poetiche è importante la musicalità, il ritmo che il poeta dà alla poesia, che spesso è importante quanto il contenuto.

## All'orecchio di una ragazza

di Federico García Lorca

leggere scrivere

TESTO POETICO

1 2 3 livello di difficoltà

Non volli.
Non volli dirti nulla.

Nei tuoi occhi vidi
due alberelli pazzi
di brezza, di risa e d'oro.
Si agitavano.

Non volli.
Non volli dirti nulla.

da F. García Lorca, *Imprevisto amore. Poesie per giovani innamorati*, Salani

## competenze alla prova

### LEGGO E...

**... COMPRENDO**

1. **Che cosa volle dire il poeta alla persona cui è rivolta la poesia?**
2. **Che cosa vide il poeta negli occhi di questa persona?**
3. **Gli "*alberelli pazzi*" sono definiti dal poeta con tre specificazioni. Quali dei cinque sensi sollecita ciascuna di queste specificazioni? L'esercizio è già avviato.**
   - di brezza: il tatto
   - di risa: ➲ ..........
   - d'oro: ➲ ..........

**... RICAVO DAL TESTO**

4. **A chi è rivolta la poesia? Da quale particolare lo si deduce?**
   - ☐ Dal titolo
   - ☐ Dal primo verso
   - ☐ Dall'ultimo verso
   - ☐ Dall'ultima parola

**... ANALIZZO E INTERPRETO**

5. **Come si chiamano la prima e l'ultima strofa, ciascuna di due versi?**
6. **Riconosci e indica le anafore.**
7. **In quale strofa sono presenti due enjambement?**
8. **Leggi la poesia ad alta voce in modo espressivo: quale ritmo ha, secondo te?**
   - ☐ Sempre lento
   - ☐ Piuttosto rapido
   - ☐ All'inizio lento, poi rapido
   - ☐ All'inizio rapido, poi lento

### ORA SCRIVO IO

9. **Descrivi brevemente in quale situazione si trova, secondo te, il poeta e poi spiega il motivo che ti ha spinto a immaginare questa situazione.**

scheda

# Il ritmo e gli accenti

Poesia e musica sono strettamente collegate: in particolare, entrambe presentano un **ritmo**, che può essere veloce (per esprimere di solito sensazioni di allegria e gioia) oppure lento (in genere quando si vuole comunicare tristezza, malinconia, riflessione).
In poesia, nella lettura dei versi risaltano gli **accenti ritmici**, rappresentati dai punti in cui si innalza spontaneamente la voce; il ritmo, infatti, è dato dall'alternanza fra due momenti:

- **elevazione della voce** (presenza di accento)
- **mancanza di elevazione della voce** (mancanza di accento)

La continua "salita e discesa" del tono della voce, in altre parole, è quello che si chiama **ritmo** di un verso.

# Tipi di verso

Ogni verso è composto da un certo **numero di sillabe**, disposte in modo da formare un insieme ritmico, grazie a un'armoniosa **successione di accenti**. Ecco i principali tipi di verso.

| Tipo di verso | Numero di sillabe | Esempi |
|---|---|---|
| **binario** | due | bal / lo<br>ros / so<br>ne / ro (P. Neruda) |
| **ternario** | tre | si / ta / ce<br>non / get / ta<br>più / nul / la (A. Palazzeschi) |
| **quaternario** | quattro | bi / ci / clet / ta<br>du / e / ruo / te (R. Piumini) |
| **quinario** | cinque | ma / sti / co in / pa / ce<br>cro / ste / di / pa / ne (L. Sinisgalli) |
| **senario** | sei | ho / tan / ta / stan / chez / za (G. Ungaretti) |
| **settenario** | sette | il / ma / re è / tut / to az / zur / ro<br>il / ma / re è / tut / to / cal / mo (S. Penna) |
| **ottonario** | otto | ti / co / no / sco, / nu / vo / let / ta (R. Pezzani) |
| **novenario** | nove | l'e / le / gan / tis / si / ma / Va / nes / sa (C. Govoni) |
| **decasillabo** | dieci | ri / tor / na / va u / na / ron / di / ne al / tet / to<br>(G. Pascoli) |
| **endecasillabo** | undici | bian / ca / bian / ca / nel / ta / ci / to / tu / mul / to<br>u / na / ca / sa ap / pa / rì / spa / rì / d'un / trat / to<br>(G. Pascoli) |

Nel contare le sillabe, in poesia bisogna tener conto di alcune **regole** particolari.

- Quando una parola finisce per vocale e la successiva comincia per vocale, **le due vocali formano un'unica sillaba**; questo fenomeno si chiama **sinalefe**:

  Il / mor / **bo in** / fu / ria (A. Fusinato) ➲ 5 sillabe.

Quando, però, la vocale che si trova in fine di parola è **accentata**, le due vocali **non** si uniscono.

- Quando due vocali si trovano una di seguito all'altra all'interno di una parola, costituiscono una sola sillaba:

  po / **tean** / pa / re / re al / la / ve / du / ta / no / stra (Dante) ➲ 11 sillabe.

- Quando sulla prima delle due vocali poste di seguito all'interno di una parola è segnata la **dieresi** (¨), le due vocali formano due sillabe distinte:

  For / se / per / ché / del / la / fa / tal / **quï** / e / te (U. Foscolo) ➲ 11 sillabe.

- Se la parola finale del verso è **tronca** (cioè ha l'accento sull'ultima sillaba), conta come **due sillabe**:

  E / co / me al / be / ro in / na / ve / si / le / **vò** (Dante) ➲ 11 sillabe (quella finale conta doppio).

- Se la parola finale del verso è **sdrucciola** (cioè ha l'accento sulla terzultima sillaba), le due sillabe prive di accento che la seguono contano come **una sola sillaba**:

  Tu / che / da / tan / ti / **sé** / **co** / **li** (A. Manzoni) ➲ 7 sillabe (le ultime due contano come una).

## La cesura

A segnare il ritmo delle poesie, oltre agli accenti intervengono le pause, che si chiamano **cesure**. Le cesure non hanno necessariamente una posizione fissa e corrispondono molto spesso ai segni di interpunzione. La pausa più forte è, ovviamente, quella che coincide con la fine del verso, ma altre pause più deboli si possono trovare all'interno del verso stesso. Le cesure possono essere indicate con barre verticali, così: ||.

Mia madre era al cancello. ||
Che pianto fu! || Quante ore! ||
Lì, || sotto il verde ombrello
della mimosa in fiore!

(G. Pascoli)

# Lavoriamo insieme

## I ritmi nella poesia

**Rifletti sul ritmo dei versi in poesia e indica quali, tra le seguenti affermazioni, sono vere V o false F.**

- Il ritmo è un elemento importante nelle poesie. V F
- Ci sono poesie che non hanno un ritmo. V F
- Tutte le poesie hanno un ritmo, ma alcuni versi possono non averlo. V F
- Nelle poesie il ritmo è determinato dagli accenti tonici. V F
- In una poesia il ritmo può essere ora lento ora veloce. V F
- Il ritmo di un verso è determinato dal numero di sillabe da cui è composto. V F
- Le cesure sono pause nella lettura dei versi e spesso corrispondono ai segni di interpunzione. V F
- In poesia non sempre le sillabe si contano seguendo le regole della prosa. V F

## È tutto chiaro?

**Compila ora la riflessione di sintesi sul ritmo nelle poesie. Completa le frasi proposte, utilizzando le parole qui riportate in ordine sparso.**

sillabe - tonici - ritmo - finali - poesia - regole - parola - verso - sinalefe - versi - accenti ritmici - ritmici

- Il .................................... è un elemento importante nelle poesie: ogni .................................... e ogni .................................... hanno un proprio ritmo.
- Il ritmo nei versi è determinato dagli .................................... ...................................., che risaltano spontaneamente nella lettura dei versi.
- Gli accenti .................................... non vanno confusi con gli accenti ....................................: i primi, infatti, rappresentano gli accenti che risaltano nella lettura dei ...................................., mentre i secondi sono gli accenti che si trovano in ciascuna .....................................
- Nel contare le .................................... di un verso, bisogna tenere conto di alcune ...................................., che riguardano il conteggio delle vocali (per esempio, .................................... e dieresi) e delle sillabe .................................... del verso.

# I suoni nella poesia

## Prima di primavera di Anna Achmatova

Prima di primavera ci sono dei giorni
che alita[1] già sotto la neve il prato
e sussurrano i rami disadorni
e c'è un vento tenero e alato[2].

Il tuo corpo si muove senza pena[3],
la tua casa non ti par più quella[4],
tu ricanti[5] una vecchia cantilena
e ti sembra ancora tanto bella.

da R. Poggioli (a cura di),
*Il fiore del verso russo*, Mondadori

leggere scrivere

TESTO POETICO

1 2 3 livello di difficoltà

1 **alita**: respira.
2 **alato**: leggero come se avesse le ali.
3 **senza pena**: senza sforzo.
4 **non ti par più quella**: non ti sembra più la stessa.
5 **ricanti**: canti di nuovo.

## competenze alla prova

### LEGGO E...

#### ... COMPRENDO

1 Quale momento, nel ciclo annuale delle stagioni, è descritto?
- ☐ L'inizio dell'estate
- ☐ La fine dell'inverno
- ☐ L'autunno
- ☐ La primavera inoltrata

2 Quali mutamenti della natura sono descritti?

3 Che cosa avviene nell'animo umano di fronte a questa trasformazione della natura?

#### ... RICAVO DAL TESTO

4 Facendo riferimento alle immagini presenti nella prima strofa della poesia, dove puoi pensare che sia ambientata?
- ☐ In un paese molto freddo
- ☐ In un paese caldo
- ☐ In un paese a clima temperato
- ☐ Il poeta non ci dà alcun indizio

5 Che cos'è una cantilena? Conosci esempi di questo tipo di canto?

#### ... ANALIZZO E INTERPRETO

6 Indica se le seguenti affermazioni sono vere o false.
- ☐ Al v. 1 "*prima di primavera*" costituisce un'anafora.
- ☐ L'ultimo verso della poesia è un decasillabo.
- ☐ Nella poesia ci sono parole che terminano con gli stessi suoni.

7 Segna con colori uguali le parole finali dei versi che terminano con gli stessi suoni.

8 Conta le sillabe dei versi e separale con un trattino verticale.

### ORA SCRIVO IO

9 In quale momento dell'anno ti senti pieno di energie e di gioia? Racconta e spiega in che modo manifesti la tua nuova energia.

scheda

# La rima

La **rima** si crea quando due o più parole terminano con **lettere uguali a partire dalla vocale accentata**; quindi non fanno rima tra loro parole che hanno le stesse lettere finali, ma un diverso accento tonico. Nella poesia *Prima di primavera* sono in rima fra loro giorni (v. 1) e disadorni (v. 3), prato (v. 2) e alato (v. 4), pena (v. 5) e cantilena (v. 7), quella (v. 6) e bella (v. 8).

Fai attenzione, però: la rima non è obbligatoria in poesia e soprattutto nella poesia moderna i versi non rimano fra loro, ma sono indipendenti l'uno dall'altro. In questo caso si parla di **versi sciolti**.

Esistono anche **rime imperfette**: la **consonanza**, tra parole le cui sillabe finali presentano consonanti uguali ma vocali diverse (mare / moro), e l'**assonanza**, tra parole le cui sillabe finali presentano vocali uguali ma consonanti diverse (mare / sale).

# Lo schema di rima

Lo **schema di rima** si indica con le lettere dell'alfabeto partendo dalla A e procedendo per ogni nuova rima con B, C ecc. Quando si trova una rima già presente in precedenza, bisogna contrassegnarla con la stessa lettera già usata.

Gli schemi di rima più frequenti sono:

- la **rima baciata**

Il cavallo del soldato A
è ammalato è ammalato. A
Il cavallo del tenente B
non val niente non val niente. B

- la **rima alternata**

Tu sei la nuvoletta, io sono il vento; A
ti porto ove a me piace; B
qua e là ti porto per il firmamento, A
e non ti do mai pace. (U. Saba) B

- la **rima incrociata**

Annotta. Nella piazza i trombettieri A
uscirono a suonar la ritirata. B
La consegna io l'ho, credo, scordata; B
che tendono a ben altro i miei pensieri. A
(U. Saba)

# Vilasdrogga del ravvreddore

**(versione col naso chiuso)** di Stefano Bordiglioni

leggere scrivere

TESTO POETICO

1 2 3 livello di difficoltà

Vilasdrogga del ravvreddore,
gol daso ghe gola, la vebbre ghe sale
(se bassa i dreddoddo
ghiabiabo il doddore).

Vilasdrogga della dosse
gon le blagghe, il bal di gola
le ghiaddole rosse,
inviabbade e grosse.

Vilasdrogga della brodghide,
gon aerosol gobe piovesse,
idalaziodi, suvvubigi
e un lieve aggeddo di laridgide.

Vilasdrogga dell'invluenza,
son sduve e jarbe golorade,
gon derbobedri e bedigide,
in addesa ghe dordi l'esdade.

da D. Marcheschi (a cura di), *Terra gentile aria azzurrina*, Einaudi Ragazzi

## competenze alla prova

### LEGGO E...

**... COMPRENDO**

1. **All'inizio di ogni strofa, il poeta dedica la filastrocca a una diversa malattia. Quali sono queste malattie? Riordinale secondo la sequenza data dal poeta.**
   - ☐ L'influenza
   - ☐ La tosse
   - ☐ Il raffreddore
   - ☐ La bronchite
2. **Che cosa si fa, se la febbre supera i trentotto?**
3. **A quali rimedi contro la bronchite si fa cenno?**
4. **Per guarire, che cosa bisogna attendere?**

**... RICAVO DAL TESTO**

5. **Nella filastrocca il poeta elenca giocosamente alcuni malanni e le loro caratteristiche: sapresti dire qual è la parola esatta che definisce in italiano febbre, ghiandole grosse, naso che cola ecc.?**

**... ANALIZZO E INTERPRETO**

6. **Secondo te, perché il poeta ha modificato il modo normale di scrittura delle parole?**
   - ☐ Per imitare scherzosamente il modo di parlare di chi ha il naso chiuso
   - ☐ Per prendere in giro scherzosamente chi parla con una cadenza particolare
   - ☐ Per giocare con le parole
   - ☐ Per mettere in difficoltà i lettori
7. **Da quale tipo di strofa è composta la poesia?**
8. **I versi hanno tutti lo stesso numero di sillabe?**
9. **Evidenzia con colori uguali le rime uguali.**
10. **Tutti i versi rimano con altri?**
11. **Scrivi lo schema di rima di ciascuna strofa.**
12. **Quali lettere compaiono spesso nelle parole della poesia, in modo da creare un particolare effetto sonoro?**

### ORA SCRIVO IO

13. **Riscrivi la poesia con le parole "normali". Per trovare le lettere giuste, ti forniamo qui una guida. Leggi via via i versi con attenzione e completa, ogni volta che hai individuato la soluzione, lo schema qui sotto proposto. Una volta trovate le lettere, puoi riscrivere più facilmente la poesia.**
   - V = ........; D = ........ oppure ........ oppure ........
   - G = ........; B = ........ oppure ........ J = ........

## scheda

### L'allitterazione

La poesia *Vilasdrogga del ravvreddore* è impostata sulla ripetizione di suoni che imitano la pronuncia di una persona che abbia il raffreddore. Il poeta è ricorso all'**allitterazione**, una figura di suono che consiste nella ripetizione di suoni identici (possono essere consonanti, vocali oppure sillabe) a breve distanza (per esempio, *Giulia ha trovato un grillo in giardino*).

### L'onomatopea

Un'altra figura di suono molto usata in poesia è l'**onomatopea**, che consiste nell'uso di parole che, con il loro suono, suggeriscono o imitano ciò che significano (**miagolio, fragore, rimbombare, coccodè**).

# Lavoriamo insieme

## I suoni nella poesia

**Rifletti sugli elementi presentati, riguardanti la musicalità delle poesie, e indica quali, tra le seguenti affermazioni, sono vere V o false F.**

- La rima si ha quando due versi terminano con lettere uguali a partire dall'ultimo accento. V F
- Tutte le poesie hanno un ritmo, ma alcuni versi possono non averlo. V F
- Le parole "albero" e "povero" potrebbero formare una rima. V F
- Lo schema di rima baciata è AABB. V F
- Lo schema di rima della prima strofa è sempre lo stesso nelle strofe successive. V F
- Le parole "mamma" e "pappa" formano un'assonanza. V F
- Le parole che terminano con vocali e consonanti uguali formano una consonanza. V F
- L'onomatopea è una parola che richiama con il suono ciò che significa. V F
- Le parole che contengono le stesse lettere formano un'allitterazione. V F

## È tutto chiaro?

**Completa le frasi inserendo i termini mancanti, scritti qui sotto in disordine.**

incrociata - allitterazione - rima - miagolio - alternata - vocale - suono - onomatopea - finale

- La .................................................. riguarda la parte di parola compresa tra la .................................................. su cui cade l'accento e la parte .................................................. della parola stessa.
- In una stessa poesia si possono trovare vari tipi di rima. Le più comuni, oltre alla rima baciata, sono: rima .................................................. e rima ...................................................
- L'.................................................. consiste nella ripetizione di suoni simili in più parole.
- L'.................................................. consiste nell'uso di parole che imitano nel .................................................. ciò che indicano. Per esempio, il termine .................................................. richiama il verso del gatto.

# Le figure retoriche di significato

In poesia sono numerose le figure retoriche che "giocano" sull'uso e sul significato delle parole. Oltre a similitudine, metafora e personificazione, che già conosci dall'anno scorso, ne esamineremo alcune altre.

## Natale di Giuseppe Ungaretti

leggere scrivere

TESTO POETICO

1 2 3 livello di difficoltà

Non ho voglia
di tuffarmi
in un gomitolo
di strade

Ho tanta
stanchezza
sulle spalle

Lasciatemi così
come una
cosa
posata
in un
angolo
e dimenticata

Qui
non si sente
altro
che il caldo buono

**Sto**
**con le quattro**
**capriole**
**di fumo**
**del focolare.**

da G. Ungaretti,
*Vita d'un uomo*, Mondadori

## competenze alla prova

### LEGGO E...

**... COMPRENDO**

1. **Che cosa non ha voglia di fare il poeta?**
2. **Dove chiede di essere lasciato?**
3. **Da quali parole si capisce che il poeta è contento di rimanere dov'è? Sottolineale nel testo.**

**... RICAVO DAL TESTO**

4. **Dal contenuto del testo puoi dire che il poeta sia all'interno o all'esterno di una casa?**

**... ANALIZZO E INTERPRETO**

5. **Quante strofe ci sono nella poesia?**
6. **Quanti versi ha ogni strofa?**
7. **Completa le frasi che spiegano il significato delle figure retoriche, utilizzando le parole elencate.**

   fumo - voglia - solo - quinta - terza - prima - oggetto - umana - come - strade

   - Nella .................... strofa, il poeta dice di non aver .................... di uscire e trovarsi nelle .................... strette e curve .................... la lana in un gomitolo.
   - Nella .................... strofa, il poeta chiede di essere lasciato .................... come un .................... dimenticato in un angolo.
   - Nella ............ strofa, alle volute di ............ è attribuita la caratteristica ............ di fare le capriole.

8. **Tutta la poesia è strutturata sull'uso di una figura retorica ripetuta. Quale?**

   ☐ Anafora ☐ Anastrofe
   ☐ Enjambement ☐ Allitterazione

### ORA SCRIVO IO

9. **Scegli una decina di parole nel testo e sostituiscile a tuo piacere, formando una nuova poesia di senso compiuto.**

## scheda

# La similitudine e la metafora

**Similitudine** e **metafora** sono figure retoriche di significato che si servono di un paragone per spiegare una situazione, un'idea, un concetto.
La **similitudine** usa un **paragone esplicito**, mediante un collegamento evidente (l'avverbio *come* oppure espressioni tipo *è simile a..., somiglia a..., pare...*), che stabilisce un'analogia tra due elementi (per esempio, *Paolo è furbo* ***come*** *una volpe; Paolo* ***è simile a*** *una volpe; Paolo* ***somiglia a*** *una volpe*; nella poesia *Natale "****come*** *una cosa posata in un angolo"*).
La **metafora** usa un **paragone abbreviato** e implicito, senza utilizzare parole o espressioni di collegamento tra i due elementi (per esempio, *Paolo è una volpe*). Chi ascolta o legge la frase d'esempio, deve individuare le caratteristiche del secondo termine prese in considerazione (la furbizia della volpe) e trasferirle al primo termine (Paolo), che in questo modo si arricchisce di significato. Nella poesia *Natale* è una metafora l'espressione *"gomitolo di strade"*.

# La personificazione

La **personificazione** è una figura di significato molto usata, che si ottiene **attribuendo caratteristiche umane** ad animali, piante, oggetti inanimati o concetti astratti.
Per esempio, nella poesia *Natale* nell'espressione *"sto con le quattro capriole di fumo del focolare"* sembra che il fumo possa fare capriole, come se fosse una persona.

# Un rumore di Giovanni Pascoli

leggere scrivere

TESTO POETICO

1 2 3 livello di difficoltà

Una fanciulla... La tua mano vola
sopra la carta stridula[1]: s'impenna[2]:
**gli occhi cercano intorno una parola.**

E la parola te la dà la muta
lampada che sussulta[3]; onde[4] la penna
la via riprende scricchiolando arguta[5].

St! un rumore... ai labbri ti si porta
la penna, un piede dondola... Che cosa?
Nulla: un tarlo, un brandir[6] lieve di porta...
Oh! mamma dorme, e sogna... che sei sposa.

da G. Pascoli, *Myricae*, Mondadori

**1 stridula**: che fa un rumore acuto, dovuto al grattare del pennino sulla carta.
**2 s'impenna**: s'interrompe (come un cavallo spaventato si ferma bruscamente).
**3 sussulta**: si muove improvvisamente.
**4 onde**: per questo, perciò.
**5 arguta**: con un rumore penetrante, acuto.
**6 brandir**: tremare; è un rumore leggero, come quello prodotto dal piccolo movimento di una porta.

competenze alla prova

## LEGGO E...

### ... COMPRENDO

1. **Chi è il protagonista della poesia?**
2. **Quali sono i rumori che vengono nominati nella poesia?**
3. **Perché la fanciulla smette di scrivere?**
4. **Che cosa la aiuta a riprendere il lavoro?**
5. **Che cosa fa sì che si interrompa nuovamente?**

### ... RICAVO DAL TESTO

6. **In quale momento della giornata il poeta osserva questa scena?**
   - Da che cosa lo deduci?

### ... ANALIZZO E INTERPRETO

7. **Completa la frase.**
   Le prime due strofe della poesia, in base al numero dei versi, si chiamano ..................................., l'ultima è una ..................................

8. **A quale figura retorica corrispondono le seguenti espressioni? Scegli tra quelle proposte qui.**
   chiasmo - anastrofe - onomatopea
   - *st* ➲ ..............................................................................
   - *si porta/la penna, un piede dondola*
     ➲ ..............................................................................
   - *la via riprende* ➲ ....................................................................

9. **Secondo te, quando il poeta scrive "*gli occhi cercano intorno una parola*", che cosa intende dire?**
   - ☐ Che la ragazza che scrive non vede bene
   - ☐ Che la mente della ragazza cerca le parole per proseguire
   - ☐ Che il buio impedisce alla ragazza di scrivere
   - ☐ Che la ragazza cerca di leggere un suggerimento

## ORA SCRIVO IO

10. **Utilizzando le parole elencate, completa le frasi in modo da formare delle metonimie; poi spiegale sul quaderno, come nell'esempio.**
    a scuola ho letto Dante = le opere di Dante
    marmi - argento - amicizia - campane - piatto - fegato - siciliana
    - Ha vinto l'.................................................. nelle olimpiadi.
    - Al mattino sento le .............................................................
    - Non ha paura: ha un bel .......................................................
    - Cerco l'...............................................................
    - I ...................................... di Michelangelo sono famosi.
    - Io mangio una ...........................................................
    - Buono quel .......................................................!

scheda

# La metonimia

Nella poesia *Un rumore*, abbiamo visto che il poeta parla degli occhi che "*cercano intorno una parola*", ma intende dire che non sono propriamente gli occhi a cercare le parole, bensì la mente: il poeta ha in un certo senso trasferito il significato da un termine a un altro (qui da una parte del corpo a un'altra). In casi simili si parla di metonimia. La **metonimia** è una figura di significato molto usata anche nel linguaggio quotidiano, che si ottiene sostituendo una parola con un'altra che è legata alla prima da una **vicinanza di significato**, da un **rapporto logico** o **materiale**:

andiamo a bere un *bicchiere*? ➲ indica il contenitore al posto del contenuto;

ho ammirato un *Picasso* al museo. ➲ indica l'autore al posto dell'opera

# La ricamatrice di Giorgio Caproni

leggere scrivere

TESTO POETICO

1 2 3 livello di difficoltà

Com'era acuto l'ago
e agile e fine l'estro[1]!
Raccolta entro quel vago
bianco odore di fresco
lino, oh il ricamare
abile come la spuma
trasparente del mare.

Nel sole era[2] il cantare,
candido, d'un canarino.
Vedevi il capo chino
(e acre[3]) strappare
coi denti la gugliata[4]
nuova, per ricominciare.

Livorno tutta intorno
com'era ventilata!
Come sapeva di mare
sapendo il suo lavorare!

da G. Caproni,
*Tutte le poesie*, Garzanti

**1 estro**: bravura, abilità.

**2 era**: c'era, si sentiva.

**3 acre**: brusco (con riferimento al movimento del capo).

**4 gugliata**: pezzo di filo che si usa per cucire o ricamare.

J. Vermeer, *La merlettaia*, Parigi, Museo del Louvre.

competenze alla prova

## LEGGO E...

### ... COMPRENDO

**1** **A chi è dedicata la poesia?**

**2** **In quale città svolgeva la sua attività?**
- ☐ In una città ventosa imprecisata
- ☐ A Livorno
- ☐ In una città ligure
- ☐ Nel testo non si dice

**3** **Trascrivi i gesti di questa persona così come li presenta il poeta.**

**4** **Secondo te, perché il poeta fa riferimento al mare?**
- ☐ Perché Livorno si trova sul mare
- ☐ Perché al poeta piace il mare
- ☐ Perché al mare i ricami sono migliori
- ☐ Per caso

### ... RICAVO DAL TESTO

**5** **Il ricamo è una delle attività definite dalla tradizione come tipicamente femminili: di che cosa si tratta?**
- Sai definire dalla tua esperienza che cosa fa una ricamatrice?
- Hai qualche esempio di questa attività nel mondo che ti circonda?
- Le immagini che possiedi servono a spiegarti quella descritta dalla poesia?

### ... ANALIZZO E INTERPRETO

**6** **Quante strofe ci sono nella poesia?**
- ☐ Quattro
- ☐ Diciassette
- ☐ Tre
- ☐ Due

**7** **Quanti versi ha ogni strofa?**

**8** **Conta le sillabe degli ultimi quattro versi.**

**9** **Riconosci e trascrivi l'assonanza presente nella prima strofa.**

**10** **Segna nel testo gli enjambement.**

**11** **Individua e trascrivi la similitudine.**

**12** **Osserva, nel quarto verso, l'espressione *bianco odore*: a quali sfere sensoriali appartengono i due termini?**
- Bianco ➲ ..................................................
- Odore ➲ ..................................................

**13** **Nella seconda strofa c'è un caso simile a quello appena visto di accostamento fra due parole che appartengono a due ambiti sensoriali diversi: sottolineale.**

## ORA SCRIVO IO

**14** **Accosta alcuni nomi e aggettivi appartenenti a sensi diversi e per ciascuna spiega quali sono i diversi sensi coinvolti, come nell'esempio.**

*luce calda* ➲ vista + tatto

scheda

## La sinestesia

Hai potuto osservare, nella poesia *La ricamatrice*, come sia possibile accostare fra loro termini che non hanno elementi di contatto, cioè che appartengono ad ambiti sensoriali differenti (per esempio, la vista e l'olfatto oppure l'udito e il tatto). Questa particolare figura retorica è la **sinestesia**, che consiste nell'**accostare** termini provenienti dal lessico di **differenti ambiti sensoriali**:

là, *voci* (udito) di *tenebra azzurra* (vista)

(G. Pascoli)

# Lavoriamo insieme

## Le figure retoriche di significato

**Dopo aver esaminato alcune figure retoriche di significato, indica se le seguenti frasi sono vere V o false F.**

- Similitudine e metafora sono due figure retoriche di significato. V F
- Similitudine e metafora esprimono entrambe un paragone. V F
- La personificazione avviene quando si attribuisce un nome proprio a un oggetto. V F
- Per creare una similitudine è indispensabile usare la parola "come". V F
- I poeti usano similitudine e metafora per rendere il testo più difficile. V F
- Sinestesia e metonimia si ottengono accostando parole in modo inconsueto. V F
- I poeti usano sinestesia e metonimia per rendere il testo poetico più misterioso. V F
- Usando le figure retoriche di significato i poeti arricchiscono il testo. V F

## È tutto chiaro?

**Completa il testo riassuntivo sulle nuove figure retoriche di significato, inserendo al posto corretto le parole elencate qui di seguito in ordine sparso.**

paragone - come - metonimia - sinestesia - similitudine - implicito - sensoriali - affinità - metafora - esplicito

- Si può chiarire una situazione o un concetto facendo un .................................... con qualcos'altro che abbia con essi elementi in comune. Se il paragone è ...................................., cioè introdotto da elementi che chiariscono la somiglianza tra le immagini (per esempio, la parola "...................................."), si usa una .................................... Se invece il paragone è ...................................., cioè espresso in modo diretto, senza usare parole di collegamento, si usa una ....................................
- Si può anche arricchire di significati un testo accostando in modo inconsueto le parole. Se unisco termini provenienti da ambiti .................................... diversi, uso una ....................................; se sostituisco una parola con un'altra a lei legata da ...................................., uso una ....................................

scheda

# Leggere una poesia nella sua complessità

La poesia esprime in poche parole messaggi molto complessi. Per questo, bisogna imparare a osservare la stessa poesia da vari punti di vista, analizzando tutti gli elementi usati dal poeta per capirla a fondo nella sua globalità. La bellezza di una poesia consiste proprio nell'armonia di tutti gli elementi che, insieme, esprimono il messaggio voluto dal poeta.

Non basta, quindi, esaminare le **strutture** (i versi, le strofe, le rime, il ritmo, le figure retoriche ecc.); bisogna osservare anche i **contenuti** (le immagini e le soluzioni espressive). Solitamente gli **argomenti** sono ripartiti **nelle varie strofe**: di solito ogni strofa è autonoma, ma talvolta il discorso prosegue da una strofa all'altra. Facciamo un esempio.

## San Martino di Giosue Carducci

• Nella prima strofa appare la grandiosità della natura: nebbia, colli, vento e mare in tempesta.

La **nebbia** a gli **irti** colli
**piovigginando sale**,
e sotto il maestrale
**urla** e **biancheggia** il mar;

• Il passaggio dalla prima alla seconda strofa e da un argomento all'altro è segnato dal "*ma*" iniziale del v. 5. Nella seconda strofa al mondo della natura fa da contrasto il mondo degli uomini e delle loro attività (borgo e fabbricazione del vino nei tini).

ma per le vie del borgo
dal **ribollir** de' tini
va l'**aspro odor** de i vini
l'anime a rallegrar.

• Nella terza strofa c'è ancora il mondo umano: il fuoco della cucina (ceppi e spiedo) e il cacciatore.

**Gira** su' ceppi **accesi**
lo spiedo **scoppiettando**:
sta il cacciator **fischiando**
su l'uscio a **rimirar**

• Nella quarta strofa la poesia si chiude con le immagini iniziali, "ad anello": si ritorna al mondo della natura (nubi, stormi d'uccelli, tramonto della sera).

tra le **rossastre** nubi
stormi d'uccelli **neri**,
com'esuli pensieri,
nel **vespero migrar**.

da G. Carducci, *Tutte le poesie*, Newton Compton

**BREVI CONSIDERAZIONI DI CONTENUTO**

• Al ritmo dei versi, agile e rapido, fa da contrasto la malinconia del clima autunnale, con nebbia, pioggia, vento e tramonto (il giorno di san Martino cade l'11 novembre).

• C'è contrasto anche tra la natura autunnale e l'allegra laboriosità del mondo umano: i tini sono in piena attività ("*ribollir*") e l'odore del vino rallegra le persone, sullo spiedo cuociono i cibi, il cacciatore sta sull'uscio a guardare il cielo fischiettando allegramente, gli uccelli che migrano sono paragonati a tristi pensieri che si allontanano.

• Il poeta usa parole che accendono l'immaginazione del lettore, coinvolgendo diversi sensi: **vista**, **udito**, **olfatto**.

Dall'esame attento di tutti gli elementi di struttura e di contenuto ricaverai le osservazioni che ti serviranno poi per arrivare al commento completo della poesia. Di questo tipo di lavoro sul testo, cui ora abbiamo accennato brevemente, ci occuperemo più dettagliatamente il prossimo anno.

# Sole di Aldo Palazzeschi

leggere scrivere

TESTO POETICO

1 2 3 livello di difficoltà

Vorrei girar la Spagna
sotto un ombrello rosso.

Vorrei girar l'Italia
sotto un ombrello verde.

Con una barchettina,
sotto un ombrello azzurro,
vorrei passare il mare;
giungere al Partenone[1]
sotto un ombrello rosa
cadente di viole.

da A. Palazzeschi,
*Tutte le poesie*, Mondadori

**1 Partenone**: tempio che si trova ad Atene, in Grecia.

## competenze alla prova

### LEGGO E...

#### ... COMPRENDO

1. **Quali nazioni vorrebbe girare il poeta?**
2. **Collega opportunamente il colore degli ombrelli ai luoghi citati per ognuno.**

| | |
|---|---|
| 1 Ombrello rosso | a Partenone |
| 2 Ombrello verde | b Mare |
| 3 Ombrello azzurro | c Spagna |
| 4 Ombrello rosa | d Italia |

1 ☐ 2 ☐ 3 ☐ 4 ☐

3. **L'ombrello, più volte citato dal poeta, ha un legame logico con il titolo della poesia. Quale?**
   - ☐ Serve a proteggere il poeta dal sole
   - ☐ Serve a proteggere il poeta dalla pioggia
   - ☐ Serve come ornamento durante il viaggio
   - ☐ Cambia colore alla luce del sole

#### ... RICAVO DAL TESTO

4. **Facendo riferimento alle tue conoscenze, puoi spiegare come mai l'ombrello rosso è associato alla Spagna?**
   - ☐ Perché il *matador* durante la corrida agita un drappo rosso
   - ☐ Per la passionalità degli spagnoli
   - ☐ Perché il rosso è presente nella bandiera spagnola
   - ☐ Perché il rosso fa pensare al sole della Spagna

- **Sai fare lo stesso procedimento a riguardo del colore verde associato all'Italia?**
  - ☐ Perché il verde è uno dei colori della bandiera italiana
  - ☐ Perché il verde ricorda le montagne e le colline
  - ☐ Perché è il colore della speranza
  - ☐ Perché si contrappone al rosso

#### ... ANALIZZO E INTERPRETO

5. **Individua le anafore presenti nella poesia.**
6. **Riconosci e trascrivi l'assonanza presente nell'ultima strofa.**
7. **Quante strofe ci sono nella poesia?**
8. **Quanti versi ha ognuna?**
9. **Come si chiama la prima strofa?**
   ☐ Terzina ☐ Distico ☐ Quartina ☐ Cinquina
10. **Come si chiama l'ultima strofa?**
    ☐ Quartina ☐ Distico ☐ Quartetto ☐ Sestina
11. **Conta le sillabe dei versi e indicale con barrette verticali.**

### ORA SCRIVO IO

12. **Aggiungi una strofa (possibilmente una sestina) alla poesia, tenendo presente il titolo. Scegli tu il tipo di verso da usare.**

# Confrontiamo e riflettiamo

**Completa il quadro riassuntivo degli argomenti fin qui studiati, inserendo nella casella giusta alcuni esempi tratti dalle poesie indicate. Fai attenzione, però: non tutti gli elementi elencati nella colonna di sinistra sono presenti in tutte le poesie.**

| | *Trieste* | *All'orecchio di una ragazza* | *Un rumore* | *Sole* |
|---|---|---|---|---|
| tipo di strofa | | | | |
| tipo di verso | | | | |
| enjambement, anafora, anastrofe | | | | |
| tipo di rima, assonanza, consonanza | | | | |
| allitterazione, onomatopea | | | | |
| similitudine, metafora, personificazione | | | | |
| metonimia | | | | |
| sinestesia | | | | |

# La poesia

## CHE COS'È

La poesia è un componimento scritto in **versi**, secondo un determinato **ritmo**, che è dato dall'alternarsi di **accenti ritmici** e pause (**cesure**).

## LA STRUTTURA

- Il **verso** è costituito da una o più parole scritte sulla stessa riga, dopo le quali si va a capo. A seconda del **numero delle sillabe** che li formano, i versi assumono nomi differenti: binario, ternario e così via. Per **contare le sillabe** in poesia si seguono regole particolari, legate alla posizione delle vocali e all'accento delle parole poste alla fine dei versi.
- I versi possono essere raggruppati in **strofe**, separate l'una dall'altra da una riga vuota. In base al **numero di versi** che formano le strofe, queste assumono nomi diversi: distico, terzina ecc. All'interno di una stessa poesia possono trovarsi strofe diverse (per esempio, nel sonetto si hanno due quartine e due terzine).
- La **rima** si ha quando due versi presentano, nella loro parte finale, lettere uguali a partire dall'accento tonico. Lo **schema di rima** serve per evidenziare le sequenze di suoni create dalle rime. Anche la **consonanza** (ripetizione delle stesse consonanti) e l'**assonanza** (ripetizione delle stesse vocali) producono effetti simili alla rima. In mancanza di rime, si parla di **versi sciolti** (molto diffusi nella poesia contemporanea).
- Nelle poesie è molto importante la **posizione delle parole**, soprattutto se si trovano all'inizio o alla fine dei versi.

**LE FIGURE RETORICHE**

- Le figure retoriche **di posizione** servono a mettere in evidenza alcune parole, a seconda della loro collocazione nei versi. Ricordiamo:
  - l'**enjambement** si ha quando si va a capo in modo inaspettato, così da mettere in risalto le parole che restano alla fine del verso e all'inizio di quello successivo;
  - l'**anafora** consiste nella ripetizione di una o più parole all'inizio di più versi;
  - l'**epifora** consiste nella ripetizione di una o più parole alla fine di più versi;
  - l'**anastrofe** si verifica quando s'inverte l'ordine che le parole avrebbero in prosa;
  - il **chiasmo** è un incrocio fra quattro termini logicamente legati fra loro.
- Le figure retoriche **di suono** servono a dare particolari effetti sonori ai versi. Citiamo:
  - l'**allitterazione**, cioè la ripetizione di suoni uguali o simili in più parole;
  - l'**onomatopea**, che consiste nell'usare parole che, con il loro suono, suggeriscono o imitano ciò che significano.
- Le figure retoriche **di significato** servono a trasmettere messaggi che vanno al di là del puro significato letterale delle parole e arricchiscono così i testi poetici. Ricordiamo:
  - la **similitudine**, un paragone esplicito fra due termini o due azioni che hanno elementi in comune;
  - la **metafora**, un paragone implicito, in cui si trasferiscono le caratteristiche del secondo termine al primo senza parole di collegamento;
  - la **personificazione**, che consiste nell'attribuire caratteristiche umane ad animali, piante, oggetti o concetti astratti;
  - la **metonimia**, che si ha sostituendo una parola con un'altra legata alla prima da un rapporto logico;
  - la **sinestesia**, che consiste nell'accostare termini appartenenti al lessico di ambiti sensoriali differenti.

**L'ANALISI APPROFONDITA E LA PARAFRASI**

- L'**analisi approfondita**, che si sofferma non solo sugli aspetti formali ma anche sui contenuti e sul messaggio che il poeta vuole trasmettere, è un passo indispensabile per poter preparare il commento della poesia stessa.
- La **parafrasi** di un testo poetico riscrive in prosa la poesia, rispettandone i contenuti, ma modificando l'ordine delle parole e riconducendole a un significato più comune.

# Poesia d'occasione

Una delle principali fonti di ispirazione per i poeti sono le **sensazioni**, fresche e immediate, che derivano da **momenti vissuti** con particolare intensità e partecipazione.

## Tutta la notte sogna di Rabindranath Tagore

leggere scrivere

TESTO POETICO

1 2 3 livello di difficoltà

Nel mio cuor la speranza,
come seme nel grembo della terra,
tutta la notte sogna
il tepore e la luce del mattino.

da R. Tagore, *Il canto della vita*, Guanda

## competenze alla prova

### LEGGO E...

#### ... COMPRENDO

1. **Qual è il soggetto sottinteso nel titolo della poesia?**
   - ☐ La notte
   - ☐ Il tepore
   - ☐ La speranza
   - ☐ La terra
2. **Qual è l'oggetto del sogno?**
3. **Dove ha la sua dimora la speranza?**
4. **Dove viene messo il seme?**

#### ... RICAVO DAL TESTO

5. **Il testo fa riferimento alla coltura della terra: quali azioni della coltivazione vengono messe in rilievo, in particolare? Ricavale dal testo.**

#### ... ANALIZZO E INTERPRETO

6. **Per spiegare come avviene il sogno, il poeta usa una similitudine: sottolineala nel testo.**
7. **Nell'espressione "*il tepore e la luce del mattino*", a quale dei cinque sensi si può riferire ciascun termine?**

   **Collega.**

   | | |
   |---|---|
   | tepore | vista |
   | luce | olfatto |
   | | tatto |
   | | gusto |
   | | udito |

8. **Quale figura retorica riconosci nelle espressioni "*la speranza sogna*" e "*il grembo della terra*"?**
   - ☐ Personificazione
   - ☐ Metafora
   - ☐ Sinestesia
   - ☐ Similitudine

### ORA SCRIVO IO

9. **Che cos'altro potrebbe sognare la speranza? Aggiungi tu una strofa alla poesia.**

# Una barchetta bianca di Aldemar Tavares

Una barchetta bianca, una capanna
e intorno alla capanna verdi palme;
davanti, il mare. Libera la vita.
Povero e pescatore
vivrò felice
con il tuo amore
e nulla più.

da S. Danieli (a cura di), *Sotto ogni cielo*, EMI

leggere scrivere

TESTO POETICO

1 2 3 livello di difficoltà

## competenze alla prova

### LEGGO E...

#### ... COMPRENDO

1. **Quali oggetti o situazioni rendono libera la vita del poeta? Elencali.**

2. **Come sarà la vita del poeta? Motiva la tua scelta.**
   - ☐ Povera e felice
   - ☐ Libera e triste
   - ☐ Né bella né brutta
   - ☐ Libera e solitaria

3. **Con chi si identifica il poeta?**

4. **In che cosa consiste la sua felicità?**
   - ☐ Nel vivere in mezzo alla natura
   - ☐ Nell'andare a pesca
   - ☐ Nell'amore della persona alla quale si sta rivolgendo
   - ☐ Nella povertà

#### ... RICAVO DAL TESTO

5. **Ricava dagli elementi citati nel testo qual è probabilmente il luogo naturale di cui il poeta parla.**

#### ... ANALIZZO E INTERPRETO

6. **Individua le allitterazioni di parole che cominciano con la stessa lettera.**
   - Al v. 1: sono le parole ..............................................., con allitterazione della lettera ..................
   - Al v. 4: sono le parole ..............................................., con allitterazione della lettera ..................

7. **Ai vv. 1-2 "*una barchetta bianca / verdi palme*" formano una figura retorica. Quale?**
   - ☐ Chiasmo
   - ☐ Anafora
   - ☐ Metonimia
   - ☐ Epifora

### ORA SCRIVO IO

8. **Riscrivi la poesia, capovolgendone completamente il senso: puoi cambiare le parole con gli opposti, modificarle oppure aggiungerne altre. Segui l'esempio del primo verso:**

Una barcaccia nera, una capanna orribile...

..............................................................................

..............................................................................

..............................................................................

..............................................................................

..............................................................................

# Nessun perdono di Veronica Biancardi

leggere scrivere

TESTO POETICO

1 2 3 livello di difficoltà

La sera sta avvolgendo
la campagna
con un velo di foschia.
È un velo che copre tutto
come se non volesse perdonare
niente a nessuno.
È un velo malinconico
portatore di tristezza.

da V. Biancardi, *Cambia il mondo con un sorriso*, Grafica Cremonese

## competenze alla prova

### LEGGO E...

#### ... COMPRENDO

1. **Quale momento della giornata è descritto?**
   ☐ Mattino ☐ Sera ☐ Pomeriggio ☐ Notte
2. **A che cosa è riferito il titolo della poesia?**
3. **Di fronte allo spettacolo della natura, come si sente la poetessa?**
   ☐ Affascinata positivamente
   ☐ Abbastanza estranea
   ☐ Piuttosto infastidita
   ☐ Un po' malinconica
4. **Sottolinea il verso che ti ha spinto a dare la tua risposta alla domanda precedente.**

#### ... RICAVO DAL TESTO

5. **La poetessa fa leva sulle sensazioni del lettore, facendogli ricordare che cosa ha visto e provato nella nebbia in campagna: hai mai visto la nebbia? Le sensazioni visive della poetessa si possono collegare a una tua esperienza?**

#### ... ANALIZZO E INTERPRETO

6. **Quale figura retorica ravvisi nell'espressione del v. 3, "*con un velo di foschia*"?**
   ☐ Metonimia
   ☐ Anafora
   ☐ Metafora
   ☐ Similitudine
7. **Quale figura retorica crea, ai vv. 4 e 7, la ripetizione dell'espressione "*È un velo*"?**

### ORA SCRIVO IO

8. **Aggiungi altri versi alla poesia, continuando l'anafora "*È un velo*".**

# Gioia estiva poesia popolare esquimese

Il caldo dell'estate è sul Paese.
Non alito di vento
né una nuvola in cielo.
Su monti azzurri[1] pascola la renna.
Tepore e gioia inondano il mio cuore.
Mi siedo in terra e piango.

da S. Danieli (a cura di), *Canti e poesie dei popoli. Il flauto sconosciuto*, EMI

leggere scrivere

TESTO POETICO

1 2 3 livello di difficoltà

**1 azzurri**: i monti sono coperti di licheni, dal colore azzurro-argento.

## competenze alla prova

## LEGGO E...

### ... COMPRENDO

**1** **Quali elementi climatici caratterizzano l'ambiente descritto?**

**2** **Quale stagione è descritta?**

**3** **La composizione termina con la parola "*piango*". Come spieghi questo pianto? Indica nel testo le parole che ti hanno spinto a dare la tua risposta.**

### ... RICAVO DAL TESTO

**4** **Puoi ricavare dalle informazioni del testo che cosa accade quando l'estate non c'è?**

### ... ANALIZZO E INTERPRETO

**5** **Perché possiamo dire che sia particolarmente importante la collocazione della parola "*piango*" nella poesia?**

**6** **Quale ruolo hanno le parole "*tepore e gioia*" nella poesia?**

- Tenuto conto del luogo in cui viene composta, a che cosa si contrappongono?

**7** **Quale figura retorica riconosci al v. 5, nel verbo "*inondano*"?**

- ☐ Chiasmo
- ☐ Metafora
- ☐ Personificazione
- ☐ Anafora

## ORA SCRIVO IO

**8** **Il fascino di questa poesia è dato dalla sua semplicità, dall'essenzialità delle parole, dall'ingenuità e dall'immediatezza delle immagini scelte. È difficile "migliorarla", ma, per esercitarci e divertirci, possiamo provare. Riscrivila con qualche aggettivo, avverbio o espressione in più, che devi collocare al posto dei puntini.**

- Il caldo ........................................ dell'estate è sul Paese.
- Non alito di vento ........................................ né una nuvola in cielo.
- Su monti azzurri e ........................................ pascola la renna.
- Tepore e gioia ........................................ inondano il mio cuore.
- Mi siedo in terra e piango .........................................

**9** **Prova a scrivere un breve testo poetico, di non più di 6 versi, in cui, attraverso un'immagine naturale, comunichi uno stato d'animo. L'emozione che provi deve essere citata una sola volta.**

# Per sempre me ne andrò per questi lidi

di Gibran Khalil Gibran

LEGGERE IN INGLESE

leggere scrivere parlare

TESTO POETICO

1 2 3 livello di difficoltà

I am forever walking upon these shores,
Betwixt the sand and the foam,
The high tide will erase my foot-prints,
And the wind will blow away the foam.
But the sea and the shore will remain.
Forever.

Per sempre me ne andrò per questi lidi[1],
tra la sabbia e la schiuma del mare,
l'alta marea cancellerà le mie impronte
e il vento disperderà la schiuma.
Ma il mare e la spiaggia dureranno
in eterno.

da G.K. Gibran, *Sabbia e onda*, Guanda

**1 lidi**: spiagge.

## competenze alla prova

### LEGGO E...

#### ... COMPRENDO

1. **Tra le seguenti spiegazioni, quale, secondo te, corrisponde al messaggio che il poeta ha voluto trasmettere nella poesia?**
   - ☐ Non c'è nessuna speranza di sopravvivenza, né per l'uomo né per la natura
   - ☐ Anche se la vita di un singolo uomo e le sue tracce saranno cancellate, la natura durerà per sempre
   - ☐ Qualunque attività dell'uomo è inutile, perché la natura cancella sempre e irrimediabilmente tutto
   - ☐ Il mare e l'uomo sono contrapposti, come in un'eterna lotta fra loro, ma il mare vincerà sempre, cancellando inesorabilmente le tracce dell'uomo

2. **Le ultime parole ("*in eterno*") come significato corrispondono a un'espressione iniziale e chiudono "ad anello" la poesia, che si apre e finisce con uno stesso argomento. Qual è quest'espressione iniziale?**

#### ... RICAVO DAL TESTO

3. **Facendo riferimento alle tue conoscenze personali, sai spiegare perché l'alta marea cancella ogni traccia sulla sabbia?**

4. **Quando il poeta dice che spiaggia e mare dureranno in eterno esprime una convinzione personale o un dato scientifico?**

#### ... ANALIZZO E INTERPRETO

5. **Per insistere sull'immagine finale, "*in eterno*", il poeta volutamente isola quest'espressione nell'ultimo verso. Che figura usa, per legarla al resto della frase?**
   - ☐ Un'anafora
   - ☐ Un enjambement
   - ☐ Un chiasmo
   - ☐ Un iperbato

6. **Quale figura retorica si può riconoscere nella sequenza delle parole "*sabbia*" e "*schiuma*", "*schiuma*" e "*spiaggia*"?**

### ORA SCRIVO IO

7. **Di solito le poesie trasmettono esperienze già vissute dal poeta, riguardanti fatti del passato. Qui, invece, si parla di qualcosa che deve ancora accadere, come si vede dai tempi verbali. Riscrivi la poesia usando verbi al passato e modificando di conseguenza eventuali altre parti: l'effetto ti pare più o meno efficace? Perché?**

#### AD ALTA VOCE

8. **Pensi che il messaggio del poeta sia positivo e pieno di aspettativa per il futuro o inviti a non affannarsi in mille attività vane? Discutine con i compagni.**

# Emozioni in poesia

In questa sezione proponiamo sei testi poetici di autori diversi, che derivano da culture anche molto distanti tra di loro. L'elemento che li accomuna è però lo stesso: la **ricerca** e la **condivisione delle emozioni**. Il coraggio di vivere passa anche attraverso il riconoscere valore alle emozioni e al sentire curiosità verso il presente e il futuro.

## Goal di Umberto Saba

leggere scrivere

TESTO POETICO

1 2 3 livello di difficoltà

Il portiere caduto alla difesa
ultima vana, contro terra cela[1]
la faccia, a non veder l'amara luce.
Il compagno in ginocchio che l'induce,
con parole e con mano, a rilevarsi,
scopre pieni di lacrime i suoi occhi.

La folla – unita ebbrezza[2] – par trabocchi
nel campo. Intorno al vincitore stanno,
al suo collo si gettano i fratelli.
Pochi momenti come questo belli,
a quanti l'odio consuma e l'amore,
è dato, sotto il cielo, di vedere.

**1 cela**: nasconde.

**2 ebbrezza**: euforia, stordimento.

## competenze alla prova

### LEGGO E...

**... COMPRENDO**

**1 Perché il portiere "*contro terra cela la faccia*"?**

- [x] Per vergogna
- [x] Perché teme la reazione dei tifosi
- [ ] Perché si è fatto male
- [ ] Perché è caduto

**2 Perché un compagno di squadra gli si avvicina?**

- [x] Per consolarlo
- [ ] Per spronarlo a continuare a giocare
- [ ] Per rimproverarlo
- [ ] Perché si è trovato per caso vicino alla porta

**3 La poesia si compone di due parti. Indica qual è il contenuto di ciascuna.**

- La prima parte descrive LA SCONFITTA
- La seconda parte descrive LA VITTORIA

**4 Nel testo i vari personaggi che compongono la "scena" provano ciascuno un'emozione diversa: individuale.**

- Il portiere prova DELUSIONE
- Il compagno in ginocchio prova COMPASSIONE
- La folla prova GIOIA
- Il vincitore e i suoi compagni di squadra provano EUFORIA

Presso la rete inviolata il portiere
– l'altro – è rimasto. Ma non la sua anima,
con la persona vi è rimasta sola.
La sua gioia si fa una capriola,
si fa baci che manda di lontano.
Della festa – egli dice – anch'io son parte.

da U. Saba, *Il canzoniere*, Einaudi

U. Boccioni, *Dinamismo di un calciatore*, New York, Museo d'Arte Moderna

- Il portiere della squadra vincitrice SORPRESA

### ... RICAVO DAL TESTO

**5** Dal testo della poesia puoi ricavare che ci sia ancora possibilità di rivincita per la squadra che ha subito il goal?

### ... ANALIZZO E INTERPRETO

**6** Da quante strofe è composta la poesia?

**7** Quanti versi ha ogni strofa?

**8** Sottolinea gli enjambement presenti.

**9** Indica i casi di anastrofe presenti nella poesia.

**10** Indica l'anacoluto presente nel testo.

**11** Quale figura retorica si trova nel verso "*La sua gioia si fa una capriola*".

## ORA SCRIVO IO

**12** Scrivi la parafrasi della poesia.

### UNO SGUARDO ALLA GRAMMATICA

**13** Metti in prosa i seguenti versi e fanne l'analisi logica "*Pochi momenti come questi belli, a quanti l'odio consuma e l'amore, è dato, sotto il cielo, di vedere*".

# Gabbiani di Vincenzo Cardarelli

leggere scrivere

TESTO POETICO

1 2 3 livello di difficoltà

Non so dove i gabbiani abbiano il nido,
ove trovino pace.
Io son come loro,
in perpetuo[1] volo.
La vita la sfioro
com'essi l'acqua ad acciuffare il cibo[2].
E come forse anch'essi amo la quiete,
la gran quiete marina,
ma il mio destino è vivere
balenando in burrasca[3].

da V. Cardarelli, *Poesie*, Mondadori

**1 perpetuo**: continuo, incessante.

**2 com'essi ... cibo**: i gabbiani volano proprio a pelo d'acqua e, quando vedono un pesce, si tuffano a prenderlo per mangiarlo.

**3 balenando in burrasca**: barcollando nella tempesta.

## competenze alla prova

### LEGGO E...

#### ... COMPRENDO

1. **Che cosa dichiara di non sapere il poeta?**

2. **Il poeta paragona se stesso ai gabbiani: ricostruisci la loro somiglianza completando le frasi.**

Il poeta è simile ai ...GABBIANI..., perché come loro non trova ...PACE..., ma sfiora ...L'ACQUA... senza riuscire a fermarsi, come i gabbiani quando ...MANGIA... il cibo; come loro ama forse la ...QUIETE..., che non riesce a trovare.

3. **Che cosa significa l'espressione "*vivere balenando in burrasca*"?**

- [ ] Viaggiare continuamente da un Paese all'altro
- [ ] Agire sempre in fretta
- [x] Non riuscire a vivere in modo sereno
- [ ] Vivere in un clima burrascoso

4. **Quali sono le due emozioni contrapposte evocate dalla poesia?**

#### ... RICAVO DAL TESTO

5. **La poesia si appoggia sull'esperienza che il lettore ha del mare: che cosa in particolare gli viene richiesto di ricordare?**

#### ... ANALIZZO E INTERPRETO

6. **Quali rime sono presenti nel testo?**

7. **Quali versi sono tra loro in assonanza?**

8. **Nel testo sono presenti ripetizioni di parole; sottolineale.**

9. **Come diventa il testo, grazie alla presenza di rime, assonanze e parole ripetute?**

- [ ] Più musicale
- [ ] Più ritmato
- [ ] Più veloce
- [x] Più lento

10. **Nell'espressione "*com'essi l'acqua*", quale figura retorica puoi riconoscere?**

- [ ] Anafora
- [ ] Similitudine
- [ ] Metafora
- [x] Chiasmo

### ORA SCRIVO IO

11. **Il poeta paragona la sua vita a quella dei gabbiani; tu a quale animale ti paragoneresti? Scrivi una poesia simile a quella di Cardarelli.**

#### UNO SGUARDO ALLA GRAMMATICA

12. **L'espressione "*La vita la sfioro*" (v. 5) dal punto di vista grammaticale è un anacoluto, cioè una forma non corretta ma ammessa in poesia. Riscrivila nella forma corretta.**

# Speranza di Langston Hughes

A volte quando mi sento solo,
non so perché,
non posso fare a meno di pensare che non sarò solo,
col tempo.

L. Hughes, in R. Valentino Merletti, *Racconti (di)versi*, Mondadori

leggere scrivere

TESTO POETICO

1 2 3 livello di difficoltà

## competenze alla prova

### LEGGO E...

#### ... COMPRENDO

1. Come si sentiva il poeta, quando ha composto questa poesia?
   - ☐ In una condizione di felicità
   - ☐ In una situazione di solitudine interiore
   - ☐ Nell'incertezza circa il suo futuro
   - ☐ In uno stato d'ansia
2. Che cosa significa l'espressione "*col tempo*"?
3. Qual è l'emozione alla quale il poeta fa riferimento nel suo testo?
4. Quando il poeta scrive "*non posso fare a meno di pensare che*", a che cosa fa riferimento?
   - ☐ Al suo ottimismo
   - ☐ Alla spinta vitale che lo guida
   - ☐ Alla speranza che gli dà la fede
   - ☐ Alla fiducia nel domani

#### ... RICAVO DAL TESTO

5. Sai ricavare da un elemento della poesia qual è il messaggio che Hughes consegna al lettore?

#### ... ANALIZZO E INTERPRETO

6. L'inizio del verso 2 e del verso 3 crea una figura retorica: quale?
7. Sottolinea nel testo una parola ripetuta per due volte e indica quale figura retorica crea questa ripetizione.
8. Perché, secondo te, il poeta ha voluto isolare in un verso a sé stante l'espressione "*col tempo*"?
9. Qual è l'argomento della poesia?
10. Qual è il tema?

### ORA SCRIVO IO

11. Metti per iscritto le tue emozioni, i tuoi stati d'animo, le tue sensazioni, quando ti capita di sentirti solo. Se non ti capita mai, prova a immaginare come ti potresti sentire.
12. Se dovessi esprimere in quattro versi che cosa sono per te la vicinanza o l'affetto degli amici, che cosa diresti? Prova a scrivere.

# È la speranza una creatura alata

di Emily Dickinson

leggere scrivere

TESTO POETICO

1 2 3 livello di difficoltà

È la speranza una creatura alata,
che si annida nell'anima
e canta melodie senza parole,
senza smettere mai.

E la senti dolcissima nel vento;
e ben aspra dev'esser la tempesta
che valga a spaventare il tenue[1] uccello
che tanti riscaldò.

Nella landa[2] più gelida l'ho udita,
sui più remoti mari;
ma nemmeno all'estremo del bisogno
ha voluto una briciola da me.

da E. Dickinson, *Tutte le poesie*, Mondadori

**1 tenue**: delicato.
**2 landa**: territorio, terra.

## competenze alla prova

### LEGGO E...

#### ... COMPRENDO

**1 A che cosa la poetessa avvicina la speranza?**

- ☐ Un essere umano
- ☐ Una creatura fantastica
- ☐ Un uccello
- ☐ Un amico immaginario

**2 Che cosa può indebolire la speranza? Rintraccia le immagini naturali e spiega il loro significato.**

**3 La poesia si compone di due parti. Indica qual è il contenuto di ciascuna.**

- La prima parte descrive ..................................................
..................................................
- La seconda parte indica il rapporto tra ..................
..................................................

**4 Che cosa significano i versi "*ma nemmeno all'estremo del bisogno ha voluto una briciola da me*"?**

- ☐ La vita della poetessa è stata senza speranza
- ☐ La speranza non ha bisogno di alcun aiuto
- ☐ La speranza dà aiuto senza aspettarsi alcuna ricompensa
- ☐ La poetessa non crede nella speranza

#### ... RICAVO DAL TESTO

**5 Puoi ricavare dal testo se la poetessa abbia provato il sentimento della speranza?**

#### ... ANALIZZO E INTERPRETO

**6 Da quante strofe è composta la poesia?**

**7 Quanti versi ha ogni strofa?**

**8 Per mezzo di quale figura retorica viene rappresentata la speranza?**

**9 Indica i casi di anastrofe presenti nella poesia.**

**10 Che figura riconosci nell'espressione "*Nella landa più gelida / sui più remoti mari*"?**

- ☐ Similitudine
- ☐ Anafora
- ☐ Chiasmo
- ☐ Iperbole

### ORA SCRIVO IO

**11 Scrivi la parafrasi della poesia.**

#### UNO SGUARDO ALLA GRAMMATICA

**12 Nella poesia si trovano aggettivi alterati. Indica il grado degli aggettivi presenti nelle seguenti espressioni.**

- *Dolcissima* (v. 5) ➲ ..................................
- *Ben aspra* (v. 6) ➲ ..................................
- *Nella più gelida* (v. 9) ➲ ..................................
- *Sui più remoti* (v. 10) ➲ ..................................

# Sereno di Giuseppe Ungaretti

leggere scrivere

TESTO POETICO

1 2 3 livello di difficoltà

Dopo tanta
nebbia
a una
a una
si svelano
le stelle

Respiro
il fresco
che mi lascia
il colore del cielo

Mi riconosco
immagine
passeggera

Presa in un giro
Immortale

*bosco di Courton, luglio 1918*

da G. Ungaretti,
*L'allegria*, Mondadori

## competenze alla prova

### LEGGO E...

**... COMPRENDO**

1. **Che cosa impediva al poeta di vedere le stelle?**
2. **Che cosa prova il poeta guardando il cielo?**
3. **La poesia è stata scritta da Ungaretti nel 1918, quando era in guerra. Perché, secondo te, il poeta si sente "*immagine passeggera*"?**
   - ☐ Teme di morire
   - ☐ Pensa che il destino dell'uomo è fragile
   - ☐ Si sente piccolo davanti all'immensità del cielo
   - ☐ In quel luogo è solo di passaggio
4. **Quando il poeta dice di sentirsi preso "*in un giro Immortale*" che cosa può significare?**
   - ☐ Essere parte di qualcosa che va oltre la propria singola vita ed è immortale
   - ☐ Sentire che la morte si avvicina
   - ☐ Sapere che non si è soli nell'universo
   - ☐ Guardarsi allo specchio

**... RICAVO DAL TESTO**

5. **Che cosa non lascia vedere la nebbia? Ricava le informazioni necessarie dal testo.**

**... ANALIZZO E INTERPRETO**

6. **Rispetto alle poesie che hai letto finora, noti qualche differenza nella scrittura del verso? (puoi segnare più risposte)**
   - ☐ I versi sono molto più brevi
   - ☐ È difficile trovare delle vere e proprie strofe
   - ☐ Non esiste punteggiatura
   - ☐ No, non vedo grande differenza
   - ☐ C'è una forte dominanza dello spazio bianco
7. **In calce alla poesia vengono riportati luogo e data di composizione. Secondo te qual è il motivo?**

### ORA SCRIVO IO

8. **Hai mai provato un senso di serenità dopo un momento di difficoltà o di pena? Racconta il cambiamento e cerca di esprimerlo anche attraverso immagini.**

# Verifica delle conoscenze

## Definisci

**1** **Che cos'è un testo poetico?** COMPONIMENTO SCRITTO

É UN MODO DI ESPRIMERSI, DIVERSO DAGLI ALTRI, …NE

## Rispondi alle domande

**2** **Il verso in una poesia è:**

- [x] costituito da una o più parole scritte sulla stessa riga, dopo le quali si va a capo
- [ ] un insieme di parole in rima
- [ ] costruito con sillabe e accenti posizionati secondo un ordine preciso
- [ ] un'alternanza di parole

**3** **Le strofe sono:**

- [ ] raggruppamenti di figure retoriche in ordine
- [x] raggruppamenti di versi, separate l'una dall'altra da una riga vuota
- [ ] raggruppamenti di rime
- [ ] raggruppamenti di sillabe

**4** **La rima si ha quando due versi presentano:**

- [ ] un finale uguale
- [x] nella loro parte finale lettere uguali a partire dall'accento tonico
- [ ] in chiusura la stessa parola
- [ ] la stessa posizione delle parole

**5** **Nelle poesie la posizione delle parole è:**

- [ ] senza particolare valore
- [ ] non così controllata
- [x] molto importante
- [ ] solo un fatto formale

**6** **Le figure retoriche di posizione servono a:**

- [x] mettere in evidenza alcune parole a seconda della loro collocazione nei versi
- [ ] fare suonare meglio le parole tra loro
- [ ] costruire una forma migliore della prosa
- [ ] "giocare" con le parole

**7** **Figure retoriche di posizione sono:**

- [x] enjambement, anafora, epifora, anastrofe, chiasmo
- [ ] allitterazione, onomatopea
- [ ] similitudine, metafora, personificazione
- [ ] metonimia, sinestesia

**8** **Le figure retoriche di suono servono a dare particolari effetti sonori e tra queste si registrano:**

- [ ] enjambement, anafora, epifora, anastrofe, chiasmo
- [x] allitterazione, onomatopea
- [ ] similitudine, metafora
- [ ] personificazione, metonimia, sinestesia

**9** **Le figure retoriche di significato servono a trasmettere messaggi che vanno al di là del puro significato delle parole e tra queste si registrano:**

- [ ] enjambement, anafora, epifora, anastrofe, chiasmo
- [ ] allitterazione, onomatopea
- [x] similitudine, metafora, personificazione, metonimia, sinestesia
- [ ] non ne abbiamo vista alcuna in particolare

**10** **La parafrasi di un testo poetico è:**

- [ ] la riscrittura in prosa del testo poetico interpretandolo
- [ ] il commento al contenuto del testo
- [x] la riscrittura in prosa del testo poetico, sciogliendo i versi, ma rispettandone il significato
- [ ] l'analisi approfondita di forme e contenuti del testo

# Verifica delle abilità

## Durante tutto il viaggio la nostalgia non si è separata da me di Nazim Hikmet

TESTO POETICO

Durante tutto il viaggio la nostalgia non si è separata da me
non dico che fosse come la mia ombra
mi stava accanto anche nel buio
non dico che fosse come le mie mani e i miei piedi
quando si dorme si perdono le mani e i piedi
io non perdevo la nostalgia nemmeno durante il sonno.

Durante tutto il viaggio la nostalgia non si è separata da me
non dico che fosse fame o sete o desiderio
del fresco nell'afa o del caldo nel gelo
era qualcosa che non può giungere a sazietà
non era gioia o tristezza non era legata
alle città alle nuvole alle canzoni ai ricordi
era in me e fuori di me.

Durante tutto il viaggio la nostalgia non si è separata da me
e del viaggio non mi resta nulla se non quella nostalgia.

da N. Hikmet, *Poesie*, Newton Compton

### La struttura del testo

**1** **Quante sono le strofe che compongono la poesia?**

**2** **Quale tipo di verso adopera il poeta?**

### Le figure retoriche

**3** **Puoi notare la presenza dell'allitterazione in qualche verso?**

**4** **Più volte vengono utilizzate dal poeta due figure retoriche di significato: quali? Riscrivi i casi in cui le rilevi.**

### L'analisi dei contenuti

**5** **Nella prima strofa la nostalgia viene paragonata a tre elementi: quali? Che cosa esprimono del sentimento provato dal poeta? Prova a dirlo con una parola sola (o con una brevissima frase).**

**6** **Nella seconda strofa la nostalgia viene paragonata ad altre sensazioni: la fame, la sete, il desiderio del freddo o del caldo. Trova nel testo il verso in cui si giustifica la scelta di questi elementi.**

**7** **Il poeta, poi, dice che cosa "non è" la nostalgia: che cosa vuole affermare sia la nostalgia, procedendo in questo modo, al contrario?**

**8** **Se la vita è un viaggio, che cosa può essere per il poeta la nostalgia?**

### La parafrasi

**9** **Scrivi, infine, la parafrasi del testo, facendo attenzione alla scelta delle parole.**

# MAPPA PER IL RECUPERO

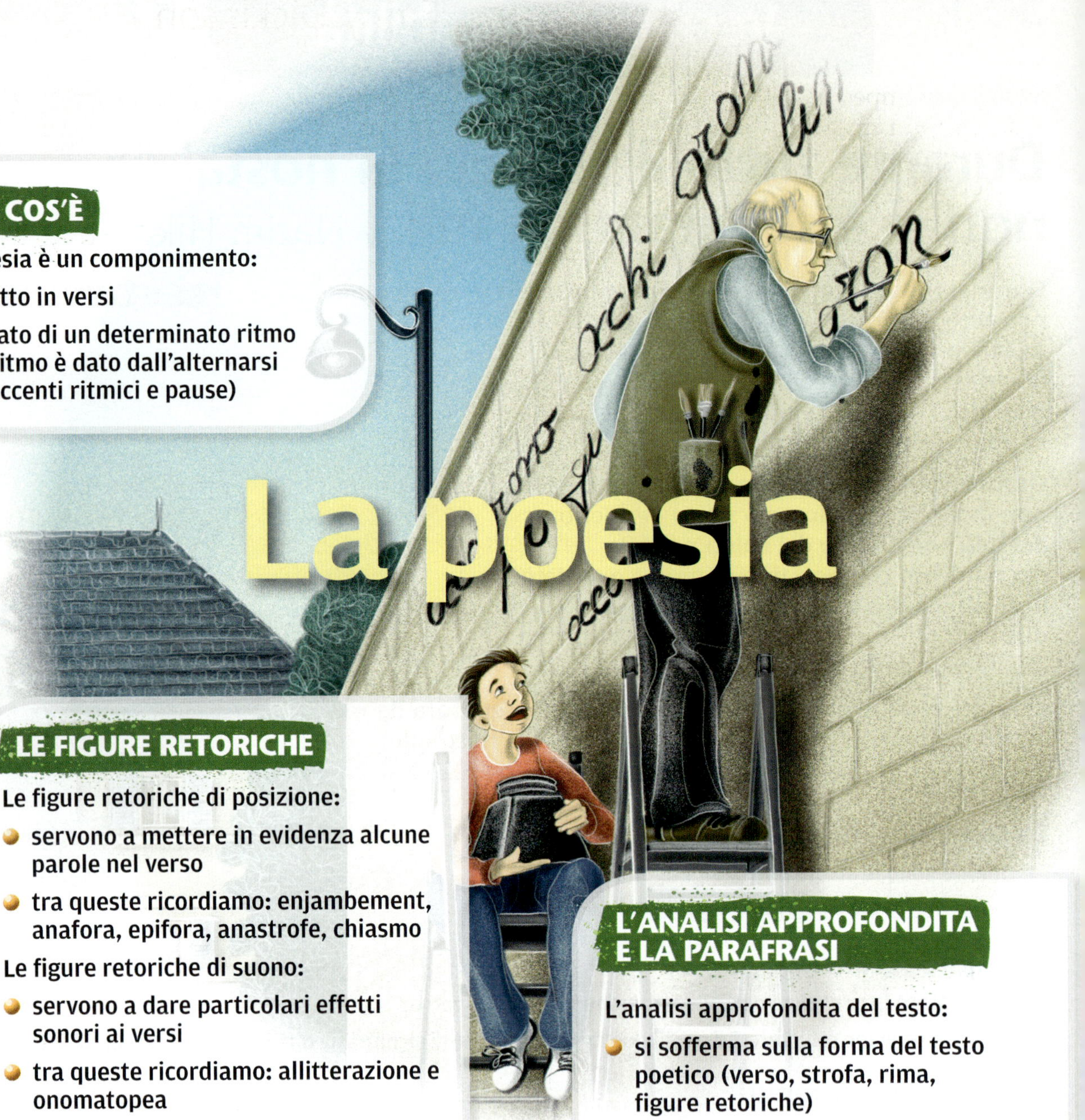

# La poesia

## CHE COS'È

La poesia è un componimento:

- scritto in versi
- dotato di un determinato ritmo (il ritmo è dato dall'alternarsi di accenti ritmici e pause)

## LE FIGURE RETORICHE

Le figure retoriche di posizione:

- servono a mettere in evidenza alcune parole nel verso
- tra queste ricordiamo: enjambement, anafora, epifora, anastrofe, chiasmo

Le figure retoriche di suono:

- servono a dare particolari effetti sonori ai versi
- tra queste ricordiamo: allitterazione e onomatopea

Le figure retoriche di significato:

- servono a trasmettere messaggi che vanno al di là del significato puro e semplice delle parole
- tra queste ricordiamo: similitudine, metafora, personificazione, metonimia, sinestesia

## L'ANALISI APPROFONDITA E LA PARAFRASI

L'analisi approfondita del testo:

- si sofferma sulla forma del testo poetico (verso, strofa, rima, figure retoriche)
- interpreta il significato del testo poetico, che il poeta vuole comunicare al lettore

La parafrasi:

- riscrive in prosa il testo poetico
- rispetta i contenuti del testo, ma modifica l'ordine delle parole e le sostituisce con altre più semplici

# Se io potrò impedire di Emily Dickinson

TESTO POETICO

Se io potrò impedire
a un cuore di spezzarsi
non avrò vissuto invano –
Se allevierò il dolore di una vita
O guarirò una pena –

o aiuterò un pettirosso caduto
a rientrare nel nido
non avrò vissuto invano.

da E. Dickinson, *Poesie*, Mondadori

## Rispondi

### La struttura

**1 Da quanti versi è composta la poesia?**

☐ Tre
☐ Dieci
☐ Otto
☐ Nove

**2 Da quante strofe è composta la poesia?**

☐ Tre
☐ Una sola
☐ Due
☐ Otto

**3 Quale schema di rima puoi osservare? Per poterlo capire ti presentiamo il testo originale in inglese: non importa se conosci l'inglese o no, l'importante è osservare la finale del verso (l'esercizio è avviato):**

| | |
|---|---|
| If I can stop one Heart from breaking | A |
| I shall not live in vain | B |
| If I can ease one Life the Aching | ...... |
| Or cool one Pain | ...... |
| Or help one fainting Robin | A |
| Unto his Nest again | ...... |
| I shall not live in Vain | ...... |

## Le figure retoriche

**4 In quale dei seguenti versi puoi trovare un'allitterazione?**

- ☐ A un cuore di spezzarsi
- ☐ A rientrare nel nido
- ☐ Se io potrò impedire
- ☐ Non avrò vissuto invano

## L'analisi approfondita

**5 Chi è il protagonista della poesia?**

- ☐ La poetessa (ma anche il lettore, che si identifica in lei)
- ☐ Solo la poetessa
- ☐ Chi vive invano
- ☐ Una persona

**6 Che cosa significa l'espressione "*se io potrò impedire a un cuore di spezzarsi*"?**

- ☐ Se potrò aiutare chi soffre di cuore
- ☐ Se potrò essere disponibile per gli altri
- ☐ Se potrò evitare una sofferenza enorme a qualcuno
- ☐ Se potrò essere presente nel lutto

**7 Che cosa significa l'espressione "*se aiuterò un pettirosso caduto a rientrare nel nido*"?**

- ☐ Se potrò aiutare qualcuno
- ☐ Se sarò capace di aiutare gli animali
- ☐ Se potrò aiutare anche chi non mette in evidenza la sua sofferenza
- ☐ Se sarò capace di aiutare i bambini

**8 L'espressione "*non avrò vissuto invano*" vuol dire che:**

- ☐ dare aiuto a chi soffre dà senso alla propria vita
- ☐ anche un piccolo gesto fa del bene
- ☐ la vita degli altri vale più della propria
- ☐ spesso si vive senza scopo

**9 Come puoi definire il lessico della poesia?**

- ☐ Semplice e comprensibile
- ☐ Complesso
- ☐ Ricercato
- ☐ Tecnico

## Che cos'è il genere poesia

**10 Da tutte le caratteristiche che presenta il testo possiamo dire che è "poesia" perché:**

- ☐ presenta molte figure retoriche
- ☐ presenta un messaggio importante che i lettori possono capire facilmente
- ☐ è scritto in versi e strofe, presenta un messaggio che va compreso attraverso un lavoro di interpretazione
- ☐ è scritto in versi e strofe, ma non porta alcun messaggio particolare

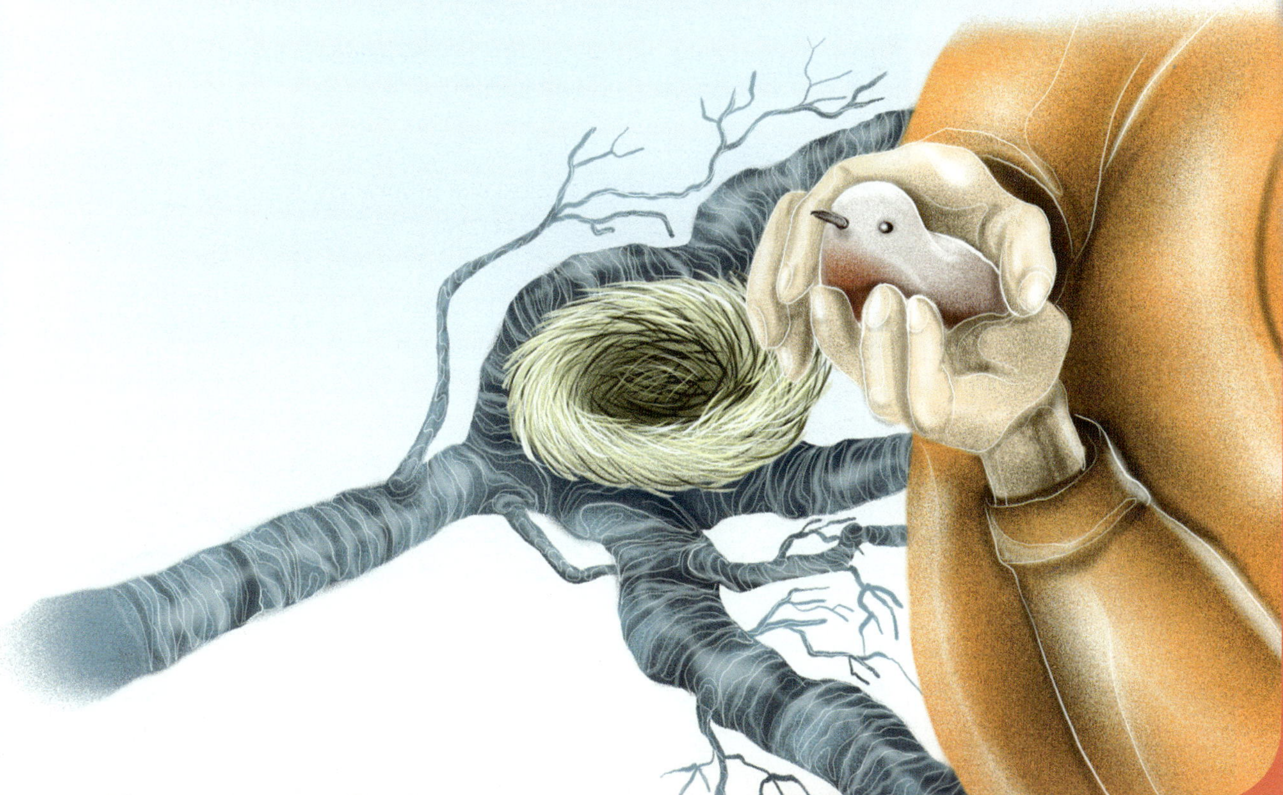

# PAGINE LABORATORIO

# Poesie senza versi

**Abilità**

leggere

scrivere

# ABILITÀ E COMPETENZE

## La parafrasi di un testo poetico

- Semplificare la lingua di un testo poetico
- Riordinare un testo poetico

**Impariamo a... fare la parafrasi di un testo poetico**

# La parafrasi di un testo poetico

Un poeta trasmette il suo pensiero in modo più sintetico rispetto a uno scrittore in prosa, servendosi di regole e figure retoriche che bisogna conoscere, proprio per riuscire a capire il suo lavoro. Ricapitoliamo quello che sai già:

- i poeti usano i **versi**, le **rime** e le **strofe**;
- si servono di **figure retoriche** (di posizione, di suono, di significato) per arricchire i versi;
- talvolta inseriscono **parole poco usate**, termini raffinati, che vengono caricati di un significato speciale;
- non usano l'ordine abituale della prosa, ma **associano le parole con ordine diverso**;
- mettono in primo piano soprattutto la **musicalità**, il **ritmo**.

Dopo la lettura della poesia, quindi, bisogna procedere a un vero e proprio lavoro sul testo per spiegare le parole e riordinare le frasi, **rompendo la struttura dei versi** e ricostruendo la struttura delle frasi. Questo è il primo livello di lavoro sul testo poetico, per arrivare a una prima comprensione.

Una volta fatto il lavoro di comprensione, si può passare a **una riscrittura del testo poetico**, cioè si può **passare alla parafrasi**, che prevede di sciogliere la forma poetica e passare a una prosa semplice, fatta di parole note e frasi ordinate.

## Semplificare la lingua di un testo poetico

Il primo passo per arrivare alla comprensione letterale di un testo poetico è, quindi, **chiarire il significato di tutte le parole, di tutte le espressioni** particolari che lo compongono. Gli strumenti per ottenere questa comprensione sono:

- la **lettura** della poesia (anche più di una volta);
- l'uso del vocabolario per conoscere il **significato delle parole sconosciute**;
- la lettura delle **note**;
- la trasformazione delle parole poco usate con altre di **uso comune**.

### PARAFRASARE UN TESTO POETICO SIGNIFICA:

- **semplificare il testo in poesia**
- **riscriverlo in prosa**
- **utilizzare parole più semplici e conosciute, secondo un ordine che facilita la comprensione**

Facciamo un esempio con la poesia di Giovanni Pascoli, *Il lampo*.

| Testo integrale | Spiegazione delle parole più complesse |
|---|---|
| E cielo e terra si mostrò qual era. | E cielo e terra **si mostrò qual era** = **si mostrarono come erano** |
| La terra ansante, livida, in sussulto; | La terra **ansante, livida, in sussulto** = **scossa dalle raffiche di vento e scura** |
| il cielo ingombro, tragico, disfatto: | il cielo **ingombro, tragico, disfatto** = **carico di nubi agitate dal temporale** |
| bianca bianca nel tacito tumulto<br>una casa apparì sparì d'un tratto; | bianca bianca **nel tacito tumulto** = **nell'apparire silenzioso del lampo**<br>una casa **apparì** = **apparve** e sparì d'un tratto |
| come un occhio che largo, esterrefatto, | come un occhio **che largo, esterrefatto** = **che si allarga per lo stupore** |
| si aprì si chiuse, nella notte nera. | si aprì si chiuse, nella notte nera. |

Come vedi, a ogni parola più complessa abbiamo affiancato una spiegazione più semplice, ottenendo un testo che non ha più le stesse parole dell'originale, ma ne conserva lo stesso ordine. Dobbiamo adesso procedere con il secondo passaggio della sua rielaborazione.

# Riordinare un testo poetico

I poeti non sempre costruiscono la frase con la sintassi che si seguirebbe normalmente in prosa, per rispettare la lunghezza del verso o lo schema delle rime. Le parole così risultano "spostate" in un ordine che a noi appare inusuale. Una volta finito di tradurre in termini più semplici il testo poetico, quindi, bisogna **riordinarlo secondo le regole e la logica di un testo in prosa**. Per fare questo dovrai procedere con un metodo simile a quello che adoperi quando fai l'analisi logica:

- suddividi il testo in **frasi semplici**;
- cerca e sottolinea i **verbi** che il testo contiene con i relativi **soggetti**;
- **riordina gli elementi del discorso** secondo lo schema soggetto + predicato + complemento oggetto + complementi indiretti;
- se i **soggetti** o i **verbi** sono sottintesi, rendili **espliciti**.

**Il testo che nascerà da questa semplificazione dei termini e dal riordino della sintassi sarà un testo parafrasato.**

Nella tabella abbiamo provato a compiere i passaggi che ti abbiamo suggerito:
- abbiamo evidenziato i **verbi** e i relativi **soggetti**, a partire dal testo integrale (colonna di sinistra);
- in seguito abbiamo costruito la **prima stesura della parafrasi** a partire dal testo semplificato in precedenza (colonna di destra).

Al termine di tutte queste operazioni si può passare alla stesura della **parafrasi definitiva**, con una maggiore distanza dal testo poetico originale, ma basata sulla comprensione puntuale della sintassi e del significato delle parole del testo.

| Testo integrale con soggetti e verbi evidenziati | Prima stesura della parafrasi (a partire dal testo semplificato) |
| --- | --- |
| E cielo e terra si mostrò qual era. | Cielo e terra apparvero come erano. |
| La terra (*era*) ansante, livida, in sussulto;<br>il cielo (*era*) ingombro, tragico, disfatto:<br>bianca bianca nel tacito tumulto<br>una casa apparì sparì d'un tratto;<br>come un occhio che largo, esterrefatto,<br>si aprì si chiuse, nella notte nera. | La terra (*era*) scossa dalle raffiche di vento e scura;<br>il cielo (*era*) carico di nubi agitate dal temporale:<br>una casa si mostrò e sparì d'un tratto, bianca bianca, nell'apparire silenzioso del lampo;<br>come un occhio che si allargò per lo stupore,<br>si aprì e si chiuse, nella notte nera. |

| Stesura definitiva della parafrasi con brevi integrazioni e chiarimenti |
| --- |
| La terra e il cielo si mostrarono improvvisamente, come erano, alla luce del lampo. La terra era scossa dal vento, scura; il cielo era carico di nubi, agitate dal temporale. Improvvisamente apparve, bianchissima, una casa, nella luce silenziosa del lampo e poi scomparve. Il suo apparire fu improvviso e rapido come l'aprirsi e chiudersi degli occhi, che si spalancano spaventati nella notte nera. |

## PER PARAFRASARE UN TESTO POETICO

- **Leggi attentamente il testo della poesia**
- **Spiega tutte le parole che non conosci**
- **Sostituisci nel testo tutte le parole di non facile comprensione**
- **Evidenzia verbi e soggetti**
- **Riordina il testo con una prima stesura di parafrasi**
- **Costruisci il testo in prosa definitivo, integrando e chiarendo le espressioni poetiche**

## IMPARIAMO A...

# ...fare la parafrasi di un testo poetico

**1** **Completa la parafrasi dei testi poetici che ti proponiamo, tratti dalla letteratura italiana. Dopo l'esercizio impostato (da completare o da confrontare), esegui la stesura della parafrasi secondo le indicazioni spiegate nel laboratorio.**

**Testo integrale**

## San Martino

La nebbia a gl'irti colli
piovigginando sale,
e sotto il maestrale
urla e biancheggia il mar;

ma per le vie del borgo
dal ribollir de' tini
va l'aspro odor dei vini
l'anime a rallegrar.

Gira su' ceppi accesi
lo spiedo scoppiettando:
sta il cacciator fischiando
su l'uscio a rimirar

tra le rossastre nubi
stormi d'uccelli neri,
com'esuli pensieri,
nel vespero migrar.

(G. Carducci)

**Prima fase della parafrasi**

## San Martino

La nebbia sale
piovigginando verso i colli ~~PIOVE~~ DIRITTI
e sotto i soffi del maestrale
il mare É MOSSO.

Ma per le vie del PAESE
l'aspro ODORE del vino sale
dal ribollire dei TINI CONI
e va a RALLEGRAR gli animi.

Lo spiedo gira SCOPPIETTANTE
sui CEPPI ACCESI;
il cacciatore FISCHIANDO sta
sulla ~~COLLINA~~ PORTA a guardare

tra le NUVOLE ROSSE
stormi di RONDINI
che MIGRANO nella sera
come PENSIERI.

**Testo integrale**

## L'estate è finita

Sono più miti le mattine
e più scure diventano le noci
e le bacche hanno un viso più rotondo.
La rosa non è più nella città.
L'acero indossa una sciarpa più gaia.
La campagna una gonna scarlatta,
Ed anch'io, per non essere antiquata,
mi metterò un gioiello.

(E. Dickinson)

**Prima fase della parafrasi**

## L'estate è finita

Le mattine sono MITI
e le noci sono più scure DEL SOLITO,
mentre le bacche sono più TONDE.
La rosa non si trova più IN CITTÀ.
L'acero diventa rosso, come se PRONTO
A PERDERE LE FOGLIE.
La campagna diventa di colore ARANCIO
come se STANCA E SECCA.
E anch'io, per non essere RIMASTA INDIETRO
indosserò un gioiello.

## Autunno

Autunno. Già lo sentimmo venire
nel vento d'agosto,
nelle piogge di settembre
torrenziali e piangenti,
e un brivido percorse la terra
che ora, nuda e triste,
accoglie un sole smarrito.
Ora passa e declina,
in quest'autunno che incede
con lentezza indicibile,
il miglior tempo della nostra vita
e lungamente ci dice addio.

(V. Cardarelli)

## Autunno

Autunno. Lo abbiamo già SENTITO
ARRIVARE CON IL VENTO D'AGOSTO E
NELLA PIOGGIA DI SETTEMBRE
torrenziali e SOTTILI,
e la terra, come percorsa da un brivido,
È ORA SPOGLIA E SBIADITA
PRENDE ORMAI POCO SOLE.
Ora il migliore tempo della nostra vita
passa e VA VIA,
in questo autunno che ARRIVA
con incredibile lentezza
e più e più volte ci dice addio.

**2** **Riordina la poesia di Ugo Foscolo *In morte del fratello Giovanni* che troverai qui di seguito spiegata nei suoi termini più complessi.**

| Testo integrale | Spiegazione delle parole più complesse |
|---|---|
| Un dì, s'io non andrò sempre fuggendo<br>di gente in gente, me vedrai seduto<br>su la tua pietra, o fratel mio, gemendo<br>il fior de' tuoi gentil anni caduto. | Un dì = **un giorno**, s'io = **se io** non andrò sempre fuggendo<br>di gente in gente = **di paese in paese**, me vedrai seduto<br>su la tua pietra = **sulla tua tomba**, o fratel mio, gemendo = **piangendo per**<br>il fior de' tuoi gentil anni = **della tua giovinezza** caduto. |
| La Madre or sol suo dì tardo traendo<br>parla di me col tuo cenere muto,<br>ma io deluse a voi le palme tendo<br>e sol da lunge i miei tetti saluto. | La Madre or sol = **soltanto** suo dì = **giorno, ma anche età, vita** tardo = **lento** traendo = **conducendo, consumando**<br>parla di me col tuo cenere = **con te che sei morto** muto,<br>ma io deluse = **senza speranza** a voi le palme = **le mani tendo**<br>e sol da lunge = **da lontano** i miei tetti = **la mia casa, la patria** saluto. |
| Sento gli avversi numi, e le secrete<br>cure che al viver tuo furon tempesta,<br>e prego anch'io nel tuo porto quiete. | Sento gli avversi = **contrari, ostili** numi = **gli dei**, e le secrete<br>cure = **i miei affari segreti, le preoccupazioni** che al viver tuo furon tempesta = **che furono causa del tuo tormento**,<br>e prego anch'io nel tuo porto quiete = **serenità, pace, riposo**. |
| Questo di tanta speme oggi mi resta!<br>Straniere genti, almen le ossa rendete<br>allora al petto della madre mesta. | Questo di tanta speme = **speranza** oggi mi resta!<br>Straniere genti = **popoli stranieri**, almen le ossa = **la mia salma** rendete<br>allora al petto della madre mesta = **triste, sconsolata**. |

**3** **Svolgi in modo autonomo la parafrasi di almeno tre testi tratti dall'Unità. Usa i passaggi suggeriti dal laboratorio.**

# 9 IL GENERE Teatro

## Traguardi di competenza

- Leggere un testo teatrale e comprenderne le parti costitutive essenziali: atti, scene, didascalie
- Utilizzare i termini specialistici relativi al linguaggio teatrale: personaggi, dialogo, monologo, soliloquio
- Introdursi a uno dei due grandi generi del teatro classico, la commedia

## Obiettivi di apprendimento

- Leggere, comprendere, ricavare informazioni, interpretare un testo teatrale di carattere comico
- Individuare nella struttura del testo teatrale: la situazione iniziale, la rottura dell'equilibrio iniziale, lo sviluppo della vicenda, la conclusione con il lieto fine
- Riconoscere nel testo comico la presenza di personaggi "poveri" e "ricchi", legati dalla costruzione di una beffa che ristabilisce un po' di "giustizia" a favore dei poveri
- Vedere nei caratteri dei personaggi teatrali le stesse caratteristiche studiate nel testo comico, in cui la caricatura, l'esagerazione, il grottesco, la ripetizione, l'assurdo strappano nel pubblico la risata

## Contenuti

- Leggere stralci da commedie classiche, moderne e contemporanee
- Leggere testi in cui si costruisce una beffa, che sottintende una particolare visione della società e dei ruoli
- Ogni testo comico è una chiave particolare (e divertente) per leggere un po' più in profondità gli uomini e la storia

# Che cos'è la commedia?

Fra i generi teatrali, la commedia è uno dei più antichi. Le sue **origini** risalgono infatti all'**antica Grecia**, ma essa è evoluta nel corso dei secoli, assumendo caratteristiche via via diverse perché diverso è stato nel corso del tempo il modo di concepire il teatro e la sua funzione. Fin dalle origini, tuttavia, la commedia ha avuto lo scopo di far **riflettere su qualche tema particolare** o di **denunciare ingiustizie o disparità** nelle classi sociali, pur tenendo sempre leggeri i toni, divertenti i dialoghi, ridicoli i personaggi.
Tecnicamente, la commedia appartiene al genere drammatico, il che vuol dire, come hai imparato l'anno scorso, che è un testo costruito apposta per essere recitato in teatro. Leggendo questo primo passo, facendo la conoscenza di Arlecchino e Brighella, riconoscerai alcuni degli elementi propri della struttura e dello stile di un testo teatrale; in più, incomincerai a distinguere alcuni degli elementi che caratterizzano il genere della commedia.

# La beffa di Arlecchino e di Brighella

di Carlo Goldoni

leggere scrivere

parlare

TESTO TEATRALE

1 2 3 livello di difficoltà

**Il veneziano Carlo Goldoni è stato uno dei principali autori italiani di teatro. Nella scena seguente, tratta dalla commedia (scritta in dialetto veneziano) *La famiglia dell'antiquario*, protagoniste sono due maschere, Arlecchino e Brighella. Quest'ultimo si fa aiutare da Arlecchino a ingannare il proprio padrone, il conte Anselmo, un uomo ossessionato dalla passione per gli oggetti antichi e disposto a spendere un patrimonio per collezionare antichità. Arlecchino si traveste da mercante armeno e cerca di convincere il conte a comprare una lampada.**

BRIGHELLA Signor padron, l'è qua l'Armeno dalle antigagge[1].
ANSELMO Oh bravo! Ha delle cose buone?
BRIGHELLA Cose belle! Cose stupende!
ANSELMO Amico, vi saluto *(ad Arlecchino)*.
ARLECCHINO Saludara, patrugna cara. (Digha ben[2]?) *(a Brighella)*.
BRIGHELLA (Pulito[3]).

**1 antigagge**: antichità, oggetti antichi.
**2 Saludara ... ben?**: la saluto caro padrone (ho detto bene?). Arlecchino, che parla veneto, storpia le parole per sembrare un mercante orientale, precisamente dell'Armenia, Stato dell'Asia Minore.
**3 Pulito**: bene.

ANSELMO Cosa avete di bello da mostrarmi?
ARLECCHINO *(fa vedere un lume di ferro a olio a uso di cucina)* Questo stara... stara... (cossa stara[4]?) *(piano a Brighella)*.
BRIGHELLA (Lume eterno) *(piano ad Arlecchino)*.
ARLECCHINO Stara luma lanterna; trovata in palamida de getto, in sepolcro Bartolomeo[5].
ANSELMO Cosa diavolo dice? Io non l'intendo[6].
BRIGHELLA L'aspetta; mi intendo[7] un pochetto l'armeno. Aracapi, nicoscopi, ramarcatà[8] *(finge di parlare armeno)*.
ARLECCHINO La racaracà, taratapatà, baracacà, curucù, caracà *(finge di rispondere armeno a Brighella)*.
BRIGHELLA Vedela[9]? Ho inteso tutto. El dis[10], che l'è un lume eterno trovà[11] nelle piramidi d'Egitto, nel sepolcro de Tolomeo[12].
ARLECCHINO Stara, stara.
ANSELMO Ho inteso, ho inteso. (Oh che cosa rara! Se lo posso avere, non mi scappa dalle mani.) Quanto ne volete?
ARLECCHINO Vinta zecchina[13].
ANSELMO Oh! È troppo. Se me lo desse per dieci, ancor ancora lo prenderei.
ARLECCHINO No podira, no podira[14].
ANSELMO Finalmente[15]... non è una gran rarità. (Oh! Lo voglio assolutamente.)
BRIGHELLA Volela, che l'aggiusta mi?[16]
ANSELMO Sì, vedi, se lo desse con dodici *(gli fa cenno colle mani, che gli offra dodici zecchini)*.
BRIGHELLA Lamacà, volenich, calabà.
ARLECCHINO Salamin, salamon, salamà.
BRIGHELLA Curich, maradas, chiribara.
ARLECCHINO Sarich, micon, tiribio.
ANSELMO (Che linguaggio curioso! E Brighella l'intende[17]!)
BRIGHELLA Sior padron l'è aggiustada[18].
ANSELMO Sì? Quanto?

**4 stara... stara...**: sarebbe... sarebbe... (che cosa sarebbe?).

**5 Stara ... Bartolomeo**: è una lampada eterna, trovata in una piramide in Egitto, nel sepolcro di Tolomeo (ovviamente qui Arlecchino continua a storpiare le parole, per ingannare Anselmo e fargli credere di parlare armeno).

**6 non l'intendo**: non lo capisco.

**7 mi intendo**: io capisco.

**8 Aracapi, nicoscopi, ramarcatà**: si tratta di parole inventate, senza nessun significato, come le seguenti usate da Arlecchino e Brighella.

**9 Vedela**: vede.

**10 El dis**: lui dice.

**11 trovà**: trovato.

**12 Tolomeo**: i Tolomei furono un'antica dinastia dell'Egitto. Qui Brighella "corregge" Arlecchino, che aveva parlato del sepolcro di Bartolomeo, storpiando con un nome italiano quello di Tolomeo.

**13 Vinta zecchina**: venti zecchini; lo zecchino era la moneta d'oro della Repubblica di Venezia.

**14 no podira**: non si può.

**15 Finalmente**: in fondo.

**16 Volela, che l'aggiusta mi?**: vuole che mi metta d'accordo io?

**17 l'intende**: lo capisce; Anselmo è convinto che Brighella sappia parlare armeno e non si accorge dell'inganno.

**18 Sior padron l'è aggiustada**: signor padrone, ci siamo accordati.

BRIGHELLA Quattordese[19] zecchini.
ANSELMO Non vi è male. Son contento. Galantuomo quattordici zecchini?
ARLECCHINO Stara, stara.
ANSELMO Sì, stara, stara. Ecco i vostri denari *(glieli conta)*.
ARLECCHINO Obligara[20], obligara.
ANSELMO E se avera, altra… altra… rara, portara.
ARLECCHINO Sì portara, vegnira, cuccara[21].
ANSELMO Cosa vuol dir cuccara? *(a Brighella)*.
BRIGHELLA Vuol dir distinguer da un altro.
ANSELMO Benissimo; se cuccara mi, mi cuccara ti.
ARLECCHINO Mi cuccara ti, ma ti no cuccara mi.

**19 Quattordese**: quattordici.
**20 Obligara**: grazie.
**21 cuccara**: in veneziano cuccar significa "ingannare". Nasce tutto un gioco di significati ambigui per cui Arlecchino, fingendo di parlare armeno, senza essere inteso alla fine dice al conte Anselmo: "Sì, ne porterò, verrò e vi ingannerò", ma il conte naturalmente non lo capisce.

## competenze alla prova

### LEGGO E...

#### ... COMPRENDO

1. **Chi sono i personaggi sulla scena?**
2. **Chi sono i protagonisti della scena?**
3. **Chi sono Arlecchino e Brighella?**
   - ☐ Due servi
   - ☐ Due mercanti
   - ☐ Due veneziani
   - ☐ Due nobili
4. **Qual è l'oggetto che Arlecchino e Brighella vogliono vendere al conte Anselmo?**
   - ☐ Una lampada a olio da cucina
   - ☐ Una piramide
   - ☐ Un quadro antico
   - ☐ Un libro raro
5. **Per che cosa fanno passare tale oggetto?**
6. **Attraverso due espedienti Arlecchino e Brighella cercano di ingannare il conte Anselmo: quali sono?**

#### ... RICAVO DAL TESTO

7. **La provenienza di Arlecchino dall'Armenia sottintende un giudizio espresso dall'autore su quella terra: quale pensi possa essere?**

#### ... ANALIZZO E INTERPRETO

8. **Indica il ruolo svolto da ciascuno dei tre protagonisti della vicenda, associando numeri e lettere.**

| | |
|---|---|
| 1. Arlecchino | a. Beffato |
| 2. Brighella | b. Complice del beffatore |
| 3. Conte Anselmo | c. Beffatore |

1 ☐ 2 ☐ 3 ☐

9. **La beffa è un elemento tipico della commedia. Come si potrebbe definire?**
   - ☐ È un inganno costruito da uno o più personaggi ai danni di un altro, che ne è all'oscuro
   - ☐ È un modo per vendere una cosa falsa al posto di una vera
   - ☐ Consiste in una situazione divertente
   - ☐ È un alternarsi fra chi vince e chi perde
10. **Il conte Anselmo viene presentato dal Goldoni come un uomo ricco e nobile, amante dell'arte, però non sembra capace di smascherare la beffa. Perché, secondo te?**
    - ☐ Per dimostrare i suoi punti deboli, nonostante la sua ricchezza e nobiltà
    - ☐ Per farlo sembrare ingenuo in contrapposizione agli astuti Arlecchino e Brighella
    - ☐ Per offrire un pretesto alla truffa

ANSELMO Sì, promettera.
BRIGHELLA Andara[22], andara.
ARLECCHINO Saludara, patrugna (se poterà Brighella minchionara[23]) (*parte*).
BRIGHELLA Aspettara[24], aspettara (*vuol seguirlo*).
ANSELMO Senti.
BRIGHELLA La lassa, che lo compagna[25]... (*in atto di andarsene*).
ANSELMO Ma senti (*lo vuol trattenere*).
BRIGHELLA Vegnira[26]; vegnira. Pol esser, che el gh'abbia qualcossa altro[27]. (Maledetto! I mi sette zecchini[28]) (*parte*).

adatt. da C. Goldoni, *La famiglia dell'antiquario*, Atto I, Scena XVII, in *Teatro*, Einaudi

22 **Andara**: vada.
23 **Saludara, patrugna (se poterà Brighella minchionara)**: arrivederci, padrone (si potrà ingannare Brighella).
24 **Aspettara**: aspetti.
25 **La lassa, che lo compagna...**: lasci che l'accompagni...
26 **Vegnira**: vengo.
27 **Pol esser, che el gh'abbia qualcossa altro**: può darsi che abbia qualcos'altro.
28 **I mi sette zecchini**: i miei sette zecchini (cioè la metà dei soldi presi ad Anselmo con l'inganno).

- ☐ Per prendere in giro i nobili, che, pur ricchi e potenti, si dimostrano però poco intelligenti e accorti

**11** **Riflettendo sui personaggi della scena che hai letto, indica le loro caratteristiche. Attieniti ai dati presenti nel testo. L'esercizio è avviato.**
- Conte Anselmo: nobile, ricco, appassionato d'arte
- Brighella: ..................................................
- Arlecchino: ..................................................

**12** **Arlecchino e Brighella sono servi squattrinati, però riescono con la loro astuzia a guadagnare una piccola fortuna con una vecchia lampada da cucina. Che cosa si vuole dimostrare con questo?**
- ☐ Che un uomo povero ma astuto riesce a ottenere più di un uomo ricco e nobile ma incapace
- ☐ Che la beffa è un mezzo per far ridere, qualunque sia il personaggio che la mette in atto
- ☐ Che la povertà aguzza l'ingegno
- ☐ Che finché la sorte aiuta è meglio non ostacolarla

## ORA SCRIVO IO

**13** **Immagina un finale diverso per la vicenda, usando la fantasia e scrivendo le battute dei tre protagonisti.**

### UN MONDO DI PAROLE

**14** **L'armeno che Arlecchino finge di parlare utilizza la ripetizione di un elemento linguistico che vorrebbe riprodurre questa lingua. Quale?**
- ☐ La rima
- ☐ La ripetizione delle "erre"
- ☐ La parola "*baracà*"
- ☐ La ripetizione della terminazione "*-ara*"

### C'È STILE E STILE

**15** **Com'è strutturato il testo?**
- ☐ In versi
- ☐ In prosa
- ☐ In battute che riproducono un dialogo
- ☐ In modo misto tra battute e prosa

### AD ALTA VOCE

**16** **Partendo dal testo discutete in classe su questo argomento: pensate sia giusto ingannare qualcuno approfittando dei suoi punti deboli?**

# Lavoriamo insieme

## Che cos'è la commedia?

**Qui sotto troverai alcune frasi che riguardano le principali caratteristiche della commedia: alcune sono giuste, altre sono sbagliate. Partendo dalla lettura precedente, indica se ciascuna frase è vera V o falsa F.**

- La commedia è un testo teatrale basato su un copione organizzato in battute. V F
- Spesso alcuni personaggi cercano di ingannarne un altro, sfruttando i suoi punti deboli. V F
- L'argomento trae spunto dalla vita quotidiana. V F
- Protagonista è un eroe che compie imprese eccezionali. V F
- A volte i personaggi usano dei travestimenti. V F
- La lingua usata nei dialoghi è molto formale. V F
- La commedia spesso si incentra su una beffa. V F
- Tra i protagonisti troviamo sia maschere sia personaggi comuni. V F
- La vicenda offre lo spunto per riflettere su alcuni aspetti della società contemporanea all'autore. V F

## È tutto chiaro?

**Attraverso questo primo testo abbiamo messo in rilievo alcune caratteristiche della commedia, altre ne vedremo nel testo successivo. Compila la tabella, che riporta solo alcune delle caratteristiche proprie del genere.**

| | caratteristiche della commedia | in *La beffa di Arlecchino e di Brighella* |
|---|---|---|
| **argomento** | La commedia si rifà alla **vita reale**, sulla quale si innesta una situazione comica, che spesso consiste nell'attuazione di una **beffa** fatta dagli umili ai danni dei potenti. | |
| **personaggi** | In scena si contrappongono spesso personaggi ricchi e potenti ad altri poveri e umili. I primi vengono per lo più messi in ridicolo perché agiscono in modo sciocco e sono truffati dai poveri. Questi dimostrano di avere astuzia e intelligenza pratica, che impiegano nei loro raggiri e nelle loro beffe. | |
| **lingua e stile** | Il **linguaggio** usato è **realistico**, viene dalla quotidianità, ma inserisce storpiature, giochi di parole, invenzioni, per aumentare la comicità. I **dialoghi** sono **serrati** e veloci, per ottenere la risata. | |
| **struttura** | La commedia è un **testo drammatico (o teatrale)** di cui segue le norme generali, per cui è scritto in parti assegnate a personaggi. | |

# Caratteristiche della commedia

In questo secondo testo vedrai più chiaramente le caratteristiche della struttura di una commedia, che potrai riconoscere con maggiore completezza rispetto al precedente. Per il resto, ritroverai alcuni aspetti del comico già esaminati nel testo di Goldoni, ma in questo caso potrai riflettere in modo più approfondito sui personaggi e sulla loro caratterizzazione.

## Argante e il dottor Purgon di Molière

**Nella commedia *Il malato immaginario*, Molière mette in scena Argante, un uomo perfettamente sano ma convinto di essere affetto da malattie gravissime, mortali. Ne approfittano la moglie, che intende farsi nominare erede universale dei beni del marito, e i medici (come il dottor Purgon), che per le cure richieste si fanno pagare profumatamente. Nella scena che presentiamo compaiono Argante (il malato immaginario), suo fratello Beraldo (che cerca di convincere Argante del fatto che è perfettamente sano), il farmacista signor Fleurant, il medico signor Purgon e Tonietta, la serva di Argante.**

leggere scrivere parlare ascoltare

TESTO TEATRALE

1 2 3 livello di difficoltà

### Scena quarta

Il Signor Fleurant, *con un serviziale*[1] *in mano;*
Argante, Beraldo

Argante Ah! caro fratello, con vostro permesso...

Beraldo Come? Che volete fare?

Argante Prendere quel piccolo lavativo[2]; farò in fretta.

Beraldo Scherzate? Possibile che non possiate stare un attimo senza lavativi e senza medicine? Rimandatelo a un'altra volta e state un po' in pace.

Argante Signor Fleurant, ci rivedremo stasera, o domattina.

Signor Fleurant *(a Beraldo)* Di che v'impicciate voi, opponendovi alle prescrizioni della medicina e impedendo al signore di prendere il mio clistere? Avete un bell'ardimento[3]!

Beraldo Andate, andate, signore; evidentemente non siete abituato a guardare le persone in faccia.

Signor Fleurant Non bisogna deridere così i farmachi[4] e farmi perdere tempo. Io son venuto in conseguenza d'una prescrizione precisa; vado subito a dire al signor Purgon come mi si è impedito di eseguire i suoi ordini e di fare il mio compito. Vedrete, vedrete...

### Scena quinta

Argante, Beraldo

Argante Fratello mio, farete succedere qualche guaio.

1 **serviziale**: clistere.

2 **lavativo**: in questo caso, significa clistere.

3 **ardimento**: coraggio.

4 **farmachi**: la forma corretta sarebbe "farmaci"; la forma "farmachi" è rara.

BERALDO Gran guaio, quello di non farsi un lavativo ordinato dal signor Purgon! Ancora una volta, è possibile che non vi sia mezzo di guarirvi dalla malattia dei medici, e che vogliate seppellirvi per tutta la vita nelle loro ricette?
ARGANTE Dio mio! voi parlate da uomo che sta bene; ma, se foste al mio posto, mutereste linguaggio. È facile parlare contro la medicina quando si è sani come un pesce.
BERALDO Ma che malattia avete?
ARGANTE Mi fareste venir la rabbia! Vorrei che l'aveste voi, il mio malanno, per vedere se scherzereste tanto. Ah! ecco il signor Purgon.

**Scena sesta**

IL SIGNOR PURGON, ARGANTE, BERALDO, TONIETTA

SIGNOR PURGON Ho sentito delle belle notizie, giù in strada; ci si fa beffe delle mie prescrizioni e ci si rifiuta di prendere una medicina prescritta da me.
ARGANTE Signor Purgon, non...
SIGNOR PURGON Un ardimento inimmaginabile, una singolare ribellione di un malato contro il suo medico.
TONIETTA È spaventevole.
SIGNOR PURGON Un clistere che mi ero compiaciuto di comporre io stesso!
ARGANTE Non sono stato io...
SIGNOR PURGON Inventato e foggiato[5] secondo tutte le regole dell'arte[6].
TONIETTA Ha torto marcio.
SIGNOR PURGON E che doveva fare un meraviglioso effetto sui visceri.
ARGANTE Mio fratello...
SIGNOR PURGON Respingerlo con disprezzo!
ARGANTE *(indicando Beraldo)* È lui...
SIGNOR PURGON Un atto esorbitante[7]!

**5 foggiato**: preparato.
**6 arte**: ovviamente si tratta dell'arte medica.
**7 esorbitante**: smisurato, esagerato.

TONIETTA Proprio così.
SIGNOR PURGON Un enorme attentato contro la medicina.
ARGANTE *(indicando Beraldo)* È stato...
SIGNOR PURGON Un delitto di lesa Facoltà[8] per cui non esiste castigo!
TONIETTA Avete ragione.
SIGNOR PURGON Vi dichiaro che rompo ogni rapporto con voi.
ARGANTE È stato mio fratello...
SIGNOR PURGON Che non voglio più legami con voi.
TONIETTA Farete bene.
SIGNOR PURGON E che, per tagliare con voi ogni commercio[9], ecco la donazione che facevo a mio nipote in favore del matrimonio[10]! *(Straccia la donazione gettandone furiosamente i pezzi.)*
ARGANTE Ha fatto tutto mio fratello.
SIGNOR PURGON Disprezzare il mio clistere!
ARGANTE Fatelo venire, lo prenderò subito.
SIGNOR PURGON Vi avrei rimesso in piedi in poco tempo.
TONIETTA Non lo merita.
SIGNOR PURGON Stavo per ripulire tutto il vostro corpo ed evacuarne totalmente i cattivi umori.
ARGANTE Ah! fratello mio!
SIGNOR PURGON Non esigevo più di un'altra dozzina di medicine per arrivare a termine.
TONIETTA È indegno delle vostre cure.
SIGNOR PURGON Ma, visto che non avete voluto guarire per mia mano...
ARGANTE Non è colpa mia.
SIGNOR PURGON Poiché vi siete sottratto all'obbedienza dovuta al proprio medico...
TONIETTA È una cosa che grida vendetta.
SIGNOR PURGON Poiché vi siete dichiarato ribelle ai rimedi che vi ho prescritto...
ARGANTE Ah! no davvero.

**8 lesa Facoltà**: delitto compiuto contro le capacità mediche di Purgon.

**9 commercio**: in questo caso, rapporto.

**10 matrimonio**: si tratta del matrimonio che Argante vuole combinare tra la propria figlia Angelica e il nipote di Purgon (studente in medicina), allo scopo di avere un medico in casa, che lo curi gratuitamente.

SIGNOR PURGON Devo dirvi che vi abbandono alla vostra cattiva costituzione, all'intemperie delle vostre viscere[11], alla corruzione del vostro sangue, all'acidità della vostra bile[12] e alla feculenza dei vostri umori[13].
TONIETTA Benissimo.
ARGANTE Dio mio!
SIGNOR PURGON Prima di quattro giorni vi troverete in uno stato incurabile.
ARGANTE Ah! misericordia!
SIGNOR PURGON Cadrete nella bradipepsia[14].
ARGANTE Signor Purgon!
SIGNOR PURGON Dalla bradipepsia nella dispepsia[15].
ARGANTE Signor Purgon!
SIGNOR PURGON Dalla dispepsia nell'apepsia[16].
ARGANTE Signor Purgon!
SIGNOR PURGON Dall'apepsia nella lienteria[17].
ARGANTE Signor Purgon!
SIGNOR PURGON Dalla lienteria nella dissenteria[18].
ARGANTE Signor Purgon!
SIGNOR PURGON Dalla dissenteria nell'idropisia[19].
ARGANTE Signor Purgon!
SIGNOR PURGON E dall'idropisia nell'esito finale, dove vi avrà condotto la vostra follia.

**Scena settima**

ARGANTE, BERALDO

ARGANTE Ah! Dio mio! sono morto... Fratello mio, mi avete rovinato.
BERALDO Che c'è?
ARGANTE Non ne posso più. Sento già che la medicina si vendica.
BERALDO In fede mia[20], siete matto. Non vorrei per nulla al mondo che vi vedessero fare quel che fate. Tastatevi un po', di grazia[21]; tornate in voi e non abbandonatevi tanto alla fantasia.
ARGANTE Avete pur sentito le terribili malattie di cui mi ha minacciato!
BERALDO Siete un gran semplicione!
ARGANTE Dice che diventerò incurabile prima di quattro giorni.
BERALDO E che importa quello che dice? Ha forse parlato un oracolo? A sentirvi sembra che il signor Purgon abbia nelle mani il filo della vostra vita e che ve lo allunghi o accorci a volontà per autorità suprema. Ricordatevi che i princìpi della vostra vita sono in voi stesso, e che la rabbia del signor Purgon è incapace di farvi morire così come le sue ricette sono incapaci di farvi vivere. Ecco una vicenda che, se vorrete, vi potrà sbarazzare dei medici; o, se proprio non potete farne a meno, vi sarà facile averne un altro con il quale correrete meno rischi.
ARGANTE Ah! fratello mio, lui sapeva tutto del mio temperamento e del modo con cui bisogna prendermi.
BERALDO Bisogna confessare che siete un uomo pieno di prevenzioni e che vedete le cose da un punto di vista molto singolare.

da Molière, *Il malato immaginario*, Atto III, Scene IV-VII, in *Commedie*, Rizzoli

11 **intemperie delle vostre viscere**: secondo le antiche credenze mediche, alterazione degli umori del corpo, che crea problemi agli organi interni.

12 **bile**: liquido secreto dal fegato, contenuto nella cistifellea, indispensabile alla digestione.

13 **feculenza dei vostri umori**: consistenza spessa dei liquidi corporei (secondo l'antica medicina l'alterazione degli umori del corpo determinava le malattie).

14 **bradipepsia**: rallentamento della digestione.

15 **dispepsia**: cattiva digestione.

16 **apepsia**: totale mancanza di digestione.

17 **lienteria**: diarrea.

18 **dissenteria**: infezione intestinale accompagnata da diarrea.

19 **idropisia**: grave malattia che causa un ristagno dei liquidi nella pelle.

20 **In fede mia**: a dirla tutta, in verità.

21 **di grazia**: per piacere.

## competenze alla prova

# LEGGO E...

### ... COMPRENDO

**1** **Chi è il protagonista assoluto delle diverse scene (cioè il personaggio che agisce e parla con maggior frequenza)?**

☐ Purgon ☐ Argante ☐ Fleurant ☐ Beraldo

**2** **Il modo in cui il signor Fleurant si presenta in scena è di per sé comico: perché?**

**3** **Per quale ragione il signor Purgon si dimostra tanto adirato con Argante?**

**4** **Che cosa "profetizza" alla fine il medico al paziente?**

**5** **Come si conclude la scena?**

### ... RICAVO DAL TESTO

**6** **Quando Beraldo dice ad Argante: "*Possibile che non possiate stare un attimo senza lavativi e senza medicine?*", che cosa sottintende?**

☐ Argante prende troppe medicine per abitudine
☐ Argante non sta mai in pace
☐ Il medico non cura bene Argante
☐ Le medicine non sono mai efficaci

**7** **Sottolinea nel testo la frase che fa intendere come nel Seicento le medicine non fossero già fatte, ma venissero composte dai medici.**

### ... ANALIZZO E INTERPRETO

**8** **Il signor Purgon è un medico e come tale dovrebbe pensare prima di tutto al bene del suo paziente, invece il suo comportamento fa supporre che egli aspiri prima di tutto al suo interesse. Cerca nel testo frasi e situazioni che rafforzano questa idea.**

**9** **La serva Tonietta riesce a comprendere quello che Purgon sta facendo e a intervenire in modo critico?**

☐ Sì, ora in modo diretto, ora con frasi ironiche
☐ No, dà sempre ragione a Purgon
☐ Talvolta gli dà ragione, talvolta lo contrasta
☐ Sì, sta sempre dalla parte di Argante

**10** **Nel testo è presente una beffa?**

☐ No, non si sta truffando nessuno
☐ Non chiaramente, ma si intuisce che Purgon sta tramando qualcosa
☐ No, perché non ci sono servi astuti e potenti sciocchi
☐ Sì, perché si capisce dalle parole di Purgon che c'è un matrimonio da organizzare ai danni di Argante

**11** **Argante e Beraldo si contrappongono per il modo di intendere la vita. Qual è a tuo giudizio la battuta che meglio esprime la mentalità di Beraldo? Cercala nel testo e sottolineala.**

**12** **A proposito del ritmo teatrale presente nelle scene che hai letto, come lo definiresti?**

☐ Concitato e confuso ☐ Con alti e bassi continui
☐ Lento e solenne ☐ Movimentato

**13** **Il dialogo tra Purgon e Argante è costruito su un crescendo, man mano che aumenta la collera del medico: segna a margine le fasi crescenti del dialogo.**

### C'È STILE E STILE

**14** **Riprendi gli elementi propri di un testo drammatico presenti nella scena tra Argante e il dottor Purgon, rispondi ed esegui.**

- Nel testo sono presenti le indicazioni *scena quarta, scena quinta* ecc. In un testo drammatico, le scene sono le parti in cui si divide un atto?
- Sottolinea i punti dove compare l'indicazione dei personaggi coinvolti nelle varie scene.
- Sottolinea con un altro colore le didascalie.

### AD ALTA VOCE

**15** **L'abuso di farmaci, pure per piccoli malesseri, è un problema presente anche nella nostra società, non solo di quella rappresentata da Molière. Discutetene in classe, partendo dal testo.**

### PROVA D'ASCOLTO

**16** **In quali punti del testo ha importanza il suono delle parole utilizzate? Indicali approssimativamente e poi verifica sul testo.**

**17** **Sapresti dire da quante scene è composto questo testo, dato che a ogni cambio di personaggi coinvolti c'è un cambio scena?**

**18** **Descrivi brevemente il carattere del signor Purgon, così come ti appare sulla base dell'ascolto.**

# Lavoriamo insieme

## Caratteristiche della commedia

**Approfondiamo ora lo studio delle caratteristiche della commedia. Indica se le seguenti frasi sono vere V o false F.**

- La commedia prende in giro i difetti e le debolezze degli uomini. V F
- L'ambientazione è fantastica, irreale, magica. V F
- La commedia mostra rispetto verso i nobili e cariche e professioni importanti. V F
- Personaggi illustri e professioni importanti diventano oggetto di derisione. V F
- Particolari scelte linguistiche sono finalizzate a suscitare il riso. V F
- La comicità può scaturire da un dialogo con battute serrate. V F
- Personaggi astuti si prendono gioco di chi si dimostra ingenuo e credulone. V F
- I nomi propri dei personaggi sono sempre rispettosi e seri. V F

## È tutto chiaro?

**Dopo aver svolto questa ulteriore riflessione sulle caratteristiche di una commedia, completa la tabella sottostante, con riferimento al testo *Argante e il dottor Purgon*.**

| | caratteristiche della commedia | in *Argante e il dottor Purgon* |
|---|---|---|
| **argomento** | La commedia mette in scena episodi di **vita quotidiana**, con vicende che sono **verosimili**. Spesso prende spunto da **difetti e punti deboli** dei personaggi. La vicenda si organizza spesso intorno a una **beffa** organizzata ai danni di uomini ricchi, nobili o professionalmente rispettabili, che vengono imbrogliati da servi o dai propri figli, che vogliono ottenere denaro o nozze altrimenti proibite. | |
| **personaggi** | I personaggi delle commedie appartengono al **ceto sociale medio** oppure **basso**. Possono comparire anche **maschere**. Personaggi illustri o che esercitano professioni serie vengono **messi in ridicolo**. | |
| **lingua e stile** | Il linguaggio usato è **colloquiale**, a volte compaiono parole volgari o **inventate** (anche nomi propri), per aumentare l'effetto comico.<br>I **dialoghi sono rapidi**, veloci, con battute serrate, per indurre il riso. | |
| **struttura** | Le commedie sono divise in **atti** e **scene**.<br>Si incentrano sui **dialoghi** tra personaggi, di cui sono scritte le battute. Attraverso le **didascalie** si danno indicazioni di recitazione. | |

STRUTTURA

PERSONAGGI

ARGOMENTO

LINGUA E STILE

Il testo è affiancato da caselle che ti aiutano a individuare le parti, le strutture, gli argomenti del testo. Troverai:
- caselle **blu** per la struttura del testo drammatico;
- caselle **rosa** per la caratterizzazione dei personaggi;
- caselle **verdi** per la definizione dell'argomento;
- caselle **arancioni** per la caratterizzazione del linguaggio usato.

**Devi completarle tu, utilizzando i riferimenti dati qui di seguito in ordine casuale.**

**struttura**: divisione dell'atto in scene - didascalia (2 volte) - personaggi - prologo
**personaggi**: personaggi deboli e oggetto di un "sopruso" da parte di uno più potente - il personaggio non compare ma la sua professione è descritta negativamente - personaggio basato sulla caricatura (2 volte)
**argomento**: si parla di una situazione di vita quotidiana - esagerazione e accumulo ottengono l'effetto della comicità (3 volte)
**lingua e stile**: giochi di parole per creare effetti di comicità (3 volte)

# Dal dentista di Achille Campanile

leggere scrivere

TESTO TEATRALE

1 2 3 livello di difficoltà

**L'umorismo di Campanile dà luogo a situazioni divertenti, in cui i personaggi sono colpiti da strani tic e manie assurde. Questo testo è ambientato nella sala d'aspetto di un dentista, dove tre signore chiacchierano in modo del tutto illogico sulla "passione per il mal di denti".**

*L'azione si svolge nella sala d'aspetto di un gabinetto*[1] *dentistico. Prima che s'alzi il sipario, viene fuori il Prologo*[2] *Inutile.*

PROLOGO INUTILE Spettatore, hai tu mai avuto il mal di denti? No? Questo dramma non è per te. *(Si ritira)*

*All'alzarsi del sipario, in primo piano Giulia, Rita, Cesarina conversano. In fondo a destra il professor Gaius di Danimarca, tipo di studioso, seduto davanti a un tavolinetto, sul quale sono ammucchiate le solite riviste arretrate che si trovano nelle sale d'aspetto dei dentisti, è immerso nella lettura di una di esse. Ne tiene davanti, sotto le braccia, sulle ginocchia e persino tra le ginocchia. Durante la prima parte dell'atto, egli sfoglia le riviste, le legge, passa dall'una all'altra, completamente assorbito da quest'occupazione.*

**1 gabinetto**: studio.

**2 Prologo**: il prologo è la parte iniziale di uno spettacolo teatrale che normalmente ha la funzione di spiegare un antefatto necessario a comprendere il resto dell'azione; in questo caso è impersonato da un attore che entra in scena a dire una battuta introduttiva.

*Per tutta la prima metà dell'atto si svolgono sulla scena due azioni contemporanee: una, in primo piano, è il dialogo fra Giulia, Rita e Cesarina; l'altra, in secondo piano, è un'azione mimica indicata via via nelle didascalie. Le due azioni sono completamente distinte: Giulia, Rita e Cesarina non si occupano di quello che avviene in secondo piano e gli altri non s'interessano dei loro discorsi; le due azioni sono continue, senza interruzioni. Aperto il sipario, la Cameriera introduce il cavalier Lucciola.*

*Tutti i personaggi, meno la Cameriera e il Prologo Inutile, hanno una guancia deformata dal caratteristico rigonfiamento del mal di denti.*
[...]

**Scena prima**

GIULIA, RITA, CESARINA, GAIUS, IL CAVALIER LUCCIOLA, CAMERIERA

LUCCIOLA *(alla Cameriera)* C'è gente dentro?
CAMERIERA Nossignore. Il professore non comincia a ricevere che fra mezz'ora. *(Va via, chiudendo la porta)*

*Lucciola passeggia premendosi con la mano la guancia dolente.*

GIULIA *(a Rita, riprendendo un discorso che l'entrata del nuovo sofferente aveva interrotto)* Così, le dicevo che io ho la passione del mal di denti.
RITA È dentista?
GIULIA No. Sono "aficionada[3]" di questo genere di piaceri. È un gusto che non tutti capiscono. Godo a far le sedute dal dentista, a sentirmi trapanare i denti, a sentirmeli strappare. E soprattutto godo a quelle belle trafitte[4] che ti arrivano all'anima.
RITA *(con ribrezzo)* Ih! Ma questa mi pare, scusi, una forma di degenerazione[5].
GIULIA Certi mi dicono perfino depravata[6]. Ma io procuro di farmi dolere i denti per venire dal dentista. L'unica cosa che mi dispiace è che potrò godere di questi piaceri soltanto finché avrò denti. Perdutili, addio divertimento. Ma intanto ne approfitto. Sa come dico? Godiamo il mal di denti finché ci sono i denti, perché un giorno la cuccagna sarà finita. *(Trasalisce[7] per una trafitta e si porta la mano alla guancia con l'aria di chi gode uno spasimo di voluttà[8].)* Ah!
RITA Che c'è?
GIULIA *(come se parlasse d'una rara beatitudine)* Una trafitta! *(Nuova trafitta)* Ah! Che delizia!
RITA Beata lei!

**3 aficionada**: termine spagnolo che equivale a "sostenitrice accesa" (letteralmente "affezionata").
**4 trafitte**: dolori acuti.
**5 degenerazione**: decadimento, degradazione.
**6 depravata**: persona dedita totalmente al vizio e quindi priva di morale.
**7 Trasalisce**: sobbalza improvvisamente.
**8 voluttà**: piacere intenso.

Giulia Lei non ha la passione del mal di denti?
Rita No: ho il mal di denti, ma non ho la passione. Purtroppo.
Giulia *(a Cesarina)* E lei?
Cesarina Io francamente tutto questo suo entusiasmo non lo capisco. Se debbo esser sincera, una vera e propria passione per il mal di denti non l'ho. Sì, mi piace, ma relativamente. Non ci fo una malattia. Ho frequentato parecchi gabinetti dentistici, ma più per necessità che per diletto[9]. Le dirò anche che io di solito ai dentisti mostro i denti[10]. Ah, non sono affatto tenera con essi! Non mi lascio intimidire. E nemmeno sono uno di quei tipi soggetti ai facili entusiasmi, pronti all'ammirazione, che davanti a un dentista stanno, come suole dirsi, a bocca aperta[11]. Tutt'altro. Ce ne vuole, perché apra la bocca in quei casi.
Giulia Certo, sanno fare cose straordinarie. Andate da loro per una cosetta da niente, sbrigativa (almeno così credete); loro vi danno un'occhiata alla dentatura e scoprono tutto: lì bisogna far questo, laggiù quest'altro, mettiamo, togliamo, aggiungiamo e in men che non si dica[12] vi tracciano un piano quinquennale[13].
Cesarina Parlano di ponti, contrafforti[14], rivestiture di cemento, armature, come se vi dovessero costruire una città in bocca.
Giulia Adesso, poi, fanno addirittura le bocche nuove. Una volta ci si accontentava di farsi strappare i denti guasti soltanto. Adesso, non so se per desiderio del paziente o dei dentisti, è di moda farsi strappare anche i buoni.
Cesarina E come! Quelle belle dentature delle dive, che fanno palpitare le moltitudini[15], sono quasi tutte artificiali. Ma non come la vecchia dentiera che i nonni la sera si toglievano al pari delle scarpe e mettevano in un bicchiere d'acqua, dove continuava a sorridere per conto proprio tutta la notte, mentre il proprietario dormiva. Quelli di oggi sono denti finti, in tutto e per tutto simili ai veri. Per dare l'illusione perfetta, i dentisti li fanno in modo che perfino dolgano[16].
Giulia Pare che sia un'operazione poco dolorosa. Il fastidio maggiore si prova all'altezza del portafogli. Perché son cose da ricconi, queste; da gente che voglia avere denti all'ultima moda. E chi può spendere

**9 per diletto**: per piacere.

**10 mostro i denti**: gioco di parole per dire che si dimostra ostilità per qualcuno o per qualcosa (ma al dentista bisogna per forza mostrare, nel senso proprio di far vedere, i denti).

**11 stanno ... a bocca aperta**: altro gioco di parole, per dire che alcuni si stupiscono e ammirano qualcosa (ma anche dal dentista si deve stare a bocca aperta, in senso proprio e non figurato).

**12 in men che non si dica**: in un attimo.

**13 piano quinquennale**: riferimento ai piani economici quinquennali in uso in Unione Sovietica; qui indica un programma di lavori protratto nel tempo.

**14 contrafforti**: rinforzi in muratura, per sostenere muri; in questa frase il gioco di parole è fra l'uso di termini legati all'architettura e quelli corrispondenti usati dai dentisti, con significato diverso.

**15 fanno palpitare le moltitudini**: fanno battere il cuore a tanta gente.

**16 dolgano**: facciano male.

molto, può anche cambiarli ogni tanto. Si possono avere denti da estate e denti da inverno: denti per cibi speciali, per pollo arrosto, per bistecca, per verdura; denti per banchetti o per picnic o per una semplice merenda; denti per campagna, per città, per sorrisi, per morsi, per mostrarli minacciosamente; denti da sera, denti da passeggio, insomma denti per tutte le occasioni: chi più ne ha, più ne metta.

LUCCIOLA *(avvicinandosi al tavolino delle riviste, fa per prenderne una; al professor Gaius)* Permette?

GAIUS *(continuando a leggere, mette una mano sulle riviste)* No.

*Lucciola si ritira e passeggia contrariato.*

adatt. da A. Campanile, *Erano un po' nervosi*, in *L'Inventore del cavallo e altre quindici commedie*, Rizzoli

## competenze alla prova

### LEGGO E...

#### ... COMPRENDO

1. **A quale personaggio piace avere mal di denti?**
   - ☐ Giulia
   - ☐ Rita
   - ☐ Cesarina
   - ☐ Gaius
2. **Secondo Giulia, qual è l'ultima moda in fatto di denti?**
3. **Quale tipo di denti è possibile farsi fare, secondo Giulia? Sottolinea nel testo le frasi che lo indicano.**
4. **Chi si può permettere questi denti?**
   - ☐ Solo i ricchi
   - ☐ Solo le dive del cinema
   - ☐ Solo quelli che amano avere mal di denti
   - ☐ Chiunque

#### ... RICAVO DAL TESTO

5. **Tutta la scena ha come sottinteso un'esperienza che viene evocata nei lettori (o spettatori): quale?**

#### ... ANALIZZO E INTERPRETO

6. **Secondo te, perché il prologo è definito "*Prologo Inutile*"?**
7. **Da che cosa scaturisce l'effetto comico nel breve dialogo fra Lucciola e Gaius?**
   - ☐ Dal fatto che Gaius continua a leggere
   - ☐ Dal fatto che Gaius non dà a Lucciola neanche una rivista
   - ☐ Dal fatto che Gaius sta zitto
   - ☐ Dal fatto che Lucciola non sa leggere
8. **Perché tutta la scena produce un forte effetto comico?**
   - ☐ Perché il mal di denti è esagerato
   - ☐ Perché andare dal dentista è un piacere
   - ☐ Perché dal dentista si aspetta sempre molto tempo
   - ☐ Perché in una situazione quotidiana s'inserisce un dialogo illogico

### ORA SCRIVO IO

9. **Immagina ora che la scena sia ambientata nello studio di un medico generico e che tre persone (donne o uomini, a tuo piacere) "litighino" fra loro, perché ciascuno vuol essere... più malato dell'altro. Immagina l'ambiente e i dialoghi.**

#### C'È STILE E STILE

10. **Nell'espressione "*la vecchia dentiera... continuava a sorridere per conto proprio tutta la notte*", quale figura retorica è presente?**
    - ☐ Similitudine
    - ☐ Metafora
    - ☐ Personificazione
    - ☐ Nessuna

# Confrontiamo e riflettiamo

**Completa lo schema di sintesi sulla commedia, scrivendo nelle colonne relative ai testi presentati.**

| | *La beffa di Arlecchino e di Brighella* | *Argante e il dottor Purgon* | *Dal dentista* |
|---|---|---|---|
| argomento 1 (scene quotidiane, verosimili) | | | |
| argomento 2 (organizzazione di una beffa) | | | |
| personaggi 1 (ceto medio-basso; presenza di maschere) | | | |
| personaggi 2 (uomini nobili o professionisti messi in ridicolo) | | | |
| lingua e stile 1 (stile colloquiale, parole inventate) | | | |
| lingua e stile 2 (dialoghi serrati) | | | |
| struttura (atti e scene) | | | |

# Il teatro: la commedia

**CHE COS'È**

La commedia è un componimento teatrale che intende suscitare il riso e prevede un lieto fine. Attraverso la risata, intende anche far riflettere su temi e problemi della vita umana.

**LA STRUTTURA**

- Dal punto di vista narrativo, la commedia prevede:
  - una **situazione iniziale** di equilibrio;
  - la rottura dell'equilibrio, che dà l'**avvio** alla vicenda;
  - lo **sviluppo** della vicenda;
  - la **conclusione**, che deve avere sempre il **lieto fine**.
- La commedia, come tutti i testi teatrali, è divisa in **atti** e in **scene**.
- Nel testo compaiono **didascalie**, che sono indicazioni date dall'autore sull'ambiente, sul modo di recitare, sulle azioni da compiere.

**I PERSONAGGI**

- I personaggi sono spesso appartenenti a due categorie sociali diverse: da un lato i **nobili** (o in generale uomini potenti, ricchi) e dall'altra gli **umili**, persone provenienti dal ceto medio o basso (talvolta anche servi).
- In alcuni casi compaiono fra i personaggi le **maschere** della commedia dell'arte italiana (Arlecchino, Brighella ecc.).

## GLI ARGOMENTI

- La commedia mette in scena **vicende familiari**, momenti del vivere **quotidiano**, spesso con attenzione all'attualità.
- Gli autori comici, inoltre, mettono in ridicolo **i difetti e le debolezze dei loro personaggi**, esasperandoli fino all'assurdo.
- L'argomento si struttura spesso intorno a una **beffa** architettata a danno dei potenti da parte degli umili, che ottengono così un piccolo riscatto, guadagnando un poco di ricchezza, libertà e realizzando a volte il loro sogno d'amore.

## LINGUAGGIO E STILE

- Il linguaggio usato è **colloquiale**, a volte perfino volgare e talvolta fa ricorso al dialetto. Gli autori comici **inventano parole** e anche **nomi propri**, allo scopo di aumentare l'effetto comico.
- I **dialoghi** sono **rapidi**, **serrati**, con frequenti ripetizioni; a volte si ricorre al doppio senso, all'equivoco e al fraintendimento.

# Finti fantasmi

La commedia gioca spesso sulle debolezze degli esseri umani, in modo da strappare la risata agli spettatori che vedono **prese in giro paure e incongruenze nelle quali si riconoscono.** Un tema ricorrente nella commedia, fin dal mondo antico, è la **paura dei fantasmi**, che nei due testi che seguono viene interpretato in modo molto diverso. Nella *Mostellaria* di Plauto la vicenda è costruita sulla finta presenza, in una casa, del fantasma di un antico ospite lì ucciso, allo scopo di ingannare uno dei personaggi. Nella commedia di Dario Fo, invece, il tema è solo lo spunto per mettere in ridicolo la superstizione e l'ignoranza.

## La casa dei fantasmi di Tito Maccio Plauto

leggere scrivere

TESTO TEATRALE

1 2 3 livello di difficoltà

**Il giovane Filolachete, figlio del ricco ateniese Teopropide, durante l'assenza del padre se la spassa allegramente, dilapidando i beni della famiglia e trasformando la casa in un luogo di baldoria. Ma Teopropide torna all'improvviso, gettando tutti nell'agitazione: che fare? Come allontanare Teopropide, impedendogli di entrare nella dimora? Ci pensa il servo Tranione (cui era stata affidata la casa e anche la tutela del ragazzo), che fa credere a Teopropide che la casa sia infestata da un fantasma.**

### Scena terza

TEOPROPIDE, TRANIONE, SCHIAVI CON I BAGAGLI

TEOPROPIDE Molto ti rendo grazie, o Nettuno[1], per aver mollato la presa, e avermi lasciato tornare a casa vivo, bene o male. Ma, per l'avvenire, se saprai che ho posato sulle tue onde anche solo la punta di un dito non ci sarà motivo perché tu non mi faccia immediatamente quello che stavi per farmi ora. Basta, basta, da oggi fra noi due questa è l'ultima volta. Tutto il credito che potevo farti te l'ho già fatto[2].

TRANIONE *(a parte)* Per Polluce[3], Nettuno, l'hai fatta grossa a perdere una così buona occasione!

TEOPROPIDE Dopo tre anni di lontananza arrivo a casa dall'Egitto: penso proprio che in famiglia aspettino con ansia il mio ritorno.

TRANIONE *(a parte)* Sai quanto sarebbe giunto più atteso, per Polluce, quello che venisse ad annunziare la tua morte!

TEOPROPIDE Ma che significa? Il portone è chiuso in pieno giorno. Busserò. Ehi, c'è qualcuno? Mi aprite la porta?

TRANIONE *(si avvicina fingendo di non aver riconosciuto il vecchio)* Chi è costui che si è avvicinato alla nostra casa?

TEOPROPIDE Ma questo è il mio schiavo Tranione.

TRANIONE Oh Teopropide, padrone mio, salve! Son contento che tu sia di ritorno sano e salvo. Sei sempre stato in buona salute?

1 **Nettuno**: dio dei mari. Teopropide arriva infatti al Pireo, porto di Atene, dall'Egitto.

2 **Tutto il credito che potevo farti te l'ho già fatto**: ho esaurito tutta la mia scorta di fiducia in te (Teopropide non vuole più affrontare viaggi per mare, insomma).

3 **Per Polluce**: esclamazione; Polluce era una divinità minore della mitologia greco-latina.

TEOPROPIDE Sì, come vedi.
TRANIONE Benissimo.
TEOPROPIDE Ma dico, siete impazziti?
TRANIONE E perché?
TEOPROPIDE Come "perché"? Siete tutti in giro, e in casa non c'è anima viva a dare un'occhiata, né qualcuno che apra o che risponda. A forza di bussare per poco non ho fracassato tutti e due i battenti.
TRANIONE Ehi (*terrorizzato*), come dici? Hai toccato questa casa?
TEOPROPIDE E perché non avrei dovuto toccare? Che anzi te l'ho detto, a suon di bussare ho quasi fracassato i battenti.
TRANIONE Allora hai toccato?
TEOPROPIDE Sì, ho toccato, te l'ho detto, e ho bussato.
TRANIONE *(retrocedendo rapidamente)* Aah!
TRANIONE Che c'è?
TRANIONE Male hai fatto, per Ercole[4]!
TEOPROPIDE Mi vuoi spiegare che faccenda è questa?
TRANIONE Hai commesso un'azione mostruosa, terribile, da non dire!
TEOPROPIDE Ma perché?
TRANIONE Fuggi, ti prego, allontanati da questa casa. Fuggi di qua, fuggi più vicino a me. Dunque, hai toccato i battenti?
TEOPROPIDE Ma insomma, come avrei potuto bussare senza toccarli?
TRANIONE Per Ercole, tu hai assassinato...
TEOPROPIDE Chi?
TRANIONE Tutti i tuoi.
TEOPROPIDE *(facendo gesti di scongiuro)* Che gli dei e le dee tutti insieme ti possano, te e il tuo malaugurio...
TRANIONE Ho paura che non potrai mai espiare questa colpa, né per te né per questi qui *(indica gli schiavi)*.
TEOPROPIDE Ma perché? Che strane storie mi vai raccontando, così di botto?
TRANIONE E ascolta, di' loro che si allontanino di là tutti e due *(indica gli schiavi)*.
TEOPROPIDE Allontanatevi!
TRANIONE Non vi azzardate a toccar la casa. *(Chinandosi verso la terra)* Toccate la terra anche voi!
TEOPROPIDE Ma ti prego, perché non mi spieghi?...
TRANIONE Perché sono sette mesi che nessuno ha più messo piede in questa casa, dopo che l'abbiamo abbandonata.

**4 per Ercole**: esclamazione; Ercole è un eroe della mitologia greco-latina.

TEOPROPIDE Parla, perché l'avete fatto?
TRANIONE Guardati bene in giro: non c'è nessuno che possa captare i nostri discorsi?
TEOPROPIDE Tutto è tranquillo.
TRANIONE Guarda ancora!
TEOPROPIDE Non c'è nessuno: parla, insomma!
TRANIONE È stato commesso un assassinio.
TEOPROPIDE Che cosa? Non capisco.
TRANIONE Ti dico che è stato commesso un assassinio, tanto tempo fa: si tratta di un crimine antico, vecchio.
TEOPROPIDE Un crimine antico?
TRANIONE Noi ce ne siamo accorti solo adesso.
TEOPROPIDE Che razza di assassinio sarebbe, chi l'ha commesso? Dimmelo.
TRANIONE Un ospite ha osato metter le mani sul suo ospite[5] e l'ha ucciso! Io credo che sia stato quello che ti ha venduto la casa.
TEOPROPIDE L'ha ucciso?
TRANIONE E gli ha portato via il suo oro, all'ospite; e l'ha sotterrato, l'ospite, qui stesso[6], in casa.
TEOPROPIDE Ma cos'è che vi fa sospettare una cosa simile?
TRANIONE Te lo dirò, sta' a sentire. Una volta che tuo figlio aveva cenato fuori, dopo che fu rientrato a casa da cena ce ne andammo tutti a letto: ci addormentammo. Per caso, mi ero dimenticato di spegnere la lucerna. Ecco che lui, d'improvviso, caccia un urlo terribile.
TEOPROPIDE Ma chi? Mio figlio?
TRANIONE Sst, stai zitto: pensa ad ascoltare. Dice che il morto era venuto da lui in sogno.
TEOPROPIDE In sogno, allora era venuto in sogno?
TRANIONE Sì, così. Ma stai a sentire. Dice che il morto gli parlò in questo modo...
TEOPROPIDE In sogno?
TRANIONE E che vuoi, che glielo dicesse da sveglio, uno che era stato ucciso sessant'anni fa? Ma lo sai che certe volte sei proprio stupido? (Perché non te ne stai un po' zitto?)

**5 Un ospite ... suo ospite**: presso gli antichi Romani l'ospitalità era sacra e chi accoglieva qualcuno in casa propria era tenuto a rispettarlo e a onorarlo.

**6 qui stesso**: proprio qui.

Teopropide Va bene, sto zitto.
Tranione Ed ecco ciò che a tuo figlio in sogno ha rivelato il morto: "Io sono Diaponzio, l'ospite d'oltremare. Abito qui, questa è la sede che mi è stata assegnata. L'Orco[7] non ha voluto accogliermi sulle rive dell'Acheronte[8], perché sono morto anzitempo[9]. Caddi tradito nella mia buona fede: il mio ospite mi ha ucciso qui e mi ha sotterrato di nascosto, senza le giuste esequie[10], in questa casa. Scellerato, fu l'oro la causa del delitto! Ma tu ora vattene da qui: la casa è maledetta, abitarla è sacrilegio". Per raccontarti i prodigi che accadono in questo luogo, non mi sarebbe sufficiente un anno. *(In preda al terrore)* Sst, sst!
Teopropide Che è stato, per Ercole?
Tranione La porta ha fatto rumore. *(Si odono dei colpi dal di dentro[11].)* Che sia lui che ha battuto?
Teopropide Non ho più una goccia di sangue nelle vene. Sono i morti che vogliono trascinarmi vivo all'Acheronte! *(Si odono altri rumori di dentro.)*
Tranione *(a parte)* Sono morto! Questi oggi mi vogliono mandare all'aria la commedia[12]. Ho una paura terribile che il vecchio finisca per cogliermi in fallo.
Teopropide Che hai da parlare da solo?
Tranione Va' via dalla porta! Scappa, per Ercole, ti scongiuro!
Teopropide Scappare dove? Scappa anche tu, allora.
Tranione Io non ho nulla da aver paura. Sono in pace con i morti.
Voce dal di dentro Ehi, Tranione!
Tranione *(verso la casa)* Non mi chiamerai, se hai senno[13]! Non ho fatto nulla, non sono stato io a bussare a questa porta. Per favore... perché dovresti rinchiudere...
Teopropide Che ti piglia, Tranione? Con chi stai parlando?
Tranione *(con aria sollevata)* Ah, scusa, eri tu che mi chiamavi? Gli dei mi proteggano, ho creduto che fosse il morto che mi chiedeva ragione del tuo bussare alla porta. Ma che fai, te ne stai ancora lì e non obbedisci a quello che ti dico?
Teopropide Che dovrei fare?
Tranione Non voltarti a guardare, scappa, copriti il capo.
Teopropide E tu, perché non scappi?

7 **Orco**: l'Aldilà, il regno dei morti.

8 **Acheronte**: fiume infernale.

9 **anzitempo**: prima del tempo giusto.

10 **esequie**: funerali, riti funebri.

11 ***Si odono dei colpi dal di dentro***: si sentono dei rumori provenire dall'interno della casa, perché nell'abitazione si trova ancora la scatenata compagnia del figlio di Teopropide.

12 **Questi ... commedia**: Teopropide ha paura che il vecchio padrone capisca che lo schiavo sta mentendo.

13 **se hai senno**: se sei intelligente.

TRANIONE Ma io sono in pace con i morti.
TEOPROPIDE Ah, lo so. Ma allora com'è che un minuto fa... perché avevi tanta paura?
TRANIONE Non pensare a me, ti dico: di me stesso mi occuperò io. Tu continua come avevi cominciato: scappa più lontano che puoi e raccomandati a Ercole.
TEOPROPIDE O Ercole, ti invoco *(esce di corsa correndo)*.
TRANIONE E anch'io[14]... perché oggi ti mandi un bell'accidente, vecchio! O dei immortali, vi scongiuro, proteggetemi: che razza di imbroglio son riuscito a metter su oggi!

adatt. da Plauto, *Mostellaria*, Atto II, Scena III, Mondadori

**14 anch'io**: intendi "anch'io ti invoco, o Ercole".

## competenze alla prova

### LEGGO E...

#### ... COMPRENDO

1. **Dopo quanti anni il padrone rientra in patria? Da dove ritorna?**
2. **Chi gli va incontro?**
3. **Il vecchio padrone è vittima di un inganno: di che cosa si tratta?**
   - ☐ Il servo Tranione gli fa credere che la casa sia infestata da un fantasma
   - ☐ Il servo Tranione gli fa credere che la casa sia pericolante
   - ☐ Il servo Tranione gli fa credere che il figlio sia partito
   - ☐ Il servo Tranione finge di non riconoscere il padrone
4. **Come termina la scena?**

#### ... RICAVO DAL TESTO

5. **Da quanto puoi ricavare dal testo, nel mondo romano gli uomini invocano gli dei per essere protetti dai pericoli?**

#### ... ANALIZZO E INTERPRETO

6. **Perché Tranione inventa la storia dell'ospite Diaponzio?**
   - ☐ Per far divertire Teopropide durante il cammino che lo conduce a casa
   - ☐ Per informare Teopropide su un fatto di recente attualità
   - ☐ Per dare fondamento alla beffa
   - ☐ Per mettere Teopropide in guardia dai fantasmi
7. **Quale scusa inventa Tranione, per spiegare come mai lui non abbia nulla da temere dal fantasma?**
8. **Per quale motivo viene architettata la beffa?**
   - ☐ Perché Teopropide non entri in casa
   - ☐ Per spaventare Teopropide
   - ☐ Per divertire Teopopride
   - ☐ Perché Teopropide non si accorga che suo figlio si è dato alla bella vita

### ORA SCRIVO IO

9. **Riscrivi la storia dell'ospite Diaponzio, arricchendola di particolari. Ti diamo qualche suggerimento.**
   - Come mai era ospite in quella casa?
   - Quale attività svolgeva?
   - Com'era arrivato?
   - Quale aspetto aveva?
   - In quale modo fu ingannato?

### UNO SGUARDO ALLA GRAMMATICA

10. **Tranione afferma: "... *nessuno ha più messo piede in questa casa, dopo che l'abbiamo abbandonata*". Quale connettivo si può usare, al posto di dopo che?**
    - ☐ Affinché
    - ☐ Così che
    - ☐ Dal momento in cui
    - ☐ Mentre

scheda

# Il teatro nell'antichità

Nell'antica Grecia, le rappresentazioni teatrali erano legate a eventi religiosi (gli spettacoli si svolgevano durante le feste dedicate al dio Dioniso), ma avevano anche un valore culturale e di riflessione sulla politica. Per queste ragioni, lo Stato o singoli cittadini mettevano a disposizione ampi fondi per allestire gli spettacoli, cioè le tragedie e le commedie. Le prime mettevano in scena vicende in cui i protagonisti erano eroi che affrontavano situazioni molto complesse fino al finale tragico. Le commedie, invece, avevano come protagonisti uomini comuni e prendevano spunto dalla realtà. Gli autori di testi sia tragici sia comici si sfidavano in vere e proprie gare: una giuria severissima decretava, al termine delle rappresentazioni, un vincitore per ogni genere teatrale. Gli attori erano soltanto uomini che recitavano anche le parti femminili portando maschere. Molti furono gli autori che scrissero commedie di successo, con grande adesione del pubblico, sia in Grecia sia a Roma. Due dei più applauditi autori comici latini furono Plauto, di cui hai appena letto un testo, e Terenzio, attivi tra il III e il II secolo a.C.

Resti del teatro romano di Leptis Magna, III secolo d.C.

# Le maschere del bosco di Dario Fo

leggere scrivere

parlare

TESTO TEATRALE

1 2 3 livello di difficoltà

**La commedia è ambientata nel Medioevo, epoca in cui non erano molte le persone ad avere la possibilità di imparare a leggere e scrivere. Il protagonista, Piero, però, ha potuto studiare, essendo cresciuto in un convento di monaci benedettini. Quando il perfido duca Oddo d'Angera deve inviare il proprio figlio in ostaggio a un feudatario nemico, Piero viene adottato dal nobile per essere sacrificato al posto dell'erede. Nel mezzo della vicenda, Piero, divenuto Piero d'Angera, insieme a un trovatore (cioè un cantastorie) deve attraversare un bosco che si dice infestato da spaventosi fantasmi.**

PIERO Ma va, e tu credi[1] a tutte 'ste storie? Come sei ingenuo!
TROVATORE Senti chi parla!
PIERO I miei padri benedettini[2] mi hanno insegnato a non mai tener fede a queste leggende, che sono il frutto dell'ignoranza e della superstizione. E che anzi, è grave peccato divulgarle e tenerle in considerazione. (*Una lancia cade dall'alto, si conficca nel terreno, poi un'altra ancora.*) Comincia a piovere, meno male che siamo al coperto. Dunque, ti dicevo che solo l'ignoranza è il terreno fertile dove crescono le favole di spettri, di streghe e di diavoli mostruosi (*Da un ramo si affaccia una testa orribile*). Buona sera signora... frutto di fantasie ammalate e perverse (*Un nanerottolo con tanto di coda e corna viene avanti saltellando*)... Attento bambino... (*Il cavallo s'impenna*). Su, vai dalla mamma che ti sta giusto cercando. (*Il suonatore di liuto*[3] *emette a intervalli strani gemiti di terrore. Vorrebbe parlare, ma la voce non gli esce.*) Capisci, allora, che solo la ragione... ah be', ma se invece di starmi a sentire tu canticchi! (*Due strani personaggi in maschera, con tanto di mantello spiegato a mo' di pipistrello, si fanno intorno al suonatore danzando scompostamente. Il cavallo del trovatore s'impenna ed esce scappando con in groppa il suo cavaliere a destra seguito dagli spettri. Piero non s'è accorto di niente.*) Che incosciente! Canta, canta ancora. Io sono qui che tremo di paura [...] e lui, come se niente fosse, canta. Si diverte lui, già, perché gli piace vedermi spaventato, ma se credi che io ci caschi, che beva le tue storie... (*Si volta: s'accorge di essere rimasto solo.*) Ugo[4], smettila di scherzare, tanto ho capito che ti sei nascosto per combinarti[5] in maschera. (*Esce*

**1 Ma ... tu credi**: Piero non intende credere al soprannaturale, cioè al fatto che il bosco sia pieno di spettri, come pensa invece il suo compagno trovatore.

**2 padri benedettini**: i benedettini appartengono a un ordine monastico fondato da Benedetto da Norcia.

**3 Il suonatore di liuto**: cioè il trovatore, che accompagnava le sue poesie con il liuto, strumento musicale a corde.

**4 Ugo**: è il nome del trovatore.

**5 combinarti**: travestirti.

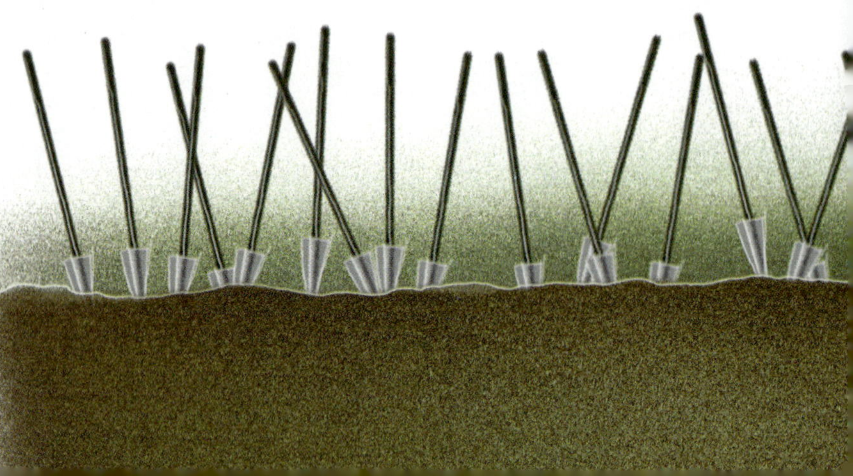

*uno spettro con la testa da cavallo.*) Ah ah, come ti sei conciato, buffo! Ma a chi vuoi far paura? Ma guarda 'sto matto, sei andato a rovinare un cavallo così bello soltanto per far lo spiritoso!

*Dietro alle sue spalle altre maschere entrano saltellando.*

UNA MASCHERA (*facendogli il verso*) Per far lo spiritoso.
PIERO (*rimane perplesso, si volta e non vede nessuno*) Ah, è l'eco! (*Si volta, la maschera con la testa da cavallo non c'è più.*)
PRIMA MASCHERA (*alle sue spalle*) Ah, è l'eco!
SECONDA MASCHERA Ah, è l'eco!
ALTRE MASCHERE (*a turno*)
Che bell'eco!
È un'eco da poco!
Un'eco antica!
Che poca eco nell'eco antica!
Se vieni meco[6], io tengo un'eco che non ti dico, è un'eco roca[7], un'eco opaca, ma sempre un'eco.

*Il cavallo di Piero comincia a impennarsi paurosamente, caracolla[8], scalcia.*

PIERO Stai buono, non è niente, buono! (*Gli spettri in maschera hanno conficcato molte lance al suolo, così che il cavallo è costretto a un vero e proprio carosello[9] dentro e fuori. Alla fine Piero si rende conto, terrorizzato, di essere caduto nella trappola degli spettri.*) Ma si può sapere che volete da me? Piantatela, impiccati della malora, altrimenti va a finire che mi arrabbio eh... ecco, adesso mi sono arrabbiato. (*Afferra una lancia, staccandola dal suolo, e la fa roteare sulle teste degli spettri. Strappa altre lance, che va conficcando tutt'intorno fino a formare una specie di recinto, quindi obbliga gli spettri a entrarvici prigionieri.*) E adesso lego il cavallo e vi sistemo; chi si muove lo passo da parte a parte da poterci suonar dentro come un piffero[10]! (*Esce di scena, sentiamo la sua voce.*) Ecco fatto... ma guarda che fortuna, non immaginavo di aver con me tanta corda... ce n'è abbastanza per riappendervi tutti quanti ai vostri alberi. Così imparerete a lasciar tranquilli i poveri viandanti.
UNA MASCHERA Piero, lascia stare quella corda!
ALTRA MASCHERA Piero, non puoi farci una cosa simile!

**6 meco**: con me.

**7 roca**: rauca, poco limpida.

**8 caracolla**: si piega a destra e a sinistra.

**9 carosello**: quasi un esercizio di bravura con una serie di movimenti armoniosi.

**10 da poterci ... piffero**: il piffero è uno strumento musicale a fiato che si suona chiudendo e aprendo con le dita i buchi che si trovano sullo strumento stesso.

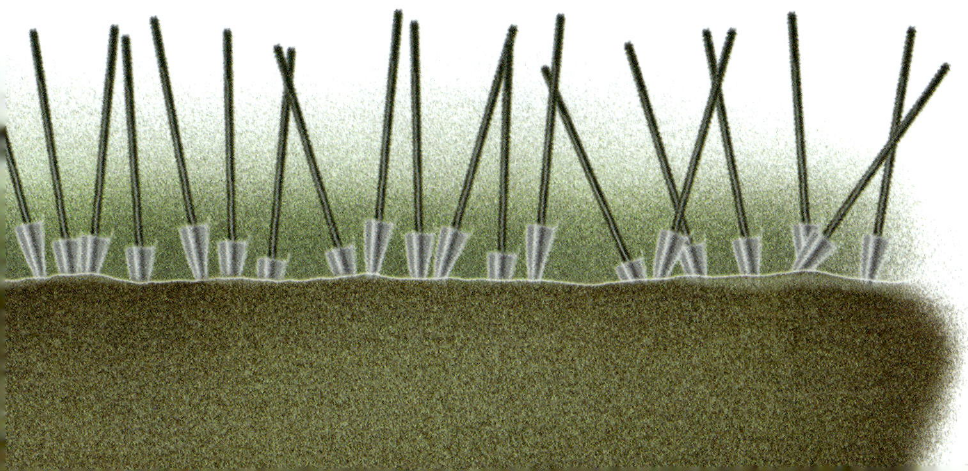

PIERO (*entrando*) Piero? Ma come fate a sapere il mio nome? Fatevi un po' vedere in faccia, avanti, giù le maschere! (*Si tolgono i mascheroni e appaiono le facce dei monaci.*) Padre Carmelo? Padre Ruggero... Landolfo... Cosimo...? Impossibile... che altra pagliacciata è questa?

PADRE RUGGERO Non è una pagliacciata, Piero, siamo proprio noi, i tuoi monaci.

PADRE LANDOLFO Ci devi scusare, ma vestito in quel mondo, manco[11] noi ti avevamo riconosciuto, finché non ti sei tolto il cappuccio...

PIERO E infatti io sono il figlio del duca[12]. Ma voi piuttosto cosa fate qui? Invece di starvene in convento a lavorare per la cultura, vi mettete in giro a fare gli scherzi da prete? Pardon... ma vi siete scordati di essere dei monaci e benedettini per giunta[13]?

PADRE COSIMO Hai ragione, Piero... ma purtroppo, da quando sei partito, sono successe cose terribili.

PADRE RUGGERO Il nostro bel convento non esiste più!

PIERO Come? Cosa è successo? Il terremoto?

PADRE LANDOLFO Peggio! Vedi, tu eri stato il solo al quale noi avessimo insegnato qualcosa; e ci avevi dato grandi soddisfazioni. Così, sull'esempio di ciò che avevamo fatto con te, abbiamo aperto le porte del monastero, permettendo, anzi invitando tutti i giovani che ne avessero avuto voglia a entrare e ad apprendere quel sapere che finora avevamo custodito solo per noi. La nostra iniziativa ebbe grande suc-

**11 manco**: neanche.

**12 il figlio del duca**: Piero deve fingere di essere il figlio del duca, dato in ostaggio al nemico.

**13 benedettini per giunta**: i benedettini erano infatti famosi per il loro lavoro intenso anche nel campo culturale.

## competenze alla prova

### LEGGO E...

#### ... COMPRENDO

1. **Quali sono i personaggi in scena? Elencali.**
2. **Chi è il protagonista?**
   - ☐ Padre Carmelo
   - ☐ Il trovatore
   - ☐ Padre Ruggero
   - ☐ Piero
3. **Che cosa succede, a un certo momento, nel bosco?**
4. **Che fine fa il trovatore?**
   - ☐ Scappa
   - ☐ Diventa uno spettro
   - ☐ Aiuta Piero a scappare
   - ☐ Muore
5. **In che modo Piero riesce a smascherare i finti fantasmi?**
   - ☐ Sguainando la sua spada
   - ☐ Roteando la lancia sulla testa degli spettri
   - ☐ Mettendosi a urlare
   - ☐ Invocando i santi
6. **Chi si cela, in realtà, sotto le sembianze degli spettri?**

#### ... RICAVO DAL TESTO

7. **Il testo presuppone una conoscenza nel lettore: quale ruolo avevano i monasteri dei benedettini nella cultura del Medioevo. Ricordi qualche notizia in proposito, per spiegare come mai proprio nei monasteri si insegnava e si trasmetteva cultura, a monaci e non?**

#### ... ANALIZZO E INTERPRETO

8. **Piero, che ha ricevuto un'istruzione, non crede agli spettri. Quale aggettivo lo definisce meglio? Sottolinealo.**

   ottimista - credulone - ingenuo - razionale - ambiguo

cesso, da ogni parte arrivarono giovani e uomini fatti. Ma fu proprio questo successo che ci procurò la catastrofe. [...]

PADRE RUGGERO Infatti subito ci giunse l'ordine di chiudere le porte ai nostri scolari.

PIERO L'ordine da chi, dal vescovo?

PADRE COSIMO Ma che c'entra il vescovo? Dai feudatari[14] della zona.

PIERO Scusate, ma voi avevate detto che l'ordine veniva da chi ci comanda. A ogni modo, cosa è successo poi?

PADRE LANDOLFO È successo che, avendo noi disubbidito, una notte arrivarono tutti insieme i feudatari, ci cacciarono con la forza e incendiarono tutto quanto.

PADRE CARMELO Capisci ora perché siamo qui, in questo bosco?

PIERO No. Perché?

PADRE CARMELO Ma per poter continuare la nostra missione.

PIERO Perché, quella di fare gli impiccati in maschera, voi la chiamate una missione?

PADRE RUGGERO No, ma è il solo mezzo che abbiamo per difenderci: quando si spargerà la voce che questo bosco è invaso dagli spettri, non ci sarà soldato o esercito tanto coraggioso da venirci a disturbare, così finalmente potremo continuare con la massima tranquillità a insegnare tutto ciò che conosciamo agli scolari che ci siamo portati appresso.

adatt. da D. Fo, *La storia vera di Piero d'Angera, che alla crociata non c'era*, Atto II, in *Le commedie di Dario Fo*, Einaudi

**14 feudatari**: nel Medioevo i feudatari erano i nobili padroni di un certo territorio (il feudo) concesso dal re o da un nobile di rango superiore.

**9** **Al contrario, il trovatore mostra di credere alle dicerie che riguardano il bosco. Come lo definiresti?**

sensibile - imprudente - superstizioso - perverso - all'antica

**10** **La vicenda presenta un capovolgimento di situazione: i fantasmi non sono tali, anzi, si rivelano amici di Piero. Quale effetto crea questo capovolgimento?**

- ☐ Aumenta la *suspense*
- ☐ Aumenta la paura negli spettatori
- ☐ Aumenta la noia
- ☐ Aumenta la comicità

**11** **Quale fine ha la beffa messa in atto dai monaci?**

**12** **Individua le didascalie presenti nel testo: che cosa spiegano?**

- ☐ La regia da mettere in atto
- ☐ Come gli altri attori devono dire le battute
- ☐ Le entrate e le uscite di scena
- ☐ I toni di voce da usare

## ORA SCRIVO IO

**13** **Che cosa sarebbe successo, se Piero si fosse fatto impaurire dai falsi spettri? Cambia il finale, scrivendo un copione in cui a parlare siano Piero e il trovatore, sfuggiti agli spettri.**

### UN MONDO DI PAROLE

**14** **Che cosa significa "*fare gli scherzi da prete*"?**

- ☐ Giocare a carte
- ☐ Fare uno scherzo in cui non cade nessuno
- ☐ Fare i simpaticoni
- ☐ Fare uno scherzo inaspettato e di cattivo gusto

### AD ALTA VOCE

**15** **L'autore vuol far capire che essere istruiti e affidarsi alla razionalità permette di non dare peso alle superstizioni e alle false credenze. Pensate che abbia torto o ragione? Discutete in classe.**

# Caratteri impossibili

Le debolezze e i difetti umani diventano spesso protagonisti delle commedie, soprattutto quando si concretizzano in **personaggi dal carattere impossibile**. Nella commedia moderna abbiamo due casi esemplari: Arpagone, un uomo così spilorcio da preferire i soldi al bene dei figli, nell'*Avaro* di Molière, e Caterina, la protagonista della *Bisbetica domata* di Shakespeare.

## L'avaro di Molière

leggere scrivere

TESTO TEATRALE

1 2 3 livello di difficoltà

**Il vecchio Arpagone è un uomo che vive solo per accumulare ricchezze, spendendo il meno possibile. In questa scena deve organizzare il pranzo da offrire per il suo fidanzamento, ma ovviamente vuole spendere pochissimo e discute di questo con il suo amministratore Valerio e con il cuoco-cocchiere Mastro Giacomo.**

### Scena quinta

ARPAGONE, VALERIO, MASTRO GIACOMO

ARPAGONE Valerio, aiutami qui. A te, Mastro Giacomo, t'ho tenuto per ultimo.

MASTRO GIACOMO Intende parlare al cocchiere o al cuoco? Perché io sono l'uno e l'altro[1].

ARPAGONE A tutti e due.

MASTRO GIACOMO Ma a chi, prima?

ARPAGONE Al cuoco.

MASTRO GIACOMO Un momento. *(Si toglie la casacca da cocchiere e appare vestito da cuoco)*

ARPAGONE Che cosa sono questi cerimoniali?

MASTRO GIACOMO Dica pure.

ARPAGONE Ho promesso di dare una cena, questa sera.

MASTRO GIACOMO *(tra sé)* Vuol morire.

ARPAGONE Dimmi dunque. Ci tratterai bene?

MASTRO GIACOMO Sì, se mi darà molti quattrini.

ARPAGONE Alla malora, sempre quattrini. Pare non abbiano altri argomenti: quattrini, quattrini! Sempre a parlar di quattrini! Il loro tema obbligato: quattrini.

VALERIO S'è mai sentita una risposta più insolente[2]? Bella abilità dar bene da mangiare con molti quattrini! È facilissimo, qualunque idiota ci riesce. La bravura è di fare un pranzo con pochi quattrini.

MASTRO GIACOMO Un buon pranzo con pochi quattrini!

VALERIO Naturale!

MASTRO GIACOMO *(a Valerio)* Signor intendente[3], mi farete un gran piacere se m'insegnaste questo segreto e prenderete voi il posto di cuoco: tanto ci tenete a essere il fotuttoio[4] della casa.

**1 io sono l'uno e l'altro**: Mastro Giacomo fa notare che un solo servitore ha due funzioni, cosa che permette ad Arpagone di risparmiare soldi.

**2 insolente**: priva di rispetto.

**3 intendente**: amministratore.

**4 fotuttoio**: "faccio tutto io", cioè una persona che si occupa di ogni cosa.

Arpagone Zitto, zitto. Che cosa bisognerà fare?
Mastro Giacomo Ecco qui il signor intendente, che le farà fare un bel trattamento con pochi soldi.
Arpagone Basta: rispondi a me.
Mastro Giacomo Quanti saranno a tavola?
Arpagone Saremo otto o dieci: ma calcoliamo otto. Quando c'è da mangiare per otto, ce n'è per dieci.
Valerio Si capisce.
Mastro Giacomo Ci vorranno quattro belle minestre e cinque piatti. Minestra… antipasti…
Arpagone Diavolo, c'è da cenare per una città.
Mastro Giacomo Arros…
Arpagone *(mettendogli una mano sulla bocca)* Traditore: ti mangi tutta la mia sostanza[5].
Mastro Giacomo Piatto di mezzo…
Arpagone *(ripetendo il gesto)* Ancora?
Valerio *(a Mastro Giacomo)* Volete farli crepare d'indigestione? Credete che il signore li abbia invitati per assassinarli a forza di mangiare? Andate a leggervi i breviari[6] d'igiene, andate a domandare ai medici se c'è niente di più nocivo[7] che il rimpinzarsi troppo.
Arpagone È proprio così.
Valerio Imparate, Mastro Giacomo, voi e i vostri colleghi, che una tavola troppo lauta[8] è un agguato; per mostrarvi veramente amici ai propri invitati, bisogna che regina del pasto sia la frugalità[9]. Ha detto un antico: "Bisogna mangiare per vivere e non vivere per mangiare".
Arpagone Oh, com'è bello! Vieni, voglio darti un bacio per questa trovata. È la più bella sentenza ch'io abbia mai sentito; "Occorre vivere per mangiare e non man…" No, non è così. Come l'hai detta?

**5 la mia sostanza**: le mie ricchezze.
**6 breviari**: manuali.
**7 nocivo**: dannoso.
**8 lauta**: ricca, abbondante.
**9 frugalità**: semplicità.

VALERIO Che "bisogna mangiare per vivere e non vivere per mangiare".

ARPAGONE *(a Mastro Giacomo)* Ecco. Hai capito? *(a Valerio)* Chi è il grand'uomo che l'ha trovata?

VALERIO Non ricordo più come si chiama.

ARPAGONE Me la scriverai. Voglio farla incidere in lettere d'oro sopra il caminetto della sala da pranzo.

VALERIO Sarà fatto. E quanto alla cena, lasci fare a me: regolerò io tutto come va.

ARPAGONE Fai pure.

MASTRO GIACOMO Tanto meglio, faticherò meno.

ARPAGONE *(a Valerio)* Ci vuol di quei piatti che non se ne mangia gran che e satollano subito[10]; del castrato in umido con patate molto grasso, con qualche sformato di castagne: roba che renda.

VALERIO Stia tranquillo.

ARPAGONE Ora, Mastro Giacomo, bisogna dare una ripulitina alla carrozza.

MASTRO GIACOMO Un momento, questo riguarda il cocchiere. *(Si rimette la casacca.)* Diceva?

ARPAGONE Bisogna ripulire la carrozza e tener pronti i miei cavalli, per condurre alla fiera le...

MASTRO GIACOMO I suoi cavalli? Ahimè, non sono più in grado di camminare. Potrei dirle che sono costretti a letto, alla lettiera[11]; ma sarebbe mal detto, perché non ne hanno. Ella[12] li costringe a digiuni così austeri che essi non sono più che idee, larve, parvenze[13] di cavalli.

ARPAGONE Ammalati? Se non fanno mai niente?

MASTRO GIACOMO Non è una ragione per non mangiare. Sarebbe meglio per loro lavorare molto e mangiare altrettanto. Il cuore mi si spezza a vederli così estenuati[14], io ci sono affezionato, ai miei cavalli, e quando li vedo soffrire mi par d'esser io. Mi tolgo ogni giorno il pane di bocca per darlo a loro. Bisogna avere un cuore di sasso e non aver pietà del prossimo.

**10 Ci vuol ... subito**: ci vogliono piatti tali che riempiono (satollano) subito anche se mangiati in piccole dosi (Arpagone parla in modo un po' sgrammaticato, molto colloquiale).

**11 lettiera**: strato di paglia che serve come giaciglio per animali.

**12 Ella**: corrisponde al moderno "lei".

**13 larve, parvenze**: fantasmi, immagini.

**14 estenuati**: completamente privi di forze.

ARPAGONE Non sarà una gran fatica andare fino alla fiera.
MASTRO GIACOMO Non ho il coraggio di guidarli, mi farei scrupolo a dar loro una frustata, nelle condizioni in cui si trovano. Come vuole che tirino una carrozza, se non possono tirarsi avanti loro?
VALERIO Signor Arpagone, chiederò a Picardo, il vicino, di guidarli lui: tanto ci servirà anche qui per preparare la cena.
MASTRO GIACOMO Meglio così: preferisco che muoiano sotto la mano d'un altro che sotto la mia.
VALERIO Mastro Giacomo discute troppo.
MASTRO GIACOMO Il signor intendente s'immischia troppo.
ARPAGONE Basta.
MASTRO GIACOMO Non posso sopportare gli adulatori. Oh! Capisco benissimo che tutto quello che fa, il suo controllo perpetuo sul pane, il vino, la legna, il sale e le candele, non è che per lisciarla e farle la corte. Io mi ci arrabbio e soffro a sentire continuamente quel che dicono di lei, perché insomma mio malgrado le sono affezionato; dopo i miei cavalli, lei è la persona cui voglio più bene.
ARPAGONE Si potrebbe sapere che cosa dicono di me?
MASTRO GIACOMO Sì: se fossi sicuro che non se la piglia a male.
ARPAGONE Ma per niente.
MASTRO GIACOMO Mi perdoni, ma so che la farei arrabbiare.
ARPAGONE Niente affatto, anzi sarei contento, mi piacerebbe sapere come si parla di me.
MASTRO GIACOMO E allora; poiché è lei che lo vuole, le dirò francamente che dappertutto la pigliano in giro: da tutte le parti si raccontano storielle sul conto suo, il più gran divertimento è burlarsi di lei e raccontare cento aneddoti[15] sulla sua tirchieria. Uno dice che lei fa stampare degli almanacchi[16] speciali, con le vigilie e le tempora[17] raddoppiate, per guadagnare sui digiuni cui costringe i suoi familiari. Un altro, che lei tiene sempre pronto un rimprovero da fare ai suoi servitori i giorni delle

**15 aneddoti**: episodi.

**16 almanacchi**: calendari con l'indicazione delle feste e delle fasi lunari.

**17 le vigilie e le tempora**: giorni in cui per i cristiani è obbligatorio digiunare e fare penitenza.

**18 giorni delle strenne**: giorni in cui fanno regali (strenne) alla servitù.

**19 citare**: citare in giudizio, denunciare.

**20 avena**: pianta erbacea usata per l'alimentazione animale e umana.

**21 dove ... cucinare in tutte le salse**: dove non si parli di lei in tutti i modi immaginabili.

strenne[18] o del congedo, per non dare mance. Un tale raccontava che una volta lei ha fatto citare[19] il gatto di un vicino per averle mangiato gli avanzi di una coscia di montone; un altro che una volta l'hanno sorpreso mentre andava in persona a rubare l'avena[20] dei suoi cavalli e che il suo cocchiere, quello che c'era prima di me, le ha dato, in quel buio, un sacco di legnate, di cui lei non ha mai parlato. Insomma, vuol che gliela dica tutta? Non si può andare in nessun luogo, dove non la si senta cucinare in tutte le salse[21]. Lei è la favola, lo zimbello di tutti: non lo si nomina che con i titoli di avaro, tirchio, spilorcio, strozzino.

ARPAGONE *(bastonando Mastro Giacomo)* Sei un cretino, un furfante, un cialtrone, un impudente.

MASTRO GIACOMO Ah, non l'avevo detto? Lei non m'ha voluto credere. L'avevo detto che s'offendeva a dirle la verità.

adatt. da Molière, *L'avaro*, Atto III, Scena V, in *Tutto il teatro*, Newton Compton

## competenze alla prova

### LEGGO E...

#### ... COMPRENDO

**1** **Quali compiti svolge Mastro Giacomo nella casa di Arpagone?**

- ☐ Giardiniere e maggiordomo
- ☐ Stalliere e cameriere
- ☐ Cuoco e maggiordomo
- ☐ Cuoco e cocchiere

**2** **Per quale motivo Arpagone convoca Mastro Giacomo e Valerio?**

**3** **Perché Mastro Giacomo si rifiuta di guidare i cavalli fino alla fiera?**

**4** **A chi verrà chiesto di guidare i cavalli?**

- ☐ A Valerio
- ☐ Al vicino di casa Picardo
- ☐ Al figlio di Arpagone
- ☐ A nessuno: si obbliga Mastro Giacomo

#### ... RICAVO DAL TESTO

**5** **Dalle parole di Mastro Giacomo puoi ricavare che Arpagone sia una persona rispettata e stimata in città? Segna a margine la sezione del testo utile a dedurre questa informazione indiretta.**

#### ... ANALIZZO E INTERPRETO

**6** **Sottolinea nel testo le frasi che meglio esprimono il carattere avaro di Arpagone.**

**7** **Perché Arpagone insulta Mastro Giacomo?**

- ☐ Perché vuole licenziarsi
- ☐ Perché si rifiuta di preparare il pranzo
- ☐ Perché gli ha detto che cosa pensa di lui la gente
- ☐ Perché non vuole strigliare i cavalli

**8** **Lo stile comico di Molière è evidente nella scena che hai letto. Segna con una crocetta le affermazioni vere riferite a questo passo.**

- ☐ Le battute sono brevi
- ☐ Il ritmo è veloce e incalzante
- ☐ Le parole usate sono estremamente difficili e insolite
- ☐ Compaiono lunghe descrizioni
- ☐ Ci sono ripetizioni e divertenti accostamenti di parole
- ☐ La comicità nasce dal fatto che un episodio quotidiano (un pranzo) viene portato a conseguenze insolite

### ORA SCRIVO IO

**9** **Come si comporterebbe un avaro ai nostri giorni? Descrivilo, soffermandoti sull'aspetto e soprattutto sul suo modo di comportarsi.**

scheda

# Il teatro francese del Seicento

Il teatro francese ebbe nel XVII secolo un momento di straordinaria fioritura. La monarchia francese era una delle più potenti dell'Europa e, tra i nobili, il teatro diventò uno dei passatempi preferiti. Anche il popolo amava gli spettacoli teatrali e affollava i principali teatri del Paese. Il più importante autore di commedie dell'epoca fu Jean-Baptiste Poquelin detto **Molière**, a cui si devono capolavori come *L'avaro, Il malato immaginario, Il misantropo, Tartufo* e altri ancora. Dopo aver lavorato e recitato nei principali teatri della Francia, Molière, insieme alla sua compagnia, incontrò il successo alla corte di Luigi XIV. Morì di tubercolosi in scena mentre recitava *Il malato immaginario*. Nel Seicento, in Francia vissero anche grandi autori di tragedie, come **Pierre Corneille** e **Jean Racine**, che ripresero e riadattarono al gusto moderno le tragedie dei classici greci e latini.

P.D. Olivero, *Interno del Teatro Regio di Torino*, 1740, Torino, Galleria Subalpina.

# La bisbetica domata di William Shakespeare

LEGGERE IN INGLESE

leggere scrivere

TESTO TEATRALE

1 2 3 livello di difficoltà

**Caterina è una giovane donna che non vuole piegarsi al volere altrui e perciò è considerata scorbutica e prepotente. Ben diversa è la sorella minore Bianca, di carattere mite e benvoluta da tutti. Tuttavia Battista, il loro padre, stabilisce che Bianca potrà sposarsi solo dopo che Caterina avrà trovato marito e quindi i corteggiatori di Bianca (Gremio e Ortensio, cui si aggiunge Lucenzio) cercano di trovarle marito. Sarà il giovane Petruccio, amico di Ortensio, a sposarla, attratto dalla dote. In questo testo si può vedere il brutto carattere di Caterina, che risponde male al padre e ai corteggiatori e addirittura maltratta la sorella, cercando di sapere da lei quale pretendente preferisca.**

For how I firmly am resolved you know;
That is, not to bestow my youngest daughter
Before I have a husband for the elder.
If either of you both love Katherina,
Because I know you well and love you well,
Leave shall you have to court her at your pleasure.

GREMIO
To cart her rather. She's too rough for me.
There, there, Hortensio, will you any wife?

KATHERINA [*to* BAPTISTA]
I pray you, sir, is it your will
To make a stale of me amongst these mates?

HORTENSIO
Mates, maid, how mean you that? No mates for you
Unless you were of gentler, milder mould.

KATHERINA
I'faith, sir, you shall never need to fear.
Iwis it is not halfway to her heart.
But if it were, doubt not her care should be
To comb your noddle with a three-legged stool,
And paint your face, and use you like a fool.

HORTENSIO
From all such devils, good Lord deliver us!

GREMIO
And me too, good Lord!

TRANIO [*aside to* LUCENTIO]
Husht, master, here's some good pastime toward.
That wench is stark mad or wonderful froward.

LUCENTIO [*aside to* TRANIO]
But in the other's silence do I see
Maid's mild behaviour and sobriety.
Peace, Tranio.

TRANIO [*aside to* LUCENTIO]
Well said, master. Mum! And gaze your fill.

[...]

### Atto I, scena I

BATTISTA Signori, smettete d'importunarmi,
poiché ho fermamente deciso di farvi sapere
che non intendo maritare la mia figlia minore
finché non ho trovato marito alla più grande.
Se uno di voi due ama Caterina,
dato che vi conosco e che vi stimo entrambi,
ha il mio permesso di farle la corte come vuole.
GREMIO Sul carro e con la frusta[1]! È troppo violenta per me.
Ecco, c'è Ortensio: tu la vuoi, una moglie?
CATERINA *(a Battista)* Di grazia[2], signor padre, avete intenzione
di farmi fare la regina fra questi fanti[3]?
ORTENSIO Fanti, ragazza? Quali fanti? Non ci saranno fanti per voi,
se non diventerete di pasta più gentile e malleabile.
CATERINA In fede mia, signore, non dovete temere,
non è certo un'idea che le sfiori l'animo.
Ma, se lo sfiorasse, state pur certo che ci penserebbe lei
a pettinarvi la zucca con uno sgabello[4],
a verniciarvi il viso di rosso e a trattarvi da idiota.
ORTENSIO Che il Signore ci liberi da tutti i diavoli come costei!
GREMIO Libera anche me, buon Dio!
[...]
BATTISTA Signori, per poter presto mantenere
quanto ho promesso... Bianca, tu rientra in casa;
non ti dispiaccia, Bianca, da brava,
non per questo ti vorrò meno bene, bambina mia.
CATERINA Che bel broncino! Adesso quasi quasi
le caccio un dito nell'occhio, così saprà perché lo fa[5].
BIANCA Sei contenta del mio scontento, sorella.
Signor padre, mi sottometto umilmente al vostro piacere[6];
i miei libri e i miei strumenti saranno la mia compagnia,
li studierò e mi eserciterò da sola.

### Atto II, scena I

*Entrano Caterina e Bianca (con le mani legate.)*

BIANCA Buona sorella, non farmi torto e non farlo a te stessa
trattandomi da schiava e prigioniera.
Non me ne adonto[7]. Ma se è per questi orpelli[8],
scioglimi le mani, me li tolgo da sola,
sì, tutto quello che ho addosso, fino alla sottoveste;
oppure farò tutto quello che mi comandi,
conosco bene i miei doveri verso i maggiori[9].
CATERINA Di tutti i tuoi pretendenti, qui ti ordino di dirmi
qual è che preferisci. E non mentire.

**1 Sul carro e con la frusta**: nel testo inglese c'è un gioco di parole fra il verbo *to court*, "corteggiare", e il verbo *to cart*, "portare in giro su un carro", con allusione all'usanza di portare in giro su un carro scoperto le donne bisbetiche o le donne di malaffare, per umiliarle pubblicamente.

**2 Di grazia**: per favore.

**3 farmi fare ... fanti**: il riferimento è alle figure delle carte da gioco; Caterina intende dire che il padre la sta mettendo in ridicolo.

**4 pettinarvi la zucca con uno sgabello**: darvi uno sgabello in testa.

**5 saprà perché lo fa**: avrà un vero motivo per essere imbronciata e di cattivo umore. Bianca è scontenta perché il padre non le permette di sposarsi prima della sorella, ma per Caterina questo non deve essere motivo di scontento.

**6 al vostro piacere**: a quello che desiderate.

**7 Non me ne adonto**: non mi offendo per questo.

**8 orpelli**: ornamenti (che Bianca si è messa addosso).

**9 maggiori**: le persone più vecchie (Caterina è la sorella maggiore).

**10 intercederò io stessa**: metterò io stessa una buona parola.

**11 ben vestita**: poiché Gremio ha tanti soldi, potrebbe comprare alla propria moglie abiti splendidi.

BIANCA Credi, sorella, fra tutti gli uomini al mondo
non ho mai veduto finora quel volto speciale
che potrei anteporre a ogni altro.
CATERINA Menti, civetta. Non è Ortensio?
BIANCA Se ti piace, sorella, qui ti giuro
che intercederò io stessa[10] perché lo abbia tu.
CATERINA Oppure, chissà, tu preferisci i quattrini:
prenderai Gremio, che ti terrebbe ben vestita[11].
BIANCA È per lui che mi detesti tanto?
Ma no, scherzi: ora mi rendo conto
Che hai solo scherzato con me fino adesso.
Ti prego, sorella Kate, scioglimi le mani.
CATERINA *(La percuote.)* Se ti sembra uno scherzo questo, è stato
tutto uno scherzo.

da W. Shakespeare, *La bisbetica domata*, Atto I, Scena I – Atto II, Scena II, in *Le commedie eufuistiche*, Mondadori

## competenze alla prova

### LEGGO E...

#### ... COMPRENDO

1 **Quale, tra le figlie di Battista, è considerata bisbetica?**
- ☐ Bianca
- ☐ Caterina

2 **Gremio definisce Caterina con un aggettivo: quale? Sottolinealo nel testo.**

3 **Che cosa vuole fare Caterina a Bianca nel primo atto?**
- ☐ Legarle le mani, per impedirle di uscire
- ☐ Metterle un dito nell'occhio, per darle un vero motivo per essere imbronciata
- ☐ Toglierle gli ornamenti, per renderla più brutta
- ☐ Farla rientrare in casa

#### ... RICAVO DAL TESTO

4 **Dalle battute che si scambiano padre e figlie puoi ricavare una consuetudine a riguardo del matrimonio: chi decideva se una giovane donna poteva sposarsi e con chi?**

#### ... ANALIZZO E INTERPRETO

5 **Perché Caterina ha legato Bianca, nella prima scena del secondo atto?**

6 **Quale dote ha Gremio, secondo quanto dice Caterina a Bianca?**
- ☐ È giovane e bello
- ☐ È molto ricco
- ☐ È simpatico
- ☐ Non ha alcuna dote

7 **Quale elemento tipico della commedia dà lo spunto all'autore?**
- ☐ L'esagerazione e la presa in giro dei difetti di un personaggio
- ☐ La presenza di maschere
- ☐ L'uso di parole inventate
- ☐ La presenza di un eroe con una missione da compiere

8 **Quali caratteristiche contribuiscono a dare comicità alla scena?**
- ☐ La struttura a *suspense* della scena
- ☐ La beffa che viene organizzata
- ☐ La vivacità e il ritmo del dialogo serrato
- ☐ La presenza di un personaggio travestito

### ORA SCRIVO IO

9 **Come ti immagini Bianca e Caterina? Fai una descrizione fisica delle due ragazze.**

#### C'È STILE E STILE

10 **Caterina afferma che Bianca è una civetta: che significato ha il termine, in senso metaforico?**

11 **Sapresti dire qual è il significato metaforico dei seguenti termini, riferiti al mondo animale?**
- Essere una volpe ➲ ..........
- Essere un asino ➲ ..........
- Essere un'aquila ➲ ..........
- Essere una vipera ➲ ..........

scheda

# Il teatro elisabettiano

Il cosiddetto "teatro elisabettiano" si sviluppa in Inghilterra durante i regni di Elisabetta I, Giacomo I e Carlo I e si può indicativamente far durare dal 1576 (anno di costruzione del primo teatro pubblico, ***The Theatre***) al 1642 (anno in cui fu emanato l'ordine di chiusura dei teatri). È soprattutto durante il regno della regina Elisabetta che il teatro conosce, in Inghilterra, un'epoca di vero splendore. Fra i principali autori teatrali dell'epoca ricordiamo **Christopher Marlowe** e **Ben Johnson**, ma il principale drammaturgo dell'epoca è **William Shakespeare**, autore di tragedie e di commedie. Shakespeare ha il merito di aver rinnovato il teatro inglese, ispirandosi sia ai classici del teatro antico sia al teatro italiano del Cinquecento. In Italia, infatti, nel Rinascimento, il teatro aveva conosciuto un momento di grande fortuna: nelle corti delle principali città italiane erano nati teatri dove venivano rappresentati spettacoli di grande raffinatezza. Nel periodo elisabettiano le donne non potevano recitare, perciò anche le parti femminili venivano interpretate da ragazzi giovani. Gli spettacoli erano a pagamento: le compagnie cercavano quindi di allestire spettacoli che piacessero al pubblico. Spesso, infatti, si trattava di storie caratterizzate da passioni forti e coinvolgenti, delitti, tradimenti, colpi di scena oppure episodi comici, intermezzi musicali. Gli spettacoli shakespeariani venivano rappresentati in un teatro di legno, il **Globe Theatre**, che è stato recentemente ricostruito a Londra dopo che un grande incendio lo aveva completamente distrutto. Questo teatro poteva contenere fino a tremila spettatori e aveva una parte centrale scoperta, per far entrare la luce, e una coperta, per proteggere gli attori. Gli spettatori più ricchi assistevano da palchi posti in gallerie circolari, mentre i più poveri si affollavano in platea, stando spesso in piedi. Il palcoscenico era rialzato ed era costituito da una parte più avanzata e una posteriore, usata per la riproduzione di ambienti chiusi o di balconi.

Rappresentazione del Globe, da una stampa inglese del XVII secolo.

# PAGINE LABORATORIO

# Titoli e testi

**Abilità**

leggere

scrivere

# ABILITÀ E COMPETENZE

## Niente per caso

- Cercare un titolo per un libro
  **Impariamo a... riconoscere i titoli dei libri**
- I titoli dei quotidiani
  **Impariamo a... riconoscere e produrre titoli caldi e titoli freddi**
- Riassunto o titolo?
  **Impariamo a... dare un titolo e svolgere un titolo**

# Niente per caso

Spesso chi scrive un articolo di giornale o chi scrive un libro, un saggio, perfino una *brochure* pubblicitaria, un disco o un programma televisivo è raramente l'autore del titolo di ciascuna di queste iniziative. Chi scrive i titoli, allora?
Il **titolista,** che è uno specialista di genere, perché **un titolo ben fatto cattura l'attenzione** dell'eventuale cliente, cioè di chi leggerà il giornale, il libro; di chi ascolterà quella musica o vedrà quel programma televisivo.
Anche tu costruisci titoli, quando ti viene detto di "intitolare una sequenza" o di "dare un titolo" a un testo di italiano.
Partendo dal fatto che il titolo è una "promessa" di quel che si vuole far leggere, vediamo adesso quali sono le tecniche migliori per costruirlo.

## Cercare un titolo per un libro

Il titolo, più della copertina, è un elemento fondamentale per il successo di un libro. La copertina può cambiare di edizione in edizione, ma il titolo rimane. Come dare, quindi, un buon titolo a un libro è un affare serio. Proviamo a vedere alcuni criteri diversi:

- ci sono autori che seguono un **metodo schematico**, per esempio, il Premio Nobel Mario Vargas Llosa ha titolato diversi suoi libri nominando due "oggetti": ***La città e i cani***, ***La zia Giulia e lo scribacchino***;
- altri autori fanno **intuire** nel titolo qualcosa del **contenuto**, per esempio ***Guerra e Pace*** dello scrittore russo Lev Tolstoj o ***La certosa di Parma*** di Stendhal;
- altri ancora scelgono la via del **nome** (e cognome) **del protagonista**, per esempio ***David Copperfield***, ***Oliver Twist*** di Charles Dickens, ***Moll Flanders*** di Daniel Defoe, ***Tom Jones*** di Henry Fielding, ***Maria*** di Lalla Romano, ***Paula*** di Isabel Allende;
- altri infine promettono **avventure e intrighi**, come ***Il Barone rampante*** di Italo Calvino ***Tutte le avventure di Sandokan*** di Emilio Salgari, ***Le avventure di Pinocchio*** di Carlo Collodi; ma attenzione, talvolta i titoli possono ingannare, come i ***Tre moschettieri*** di Alexandre Dumas, in cui le avventure sono quelle del quarto moschettiere, quello che nel titolo non è neppure nominato.

### IL TITOLO DI UN LIBRO

**Tra i criteri possibili per dare titolo a un romanzo ricordiamo:**

- **uno schema preciso (per esempio, due oggetti)**
- **un anticipo del contenuto**
- **il nome del protagonista**
- **avventure e intrighi**

# IMPARIAMO A...

## ...riconoscere i titoli dei libri

1 **Prova a riconoscere quale criterio è stato seguito dagli autori per scegliere i seguenti titoli di opere letterarie.**

W. Scott, *Ivanhoe;* J. Austen, *Orgoglio e pregiudizio;* E. Brönte, *Cime tempestose;* H. Hesse, *Peter Camenzind*; A. Yehoshua, *Un divorzio tardivo;* J. Swift, *I viaggi di Gulliver;* C. Dickens, *Grandi speranze;* W.M. Thackeray, *Le memorie di Barry Lindon;* J.R.R. Tolkien, *Il Signore degli Anelli;* T. Mann, *Tonio Kroger;* R.L. Stevenson, *L'isola del tesoro;* R. Lewis, *Il più grande uomo scimmia del Pleistocene;* M. Twain, *Le avventure di Tom Sawyer;* U. Eco, *Il nome della rosa;* C. Pavese, *La luna e i falò.*

2 **Scegli tre libri tra quelli che hai letto negli ultimi tempi e scrivine nella colonna di sinistra il titolo. Prova poi a proporre per ciascuno di essi un titolo nuovo, scegliendo un criterio diverso da quello usato dall'autore.**

| Titolo assegnato dall'autore | Titolo proposto da te |
|---|---|
| ........................................ | ........................................ |
| ........................................ | ........................................ |
| ........................................ | ........................................ |

3 **Potresti dire che con un criterio simile siano anche assegnati i titoli ai programmi televisivi? Fai un elenco di cinque programmi che segui o hai seguito negli ultimi tempi e prova a distinguere quale tipo di titolo riconosci.**

4 **Anche le opere teatrali hanno un titolo scelto secondo lo stesso criterio. Prova a riconoscerlo negli esempi citati qui di seguito.**

Sofocle, *Antigone*; Terenzio, *La suocera*; W. Shakespeare, *Romeo e Giulietta*;
C. Goldoni, *La bottega del caffè*; V. Alfieri, *Saul*;
A. Manzoni, *Il conte di Carmagnola*;
L. Pirandello, *Sei personaggi in cerca d'autore*; S. Bekett, *Passi.*

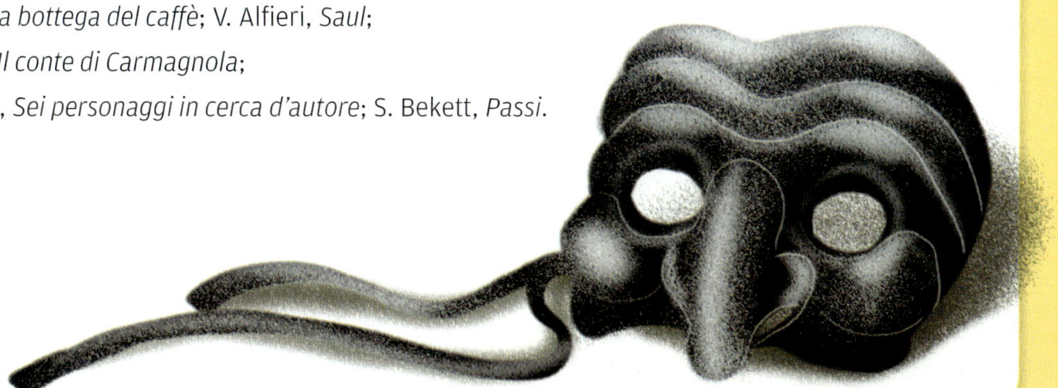

# I titoli dei quotidiani

I titoli degli articoli nei quotidiani non sono tutti uguali. Nell'ambiente giornalistico i titoli si definiscono **caldi**, oppure **freddi**: non si tratta affatto di temperatura reale ovviamente, ma di "calore emotivo".
Facciamo qualche esempio. Stessa notizia, due titoli diversi:

- **Montagna assassina: quattro morti sul Monte Bianco**
- **Incidente in montagna. Quattro alpinisti muoiono sul Monte Bianco**

In che cosa consiste la differenza?

- Nel primo caso il titolista formula un giudizio e vuole **provocare nel lettore una reazione emotiva**, usando due termini "forti": *assassina* e *morti*.
- Nel secondo caso il titolista si limita a **comunicare la notizia** senza nessuna intenzione di muovere l'emotività o formulare giudizi.
- Nel primo caso, il titolo viene definito **caldo**. Nel secondo, **freddo**.

Nel titolo sono molto frequenti anche i giochi di parole (o **calembour**), basati sulla somiglianza di suono tra parole di significato diverso. Per esempio:

- *"Chi si inferma è perduto"*
- *"Conti, contesse e conti esteri"*

Nel primo titolo il gioco di parole consiste nella somiglianza con la frase "*Chi si ferma è perduto*". In realtà si vuole veicolare un altro messaggio e cioè che chi si ammala (chi si "inferma", appunto) è perduto ( magari per introdurre un articolo sulle difficoltà della Sanità Pubblica).
Nel secondo caso il titolo gioca sull'equivoco della parola "conti" (che indica tanto somme bancarie quanto un titolo nobiliare) per introdurre un articolo che parla di un'impresa di famiglia e di evasione fiscale.

## I TITOLI DEI GIORNALI

**Nel linguaggio giornalistico si distinguono:**

- **titoli caldi: quando si vuole provocare nel lettore una reazione emotiva**
- **titoli freddi: quando si vuole comunicare una notizia in modo oggettivo**

IMPARIAMO A...

# ... riconoscere e produrre titoli caldi e titoli freddi

**1** **Sottolinea con una matita rossa i titoli caldi e blu i titoli freddi.**

- Terremoto nella Roma: Zeman esonerato!
- Piogge e neve sui weekend di Ognissanti
- Slavina killer in Val d'Aosta
- Furti a raffica in villa nel vicentino
- Rilasciata la cooperante rapita nel Darfur
- Falso invalido vince corsa campestre: denunciato
- Corteo di disoccupati disperso dalla polizia
- Tutto il mondo contro Google
- Povertà, l'Italia sempre più a rischio
- Unicef, 200 milioni di bambini malnutriti

**2** **Trasforma i seguenti titoli da caldi a freddi e viceversa.**

- Nel 2012 le vacanze degli italiani saranno più brevi
- Per la prossima settimana sono previsti aumenti delle temperature
- L'influenza arriverà a Natale
- Investire sullo sport
- Il rigore? Non visto da tre ciechi
- Intorno a Roma, storia e natura
- Una vacanza tutta in rosa
- Olanda, ecco la replica dell'arca di Noè
- Tutti pazzi per la moto: è la regina del trasporto
- E per i bambini giubbotti e zaini anti-proiettile

**3** **Inventa due titoli, uno caldo e uno freddo, per un episodio che conosci bene, accaduto in ciascuno dei seguenti cinque ambiti:**

- scuola
- sport
- famiglia
- amici
- città o paese in cui vivi

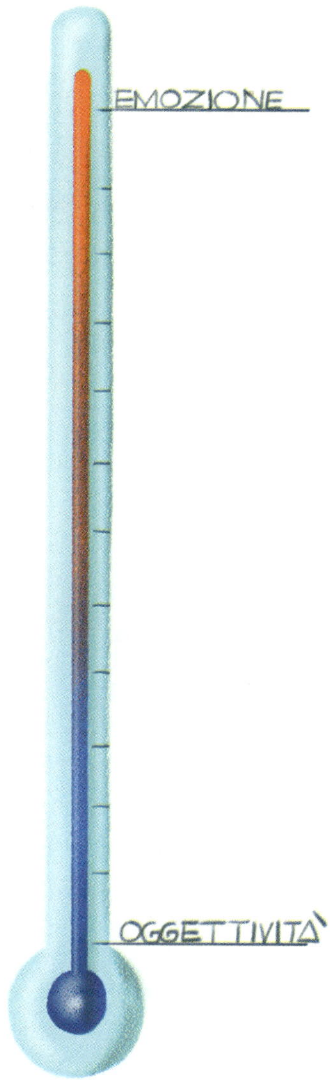

# Riassunto o titolo?

Abbiamo parlato di titoli caldi e freddi nei quotidiani, di titoli di romanzi o di programmi televisivi. Aggiungiamo un'ulteriore considerazione: **un titolo può avere la funzione di riassumere ciò che contiene un testo**, raccogliendone il contenuto in un'unica frase. Pensa, per esempio, al lavoro che hai fatto quando, dopo aver diviso un testo in sequenze, hai dato un titolo a ciascuna di esse e a partire dai titoli hai costruito il riassunto dell'intero testo. Insomma, dare un titolo può voler dire anche **dare un'idea semplice e chiara del contenuto** di un testo, che il lettore vedrà cominciando a leggere. L'operazione non è cosa da poco, sia in un senso sia nel verso opposto: sia cioè dando un titolo-riassunto a un testo che già esiste, sia sviluppando un testo scritto di proprio pugno a partire da un titolo, che ne costituisce il "riassunto".

In definitiva:

- **un titolo riassume** il contenuto di un testo;
- **un testo svolge** quanto contenuto nel titolo.

Facciamo un esempio per poi lavorare su questa traccia. Leggi il testo che segue.

Il giardino non era più grande di tre metri quadrati, era circondato da quattro muri alti e lisci e non vi penetrava né un raggio di sole né alito di vento. In un angolo una pianta di fagiolo che pareva malata si arrampicava sul muro; le foglie erano tutte corrose, e non c'era un solo fiore.

Un altro angolo era occupato da nasturzi nani, e su questa pianta, a dispetto di tutto, erano sbocciati due fiori, ma anche le sue foglie erano flosce e rovinate.

Un cespo di edera si avvinghiava al terzo angolo; in cima le foglie erano grosse e lustre, ma vicino al suolo non si vedevano che tralci grigi e spogli, avviluppati da festoni di ragnatele.

Un quarto muro era coperto da una pendula di vite americana, di cui ogni foglia sembrava un verme che solo a volerlo avrebbe potuto mettersi a strisciare.

Il centro di questa piccola corte aveva fatto di tutto per rivestirsi d'erba, e in certi punti il miracolo era compiuto, ma i cocci, le bottiglie rotte e i barattoli in pezzi erano tali e tanti che ogni tentativo di vegetazione era condannato a essere fallimentare.

da J. Stephens, *La pentola d'oro*, Adelphi

Come potremmo titolare questo testo in modo da costruirne un riassunto chiaro e sintetico? Facciamo qualche ipotesi:

- Un giardino in abbandono
- Tra quattro muri un piccolo giardino abbandonato
- Cocci e fiori in un giardino senza cure
- Un giardino stentato

Qualsiasi sia la nostra scelta, il criterio con cui sono stati costruiti i titoli non cambia: ognuno di essi offre con "onestà" e senza interpretazioni il contenuto del testo. Ora prova invece a fare l'operazione contraria, cioè a **costruire un testo che possa rispondere a questi titoli**, sulla base della tua esperienza. Non sarà certo identico a quello descritto da Stephens, ma avrà assolto al compito di "svolgere" ciò che il titolo contiene.

## IMPARIAMO A...

# ... dare un titolo e svolgere un titolo

**1 Dai un titolo al seguente testo, in modo che ne rappresenti il più possibile il riassunto.**

Il mio amato padre... Quando tornava da uno dei suoi viaggi, io annotavo con pignoleria gli odori che si era portato dietro: di vecchie mele (l'interno dei sacchi da montagna chissà perché ha sempre quel fondo di mela, forte, acido, incancellabile), di biancheria usata, di capelli scaldati dal sole, di libri scartabellati, di pane secco, di scarpe vecchie, di fiori macerati, di tabacco di pipa. Di balsamo della tigre contro i reumatismi. L'insieme non era cattivo, anzi era dolce e inconfondibile, era il suo odore, che ancora oggi mi fa sobbalzare quando lo sento in qualche angolo di casa, in qualche vestito vecchio, in qualche sacco da montagna messo da parte. Era l'odore di un uomo solitario, insofferente di ogni legame, di ogni impegno, che viaggia in continuazione da un continente all'altro.

da D. Maraini, *Bagheria*, Rizzoli

Propongo i seguenti titoli:

- ...........................................................................................................
- ...........................................................................................................
- ...........................................................................................................

**2 Prova a scrivere un breve testo che rappresenti lo "svolgimento" di uno dei titoli proposti, costruiti secondo il criterio del "riassunto".**

- Un strada di città, tra negozi e vetrine
- Una partita da cardiopalma
- Giochi tra amici
- Un compito in classe finalmente facile
- Una giornata faticosa

IL TEMA

# 10 Una bella differenza

## Traguardi di competenza

- Interagire in modo efficace in diverse situazioni comunicative, attraverso modalità dialogiche rispettose delle idee degli altri
- Uso del dialogo per apprendere informazioni ed elaborare opinioni non giudicanti
- Uso del dialogo per collaborare con gli altri e per realizzare un progetto comune

## Obiettivi di apprendimento

- Ascoltare testi prodotti da altri offrendo un "ascolto" accogliente
- Intervenire in una discussione, di classe e di gruppo, con pertinenza, rispettando tempi, turni di parola ed elaborando una propria argomentazione

## Contenuti

- Lavorare sulla distinzione tra i diversi modi di abitare la terra, che appartengono a tutti gli uomini
- Comprendere quale portata ha il patrimonio culturale che ogni persona porta con sé dal luogo da cui proviene: affetti, conoscenze, credenze, culti, abitudini di vita, lingue, capacità di pensiero, arti, pratiche di vita e così via
- Imparare a comunicare con tutte le culture che si incontrano considerandole equivalenti alla propria e altrettanto interessanti
- Comprendere le difficoltà istituzionali che hanno gli "stranieri" in Italia, con particolare riferimento ai coetanei

# Per pensare e motivare

- L'attività di avvio dell'Unità prevede che vi confrontiate su quattro preferenze diverse all'interno di uno stesso argomento. Per esempio, se doveste discutere su qual è la stagione migliore dell'anno secondo i gusti della vostra classe, si tratterebbe di dividersi in quattro *corners*, ovvero in quattro gruppi di preferenza, tra 1 primavera, 2 estate, 3 autunno, 4 inverno. Sulla base di queste "preferenze" si avvierà poi un'attività di riflessione e di confronto. L'argomento di discussione è l'**incontro tra persone che appartengono a popoli diversi.** Qual è l'atteggiamento che sentite come più sincero dentro di voi? Scegliete tra: 1 "quando si accoglie uno straniero si perde sempre qualcosa di proprio"; 2 "quando si accoglie uno straniero si incontra qualcosa di nuovo e affascinante"; 3 "tutti gli uomini hanno stessi diritti da qualunque parte vengano"; 4 "chi ospita uno straniero deve avere in cambio qualche privilegio".

- Prima di riunirvi con i compagni che hanno scelto il vostro stesso "angolo" (e ancora non sapete chi sono), scrivete su un foglio le ragioni che vi hanno fatto operare quella particolare scelta. Riflettete su:

  - che cosa motiva la vostra preferenza;

  - quali sono i sentimenti che provate;

  - esempi che vi vengono in mente a proposito dell'atteggiamento che avete scelto;

  - quali sono i pensieri che accompagnano la vostra preferenza.

  Se è più di una la preferenza per cui optereste, fate cadere la vostra scelta su quella che vi sembra più importante.

- Dividetevi ora nei quattro gruppi ai quattro angoli della classe, mettendovi in cerchio con le sedie. Ognuno spiegherà agli altri che cosa ha scritto e ascolterà i compagni: chi ha scelto lo stesso angolo, infatti non è detto lo abbia fatto per la stessa motivazione. In questa fase è importante il confronto con i compagni, sia nell'esprimersi con libertà, sia nell'accogliere le esperienze degli altri con attenzione.

- Al termine della discussione farete un breve riassunto per punti di tutte le opinioni-motivazioni espresse nel gruppo e infine un rappresentante del vostro "angolo" preparerà un resoconto per la classe.

- L'ultima fase del lavoro prevede che i quattro rappresentanti dei *corners* raccontino ciò che è accaduto all'interno del gruppo, facendo una relazione della discussione avvenuta.  Tutti avranno quindi una "fotografia" delle diverse opinioni che sono presenti nella classe a proposito di uno stesso argomento, in modo condiviso e articolato, perché ogni parere ha più di una motivazione a sostenerlo.

Ci sono aspetti della persona umana che sono, talvolta, contraddittori. Tutti noi infatti abbiamo bisogno di un **luogo personale, nel quale abitare** e riconoscerci, dove tutto è fatto a nostra misura, ci riposa, ci accoglie; ma tutti noi abbiamo anche bisogno di **andare verso altri luoghi**, più o meno lontani, in cui il paesaggio, le condizioni di vita, le abitudini, la lingua, le credenze sono molto diversi. Siamo tutti un po' stanziali e un po' erranti, proteggiamo ciò che ci appartiene e tendiamo verso ciò che è lontano. La necessità di spostarsi, però, non sempre è determinata dalla sola volontà di conoscere nuovi luoghi, come si fa in un **viaggio**, talvolta si è spinti a **lasciare per sempre** la propria terra (o casa) per cercare una migliore condizione economica, una diversa libertà politica, un ambiente più ospitale o più sano. La prima parte dell'Unità, intende esplorare proprio questi diversi "territori", ponendo a confronto tre comportamenti che ci appartengono, **stare**, **viaggiare**, **migrare**.

# Stare: abitare la propria terra di Aharon Appelfeld

leggere scrivere

parlare

TESTO NARRATIVO

1 2 3 livello di difficoltà

**Nella casa dove si abita ogni giorno ci sono persone e cose che fanno parte della propria vita in modo intenso, perché è con esse che ciascuno cresce e cambia, trova sicurezza rispetto al mondo esterno, vive la propria storia presente e pensa a quella futura. La casa, la terra, la cultura con cui si cresce è importante per tutti gli esseri umani, che trovano in essa un fondamento, un'identità. Nel testo che segue, Ahron Appelfeld, deportato da bambino in un campo di concentramento, ricorda un giorno in casa sua, prima di essere portato via dalla guerra, un giorno in cui l'affetto e le cose sono un tutt'uno, un luogo sereno e limpido, in cui la quotidianità costruisce la vita.**

Una memoria più netta[1] è legata a un parola, troppo lunga e non facile da pronunciare: *Erdbeeren*, che in tedesco significa "fragole". È primavera. La mamma è in piedi, davanti alla finestra aperta, io sto su una sedia accanto a lei e d'improvviso spunta da una stradina laterale una giovane rutena[2], con una cesta rotonda e larga piena di fragole sulla testa. – *Erdbeeren*! – grida la mamma. Il richiamo non è rivolto alla ragazza, ma a papà che è sceso in cortile ed è molto vicino alla ragazza. Papà la ferma, lei toglie la cesta dalla testa e per un momento parlano. Papà ride, estrae una banconota dalla tasca del suo cappotto e la consegna alla ragazza: lei in cambio gli porge la cesta con tutte le fragole. Papà sale le scale ed entra in casa. Ora si può vederla da vicino: la cesta non è profonda ma molto larga, le fragole sono minuscole e rosse, emanano l'odore del bosco. Ho molta voglia di stendere la mano e prenderne una manciata, ma so che toccare è assolutamente proibito e mi trattengo. La mamma evidentemente mi

**1 Una memoria più netta**: l'autore sta ricordando la prima infanzia e ha appena detto che non gli è facile distinguere con precisione gli episodi.

**2 rutena**: la popolazione rutena originariamente viveva tra Ucraina, Slovacchia e Polonia, parlava una lingua propria simile all'ucraino e al polacco; oggi è assimilata alle tre nazioni citate.

capisce, prende una manciata di fragole, le sciacqua e me le serve in una piccola ciotola. Sono talmente felice che soffoco dalla gioia.
Solo ora inizia la cerimonia: la mamma cosparge i minuscoli frutti di zucchero a velo, aggiunge un po' di panna e ci serve la delizia. Non occorre chiedere il supplemento; la mamma continua ad aggiungere e noi ci abbuffiamo come se le fragole stessero per finire. Ma non c'è di che preoccuparsi, la cesta è ancora piena, non diminuirebbe neanche se mangiassimo tutta la notte. – Peccato che non abbiamo ospiti – dice la mamma. Papà ride con una risata sottile, come se fosse complice di un complotto. L'indomani ne mangiammo ancora delle grosse porzioni, ma senza fretta, distrattamente. La mamma appoggiò il rimanente sulla credenza, e io vidi con i miei occhi le splendide fragole che ingrigivano e avvizzivano; lo spettacolo mi turbò per tutta la giornata. Ma la cesta di vimini fatta di semplici rametti rimase a lungo con noi, e ogni volta che mi capitava sotto gli occhi la ricordavo posata sulla testa della ragazza rutena come una corona rossa.

da A. Appelfeld, *Storia di una vita*, Guanda

## competenze alla prova

### LEGGO E...

#### ... COMPRENDO

1. **Quante e quali persone l'autore cita nel suo ricordo?**
2. **In quale stagione si svolge l'episodio?**
3. **Che cosa provoca gioia nel piccolo protagonista del racconto?**

#### ..RICAVO DAL TESTO

4. **Alla frase "*peccato che non abbiamo ospiti*" il padre e la madre ridono complici: che cosa sottintende questa risata, per essere capita esplicitamente dal lettore?**

#### ...ANALIZZO E INTERPRETO

5. **Come si presenta il ricordo citato dal racconto?**
   - ☐ È semplice ma pieno di dolore
   - ☐ È capace di fare comprendere l'affetto e la serenità di un momento di famiglia
   - ☐ È pieno di sottintesi
   - ☐ È banale e senza significato
6. **Quale immagine di famiglia trasmette la scena raccontata dall'autore?**
7. **Quale significato hanno le fragole nella scena?**
   - ☐ Sono esempio di una felicità domestica che, però, si può modificare velocemente
   - ☐ Sono il simbolo dell'affetto che si vive nell'infanzia
   - ☐ Sono segno di una gioia senza limiti
   - ☐ Sono semplicemente un cibo goloso
8. **La cesta di vimini che resta dopo che le fragole sono state consumate, che cosa rappresenta, secondo te?**
   - ☐ Un caso: si è conservata la cosa meno importante
   - ☐ La simpatia della ragazza rutena
   - ☐ Il segno dell'affetto dei genitori per i figli
   - ☐ La permanenza di un ricordo, anche se non è più presente ciò che è accaduto

### ORA SCRIVO IO

9. **C'è un ricordo della tua vita che potresti usare, come ha fatto Appelfeld, per dimostrare che lì ti sei sentito bene, tra persone che ti hanno circondato d'affetto? Racconta.**
10. **Descrivi un oggetto al quale sei affezionato particolarmente, perché rappresenta più di altri la tua infanzia.**

## GIOCO DI SQUADRA

11 Scopo del gioco è costruire un museo in cui sono presenti tanti tipi di abitazioni diverse, che rappresentano sistemi di vita differenti. Le "case" ricostruite faranno riflettere sulla somiglianza e sulla differenza dei modi di vivere la quotidianità nel mondo.

### FASE 1

Nel mondo esistono molti musei che ricostruiscono case (o capanne, tende ecc.) nelle quali gli uomini abitano, organizzate secondo diverse modalità di vita. Un esempio tra i tanti è il MMM di Brunico (BZ), realizzato da Reinhold Messner, dove sono ricostruiti gli interni delle case di montagna, provenienti da tutte le zone della Terra che Messner ha esplorato con le sue spedizioni. In uno stesso edificio si possono vedere arredi, oggetti, abiti, pentole, piatti, cibi che provengono da luoghi molto lontani, l'Asia, l'Africa, l'Europa.

E voi, quali "case" decidete di documentare? Fate una prima ricognizione d'opinione in classe e selezionate quattro progetti diversi (per esempio, le case dell'Asia; le case dei nomadi; le case sulle rive del mare; le case nelle città e così via); sulla base dell'interesse verso uno di questi progetti dividetevi in gruppi con pari numero di partecipanti.

### FASE 2

Raccogliete materiale inerente all'ambiente abitativo che avete scelto, servendovi principalmente di Internet, dopo aver selezionato alla presenza dei vostri insegnanti i siti che volete esplorare. Svolgerete i seguenti punti:

- la forma delle case;
- dove si cucina;
- dove si vive la maggior parte del tempo;
- dove si dorme;
- dove si conservano cibi e oggetti utili alla vita;
- come si organizza una giornata nella casa che si è "esplorata";
- quali sono le persone che vivono in quella casa: dove stanno le donne, gli uomini, i bambini, i vecchi ecc.;
- chi e che cosa protegge la casa che state osservando e da che cosa.

### FASE 3

Preparate ora una presentazione del vostro materiale, in modo che i tutti i gruppi possano far "entrare" i compagni nella casa che hanno esplorato. Al termine della presentazione potrete fare qualche osservazione conclusiva, rispondendo alle domande:

- sapreste adeguarvi alle modalità di vita che avete conosciuto? Se sì, perché? E se no, per quali motivi? Date giustificazione di quanto affermate.
- tutte le case in cui siete entrati erano fatte per rispettare ritmi di vita umani, in relazione all'ambiente naturale in cui si colloca la vita delle persone. Quali sono gli aspetti comuni a tutte le diverse abitazioni che avete esplorato, pur nella loro diversità data dall'ambiente in cui sono state costruite?
- avendo visto più di un modo di costruire una casa o di abitare in essa, date una definizione allargata di "abitare", inserendo tutto ciò che secondo voi è indispensabile per poter capire l'idea che sta "dentro" al verbo abitare.

# Viaggiare: andare per tornare di Bruce Chatwin

**Bruce Chatwin era un esperto d'arte della più famosa casa d'aste inglese Sotheby's, quotato proprio per la sua capacità di cogliere il valore delle opere d'arte, soprattutto di pittura. Per un problema fisico, si trova a sospendere il suo lavoro e la sua carriera; il medico gli consiglia di viaggiare per guarire e Chatwin incontra luoghi e popoli diversi, di cui poi racconta in *Diari* che hanno affascinato intere generazioni di lettori. Nel testo che segue, racconta il suo primo viaggio in Africa, l'inizio di un'avventura che ha definito un modo di essere, *on the road*.**

leggere scrivere

parlare

TESTO NARRATIVO

1 2 3 livello di difficoltà

Verso i vent'anni avevo lavorato come "esperto" di pittura moderna in una famosa casa d'aste. Avevamo sedi a Londra e a New York e io ero una delle giovani promesse. Avrei fatto carriera, dicevano, dovevo solo giocare bene le mie carte. Un mattino mi svegliai cieco.

L'occhio sinistro riacquistò la vista il giorno stesso, ma il destro rimase inattivo e offuscato. L'oculista che mi visitò disse che non c'era nulla di organico[1], e diagnosticò la natura del disturbo.

– Hai guardato troppi quadri da vicino – disse. – Perché non lo sostituisci con vasti orizzonti?

– Perché no? – risposi.

– Dove ti piacerebbe andare?

– In Africa.

Il Presidente della società non mise in dubbio che avessi dei guai agli occhi, ma non riuscì a capire perché mai dovessi andare in Africa.

E io ci andai: nel Sudan. Quando arrivai all'aeroporto gli occhi erano già guariti.

Discesi il Nilo nel tratto di Dongola su una feluca[2] che trasportava merci. Scampai per miracolo a un cane idrofobo[3]. In una clinica a corto di personale feci l'anestesista durante un parto cesareo. Poi accompagnai un geologo che stava cercando campioni di minerali sulle colline del Mar Rosso.

Era una regione di nomadi, i Beja: i *fuzzy-wuzzy* di Kipling[4], i guerrieri sudanesi che se la ridevano di tutti, dei faraoni come della cavalleria britannica di Omdurman[5].

Erano uomini alti e magri, avvolti in teli di cotone color sabbia dai lembi sovrapposti sul petto. Entravano nei villaggi con scudi di pelle d'elefante e spade "da crociato" appese alle cinture, per barattare

**1 nulla di organico**: il disturbo di cui soffre Chatwin non è legato all'organo della vista, ma è di natura psicologica.

**2 feluca**: si tratta di un'imbarcazione che non affonda troppo oltre il pelo dell'acqua, utile soprattutto nei fiumi dove la profondità del fondale non è molta.

**3 cane idrofobo**: la rabbia (idrofobia) è una malattia che colpisce soprattutto i cani, ma che può essere trasmessa all'uomo attraverso un morso. È mortale.

**4 Kipling**: scrittore inglese vissuto tra il 1865 e il 1936, premio Nobel per la Letteratura nel 1907. Le sue opere più note sono i due *Libri della giungla* e *Kim*.

**5 Omdurman**: una delle tre città dell'agglomerato urbano di Karthoum, la capitale del Sudan.

la carne con il grano. Guardavano gli abitanti del villaggio con disprezzo, come se fossero animali diversi da loro. Alle prime luci dell'alba, mentre sui tetti gli avvoltoi si sgranchivano le ali, il geologo e io stavamo a guardare gli uomini che come ogni giorno si facevano l'acconciatura.

Si ungevano a vicenda i capelli con grasso di capra profumato, poi lo pettinavano in riccioli a cavaturacciolo formando un parasole burroso che faceva le veci di un turbante e impediva al cervello di rammollirsi.

Il nostro cammelliere si chiamava Mahmoud ed era un mattacchione. Aveva una zazzera[6] ancora più imponente di quella degli altri, e cominciò col rubare il martello da geologo. Poi lasciò che noi gli rubassimo il coltello, e allora, tra sonore risate, ce li scambiammo e così diventammo grandi amici.

Quando il geologo ritornò a Khartoum, Mahmoud mi accompagnò nel deserto a cercare pitture rupestri[7].

La regione a est di Derudeb era scolorita e riarsa; c'erano lunghe pareti di roccia grigia e palme dum[8] che crescevano negli *uadi*[9]. Le

**6 zazzera**: capigliatura lunga fino al collo.

**7 pitture rupestri**: dipinti realizzati sulle pareti delle rocce, dalle popolazioni primitive. Sono tra i documenti storici più antichi del mondo.

**8 palme dum**: è un tipo di palma proprio dell'Africa orientale, caratterizzata da fusto doppio.

**9 *uadi***: corso d'acqua a regime temporaneo, con alveo spesso asciutto.

pianure erano punteggiate di acacie che avevano la punta piatta, i rami nudi in quella stagione, lunghe spine bianche che sembravano ghiaccioli e una spolverata di fori gialli. Di notte, mentre vegliavo sotto le stelle, le città dell'Occidente mi parevano tristi e aliene, e le pretese del "mondo dell'arte" assolutamente idiote. Qui invece avevo la sensazione di essere tornato a casa. Mahmoud mi insegnò l'arte di riconoscere le orme nella sabbia: gazzelle, sciacalli, volpi, donnole. Seguimmo la pista di un branco di asini selvatici e lo avvistammo. Una notte udimmo un leopardo tossire accanto a noi. Una mattina Mahmoud tagliò la testa a una vipera che si era raggomitolata sotto il mio sacco a pelo e me ne offrì in dono il corpo, infilzato sulla punta della sua spada. Con nessuno mi sono mai sentito più al sicuro né, al tempo stesso, più inadeguato.

Avevamo tre cammelli, due per noi e uno per le ghirbe[10], ma di solito preferivamo andare a piedi. Lui camminava scalzo, io con gli stivali. Non ho mai visto un passo leggero come il suo, e mentre camminava, cantava: di solito una canzone su una ragazza dell'Uadi Hammamat, graziosa come un parrocchetto[11] verde. I cammelli erano tutta la sua ricchezza, non possedeva greggi, né ne voleva. Era immune da tutto ciò che noi chiamiamo "progresso".

Trovammo le pitture rupestri: minuscoli omini rosso ocra scarabocchiati su una roccia a strapiombo. Poco lontano c'era un masso lungo e piatto con un spaccatura su un lato e la superficie bucherellata come un ditale. Quello, disse Mahmoud, era il Drago cui Alì[12] aveva tagliato la testa.

Mi domandò con un sorrisetto malizioso, se ero credente. In due settimane non l'avevo mai visto pregare.

Più tardi, quando tornai in Inghilterra, trovai la fotografia di un *fuzzy-wuzzy*: era un bassorilievo su una tomba egizia della dodicesima dinastia, a Beni Hussan: una figura patetica, emaciata, simile alle immagini delle vittime nella siccità del Sahel[13] – il ritratto di Mahmoud. I faraoni erano scomparsi: Mahmoud e il suo popolo erano sopravvissuti. Pensai che dovevo conoscere il segreto della loro vitalità irriverente e senza tempo.

Smisi di lavorare nel "mondo dell'arte" e ritornai nei luoghi aridi: da solo, con poco bagaglio. I nomi delle tribù che incontrai nei miei viaggi hanno scarsa importanza: Rguibat, Quashgai, Taimanni, Turcomanni, Bororo, Tuareg – popoli i cui viaggi, a differenza del mio, non avevano né inizio né fine.

da B. Chatwin, *Le vie dei canti*, Adelphi

**10 ghirbe**: grandi otri di pelle utilizzati per il trasporto dell'acqua.

**11 parrocchetto**: nome di una specie particolare di uccello, piccolo, variopinto, affine ai pappagalli.

**12 Alì**: si tratta del genero di Maometto, che si dice avesse combattuto e ucciso il drago.

**13 vittime ... Sahel**: la siccità colpisce spesso e severamente questa regione meridionale del Sahara, situata tra la costa atlantica e il Mar Rosso.

## competenze alla prova

### LEGGO E...

#### ... COMPRENDO

1. Quale incidente di salute capita al protagonista del racconto? Sottolinea nel testo malattia, diagnosi e cura proposta.

2. Con quale imbarcazione Chatwin raggiunge il Sudan, meta del suo viaggio?

3. Chatwin, a un certo punto del suo viaggio, decide di seguire qualcuno: di chi si tratta?
   - ☐ Un geologo con la sua guida locale
   - ☐ Un chirurgo nel suo ospedale da campo
   - ☐ Un guerriero sudanese
   - ☐ I *fuzzy-wuzzy*

4. Quale pettinatura hanno i cammellieri che guidano Chatwin e il suo compagno di viaggio?

5. Mahmoud accompagna Chatwin verso una meta speciale: di che cosa si tratta?

6. Quali animali cita Chatwin, incontrati direttamente o indirettamente?

7. Seleziona sul testo la sequenza descrittiva che Chatwin dedica alla figura di Mahmoud.

8. Quando Chatwin rientra dal suo viaggio, che cosa decide di fare?
   - ☐ Riprende il suo lavoro presso la casa d'aste
   - ☐ Compie numerose ricerche sugli ambienti e popoli che ha conosciuto
   - ☐ Lascia definitivamente il suo lavoro
   - ☐ Non sa che cosa decidere

#### ...RICAVO DAL TESTO

9. Al termine di un episodio particolare, Chatwin dice che non si è mai sentito così inadeguato come con Mahmoud. A che cosa si riferisce?

10. I cammellieri indossano un particolare copricapo: da tutti gli elementi del testo sapresti dedurre a che cosa serve?

11. Quando Chatwin ritorna in Inghilterra, dice che *"doveva conoscere la vitalità"* dei nomadi africani: quale decisione sottintende questo passaggio?

#### ...ANALIZZO E INTERPRETO

12. Perché un viaggio può essere cura della cecità improvvisa di Chatwin?
    - ☐ Perché un viaggio permette di conoscere nuove realtà
    - ☐ Perché lo scopo del viaggio è cercare guaritori africani
    - ☐ Perché il viaggio segnerà una tappa fondamentale della sua vita
    - ☐ Perché nel viaggio si sentirà libero dalla pressione della vita quotidiana

13. Definisci con parole tue quale tipo di viaggio sceglie Chatwin.
    - Scegli almeno cinque aggettivi diversi per descriverlo.

14. Spiega l'affermazione che Chatwin fa una notte nel deserto: *"Qui avevo invece la sensazione di essere tornato a casa"*.

15. Credi che Chatwin nel deserto avesse paura?
    - ☐ Sì, ma non vuole dirlo
    - ☐ Non sembra, si sente protetto dall'esperienza di Mahmoud
    - ☐ Non si mette mai in situazioni di rischio
    - ☐ Ha sempre molta paura

### ORA SCRIVO IO

16. Hai mai fatto un viaggio, anche breve, che è stato per te importante? Quale meta avevi? Quali erano le tue aspettative alla partenza e quali le tue impressioni al ritorno?

17. Che cosa significa fare un viaggio, secondo te? Scrivi una definizione di questa "azione" e spiega come vorresti che fosse presente nella tua vita, attuale e futura.

## GIOCO DI SQUADRA

18 Obiettivo del lavoro è conoscere un tipo di viaggio, che rispetta l'ambiente e i popoli che si incontrano, per imparare a viaggiare con intelligenza.

**FASE 1**

Immaginate di organizzare un viaggio per i componenti della vostra classe e di scegliere un modo di viaggiare alternativo rispetto alle più note forme turistiche "di moda". C'è un'organizzazione, nata dalle associazioni di volontariato e di solidarietà, che prepara viaggi con la finalità di entrare in contatto con le terre e le culture del mondo, con un atteggiamento di rispetto. Provate a capire che cosa significa fare un viaggio solidale andando sul sito www.viaggisolidali.it: leggete la *brochure* di presentazione dell'iniziativa e discutetene insieme, per essere sicuri di avere capito il senso del lavoro di questa associazione.

**FASE 2**

Dividete la classe in quattro gruppi; ciascuno sceglierà una meta nella sezione *Turismo culturale* e proverà a esplorare l'itinerario di viaggio, vedendo che cosa è previsto per:

- mezzi di trasporto, tempi, luoghi visitati;
- che cosa si pensa di scoprire del luogo e del popolo che vi abita;
- chi si incontrerà e con quali qualifiche, per essere accompagnati a capire problemi, difficoltà, prospettive e speranze della gente che si vedrà;
- dove si verrà ospitati e da chi;
- quali attenzioni sono previste per rispettare ambiente e popoli.

Dopo aver "esplorato" la vostra meta, esprimete nel vostro gruppo i "sogni" che sono nati tra voi rispetto a ciò che vi è stato presentato. Che cosa ha fatto nascere in voi il senso dell'avventura? Che cosa vi sembra potreste dire ai vostri compagni, per invogliarli a venire con voi, a esplorare la meta che avete scelto?
Avrete notato che in questo tipo di viaggi non è previsto un "intrattenimento" per ragazzi, con animatori che fanno giocare e cantare, ma tutto è centrato sul luogo da vedere e il popolo da incontrare: vi sembra che sia una buona scelta, per fare un viaggio?

**FASE 3**

Esponete ai vostri compagni la proposta di viaggio che avete esplorato e cercate di convincerli a venire con voi. Chi vincerà tra i quattro gruppi? Quali argomenti sono stati più convincenti degli altri?
Al termine delle presentazioni, riflettete insieme su questi punti:

- un viaggio, per essere interessante, che cosa è importante contenga?
- quali sono le mete che vi interessano: vicine o lontane da qui?
- conoscete persone che provengono dalle zone che volete visitare e che possono parlarvi della vita reale che vi si svolge?
- vi siete mai posti il problema che un viaggio possa essere "sostenibile", rispettando luoghi e persone?
- che cosa significa "viaggiare" (anche se in questa occasione lo abbiamo fatto con la fantasia) secondo voi? Quale valore ha "andare via" dal luogo in cui si abita e poi "tornare indietro"?

# Migrare: andare per non tornare più

di Beppe Fenoglio

leggere scrivere

parlare

TESTO NARRATIVO

1 2 3 livello di difficoltà

**La storia del protagonista del racconto di Fenoglio è per certi versi esemplare, in quanto potrebbe riguardare molti giovani contadini vissuti agli inizi del secolo scorso. La vicenda si svolge nelle Langhe, zona del Piemonte dove per secoli i contadini sono vissuti in condizione di estrema povertà e miseria, senza nessuna speranza di riscatto. Il protagonista, un ragazzino privo dei mezzi economici per poter studiare, è destinato a ripercorrere le stesse orme del padre: la sua sarà la vita del lavoratore salariato, fatta di sacrifici e di scarse soddisfazioni, in una campagna in cui non sembra possibile nessuna vita se non quella caratterizzata dalla fatica e dalla rinuncia. La loro storia è quella di tutti i migranti che lasciano la terra, cercando una condizione migliore, con l'abbandono nel cuore.**

Dopo la terza elementare suo padre lo tolse da scuola, inutilmente il vecchio maestro Alliani venne su fino alla Collera[1] per dire a suo padre che era un peccato, che a continuare le scuole quel suo figlio poteva riuscire maestro, o veterinario o speziale[2]. Poteva avere tutto quel pane nelle mani[3], ma suo padre non poteva dargli il lievito per cominciarlo[4]. Disse al maestro Alliani che sapeva far la firma, scrivere una lettera ai parenti se in casa fosse mancato[5] qualcuno e per contare sapeva contare fino a una cifra che non avrebbe mai avuta in soldi. E poi gli disse: – Come volete che lo tenga[6] agli studi, se non posso nemmeno passarvi[7] il caffè a voi, che per l'interessamento avete montata[8] una collina, alla vostra età!

**1 Collera**: nome di una cascina delle Langhe piemontesi.

**2 speziale**: farmacista.

**3 pane nelle mani**: ricchezza in suo possesso.

**4 suo padre ... lievito per cominciarlo**: il padre non aveva i mezzi per farlo studiare (cosa che gli avrebbe poi permesso di arricchirsi). Nota la metafora del pane, che per diventare tale ha bisogno del lievito.

**5 mancato**: morto.

**6 tenga**: mantenga.

**7 passarvi**: offrirvi.

**8 montata**: salito.

Suo padre aveva in testa di metterlo subito da servitore su una qualche langa[9], e dové[10] ringraziare una pleurite[11] che gli venne nell'autunno se il servizio venne procrastinato[12]. Durante la malattia sua madre fece una pratica per farlo entrare nel seminario di Mondovì[13], padrone poi lui di prendere la veste[14] o di tornare nella vita con un'istruzione. Ma avevano da offrire troppo poco per venire in qualcosa almeno pari[15] e del seminario non si parlò più. Mentre si aspettava che lui si rimettesse dalla pleurite, faceva le solite cose di quando andava a scuola: tagliar legna, tirar l'acqua al pozzo e soprattutto pascolare.

Pascolare gli piaceva, a differenza degli altri ragazzi che ci pativano tra bestie, erba e nuvole e passavano il tempo pensando alle mattinate di festa che potevano giocare al pallone ai tetti[16] od alle sere nelle stalle che potevano giocare a carte, con la posta[17] di bottoni, ai pericolosi giochi dei padri. Gli altri ragazzi si chiamavano, da bricco a bricco[18], con grida selvagge, col solo nome facevano tutto un discorso[19]. Lui, il ragazzo della Collera, non chiamava mai, non sentiva il bisogno di discorrere con nessuno. Il suo stroppo[20] era il più piccolo di tutti, e le pecore erano disciplinate da non richiedere nemmeno una guardata di tanto in tanto e lui da quando veniva a quando sentiva l'Ave al campanile di Murazzano[21] pensava e girava gli occhi tutt'intorno. Guardava su a Mombarcaro e giù a San Benedetto, e poi Niella e Bossolasco e la punta del campanile di Serravalle[22], guardando lungo e profondo nella valle di Belbo[23], arrivava con gli occhi fin dove per la lontananza le ultime colline non eran più che una nuvola d'incenso in chiesa[24]. E gli faceva effetto[25] pensare che andar da servitore voleva dire anzitutto lasciar questi posti e tutti i giorni se li imprimeva bene negli occhi, era arrivato al punto che chiudeva gli occhi e puntava il dito e riaperti gli occhi il dito era puntato sul campanile del paese fissato per il gioco. E c'era sempre un silenzio che lui poteva sentire l'uggiolo[26] del suo cane dalla Collera lontana, legato alla catena trecentosessantacinque giorni dell'anno.

**9 langa**: collina.

**10 dové**: dovette.

**11 pleurite**: infiammazione della pleura, membrana sierosa che riveste i polmoni e le pareti toraciche.

**12 procrastinato**: rinviato.

**13 Mondovì**: città del Piemonte in provincia di Cuneo.

**14 prendere la veste**: decidere di diventare sacerdote.

**15 avevano da offrire ... almeno pari**: non avevano denaro sufficiente per farlo entrare in seminario.

**16 pallone ai tetti**: pallone elastico o pallapugno, gioco a squadre in cui la palla viene colpita con il pugno. In origine si giocava nelle piazze dei paesi e la palla era messa in gioco con un lancio dai tetti.

**17 posta**: somma che si punta al gioco.

**18 da bricco a bricco**: dalle cime delle colline.

**19 col solo nome facevano tutto un discorso**: si capivano solo chiamandosi per nome.

**20 stroppo**: gregge.

**21 l'Ave al campanile di Murazzano**: sentiva i rintocchi dell'Ave Maria dal campanile di Murazzano, città in provincia di Cuneo.

**22 Mombarcaro ... Serravalle**: sono tutte località situate nell'Alta Langa piemontese.

**23 Belbo**: torrente che scorre nelle Langhe.

**24 nuvola d'incenso in chiesa**: nel senso che sono talmente lontane da essere indistinte, come il fumo dell'incenso.

**25 gli faceva effetto**: gli faceva impressione.

**26 uggiolo**: lamento del cane. Si tratta di una forma gergale che sta per "uggiolio".

A un ragazzo al pascolo non succede mai niente, ma lui non ne soffriva perché proprio mentre era al pascolo si faceva succedere nella testa tutto quel che voleva.

Ma un giorno, successe proprio qualcosa. Per la strada della langa, dritto sul suo prato[27], vennero un cinque o sei ragazze delle cascine tutt'intorno a Murazzano, che lui conosceva solo di vista. Andavano certo per funghi e portavano arrotolato alla vita il gran grembiale[28] delle loro madri, come per una raccolta mai vista. Lui s'era appiattito sull'erba, come aveva visto spuntar le loro teste per l'erta[29], ma le ragazze si fermarono proprio sul fosso del suo prato e una gli mandò una voce[30]. Una forza oscura lo teneva contro la terra e per alzarsi fece uno sforzo che anche a lui diede la sensazione di quanto era stato goffo. Venne incontro al fosso, ma non poteva sopportare lo sguardo fisso di quelle cinque ragazze e pensò bene di girarsi un paio di volte a guardare indietro le sue bestie.

– Tu sei il ragazzo della Collera – gli fece una di quelle.

– Son proprio io – disse lui con la voce che gli mancava.

– Tu che sei pratico di questi posti più alti dei nostri, dicci dove vengono meglio i funghi.

Lui parlò, checchezzando[31], dei boschi sotto Costalunga[32] e mostrò loro la strada.

Le ragazze accennarono della testa[33], ma non si muovevano. Forse volevano solo prender fiato dopo l'erta di Monte Berico, ma lui perse la testa e senza fare o dire scappò giù per il suo prato, oltre le bestie, fino in fondo e si intanò[34] nel castagneto. Gli arrivò dietro una sola alta e lunga risata da una di quelle ragazze, e quando lui sentì i loro passi lontanare[35] alzò la testa e tornò sul prato.

Era spaventato e umiliato come se gli fosse capitato qualcosa di vergognoso e che purtroppo non sarebbe finito lì, si rimise giù a sedere col petto premuto da un qualcosa. Di quelle cinque ragazze lui ne aveva notata, pur col suo sguardo spaventato, una: aveva i capelli biondi e quando girò la testa per seguire il suo dito che segnava Costalunga lui vide che li aveva riuniti dietro in un'unica treccia. Le altre avevano le calze di lana nera, lei invece era a gambe nude, e le sue gambe erano dritte e sottili, quasi senza ginocchio, come quelle dei capretti. Ripensandoci, trovò che le aveva preso[36] anche gli occhi, o forse era solo una sua invenzione di dopo, e che erano più profondi e più vecchi di quelli delle altre ragazze. Non doveva mangiare più di quel che mangiava lui.

Cominciò a pensarla, da quello stesso giorno, e tutti i giorni aggiungeva un pezzo alla figura di lei: non poteva pensare più a nient'altro e questo nuovo motivo gli faceva più ricca e curiosa la vita, lo faceva svegliar più presto ed addormentarsi più tardi.

Seppe chi era e il suo nome la **domenica** dopo: lei era in chiesa e passò poi con le altre alla dottrina[37]. Chiedere gli costò molto, ma il ragazzo di cui si fidò gli disse tutto quel che voleva sapere: si chiamava Nella ed era detta Nella della Mellea perché i suoi avevano in mezzadria[38]

**27 dritto sul suo prato**: gli venivano direttamente incontro.

**28 grembiale**: grembiule.

**29 erta**: salita con forte pendenza.

**30 gli mandò una voce**: lo chiamò.

**31 checchezzando**: balbettando.

**32 Costalunga**: altra località delle Langhe.

**33 accennarono della testa**: fecero segno con la testa di aver capito.

**34 intanò**: si nascose come in una tana.

**35 lontanare**: letterario per "allontanarsi".

**36 preso**: afferrato con lo sguardo e impresso nella memoria.

**37 dottrina**: lezioni di catechismo.

**38 mezzadria**: contratto agrario secondo cui i prodotti e gli utili vengono divisi tra il proprietario del fondo e il mezzadro.

**Domenica**
La parola "domenica", che indica il settimo giorno della settimana, quello della festa e del riposo, significa alla lettera "giorno dedicato al Signore". Signore, infatti, nel latino cristiano si diceva *Dominus*: *dominica* è l'aggettivo femminile che significa "giorno (in latino *dies*) del Signore".

la cascina della Mellea, che era la più povera di tutto il territorio di Murazzano. Ed era sorella di quattro fratelli. [...] Seduto sul prato, gli occhi fissi all'orizzonte ma senza veder niente, aveva la facoltà e la felicità di chiamar Nella e di vederla subito comparire dove lui sceglieva, uscire dal folto del castagneto se lui voleva riceverla immobile, oppure profilarsi sulla strada se lui voleva voltarsi. Nella si muoveva, parlava, stava, tutto come voleva lui, salutava arrivando e partendo proprio come voleva lui, con gesti e parole che lui aveva preparato per lei, fatti e dette nella misura e col tono che lui voleva. Diceva lei poche parole, ma davano il via a lunghi discorsi di lui che lei ascoltava in un modo che mai nessun uomo ebbe una ragazza a pendergli dalle labbra così e nessun uomo guardato con occhi più stregati di Nella. [...]
Ad ogni modo pensava sempre a Nella, e se la sognava persino di notte ed al mattino se ne ricordava subito e bene, dimodoché passava la giornata con indosso un senso di destino[39].
Un giorno non poté più star lontano e lasciando le pecore da loro che se i suoi venivano a saperlo l'ammazzavano, calò verso la Mellea. Non voleva incontrar Nella, moriva di paura a pensarci, ma voleva veder da vicino il suo tetto e le piante che ci crescevano intorno e sentir l'aria che lei respirava. Ci stette chissà quanto, senza che sentisse un rumore nella casa, o che uno della famiglia uscisse sull'aia. Alzando gli occhi lesse l'ora nel colore dell'aria[40] e spaventato scappò su al suo bricco[41].
Poi venne a sapere per un discorso che fece a casa suo padre che quel disperato del padre di Nella migrava in Francia per non crepare a Murazzano di fame e sotto i debiti. Ne aveva parlato all'osteria e aveva già detto quel che avrebbero fatto una volta in Francia, con un po' di fortuna. Lui avrebbe fatto il vinattiere[42], i figli da servitori nelle campagne e Nella la filandiera[43]. Aveva venduto tutto il cavià[44] per fare il viaggio.
Lui seppe la mattina che partivano e uscì dal letto e da casa come un topo. Andò a nascondersi dietro una gaggia[45], prima dell'ultima curva della pedaggera[46] al mare. Aspettò lì e vide poi venir su il carro pieno di masserizie[47] e le persone aggrappate a quelle. Gli passarono davanti e lui vide bene un'ultima volta la treccia unica ed il profondo sguardo di lei. Andò dietro per un tratto, avanzando curvo dietro la gaggia. Sul carro erano tutti silenziosi e nessuno si voltava indietro. Prima di voltare nell'ultima curva della pedaggera, il padre fermò il cavallo e disse ai figli: – Figlioli, voltatevi e guardate bene Murazzano perché è l'ultima volta che lo vedete.
Tutti si voltarono in silenzio e lui poté veder bene Nella. Poi si rivoltarono e l'uomo ridiede[48] al cavallo e se ne andarono. Lui non seguì oltre, perché l'aveva vista bene Nella e poi l'ultima curva della pedaggera era per lui la fine del mondo.
Se ne tornò a casa, così pronto e disposto, adesso, ad andar lontano da servitore.

B. Fenoglio, *L'addio*, in *Un giorno di fuoco e altri racconti*, Garzanti

**39 senso di destino**: rassegnazione al corso degli eventi.

**40 lesse l'ora nel colore dell'aria**: capì che ora era perché il cielo diventava scuro.

**41 bricco**: collina.

**42 vinattiere**: chi vende o commercia vino.

**43 filandiera**: operaia di una filanda, dove si filano fibre tessili.

**44 cavià**: capelli che venivano venduti per denaro.

**45 gaggia**: albero delle leguminose con chioma irregolare e fiori gialli profumati.

**46 pedaggera**: strada che si snoda sulla costa delle colline e arriva in Liguria.

**47 masserizie**: suppellettili e mobili della casa.

**48 ridiede**: spronò.

## competenze alla prova

### LEGGO E...

#### ... COMPRENDO

1. Chi è il protagonista del racconto?
2. Dove abita?
3. A quale lavoro è destinato dal padre?
   - ☐ Maestro
   - ☐ Speziale
   - ☐ Servitore
   - ☐ Pastore
4. Quali lavori svolge il ragazzo della Collera?
5. Quale, tra i vari lavori, gli piace particolarmente?
   - ☐ Tirare l'acqua al pozzo
   - ☐ Pascolare
   - ☐ Tagliare legna
   - ☐ Servire
6. Con quale intento il maestro Alliani si reca dal padre del ragazzo?
7. Perché il ragazzo non prosegue gli studi?
   - ☐ Perché non gli piace andare a scuola
   - ☐ Perché la famiglia è povera e non può mantenerlo agli studi
   - ☐ Perché la madre vuole che vada in seminario
   - ☐ Perché il maestro dà un parere negativo
8. La frase "*Ma un giorno successe proprio qualcosa*" introduce un cambiamento nella monotonia della vita del ragazzo. Di che cosa si tratta?
9. A chi pensa sempre il ragazzo dopo quell'incontro?
10. Che cosa viene a sapere, un giorno, il protagonista, a proposito della famiglia di Nella?
11. Come termina la vicenda? Riassumi brevemente il finale.

#### ...RICAVO DAL TESTO

12. Da quale particolare si può ricavare quale sia, più o meno, l'età del ragazzo?

#### ...ANALIZZO E INTERPRETO

13. Al ragazzo piace portare al pascolo le bestie a differenza di altri "*che ci pativano*".
    - A che cosa pensano gli altri ragazzi mentre sono al pascolo?
    - Quale opportunità vede, invece, il ragazzo della Collera nel fare un lavoro in cui "*non succede mai niente*"?
14. Esaminando la reazione del ragazzo nell'episodio in cui incontra per la prima volta Nella, possiamo ricavare alcuni aspetti del suo carattere. Scegli tra gli aggettivi seguenti quelli che ti sembrano più opportuni per descriverlo.

    timido - arrogante - orgoglioso - coraggioso - goffo - pigro - dignitoso - ridicolo - timoroso - sensibile - codardo - spaventato
    - Motiva le tue scelte.
15. Il ragazzo, pur avendo il dubbio che lei lo abbia preso in giro, coltiva e fa crescere il suo amore per Nella. In quale modo? Motiva la tua scelta facendo riferimento al testo.
    - ☐ Pensando sempre a lei e comprandole molti regali
    - ☐ Pensando sempre a lei, costruendone nel ricordo un'immagine via via più precisa
    - ☐ Pensando sempre a lei e manifestando le sue capacità
    - ☐ Pensando sempre a lei e seguendola
16. Spiega in che modo l'ambiente sociale (il mondo povero dei contadini) in cui si svolge la vicenda influenzi la vita dei personaggi. Soffermati in particolare sui seguenti aspetti:
    - la povertà, il bisogno della società contadina delle Langhe del tempo;
    - il duro rapporto tra uomo e terra;
    - la necessità dell'emigrazione;
    - la fatica del lavoro.

### ORA SCRIVO IO

17. Che cosa significa, secondo te, partire per non tornare mai più? Prova a immaginarlo immedesimandoti nei pensieri della famiglia di Nella, quando il padre dice: "*Figlioli, voltatevi e guardate bene Murazzano perché è l'ultima volta che la vedete*".

## GIOCO DI SQUADRA

**18** **Scopo dell'attività è "vedere" il fenomeno della migrazione nel nostro Paese, fotografato attraverso una carta, che ne metta in evidenza numeri e provenienze; "ascoltare" che cosa comporta la convivenza tra persone che provengono da luoghi diversi in una stessa città; elaborare una prima definizione di "società multiculturale".**

### FASE 1

**Esplorate insieme, con la classe al completo, la carta elaborata dalla redazione di "Limes", rivista di storia contemporanea, sul fenomeno della migrazione in Italia, oggi. Individuate:**

- da dove provengono i migranti in Italia;
- in quale percentuale di migliaia di persone;
- attraverso quali percorsi.

**L'indirizzo internet è** http://temi.repubblica.it/limes/da-dove-vengono-i-migranti-2/3005

### FASE 2

**Ascoltate ora l'intervista realizzata a Fredo Olivero, responsabile dell'Ufficio Migranti di Torino e impegnato da anni nell'accoglienza degli stranieri in Italia, con temi e problemi connessi a questo fenomeno. Ciò che dice nella breve intervista si riferisce naturalmente alla città di Torino, ma non così diversa è la situazione italiana in generale. Vi proponiamo di vedere il filmato e di fare di seguito un breve esercizio di comprensione dei contenuti dell'intervista.**

http://benvenutiinitalia.it/2011/11/15/scuola-di-politica-don-fredo-olivero/

**Rispondete alle seguenti domande:**

- a Torino ci sono stati fenomeni di immigrazione ed emigrazione?
- da quali regioni vengono gli immigrati italiani?
- da dove quelli stranieri?
- quale percentuale di immigrati c'è attualmente in Torino rispetto all'intera popolazione della città?
- nel futuro delle città italiane c'è un cambiamento di popolazione, con una forte componente di persone che vengono da Paesi stranieri: che cosa dice Olivero in proposito?
- se non ci fossero persone che vengono da altri Paesi, la popolazione della città sarebbe in diminuzione?

### FASE 3

**La carta che avete visto e l'intervista su cui avete brevemente lavorato aprono in modo più diretto il tema sul quale lavoreremo nell'Unità, ovvero la convivenza tra popoli diversi su uno stesso territorio. Prima di approfondire il tema attraverso le letture proposte, vi chiediamo di dare due definizioni, sulle quali ritornerete alla fine del percorso, per vedere se si è modificato (e in che modo) il vostro parere:**

- che cosa significa "migrare"? Scrivete insieme una definizione di migrazione.
- che cosa significa "convivere tra popoli diversi"? Scrivete una definizione di convivenza interculturale.
- che cosa significa "società multiculturale"? Scrivete ancora questa definizione e poi entrate nel vivo dell'Unità.

# Nel cuore, il proprio Paese

Vivere lontani dalla propria casa, dalla terra in cui si è nati, è una condizione difficile. Si rinuncia a un mondo intero, che si porta con sé nella memoria. Si tratta di **luoghi** nei quali si è vissuto: strade di città, case e vie, ma anche campagne fatte di campi coltivati e boschi incolti, montagne di confine e mari calmi. Si tratta di **interni** anche poveri, ma privati, personali. Si tratta di **affetti**, di madri e padri, di nonni e fratelli, di persone che fanno parte di un mondo vissuto con intensità: quello delle relazioni che costruiscono il carattere. Si tratta anche di feste, attese con preparativi diversi, che scandiscono il **tempo** della cultura cui si appartiene, portate nell'animo come il calendario della propria storia più autentica. Per questo, nella sezione che segue, ascolteremo voci che provengono da tante culture diverse del mondo, per riconoscere quella "casa" che abita nel cuore di chi vive lontano dalla sua terra; per saperla intuire o cercare in chi sta accanto a noi.

## Il tornado di Mo Yan

leggere scrivere

TESTO NARRATIVO

1 2 3 livello di difficoltà

**Mo Yan, cinese, vincitore del Premio Nobel per la Letteratura nel 2012, scrive in un racconto la storia di un ragazzo, Xing'er, che vive con il nonno un'avventura importante, capace di farlo passare dal tempo dell'infanzia a quello della responsabilità. La storia è ambientata nella campagna cinese, in cui la vita è scandita dal lavoro dei campi, vissuta con cura come sono soliti fare i popoli dell'Oriente. Anche il rispetto verso i ruoli famigliari, la madre, il nonno, il nipote, è vissuto in modo delicato e ricco di significati. Nelle parole di un nonno e di un nipote che comunicano sulla vita e la morte attraverso un ciuffo d'erba si scorge un "nocciolo" importante che il ragazzo porta con sé, anche lontano dalla campagna, in città, dove studia e dove vivrà.**

# 10 Una bella differenza

Quando giunsero le vacanze estive, feci rapidamente i bagagli e presi il treno per tornare a casa. Con il cuore gonfio di tristezza, ripensai per tutto il viaggio alla lettera che mi avevano mandato i miei qualche giorno prima, per comunicarmi la morte del nonno ottantaseienne.

L'ultima volta che l'avevo visto, durante le vacanze invernali, sei mesi prima, era ancora in ottima salute. Niente lasciava prevedere che se ne sarebbe andato così presto!

Mio nonno era piccolo di statura, con la pelle scura e il bulbo oculare grigio. Era un uomo buonissimo e mi aveva sempre dimostrato un grande affetto. Mio padre morì quando ero molto piccolo, e il nonno, che gli aveva già passato lo scettro[1] di capofamiglia, dovette ricaricarsene il peso sulle spalle. Fu lui a guidare me e mia madre attraverso anni molto difficili.

Al villaggio era uno dei migliori al tempo del raccolto; faceva bene tutto: condurre un carro, trasportar pesi col bilanciere[2], zappare, falciare. Il suo lavoro era di gran lunga superiore a quello degli altri. All'inizio dell'estate, quando il grano era maturo, gli uomini della brigata andavano nei campi con le falci. Il nonno lasciava stoppie[3] corte e regolari. I suoi fasci, legati al centro, erano perfetti senza una spiga fuori posto. Quando il carro li trasportava sull'aia, ammassandoli a formare una collinetta, le donne riconoscevano subito quelli del nonno.

– Guardate! Questa è certo opera del vecchio "Oplà" –. I fasci che tenevano fra le braccia erano perfetti, come quelli che si vedevano nei manifesti di propaganda[4] fra le braccia di belle contadine con il fazzoletto in testa.

– Solo lui sa fare un così bel lavoro! [...]

Se fai qualcosa, fallo bene, concentrati e non pensare ad altro, era questo il criterio del nonno. I suoi attrezzi erano tenuti in modo impeccabile. Zappa, falce e vanga, lucidati alla perfezione, non avevano

**1 scettro**: è bastone del comando; in senso lato segna l'autorità assoluta su qualcosa, in questo caso sulla famiglia.

**2 bilanciere**: usato soprattutto in Oriente, è una lunga pertica, appoggiata su entrambe le spalle, dai cui estremi pendono a coppia pesi, recipienti ecc.

**3 stoppie**: si chiamano così i residui che restano sul campo, dopo il taglio del grano o dei cereali in genere.

**4 manifesti di propaganda**: in Cina il regime comunista spingeva la popolazione a considerare in modo positivo il lavoro nei campi attraverso una campagna pubblicitaria che ne pubblicizzava l'importanza.

la minima traccia di ruggine. Non fumando, quando era stanco e faceva una pausa, si accovacciava per terra e con un pezzo di tegola, o un pugno di erba secca, lucidava i suoi attrezzi...
Varcai la soglia di casa con il cuore pesante. Mia madre era lì: aveva poco più di sessant'anni, ma i tanti anni di patimenti la facevano apparire più vecchia della sua età.
Il nonno non aveva alcuna malattia, spiegò mia madre. Il giorno prima di morire, era andato a fare un giro con la carriola fino alla palude a nord-est, e aveva riportato un ciuffo d'erba. Mia madre andò a prenderlo dove l'aveva riposto, fra le mie vecchie riviste, e me lo porse maneggiandolo con precauzione. – È tornato tenendo quest'erba con entrambe le mani, e mi ha detto: – Mamma di Xing'er, sai che erba è questa? – Aveva un'aria così felice! La notte ho sentito un rumore provenire dalla sua camera. Mi sono allontanata per vedere che cosa accadeva, ma era troppo tardi... non ha sofferto: è stata la ricompensa per tutto il bene che ha fatto nella vita precedente[5]. Non mi posso perdonare di non essere stata al suo fianco per assisterlo nei suoi ultimi istanti. La vita è stata così dura con lui...
Mentre ascoltavo mia madre, gli occhi mi si riempirono di lacrime e i ricordi d'infanzia riaffiorarono...

Dietro la nostra casa scorreva un ruscello tortuoso. Risalendone l'argine, lungo e stretto, verso nord-est per quattro chilometri, si arrivava in un grandissimo prato di una settantina di ettari. Mio nonno ci andava tutte le estati a falciare l'erba, che poi vendeva durante l'inverno come foraggio all'allevamento di cavalli dell'esercito a dieci chilometri dal villaggio. Il prezzo variava in base alla qualità del foraggio[6]. La falce di mio nonno era affilata come un rasoio e grande la sua abilità nel maneggiarla: l'erba che tagliava lui era pulita, senza fango. La metteva a seccare stendendola in uno strato sottile e la girava di continuo, perché conservasse il colore dell'erba fresca, come negli erbari[7]. Il suo fieno era pagato al prezzo più alto.
Ancora oggi ho nostalgia della gioia che provavo quando mi rotolavo nei covoni di fieno, specialmente nelle fredde notti d'autunno, quando il cielo era verde scuro e le stelle brillavano come gemme, il fieno era soffice e tiepido, e il suo dolce profumo consolava l'anima...
La prima volta che il nonno mi condusse al grande prato a tagliar l'erba, fu poco dopo che avevo compiuto sette anni. Eravamo partiti molto presto, in giro non c'era anima viva. L'argine era alto e sopra vi correva un piccolo sentiero grigiastro, fiancheggiato da folte erbe selvatiche che resistevano al calpestio continuo dei passanti. Il ruscello era avvolto in una nebbia spessa, ma non uniforme, distribuita in banchi grigi e bianchi, che a tratti assomigliava al fumo che esce dalle cucine, altre volte a nuvole bianche posatesi a terra. Le acque del ruscello invisibile scorrevano silenziose sotto la coltre di nebbia, solo, di tanto in tanto, uno spruzzo rivelava la presenza dei pesci.

**5 vita precedente**: in molti dei culti di origine orientale si crede che l'anima di una persona sopravviva dopo la morte e torni sulla Terra in un altro corpo.

**6 foraggio**: nome generico di tutti i prodotti che servono di alimento al bestiame domestico.

**7 erbari**: sono libri particolari in cui si collocano le foglie essiccate delle piante per descriverle e classificarle.

Camminavamo in silenzio, il passo leggero di mio nonno non faceva rumore, e l'andatura era regolare. La ruota della carriola frusciava, a volte dell'erba scivolava fra i raggi producendo un lieve tintinnio.
Seduto nella carriola (mentre il nonno mi spingeva) osservavo il paesaggio che si estendeva ai due lati del ruscello: campi di sorgo[8], di granturco, di miglio[9]. La nebbia si dissipò leggermente, pur continuando ad avvolgere i campi e le messi. Le barbe delle pannocchie, fini con frange di seta, e le foglie, affilate come coltelli, le spighe di sorgo appena spuntate e i gambi robusti del miglio, apparivano e scomparivano, prima vicini e poi lontani, nitidi e poi di nuovo confusi. L'erba lungo l'argine brillava di goccioline di rugiada e dondolava delicatamente, come per salutarmi. Al passaggio della carriola, la rugiada cadeva, l'erba si faceva più scura e una traccia chiara si imprimeva sul sentiero.
[...]
Il nonno fermò la carriola e mi disse di scendere.
– Siamo arrivati? – domandai.
– Sì.
Spinse la carriola fino al prato, la posò, si tolse la giacca e l'appese sulla ruota coprendola. Ci avviammo verso la palude, inoltrandoci nella parte dove si trovavano le piante che trattenevano meno l'acqua e seccavano velocemente; e che piacevano di più al bestiame.
Il nonno teneva in mano una falce e io un falcetto. Ci accucciammo davanti a una distesa d'erba.
– Guarda come faccio io, – disse, e mi mostrò come bisognava fare. Solo che non si dedicò molto all'insegnamento e dopo poco si mise a testa bassa a tagliare. La sua posizione era elegante e i movimenti ritmati.
Provai a fare altrettanto con il mio falcetto, ma presto mi stancai e dopo un po' rinunciai, preferendo andare a caccia di cavallette che abbondavano nella zona. A mezzogiorno il nonno accese un fuoco, fece cuocere le provviste che avevamo portato da casa.
Il nonno mi scosse dal torpore, aprii gli occhi e mi alzai. Era pomeriggio inoltrato. Dopo mangiato, mi ero addormentato sotto un fresco riparo che lui aveva costruito per me. Mi ci ero infilato e avevo fatto un lungo sonno profondo. Il mio corpo, accarezzato da un vento caldo impregnato dell'odore dei fiori selvatici, era madido[10] di sudore.
Il nonno aveva già legato il fieno in quattro fasci e li aveva trasportati sull'argine dove aveva spostato la carriola.
– Presto, alzati, Xing'er. Il tempo si sta guastando, dobbiamo andarcene immediatamente.
Avevo dormito, non mi ero accorto che il cielo si era coperto di grosse nuvole nere. Il sole declinava verso occidente: i suoi raggi corti, quasi arancioni sembravano non avere più la forza di raggiungere la palude.
– Si metterà a piovere, nonno?
– Le nuvole grigie annunciano pioggia, le nere sono segno che si alza il vento.
Aiutai il nonno a caricare la carriola, che sparì sotto una piccola montagna di fieno. Lui legò una cordicella alla barra anteriore e mi gridò:

**8 sorgo**: è un cereale utilizzato soprattutto nei paesi asiatici e africani.

**9 miglio**: cereale utilizzato insieme al riso e al sorgo per l'alimentazione quotidiana.

**10 madido**: umido, bagnato.

**11 forsennato**: letteralmente significa *"che è uscito di senno"*; in questo caso, *"con tutte le forze"*.

**12 artemisia**: arbusti cespugliosi diffusi in molte regioni del mondo, con piccoli fiori gialli e foglie aghiformi dal sapore amaro.

**13 effluvi**: diffusione di un profumo.

– Forza, puledrino, sgranchisci i muscoli e tira la carriola!

Il nonno si chinò in avanti e impugnò i manici. Io tirai la corda con tutte le mie forze e mettemmo in moto la carriola che vacillava. L'argine era alto e ripido, e venni colto da una leggera vertigine.

– Nonno, attento a non spingere la carriola nel fiume.

– Tu pensa a tirare, il nonno ha spinto carriole per tutta la vita senza mai rovesciarne una!

Non ne dubitavo affatto. Aveva le gambe forti e tutti nel villaggio lo chiamavano "Oplà".

L'argine era sinuoso come il corpo di un serpente, e noi gli camminavamo sul dorso. Un alone di luce verde mi circondava. Tenevo la testa china, e vedevo solo le mie ginocchia e l'ombelico. Gettai uno sguardo verso il nonno attraverso gli interstizi dei fasci, ma lo distolsi immediatamente quando scorsi il suo sguardo velato di lacrime fisso su di me. Raddoppiai gli sforzi e tirai la corda come un forsennato[11].

Avevamo appena percorso cinquecento metri quando enormi nuvole nere coprirono il sole. Il cielo e la terra diventarono un tutt'uno, immersi nel silenzio dell'oscurità.

Gli uccelli volavano sfiorando l'erba senza un suono. Ad un tratto fui assalito da una paura inspiegabile, e mi girai di nuovo verso il nonno. Il suo viso era immobile, privo di qualunque espressione.

Improvvisamente, nel silenzio, le messi sulle due rive cominciarono a ondeggiare e l'acqua del fiume si sollevò in onde lisce. Lo spazio fra la terra e il cielo si tinse di porpora e fu invaso da un odore intenso, carico della fragranza dell'erba secca, del gusto amaro dell'artemisia[12] e degli effluvi[13] medicinali alla camomilla.

Mi girai a guardare il nonno: il suo viso restava ostinatamente impassibile. La paura mi attanagliava il cuore facendolo diventare piccolo piccolo, ma non osavo parlare, aspettavo in silenzio.

Una grossa cavalletta mi saltò sullo stomaco e mi fissò con i suoi occhi multicolori. Una lepre grossa come un pugno saltellava nei campi di miglio sotto l'argine.
– Nonno! – urlai a un tratto.
Una colonna nera alta fino al cielo si stava precipitando su di noi vorticando, con un rombo soffocato simile a un tuono.
– Cos'è?
– Vento! – rispose lui senza perdere la calma. – Continua a tirare, piccolo! – E si curvò di nuovo sulla carriola.
Mi inclinai in avanti e facendo forza sulle gambe tirai la corda sottile. Entrammo nel vento. Non percepii nessun suono, ebbi l'impressione che due mani enormi mi avessero tappato le orecchie che ronzavano. Il vento premeva sulla mia pancia come volesse staccarmi dal suolo e gettarmi via. Le messi sulle due rive somigliavano a un'armata di soldati prona agli ordini di un ufficiale. L'acqua volava volava, mentre carpe dalle squame rosse venivano proiettate in aria disegnando linee di fuoco.
– Nonno! – urlai disperato, ma non sentii il suono della mia voce. La corda tesa sulla spalla mi rassicurava della sua presenza. Pensando a lui dietro di me non ebbi più paura, mi curvai il più possibile afferrando i ciuffi d'erba lungo l'argine per resistere alla forza del vento, che minacciava di travolgermi da un momento all'altro. Mi sentivo senza peso.
Capii che affidandomi il compito di tirare la carriola, il nonno aveva voluto mettermi alla prova. La corda che mi aveva dato era troppo sottile e dopo un po' si ruppe. Caddi a terra. Il vento mi investì facendomi ruzzolare lungo la scarpata. Per fortuna riuscii a fermarmi a metà aggrappandomi ai ciuffi d'erba.
Sollevai la testa in cerca del nonno. La carriola era sempre là e lui resisteva, la schiena completante ad arco e le mani contratte sui manici. Le sue gambe sembravano conficcate nell'argine, e i muscoli tesi guizzavano fuori come un groviglio di radici. Il vento sollevò il fieno mezzo secco facendolo volare in tutte le direzioni. La carriola vacillò.
Risalii la scarpata aggrappandomi ai ciuffi d'erba. Vidi le sue gambe che tremavano e la sua schiena coperta da rivoli di sudore.
– Nonno! Lascia andare la carriola! – gridai schiacciato al suolo.
Il nonno arretrò di un passo e la carriola lo spinse indietro con un balzo improvviso.
– Nonno! – gridai spaventato, cercando di risalire la scarpata il più velocemente possibile. La carriola, spingendolo indietro, lo fece scivolare davanti a me. Allora mi gettai sulla carriola e lui ne approfittò per rimettersi in equilibrio.
Steso sulla carriola, osservai commosso mio nonno: il suo viso aveva conservato la stessa espressione imperturbabile.
Quando passò il tornado[14] seguì un momento di silenzio. Il sole si mostrò con lo stesso aspetto di sempre, imporporando l'acqua del torrente che scorreva gelida come il ferro. Le messi si raddrizzarono lentamente, e il nonno, rigido come una statua di bronzo, mantenne la sua posizione.

**14 tornado**: vortice di vento di breve durata, ma di elevatissima potenza distruttiva.

Saltai dalla carriola e gridai:
– Il vento è passato!
I suoi occhi si riempirono improvvisamente di lacrime, poggiò lentamente la carriola e si raddrizzò con molta fatica. Non riusciva a stendere le dita.
– Sei stanco, nonno?
– No, piccolo!
– Non ho mai visto un vento così forte!
– Già!
Il vento aveva spazzato via tutto il fieno che avevamo raccolto, anzi, no, ne restava un ciuffo incastrato tra i raggi delle ruote. Lo presi e lo mostrai al nonno, era un'erba molto comune, dal colore indefinibile, fra il rosso e il verde.

## competenze alla prova

### LEGGO E...

#### ... COMPRENDO

1 **Quando si svolge l'episodio narrato?**

2 **Dove si svolge?**

3 **Quale lavoro svolge il nonno di Xing'er?**
- ☐ Contadino
- ☐ Allevatore
- ☐ Servitore
- ☐ Maestro

4 **In quale lavoro è particolarmente bravo?**
- ☐ Mietere il grano
- ☐ Tagliare l'erba e conservarla
- ☐ Affilare la falce
- ☐ Condurre il carro

5 **Perché il nonno conduce Xing'er con sé?**

6 **Perché il ragazzino segue volentieri il nonno?**
- ☐ Per imparare il suo mestiere
- ☐ Perché gli vuole molto bene
- ☐ Perché la madre glielo ordina
- ☐ Perché ha l'età prescritta dalla legge

7 **Dopo aver lavorato un buon numero di ore, un elemento improvviso dà una svolta alla giornata: di che cosa si tratta?**

8 **Come si comporta il nonno di fronte a quella emergenza?**
- ☐ Rimane tranquillo per non spaventare il nipotino
- ☐ Abbandona il carro e si dà alla fuga gridando al nipote di seguirlo
- ☐ Tenta di salvare l'erba tagliata trascurando il nipote
- ☐ Spinge il nipote a cercare aiuto

9 **Che cosa accade invece al ragazzino?**
- ☐ Precipita lungo i fianchi dell'argine, ma si mette in salvo aggrappandosi alle erbe
- ☐ Riesce a risollevare il carro insieme al nonno
- ☐ Scappa via
- ☐ Grida al nonno di mettersi in salvo lasciando perdere il carro

10 **Che cosa viene a sapere, Xing'er dopo la morte del nonno?**

#### ... RICAVO DAL TESTO

11 **Da quanto dice il testo, il nonno aveva fama di essere un uomo forte e preciso? Giustifica la tua risposta con riferimenti al racconto.**

12 **Da quanto puoi ricavare dal testo, nella Cina contadina di qualche decennio fa il ruolo di capo famiglia sarebbe stato affidato a una donna?**

#### ... ANALIZZO E INTERPRETO

13 **Xing'er, crescendo, ha seguito le orme del nonno?**

14 **Quando la mamma dice: "*Vecchio com'era è andato fino alla palude per riportare questo ciuffo d'erba!*" dimostra di avere capito il gesto di suo padre?**
- ☐ No, perché non è a conoscenza dell'episodio del tornado
- ☐ No, e disapprova le imprudenze di suo padre

– Guarda! – dissi un po' deluso. – È rimasto solo questo ciuffo d'erba!
– Dobbiamo andare, si sta facendo buio –. Si chinò in avanti e sollevò la carriola.
Lo seguii tenendo il ciuffo d'erba in mano, poi a un certo punto lo gettai nella tenue luce gialla del crepuscolo…

– I vecchi sono come i bambini! – osservò mia madre. – Vecchio com'era è andato fino alla palude per riportare questo ciuffo d'erba! "Quando Xing'er tornerà, chiedigli che erba è questa. La riconoscerà, lui sa molte cose!" mi ha detto!
Mi porse il ciuffo e mi domandò se sapevo di che erba si trattasse.
La presi e la sistemai in una pagina del mio **album** di fotografie, accanto a quella della mia futura sposa, che aveva sei anni più di me.

da Mo Yan, *L'uomo che allevava i gatti e altri racconti*, Einaudi

**Album**
La parola deriva dall'aggettivo latino *albus*, che significa "bianco". In origine l'album era infatti una tavoletta bianca usata per scriverci sopra; in seguito la parola passa a indicare un libretto di fogli bianchi per la raccolta di autografi o fotografie.

- ☐ Non riesce a capire quale significato possa mai avere un ciuffo d'erba
- ☐ Crede che suo padre sia un uomo misterioso

**15** **Esaminando la reazione del ragazzino nell'episodio del tornado e da più grande, dopo la morte del nonno, possiamo ricavare alcuni aspetti del suo carattere. Scegli tra gli aggettivi seguenti quelli che ti sembrano più opportuni per descriverlo.**

timido - dolce - orgoglioso - coraggioso - affettuoso - pigro - dignitoso - obbediente - timoroso - sensibile - codardo - spaventato - poetico

- Motiva le tue scelte.

**16** **Spiega in quale modo l'ambiente in cui si svolge la vicenda influenza la vita dei personaggi. Sviluppa i tre punti che seguono con un breve testo di cinque righe al massimo per ciascuno di essi.**

- Il duro rapporto tra uomo e terra.
- La mancanza di un padre per organizzare la vita di una famiglia.
- La fatica del lavoro.

**17** **Nel racconto l'intreccio coincide con la *fabula*?**

## ORA SCRIVO IO

**18** **Il rapporto tra nonni e nipoti può essere in alcuni casi più profondo di quello che lega i genitori ai figli. In un testo parlane liberamente esponendo le tue idee al proposito.**

**19** **Quando si va via dalla campagna per stare in città, cambiano molti punti di riferimento: conosci questa esperienza personalmente? All'interno dell'Italia o da un altro Paese a questo? Racconta.**

## UN MONDO DI PAROLE

**20** **Nella frase "*Niente lasciava prevedere che se ne sarebbe andato così presto*" che cosa significa "*andarsene*"?**

- Scrivi un'altra frase di tua invenzione con il verbo usato nello stesso significato.

## FILOFILE

**21** **Il racconto di Mo Yan fa vedere quanto sia delicata e particolare la sensibilità orientale, ma mostra anche un tema scottante per la società cinese, ovvero quello dell'*hu kou*, cioè della certificazione di residenza, in quanto chi vive in campagna non può spostarsi in città e viceversa, se non sottostando a particolari regole. Leggi di che cosa si tratta all'indirizzo:**

http:// dailystorm.it/2013/03/15/hukou-il-sistema-che-divide-i-cinesi-di-campagna-e-di-citta/

**e rispondi alle domande.**

- Che cos'è l'*hu kou*?
- Che cosa pensa la popolazione rurale cinese di questa regola?
- È meglio vivere in campagna o in città?
- Si sta pensando a una riforma di questa legge?

# Fissai il ricordo di mio padre

di Chaim Potok

leggere scrivere

parlare

TESTO NARRATIVO

1 2 3 livello di difficoltà

**Protagonista di uno dei romanzi di Potok è Asher Lev, pittore dal talento eccezionale, ma in conflitto con la cultura in cui nasce, quella ebraica, che non permette l'uso dell'arte per riprodurre in immagine ciò che si vede o si figura nella mente. Eppure tutto ciò che il giovane Asher Lev vede diventa figura e colore: la sua casa, le feste religiose, i suoi genitori, gli amici e così via. Nel testo che segue, Asher fissa nella memoria (perché diventi immagine dipinta) la figura di suo padre, fermando un ricordo che molti ebrei possiedono nel loro animo, legato alla paternità e alla preghiera, che scandisce la vita e il tempo.**

Fissai il ricordo di mio padre e di me che ci dirigevamo insieme verso la sinagoga[1]. Lui era così alto e io così basso e mentre camminavamo piegava la testa verso di me. Lo ritrassi mentre pregava, a casa, con il suo manto della preghiera e i *tefillin*[2], la mattina di quei giorni feriali in cui per qualche motivo non poteva recarsi alla sinagoga. Stava in piedi davanti alla finestra del soggiorno, con il capo coperto dal manto della preghiera, dondolandosi lievemente avanti e indietro, con soltanto la punta della barba rossa che sporgeva dal manto bianco a strisce nere.

Fissai il mio ricordo di lui mentre pregava nella nostra sinagoga durante il Sabato, coperto dal manto della preghiera, con la sola barba rossa visibile. Fissai il mio ricordo di lui mentre piangeva durante lo *Yom Kippur*[3] e cantava la preghiera che descriveva l'uccisione dei dieci grandi saggi per mano dei romani. Io stavo in piedi accanto a lui, sotto la bianca santità del manto della preghiera e lo vedevo piangere, quasi che l'uccisione avvenisse sotto i suoi occhi. Fissai nel ricordo di lui mentre, durante la festa di *Succot*[4], portava il ramo della palma e il cedro, quel frutto simile al limone, che appariva piccolo nella sua grande mano. Fissai il mio ricordo di lui mentre accendeva le candele di *Channukkah*[5], sul davanzale della finestra del nostro

**1 sinagoga**: è il luogo in cui si ritrovano le comunità ebraiche a leggere le Scritture e a pregare durante il Sabato e le feste religiose.

**2 *tefillin***: nella preghiera giornaliera gli ebrei che hanno raggiunto la maggiore età indossano alcune striscioline di cuoio nero attorcigliate al braccio sinistro e legano sul capo una scatolina nella quale è contenuta una piccola pergamena con un versetto del Pentateuco.

**3 *Yom Kippur***: in ebraico "giorno dell'espiazione"; si tratta di una festa in cui si chiede perdono per le trasgressioni alla Legge e si incomincia un nuovo anno.

**4 *Succot***: in ebraico "capanne", festa religiosa che ricorre in tardo autunno, in cui si usano, come segno di ringraziamento del raccolto, il cedro, la palma, il mirto e il salice.

**5 *Channukkah***: festa ebraica che cade nel cuore dell'inverno e celebrata con l'accensione per nove giorni consecutivi di una candela al giorno. Ricorda la riconsacrazione del Tempio al tempo dei Maccabei.

soggiorno. Salmodiava[6] le benedizioni e accendeva le candele, e mia madre e io ci univamo a lui. Poi restava a lungo in piedi davanti alla finestra a osservare le minuscole fiammelle che ardevano contro l'immenso fondale della notte.
Spesso, durante il Sabato e le feste, lo scorgevo nel soggiorno, mentre studiava il *Talmud*[7] o un libro sul chassidismo[8]. [...]
Fissai il mio ricordo di lui che cantava le *zemiros*[9] durante i pasti del Sabato. Mia madre e io cantavamo con lui. Aveva una voce profonda, ma cantava a voce bassa, gli occhi chiusi, la testa leggermente reclinata all'indietro, così che riuscivo a vedergli la pelle bianca del collo sotto l'attaccatura della folta barba rossa.
Fissai il mio ricordo della prima volta che cantò la melodia di suo padre per *Yoh Ribbon Olom*[10] durante il pasto del Sabato, quattro giorni dopo la morte di sua madre – una melodia indimenticabile che trasmetteva dolore e pena, fede e speranza. – *Yoh ribbon olom, ribbon olom veolmayoh* – cantava, a occhi chiusi, la voce sommessa e tremula.

Uno scatto riprende il gesto di preghiera di un uomo, che indossa gli abiti richiesti dal rito.

**6 Salmodiava**: cantava inni religiosi.

**7 *Talmud***: libri in cui sono contenute le discussioni dei saggi antichi sulla Sacra Scrittura.

**8 chassidismo**: è una delle correnti dell'ebraismo, particolarmente attenta alla tradizione e all'interpretazione spirituale dei testi.

**9 *zemiros***: preghiere cantate durante la celebrazione del Sabato e di altre feste.

**10 Yoh ... Olom**: in ebraico "Signore padrone dell'Universo". È l'inizio di un inno che si canta nel giorno del Sabato.

Il busto lievemente oscillante avanti e indietro, fra lo schienale della sedia e il bordo della tavola della sala da pranzo. – Tu sei il Re, il Re dei Re… –. Si interruppe, continuando a oscillare. Lasciò che la pausa si attardasse tremula, poi continuò: – La tua forza… –. Dai suoi occhi sgorgavano le lacrime. Mia madre abbassò lo sguardo sulla tavola. Io lo guardai fisso in volto. Sentii la mano di mia madre sulla mia.
Quella melodia mi risuonò in testa per giorni e giorni, e io non mi stancai di fissare sulla carta il ricordo di mio padre che intonava la melodia di suo padre.

da C. Potok, *Il mio nome è Asher Lev*, Garzanti

## competenze alla prova

### LEGGO E…

#### … COMPRENDO

1. **Quali sono le caratteristiche fisiche del padre di Asher Lev?**
2. **Della madre vengono fornite indicazioni descrittive?**
3. **In quale età della vita di Asher Lev si svolge ciò che viene narrato?**

#### … RICAVO DAL TESTO

4. **Da quanto dice il testo, sai ricavare qual è il giorno della settimana ritenuto festivo nella religione ebraica? Giustifica la tua risposta.**

#### … ANALIZZO E INTERPRETO

5. **Quando Asher Lev dice del padre: "*Io stavo in piedi accanto a lui, sotto la bianca santità del manto della preghiera e lo vedevo piangere*" quale idea trasmette al lettore?**
   - ☐ Che suo padre fosse molto religioso
   - ☐ Che suo padre unisse alla fede una spiccata sensibilità
   - ☐ Che suo padre lo volesse impressionare
   - ☐ Che suo padre fosse troppo sensibile
6. **Quale immagine di famiglia trasmette il ricordo del padre raccontato dall'autore?**
7. **Che cosa rappresentano i riti, le feste cui si allude nel testo?**
   - ☐ Sono manifestazione rigida del rispetto di una tradizione
   - ☐ Sono unicamente segni dell'affetto che si vive nella famiglia
   - ☐ Sono segno dell'appartenenza alla fede ebraica
   - ☐ Sono semplice adesione a un culto
8. **Perché il canto del padre *Yoh Ribbon Olom* diventa per l'autore una melodia indimenticabile? Sottolinea la risposta sul testo.**
9. **Secondo te, perché la mamma appoggia la sua mano su quella del figlio quando il padre recita le preghiere del sabato, commuovendosi?**
   - ☐ Per tradizione religiosa
   - ☐ Per evitare che interrompa il padre con qualche domanda inopportuna
   - ☐ Per caso, per inavvertenza
   - ☐ Per fargli capire l'importanza del momento che sta vivendo

### ORA SCRIVO IO

10. **Ci sono tradizioni, religiose o meno, che ti fanno sentire di appartenere alla terra in cui vivi (o da cui vieni)? Racconta.**
11. **Nel testo si parla di commozione: c'è stato un momento nella tua vita in cui ti sei commosso? Descrivi quando e perché.**

### AD ALTA VOCE

12. **Il testo di Potok racconta di feste che la religione cui appartiene osserva nel corso dell'anno. Quali feste religiose o tradizionali scandiscono il tempo nella vostra abitudine di vita? Raccontate e confrontate le vostre esperienze.**

# Racconti nell'harem di Fatema Mernissi

**Raccontando la storia della casa in cui è nata e cresciuta, a Fez, Fatema Mernissi descrive in che cosa consisteva in passato la vita nell'harem, la parte della casa in cui stavano le donne e i bambini. Il palazzo della Mernissi ospitava le famiglie di due fratelli, il padre di Fatema e suo zio; cortili, sale, fontane, tappeti, arredi lo facevano essere un luogo confortevole e vivace. Tuttavia nessuna donna poteva varcare il muro di cinta della casa, solo gli uomini potevano farlo; alle donne era riservato il piano superiore, meno ricco del piano terra, in cui si svolgeva la loro vita completamente sottomessa all'autorità maschile. Eppure, anche in questa situazione, le donne si scambiavano pensieri e sogni, ragionavano sulla vita in modo commovente e ricco, costruendo nell'animo di ciascuna un bagaglio autentico di affetti e di pensieri che portavano con sé, ovunque sarebbe capitato loro di vivere.**

leggere scrivere parlare

TESTO NARRATIVO

1 2 3 livello di difficoltà

Solo al piano di sopra le cose erano meno rigide. Lassù, zie e parenti, vedove o divorziate, coi rispettivi figli, occupavano un labirinto di stanze e stanzette. Il numero delle parenti che, di volta in volta, vivevano con noi, variava a seconda dei conflitti nelle loro vite. Lontane parenti, in rotta con i mariti, venivano a cercare rifugio nei nostri piani alti per qualche settimana. Alcune di loro si portavano i figli, e venivano con il proposito di restare per poco, giusto il tempo di dimostrare ai loro mariti che avevano un posto dove andare, che potevano sopravvivere per conto proprio e non erano in disperate condizioni di dipendenza. (Molto spesso questa strategia si rivelava vincente e, quando facevano ritorno al tetto coniugale[1], le donne avevano un maggiore potere contrattuale[2]). Altre, invece, venivano a stare con noi per sempre, dopo un divorzio o qualche altro grave problema, e questa era una delle tradizioni per cui mio padre si preoccupava ogni volta che qualcuno attaccava l'istituzione dell'harem.
– Dove andrebbero le donne in difficoltà? –, era solito dire.
Le stanze di sopra erano molto modeste, con pavimenti di piastrelle bianche e muri imbiancati di calce. La mobilia era scarsa: un po' ovunque erano sparsi degli stretti divani ricoperti di rozzo cotone a fiorami e cuscini insieme a stuoie di rafia[3] facili da lavare. I piedi bagnati, le babbucce, persino le tazze da tè rovesciate occasionalmente, qui non provocavano le stesse reazioni del piano terra, la vita ai piani alti era molto più facile, specialmente perché ogni cosa era accompagnata da *hanàn*, una qualità emotiva tutta marocchina che raramente mi è capitato di incontrare altrove. È difficile dare un'esatta definizione di *hanàn*, ma fondamentalmente si tratta di una sorta di tenerezza libera, gratuita, benevola, incondizionatamente disponibile. Le persone che hanno *hanàn*, come la zia Habìba, non minacciano di riprendersi indietro il loro amore quando uno commette una qualche involontaria infrazione, piccola o grande che sia. Al piano terra *hanàn* si incontrava di rado, soprattutto tra le madri, che erano troppo impegnate a insegnare il rispetto dei confini per prendersi anche la briga di essere tenere.

**1 tetto coniugale**: casa condivisa con il marito.
**2 potere contrattuale**: possibilità di discussione e di vedere soddisfatte le proprie richieste.
**3 rafia**: palma tipica delle regioni tropicali, la cui fibra è usata per fare stuoie, reti e corde.

Il piano di sopra era anche il luogo dove andare per ascoltare le storie. Si saliva, per centinaia di gradini lucidi, fino al terzo e ultimo piano della casa, e quindi alla terrazza, spaziosa e invitante, tutta imbiancata a calce, che vi era annessa. Era là che la zia Habìba aveva la sua stanza, piccola e quasi completamente spoglia. Suo marito si era tenuto tutta la roba del matrimonio, con l'idea che se avesse fatto tanto di alzare un dito e dirle che la riprendeva in casa, lei avrebbe chinato la testa e sarebbe ritornata di corsa. – Ma non può portarmi via le cose più importanti che ho – diceva di tanto in tanto la zia Habìba – cioè la mia risata e tutte le cose fantastiche che so raccontare, quando mi trovo davanti a un degno uditorio –. Una volta chiesi a mia cugina Malika che cosa intendesse la zia per "un degno uditorio", e lei mi confessò di non averne idea. Dissi che forse avremmo dovuto chiedere direttamente a lei, ma Malika rispose di no, meglio di no, perché c'era il rischio che si mettesse a piangere. La zia Habìba piangeva spesso senza ragione; lo dicevano tutti. Ma noi le volevamo bene, e il giovedì notte stentavamo a prendere sonno, tanta era l'eccitazione alla prospettiva della sua fiaba del venerdì sera. Di solito questa consuetudine finiva per creare scompiglio perché le storie duravano troppo, a detta delle nostre madri, le quali, per venire a riprenderci, erano costrette ad arrampicarsi per tutte quelle scale. E, una volta arrivate in cima, dovevano pure sentirci strillare, mentre i più viziati tra i miei cugini, come Samir, si rotolavano per terra, gridando che loro non avevano sonno, proprio per niente.
Ma chi riusciva a rimanere fino alla fine della storia, cioè fino a quando l'eroina trionfava sui suoi nemici e riattraversava "i sette fiumi, i sette monti, i sette mari", aveva un altro problema da affrontare: ridiscendere le scale, la qual cosa spesso incuteva paura. Prima di tutto perché non c'era la luce: gli interruttori per l'illuminazione delle scale erano tutti controllati da Ahmed, il portinaio, dal portone d'ingresso, e lui staccava la luce alle nove di sera, per segnalare a chi si trovava sulla terrazza che era ora di rientrare e che il viavai doveva ufficialmente cessare. Poi, perché un'intera popolazione di *jinn* (demoni) se ne stava là fuori, appostata in silenzio, pronta a saltarti addosso. E infine, ma non meno rilevante, c'era il problema che il cugino Samir era così bravo a imitare i *jinn* che spesso mi capitava di prenderlo per uno vero. In molte occasioni, per farlo smettere, dovetti letteralmente fingere di svenire.
A volte, quando la storia durava per ore, le madri non comparivano, e la casa intera piombava all'improvviso nel silenzio, pregavamo la zia Habìba di farci passare la notte nella sua stanza, lei srotolava il suo bel tappeto nuziale, quello che teneva sempre arrotolato con cura dietro la cassapanca di cedro, e vi stendeva sopra un lenzuolo bianco pulito che, per l'occasione, profumava con una speciale acqua di fiori d'arancio. Non aveva abbastanza cuscini che potessero fungere da guanciali per tutti, ma questo non era un problema per noi. Divideva con noi la sua grande coperta di lana pesante, spegneva la luce elet-

trica e metteva una grossa candela sulla soglia, dalla parte dei piedi.
– Se per caso qualcuno ha urgenza di andare in bagno – ci diceva – tenga presente che questa è l'unica cosa che mi resta in ricordo dei bei tempi, quando ero una donna felicemente sposata.
Così, in quelle notti di grazia, ci addormentavamo ascoltando la voce di nostra zia che ci apriva magiche porte a vetri su prati rischiarati dai raggi della luna. E quando, al mattino, ci svegliavamo, avevamo ai piedi l'intera città. La stanza della zia Habìba era piccola, ma aveva una grande finestra con una vista che arrivava ai grandi monti del Nord.
La zia Habìba sapeva come parlare nella notte. Con la forza delle sole parole ci conduceva a bordo di una grande nave che veleggiava da Aden[4] alle Maldive[5], oppure ci portava su un'isola dove gli uccelli parlavano come gli esseri umani. Cavalcando sulle sue parole, viaggiavamo oltre Sind e Hind (l'India), lasciandoci dietro i paesi musulmani, vivendo pericolosamente, facendo amicizia con cristiani ed ebrei, che dividevano con noi il loro cibo bizzarro e ci guardavano fare le nostre preghiere, mentre noi li guardavamo recitare le loro. A volte andavamo così lontano che non c'erano più dèi: solo adoratori del sole e del fuoco, ma anche questi sembravano cordiali e amichevoli, quando ci venivano presentati dalla zia Habìba. I suoi racconti mi facevano venire voglia di diventare adulta ed esperta narratrice a mia volta. Volevo imparare a parlare nella notte.

da F. Mernissi, *La terrazza proibita*, Giunti

**4 Aden**: è una delle principali città dello Yemen.

**5 Maldive**: isole situate nell'oceano Indiano a sud ovest dell'India.

# competenze alla prova

## LEGGO E...

### ... COMPRENDO

1. **Chi viveva nell'harem della casa marocchina della scrittrice?**
   - ☐ Solo le donne e i bambini
   - ☐ Tutta la famiglia
   - ☐ Le donne divorziate
   - ☐ Gli ospiti
2. **In quale parte della casa era collocato l'harem?**
3. **Perché la vita ai piani alti della casa era considerata meno rigida?**
   - ☐ Tutti godevano di maggiore libertà nell'esprimersi
   - ☐ Comandavano le donne
   - ☐ Gli appartamenti erano più comodi ed eleganti
   - ☐ Ci vivevano meno persone
4. **Quale momento della giornata è occasione di gioia per la protagonista del racconto?**
5. **Perché la zia Habìba vive nell'harem?**
   - ☐ Non ha trovato un marito
   - ☐ È rimasta vedova
   - ☐ Suo marito l'ha abbandonata
   - ☐ È una donna indipendente
6. **Qual è la "specialità" della zia Habìba?**
   - ☐ Preparare gustosi dolcetti
   - ☐ Inventare giochi divertenti
   - ☐ Raccontare storie appassionanti
   - ☐ Preparare profumi d'arancio

### ... RICAVO DAL TESTO

7. **Quando il padre dice rispetto alle donne accolte dall'harem: "*Dove andrebbero le donne in difficoltà?*", che cosa sottintende rispetto all'indipendenza concessa alle donne in quel Paese?**

### ... ANALIZZO E INTERPRETO

8. **Quale immagine di famiglia trasmette il racconto dell'autrice?**
9. **Che cosa rappresentano le storie di zia Habìba per l'autrice e per gli altri bambini della casa?**
   - ☐ Sono l'esempio di una felicità possibile solo tra le mura di casa
   - ☐ Sono espressione di un dovere familiare
   - ☐ Sono la prima vera finestra sul mondo, la possibilità di volar via dalla casa
   - ☐ Sono semplicemente storie divertenti
10. **Che cosa rappresenta, secondo te, il tappeto nuziale che la zia Habìba srotola, perché possano dormirvi tutti i bambini della casa?**
    - ☐ Il mondo dei sogni che la zia sa evocare
    - ☐ Un mondo in cui prevalgano gli affetti
    - ☐ Un modo per i figli per sottrarsi all'autorità dei genitori
    - ☐ Solo un modo pratico per dormire tutti insieme
11. **Quale reazione provocano nell'autrice bambina i racconti della zia?**
12. **Indica di quale tipo è il narratore nel testo.**
13. **Nel testo l'intreccio coincide con la *fabula*?**

## ORA SCRIVO IO

14. **C'è tra i ricordi della tua vita un luogo nel quale hai vissuto felicemente, anche per un tempo breve? Racconta.**
15. **Descrivi una persona alla quale sei particolarmente affezionato perché rappresenta più di altri la tua infanzia.**

### UN MONDO DI PAROLE

16. **Nel testo si parla di *hanàn*, una parola marocchina di difficile traduzione. Rileggi con attenzione il testo e trova una o più parole italiane per definire quel particolare stato d'animo.**

### FILOFILE

17. **Fatema Mernissi ha descritto nel suo romanzo l'harem e con esso la vita delle donne nella società marocchina tradizionale. Ascolta la presentazione del romanzo nel booktrailer che si trova a questo indirizzo:**
    **http://seieditrice.com/leggere-trame/300-pagine-per-leggere/la-terrazza-proibita/**

# Il Cile è la mia patria di Isabel Allende

**Paula, la figlia di Isabel Allende, si è ammalata di una malattia rara e mortale; è in coma e non ci sono speranze. A lei, ogni sera, di ritorno dall'ospedale, la madre scrittrice dedica il racconto intenso della storia della loro famiglia e della loro terra, il Cile, come se con la scrittura potesse comunicare il sentimento profondo e radicato della propria identità. In questo passo, ricorda come suo nonno (il Tata) la portasse con sé dal Nord al Sud del Cile, dalla città di Santiago dove vivevano una vita attivamente immersa nella politica del Paese, alla campagna più selvaggia dei *gauchos*.**

leggere scrivere

TESTO NARRATIVO

1 2 3 livello di difficoltà

Credo che il Tata ogni tanto deplorasse che io non fossi un maschio, perché in quel caso mi avrebbe insegnato a giocare alla pelota basca[1], a usare i suoi attrezzi e a cacciare, sarei diventata il suo accompagnatore in quei viaggi che ogni anno faceva in Patagonia[2] per la tosatura delle pecore. A quei tempi lui andava al Sud in treno e in automobile per strade serpeggianti e terrose che solevano tramutarsi in fangaie, dove le ruote rimanevano incollate e ci volevano due buoi per tirare fuori la macchina. Si attraversavano laghi su zatteroni tirati da corde, e la cordigliera[3] a dorso di mulo; erano spedizioni faticose, mio nonno dormiva sotto le stelle avvolto in una pesante coperta castigliana, si lavava nelle acque furiose di fiumi alimentati dalla neve che si riversava giù dalle cime e mangiava ceci e sardine in scatola, finché non arrivava dalla parte argentina, dove lo aspettava un drappello di uomini rozzi con una camionetta e un agnello che rosolava a fuoco lento. Si piazzavano intorno al falò in silenzio, non erano gente comunicativa, vivevano in una natura immensa e abbandonata, lì il vento trascina via le parole senza lasciar traccia. Con i loro coltelli da *gaucho*[4] taglia-

1 **pelota basca**: gioco di origine francese, spagnola e basca, in cui due singoli giocatori o due squadre si affrontano rinviando la palla lanciata contro un muro dall'avversario, servendosi di una racchetta a forma di cesta.

2 **Patagonia**: regione geografica che si colloca nell'estremo sud del continente sudamericano, comprendendo l'Argentina e il Cile meridionali.

3 **cordigliera**: nome dato dagli Spagnoli alle grandi catene montuose dell'America Meridionale e a talune dell'America Centrale.

4 ***gaucho***: pastore a cavallo che governa le mandrie di bestiame nelle *pampas* argentine.

vano grandi fette di carne e le divoravano con gli occhi fissi sulle braci, senza guardarsi. A volte uno suonava canzoni tristi su una chitarra mentre circolava di mano in mano il mate, quell'aromatica infusione d'erba verde e amara che da queste parti si beve come il tè. Serbo immagini incancellabili dell'unico viaggio al Sud che feci con mio nonno, benché la nausea dell'automobile quasi mi ammazzasse, la mula mi avesse scagliata a terra un paio di volte e poi, quando vidi la maniera in cui tosavano le pecore, rimanessi senza parole e non tornassi ad aprire bocca finché non fummo rientrati nel mondo civile. [...]
Da quel viaggio mi rimase l'amore per le altitudini e il mio rapporto con gli alberi. Sono tornata diverse volte nel Sud del Cile, e risento sempre la stessa indescrivibile emozione dinnanzi al paesaggio, il passaggio della cordigliera delle Ande è scolpito nella mia mente come uno degli istanti di rivelazione della mia esistenza. Adesso e in altri momenti disperati, quando cerco di ricordare preghiere e non trovo parole né riti, l'unica visione consolatoria a cui posso ricorrere sono quei sentieri **diafani** nella foresta fredda, tra felci gigantesche e tronchi che s'innalzano fino al cielo, i passi scoscesi della montagna e il profilo affilato dei vulcani innevati che si riflette nell'acqua color smeraldo dei laghi. Stare in Dio dev'essere come stare in quella straordinaria natura. Nella mia memoria sono scomparsi il nonno, la guida, i muli, sono sola e cammino nel silenzio

**Diafano**
La parola deriva dal greco ed è composta dalla preposizione "*dià*" che significa "attraverso" e dal verbo "*phaíno*", "mostrare"; diafano alla lettera vuol dire "che fa passare la luce attraverso". In italiano significa "trasparente", ma anche "esile", "gracile", "pallido".

## competenze alla prova

### LEGGO E...

#### ... COMPRENDO

1. **Perché il Tata avrebbe voluto un maschio anziché una femmina come nipote?**
   - ☐ Per insegnargli a fare giochi e attività "da maschio" e farsi accompagnare nei suoi avventurosi viaggi
   - ☐ Per portarlo sempre con sé
   - ☐ Per fargli guidare la sua automobile
   - ☐ Per nessun particolare motivo
2. **In quale parte del Paese si recava annualmente il Tata?**
3. **Perché i viaggi del nonno erano avventurosi e pericolosi?**
   - ☐ Non c'erano strade asfaltate
   - ☐ C'erano alte montagne, fiumi e laghi da attraversare tra molte difficoltà
   - ☐ La distanza era enorme, il tempo limitato
   - ☐ Si potevano fare incontri pericolosi
4. **Quali momenti del viaggio con il nonno sono stati più difficili da affrontare per la scrittrice?**

#### ... RICAVO DAL TESTO

5. **Dai particolari citati nel testo puoi ricavare quali sono le caratteristiche ambientali in cui vivono abitualmente i *gauchos*?**

#### ... ANALIZZO E INTERPRETO

6. **Quando la scrittrice dice "*stare in Dio dev'essere come stare in quella straordinaria natura*" che cosa intende?**
   - ☐ La scrittrice è religiosa
   - ☐ La scrittrice sostiene che la natura avvicina a Dio
   - ☐ La natura di quei luoghi è inaccessibile e straordinaria come Dio
   - ☐ La bellezza straordinaria di quei luoghi è un'esperienza più interiore che esteriore
7. **Quale descrizione fa l'autrice di quell'unico viaggio con il nonno?**
   - ☐ Suggestiva
   - ☐ Ricca di immagini
   - ☐ Realistica e aspra
   - ☐ Poetica e magica
8. **Quale immagine del suo Paese trasmette al lettore il racconto dell'autrice?**

solenne di quel tempio di rocce e vegetazione. Aspiro l'aria limpida, gelida e umida di pioggia, i piedi affondano in un tappeto di fango e foglie marce, l'odore della terra mi penetra come una spada fino alle ossa. Sento che cammino e cammino con passo leggero per gole di nebbia, ma sono sempre prigioniera in quel luogo ignoto, circondata da alberi centenari, tronchi caduti, frantumi di cortecce aromatiche e radici che spuntano dalla terra come mutilate mani vegetali. Mi sfiorano la faccia spesse ragnatele, vere tovaglie di trine, che sbarrano la strada imperlate di gocce di rugiada e di moscerini dalle ali fosforescenti. Qua e là si affacciano bagliori rossi e bianchi di *copihues* e altri fiori che vivono in alto avvolti agli alberi come luminose conterie[5]. Si sente il respiro degli dei, presenze palpitanti e assolute in quell'ambiente splendido di precipizi ed elevate pareti di roccia nera levigate dalla neve con la sensuale perfezione del marmo. Acqua e ancora acqua. Scivola giù come sottili e cristalline serpi dalle fessure delle pietre e dalle recondite viscere[6] dei monti, che si uniscono in piccoli ruscelli e in rumorose cascate. D'un tratto mi fa trasalire il grido d'un uccello vicino o il colpo di una pietra che rotola giù dall'alto, ma subito torna la pace assoluta di questa vastità e mi rendo conto che sto piangendo di felicità. Quel viaggio pieno di ostacoli, di occulti pericoli, di solitudine desiderata e di indescrivibile bellezza è come il viaggio della mia stessa vita. Per me questo ricordo è sacro, questo ricordo è anche la mia patria, quando dico Cile è a questo che mi riferisco.

da I. Allende, *Paula*, Feltrinelli

**5 conterie**: perle di vetro utilizzate per realizzare monili, frange, ricami, passamanerie.

**6 recondite viscere**: parti inaccessibili.

**9** **Perché la scrittrice paragona il viaggio con il nonno al viaggio della sua vita?**

- ☐ Perché entrambi sono stati pieni di ostacoli ma anche di grandi bellezze
- ☐ Semplicemente perché la vita è un viaggio
- ☐ Perché nella sua vita ha dovuto viaggiare molto
- ☐ Perché ha imparato molto viaggiando

## ORA SCRIVO IO

**10** **C'è tra quelli che hai visitato, un luogo che ti ha colpito in modo particolare e che, al solo pensarci, ti fa stare bene?**

**11** **C'è un luogo o un viaggio che ti ha fatto scoprire la bellezza del Paese in cui sei nato e che senti come una parte di te?**

### UNO SGUARDO ALLA GRAMMATICA

**12** **Distingui quale tipo di determinazione di luogo riconosci nelle seguenti espressioni tratte dal testo.**

- "*(andava) al Sud*" ➲ ..................................
- "*per strade serpeggianti e tortuose*" ➲ ..................................
- "*sotto le stelle*" ➲ ..................................
- "*nelle acque furiose*" ➲ ..................................
- "*giù dalle cime*" ➲ ..................................
- "*intorno al falò*" ➲ ..................................

### C'È STILE E STILE

**13** **Ripercorri il testo e, sulla base delle conoscenze acquisite nel corso di questi anni, rispondi alle domande seguenti.**

- Ci sono espressioni che ti fanno pensare a un racconto d'avventura?
- Ci sono espressioni che ti fanno pensare a un testo poetico?
- Ci sono espressioni che ti fanno pensare a un testo autobiografico?
- In definitiva, a quale genere ascriveresti il testo che hai letto?

# Ritorno a Lagos di Wole Soyinka

leggere scrivere

TESTO NARRATIVO

1 2 3 livello di difficoltà

**Soyinka è un uomo che ha vissuto la sua infanzia poco lontano da Lagos in Nigeria, per poi studiare in Europa. Rientrato in patria, ha insegnato letteratura in alcune università nigeriane, ma avvenimenti storici terribili, che hanno coinciso con dittature e poteri militari violenti, persecuzioni politiche verso gli intellettuali e la sua personale incarcerazione per due anni, lo hanno infine costretto ad allontanarsi dal suo Paese, proprio per poter fare qualcosa per esso. Riconosciuto dalla comunità internazionale come uomo di grande umanità e cultura, vincitore del premio Nobel per la Letteratura nel 1986, poté ritornare in Africa nel 2005, dopo aver lottato per il suo Paese dall'Europa e dall'America. Nel passo che segue, racconta appunto i suoi pensieri, mentre in aereo sta sorvolando l'Africa, per tornare a Lagos, ricordi che lo riportano alla difficile situazione politica della sua patria, ma anche al respiro indimenticabile della natura e della tradizione.**

Riconosco di non essere particolarmente incline ai sentimentalismi; ciò nonostante, in genere non ho nulla in contrario se, quando torno a casa, vengono a darmi il benvenuto! A dire il vero, a volte mi chiedo se per chi, come me, si trova spesso circondato dal nemico, essere accolti a casa non diventi un motivo centrale della propria esistenza, vissuta in perpetuo movimento. Non sopporto, per esempio, gli addii all'aeroporto, tanto è che le uniche volte in cui mi sono lasciato convincere, in via del tutto eccezionale, a farmi accompagnare è stato soltanto dopo lunghi tira e molla, cui alla fine ho ceduto dietro ricatto emotivo. Viceversa, divento molto più accomodante quando si tratta di essere accolto dopo un lungo viaggio, sebbene anche in questi casi  sia più facile che mi si veda sgattaiolare da un'uscita di servizio. In genere, sono più propenso all'idea di *ritorno*, cioè di *ritrovarmi nel luogo dal quale non sarei mai dovuto andar via*. [...]
Ad ogni modo, ciascun ritorno è totalmente differente dal precedente, come ho imparato tanto tempo fa, quando ponendo fine a un periodo di separazione fisica dalla mia terra, sono tornato per la prima volta in Nigeria al termine di un periodo di studio all'estero. Era il 1° gennaio del 1960, l'anno dell'indipendenza del Paese. Sentendomi già un uomo fatto a soli venticinque anni, avevo escogitato per l'occasione il modo di rientrare in segreto, contrariando genitori e parenti. [...]
Pur respirando l'aria riciclata della cabina dell'aereo, mentre sorvoliamo ancora la polvere e le dune del Sahara, potrei giurare di sentire già l'odore dell'aria umida di Lagos[1], il fetore dei cumuli di sterco, l'afrore[2] dei mercati e delle strade sovraffollate. Sono certo di sentire rimbombare le voci chiassose dei venditori ambulanti intenti nei loro affari equivoci, così forti da coprire perfino il ronzare incessante dei motori del velivolo. Mi sembra di vederli scambiarsi furbi sogghigni d'intesa, mentre contrabbandano merce del tipo più pericoloso, come era già di **routine** prima che andassi in esilio, nel novembre del 1994: giornali messi al bando[3], estratti al momento giusto da sotto una

1 **Lagos**: capitale della Nigeria.
2 **afrore**: odore acre e sgradevole.
3 **messi al bando**: proibiti.

***Routine***
Deriva dal francese e indica la monotona ripetizione di qualcosa. L'etimologia del termine si ricollega a "*route*", "strada" e vuole indicare chi fa la stessa strada, in modo monotono, senza varianti.

pila di riviste. Ehi, psst! Si avvicinano agli automobilisti bloccati nel traffico o ai semafori, con i giornali più noti bene in vista. Poi, incuranti del pericolo che il potenziale cliente possa rivelarsi un agente dei servizi segreti o uno degli onnipresenti informatori di Abacha[4], mostrano di colpo titoli sensazionali delle prime pagine del *Times*, di *The news*, *The concord*, *Tell*. O degli altri fogli clandestini. [...] Se è la volta del raid, degli inseguimenti e delle rincorse, seguono giorni, settimane, addirittura mesi in cella per i tenaci venditori, alcuni tra i quali non hanno più di dieci o undici anni. E nemmeno il tempo di essere rilasciati che sono di nuovo per strada. Persino la polizia si era stancata di tutta questa farsa. Erano spettacoli che facevano ribollire il sangue e veniva voglia di ributtarsi subito a capofitto nell'attività politica; la verità tuttavia, era che desideravo tenermi lontano quanto più possibile dal senso del dovere politico che questo tipo di scene imponeva: volevo semplicemente "portare il fucile a fare due passi" nella foresta, lontano dal caos delle strade della città.

**4 Abacha**: dittatore della Nigeria dal 1993 al 1998.

**5 Femi**: nome di un amico incarcerato.

**6 *harmattan***: vento violentissimo locale, secco e polveroso.

Non vedo l'ora di riprendere possesso della foresta; o forse, al contrario, di lasciare che lei si impossessi di me. La foresta, col suo respiro furtivo. Rifugio e conforto. Il pensiero si porta dietro gli odori, e subito mi sento isolato dal resto dell'aereo e avvolto dai profumi della foresta! Al pensiero di riprendere ad andarvi il battito del cuore finalmente accelera, non senza esitazione, dapprima impercettibilmente rallentato dal fatto che Femi[5], al quale avevo insegnato l'arte della caccia, non potrà più prendervi parte. [...] Essere circondati dalla foresta tropicale fa sentire in pace col mondo, ha un effetto calmante, finché, ovviamente, non arriva la preda; ma neanche in quel caso il cuore batte particolarmente forte. Non importa se è la stagione secca in cui soffia l'*harmattan*[6], quando la vegetazione è arsa dal sole, a eccezione del mattino presto, quando il vapore si posa sulle foglie e perfino la terra si rivela umida; o se è la stagione delle piogge, quando le gole da guardare sono in piena, le rocce

scivolose, ed è facile rimanere intrappolati nei roveti bagnati o venire risucchiato negli anfratti di fango, sia di giorno sia di notte – la notte con l'esclusiva compagnia di poche stelle che si scorgono a malapena tra i rami, e delle lucciole, che mettono a dura prova non solo la pazienza ma anche la capacità di discernimento di chi caccia, poiché è facile confonderle con gli occhi di una lince, del roditore notturno, o persino con un paio di gocce di pioggia gemelle intrappolate nella luce della torcia.
L'unica cosa che conta è la fuga in una dimensione senza tempo, interrotta soltanto dai passi felpati di una preda a quattro zampe, oppure dallo scarto improvviso del fagiano selvatico bruno, o della faraona dalle penne brizzolate, che, schiamazzando, si alza in volo tra gli alberi. Un solo istante, per decidere se valga la pena di tentare

## competenze alla prova

### LEGGO E...

#### ... COMPRENDO

**1 Perché è importante per l'autore il ritorno nel suo Paese?**
- ☐ Perché pensa che non avrebbe mai dovuto andarsene
- ☐ Per ritrovare le sue radici
- ☐ Perché se ne è dovuto andare contro la sua volontà
- ☐ Perché ci sono i suoi genitori

**2 Che cosa succede a Soyinka quando sorvola la sua città con l'aeroplano?**
- ☐ Gli sembra di sentire già profumi e odori della sua città, di vederne la vita caotica che vi si svolge
- ☐ Gli sembra di non ricordarla più com'era quando se n'è andato
- ☐ Viene preso da una grande preoccupazione
- ☐ Ha voglia di tornare indietro

**3 Quali momenti del ritorno sono i più felici e desiderati per l'autore?**

**4 Che cosa vuole fare Soyinka nella foresta?**
- ☐ Andare a caccia di selvaggina
- ☐ Andare a caccia di immagini, di odori, di profumi, di ricordi
- ☐ Andare a passeggiare
- ☐ Accompagnare qualche vecchio amico

#### ... RICAVO DAL TESTO

**5 Sai dedurre dalle informazioni disseminate nel testo perché i quotidiani erano proibiti in Nigeria?**

#### ... ANALIZZO E INTERPRETO

**6 L'ambiente umano di Lagos descritto nel testo trasmette al lettore una particolare idea di città: quale?**
- ☐ Tranquilla, ordinata
- ☐ Caotica e pericolosa
- ☐ Realistica, complessa
- ☐ Poetica e vivace

**7 Quali sensazioni trasmette al lettore l'ambiente naturale descritto nel testo?**
- ☐ Un'atmosfera magica, senza tempo
- ☐ Un paesaggio pieno di insidie
- ☐ Un'affascinante immersione nella natura
- ☐ Un luogo della memoria

**8 Sottolinea gli aggettivi che secondo te definiscono meglio la foresta.**

incantata - pluviale - ritrovata - magica - soffocante - intricata - verde - tropicale - umida - odorosa - lussureggiante - silenziosa - ricca di voci e di suoni - lontana - chiusa - grande

**9 Perché lo scrittore parla di "*riprendere possesso della foresta; o forse, al contrario, di lasciare che lei si impossessi di me*"?**
- ☐ Perché ne è stato lontano troppo a lungo
- ☐ Perché è un luogo che sente "suo" e vuole riprenderlo lentamente

di darle la caccia – quanto ci vorrà, in caso di successo ad andare a recuperare il bottino nel campo nemico? – e intanto, indugiando prima di prendere una decisione, passa inosservata una preda ben più grossa, il pregiato *egbin*[7], l'*igala*, oppure un patriarca o una matriarca[8] degli *etu*, o il capostipite di una specie, l'*adimu*, la cui carne nutriente potrebbe sfamare una compagnia nemmeno tanto piccola di guerriglieri da tempo smarriti nella foresta... Senz'altro è la foresta, soltanto la foresta, con i suoi odori, la sua consistenza caratteristica, i suoni smorzati e il silenzio impenetrabile, che alla fine mi scalda con calore dell'attesa. Solo questo e nient'altro: né il pensiero di riallacciare relazioni interrotte né quello di recuperare voci spezzate riescono a darmi lo stesso entusiasmo.

da W. Soyinka, *Sul far del giorno*, Frassinelli

**7 *egbin ... adimu***: nome popolare di animali africani.

**8 matriarca**: esemplare femminile a capo del branco.

- ☐ Perché la vive intensamente comprendendone la bellezza
- ☐ Perché ne ha paura

**(10) Quando lo scrittore dice che si ritrova "*nel luogo dal quale non sarei mai dovuto andar via*" a che cosa allude, secondo te?**

- ☐ È pentito di essere partito dalla sua terra
- ☐ Percepisce le difficoltà che incontrerà, ritornando
- ☐ Teme che qualcosa sia cambiato in modo definitivo
- ☐ Crede che non sarebbe partito se qualcuno non l'avesse obbligato a farlo

**(11) Secondo la classificazione dei tipi di spazio, come potresti definire la foresta?**

- È possibile più di un tipo di definizione? Giustifica la tua risposta.

## ORA SCRIVO IO

**(12) C'è tra quelli che ti sono familiari, un luogo che ti è caro in un modo del tutto diverso e nel quale ti senti proprio bene? Racconta.**

### UN MONDO DI PAROLE

**(13) Trova un sinonimo per i seguenti aggettivi presenti nel testo.**

- Chiassoso ➲ ..............................
- Incessante ➲ ..............................
- Furbo ➲ ..............................
- Tenace ➲ ..............................

### C'È STILE E STILE

**(14) Ripercorri il testo e, sulla base delle conoscenze acquisite nel corso di questi anni, rispondi alle domande seguenti.**

- Ci sono espressioni che ti fanno pensare a un racconto d'avventura?
- Ci sono espressioni che ti fanno pensare a un testo poetico?
- Ci sono espressioni che ti fanno pensare a un testo autobiografico?
- In definitiva, a quale genere ascriveresti il testo che hai letto?

### FILOFILE

**(15) Ascolta un breve testo registrato di Soyinka, che sta partecipando a una tavola rotonda dell'UNESCO, digitando l'indirizzo http://www.youtube.com/watch?v=SmjvWRrEVWk**
**La registrazione dura cinque minuti ed è in inglese. Prova a scrivere un breve riassunto, anche per punti essenziali, dell'intervento del Premio Nobel.**

# Il vecchio pozzo di Magda Szabò

leggere scrivere

TESTO NARRATIVO

1 2 3 livello di difficoltà

**L'Ungheria di Magda Szabò è quella di una testimone colta e sensibile, che ha visto passare per le strade della sua terra le guerre e le trasformazioni sociali di gran parte del Novecento. Nel suo racconto, il vecchio pozzo che c'era nel cortile della sua casa diventa un "mezzo" attraverso cui raggiungere i suoi ricordi più lontani, quelli della sua infanzia, in cui ritrova la sua identità più profonda e autentica, fatta di luoghi, persone, vicende vissute, letture, studi e altro ancora. Nel testo che segue, la Szabò ritorna su alcuni luoghi della sua città, Debrecen, ricchi di colori e di significati, che l'autrice serba dentro di sé come un tesoro che è consapevole le servirà in futuro.**

Il fondo al pozzo c'era la città[1]. Che trovavo stupenda.
Ai miei occhi rimase stupenda anche dopo che ebbi occasione di paragonarla ad altre città, e sorridevo ogni volta che me ne rendevo conto, tra gli scenari più incredibili in giro per il mondo. [...] Per me era la più bella, sentivo che la sua aria polverosa era più pura di un prato alpino. Mai, altrove, l'acqua ebbe lo stesso sapore, i venti soffiavano ma erano meno veri, le stelle non brillavano più luminose come quelle nel cielo sotto cui sono nata.

Eppure, là si soffocava per la polvere, c'era una calura terribile, e un freddo gelido altrettanto terribile. D'estate i raggi della canicola squarciavano i meloni come spietati pugnali d'oro, e la polpa zuccherina scaturiva dalle cataste di frutti al mercato [...]. Ogni estate un certo numero di persone veniva ucciso dal caldo, d'inverno i viaggiatori rischiavano la morte per assideramento nelle lande da paesaggio artico. [...] Talvolta la pioggia tardava per mesi, il sole bruciava i fiori, camminando per il gran bosco si udivano i gemiti della corteccia resinosa e rinsecchita che scricchiolava sui tronchi, come se il legno stesse per rendere l'anima a Dio in quel caldo insopportabile. L'occhio non reggeva la vista di un cielo senza nuvole, i cani si accasciavano al suolo con la lingua penzoloni e sembravano in agonia, le mosche tormentavano i cavalli, ronzavano intorno alle cinghie rosse e appiccicose fissate a colli e deretani mentre quelli sbatacchiavano la coda come una frusta, ed emettevano suoni lievi come un velo, un brusio liquido e verdognolo.

L'inverno che imbiancava la mia città si mostrava con un duplice volto. L'uno era stupendo, scintillava al pari dei cristalli; dai cornicioni dei tetti pendevano stalattiti di ghiaccio spesse come braccia, per le strade la neve s'ammassava in cumuli alti e i pedoni cammina-

**1 la città**: si tratta di Debrecen, la seconda città per importanza dopo la capitale Budapest, situata nella parte est dell'Ungheria.

vano frettolosi dentro veri e propri corridoi scavati fra candide pareti. Quando ululava il vento della *puszta*[2] la neve turbinava a vertiginosa velocità sollevando creste farinose di muri di neve, dai campi piatti, il viale alberato aveva l'aria di un coccodrillo dalle fauci spalancate, con i passanti che sfilavano in mezzo a file di denti. Ai bordi delle strade si formavano lunghe piste ghiacciate, dove io pattinavo; e non come gli altri bambini, che vedevo sempre soli: io avevo sempre papà e mamma al fianco. Non esisteva una slitta più bella della mia, l'aveva costruita papà utilizzando una cassa e alcune assi di legno, poi aveva intagliato personalmente lo schienale a forma di testa canina; se l'attaccava alla schiena e mi trainava correndo nella neve come un cavallo, e il ricordo si mescola ancora, a distanza di decenni, con la sensazione di gioia inebriante, elementare e selvaggia che provavo per quelle cose meravigliose che appartenevano al freddo, ai rigori invernali. L'inverno era una stagione importante anche per la creatività, i macellai artisti gareggiavano fra loro nel realizzare la scultura più bella usando blocchi di strutto[3] ghiacciato, duro come pietra. Esponevano nelle vetrine opere indimenticabili: busti di Sàndor Petòfi[4] in strutto, chiese di strutto, pastori di strutto, ponti a nove arcate di strutto su una *puszta* di strutto con il fiumiciattolo di strutto

**2 *puszta***: nome ungherese che indica le grandi praterie della pianura.

**3 strutto**: grasso di maiale usato per la cottura dei cibi.

**4 Sàndor Petòfi**: poeta ungherese (1823-1849) che animò il risorgimento del suo Paese.

increspato da lievi onde di strutto, sapevano plasmare qualsiasi cosa in quella materia solidificata dal freddo.

[...] Il cuore della città e, per quanto mi riguardava del mondo intero, era il tempio grande.

Il tempio grande era talmente grande che non riuscivo a misurarlo con il metro della realtà. Quando vidi l'immagine di una piramide con un uomo accanto per suggerire l'idea delle proporzioni, capii che il tempio grande era alto come una piramide. La sua facciata gialla culminava in un triangolo, le torri erano munite di occhi e bocca come volti umani, non ho più visto in vita mia un edificio che palpitasse di quella vita, sembrava persino che respirasse. Nelle torri alloggiavano le campane, e quando suonavano papà e mamma si fermavano, guardavano nella direzione dei rintocchi e cercavano di indovinare quale campana fosse. Allora non riuscivo a capire che cosa fissassero con tanta attenzione ma, dopo averli persi per sempre, mi sorprendo a sollevare la testa con identico gesto e a guardare in direzione delle campane come facevano loro. Il tempio grande, con le due stelle in punta alle torri, reggeva il cielo, e mia madre, che era cresciuta in via delle Arti Minori – oggi si chiama via Bethlen – e si era sposata nel giardino botanico, gli rivolgeva un saluto tutte le volte. – Buon giorno, tempio grande, vi bacio le mani, – sussurrava passandovi davanti. La cosa non mi stupiva affatto perché, sebbene non me ne avesse mai parlato esplicitamente, capii subito che il tempio grande aveva un significato speciale per lei; quell'edificio simboleggiava le persone che aveva amato, era il testimone della sua infanzia, della sua giovinezza, delle passeggiate di un tempo sotto le sue ombre. In cima alle scale del tempio grande, lungo l'intero perimetro, correva un parapetto con ciuffi di magra erba che crescevano tra le pietre, era il mio posto preferito per ammirare la città. In direzione della stazione centrale, lungo la via del Mercato, da piazza del Tempio fino all'incrocio con via dello Sverzino, quando ero bambina, le rivendugliole[5] di frutta e verdura aspettavano accoccolate a terra; se passavamo da lì qualcosa finiva sempre nel cestino che tenevo perennemente infilato al braccio, un brezel[6], un cartoccio di granturco soffiato, una fetta di zucca al forno.

[...] In fondo al pozzo ci sono i mercati, neppure uno manca, c'è quello vicino al toro d'oro, dove vendevano latte, burro, uova, ricotta,

**5 rivendugliole**: è chi rivende al minuto, per lo più roba da mangiare o merci di poco conto.

**6 brezel**: pane dalla caratteristica forma arrotolata, salato in superficie, che spesso accompagna la birra.

dalle parti di via Principe reggente Jòzsef. [...] Vicino al mercato del latte sostavano le venditrici di pesce che sapevano d'un odore particolare, mi attraevano e mi spaventavano, perché le loro merci, soprattutto gli occhi di quei pesci, erano ripugnanti.
C'era il mercato dei fiori, con le ambulanti che aspettavano accovacciate lungo via Kossuth in mezzo a una fragrante distesa di erbe, salvia, santoreggia, menta, offrivano piantine, allegri mazzolini di fiori da giardino, stupidi bouquet, i canestri emanavano un profumo che avvolgeva i passanti sul marciapiede, tra le gambe spiccava il marrone dei vasi di terracotta e il nero dell'humus. Al mercato grande, quello vero, si trovava tutto, ricolmo di tesori com'era agli occhi di una bambina, talmente affascinata da un fazzoletto a quadri o da una zucca da cuocere al forno, un mucchio di grano, i meloni, i capponi, un bicchiere di corno di vacca intagliato o un fungo, da trovare persino sopportabile la presenza del conservatorio sull'angolo della piazza che riversava dalle finestre torrenti di suoni e melodie. [...]
La piazza del mercato, con le grandi fiere che ospitava, ha sollecitato le prime fantasie nel vecchio pozzo, con le tende degli attori dai visi infarinati e le bocche dipinte a cuore, il carosello dei cavalli a dondolo addobbati di crinolina[7], gli acrobati. Le cantilene dei mercanti – "Tremila corone al pezzo, si sceglie ciò che si vuole" –, le giubbe foderate in pelo d'agnello, le pipe, i pettini in corno, i liquidi colorati, le terraglie, l'arrosto con le cipolle, i piegabaffi[8], la scimmia che si arrampicava sulla pertica, erano tante tessere di un mosaico mentale, solo col tempo avrei imparato a capire l'importanza dell'immagine che potevano comporre; tutte quelle cose, mescolate insieme a paccottiglia[9] industriale, ventagli, Buddha di imitazione cinese, mi avrebbero consentito di vedere direttamente le ultime vestigia delle antiche, onorate corporazioni cittadine. Il profumo speciale del mercato – misto di strutto fritto, zucchero filato e sudore – mi sarebbe rimasto impresso associato alle meravigliose statuette di panpepato, con i loro fronzuti finimenti per cavalli, le minuscole botti di nobile forma, gli stivali per bambini realizzati con stupenda maestria. Alla fiera grande andavo con papà e mamma, ci fermavamo a osservare ogni chiosco, le tende, gli attori ambulanti. Una volta mi fecero montare sui cavallini della giostra insieme al cuginetto di un amico, nato a Varsavia, incapace di spiccicare una parola a parte il polacco. Divorammo montagne di zucchero filato, il ragazzino vomitò. Lo guardai sbigottita, non avrei mai immaginato che vomitasse come noi ungheresi, mi sembrava incredibile che anche gli stranieri facessero cose del genere. Alle fiera grande mi lasciavano trascorrere lungo tempo, come se i miei genitori sapessero che la luce delle lampade a carburo[10] davanti ai piccoli chioschetti, i *ködmön*[11] ricamati appesi alla sbarra, l'atmosfera serale del mercato e tutti gli elementi che osservavo mi sarebbero serviti in futuro.

da M. Szabò, *Il vecchio pozzo*, Einaudi

**7 crinolina**: si tratta di stoffe intessute in modo particolare così da avere un effetto rigido e staccato dal corpo.

**8 piegabaffi**: si tratta di uno strumento usato un tempo dagli uomini per dare ai baffi la piega voluta.

**9 paccottiglia**: merce scadente, fondi di magazzino oggetti dozzinali, di scarso valore.

**10 lampade a carburo**: particolare tipo di lampada che per alimentare la fiamma brucia combustibile a gas.

**11 *ködmön***: tipica tunica ungherese ricamata a motivi floreali multicolori.

## competenze alla prova

### LEGGO E...

#### ... COMPRENDO

1. **Perche la scrittrice pensa che la sua città sia la migliore del mondo?**
   - ☐ Le estati sono molto gradevoli
   - ☐ Gli inverni sono miti e l'aria è buona
   - ☐ Perché è la città della sua infanzia
   - ☐ Perché non ha avuto occasione di vedere altre città
2. **Qual è secondo la scrittrice il cuore della città?**
3. **Perché la scrittrice alza la testa verso le torri ogni volta che sente suonare le campane?**
   - ☐ Perché lo facevano sempre i suoi genitori
   - ☐ Perché riconosce quale campana ha suonato
   - ☐ Per un gesto automatico
   - ☐ Per curiosità
4. **Definisci brevemente il clima della città, durante l'estate e durante l'inverno.**
5. **Che cosa facevano i macellai con lo strutto?**
6. **Quali ricordi infantili sono più vivi nella memoria dell'autrice?**
   - ☐ La visita al mercato
   - ☐ Le fiere accompagnata dai genitori
   - ☐ Gli inverni con la neve
   - ☐ I giochi con il cuginetto

#### ... RICAVO DAL TESTO

7. **Da tutti gli elementi che ricorrono nel testo, puoi dire che i genitori dell'autrice fossero particolarmente presenti nella sua vita di bambina? Cita alcuni esempi per giustificare la tua risposta.**
8. **Quando l'autrice scrive: "*L'inverno che imbiancava la mia città si mostrava con un duplice volto*", che cosa intende per "*duplice*"? Spiegalo brevemente.**
9. **Quale ruolo hanno i mercati e le fiere nella vita della piccola Magda?**

#### ... ANALIZZO E INTERPRETO

10. **Quale idea di città viene trasmessa al lettore dall'autrice?**
    - ☐ Triste, ordinata
    - ☐ Allegra, composita
    - ☐ Rumorosa, sovraffollata
    - ☐ Poetica e nostalgica
11. **Quali sensazioni trasmette al lettore l'ambiente umano, famigliare e cittadino, descritto nel testo?**
12. **Quale sentimento ti pare prevalente nel testo che hai letto?**
    - ☐ L'amore per la città con i suoi luoghi, tempi e affetti
    - ☐ L'amore per i genitori
    - ☐ L'amore per l'infanzia trascorsa
    - ☐ La nostalgia del passato

### ORA SCRIVO IO

13. **C'è qualcosa in particolare, un oggetto, un luogo, una persona a cui ti capita di pensare con nostalgia? Racconta.**

#### UN MONDO DI PAROLE

14. **Trova un sinonimo per i seguenti aggettivi presenti nel testo.**
    - Inebriante ➲ ...........................................
    - Zuccherino ➲ ...........................................
    - Rinsecchito ➲ ...........................................
    - Fronzuti ➲ ...........................................

#### C'È STILE E STILE

15. **Ripercorri il testo e sottolinea le parole che hanno a che fare con il cibo. Secondo te ha un significato particolare il fatto che siano così tante? Giustifica la tua risposta.**
16. **Ripercorri il testo e sottolinea le parole, le espressioni che ti fanno pensare a un colore. Sono molte? Hanno un senso, secondo te, nelle intenzioni della scrittrice? Giustifica la tua risposta.**

# Dis-crimini

Le voci della letteratura, che abbiamo ascoltato nella sezione precedente, anche se in modo incompleto, hanno permesso di aprire una finestra sulle realtà umane più diverse che vivono nel mondo, ciascuna con la sua ricchezza di pensiero (e di affetti). Sembra impossibile che queste mille voci non possano convivere pacificamente, eppure la relazione tra popolazioni umane presenta da sempre un problema serio: il rapporto (non sempre pacifico) tra "**stranieri**" e **nativi**. Chi vive su una terra, infatti, non ospita senza condizioni chi viene da altri luoghi e la percezione dello straniero può passare dalla semplice curiosità, lecita e possibile, orientata verso la **convivenza pacifica** e con pari diritti e doveri, al **sospetto** e all'**ostilità**, fino ad arrivare alla **discriminazione**. Nella storia umana la non accettazione dell'altro ha prodotto, purtroppo, esempi molto bui di intolleranza, fino a mettere in atto crimini veri e propri contro qualcuno che proveniva da un'altra regione del mondo o possedeva un altro colore della pelle. La società attuale, che conosce un sempre maggiore scambio tra popoli, in modo permanente e non solo occasionale, sta elaborando con fatica una nuova mentalità, capace di accogliere e integrare con apertura profonda le diverse culture che vivono nel mondo; è uno dei compiti umani più importanti e delicati che spettano alle nostre generazioni, che, pur con errori e oscillazioni, devono superare vecchie barriere e aprire **nuovi spazi di vita comune**, di rispetto, di scambio, accettando lo **sforzo di conoscere** e **capire** se stessi e gli altri senza superficialità e pregiudizio.

## Che cos'è il razzismo? di Tahar Ben Jelloun

**In un testo ormai famoso, *Il razzismo spiegato a mia figlia*, Ben Jelloun riflette sul razzismo in modo semplice ma non banale, rivolgendosi a sua figlia e attraverso di lei a tutti i ragazzi. Il testo – lo dice l'autore stesso nell'introduzione – è stato rivisto molte e molte volte alla presenza di ragazzi tra gli undici e i quindici anni, perché fosse sempre comprensibile nel linguaggio e nelle idee. È attraverso il suo lavoro, quindi, che introduciamo uno dei più pericolosi ostacoli all'integrazione fra i popoli, quello che pone un discrimine tra le genti sulla base dell'appartenenza a una certa terra o stirpe a differenza degli altri. Che cosa significa porre barriere tra i popoli in modo contrario alla naturale convivenza tra le etnie?**

leggere scrivere

parlare

**TESTO NARRATIVO**

1 2 3 livello di difficoltà

– Dimmi, babbo, cos'è il razzismo?

– Tra le cose che ci sono al mondo, il razzismo è la meglio distribuita. È un comportamento piuttosto diffuso, comune a tutte le società tanto da diventare, ahimè, banale. Esso consiste nel manifestare diffidenza e poi disprezzo per le persone che hanno caratteristiche fisiche e culturali diverse dalle nostre.

– Quando dici “comune”, vuoi dire “normale”?
– No. Non è perché un comportamento è corrente che può essere considerato normale. In generale l’essere umano ha tendenza a non amare qualcuno che è differente da lui, uno straniero, per esempio: è un comportamento vecchio come l’uomo; ed è universale. È così dappertutto.
– Se capita a tutti, anch’io potrei essere razzista!
– Intanto la natura spontanea dei bambini non è razzista. Un bambino non nasce razzista. E se i suoi genitori o i suoi famigliari non gli hanno messo in testa delle idee razziste, non c’è ragione perché lo diventi. Se, per esempio, ti facessero credere che quelli che hanno la pelle bianca sono superiori a quelli che ce l’hanno nera, e se tu prendessi per oro colato quell’affermazione, potresti assumere un atteggiamento razzista nei confronti dei neri.
– Che cosa vuol dire essere superiori?
– Per esempio, credere che uno, per il fatto che ha la pelle bianca, è più intelligente di qualcuno che ha la pelle di un altro colore, nera o gialla. In altre parole, l’aspetto fisico del corpo umano, che ci differenzia l’uno dall’altro, non implica alcuna diseguaglianza.
– Credi che anch’io potrei diventare razzista?
– Diventarlo è possibile: tutto dipende dall’educazione che avrai ricevuto. Tanto vale saperlo e impedirsi di esserlo, ovverosia, tanto vale accettare l’idea di essere anche noi capaci, un giorno, di avere sentimenti e comportamenti di rigetto nei confronti di qualcuno che non ci ha fatto niente, ma è differente da noi. È una cosa che capita spesso. Ciascuno di noi, un giorno, può fare un gesto brutto, provare un sentimento cattivo. Quando uno è turbato da un essere che non gli è famigliare, allora può pensare di essere meglio di lui; prova un sentimento sia di superiorità sia di inferiorità nei suoi riguardi, lo rifiuta, non vuole saperne di averlo come vicino, tanto meno come amico, semplicemente perché si tratta di qualcuno di diverso.

– Diverso?
– La diversità è il contrario della rassomiglianza, di ciò che è identico. La prima differenza evidente è quella del sesso. L'uomo è differente dalla donna. E viceversa. Ma quando si tratta di quel tipo di differenza, in generale, c'è attrazione. In altri casi, colui che chiamiamo diverso ha un altro colore di pelle rispetto a noi, parla un'altra lingua, cucina in un altro modo, ha altri costumi, un'altra religione, altre abitudini di vita, di fare festa ecc. Ci sono differenze che si manifestano attraverso l'aspetto fisico (la statura, il colore della pelle, i lineamenti del viso ecc.) e poi ci sono differenze di comportamento, di mentalità, di credenze ecc.
– Allora al razzista non piacciono le lingue, le cucine e i colori che non siano i suoi?
– No, non è esattamente così: un razzista può amare e imparare altre lingue perché ne ha bisogno nel suo lavoro, o nei suoi svaghi, ma può ugualmente manifestare un giudizio negativo e ingiusto sui popoli che parlano quelle lingue. Allo stesso modo, potrebbe rifiutare di affittare una camera a uno studente straniero, per esempio vietnamita, eppure apprezzare il cibo dei ristoranti esotici. Il razzista è colui che pensa che tutto ciò che è troppo differente da lui lo minacci nella sua tranquillità.
– È dunque il razzista che si sente minacciato?
– Sì, perché ha paura di chi non gli rassomiglia. Il razzista è colui che soffre di un complesso di inferiorità o di superiorità. Il risultato è lo stesso perché il suo comportamento, in un caso o nell'altro, sarà di disprezzo. E dal disprezzo la collera. Ma il razzista sbaglia collera.
– Ha paura?
– L'essere umano ha bisogno di sentirsi rassicurato. Non gli piace troppo ciò che rischia di turbare le sue certezze. Si può avere paura quando si è al buio, perché quando si è al buio non si vede cosa ci potrebbe capitare. Ci si sente senza difese di fronte all'imprevedibile. Si immaginano cose orribili. Senza ragione. Non è logico. Talvolta non c'è niente che possa giustificare la paura, eppure si ha paura. Si può ragionare quanto si vuole, ma si reagisce come se la minaccia fosse reale. Il razzismo non è qualcosa di giusto o di ragionevole.
– Babbo, se il razzista è un uomo che ha paura, il capo di quel partito che non vuole gli stranieri[1] deve avere paura in continuazione. Eppure, ogni volta che lo vedo alla televisione, sono io che ho paura! Lui urla, minaccia i giornalisti, batte i pugni sul tavolo.
– Sì, ma quel capo di cui parli è un uomo politico noto per la sua aggressività. Il suo razzismo si esprime in maniera violenta. Comunica alle persone male informate notizie false perché si spaventino, sfrutta la paura della gente, paura che spesso è reale. Per esempio dice loro che "gli immigrati vengono in Francia per portare via il lavoro ai fran-

**1 il capo ... stranieri**: si tratta di Jean-Marie Le Pen, fondatore e presidente del partito di estrema destra Fronte Nazionale (*Front National*, FN), in Francia.

2 **emiro**: presso i popoli arabi indica un principe o un capo, anche militare.

cesi, per intascare i contributi famigliari e farsi curare gratis negli ospedali". Non è vero. Spesso gli immigrati fanno lavori che i francesi rifiutano. Pagano le tasse e i contributi per la sicurezza sociale: hanno quindi diritto alle cure se si ammalano. Se, per disgrazia, domani si espellessero dalla Francia tutti gli immigrati, crollerebbe l'economia del Paese.

– Capisco. I razzisti hanno paura senza una ragione valida.

– Hanno paura dello straniero, di quello che non conoscono, soprattutto se quello straniero è più povero di loro. Il razzista è più portato a diffidare di un operaio africano che di un miliardario americano. Meglio ancora, se un emiro[2] del Golfo viene a passare le sue vacanze in Costa Azzurra è accolto a braccia aperte, perché non è l'arabo che si riceve, ma il ricco, che è venuto a spendere soldi.

– Che cos'è uno straniero?

– La parola straniero ha la stessa radice di estraneo e di strano, che indica ciò che è "di fuori", "esterno", "diverso". Designa

## competenze alla prova

### LEGGO E...

#### ... COMPRENDO

1. **Chi è l'interlocutore dell'autore nel testo che hai appena letto?**
2. **In che cosa consiste il razzismo secondo l'autore? Sottolinea la frase nel testo.**
3. **I bambini, secondo Ben Jelloun, possono essere razzisti?**
   - ☐ Solo nel caso in cui abbiano genitori che li hanno educati al razzismo
   - ☐ Solo nel caso in cui vivano in Paesi dove c'è una forte presenza straniera
   - ☐ Solo nel caso in cui si sentano superiori agli altri
   - ☐ Solo se sono insicuri
4. **È possibile diventare razzisti? Sottolinea l'informazione nel testo.**
5. **Da dove ha origine il razzismo?**

#### ... RICAVO DAL TESTO

6. **L'autore del testo che hai letto vive in Francia. Da quanto dice, puoi dedurre che l'esperienza di essere straniero gli appartenga personalmente?**

#### ... ANALIZZO E INTERPRETO

7. **Quando l'autore dice: "*Quando uno è turbato da un essere che non gli è famigliare, allora può pensare di essere meglio di lui*", che cosa intende dire secondo te?**
   - ☐ Uno straniero è sempre inferiore
   - ☐ Uno straniero turba e fa sentire inferiori
   - ☐ Si prova un sentimento sia di superiorità, sia di inferiorità nei confronti dello straniero, rifiutandolo
   - ☐ Uno straniero turba e fa sentire superiori
8. **"*Diversità*" e "*paura*" sono due parole guida per la comprensione del ragionamento fatto dall'autore: rileggi il testo e organizza nella tabella alcuni dei suoi contenuti, a partire dai quattro indicatori suggeriti.**

| Diversità | Come si manifesta | Quale paura fa nascere |
|---|---|---|
| Aspetto fisico | | |
| Cultura e religione | | |
| Povertà | | |
| Ricchezza | | |

colui che non è della famiglia, che non appartiene né al clan[3] né alla tribù. È qualcuno che viene da un altro Paese, sia esso vicino o lontano, qualche volta da un'altra città o da un altro villaggio. Da ciò è nato il concetto di xenofobia[4], che significa "ostilità verso gli stranieri, e ciò che viene dall'estero". Oggi però la parola strano designa qualcosa di straordinario, di molto diverso da quanto si ha l'abitudine di vedere. È sinonimo di strambo.

– Quando vado in Normandia[5], dalla mia amica, sono una straniera?

– Per gli abitanti di laggiù, certamente sì, poiché vieni da lontano, da Parigi, e poi sei marocchina. Ti ricordi quando siamo andati in Senegal? Ebbene, per i senegalesi, eravamo stranieri.

– Ma i senegalesi non avevano paura di me, né io avevo paura di loro.

– Eh già, perché la mamma e io ti abbiamo spiegato che non devi avere paura degli straneri, siano poveri o ricchi, grandi o piccoli, bianchi o neri. Non dimenticartelo. Si è sempre stranieri per qualcuno, cioè si è sempre percepiti come qualcuno di estraneo da chi non è della nostra cultura.

da B. Jelloun, *Il razzismo spiegato a mia figlia*, Bompiani

**3 clan**: per clan si intende un gruppo famigliare molto esteso, che riconosce un antenato comune e un "patriarca" cui attualmente ci si riferisce.

**4 xenofobia**: sentimento di avversione per gli stranieri e per ciò che è straniero, manifestata con atteggiamenti e azioni di insofferenza verso le usanze, la cultura e gli abitanti stessi di altri Paesi.

**5 Normandia**: regione della Francia del Nord, che si affaccia sul canale della Manica.

**9** **Ben Jelloun fa osservare che tutto è questione di "prospettiva": chi è straniero rispetto a chi?**

## ORA SCRIVO IO

**10** **Riassumi il testo secondo la tecnica della cancellazione.**

**11** **Scrivi un'intervista a Ben Jelloun sull'idea di accoglienza dello straniero. Prepara una scaletta di almeno quattro domande e usa le frasi del testo che ritieni opportune per elaborare le risposte.**

### UN MONDO DI PAROLE

**12** **Spiega con parole tue il significato delle espressioni che seguono, tratte dal testo.**

- *"è un comportamento vecchio come l'uomo"* ➲ ..................................................
- *"se tu prendessi per oro colato quell'affermazione"* ➲ ..................................................
- *"avere sentimenti e comportamenti di rigetto nei confronti di qualcuno"* ➲ ..................................................
- *"è accolto a braccia aperte"* ➲ ..................................................

### UNO SGUARDO ALLA GRAMMATICA

**13** **Distingui predicato verbale da predicato nominale nelle seguenti forme verbali e ricopiale in una tabella.**

È un comportamento corretto - Se capita a tutti - non gli hanno messo in testa delle idee - ha paura di chi non gli rassomiglia - crollerebbe l'economia del Paese - vieni da lontano - ti abbiamo spiegato - si è sempre stranieri - siamo andati in Senegal - si è sempre percepiti

### AD ALTA VOCE

**14** **Provate a discutere in classe la frase di Ben Jelloun *"Si è sempre stranieri per qualcuno"*: siete d'accordo con questa prospettiva? Avete mai provato questa sensazione? Credete sia solo relativa alla questione del Paese di provenienza o può essere anche riferita ad altro, per esempio al modo di pensare o di vivere?**

# Le follie del razzismo: esempi storici

di Marcella Filippa

leggere scrivere

parlare

TESTO ARGOMENTATIVO

1 2 3 livello di difficoltà

**Accettare l'idea che qualcuno sia superiore a un altro, all'interno di uno stesso popolo - per esempio i "sani" rispetto ai "malati", i "normali" agli "anormali" - o tra popoli diversi - per esempio i "bianchi" rispetto ai "neri", gli "ariani" agli "ebrei" - significa fare una discriminazione, sbagliata nella sostanza e pericolosa nelle conseguenze. La storia permette di vedere molti esempi di questi errori, che si mutano in orrori, quando dalle teorie si passa a pratiche terribili. La storica e antropologa Marcella Filippa ha compiuto uno studio sulle pratiche di discriminazione e noi abbiamo scelto alcuni passaggi del suo lavoro: passando attraverso l'Europa della Seconda guerra mondiale, l'Africa, l'Italia e l'America dal Novecento a oggi.**

**Contro i malati di mente e gli "asociali"**

Nei primi anni Trenta furono introdotte in un Paese come la Svezia, unanimemente riconosciuto esempio di democrazia e civiltà, norme legislative che autorizzavano e incoraggiavano la sterilizzazione di malati di mente e portatori di malattie ereditarie. Tali leggi, pur parzialmente proposte nel decennio precedente, vengono approvate nello stesso periodo in cui nascono analoghi provvedimenti nella Germania hitleriana. [...] Nel 1915 e nel 1920 erano state emanate leggi miranti a impedire i matrimoni per chi era affetto da disturbi psichici e da malattie ereditarie. Il divieto restò in vigore fino al 1968 per gli epilettici[1] e fino al 1973 per i malati psichici. Il 1° gennaio 1935 entra in vigore la *Legge sulla sterilizzazione*[2] *di certi malati mentali, minorati mentali e altri che soffrono di disturbi delle facoltà mentali*, in cui viene accertato il principio della procedura non volontaria.

La legge varata nel 1941 inasprirà ed estenderà la pratica della sterilizzazione. [...] Le misure che ampliavano la sterilizzazione si indirizzavano così verso gli alcolizzati, i vagabondi, i delinquenti abituali e gli zingari, categorie caratterizzate, secondo gli estensori della legge, da "comportamenti asociali" di coloro che generazione dopo generazione vivevano da "parassiti" senza che fossero affette da disturbi mentali.

**1 epilettici**: chi soffre di crisi di epilessia ha sintomi sia fisici sia psichici, come perdita di coscienza, stato confusionale, movimenti automatici e, talvolta convulsioni muscolari, dilatazione delle pupille, cianosi del volto, emissione di bava.

**2 *sterilizzazione***: in biologia, soppressione della normale capacità di generare (nel maschio) o di concepire (nella femmina).

Arrivo al *lager* di Auschwitz: smistamento dei deportati.

**Contro gli ebrei**

Il 20 gennaio 1942 alla conferenza di Wannsee, un sobborgo di Berlino dove si erano riuniti esponenti di spicco del regime hitleriano, venne operativamente messo a punto il proposito di eliminare fisicamente tutti gli ebrei, senza eccezione alcuna. Dal verbale della conferenza leggiamo: "In vista della soluzione finale [...] gli ebrei dovranno essere mandati in maniera opportuna a oriente come truppe di lavoro. Divisi per sesso e incolonnati, gli ebrei abili al lavoro verranno condotti in questi territori in modo da costruire delle strade lungo il percorso, per cui senza dubbio una gran parte verrà eliminata di morte naturale. La parte in ogni caso restante, trattandosi di coloro che senza dubbio sono i più resistenti, dovrà venire adeguatamente trattata poiché rappresenterà un'élite[3] naturalmente prodottasi che, ove fosse lasciata libera, sarà da ritenersi il nucleo di un nuovo organismo ebreo".

La rete dei campi di concentramento arrivò a toccare, tra campi principali e sottocampi, tra cui ricordiamo Auschwitz-Birkenau, Treblinka, Sobilor, Chelmno, Ravensbruck (riservato alle donne), Majadanek (destinato ai polacchi), la cifra di 2000 installazioni. La grande macchina per lo sterminio messa in atto dal regime nazista, che nell'ultima fase venne denominata "sterminio mediante il lavoro", al fine di sfruttare fino in fondo le capacità produttive dei deportati, in una grande fabbrica della morte, costerà agli ebrei alla fine del Terzo Reich più di sei milioni di vittime.

**Contro gli zingari**

Nel corso della Seconda guerra mondiale si calcola che più di 300 000 zingari furono vittime del nazismo. Nonostante il fatto che la loro persecuzione sia, insieme a quella ebraica, l'unica ispirata da motivazioni razziali, poco o nulla si sa sui processi di discriminazione e persecuzione, sia in Germania sia in Italia, anche per i pregiudizi che continuano a perdurare nei loro confronti. [...] In una prima fase la legislazione nazista nei confronti degli zingari è solo la rielaborazione delle precedenti norme legislative. [...] Nel 1936 il professor Robert Ritter, capo della sezione di ricerca della biologia razziale dell'Ufficio di Sanità del Reich elabora una serie di teorie sulla pericolosità della "razza zingara", in cui è presente inesorabilmente il "gene dell'istinto al nomadismo", tesi che rende tale razza irrecuperabile, condannandola inevitabilmente alla soppressione. Fin da quel momento gli zingari vengono internati nei *lager*[4]. Due anni dopo Heinrich Himmler, capo delle SS e della polizia di Berlino, assumerà l'incarico della cosiddetta questione zingara, emanando la legge contro la "piaga zingara", in cui impone loro la scelta tra la sterilizzazione "volontaria" e internamento, raccomandando di sterilizzare in massa i ragazzi sotto i dodici anni... [...] Negli stessi anni vengono emanati provvedimenti che tendono via via ad annullare i fondamentali diritti della persona, come l'espulsione dalle scuole tedesche, il divieto per gli zingari di spo-

**3 élite**: parola francese che indica un insieme di persone considerate più colte e autorevoli rispetto ad altre.

**4 *lager***: in tedesco "campo". Durante la Seconda guerra mondiale gli hitleriani chiamarono così i campi d'internamento o di concentramento in cui vennero rinchiusi i detenuti per motivi politici o razziali.

sare cittadini tedeschi, l'esonero dalla carriera militare, l'esclusione dall'assistenza medica e dalla retribuzione festiva per i lavoratori. È documentata la presenza di zingari, il cui contrassegno era dato da un triangolo nero, quello degli asociali, affiancato dalla lettera Z, che stava per *Zigeuner* (zingari), in molti campi di concentramento, tra cui Auschwitz, dove il dottor Mengele compì atroci esperimenti sui loro corpi, Dacau, Treblinka, Bergen Belsen, Buchenwald, Sobibor e Ravensbruck. [...] La tragedia ha il suo epilogo nella notte tra il 31 luglio e il 1° agosto 1944, quando quasi tutti gli zingari ancora in vita vengono caricati su camion per essere uccisi nelle camere a gas e successivamente bruciati nei forni crematori. Si presume che siano morte tra le 4000 e le 5000 persone. La selezione aveva risparmiato solo gli abili al lavoro e 24 coppie di gemelli, utilizzati dal dottor Mengele per i suoi esperimenti. All'appello del 17 gennaio, dieci giorni prima della liberazione, risposero solo quattro uomini.

**Insegnamento razzista sotto il fascismo**

Anche l'Italia durante la Seconda guerra mondiale emanò leggi razziste, sulla falsariga di quanto accadeva negli Stati nazisti. Nell'educazione scolastica questi principi venivano tradotti in molte forme diverse, persino nell'esercitazione, come dimostrano questi problemi di matematica, tratti da un manuale per le scuole primarie, in cui educatori fascisti fanno eseguire agli allievi "calcoli" razzisti, espressi con parole di pura discriminazione:

**5 marchi**: monete in uso in Germania; qui il termine è usato come sinonimo di moneta.

1 Sono state sommate le spese che erano state necessarie in un anno per un gruppo di persone affette da malattie ereditarie. Secondo questo quadro furono spesi per 125 000 malati di mente e deficienti 106 milioni, per 20 000 invalidi 13,4 milioni. L'assistenza a 3000 ciechi ha richiesto 2,2 milioni di marchi[5] e la cura di 3000 non udenti 1,3/4 milioni di marchi.
   a Quante spese ha comportato in media ognuna di queste persone degne di compassione all'anno e quanto al giorno?
   b Per uno scolaro della scuola elementare lo stato spende ogni anno 125 marchi. Quanti bambini potevano ricevere educazione e istruzione per l'importo totale speso?

2 Un operaio specializzato riceve 80 centesimi di salario orario e lavora 48 ore la settimana. Con il suo salario deve mantenere anche la moglie e i bambini. Per un malato di mente in una casa di cura devono essere pagati giornalmente circa 5 marchi. Paragona il reddito annuale del reddito dell'operaio con le spese che sono necessarie annualmente per la cura di un malato di mente.

Due rubinetti pubblici per l'acqua destinati a "Bianchi" e "Di colore" in Sudafrica.

**Contro i neri in Sudafrica**

Le radici della discriminazione razziale dei neri vanno cercate indietro nel tempo, fino dalla prima colonizzazione dell'Africa da parte degli europei. [...] Prosegue poi nella metà dell'Ottocento con l'attribuzione ai neri dei lavori più dequalificati e pesanti nelle miniere, trasformandoli da rurali a minatori. Nel 1910 viene ribadita la loro esclusione dal diritto di voto, tre anni dopo si vara la legge fondiaria che proibisce ai nativi di acquistare terreni, partecipare ai raccolti, fino alle leggi sui permessi del 1921 e del 1934 in base alle quali tutti i nativi dovevano sottostare alle disposizioni in materia di permessi, limitando loro l'ingresso nelle città. [...] Nel 1936 le leggi discriminatorie vengono inasprite. Si rafforza in quegli anni il governo della minoranza bianca: il Sudafrica è abitato da sette milioni di abitanti, di cui cinque neri di razza bantu, 550 000 meticci e 200 000 indiani. La restante minoranza è bianca. A partire dal 1948, quando sale al potere il National Party – il partito degli *Africanders* – e per oltre quarant'anni, il cosiddetto modello dello sviluppo separato, profondamente discriminatorio e razziale, è diventato legge dello Stato. L'*apartheid*, così come unanimemente viene definito, si concretizza in un apparato di più di duecento leggi che mira alla segregazione[6] razziale dei neri. [...] Nel 1950 vengono varate leggi che vanno sotto il nome di *Polulation registration Act*, attraverso le quali viene affermato il principio della segregazione di residenza. Tre anni dopo viene codificato l'*apartheid* relativamente agli edifici e ai luoghi pubblici; da quel momento i neri non potranno più frequentare stazioni, uffici postali, cinema, alberghi, piscine, spiagge, praticate da bianchi; norme che poi verranno estese ai trasporti pubblici e alle Università. Nulla sfugge alla delimitazione spaziale, nemmeno le panchine pubbliche, che recano la scritta precisante quale razza vi si possa sedere. Anche nello sport qualunque competizione interrazziale è severamente vietata. [...] La soppressione progressiva dei diritti civili si attua nel 1959 nei confronti della rappresentanza africana in parlamenti che in quell'anno viene abolita, così come nel 1968 verrà attuata nei confronti dei meticci[7]. Venti anni prima la stessa sorte era stata riservata alla rappresentanza indiana. [...] Il razzismo dello sviluppo separato è un puro e semplice modello di sfruttamento, che prevede per i non

**6 segregazione**: è l'isolamento forzato di un individuo, o di un gruppo dalla comunità di cui fa parte.

**7 meticci**: individuo nato da un genitore di razza bianca e da uno di razza diversa (africana, amerindia, cinese, ecc.).

bianchi ruoli subalterni nel lavoro e nella società, un'educazione funzionale a questa posizione di dipendenza, l'espropriazione di tutti i territori fertili o ricchi di materie prime, l'esclusione da tutti i diritti di cittadinanza e dai diritti politici, dalla possibilità di votare e di essere eletti. [...] L'Africa nera però reagisce; tra le maggiori formazioni politiche africane ricordiamo l'*African National Congress*, nata nel 1912 e il *Pan Africanist Congress*, dichiarate entrambe illegali nel 1960, i cui dirigenti nella maggior parte dei casi sono stati incarcerati o uccisi oppure hanno lasciato il paese e vissuto come esuli per lunghi anni in altri stati africani o in Europa. Figura carismatica dell'ANC è stato Nelson Mandela vissuto ventotto anni nelle carceri sudafricane dal luglio del 1962 con l'accusa di aver incitato i lavoratori a scioperare e per aver lasciato il paese senza documenti validi. [...] Le violenze perpetrate dal regime in Sudafrica hanno causato migliaia di vittime, condanne a morte, distruzioni, un numero incalcolabile di incarcerazioni per motivi politici e detenzioni senza processo, molte di esse in totale isolamento, senza possibilità di comunicare con nessuno, leggere e scrivere. Si sono verificati inoltre numerosi tentativi di suicidio per le condizioni disumane in cui i detenuti sono stati sottoposti, con torture fisiche e psicologiche, eseguite a scopo intimidatorio, denunciate negli anni da numerose associazioni umanitarie. [...] Nel 1989 il presidente De Klerk per effetto di una campagna di mobilitazione internazionale che non aveva avuto sosta, rilascia Nelson Mandela. Hanno inizio nel 1991 i negoziati per la creazione di un governo multirazziale. [...] Dopo l'abolizione formale delle leggi di segregazione razziale, in particolare l'anagrafe razziale, le residenze separate e la proprietà della terra, il ripristino delle libertà costituzionali e il rientro di molti *leaders* politici dopo lunghi anni di esilio, nell'aprile del 1994 vengono indette le prime elezioni libere dopo più di quarantacinque anni di regime, che ha negato i fondamentali diritti umani. Nelson Mandela viene eletto presidente. Inizia una nuova stagione per il Sudafrica. L'*apartheid* è stato dichiarato un crimine contro l'umanità.

**Contro gli italiani in America**

Nel primo Novecento si verificarono attacchi contro gli italiani in America Latina. Ne citiamo uno tra i tanti avvenuto in Argentina nel 1902: "Alla fine dello scorso marzo la polizia di Bahia Bianca ha assalito alcuni operai italiani al grido di *mueran los gringos*[8], ne ha feriti quattro a sciabolate, e ha inseguito gli altri fin nelle case e nelle botteghe, insultandoli, facendo arresti a casaccio, conducendo in prigione persino due feriti. Le inchieste ufficiali hanno negato questi fatti, che però sono attestati da testimonianze inconfutabili".

[...] La grande ondata migratoria nel Nord America, in particolare negli Stati Uniti, ripropose vecchi e nuovi stereotipi[9] nei confronti degli italiani. Erano accusati di essere sporchi, rissosi, rumorosi, di praticare rituali religiosi primitivi, di fornire un contributo importante al feno-

**8 *mueran los gringos***: in spagnolo "a morte i bianchi".

**9 stereotipi**: modelli convenzionali di comportamento, talvolta ispirati a qualche pregiudizio o opinione negativa.

meno della delinquenza. [...] Gli italiani, pur indispensabile forza lavoro nello sviluppo economico del paese, diventavano sostanzialmente non desiderati, anche perché avrebbero finito per "alterare i tratti fisici e psichici degli americani nativi, portando a una progressiva e inarrestabile degenerazione, dovuta alla scarsa intelligenza e ai comportamenti pericolosi". In ciò i nostri connazionali erano accomunati ad altri migranti europei, come i polacchi, gli spagnoli, i portoghesi, per citarne solo alcuni, a loro volta portatori di caratteristiche negative.

**10 sull'orlo del collasso**: rischio di una grave crisi.

### Tra settentrionali e meridionali in Italia

Il percorso migratorio degli italiani all'estero si è arrestato alla fine degli anni Cinquanta per dirigersi verso movimenti interni caratterizzati da flussi dal meridione verso il Nord del nostro Paese. [...] Tra le tante città coinvolte Torino viene a essere il luogo per eccellenza del difficile incontro tra meridionali e settentrionali. [...] Nelle cronache di quel periodo non è difficile leggere affermazioni razziste in cui i meridionali diventano frequentemente i protagonisti di atti di violenza, aggressività, piccola delinquenza, riempiendo le pagine della cronaca nera, con titoli quali "calabrese ruba", "meridionale uccide", "siciliano rapisce", in cui è il fatto di essere meridionale a emergere, non il fatto che sia stato commesso un atto contro la legge (chiunque sia stato a compierlo).

Nel percorso migratorio la ricerca della casa assume un ruolo determinante ed è proprio su tale ricerca che nascono forti tensioni, dovute all'assenza di una politica edilizia in favore della costruzione di abitazioni popolari. "Torino – come afferma lo storico Valerio Castronovo – crebbe in quegli anni sull'orlo del collasso[10], lasciata a se stessa, ai conflitti tra piemontesi e meridionali, al desiderio di una dimensione più umana in cui vivere, alla disperazione o alla violenza degli emarginati". Molti ricordano ancora i cartelli appiccicati ai portoni in cui si poteva leggere "non si affitta ai meridionali" o in una ulteriore variante "si affitta, ma non ai meridionali".

Arrivo dal Sud alla stazione di Torino negli anni Sessanta.

**11 xenofobia**: sentimento di avversione per gli stranieri e per ciò che è straniero, manifestata con atteggiamenti e azioni di insofferenza verso le usanze, la cultura e gli abitanti stessi di altri Paesi.

**Contro gli immigrati in Italia oggi**

La valigia di cartone legata con lo spago che i meridionali caricavano sui treni del sole per il Nord o per altre mete europee alla fine degli anni Cinquanta, simbolo del lungo viaggio, contenitore di ricordi e sentimenti, oggi è nel nostro Paese portata da braccia di uomini e donne provenienti da altri luoghi, migranti, esuli, rifugiati, alla ricerca, oggi come allora, di lavoro, condizioni di vita migliori, libertà e pace.
Vecchie e nuove intolleranze, ostilità, paure, insofferenze, xenofobia[11], fino ad atti di vero e proprio razzismo caratterizzano la storia degli ultimi anni nel nostro Paese, diventato terra di immigrazione e non più di emigrazione come nei decenni precedenti.
Uno degli stereotipi più diffusi, oggi come ieri, è che gli immigrati rubino il lavoro ai nativi o ai residenti. In realtà ancora una volta si inseriscono nei settori produttivi che richiedono mansioni particolarmente nocive e pesanti. Gli stranieri inseriti nel mercato del lavoro sono attualmente occupati in fonderie, concerie, marmerie e industrie chimiche laddove non si è in grado di reperire manodopera locale. [...] Nel Sud è soprattutto la manovalanza agricola, utile ai raccolti della frutta e della verdura. La distribuzione nel territorio risponde alla vocazione occupazionale delle diverse regioni italiane. [...] La casa resta uno dei problemi più gravi e complessi. Oggi come alcuni decenni fa, dopo l'ondata migratoria dal Sud al Nord Italia si ripropone la diffidenza, il rifiuto a voler affittare agli immigrati. Se non troviamo più i fatidici cartelli cui abbiamo accennato, la situazione non è di molto cambiata, con la differenza che oggi sono i settentrionali insieme ai meridionali di origine a comportarsi con simili atteggiamenti di rifiuto e in taluni casi di sfruttamento. Affitti altissimi per vere e proprie topaie, situazioni di super affollamento, posti letto a "peso d'oro" in luoghi che non possiamo definire abitazioni ma tuguri privi di ogni servizio, sottoscala, luride pensioni, palazzi diroccati, case in costruzione, capannoni abbandonati, fino alle baracche nelle campagne del Sud.
[...] Negli ultimi anni si è assistito a un incremento dei pregiudizi e della accuse generalizzate contro gli immigrati, sia attraverso i mezzi di comunicazione di massa, sia in diversi luoghi deputati al dibattito politico. Ancora una volta sono stati accusati di essere portatori di AIDS, spacciatori o coinvolti nella prostituzione, in una sorta di cor-

Sbarco da una imbarcazione fatiscente sulle coste italiane.

tocircuito tra la figura del criminale identificato con l'immigrato (ma non tutti i criminali sono immigrati o viceversa) o semplicemente clandestini e in taluni casi islamici intesi come integralisti e terroristi. [...] Tali rappresentazioni non fanno che costruire e rafforzare i pregiudizi nei confronti degli immigrati, così come immagini simili avevano caratterizzato i meridionali al Nord. [...] Dalla fine degli anni Ottanta si sono verificati fenomeni inquietanti, atteggiamenti di rifiuto e intolleranza, spia di un disagio, ma anche difficoltà ad accettare un fenomeno che è assolutamente inevitabile e caratterizzerà il nostro futuro in maniera sempre crescente. Eppure, se oggi "l'escluso" per eccellenza è lo straniero, va pensato che l'esclusione potrebbe colpire noi in ogni momento. Prima o poi di fronte alle immagini proposte dalla pubblicità, dai *mass media*[12], dai modelli imperanti nella società, finiamo per essere tutti un po' inadeguati, diversi, e chissà in un tessuto sempre più privo di solidarietà, qualcuno di noi potrebbe venire escluso, additato perché diverso, disprezzato, messo ai margini dalla comunità.

adatt. da M. Filippa, *Dis-crimini*, SEI

**12 *mass media***: mezzi di comunicazione di massa, cioè quotidiani, televisione, radio, social network ecc.

## competenze alla prova

### LEGGO E...

#### ... COMPRENDO

**1 Il testo è suddiviso in otto passaggi distinti legati da un unico filo. Quale?**

**2 Nel testo vengono presentati alcuni gruppi sottoposti, in vari momenti storici, a forme di discriminazione. Quali sono?**

- ☐ Zingari, Ebrei, Asociali
- ☐ Italiani meridionali e Zingari
- ☐ Zingari, Ebrei, Neri sudafricani, Immigrati
- ☐ Malati di mente, Immigrati

**3 In base a quale criterio sono state operate le forme di discriminazione descritte dal testo?**

- ☐ Il colore della pelle, la malattia psichica, la provenienza geografica, la religione
- ☐ L'appartenenza a una particolare religione, la provenienza geografica
- ☐ La malattia psichica, l'appartenenza a un gruppo etnico
- ☐ La provenienza geografica, la malattia psichica

**4 In quali parti del mondo sono state operate le discriminazioni di cui si parla nel testo?**

- ☐ Svezia, Italia, Germania, America e Africa del Sud
- ☐ Italia, America
- ☐ Africa del Sud, America, Italia
- ☐ Germania, America, Africa del Sud

**5 In quale modo sono stati estromessi dalla società alcuni gruppi sociali particolari, da discriminare?**

- ☐ L'emarginazione, la prigionia, la sterilizzazione, la morte
- ☐ La sterilizzazione, l'espulsione
- ☐ L'espulsione, la sterilizzazione
- ☐ L'emarginazione, la morte

**6 In quale modo la scuola in un certo momento storico è diventata un'arma di convinzione molto potente?**

- ☐ Ha obbligato i bambini e i ragazzi a essere razzisti
- ☐ Ha fatto apparire "normale", anche attraverso testi di lettura e problemi di matematica, il razzismo e la conseguente discriminazione
- ☐ Ha divulgato la paura del "diverso"
- ☐ Ha convinto bambini e ragazzi con giochi divertenti

**7 Come e quando nasce la discriminazione razziale (*Apartheid*) in Sudafrica?**

**8 Come si conclude e per opera di chi?**

**9 Sottolinea la frase in cui risulta più evidente che la discriminazione è un crimine.**

## competenze alla prova

### ... RICAVO DAL TESTO

**10** **Dalle varie testimonianze storiche citate dal testo, puoi dedurre che atteggiamenti di discriminazione siano accaduti in tutto il mondo?**

### ... ANALIZZO E INTERPRETO

**11** **L'ambiente umano descritto nel brano rivela pregiudizi e violenze di ogni sorta. Sottolinea nei primi tre testi in rosso i pregiudizi e in blu le violenze.**

**12** **In tutti i brevi testi che hai letto si descrive il "pericolo" che una determinata società avverte nei confronti di un gruppo, sentito come estraneo e ostile. Riassumi questi elementi completando la tabella.**

| Pericolo percepito | Motivo dichiarato per la discriminazione | "Soluzione" |
|---|---|---|
| Malati di mente | Disturbano la quiete sociale | Reclusione, sterilizzazione |
| Asociali | | |
| Zingari (ieri e oggi) | | |
| Ebrei (in Germania periodo hitleriano) | | |
| Neri del Sudafrica | | |
| Italiani in America | | |
| Meridionali emigrati nel Nord Italia | | |
| Emigrazione extracomunitaria ai giorni nostri | | |

**13** **Come definiresti quanto è riferito dai testi?**
- ☐ Impressionante ma credibile
- ☐ Assurdo
- ☐ Interessante ma esagerato
- ☐ Poco documentato

**14** **Conoscere le situazioni che la storia racconta, permette di riflettere sul presente in modo diverso?**

### ORA SCRIVO IO

**15** **Immagina di essere un ragazzo bianco sudafricano e scrivi una lettera di scuse a un tuo coetaneo nero, all'indomani della fine dell'*Apartheid*.**

**16** **Conosci dalla storia che hai studiato durante questo anno altre situazioni di discriminazione? Prova a raccoglierle e a raccontarle.**

### AD ALTA VOCE

**17** **A partire dal contenuto del testo, discutete in classe (con la guida dell'insegnante) sul significato della discriminazione, facendo riferimento anche ai fatti che vedete intorno a voi.**
- Qual è la posizione che più frequentemente vedete attuata tra gli adulti? E tra i coetanei?
- Che cosa sentite, anche dentro di voi, come ostacolo all'uguaglianza di comportamento verso tutti?

# Il nostro mondo è come una piazza

di Ermis Segatti

leggere scrivere parlare

TESTO INFORMATIVO ESPOSITIVO

1 2 3 livello di difficoltà

**All'inizio di quest'Unità abbiamo detto che tutti siamo soggetti al desiderio di andare e di stare, tutti tendiamo ad avere una casa che rappresenta (anche dentro di noi) la nostra identità più profonda, ma possiamo essere spinti o costretti ad andare via dalla nostra terra, per abitare in un'altra. Abbiamo visto poi che andare in un'altra terra porta con sé una relazione complessa tra chi è nativo di quel luogo e chi è "straniero", fino a leggere nella storia gli esempi drammatici della discriminazione. Ora, sulla base di tutto quanto abbiamo percorso, possiamo porci in modo più consapevole e informato la domanda sul presente e sul futuro della nostra storia, un interrogativo che devono affrontare le leggi e i governi, certo, ma anche tutti noi nella nostra vita reale, a scuola, al mercato, nella squadra di calcio o pallavolo, nei pomeriggi in piazza; come si pone la convivenza pacifica tra persone che provengono da etnie diverse? Quale immagine avrà il mondo in cui viviamo e vivremo? La riflessione non è semplice e non pretendiamo qui di esaurirla, piuttosto la avviamo con un testo tratto da un'intervista a Ermis Segatti, storico dell'Est europeo e della Cina, di cui riportiamo la parte conclusiva.**

Le resistenze più forti alla convivenza tra popoli diversi si possono incontrare anche nella nostra diretta e personale esperienza. Quando una persona esce dal suo Paese – per esempio dall'est del Congo o dallo Zambia, oppure da uno degli Stati dell'India o dalla Birmania o dalla Cina o dall'Asia ex sovietica o dal Perù – e viene qui, la prima cosa che cerca di fare è di "non perdere se stesso". Non è facile, anche perché il nostro mondo attuale ci presenta una situazione nuova: siamo dei cittadini segnati dalla nostra storia, che improvvisamente si trovano nella piazza comune. Ciascuno tende a farsi il proprio stand[1]... è difficile pensare alla logica della piazza comune senza cercare di sottolineare in qualche modo l'appartenenza al nostro luogo o cultura d'origine. Oggi il mondo è un grande laboratorio, in cui si devono accettare identità diverse. Si stanno formando generazioni nuove che sentono di avere come origini e radici non più e non solo la propria terra, la propria cultura d'origine: sentono e vivono nella propria vita la coscienza di un'appartenenza multipla, sia quella da cui provengono loro stessi o le loro famiglie sia quella in cui sono ora immersi. Sono loro che potranno fare qualcosa di nuovo, perché capiscono da dove arrivano e capiscono anche che questo non può bastare più. Questa coscienza potrà assottigliare le distanze. Non penso però che la presenza di resistenze sia un aspetto solo negativo; alcuni uomini, che secondo me sono i saggi dell'umanità, dicono che quanto più forte sarà l'identità sopranazionale tanto più si dovrà essere capaci di salvaguardare le differenze. Questa è un'idea recente, perché prima si pensava soprattutto a uscire dai

**1 stand**: padiglione, reparto di una fiera, di un'esposizione o di una rassegna.

limiti ristretti della propria cultura, adesso invece c'è molta attenzione a non perdersi, a non perdere ciò che sta alla propria origine. Immaginiamo le classi di una scuola. Fino a venti anni fa si chiedeva: – Da dove arrivi tu? – e la risposta era: – Arrivo dalla Puglia, dalla Basilicata, dalla Sicilia, dal Veneto, dal Friuli, dalle Marche ecc. –. Tutt'al più si aveva una pronuncia un po' diversa. Ora esiste una fusione tale tra le provenienze delle persone, da tutto il mondo appunto, che gli orizzonti si sono per forza allargati. L'aspetto nuovo e positivo è che si è capaci di capire lo specifico del mondo da cui una persona viene, ci si trova più disinvolti rispetto allo sconosciuto, al diverso. Forse il fatto doloroso, rispetto a questi fenomeni, è che alcune cose, molte cose andranno perdute... Del resto, come quando si spegne una persona finisce un universo, così quando finirà il tempo del pianeta Terra composto da tante storie nazionali diverse, nascerà un pianeta Terra nuovo in cui qualcosa si perderà (e andrà a finire, si spera, almeno nei musei), ma nel contempo si costituirà un'identità nuova del nostro mondo. Bisogna riconoscere che nel passato le civiltà si sono fondate a partire da una grande forza di autosufficienza, che derivava loro proprio dalla necessità della sopravvivenza, perché ciascuna doveva vivere nelle proprie terre, attaccata alle proprie radici di storia e di cultura. Ora non si potranno più mantenere queste identità: si è persa l'identità del mondo "tutto chiuso dentro se stesso", perché oggi il mondo culturale e religioso si è aperto a una comunicazione più grande, più intensa. Cosa che fa a noi oggi una grande paura; ma il futuro sarà capace di dire parole diverse.

dall'intervista a E. Segatti, *Il dialogo interreligioso nel mondo globalizzato*, in IdR, www.seieditrice.com

competenze alla prova

## LEGGO E...

### ... COMPRENDO

1. Che cosa cerca di "*non perdere*" chi arriva da luoghi diversi?

2. L'autore del testo dice che oggi c'è una "*forte resistenza alla convivenza*". Che cosa intende per "*resistenza*"?
   - ☐ La difficoltà di adattarsi
   - ☐ La necessità di mantenere i propri stili di vita
   - ☐ La difficoltà nell'assimilare la cultura di altri popoli
   - ☐ La chiusura di fronte a qualsiasi novità

3. Quali sono le caratteristiche delle nuove generazioni a parere dell'autore? Sottolinea la frase nel testo.

4. Che cosa intende l'autore per "*identità sopranazionale*"?
   - ☐ La capacità di essere cittadino europeo
   - ☐ La possibilità di sentirsi appartenente a nazionalità diverse dalla propria
   - ☐ La capacità di ogni uomo di sentirsi cittadino del mondo e non appartenente a una sola particolare nazione
   - ☐ La capacità di entrare in contatto con tutti gli uomini del mondo

5. Se muore una persona, "*finisce un universo*"; se finisce sulla Terra l'abitudine a considerarsi appartenenti a una particolare nazione, che cosa accade? Sottolinea la frase nel testo.

### ... RICAVO DAL TESTO

6. Dalla frase "*Oggi il mondo è un grande laboratorio*" si può dedurre che il processo di cambiamento sia concluso?

7. Dai contenuti dell'intervista puoi ricavare che nella storia del mondo si sia verificata spesso la situazione attuale di fusione tra così tanti popoli diversi?

### ... ANALIZZO E INTERPRETO

8. Come interpreti la frase: "*siamo dei cittadini segnati dalla nostra storia, che improvvisamente si trovano nella piazza comune*"?

9. L'elemento positivo e l'elemento negativo sono due facce presenti nel problema dell'identità. Rintracciali nel testo e quindi trascrivili usando la tabella.

| Elemento positivo | Elemento negativo |
|---|---|
| | |
| | |
| | |
| | |

10. Che cosa fa paura, secondo Segatti, alle persone del nostro mondo?

11. Come definiresti l'analisi operata dall'autore?
    - ☐ Scientifica, ricca di dati interessanti
    - ☐ Interessante, ma carente di metodo scientifico
    - ☐ Discorsiva, divulgativa
    - ☐ Banale, scontata

12. L'autore ha una visione del problema ottimista o pessimista?

## ORA SCRIVO IO

13. L'autore conclude l'intervista dicendo che, a proposito della capacità di convivere nel mondo, "*il futuro sarà capace di dire parole diverse*". Scegli tre parole che secondo te sono necessarie per costruire un mondo più aperto. Quali sono? Perché le hai scelte? Quali esempi del nostro mondo ti hanno portato a scegliere proprio quelle?

### NARRA LA TRAMA

14. Rielabora il contenuto dell'intervista e organizza un tuo discorso che ne riproduca i concetti e gli esempi. Non superare nella tua esposizione i due minuti.

## Vivere sulla terra

- stare, abitare
- viaggiare
- migrare

## Lasciare la propria terra

Si portano con sé:

- abitudini di vita
- la storia del popolo cui si appartiene
- uso della propria lingua
- culto religioso

## Abitare in un'altra terra

- integrarsi con un altro popolo
- scambiare conoscenze, usi, politiche di vita

## Essere discriminati

- difficoltà di rapporti
- ostilità
- intolleranza
- ghettizzazione
- persecuzione

## Costruire un nuovo mondo

- tutti siamo stranieri
- ognuno è portatore della sua identità

# Facce d'Italia

| Obiettivo del lavoro | farsi carico di una questione civile che è molto dibattuta nel Paese; conoscerne gli estremi e costruirsi un'opinione personale |
|---|---|

**1** **La prima tappa del percorso è comune a tutta la classe e intende proporre un punto di partenza. L' UNICEF ha pubblicato sul sito italiano un rapporto importante sull'uguaglianza dei diritti dei minori stranieri in Italia, composto da un cartellone che illustra in che cosa consista il percorso verso l'uguaglianza dei diritti, un rapporto informativo, video brevi e significativi per muovere la sensibilità di giovani e adulti sul problema e altro ancora.**

- Vedete e commentate insieme il cartellone multimediale **Infografica: percorso per la cittadinanza italiana** all'indirizzo **http://www.unicef.it/doc/4247/infografica-conosci-il-percorso-verso-la-cittadinanza-dei-minorenni-nati-in-italia-da-genitori-non-cittadini.htm**.
- Se credete, accedete anche alla sezione "*Io come tu*" nello stesso sito UNICEF e cliccate sulla sezione **Multimedia** per vedere alcuni video pubblicitari realizzati sulla questione.

**2** **Dopo la prima presa di coscienza dell'argomento, scaricate dal sito UNICEF da cui si è tratto il cartellone, il *rapporto Facce d'Italia, condizioni e prospettive dei minorenni di origine straniera* al sito http://www.unicef.it/doc/4257/facce-ditalia-condizione-e-prospettive-dei-minorenni-di-origine-straniera.htm**.

- Il rapporto è diviso in quattro capitoli: *Eterno migrare*, *Figli d'Italia*, *Cittadini (in)visibili*, *Uguali e diversi*: lavorate sui contenuti raccolti nel testo, divisi in quattro gruppi, secondo la tecnica del Jigsaw.

**3** **Ultima parte del lavoro sarà la partecipazione alla campagna di sensibilizzazione all'indirizzo: http://www.unicef.it/campagne/iocometu/formgenerator/dicherazzasei.aspx** con un proprio commento, slogan, pensiero personale. Siamo tutti cittadini di uno stesso mondo.

# L'orgoglio della parola

Uno degli inganni del passato è stato che la nazione dovesse riconoscersi in un'unica lingua. L'Italia come la gran parte dei Paesi, non è mai stata monolingue: ce lo ricorda l'articolo 6 della Costituzione italiana che tutela le minoranze linguistiche, ma anche l'articolo 3 stabilisce che, tra cittadini, la differenza di lingua non debba essere fonte di discriminazione. Inoltre le innumerevoli lingue locali, denominate dialetti, non di rado dotate di un'importante produzione letteraria e artistica, sono l'espressione di un territorio altamente pluringuistico. La varietà di questo patrimonio è ulteriormente cresciuta quando l'Italia è divenuta Paese di destinazione delle migrazioni internazionali.

In particolar modo i figli dei migranti dispongono generalmente di più lingue per descrivere il mondo. Ad ogni ambiente linguistico corrisponde un universo culturale, una sfera personale, un repertorio di chiavi di lettura per comunicare e rappresentare se stessi e gli altri. Questi mondi linguistici a volte vengono tradotti a volte subiscono un processo di creolizzazione, a volte costituiscono aree che non comunicano tra loro.

È avvilente constatare il fenomeno del "bilinguismo sottrattivo": i figli degli stranieri disimparano la lingua dei genitori perché essa risulta socialmente screditata, percepita come uno stigma da dover cancellare.

Il nostro impegno, che condivido con i promotori dell'appello, è quello di diffondere l'importanza e l'orgoglio del possedere più lingue per essere appieno cittadini italiani e cittadini del mondo. Conforta sapere che illustri studiosi e prestigiosi centri di cultura promuovono l'idea che essere plurilingue aiuti lo sviluppo intellettuale, culturale e sociale del Paese. La padronanza di più lingue è, infatti, un bene d'inestimabile valore per la crescita della persona, ma è anche un canale di accesso ai diritti e una leva per lo sviluppo economico.

Abbiamo davanti due importanti sfide da affrontare simultaneamente: in primo luogo dare parole a chi ne ha troppo poche nel suo bagaglio, liberare dall'ignoranza e dalla marginalità chi ancor soffre di illetteratismo e analfabetismo. In secondo luogo diffondere il plurilinguismo di autoctoni e migranti. Le seconde generazioni hanno un'importanza cruciale in questo processo, essendo per natura mediatori e interpreti tra la società di accoglienza e quella di origine.

La scuola deve ricevere i giusti strumenti per incrementare e valorizzare il plurilinguismo, nonché per diffondere tra i migranti la conoscenza della lingua italiana, dono meraviglioso per chi arriva e strumento imprescindibile per una proficua interazione con il Paese dove si è scelto di abitare.

C. Kyenge, *L'orgoglio della parola*, in "Il Sole 24Ore", 14 luglio 2013

## Dopo aver letto il testo rispondere alle domande, scegliendo una sola risposta

**A1** **A quale tra le seguenti affermazioni ti sembra corrispondere la prima considerazione che fa il ministro Kyenge sulla situazione linguistica italiana?**

A La storia conferma che in Italia è esistita sempre una sola lingua
B La storia conferma che in Italia sono esistite sempre molte lingue e dialetti
C La storia dimostra che in Italia si parlano molti dialetti
D In Italia non si parla che italiano

**A2** **Che cosa contiene l'articolo 6 della Costituzione italiana?**

A La tutela degli stranieri
B La tutela delle minoranze linguistiche
C La tutela verso la discriminazione
D La tutela dei dialetti

**A3** **Che cosa significa l'affermazione "*i figli dei migranti dispongono generalmente di più lingue per descrivere il mondo*" (righe 12-13)? Scegli l'ipotesi che ti sembra corretta tra le due proposte.**

A Chi nasce in una famiglia che viene da un altro Paese parla in essa una lingua e un'altra all'esterno; per questo motivo possiede un bagaglio di parole più ampio per descrivere il mondo
B Chi nasce in una famiglia che viene da un altro Paese non può servirsi della lingua di origine per descrivere il mondo perché vive in una terra che parla in un modo diverso dal proprio: per questo fa fatica a esprimere ciò che vede

**A4** **La definizione di "creolizzazione" di una lingua è: "*processo di semplificazione di una lingua quando è usata da persone che sono di origini diverse*". Prova a spiegare in tre righe al massimo in che cosa consiste il processo di "creolizzazione" della lingua italiana.**

.............................................................................................................................................

.............................................................................................................................................

.............................................................................................................................................

**A5** **A partire dalla definizione che dà il testo di "*bilinguismo sottrattivo*" (riga 19), scegli tra i due esempi proposti quello che ti sembra più efficace per spiegarlo.**

A Io sono un ragazzo straniero e sono cresciuto parlando la lingua del mio Paese; ora sono in Italia e qui gli stranieri e la loro lingua sono visti con sospetto da tante persone. Per questo motivo cerco di parlare soprattutto italiano e di non parlare la mia lingua
B Io sono una ragazza straniera e parlo sia italiano sia la mia lingua d'origine; non faccio differenze, perché sono importanti entrambe e tutti qui rispettano la mia lingua madre, anzi ne imparano qualche parola e cercano di capirmi

**A6** **Perché il Ministro dice di ritenere importante diffondere "*l'importanza e l'orgoglio*" (riga 24) di possedere più lingue?**

A Perché si deve essere fieri della propria origine
B Perché si deve essere fieri sia della propria origine sia della terra in cui si abita
C Perché parlare tante lingue è importante
D Perché non tutti sanno parlare tante lingue e invece bisogna saperlo fare

**A7** **Leggi le seguenti affermazioni e indica se sono Vere V o False F.**

Studi recenti affermano che il plurilinguismo aiuta lo sviluppo intellettuale di un Paese V F
La crescita culturale di un Paese è rallentata dalla presenza di persone che provengono da luoghi diversi V F

La padronanza di più lingue è una leva per lo sviluppo economico del Paese V F
È contro la Costituzione la presenza sul territorio del nostro Paese di culture e lingue diverse V F

**A8 Dalle parole del testo dell'articolo puoi ricavare che nel nostro Paese sia ancora diffuso l'analfabetismo?**

A Sì B No

Ricopia il passaggio del testo che giustifica la tua risposta.

......................................................................................................................................................

**A9 La Kyenge dice che sono due le strade da percorrere attualmente. La prima consiste nel dare la possibilità a tutti di imparare sempre meglio la lingua italiana. Ricopia la frase in cui si trova questa affermazione.**

......................................................................................................................................................

......................................................................................................................................................

**A10 La seconda via in quale delle due affermazioni che seguono può essere riassunta?**

A Bisogna permettere a tutti di avere più lingue nel proprio bagaglio culturale, sia per quanto riguarda gli italiani sia per chi è arrivato in Italia da un altro Paese
B Bisogna fare in modo che tutti gli stranieri parlino più lingue perché possano integrarsi meglio

**A11 Quando il testo parla di "*seconde generazioni*" (righe 36-37) che cosa intende, secondo te?**

A Si tratta dei bambini nati da persone provenienti da un altro Paese
B Si tratta dei nonni dei bambini stranieri nati in Italia
C Si tratta dei bambini nati in Italia da persone che, provenendo da un altro Paese, si sono trasferite in Italia
D Si tratta di figli di genitori italiani trasferiti all'estero

**A12 Che cosa significa, secondo te, essere mediatori tra la società che ti accoglie e quella da cui provieni? Spiegalo in un testo di tre righe al massimo.**

......................................................................................................................................................

......................................................................................................................................................

......................................................................................................................................................

**A13 Qual è il compito della scuola a riguardo del problema della lingua? Ricopia la frase che esprime il pensiero del Ministro Kyenge.**

......................................................................................................................................................

......................................................................................................................................................

**A14 Qual è la tesi di fondo del testo?**

A Un attuale compito importante è riconoscere che la nostra società parla molte lingue e possiede molte culture: questo è un vantaggio e non un ostacolo alla crescita culturale del Paese come è detto anche dalla nostra Costituzione e da studi recenti
B Parlare lingue ed essere competitivi economicamente è un compito importante della nostra società, per cui tutti dobbiamo adeguarci a questo principio, qualunque sia il nostro Paese d'origine
C Chi vive in Italia e viene da un altro Paese deve imparare la lingua italiana e rispettare la Costituzione, per essere capace di interagire con tutti

**A15 Qual è il genere letterario del testo?**

A Testo narrativo
B Testo informativo-espositivo
C Testo poetico
D Testo informativo

## Quesiti grammaticali: una sola risposta corretta

**B1** **“*Uno degli inganni del passato*”: quali complementi sono “*degli inganni*” e “*del passato*”?**

A “*degli inganni*” complemento partitivo; “*del passato*” complemento di specificazione
B “*degli inganni*” complemento partitivo; “*del passato*” complemento di termine
C “*degli inganni*” complemento di specificazione; “*del passato*” complemento partitivo
D “*degli inganni*” complemento di causa; “*del passato*” complemento di specificazione

**B2** **In “*monolinguistico*” e “*plurilinguistico*” “*mono-*” e “*pluri-*” quale posizione hanno rispetto alla parola?**

A Prefissi
B Suffissi
C Derivati
D Congiunzioni

**B3** **In quale di questi periodi il “che” ha funzione di pronome relativo? È valida più di una risposta.**

A *“Uno degli inganni del passato è stato che la nazione dovesse riconoscersi in un’unica lingua”*
B *“L’articolo 6 della Costituzione italiana che tutela le minoranze linguistiche”*
C *“Il nostro impegno, che condivido con i promotori dell’appello, è quello di diffondere”*
D *“Promuovono l’idea che essere multilingue aiuti lo sviluppo intellettuale”*

**B4** **Quale di queste proposizioni contiene un verbo di forma passiva?**

A *“Questi mondi linguistici a volte vengono tradotti”*
B *“Le innumerevoli lingue locali sono l’espressione di un territorio altamente plurilinguistico”*
C *“È avvilente costatare il fenomeno del bilinguismo sottrattivo”*
D *“La scuola deve ricevere i giusti strumenti”*

**B5** **I participi “*denominate*” e “*dotate*” hanno valore attivo o passivo?**

..........................................................................................................................................

**B6** **Nell’ultimo periodo del testo come potresti sostituire “*nonché*”?**

A E anche
B Non proprio
C Per di più
D Solamente

**B7** **Nei primi tre periodi del testo il complemento oggetto compare una sola volta ed è “*le minoranze linguistiche*”.**

A Vero
B Falso

**B8** **In “*Le innumerevoli lingue locali denominate dialetti*” quale funziona logica svolge *dialetti*?**

A Attributo
B Predicativo del soggetto
C Apposizione
D Complemento d’argomento

**B9** **Sottolinea (o trascrivi a fianco) il soggetto nelle seguenti frasi tratte dal testo.**

A *“Ad ogni ambiente linguistico corrisponde un universo culturale”*
B *“La padronanza delle lingue è un bene di inesprimibile valore”*
C *“Abbiamo davanti due importanti sfide da affrontare simultaneamente”*
D *“Le seconde generazioni hanno un’importanza cruciale in questo processo”*

**B10** **Sostituisci in modo opportuno “*dove*” nella frase “*una proficua interazione con il Paese dove si è scelto di abitare*”.**

A Per cui
B In cui
C Di cui
D A cui

# La Libreria dei Ragazzi di Torino consiglia:

Mauro Pasqualotto,
*L'estate delle falene*,
Einaudi

Jerry Spinelli,
*Una casa per Jeffrie Magee*,
Mondadori

Paola Zannoner,
*Il vento di Santiago*,
Mondadori

Roberto Piumini,
*Il grande cavallo*,
Piemme

Meal Shusterman,
*Il popolo degli oscuri*,
Piemme

**Due minuti in libreria**

## Chi ha trovato?

1. **Un personaggio o una situazione che fa pensare a quanto è difficile integrarsi?**
2. **Un personaggio che è stato capace di creare un "ponte" con gli altri?**
3. **Un personaggio che ti ha fatto riflettere sul senso della discriminazione?**

### PHILOSOPHY

Nell'avvicinarsi al tema dell'interculturalità è importante capire la differenza tra essere estranei ed essere stranieri.

- Sapreste dare una definizione di queste due parole?
- Una delle due è indispensabile?

# L'Associazione Museo Nazionale del Cinema consiglia:

Hüseyin Yilmaz è il capostipite di una famiglia che da tanti anni è emigrata in Germania compiendo un lungo processo d'integrazione, vedendo nascere e crescere i suoi nipotini in terra tedesca. Un giorno però il nonno annuncia di voler tornare in Turchia con tutti i suoi parenti più stretti dopo aver comprato una casa nel luogo dove è nato.

**Almanya - La mia famiglia va in Germania**
Germania, 2009
diretto da Yasemin Şamdereli
97 min.

- ***"Quello dell'integrazione è un tema fondamentale oggi e il nostro film affronta delle domande chiave: perché siamo qui, come tutto è cominciato e cosa significa essere stranieri".*** **Commenta questa dichiarazione pronunciata dalle autrici del film Yasemin Samdereli e Nesrin Samdereli.**
- **Come risolve il film questa affermazione?**

Shun Li lavora duramente in una fabbrica tessile nella periferia di Roma per ottenere i documenti e riuscire a far venire in Italia suo figlio. Senza una ragione particolare viene trasferita in Veneto a Chioggia, per lavorare in un'osteria. Qui trova l'amicizia e solidarietà in Bepi, un vecchio pescatore slavo.

**Io sono Li**
Italia, 2011
diretto da Andrea Segre
93 min.

- **La relazione che si crea tra Shun Li e Bepi non è accettata dalle rispettive comunità. Secondo te, perché?**
- **Shun Li e Bepi condividono una storia di migranti. Rifletti sui singoli percorsi che si intrecciano in questo film.**

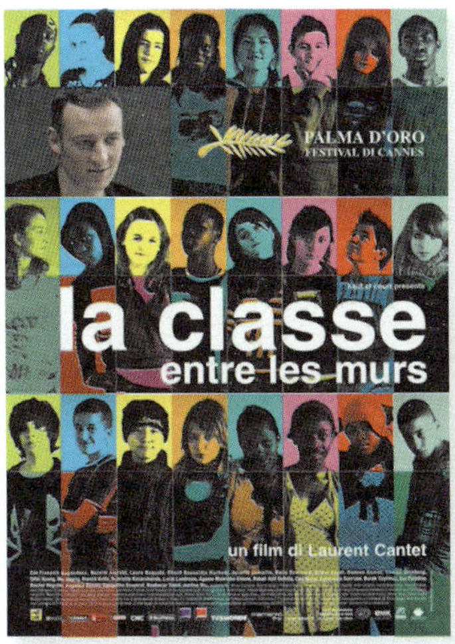


Con uno stile simile a quello del documentario, il film di Cantet ci mostra un anno scolastico all'interno di una scuola media del 20° *arrondissement* parigino, dove un giovane insegnante di lettere è alle prese con una classe particolarmente vivace e multiculturale.

**La classe**
Francia, 2008
diretto da Laurent Cantet
128 min.

- **A tuo avviso, lo stile del racconto di presentare gli eventi con accentuato realismo aiuta il coinvolgimento dello spettatore? Perché?**
- **Come il professore tenta di rendere interessante le lezioni? In che misura hai riconosciuto come coincidenti alla tua esperienza di studente le dinamiche interne alla classe e quelle tra professori e alunni che il film mette in luce? Discutine in classe con i tuoi compagni e con l'insegnante.**

# PAGINE LABORATORIO

# Che cosa ne pensa?

**Abilità**

leggere

scrivere

# ABILITÀ E COMPETENZE

## Che cos'è un'intervista?

> Preparare un'intervista

**Impariamo a... fare un'intervista**

# Che cos'è un'intervista?

L'intervista è un **dialogo tra due persone per approfondire un tema.** L'**intervistatore** è normalmente un giornalista, uno scrittore, un ricercatore, mentre l'**intervistato** è una persona che è oggetto d'interesse per un preciso motivo, un attore, un politico, uno scrittore, un regista, ma anche una persona qualunque.
Gli **argomenti** dell'intervista possono essere i più vari, dalla politica, alla letteratura, al cinema, all'attualità, alle esperienze personali di vita; in ogni modo un tema che può catturare l'attenzione di chi, in seguito, leggerà l'intervista.
Nella storia del giornalismo ci sono interviste, intervistati e giornalisti famosi e certo sai che alcuni giornalisti hanno creato programmi televisivi o radiofonici esclusivamente centrati sull'intervista, come per esempio Fabio Fazio, Daria Bignardi, Gianni Minoli ecc.

Fabio Fazio e Roberto Saviano a *Che tempo che fa*, 2013

## Preparare un'intervista

Per costruire e svolgere una buona intervista non ci si può fidare di un'improvvisazione senza preparazione, anzi.

- Chi prepara un'intervista deve **conoscere** in modo il più possibile corretto e approfondito **l'argomento o la persona** che incontrerà.
- Poi, bisogna che sia stabilita prima di iniziare la **sequenza delle domande** (la "scaletta"), perché non ci sia improvvisazione nella conduzione del

dialogo. Inoltre le domande devono essere poste in un **ordine logico**, in modo tale da non "saltare" da un argomento all'altro, facendo perdere il filo del discorso a chi parla e chi ascolta.
• Mentre si svolge l'intervista bisogna **registrare domande e risposte**, per poterle poi trascrivere esattamente, riproducendo fedelmente ciò che è stato detto, senza dimenticare o interpretare ciò che si è sentito.
• L'ultimo atto, anche se non sempre questo accade, è la **revisione da parte di chi è stato intervistato del testo dell'intervista** perché possa controllare l'esattezza di ciò che è stato scritto.
Come vedi intervistare è affascinante, ma non banale, perché si deve essere in grado di costruire un dialogo interessante e non scontato o illogico, riproducendolo poi con rigore.

Proviamo a vedere un esempio, per poter comprendere meglio questi criteri. L'intervista che riportiamo solo in parte (le prime tre domande-risposte) ha come titolo *Il corpo non è uno show* e intende discutere sul modello del corpo femminile imposto dai media, soprattutto nelle pubblicità e nei concorsi di bellezza.
Nell'introduzione dell'intervista, Lorella Zanardo, la giornalista che la conduce, dice che nelle scuole ormai è facile sentire le studentesse ribellarsi "*alla dittatura dei corpi perfetti imposti dai mass media*" e affermare che non credono più a una donna così irreale. Per discutere dell'argomento, intervista Josefa Idem, all'epoca Ministro per lo Sport e le Pari Opportunità.

Quando Josefa Idem, campionessa olimpica di canoa, tedesca ma cittadina italiana da 20 anni, è stata eletta Ministro delle Pari Opportunità, ho pensato che era stata scelta una donna in grado di incuriosire le ragazzine italiane, così faticosamente alla ricerca di modelli fisici diversi da quelli imposti dalla tv, ma comunque saldamente convinte che la loro emancipazione partirà dai loro corpi liberati.

Zanardo. **Dunque, Ministro Idem, lo sport ha accompagnato tutta la sua vita. Dopo avere incontrato migliaia di giovanissime mi è divenuto chiaro come lo sport potrebbe essere una pratica formidabile in cui far confluire le energie esplosive dell'adolescenza. Purtroppo in Italia la scuola è raramente luogo di scoperta delle possibilità fisiche.**
Idem. Lo sport può essere una pratica giornaliera formidabile e può fornire un modello alternativo di corpo rispetto a quello proposto dai media. Ma è necessario iniziare presto, alle scuole elementari; è quella l'età ideale per apprendere che il nostro corpo è uno stru-

mento importante che possiamo conoscere e con cui entriamo in confidenza praticando costantemente. Solo così i ragazzi e le ragazze alle medie superiori saranno in grado di vivere il proprio corpo liberamente e sapranno come autodeterminarlo[1]. Prima è necessario che nelle scuole vengano introdotti corsi di alfabetizzazione motoria[2]. La ginnastica iniziata in modo serio da piccoli toglie diffidenza verso il fisico e permette di abituarsi al contatto in modo naturale.

Zanardo. **I media, e la televisione in particolare, ricoprono un ruolo fondamentale nell'età evolutiva e propongono modelli che influenzano le bambine e i bambini. Io credo sia necessario agire su due fronti: educare a un uso consapevole della tv e convincere autori e creativi pubblicitari che cambiare si può, e in meglio. Come pensa si possa iniziare un nuovo corso culturale[3] nel nostro Paese rispetto all'attuale inquinamento mediatico[4]?**

Idem. Questo è un problema che mi sta parecchio a cuore e mi sono a questo proposito già incontrata con rappresentanti dello IAP (Istituto Autodisciplina Pubblicitaria) e con la Presidente della Rai Tarantola; ci siamo trovate d'accordo sul fatto che sia indispensabile vigilare sulle immagini. Ma è necessario fare di più: sostituire le immagini mortificanti e oggettivizzanti delle giovani donne in tv, con altre, migliori. Ci sono molti programmi dove le ragazze, spesso bellissime e dai corpi perfetti, sembrano essere padrone della situazione, ma purtroppo non è così. Le immagini sono ingannevoli, quelle ragazze sono facilmente sostituibili, interscambiabili. Le riprese sono concentrate sulle parti del loro corpo e nulla ci viene rivelato della loro personalità, non ci viene raccontato chi sono realmente. Presto

1 **come autodeterminarlo**: scegliere da soli a riguardo del proprio corpo, senza farsi influenzare da altri.
2 **alfabetizzazione motoria**: insegnamento dei principi più semplici a riguardo dei movimenti del corpo.
3 **corso culturale**: in questo caso, modo di pensare, nuova mentalità.
4 **inquinamento mediatico**: i mezzi di comunicazione creano un modo di pensare non corretto, come se inquinasse la correttezza di pensiero e di comportamento delle persone.

verranno sostituite con altre, più belle o più giovani. Poi è necessario stabilire una netta differenza tra chi crea programmi e campagne pubblicitarie per scopi commerciali e vuole assecondare il gusto anche temporaneo del pubblico e chi si pone un obiettivo educativo. Io come Ministro, sento di avere il compito di chiedere che vengano proposti nuovi modelli.

**Zanardo. Viene in mente un campionario del Modello Unico Televisivo fatto di spot, concorsi di bellezza o basati solo su una immagine stereotipata e parziale[5] di donna.**

**Idem.** Bisogna avere il coraggio di insistere e fare comprendere che le immagini grottesche di pezzi di corpo femminile che i media ci impongono non sono innocenti perché costruiscono nel tempo un immagine di donna irreale che non aiuta né i ragazzi né le ragazze a costruire relazioni autentiche. Ci vorrà tempo, comprendo che i tempi della politica sono più lunghi di quelli a cui ero abituata, ma bisogna iniziare. E questo è uno dei temi che affronteremo nei tavoli interministeriali che convocherò a breve.

L. Zanardo, *Il corpo non è uno show*, in "D. repubblica", 15 giugno 2013

**5 immagine stereotipata e parziale**: immagine che aderisce a un modello non rispettoso della donna; ne mette in rilievo la "bellezza" fisica, che diventa l'unico aspetto a rappresentare la donna.

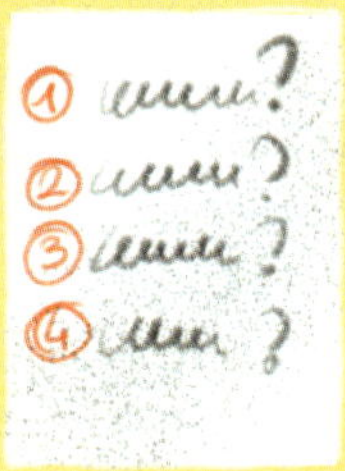

## QUATTRO REGOLE PER UNA BUONA INTERVISTA

- Prepara accuratamente l'argomento da trattare, ricercando informazioni su persone e cose
- Definisci una scaletta di domande secondo un ordine logico
- Trascrivi domande e risposte
- Ripresenta il testo definitivo alle persone intervistate, in modo da avere la loro approvazione o, nel caso, apportare delle correzioni o rettifiche che essi propongano

IMPARIAMO A...

# Fare un'intervista

1 **Intervista un tuo compagno di scuola sui suoi gusti e i suoi progetti per il futuro. Usa tutti gli accorgimenti che ti abbiamo suggerito:**

- costruisci una scaletta di domande per condurre l'intervista; se vuoi, registra le risposte;
- al termine stendi il testo definitivo, tagliando ripetizioni e accorciando risposte troppo lunghe;
- infine rivedi il testo con lui, per verificare di non avere tradito il suo pensiero.

2 **Intervista doppia. Metti a confronto le due "facce" della stessa medaglia, seguendo le regole:**

- vincitori e vinti in una partita di torneo di uno sport giovanile;
- genitori e figli rispetto ai "permessi di uscita";
- ragazzi e ragazze rispetto alla gita di classe;
- fratello e sorella rispetto alle vacanze estive.

3 **Dividetevi in gruppi e preparate un'intervista a persone che lavorano nel quartiere per raccogliere i loro racconti e le loro valutazioni intorno alla scelta professionale che hanno fatto. Scegliete, in base alla disponibilità che offre il luogo in cui abitate almeno due rappresentanti per le seguenti categorie:**

- artigiani
- operai
- agricoltori
- impiegati
- operatori nel settore della sanità (infermieri, medici, psicologi)
- operatori nel settore dell'educazione (educatore, professore, preside)

**Per stendere la scaletta dell'intervista, che dovrà essere identica per le persone della stessa categoria, vi suggeriamo alcuni aspetti importanti per il Progetto Orientamento; questi punti dovranno essere "tradotti" in domande, a seconda della vostra sensibilità.**

- Ricerca sulle competenze necessarie per fare una certa professione (quali abilità? Quali atteggiamenti? Quali conoscenze?)
- Ricerca del percorso formativo necessario per arrivare a svolgere una certa professione (quali scuole bisogna frequentare, quali corsi, quanti anni di studio)
- Quale relazione c'è tra i loro interessi e la loro professione? Questi interessi sono nati molto tempo prima della loro effettiva scelta? In quale modo possono dei ragazzi sentire di avere interesse per la loro professione, sulla base delle loro passioni, delle loro inclinazioni o del loro carattere?

**Raccogliete infine le vostre interviste e preparate un dossier perché tutti possano avere gli stessi elementi di riflessione. Poi avviate uno scambio sulla base delle domande che seguono.**

- Quale racconto vi è sembrato più vicino alla vostra sensibilità? Perché?
- Quale vi ha colpito di più? Perché?
- C'è qualcuno che vi pare avere più interesse e piacere nello svolgere la sua professione? Per quale motivo?
- Vi piacerebbe essere come qualcuno degli intervistati? Rispondete non solo sulla base del lavoro che svolge la persona intervistata, ma anche per altri elementi che sono stati espressi nell'intervista e che vi colpiscono particolarmente.

**4** **Intervistate, come lavoro di classe, le persone adulte che lavorano nel quartiere o nel paese in cui vivete con una professione rivolta al benessere pubblico:**

- medico di base
- preside o insegnante della scuola
- vigile di zona
- qualcuno che si occupa di ordine pubblico (carabinieri o polizia)
- bibliotecario/a
- parroco o responsabili di associazioni di volontariato
- altre persone che sai essere importanti per la vostra comunità

**Dopo aver stabilito come distribuirvi i compiti, determinate la scaletta dell'intervista. Toccate almeno i punti che vi suggeriamo, ma integratene altri, che vi sembrino più adatti alla vostra realtà:**

- quale professione svolge?
- da quanto tempo; e da quanto tempo qui?
- che cosa l'ha spinta a sceglierla?
- quale è stato l'iter per arrivare a svolgerla?
- dal suo punto di vista, quali sono le maggiori difficoltà che vivono le persone oggi nella nostra comunità?
- ci fa qualche esempio reale?
- quali sono invece i punti di forza che vede nel nostro quartiere/paese?
- anche in questo caso, ci racconta qualche episodio?
- pensa che nella nostra comunità ci siano situazioni particolarmente problematiche? Di quale genere?
- quale consiglio darebbe ai ragazzi della nostra età?

**Raccolte le interviste, fate le operazioni di stesura che conoscete e radunate i vostri lavori in un unico contenitore, discutendo i risultati del vostro lavoro di raccolta di dati "sul campo" con i vostri insegnanti. Valutate anche se è stato un impegno coinvolgente e in quale modo.**

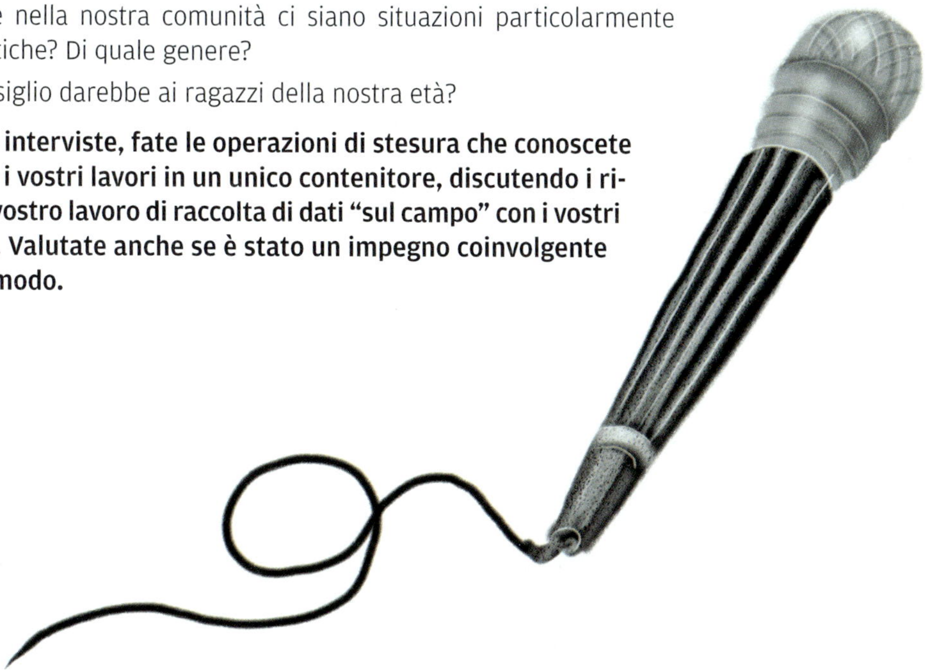

# Biografie degli autori citati

**Acheng Zhong**
(Pechino, 1942)
Scrittore noto anche con lo pseudonimo di Ah Cheng, è famoso in Occidente per la "Trilogia dei re" formata da *Il re degli scacchi* (1989), *Il re degli alberi* (1990) e *Il re dei bambini* (1991).

**Achmatova Anna**
(Bol'soj Fontan, 1889 -Mosca, 1966)
Pseudonimo di Anna Andreevna Gorenko, fu a lungo ostacolata dal regime comunista. Le sue poesie, espressione di sentimenti semplici, si caratterizzano per il tono dimesso e quotidiano.

**Aime Marco**
(Torino, 1956)
Antropologo e scrittore italiano. La passione per l'antropologia nacque dai primi viaggi extraeuropei compiuti negli anni Ottanta, durante gli studi universitari. Ora insegna all'università di Genova; ha condotto ricerche in Africa occidentale e sulle Alpi.

**Alfieri Vittorio**
(Asti, 1749 - Firenze, 1893)
Drammaturgo, poeta e scrittore italiano. Autore di numerose raccolte di versi (*Rime*, 1804), di un'autobiografia e di diciannove tragedie, tra cui: *Antonio e Cleopatra* (1775), *Antigone* (1783). Dedicò due trattati ai temi della libertà e della lotta contro la tirannia: *Della tirannide* (1777) e *Del principe e delle lettere* (1778-86).

**Allende Isabel**
(Lima, 1942)
Ha vissuto l'infanzia a Santiago, in Cile, e si è occupata di televisione e di giornalismo. Autoesiliatasi dopo il colpo di Stato del generale Pinochet, si è dedicata alla scrittura, conoscendo il successo nel 1982, con *La casa degli spiriti*.

**Appelfeld Aharon**
(Žadova, 1932)
È uno dei più importanti scrittori israeliani. Nei suoi numerosi romanzi affronta esclusivamente, in modo diretto o indiretto, il tema della Shoah e dell'Europa prima e durante la Seconda guerra mondiale.

**Amato Rosaria**
Giornalista italiana, cura il blog *Percentualmente* su "Repubblica.it".

**Arnim von Elizabeth**
(Kiribilli Point, 1866 - Charleston, 1941)
Pseudonimo di Mary Annette Beauchamp, scrittrice inglese, nata in Australia. Tra le numerose opere: *La storia di Christine* (1917), *Uno chalet tutto per me* (1920), *Un incantevole aprile* (1922), *La fattoria dei gelsomini* (1934).

**Auster Paul**
(Newark, 1947)
Dopo una vita passata in diversi Paesi d'Europa, intraprende la carriera di scrittore, raggiungendo la notorietà con *Trilogia di New York* (1985).

**Baggio Roberto**
(Caldogno, 1967)
Dirigente sportivo, ex calciatore italiano con ruolo di attaccante. Ha conseguito numerosi riconoscimenti, tra cui il Pallone d'oro 1993. Ha scritto un'autobiografia, pubblicata nel 2001, con titolo *Una porta nel cielo*.

**Bandettini Anna**
Giornalista italiana, lavora alla redazione nazionale degli Spettacoli di "la Repubblica". È tra le fondatrici di "Giulia" l'associazione delle giornaliste autonome che si occupa del rispetto di genere nei media.

**Beauvoir de Simone**
(Parigi, 1908-1986)
Scrittrice francese, ha affrontato la questione dell'emancipazione femminile e dell'impegno morale e politico in saggi e romanzi, anche a carattere autobiografico.

**Ben Jelloun Tahar**
(Fes, 1944)
Scrittore impegnato nella lotta contro il razzismo, nei suoi romanzi riporta racconti e leggende del Maghreb africano. Ricordiamo *Il razzismo spiegato a mia figlia* (1998).

**Benni Stefano**
(Bologna, 1947)
Giornalista, scrittore, poeta, è autore di romanzi e racconti nei quali, attraverso l'invenzione di mondi immaginari, colpisce in modo umoristico comportamenti e pensieri degli uomini della realtà contemporanea. Recentemente ha pubblicato *Di tutte le ricchezze* (2012).

**Biancardi Veronica**
È autrice e curatrice di due raccolte di poesia, *Domani andrà meglio* e *Cambia il mondo con un sorriso*, scritte all'interno di un progetto per il sostegno a bambini affetti da gravi malattie.

**Bordiglioni Stefano**
(Roma, 1958)
Esperto di creatività infantile e studioso dei linguaggi, insegna in una scuola elementare di Forlì. Ha esordito nel 1996 con un romanzo per ragazzi *Guerra alla Grande Melanzana*; ha scritto anche favole, rime, romanzi storici, diari.

**Brontë Charlotte**
(Thornton, 1816 - Haworth, 1855)
Scrittrice inglese i cui romanzi sono diventati dei classici della letteratura inglese. Le sue opere sono: *Jane Eyre* (1847), *Shirley* (1849), *Villette* (1853).

**Brooks Terry**
(Sterling, 1944)
Scrittore di romanzi fantasy, ha contribuito a rinnovare il genere, con opere di successo. La sua produzione si articola in cicli (celebre fra tutti quello di Shannara).

**Calvino Italo**
(Santiago de Las Vegas, 1923 - Siena, 1985)
Scrittore e giornalista, pubblicò saggi, romanzi e racconti, alternando ritratti di vita quotidiana a storie fantastiche e simboliche.

**Camilleri Andrea**
(Porto Empedocle, 1925)
Autore di sceneggiature e testi per il teatro, diventa famoso dopo il 1978, quando pubblica il suo primo romanzo. La celebrità arriva però con la fortunata serie di gialli che ha per protagonista il commissario Salvo Montalbano, da cui è stata tratta anche una serie televisiva di successo.

**Campanile Achille**
(Roma, 1899 - Lariano, 1977)
Scrittore, giornalista, drammaturgo e critico televisivo, si ricorda per il fine umorismo delle sue opere. Fra tutte, ricordiamo *Gli asparagi e l'immortalità dell'anima* (1974).

**Canetti Elias**
(Ruse, 1905 - Zurigo, 1994)
Uomo coltissimo, grazie ai viaggi compiuti e ai contatti con gli ambienti culturali europei, fu autore di un romanzo (*Auto da fé*, 1935), di testi teatrali, di un saggio (*Massa e potere*, 1960) e di un'autobiografia in più volumi.

**Caproni Giorgio**
(Livorno, 1912 - Roma, 1990)
Fu insegnante elementare, poeta, critico letterario e traduttore. Temi ricorrenti nelle sue poesie sono la città di Genova (dove trascorse l'infanzia), la madre, il viaggio.

**Cardarelli Vincenzo**
(Corneto Tarquinia, 1887 - Roma, 1959)
Poeta, scrittore e giornalista, si caratterizza per una raffinata ricerca stilistica. Fra le numerose opere, ricordiamo *Prologhi* (1916), raccolta di brevi prose.

**Carducci Giosue**
(Valdicastello, 1835 - Bologna, 1907)
Poeta e scrittore, si oppose alla poesia romantica dell'epoca. Tra le opere, ricordiamo *Odi barbare* (1873-1889), *Giambi ed epodi* (1879), *Rime nuove* (1887).

**Cercenà Vanna**
Fiorentina, ha lavorato come insegnante e ha partecipato a diversi progetti per l'integrazione dei bambini stranieri; da questa esperienza è nata l'idea di pubblicare testi di narrativa per ragazzi.

**Chaplin Charlie**
(Londra, 1889 - Corsier-sur-Vevey, 1977)
Attore, regista, comico, compositore. Fu una delle personalità più creative e influenti del cinema muto. Tra i suoi film: *Il monello* (1921), *La febbre dell'oro* (1925), *Luci della città* (1931), *Tempi moderni* (1936), *Il grande dittatore* (1940).

**Chatwin Bruce**
Scrittore e antropologo inglese, ha dedicato la sua vita alla conoscenza di culture lontane. Con *In Patagonia* (1977) consacrò la sua fama di scrittore di viaggi.

**Christie Agatha**
(Torquay, 1890 - Wallingford, 1976)
Scrittrice di romanzi gialli di fama mondiale, ha creato i personaggi dell'investigatore Hercule Poirot e della "vecchietta-investigatrice" Miss Marple.

**Comida Luciano**
(Trieste, 1954)
Scrittore di romanzi per ragazzi e per adulti, come giornalista si è occupato anche di scrittura creativa. Ha pubblicato anche testi per il teatro.

**Conrad Joseph**
(Berdyčiv, 1857 - Bishopsbourne, 1924)
È considerato uno dei più importanti scrittori moderni in lingua inglese. Ha saputo ricreare nei suoi romanzi atmosfere esotiche e riflettere i dubbi dell'animo umano nel confronto con terre selvagge. L'opera più famosa è *Cuore di tenebra* (1899).

**Dahl Roald**
(Llandaff, 1916 - Great Missenden, 1990)
Scrittore e aviatore britannico, è conosciuto soprattutto per i suoi romanzi per l'infanzia. In *Boy* (1984) racconta la storia della sua infanzia.

**De Mari Silvana**
(Caserta, 1953)
Ha esercitato le professioni di chirurgo e di psicoterapeuta, prima di dedicarsi alla scrittura. Ha conosciuto il successo internazionale con *L'ultimo elfo* (2004), seguito da *L'ultimo orco* (2005).

**Dickens Charles**
(Portsmouth, 1812 - Gadshill, 1870)
Uno dei più importanti autori dell'Ottocento inglese, è apprezzato per i romanzi sociali come *Oliver Twist* (1837) e *David Copperfield* (1849).

**Dickinson Emily**
(Amherst, 1830-1886)
La poetessa trascorse la maggior parte della propria vita nella casa natale e solo dopo la sua morte la sorella trovò e pubblicò le sue poesie. Fra i temi ricorrenti delle sue opere, citiamo l'amore per la natura e l'idea della morte.

**Di Raimondo Rosario**
Giornalista italiano, collabora con il quotidiano "la Repubblica".

**Doyle Arthur Conan**
(Edimburgo, 1859 - Crowborough, 1930)
La sua produzione spazia dall'avventura al genere storico-avventuroso a quello fantastico, ma lo scrittore è famoso soprattutto per i gialli che hanno come protagonista Sherlock Holmes.

**Ende Michael**
(Garmisch-Partenkirchen, 1929 - Stuttgard, 1995)
Autore fantasy, è noto per i romanzi *Momo* (1973) e *La storia infinita* (1979), il cui tema centrale è l'importanza della fantasia, che ha il potere di creare mondi paralleli.

**Erickson Carolly**
(1943)
Scrittrice di narrativa storica, vive alle Hawaii. Ha scritto molti libri, tra cui: *Il diario segreto di Maria Antonietta* (2005), *L'ultima moglie di Enrico VIII* (2006), *La figlia della zarina* (2008).

**Evtusenko Evgenij Aleksandrovic**
(Zimà, 1933)
Poeta e romanziere russo, pubblicò la sua prima raccolta di poesie, *Gli esploratori dell'avvenire*, nel 1952. Fra i temi cantati, ricordiamo la difesa per la libertà in ogni forma, che lo mise in pericolo sotto il regime comunista.

**Fenoglio Giuseppe (Beppe)**
(Alba, 1922 - Torino, 1963)
Scrittore e traduttore, nelle sue opere narrò delle lotte partigiane e della vita contadina nelle Langhe. Ricordiamo *I ventitré giorni della città di Alba* (1952), *La malora* (1954), *Primavera di bellezza* (1959) e, tra i romanzi postumi, *Il partigiano Johnny* (1968), *La paga del sabato* (1969).

**Filippa Marcella**
Storica e giornalista. È coordinatrice di progetti di formazione e ricerche su Pari Opportunità per il Fondo sociale Europeo.

**Flaubert Gustave**
(Rouen, 1821 - Croisset, 1880)
Scrittore francese, scrive in opposizione al Romanticismo romanzi più realistici e disincantati; *Madame Bovary* (1857) lo porta al successo, non senza scandalo per l'accusa di immoralità che questa opera gli procurò.

**Fo Dario**
(Sangiano, 1926)
Regista, drammaturgo, attore e scenografo, ha vinto il Premio Nobel per la letteratura nel 1997. I suoi testi teatrali sono esempi di satira politica e sociale.

**Franco Andrea**
(Ostia Lido, 1977)
Scrittore italiano, ha esordito nel 2008 con il romanzo *Nella Bolla*. Il suo primo romanzo fantasy è *Il Signore del Canto* (2009).

**Friot Bernard**
(Saint-Piat, 1951)
Scrittore per ragazzi. Durante la propria esperienza di insegnante, a contatto con la creatività verbale e fantastica dei bambini, ha maturato lo stile che lo caratterizza. Molte sue storie nascono con l'obiettivo di aiutare i ragazzi con difficoltà di lettura.

**Funke Cornelia**
(Dorsten, 1958)
Pedagogista e illustratrice, dal 1996 si dedica a tempo pieno alla scrittura di libri per ragazzi. Il romanzo che l'ha resa famosa è *Cuore d'inchiostro* (2003), primo di una trilogia che prosegue con *Veleno d'inchiostro* (2005) e *Alba d'inchiostro* (2008).

**Gaber Giorgio**
(Milano, 1939 - Montemagno di Camaiore, 2003)
È stato un cantautore, commediografo, regista e attore teatrale e cinematografico italiano. Affettuosamente chiamato "*Il Signor G*" dai suoi estimatori, è stato anche un chitarrista di valore.

**Galimberti Umberto**
(Monza, 1942)
Filosofo, psicoanalista e docente universitario, collabora con "Il Sole 24 ore" e con "la Repubblica" sia con editoriali su temi d'attualità sia con approfondimenti di carattere culturale.

**García Lorca Federico**
(Fuente Vaqueros, 1898 - Viznar, 1936)
Poeta e drammaturgo, scrisse liriche commosse e sempre tormentate. Ricordiamo *Compianto per Ignacio Sánchez Mejías* (1935), in memoria dell'amico ucciso durante una corrida.

**Gibran Khalil Gibran**
(Bsharri, 1883 - New York, 1931)
Poeta, pittore e filosofo nato in Libano, visse prevalentemente negli Stati Uniti. Nelle sue opere ha cercato di avvicinare la civiltà orientale e quella occidentale. L'opera più nota è *Il profeta* (1923).

**Ginzburg Natalia**
(Palermo, 1916 - Roma, 1991)
Figlia di un professore universitario ebreo e antifascista, trascorre l'infanzia e l'adolescenza a Torino. Ha esordito con *La strada che va in città* (1942). Nel 1963 ha vinto il premio Strega per *Lessico famigliare*.

**Goldoni Carlo**
(Venezia, 1707 - Parigi, 1793)
Commediografo e scrittore, si servì spesso del dialetto per dare vivacità alle sue opere; ricordiamo *La bottega del caffè* (1750), *La locandiera* (1750-53), *Le baruffe chiozzotte* (1762).

**Goscinny René**
(Parigi, 1926-1977)
Scrittore e fumettista, ha creato e portato al successo molte serie sia di fumetti (ricordiamo Asterix e Lucky Luke) sia di libri (citiamo la serie *Il piccolo Nicola*).

**Gulotta Carlo**
Giornalista italiano, collabora con il quotidiano "la Repubblica".

**Hall Edward T.**
(Webster Groves, 1914 - Santa Fe, 2009)
Antropologo americano. Ha studiato in modo particolare i gesti, il comportamento, lo spazio e le distanze all'interno di una comunicazione, sia verbale e sia non verbale.

**Hammet Dashiell**
(St. Mary's County, 1894 - New York, 1961)
Scrittore statunitense, autore di romanzi giallo-polizieschi. Molti dei suoi romanzi diventarono dei film, a partire da *Il falcone maltese* (1930).

**Highsmith Patricia**
(Fort Worth, 1921 - Locarno, 1995)
Scrittrice statunitense di noir e thriller. Si è imposta all'attenzione mondiale per i suoi romanzi del brivido dal tracciato inquietante.

**Hikmet Nazim**
(Salonicco, 1902 - Mosca, 1963)
Poeta, giornalista e autore di sceneggiature teatrali, fu il primo poeta turco a utilizzare il verso libero. Perseguitato per motivi politici, fu imprigionato e costretto all'esilio.

**Hughes Langston**
(Joplin, 1902 - New York, 1967)
Poeta, scrittore e giornalista statunitense. È conosciuto principalmente per i suoi ritratti penetranti e vivaci della vita dei neri in America, dagli anni '20 agli anni '60.

**Hume David**
(Edimburgo, 1711 - 1776)
Filosofo e storico scozzese, è considerato una delle figure più importanti dell'Illuminismo. Hume mirava a realizzare una "scienza della natura umana", in cui compiere un'analisi delle varie dimensioni della natura umana, considerata a base delle altre scienze.

**Jerome Jerome Klapka**
(Walsall, 1859 - Northampton, 1927)
Scrittore, giornalista e umorista, si serve di una comicità immediata, che trae spunto dalla vita quotidiana. Tra le sue opere, *Tre uomini in barca* (1889) è la più famosa.

**King Stephen**
(Portland, 1947)
È uno degli autori più prolifici e famosi della letteratura horror e thriller. Tra i molti romanzi, ricordiamo *Carrie* (1974), *Shining* (1977), *Christine* (1983), *It* (1986), *Misery* (1987).

**Kinney Jeff**
(Maryland 1971)
Ideatore di giochi per computer, è anche autore di libri per ragazzi. *Diario di una schiappa* (2007) è diventato negli USA un vero fenomeno editoriale.

**Lavatelli Anna**
(Cameri, 1953)
Dopo aver insegnato nella scuola media per diversi anni, si è dedicata totalmente alla scrittura, spaziando nei generi più diversi e vincendo numerosi premi.

**Levi Primo**
(Torino, 1919-1987)
Laureato in chimica, nel 1944 fu deportato, come ebreo, nel campo di sterminio nazista di Auschwitz. Fortunosamente sopravvissuto, al ritorno riprese l'attività di chimico e contemporaneamente, spinto dalla volontà di testimoniare la sua tragica esperienza, scrisse i romanzi *Se questo è un uomo* e più tardi *La tregua*. Tutte le opere che sono seguite a queste lo dimostrano un osservatore acuto e profondo della realtà storica contemporanea.

**Lewis Clives Staples**
(Belfast, 1898 - Oxford, 1963)
Scrittore e filologo, è noto al grande pubblico come autore del ciclo di romanzi *Le Cronache di Narnia*, scritti fra il 1950 e il 1956.

**Lucarelli Carlo**
(Parma, 1960)
Scrittore, sceneggiatore e conduttore televisivo, ha scritto numerosi saggi, romanzi e racconti gialli. I protagonisti di alcune sue serie sono diventati personaggi televisivi (commissario De Luca, ispettore Coliandro).

**Mansfield Katherine**
(Wellington, 1888 - Fontainebleau, 1923)
Scrittrice neozelandese. Dal 1911 ha pubblicato raccolte di racconti permeati da un'attenta sensibilità e una sottile vena satirica. Dopo la sua morte fu pubblicato il *Diario* (1927).

**Mendoza Eduardo**
(Barcellona, 1943)
Scrittore spagnolo, ha esordito con *La verità sul caso Savolta* (1975), considerato il primo romanzo della transizione democratica. L'opera più apprezzata è *La città dei prodigi* (1986).

**Mentuccia Paola**
Giornalista italiana. Collabora con il quotidiano "la Repubblica", con l'Ansa, con "Il Fatto quotidiano TV".

**Mernissi Fatema**
(Fes, 1940)
Scrittrice marocchina, docente di sociologia e studiosa del Corano. È conosciuta in Italia soprattutto per il grande successo di *La terrazza proibita* (1996), seguito da *L'Harem e l'Occidente* (2000), *Islam e democrazia* (2002), *Karawan dal deserto al web* (2004).

**Metz Vittorio**
(Roma, 1904-1984)
Scrittore, umorista e sceneggiatore, è stato autore di programmi televisivi e regista cinematografico. Collaborò alla sceneggiatura e alla regia di alcuni film di Totò.

**Molière**
(Parigi, 1622-1673)
Pseudonimo di Jean-Baptiste Poquelin, drammaturgo e attore, conobbe il successo alla corte del re Luigi XIV. Tra le opere principali, citiamo *Tartufo* (166 ... *varo* (1668), *Il borghese gentiluomo* (167

**Monti Augusto**
(Monastero Bormida, 1881 - Roma, 1966)
Scrittore e insegnante antifascista, deve la sua notorietà a *I Sansôssí* ("Gli spensierati") del 1929, saga familiare ambientata in età risorgimentale.

**Palazzeschi Aldo**
(Firenze, 1885 - Roma, 1974)
Poeta e prosatore, si chiamava Aldo Giurlani (Palazzeschi era il cognome della nonna materna). La sua scrittura innovativa e originale tende a rompere gli schemi letterari "classici" dell'Ottocento.

**Pamuk Orhan**
(Istanbul, 1952)
Scrittore e saggista turco. I suoi romanzi, tradotti in più di quaranta lingue, sono spesso sospesi tra il fiabesco e il reale e rispecchiano la Turchia di ieri e di oggi. Nel 2006 ha ricevuto il Premio Nobel per la Letteratura.

**Paolini Christopher**
(Southern California, 1983)
Appassionato del genere fantasy fin da bambino, ha scritto *Eragon*, il suo romanzo d'esordio, a soli 15 anni. Al romanzo seguono *Eldest* (2005) e *Brisingr* (2008); l'autore sta lavorando alla stesura del quarto romanzo della saga.

**Pascoli Giovanni**
(San Mauro di Romagna, 1855 - Bologna, 1912)
L'opera di questo poeta italiano si caratterizza per il rispetto delle forme metriche tradizionali accompagnato da un rinnovamento dei contenuti. Fra le sue raccolte, ricordiamo *Myricae* (1891) e *Canti di Castelvecchio* (1903).

**Penna Sandro**
(Perugia, 1906 - Parma, 1977)
La sua poesia si caratterizza per il linguaggio chiaro, di immediata comprensione e per la scelta di rappresentare la realtà, pur in forme metriche tradizionali.

**Pennac Daniel**
(Casablanca, 1944)
Autore di libri per ragazzi, a partire dal 1985 ha conosciuto il successo anche nella letteratura per adulti con una serie di romanzi che hanno per protagonista la famiglia Malaussène.

**Pitzorno Bianca**
(Sassari, 1942)
Si è occupata di comunicazione verso i più giovani, sia in programmi televisivi sia con la scrittura di molti romanzi, anche in collaborazione con Roberto Piumini.

**Piumini Roberto**
(Edolo, 1947)
È stato attore, insegnante, burattinaio, ma la sua attività principale è quella di scrittore e poeta. Ha pubblicato testi teatrali, romanzi, canzoni, poesie soprattutto per ragazzi.

**Plauto Tito Maccio**
(Sarsina, 250 a.C. - 184 a.C.)
Di questo commediografo latino non si hanno notizie biografiche certe; le sue commedie si caratterizzano per l'uso di un lessico brillante, tratto dall'uso quotidiano. Spesso si ritrovano personaggi fissi, uno dei quali è il servo astuto, che combina e risolve intrighi.

**Potok Chaim**
(New York, 1929 - Merion, 2002)
Scrittore e rabbino Americano, ottenne la notorietà con *Danny l'eletto* (1967), una storia quasi autobiografica su un brillante giovane figlio di un rabbino desideroso che il proprio figlio diventi anch'egli rabbino.

**...een Ellery**
...imo di due cugini, Frederic Dannay (New York, ... Manfred Bennington Lee (New York, 1905- ... gialli e creatori del personaggio di El... e investigatore dilettante.

... modo particolare del ...onna, di questioni ...mbiente.

**Rigoni Stern Mario**
(Asiago, 1921-2008)
Nato e cresciuto fra la gente di montagna dell'Altopiano di Asiago, si arruola come alpino e partecipa alla Campagna di Russia, che descrive nella sua prima opera, *Il sergente nella neve* (1953).

**Rocca Giorgio**
(Coira, 1975)
Sciatore alpino, vincitore della Coppa del mondo di slalom speciale nel 2006, ha collezionato altre undici vittorie in Coppa del mondo.

**Saba Umberto**
(Trieste, 1883 - Gorizia, 1957)
Pseudonimo di Umberto Poli, ha pubblicato epistolari, opere in prosa e poesie. Le sue poesie sono raccolte ne *Il canzoniere (1900-1954)* del 1957.

**Salgari Emilio**
(Verona, 1862 - Torino, 1911)
Fu scrittore di popolari romanzi d'avventura, fra cui ricordiamo il ciclo dei pirati della Malesia (11 romanzi) e il ciclo dei corsari delle Antille (5 romanzi).

**Salinger Jerome David**
(New York, 1919 - Cornish, 2010)
Scrittore, deve la sua celebrità al romanzo *Il giovane Holden* (1951), in cui si trovano numerosi elementi autobiografici. Fra le altre opere, ricordiamo *Nove racconti* (1953), che contiene il suo racconto d'esordio, *Un giorno perfetto per i pescibanana*.

**Sanguineti Edoardo**
(Genova, 1930-2010)
Poeta e scrittore, è stato docente universitario, critico e saggista. Fra le sue numerose opere, ricordiamo la raccolta di poesie *Laborintus* (1956) e gli studi su Dante.

**Scerbanenco Giorgio**
(Kiev, 1911 - Milano, 1969) Scrittore e giornalista, è considerato uno dei più importanti scrittori del genere giallo. Ottenne la notorietà con la serie di Luca Lamberti (una sorta di investigatore privato), iniziata nel 1966.

**Sempé Jean-Jacques**
(Bordeaux, 1932)
Disegnatore noto per aver illustrato i racconti della serie *Il piccolo Nicola*, scritti da Goscinny. Il successo gli giunse nel 1957, quando cominciò a collaborare con grandi testate giornalistiche.

**Segatti Ermis**
(Pianezza, 1937)
È un sacerdote cattolico ed è docente di Storia del Cristianesimo e di Teologie extraeuropee presso l'Università di Torino.

**Shakespeare William**
(Stratford-upon-Avon, 1564-1616)
Drammaturgo e poeta, contribuì allo sviluppo del teatro in età elisabettiana. La sua produzione comprende sia tragedie sia commedie.

**Simenon Georges**
(Liegi, 1903 - Losanna, 1989)
Scrittore belga di lingua francese, ha scritto centinaia di romanzi e racconti, tradotti in più di cinquanta lingue. È noto soprattutto per essere l'ideatore del commissario Maigret.

**Soyinka Wole**
(Abeokuta, 1934)
Scrittore, poeta e drammaturgo nigeriano. Nel 1986 ha ricevuto il Premio Nobel per la Letteratura. Si è affermato in Africa e in Occidente, soprattutto attraverso il teatro e la poesia.

**Szabò Magda**
(Debrecen, 1917 - Kerepes, 2007)
Scrittrice ungherese. Ha scritto romanzi, drammi e raccolte di poesie. Nel 2007 con *Via Katalin* (1967) ha ricevuto un premio per il miglior romanzo europeo.

**Tagore Rabindranath**
(Calcutta, 1861 - Santiniketan, 1941)
Scrittore, poeta, drammaturgo e filosofo, ottenne il Premio Nobel per la letteratura nel 1913. Nelle sue opere, tradotte in quasi tutte le lingue europee, canta la natura e la fratellanza fra gli uomini.

**Tavares Aldemar**
(Recife, 1888 - Rio de Janeiro, 1963)

**Tolkien John Ronald Reuel**
(Bloemfontein, 1892 - Bournemouth, 1973)
Scrittore e filologo, studioso di lingue germaniche, è noto per la trilogia *Il Signore degli Anelli* (1954-55) e per altre opere fantasy ambientate nella Terra di Mezzo, come *Lo Hobbit* (1937), romanzo d'esordio.

**Tolstòj Lev**
(Jasnaja Poljana, 1828 - Astapovo, 1910)
Scrittore e drammaturgo russo, basò le sue opere sul principio che in letteratura le cose più importanti sono la verità e la sincerità. Fra le sue opere ricordiamo *Guerra e pace*, *Anna Karenina*, *Resurrezione* e i *Quattro libri di lettura*, raccolta di favole e brevi racconti per bambini.

**Troisi Licia**
(Roma, 1980)
Scrittrice di romanzi fantasy e astrofisica. Ha esordito nel 2004 con *Nihal della terra del vento*, primo libro della trilogia delle *Cronache del Mondo Emerso*, cui sono seguiti i libri di *Le Guerre del Mondo Emerso*, *Le leggende del Mondo Emerso*, *La Ragazza Drago*, *Nashira*.

**Ulivi Giacomo**
(Parma, 1925 - Modena, 1944)
Studente alla facoltà di legge dell'Università di Parma, aderì alla Resistenza italiana dopo l'8 settembre 1944. Svolse attività di collegamento tra i partigiani e gli ufficiali inglesi e contribuì alla diffusione della stampa clandestina. Fu fucilato da un plotone della Guardia Nazionale Repubblicana.

**Ungaretti Giuseppe**
(Alessandria d'Egitto, 1888 - Milano, 1970)
Poeta e scrittore, visse tra la Francia e l'Italia. Tra le raccolte di poesie, citiamo *Il porto sepolto* (1917), *Allegria di naufragi* (1919), *Sentimento del tempo* (1933).

**Vargas Fred**
(Parigi, 1957)
Fred Vargas è lo pseudonimo di Frédérique Audin-Rouzeau, ricercatrice di zoologia archeologica presso il Centro Nazionale francese per le ricerche scientifiche. Autrice di sceneggiature per la televisione, è famosa soprattutto per i suoi gialli polizieschi, la cui prima stesura avviene sempre durante i 21 giorni delle sue vacanze estive.

**Viti Gabriele**
(Arezzo, 1975)
Impegnato in campo politico e sociale, si propone di far conoscere e capire i piccoli e grandi problemi dei disabili.

**Vivarelli Anna**
(Torino, 1958)
Scrittrice e drammaturga italiana, ha esordito giovanissima come autrice teatrale e radiofonica per la Rai. Dal 1996 si dedica esclusivamente alla letteratura per ragazzi.

**Yan Mo**
(Gaomi, 1955)
È considerato il più importante scrittore cinese contemporaneo. Nel 2012 ha ricevuto il Premio Nobel per la Letteratura. Tra le opere: *Sorgo rosso* (1994), *Cambiamenti* (2011), *Le Rane* (2013).

**Zimmer Bradley Marion**
(Albany, 1930 - Berkeley, 1999)
Scrittrice statunitense, nota soprattutto come autrice di narrativa fantasy. Pubblicò oltre 60 romanzi appartenenti in buona parte ai suoi due cicli narrativi più famosi: il ciclo di Avalon e il ciclo di Darkover.